근대 한국학 교과서 총서

8

지리과

성신여대 인문융합연구소 편

간행사

근대 한국학 교과서의 탄생

1.

근대 교과서는 당대 사회의 복잡한 사회・역사・정치・문화의 상황과 조건들의 필요에서 나온 시대의 산물이다. 한국 근대사는 반봉건과 반외세 투쟁 속에서 자주적인 변혁을 이루어야 했던 시기였고, 특히 1860년대부터 1910년에 이르는 시간은 반봉건・반외세 투쟁을 전개하면서 근대적 주체를 형성해야 했던 때였다. 주체의 형성은 근대사에서 가장 중요한 과제였는 바, 그 역할의 한 축을 담당한 것이 근대교육이다.

근대 초기 교과서 개발은 1876년 개항 이후 도입된 신교육 체제를 구현하기 위한 구체적인 과제였다. 교과서가 없이는 신교육을 실행할 수 없었기 때문에 개화정부는 교육개혁을 시행하면서 우선적으로 교과서 개발을 고려한다. 갑오개혁에 의해 각종 학교의 관제와 규칙이 제정되고 이에 따라 근대적 형태의 교육과정이 구성되는데, 교육과정이 실행되기 위해서는 교육내용을 전하는 교과서를 먼저 구비해야 했다. 당시 교과서 편찬을 관장했던 기구는 '학부(學部) 편집국'이다. 편집국은 일반도서와 교과용 도서에 관한 업무를 관장해서 ① 도서의 인쇄, ② 교과용 도서의 번역, ③ 교과용 도서의 편찬, ④ 교과용 도서의 검정, ⑤ 도서의 구입・보존・관리 등의 사무를 맡았다. 학부는 교과서의 시급성을 감안하여 학부 관제가 공포된 지 불과 5개월만인 1895년 8월에 최초의 근대 교과서라 할 수 있는『국민소학독본』을 간행하였고, 이후『소학독본』(1895)과『신정심상소학』(1896) 등을 연이어 간행해서 1905년까지 40여 종의 교과서를 출간하였다.

학부 간행의 교과서는 교육에 의한 입국(立國) 의지를 천명한 고종의 '교육조서'(1895,2)에 의거해서 이루어졌다. 교육조서는 ① 교육은 국가 보존의 근본이고, ② 신교육은 과학적 지식과 신학문과 실용을 추구하는 데 있고, ③ 교육의 3대 강령으로 덕육(德育)・체육(體育)・지육(智育)을 제시하고, ④ 교육입국의 정신을 들어 학교를 많이 설립하고 인재를 길러내는 것이 곧 국가 중흥과 국가보전에 직결된다는 것을 천명하였다. 이는 오늘날의 바람직한 국민상을 육성하기 위한 교육 목표와 동일한 것으로, 이런 취지를 바탕으로 학부는 신학문의 흡수와 국민정신의 각성을 내용으로 하는 교재를 다수 출간한다. 학부는 『조선역사』, 『태서신사』, 『조선지지』, 『여재촬요』, 『지구약론』, 『사민필지』, 『숙혜기략』, 『유몽휘편』, 『심상소학』, 『소학독본』, 『서례수지』, 『동국역사』, 『동국역대사략』, 『역사집략』, 『조선역사』 등 역사와 지리, 수신과 국어 교과서를 연속해서 간행했는데, 특히 역사와 지리 교과서가 다수 출판된 것을 볼 수 있다.

이 시기 교과서를 제대로 이해하기 위해서는 우선 교과서 편찬 주체가 누구인가를 알아야 한다. 불과 두세 달의 시차를 두고 간행되었지만 교과의 내용과 정치적 입장, 역사 인식 등에서 큰 차이를 보이는 『국민소학독본』과 『신정심상소학』을 비교해봄으로써 그런 사실을 알 수 있다.

『국민소학독본』이 간행된 1895년 전후의 시기는 민비와 대원군을 둘러싼 갈등과 대립이 극에 달했던 때였다. 『국민소학독본』은 박정양이 총리대신으로 있던 시기에 간행되었는데, 당시 교과서 편찬의 실무는 이상재(학부참서관), 이완용(학부대신), 윤치호(학부협판) 등 친미 · 친러파 인사들이 맡았다. 그런 관계로 『국민소학독본』에는 일본 관련 글은 거의 없고 대신 미국과 유럽 관련 글들이 대부분을 차지한다. 전체 41과로 구성되어 우리의 역사와 인물, 근대생활과 지식, 서양 도시와 역사와 위인을 다루었는데, 미국 관련 단원이 10과에 이른다. 그런데, 『신정심상소학』은 민비가 시해되고 대원군이 집권하면서 김홍집이 총리대신으로 있던 시기에 간행되었다. 친일 내각의 등장과 함께 일제의 개입이 본격화되어 책의 '서(序)'에는 일본인 보좌원 다카미 가메(高見龜)와 아사카와(麻川松次郞)가 관여한 사실이 소개되고, 내용도 일본 교과서인 『尋常小學讀本(신정심상소학)』을 그대로 옮겨놓다시피 했다. 근대적인 체계를 앞서 갖춘 일본의 교재를 참조한 것이지만, 일본인 명사 2명이 소개된 것처럼 교과 내용이 친일적으로 변해서 이전 교과서와는 상당히 다른 모습이다.

1906년 일제의 통감이 파견되고 일인 학정참정관이 조선의 교육을 장악하면서부터 교과서의 내용은 이전과 확연히 달라진다. 1906년 2월에 통감부가 서울에 설치되고 초대 통감으로 이토 히로부미(伊藤博文)가 부임해서 한국 국정 전반을 지휘 · 감독하였다. 일제는 교과서야말로 식민지 건설에 가장 영향력 있는 수단으로 간주해서 교과서 출판에 적극 개입하였다. 조선의 역사와 지리 그리고 국어과 교과서 출판에 대해서는 극심한 통제를 가했고, 한국인 출판업자가 출원하는 검정 교과서는 이른바 '정치적 사항에 문제가 있다' 하여 불인가 조치를 가하는 경우가 빈번하였다. 그 결과 한국사 및 한국 지리 교과서는 거의 간행되지 못하고, 대신 친일적인 내용의 교과서가 다수 간행된다. 1909년 5월에 보통학교용으로 『수신서』 4책, 『국어독본』 8책, 『일어독본』 8책, 『한문독본』 4책, 『이과서』 2책, 『도화 임본』 4책, 『습자첩』 4책, 『산술서』 4책이 출간된다. 이들 교과서에는 일본 관련 단원이 한층 많아져서, 『보통학교학도용 국어독본』(1907)에서 볼 수 있듯이, 우리나라와 일본의 국기가 나란히 걸린 삽화가 게재되고(1권 「국기」), 『일본서기』를 근거로 한 일본의 임나일본부설이 수록되며(6권 「삼국과 일본」), 심지어 세계 6대 강국이 된 군국주의 일본의 강성함을 선전하는 내용의 글(8권 「세계의 강국」)이 수록되기에 이른다.

민간인에 의한 교과서 출판은 을사늑약 이후 활발하게 이루어진다. 일제의 강압 아래 추진된 학부 간행의 교과서를 비판하면서 자주적 한국인 양성에 적합한 교과서를 편찬하고자 힘을 모으는데, 편찬의 주체는 민간의 선각이나 학회와 교육회였다. 이들은 교과서를 '애국심을 격발시키고 인재를 양성'하는 도구로 간주하였다. "학교를 설립하고 교육을 발달코자 할진데 먼저 그 학교의 정신부터 완전케 한 연후에 교육의 효력을 얻을지니 학교의 정신은 다름 아니라 즉 완전한 교과서에 있"다고 말하며, 학교가 잘 설비되어 있더라도 교과서가 "혼잡 · 산란하여 균일한 본국정신"을 담고 있지 못하다면 "쓸데없는 무정신교육"이 되어 국가에 별 이익이 없을 것이라고 주장했는데, 그것은 교과서가 "애국심을 격발케 하는 기계"(「학교의 정신은 교과서에 재함2」. 《해조신문》, 1908, 5.14.)라고 보았기 때문이다. 당시 민간 선각이나 학회들이 대대적으로 교과서 간행에 나선 것은 이런 배경을 갖고 있었다.

민간에서 간행된 최초의 교과서는 대한민국교육회의 『初等小學(초등소학)』(1906)이다. 당시 4년제인 보통학교의 전 학년이 배울 수 있도록 각 학년에 2권씩 모두 8권이 간행되었는데, 『초등소학』에서 무엇보다 두드러지는 것은 자주독립과 충절로 무장한 국민을 만들고자 하는 의지이다. 국가의 운명이 백척간두에 달한 현실에서 『초등소학』은 단군, 삼국시대, 영조, 세종, 성종 등 민족사의 성현들의 행적을 소환한다. 민족이란 발전하는 실체라기보다는 발생하는 현실이자 지속적으로 수행되고 또 다시 수행되는 제도적 정리 작업이라는 점에서 부단히 새롭게 규정될 수밖에 없는데, 『초등소학』은 그런 작업을 과거의 역사와 영웅적 인물들의 소환을 통해서 시도한다. 여기서 곽재우와 송상현, 조헌의 수록은 각별하다. 곽재우는 임진왜란 때 일제의 침략을 물리친 장군이고, 송상현 역시 동래부사로 있으면서 죽음으로 왜군을 막은 장수이며, 조헌은 일본군과 싸우다 금산성 밖에서 전사한 인물이다. 이들을 통해서 풍전등화의 민족적 위기를 극복하고자 하는 취지를 보여준다. 또, 『초등소학』에서 언급되는 한국사는 『大東歷史略(대동역사략)』의 내용을 그대로 집약한 것으로, 중국과의 관계에서 조선의 자주성이 강조되고 일본의 침략을 경계하는 내용이 주를 이룬다. 『대동역사략』은 신라가 마한의 뒤를 이어 삼국을 주도한, 한국사의 계통을 중화 중심에서 벗어나 자주적이고 주체적인 시각에서 서술하여 민족의 자부심을 고취시키고자 하는 취지를 갖고 있었다.

이런 내용의 『초등소학』을 시발로 해서 『유년필독』, 『몽학필독』, 『노동야학독본』, 『부유독습』, 『초등여학독본』, 『최신초등소학』, 『신찬초등소학』, 『초목필지』, 『초등국어어전』, 『윤리학 교과서』, 『초등소학수신서』, 『대한역사』, 『보통교과대동역사략』 등 수신과 역사, 지리 등의 교재들이 간행되었다.

사립학교의 대부분은 남학교였지만, 한편에서는 여성교육이 강조되고 여학교가 설립되기도 하였다. 1880년대부터 선교사들에 의하여 이화학당을 비롯한 여학교들이 설립되고, 민간에서도 1897년경 정선여학교가, 1898년에는 순성여학교가 설립되었다. 순성여학교를 설립한 찬양회는 여성단체의 효시로 여성의 문명개화를 위하여 여학교를 설립하였다. 이들 여학생을 위해서 각종 여학생용 교과서가 간행된다. 『녀ᄌ쇼학슈신셔』, 『부유독습』, 『초등여학독본』 등의 교과서에서는, 여성이 맺는 여성 혹은 남성과의 관계에서 동등한 지위를 차지해야 한다는 담론이 등장하고, 유교적・전통적 성격의 여성상과 기독교적・서구적 성격의 여성상이 일정 수준 이상으로 혼재하고, 국모(國母)의 양성이 강조된다.

2.

『근대 한국학 교과서 총서』에는 총 54종 133권이 수록되었다. 여기서 교과서를 국어과, 수신과, 역사과, 지리과로 나누어 배치한 것은 다분히 편의적인 것이다. 근대적 의미의 교과(教科)가 분화되기 이전에 간행된 관계로 개화기 교과서는 통합교과적인 특성을 갖고 있다. 특히 국어와 수신 교과서는 내용이 중복되어 분간이 어려울 정도이다. 그럼에도 교과를 나눈 것은 다음과 같은 최소 기준에 의한 것이다.

'국어과'는, 교재의 제명이 독본(讀本), 필독(必讀), 필지(必知), 독습(讀習), 보전(寶典), 작문(作文) 등 다양하게 나타나지만, 당대의 문화, 역사, 정치, 경제적 정체성을 '국어'로 반영했다는 데서 국어과로 분류하였다. 당시 국어과 교과서는 "다른 교과목을 가르칠 때에도 항상 언어 연습을 할 수 있도록 하고, 글자를 쓸 때에도 그 모양과 획순을 정확히 지키도록 지도"(보통학교령, 1906) 하는 데 초점을 두었다. 근대지의 효율적인 생산과 유통에서 무엇보다 긴절했던 것은 '국어'에 대한 인식과 국어 사용 능력의 제고였다. 『신정심상소학』, 『보통학교학도용 국어독본』, 『최신 초등소학』 등 이 시기 대다수의 국어 교과서가 앞부분에서 국어 자모나 어휘와 같은 국어·국자 교육을 실행한 까닭은 근대적 지식을 용이하게 전달하기 위한 교육적 필요 때문이었다.

'윤리과'는 '수신(修身)'이라는 제명을 가진 교과서를 묶었다. 학부에서 발간을 주도한 수신과 교과서는 대체로 초등학교용에 집중되어 있고, 중등학교용이나 여학교용은 이 영역에 관심이 있던 민간단체나 개인이 주로 발간하였다. 수신과 교과서는 발간의 주체가 다양했던 관계로 교과서의 내용이나 전개 방식이 다채롭다. 역사에서 뛰어난 행적을 남긴 인물들의 사례를 연령대별로 모아 열거한 경우도 있고(『숙혜기략』), 근대적 가치를 포함시키고 삽화에 내용 정리를 위한 질문까지 곁들인 경우도 있으며(『초등소학 수신서』), 당시 국가가 처한 위기 상황과는 맞지 않게 일제의 영향으로 충군과 애국 관련 내용을 소략하게 수록한 경우도(『보통학교학도용 수신서』) 있다. '중등학교용' 수신과 교과서는, '초등학교용'에 비해 다채로운 방식으로 내용이 전개되지는 않지만 교과서 발간 주체들이 전통적 가치와 대한제국으로 유입되던 근대적 가치들을 조화시키기 위해 노력한 흔적을 보여준다. 또한 발간 시기가 1905년 을사늑약 이후로 집중되어 있어서인지 전체적으로 교과서 내용의 수준이 심화되고 분량도 늘어나는 가운데 충군과 애국 관련 내용이 증가하고, 그 표현의 어조도 한층 강화된 것을 볼 수 있다.

'지리과'는 '지리(地理), 지지(地誌)' 등의 제명을 갖는 교과서를 대상으로 하였다. 지리과 교과서 역시 발행 주체에 따라 학부 간행과 민간 선각에 의한 사찬 교과서로 구분된다. 학부 교과서는 종류와 승인·보급된 수량이 적고 특히 을사늑약 이후 일본의 식민치하에서는 발행이 매우 제한적이었다. 1895년 학부 간행의 『조선지지』는 우리나라 최초의 지리 교과서로, 조선의 지정학적 위치를 설명한 뒤, 한성부에서 경성부에 이르는 전국의 23부를 원장부전답·인호·명승·토산·인물 등으로 구분·기재하였다. 반면에 민간 선각들에 의한 발행은 일본의 교육 식민화를 저지하기 위한 목적에서 간행된 다양한 특성의 교과서들이다. 이 시기에는 세계지리를 다룬 만국지리 교과서의 발행이 증가하였는데, 세계 대륙과 대양의 위치 및 관계를 서술하고, 사회 진화 정도(야만, 미개, 반개, 문명)에 따라 세계 지역을 구분하는 등 사회진화론적 인식체계를 보여주었다. 『초등만국지리대요』에서는 '청국 남자는 아편을 좋아하고, 한족 부녀는 전족을 한다'는 부정적 서술이 있는 등 중국 중심의 유교적 철학과 사대주의적 관념에서 벗어나 문명 부강을 추구하는 서구적 문명관으로 재편되고 있음을 볼 수 있다.

'역사과'는 학부에서 발행한 관찬 사서 6권과 사찬 사서 20권으로 대별된다. 관찬 사서 6권은 모두 갑오개혁기(1895)와 대한제국기(1899)에 발행되었고, 사찬 사서 20권은 계몽운동기(1905~1910)에 발행되었다. 갑오개혁기 교과서에서는 모두 '大朝鮮國 開國 紀元'이라는 개국 기원을 사용해 자주독립 의식을 표현하고 있는 점이 특징이다. 하지만 자주와 독립의 의미를 강조하면서도 개국과 근대화 과정에서 일본의 역할과 관계를 강조하는 시각이 투사되어 있다. 교과서에 대한 통제가 본격화된 통감부 시기에 간행된 교과서에는 일제의 사관이 한층 깊이 개입된다. 현채의 『중등교과 동국사략』의 경우, 일본 다이스케 하야시의 『朝鮮史(조선사)』(1892)의 관점을 수용해서 개국과 일본에 의한 조선 독립이라는 내용이 삽입되어 있다. 이후 발행된 다양한 자국사 교과서들 역시 비슷한 관점에서 서술된다. 외국사 교과서는 1896년에 발행된 『萬國略史(만국약사)』부터 1910년에 발행된 『西洋史敎科書(서양사교과서)』까지 모두 유사한 관점으로 되어 있다. 제국주의 침략에 맞서 문명개화 노선으로 부국강병을 꾀하려는 의도를 담고 있지만, 문명개화국과 그렇지 않은 국가 간의 우열을 그대로 드러내는 사회진화론적 관점을 보여서 세계 각 나라를 야만→미개→반개→문명으로 나누어 서술하였다. 유럽은 문명을 이룩하여 강대국이 되었으나, 조선은 반개(半開)의 상태로 야만과 미개는 아니지만 문명에는 미달한다고 서술한 것을 볼 수 있다.

3.

그동안 근대 교과서에 대한 관심이 적었던 것은 교과서 자체가 온전한 형태로 복원되지 못했기 때문이다. 여기저기 자료들이 산재해 있었고, 그것의 내역과 계통을

파악하지 못한 경우가 많았다. 그러다 보니 학계의 관심 또한 저조하기 이를 데 없었다. 이에 필자는 근대 교과서를 조사하고 체계화하여 이렇게 그 일부를 공간한다. 상태가 온전하지 못하고 결락된 부분도 있지만, 지금 상황에서 최선을 다한 것임을 밝힌다. 이들 자료는 국립중앙도서관, 국회도서관, 서울대 중앙도서관, 규장각도서관, 고려대 도서관, 이화여대 도서관, 한국학중앙연구원 한국학도서관, 세종대학교 학술정보원, 한국교육개발원, 제주 항일기념관, 한국개화기교과서총서(한국학문헌연구소편) 등등에서 취합하고 정리하였다. 작업에 협조해 준 관계자분들께 감사를 표하며, 아울러 본 총서 간행을 가능케 한 한국학중앙연구원의 지원에 감사를 드린다.

영인본의 명칭을 『근대 한국학 교과서』라 칭한 것은 다양한 내용과 형태의 교과서를 묶기에 적합한 말이 '한국학(Koreanology)'이라고 생각한 때문이다. 한국학이란 범박하게 한국에 관한 다양한 분야에서 한국 고유의 것을 연구·계발하는 학문이다. 구체적 대상으로는 언어, 역사, 지리, 정치, 경제, 사회, 문화 등 제 분야를 망라하지만, 여기서는 국어, 역사, 지리, 윤리로 교과를 제한하였다. 이들 교과가 근대적 주체(한국적 주체) 형성에 결정적으로 기여하였고, 그것이 이후의 복잡한 사회·역사·정치·문화의 상황과 길항하면서 오늘의 주체를 만들었다고 믿는다.

모쪼록, 이들 자료가 계기가 되어 교과서에 대한 다양한 관심과 연구가 촉발되기를 소망한다.

2022년 3월 1일
강진호

일러두기

- 수록 교과서는 총 54종 133권이고, 각 권에 수록된 교과서 목록은 아래와 같다.
- 국어과·윤리과·역사과·지리과의 구분은 편의상의 분류이다.
- 『초등국어어전』은 1, 3권은 개정본이고, 2권은 초판본이다.
- 『해제집』(10권)은 개화기와 일제강점기 교과서 전반을 망라한 것이다.
- 개화기와 일제강점기 교과서 목록은 10권 말미에 첨부한다.

교과	권	수록 교과서
국어과 (20종 48권)	1	국민소학독본(1895), 소학독본(1895), 신정심상소학(3권)(1896), 고등소학독본(2권)(1906), 최신초등소학(4권)(1906), 초등소학(1906), 보통학교학도용 국어독본(7권)(1907)(7권 결)
	2	유년필독(4권)(1907), 유년필독석의(2권)(1907), 초등여학독본(1908), 노동야학독본(1908), 부유독습(2권)(1908)
	3	초목필지(2권)(1909), 신찬초등소학(6권)(1909), 몽학필독(1912), 초등작문법(1908), 개정초등국어어전(3권)(1910), 대한문전(1909), 보통학교학도용 한문독본(4권)(1907), 몽학한문초계(1907)
윤리과 (12종 31권)	4	숙혜기략(1895), 서례수지(규장각본), 서례수지(한문본, 1886), 서례수지(한글, 1902), 보통학교학도용 수신서(4권)(1907), 초등소학(8권)(1906), 초등윤리학교과서(1907), 초등소학수신서(1908)
	5	여자독본(2권)(1908), 초등여학독본(1908), 여자소학수신서(1909), 중등수신교과서(4권)(1906), 고등소학수신서(1908), 윤리학교과서(4권)(1906)
역사과 (9종 36권)	6	조선역사(3권)(1895), 조선역대사략(3권)(1895), 동국역대사략(6권)(1899), 초등대한역사(1908), 초등본국역사(1908),
	7	역사집략(11권)(1905), 보통교과 동국역사(5권)(1899), 중등교과 동국사략(4권)(1906), 초등본국약사(2권)(1909)
지리과 (13종 18권)	8	조선지지(1895), 소학만국지지(1895), 지구약론(1897), 한국지리교과서(1910), 초등대한지지(1907), 최신초등대한지지(1909), 대한신지지(2권)(1907), 문답대한신지지(1908), 여재촬요(1894)
	9	(신정)중등만국신지지(2권)(1907), 사민필지(한글본)(1889), 사민필지(한문본)(1895), 중등만국지지(3권)(1902), 신편대한지리(1907)
해제집	10	근대 교과서 해제

목차

조선지지

(朝鮮地誌)

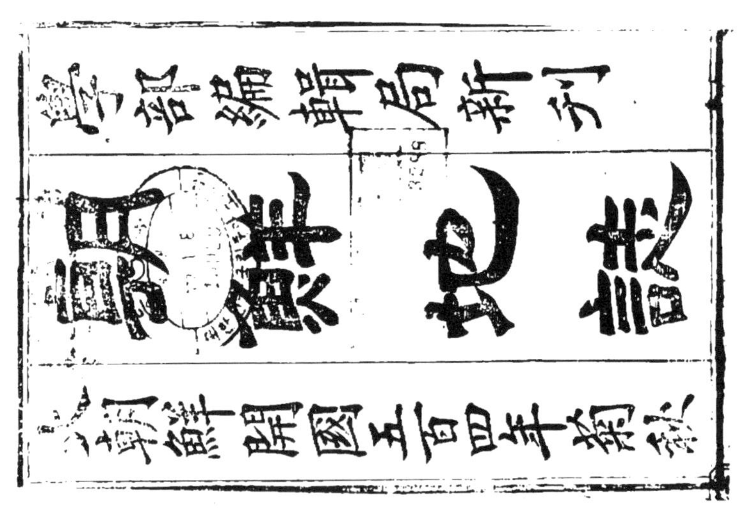
學部編輯局新刊
朝鮮地誌
大朝鮮開國五百四年梧秋

朝鮮地誌

朝鮮이亞細亞洲東端에在ᄒᆞ니東南은日本海를面ᄒᆞ고西ᄂᆞᆫ黃海를臨ᄒᆞ고北은鴨綠豆滿二江이遼東과滿洲로더부러接壤ᄒᆞ야露淸二國에隣이되니周回ㅣ一萬九百二十里라北으로慶興에서븟터南으로機張에至ᄒᆞ야三千六百十五里오東으로機張에서븟터西으로海南에至ᄒᆞ야一千八十里오南으로海南에서븟터北으로通津에至ᄒᆞ야一千六百六十二里오西北으로義州에서븟터南으로通津에至ᄒᆞ야一千六百八十六里라東史

에닐오되地가東方에在ᄒᆞ야日光이몬저明ᄒᆞᆫ故로朝鮮이라ᄒᆞ니라白頭山이그北端에잇서一國諸山의祖宗이되니高ㅣ二百里오橫亘이千里라逶迤ᄒᆞ야長白山이되고長白山으로브터南으로走ᄒᆞ야金剛山과太白山과俗離山과智異山과漢拏山이되고西으로走ᄒᆞ야妙香山과九月山이되고山顚에潭이有ᄒᆞ니ᄀᆞᆯ온闥門이니周回ㅣ八十里라南으로流ᄒᆞ야鴨綠江이되고東으로分ᄒᆞ야豆滿江이되고漢水ㅣ그中을徑ᄒᆞ니라檀箕衛滿後로브터漢이四郡과二府ᄅᆞᆯ漢水以北에두엇더니箕準에至ᄒᆞ야遷徙ᄒᆞ고三韓이漢水以南에分立ᄒᆞ고羅麗濟에至ᄒᆞ야三國이鼎峙ᄒᆞ니新羅ᄂᆞᆫ東南으로海에濱ᄒᆞ고西으로智異山에至ᄒᆞ고北으로漢水에抵ᄒᆞ얏시며高句麗ᄂᆞᆫ東으로海에濱ᄒᆞ고南으로漢水에至ᄒᆞ고西北으로遼瀋을踰ᄒᆞ얏시며百濟ᄂᆞᆫ西南으로海에濱ᄒᆞ고東으로智異山에至ᄒᆞ고北으로漢水에抵ᄒᆞ얏시니此ㅣ그地界라新羅ㅣ麗濟二國을滅ᄒᆞ고統一ᄒᆞ얏더니및그衰홈에及ᄒᆞ야弓裔ᄂᆞᆫ鐵原을據ᄒᆞ고甄萱은完山을據ᄒᆞ야境土ᄅᆞᆯ割裂ᄒᆞ니高麗始祖ㅣ討平ᄒᆞ

고統合ᄒᆞ야西北은鴨綠江으로ᄡᅥ爲限ᄒᆞ고東北은先春嶺으로ᄡᅥ爲界ᄒᆞ얏더니成宗이域內ᄅᆞᆯ畫ᄒᆞ야十道ᄅᆞᆯ分ᄒᆞ고顯宗이改ᄒᆞ야五道ᄅᆞᆯ分ᄒᆞ고我 太祖ㅣ改ᄒᆞ야八道ᄅᆞᆯ分ᄒᆞ야京畿와忠淸과全羅와慶尙과黃海와平安과江原과咸鏡이라ᄒᆞ얏더니 大君主陛下乙未에至ᄒᆞ야全國을二十三府에分ᄒᆞ야 각각觀察使ᄅᆞᆯ置ᄒᆞ니골온漢城과仁川과忠州와洪州와公州와全州와南原과羅州와濟州와晉州와東萊와大邱와安東과江陵과春川과開城과海州와平壤과義州와江界와咸興과

甲山과鏡城이라稱ᄒᆞ니라

(京都)ᄂᆞᆫ漢陽이니亥坐巳向이라東으로寧海六百四十里ᄅᆞᆯ距ᄒᆞ고西으로豐川五百六十二里ᄅᆞᆯ距ᄒᆞ고南으로海南一千七里ᄅᆞᆯ距ᄒᆞ고北으로穩城二千九十二里ᄅᆞᆯ距ᄒᆞ니東西ㅣ一千二百二里오南北이三千九十八里라本은高句麗北漢山郡이니百濟溫祚ㅣ取ᄒᆞ고近肖古王이南漢山으로븟러移都ᄒᆞ더니蓋鹵王에至ᄒᆞ야高句麗長壽王이來圍ᄒᆞ니蓋鹵王이出走ᄒᆞ니라新羅眞興王이北漢山州ᄅᆞᆯ置ᄒᆞ고景德王이漢陽郡이라改ᄒᆞ고

高麗初에楊州라改ᄒᆞ고成宗이神策軍이라改ᄒᆞ
고顯宗이改ᄒᆞ야楊廣道에隷ᄒᆞ고文宗이陞ᄒᆞ야
南京이라ᄒᆞ고忠烈王이漢陽府ㅣ라改ᄒᆞ고恭讓
王이京畿左道에隷ᄒᆞ얏더니我 太祖三年에此
에定都ᄒᆞ샤漢陽이라稱ᄒᆞ시니라大槩그地ᄂᆞᆫ華
岳이北에聳出ᄒᆞ고漢水ㅣ襟帶되야風氣ㅣ淸淑
ᄒᆞ고山川이壯麗ᄒᆞ니八道의中央이되야四通五
達ᄒᆞ니盛哉라帝王의都어신싱上비八域에卓冠
ᄒᆞ야國家의億萬年悠久ᄒᆞᆫ基業이됨이宜ᄒᆞ도다
그城堞인則周回一九千九百七十五步오高ㅣ四

十尺餘ㅣ라門은八門이有ᄒᆞ니東은興仁이오南
은崇禮오西ᄂᆞᆫ敦義오北은肅淸이오東北은惠化
오東南은光熙오西南은昭義오西北은彰義ㅣ라
部ᄂᆞᆫ五部ㅣ有ᄒᆞ니中과東과南과西와北이오坊
은四十九坊이有ᄒᆞ니中部에八坊은澄淸과瑞麟
과壽進과堅平과寬仁과慶幸과貞善과長通이오
東部에十二坊은崇信과蓮花와瑞雲과德成과崇
教와燕喜와觀德과泉達과興盛과彰善과建德과
仁昌이오南部에十一坊은廣通과會賢과明禮와
太平과薰陶와誠明과樂善과貞心과明哲과誠身

라禮成이오西部에八坊은仁達과積善과餘慶과皇華와養生과神化와盤松과盤石이오北部에十坊은廣化와陽德과嘉會와安國과觀光과鎭長과明通과俊秀와順化와義通이라.

宮殿 은景福宮은北部義通坊에在ᄒᆞ고昌德宮은北部廣化坊에在ᄒᆞ고昌慶宮은昌德宮東에在ᄒᆞ고慶熙宮은西部餘慶坊에在ᄒᆞ니라

朝社 ᄂᆞᆫ宗廟ᄂᆞᆫ東部蓮花坊에在ᄒᆞ고社稷은西部仁達坊에在ᄒᆞ니라

宮內府 ᄂᆞᆫ用成門內에在ᄒᆞ니前內務府ㅣ라宮內諸司를總轄ᄒᆞᄂᆞ니라大臣一이오協辦一이오參書官二오參理官二오및院長과司長과主事等官이有ᄒᆞ니라

內閣 은崇陽門內에在ᄒᆞ니前修政殿이라百官을總ᄒᆞ고庶政을平ᄒᆞᄂᆞ니라總理大臣一이오總書一이오局長一이오參書官二오秘書官一이오主事十八이라

中樞院 은光化門東에在ᄒᆞ니前吏曹ㅣ라顧問을備ᄒᆞ고會議를掌ᄒᆞᄂᆞ니라議長一이오副議長一이오議官五十이오參書官二오主事四ㅣ라

內部ᄂᆞᆫ光化門東에在ᄒᆞ니前議政府ㅣ라地方人民의制治事務ᄅᆞᆯ總管ᄒᆞᄂᆞ니라大臣一이오協辦一이오局長五오叅書官八이오視察官四오主事四十이오技師四오技手四ㅣ라

外部ᄂᆞᆫ北部陽德坊에在ᄒᆞ니前交涉衙門이라交涉과通商事務ᄅᆞᆯ總管ᄒᆞᄂᆞ니라大臣一이오協辦一이오局長二오叅書官三이오繙譯官二오繙譯官補三이오主事十二ㅣ라

軍部ᄂᆞᆫ光化門西에在ᄒᆞ니前兵曹ㅣ라全國의陸海軍政과軍人軍屬을統轄ᄒᆞᄂᆞ니라大臣一이오

五

協辦一이오局長五오主事二十六이오및監督과軍司等官이有ᄒᆞ니라.

法部ᄂᆞᆫ光化門西에在ᄒᆞ니前刑曹ㅣ라司法과行政과裁判과赦宥等事ᄅᆞᆯ管理ᄒᆞᄂᆞ니라大臣一이오協辦一이오局長四오叅書官七이오主事二十八이오및漢城裁判所와高等裁判所와特別法院의判事와檢事等官이有ᄒᆞ니라

度支部ᄂᆞᆫ光化門東에在ᄒᆞ니前戶曹ㅣ라全國의財政과租稅와國債와貨幣出納等事ᄅᆞᆯ總轄ᄒᆞᄂᆞ니라大臣一이오協辦一이오局長五오叅書官三

朝鮮地志 六

이오財務官十四오主事六十四오및管稅司長과
署長等官이有ᄒᆞ니라

學部ᄂᆞᆫ光化門東에在ᄒᆞ니前禮曹ㅣ라國內의教
育과學務等事ᄅᆞᆯ管理ᄒᆞᄂᆞ니라大臣一이오協辦
一이오局長二오叅書官三이오主事十一이오觀
象所長一이오技師一이오技手二오書記二오및
學校長과教官과副教官이有ᄒᆞ니라

農商工部ᄂᆞᆫ光化門西에在ᄒᆞ니前司憲府ㅣ라國
內의工作營繕과農商漁獵과種牧礦山과地質營
業等事ᄅᆞᆯ管轄ᄒᆞᄂᆞ니라大臣一이오協辦一이오
局長五오叅書官四오技師七이오主事十八이오
技手十二ㅣ라

警務廳은光化門東에在ᄒᆞ니前京兆府ㅣ라國內
의警察事務ᄅᆞᆯ掌ᄒᆞᄂᆞ니라警務使一이오警務官
과및主事와總巡等官이有ᄒᆞ니라

漢城仁川二府ᄂᆞᆫ本은京畿니馬韓의地ㅣ라漢成
帝時에百濟始祖ㅣ此에開國ᄒᆞ얏더니阿莘王時
에臨津以北은高句麗에沒ᄒᆞ고文周王이南으로
遷ᄒᆞᆫ後에高句麗ㅣ漢水의南北을幷有ᄒᆞ고新羅
眞興王十二年에攻取ᄒᆞ야三角山의德水川으로

써羅麗의分疆을삼고文武王八年에麗濟를滅ᄒᆞ고新羅ㅣ統一ᄒᆞ야景德王十六年에漢州都督府를置ᄒᆞ야郡縣을領케ᄒᆞ고孝恭王時에弓裔의據ᄒᆞᆫ바ㅣ되고後에高麗에歸ᄒᆞ야松岳에開國ᄒᆞ고睿宗元年에楊廣道ㅣ라ᄒᆞ고 本朝太祖三年에都를漢陽에定ᄒᆞ시고 太宗十三年에京畿라改ᄒᆞ얏더니 今上朝에至ᄒᆞ야京畿를二府에分ᄒᆞ야漢城府와仁川府ㅣ라稱ᄒᆞ니라大槩一國의中에處ᄒᆞ야八路의都會ㅣ되니左로華岳이鎭ᄒᆞ고右로巨海ㅣ環ᄒᆞ며南으로湖嶺을抱ᄒᆞ고北으로

咸平을引ᄒᆞ니忠黃兩道ᄂᆞᆫ輔車ㅣ되고江原一路ᄂᆞᆫ藩屛을作ᄒᆞᆫ지라東으로驪州로븟터西으로振威ᄭᆞ지至ᄒᆞ기或平岡이繚轉ᄒᆞ고郊野ㅣ間錯ᄒᆞ며或重嶂이起伏ᄒᆞ고漢潤이彎抱ᄒᆞ며南으로水原으로븟터北으로通津ᄭᆞ지至ᄒᆞ기江海의間에介ᄒᆞ야平原이逶迤ᄒᆞ고田疇ㅣ彌滿ᄒᆞ며抱川과加平과永平은江原에隣ᄒᆞ야다亂山과急流오臨津以北五邑은비록江山의佳麗홈은有ᄒᆞ나또ᄒᆞᆫ田地의肥饒홈이乏ᄒᆞ고江華와喬桐은海에濱ᄒᆞ야專혀禦侮를事ᄒᆞ야風俗이文武를習ᄒᆞ고禮義

믈尚ᄒᆞ야民性이柔ᄒᆞ며士風이淸嘉ᄒᆞ니라

漢城府ᄂᆞᆫ前京畿監營觀察使一이오叅書官一이오主事十五오郡守十一이라漢城京城內楊州六十里廣州五十里積城一百二十里抱川一百里永平一百四十里加平二百三十里漣川一百四十里高陽四十里坡州八十里交河八十里라

元帳付田畓은三萬二千五百七十七結이오

人戶ᄂᆞᆫ四萬六千一百二라

名勝은白岳山은宮城北에在ᄒᆞ니國都의主山이라木覓山은京城南山이라三角山은京城北仁王山은白岳西駝駱山은京城東道峰山은楊州南漢山은廣州紺岳山은積城華岳山은加平白

雲山은永平祝石嶺은楊州雙嶺은廣州惠陰嶺은高陽漢江은木覓山南西江은京城西龍山江은京城西南銅雀江은京城南露梁은京城南豆毛浦ᄂᆞᆫ京城東南麻浦ᄂᆞᆫ京城西文山浦ᄂᆞᆫ坡州三田渡ᄂᆞᆫ廣州仙遊潭은永平淸風樓ᄂᆞᆫ廣州金水亭은永平花石亭은坡州라

土產은黃玉은出加平玉石은出楊州沙器ᄂᆞᆫ出廣州積城連川陶器ᄂᆞᆫ出廣州積城楊州磁器ᄂᆞᆫ出永平廣州銅鐵은出永平水鐵은出永平麻絲ᄂᆞᆫ出楊州廣州連川石菖蒲ᄂᆞᆫ出坡州蓴菜ᄂᆞᆫ出連川安息香은出永平人蔘은出永平龍仁五味子ᄂᆞᆫ出永平連川海松子ᄂᆞᆫ出楊州加平秀魚ᄂᆞᆫ出坡州銀口魚ᄂᆞᆫ出高陽楊州坡州廣

州 鯽魚는 出交河 葦魚는 出高陽交河坡州 錦鱗魚는 出廣州漣川
訥魚는 出積城川廣州 蟹는 出漣川坡州高陽交河積城廣州 白花蛇는 出積城이라

人物 은 高興은 百濟近肖古王時에 廣州人이니 百濟ㅣ開國븨오므로븟터 文字와 記事ㅣ無ᄒᆞ더니 高興으로 博士를 삼은 後로 비로소 書記ㅣ有ᄒᆞ니라 石金은 本朝人이니 高陽植培의 妻ㅣ라 魯山君時에 植培ㅣ被誅ᄒᆞ니 石金이 六日을 不食ᄒᆞ고 ᄃᆞ되여 死ᄒᆞ니라

仁川府 는 郡仁川 觀察使ㅣ이오 參書官ㅣ이오 主事十五오 警務官ㅣ이오 警務官補ㅣ이오 總巡三이오 郡守十二라 仁川 七十里 金浦 六十里 富平 五十里 陽川 三十里 始興 三十里 安山 六十里 果川 三十里 水原 七十里 南陽 一百里 江華 一百二十里 喬桐 一百八十里 通津 一百十里라

元帳付田畓 은 二萬八千九百五十六結이오

人口 는 四萬九千二百六十七이라

名勝 은 冠岳山은 果川 摩尼山은 江華 華蓋山은 喬桐 海雲山은 南陽 太嶺은 果川 龍流島는 仁川 大阜島는 南陽 濟物浦는 仁川에 開港ᄒᆞ니 各國의 會處라 花島는 仁川 楊花渡는 始興 孝思亭은 始興 尙明亭은 南陽 燕尾亭은 江華라

土産은白土은出仁川水原黃土은出金浦靑土은出金浦磬石은出南陽碇玉砂ㄷ出南陽沙器ㄷ出通津香艾ㄷ出江華仁川安山鱸魚ㄷ出仁川安山水原南陽通津民魚ㄷ出仁川安山水原南陽秀魚ㄷ出仁川安山水原南陽陽川喬桐通津江華金浦眞魚ㄷ出仁川安山水原南陽通津鯽魚ㄷ出仁川通津陽川果川始興石首魚ㄷ出仁川安山水原富平通津南陽喬桐銀口魚ㄷ出安山南陽白魚ㄷ出安山水原南陽陽川金浦葦魚ㄷ出陽川通津金浦白蝦ㄷ出仁川南陽山喬桐江華通津蟹ㄷ出仁川南陽金浦陽川安山喬桐果川江華水原富平始興通津이라

公物은洪彦博은南陽人이니高麗恭愍王時에政丞이라興王의變에家人이避ᄒᆞ기를勸ᄒᆞ니彦博이ᄀᆞᆯ오ᄃᆡ엇지首相이되야逃死ᄒᆞ리요ᄒᆞ고衣冠을正히ᄒᆞ고出ᄒᆞ다가遇害ᄒᆞ니諡를文正이라ᄒᆞ니라姜邯贊은衿川人이니高麗顯宗時에契丹兵을却ᄒᆞ얏더니後에宋使ㅣ見ᄒᆞ고拜ᄒᆞ야ᄀᆞᆯ오ᄃᆡ오리文曲星을見치못ᄒᆞ얏다ᄒᆞ더라官이門下侍中에至ᄒᆞ고諡를仁憲이라ᄒᆞ니라

忠州洪州公州三府ㄷ本은忠淸道ㅣ니馬韓의地ㅣ라百濟와新羅ㅣ分ᄒᆞ야有ᄒᆞ얏더니唐高宗이百濟를滅ᄒᆞ고都督府를置ᄒᆞ야郡縣을領케ᄒᆞ고後七十六年玄宗開元時에그地를新羅에還屬ᄒᆞ

니景德王十六年에熊州都督府로置ᄒᆞ야郡縣을
領케ᄒᆞ고孝恭王時에甄萱과弓裔가分取ᄒᆞ더니
後에高麗太祖의幷有ᄒᆞᆫ바ㅣ되고成宗十四年에
中原과河南二道로置ᄒᆞ고睿宗元年에二道로楊
廣道에幷ᄒᆞ얏더니恭愍王五年에다시分ᄒᆞ야忠
淸道를合고　本朝ㅣ因之ᄒᆞ얏더니　今上朝에
至ᄒᆞ야忠淸道를三府에分ᄒᆞ야忠州府와洪州府
와公州府ㅣ라稱ᄒᆞ니라此三府의大幹은東北으
로브터來ᄒᆞ야小白山을由ᄒᆞ야縱橫馳走ᄒᆞ야竹
嶺과鳥嶺과俗離山과熊耳山에聯ᄒᆞ야秋風嶺과

黃岳山에至ᄒᆞ기에다洞府와泉石이壯ᄒᆞ야忠慶
二道의界가되니忠州ᄂᆞᆫ錦江忠慶四道의咽喉에
處ᄒᆞ야鳥竹兩嶺을負ᄒᆞ며黃江達川二水를襟ᄒᆞ
고公州ᄂᆞᆫ南北大路의要衝에居ᄒᆞ야江을臨ᄒᆞ야
城을築ᄒᆞ니一道를控制ᄒᆞ고忠淸公洪이다江에
沿ᄒᆞ고野를環ᄒᆞ야或嶺險을據ᄒᆞ고或海浦를因
ᄒᆞ야營鎭을設ᄒᆞ야用武ᄒᆞᄂᆞᆫ地를삼고頻津의西
十餘邑을內浦라稱ᄒᆞ니地勢가一隅에斗絶ᄒᆞ야
土地가饒沃平廣ᄒᆞ고錦水ᄂᆞᆫ南으로全羅를控ᄒᆞ
며東으로慶尙을連ᄒᆞ고西으로鎭浦를通ᄒᆞ야形

勢의全局을據ᄒᆞ고海峽의利를擅ᄒᆞ며風俗은士ᄂᆞᆫ文學을尚ᄒᆞ며禮讓을習ᄒᆞ고民은崇勤을尚ᄒᆞ며耕織을勉ᄒᆞᄂᆞ니라

【忠州府】ᄂᆞᆫ忠州郡觀察使一이오參書官一이오主事十四오警務官一이오警務官補一이오總巡三이오郡守二十이라忠州二百八十里陰城二百四十里延豐三百二十里槐山二百八十里堤川三百四十里清風三百四十里永春四百七十里丹陽三百七十里鎭川二百四十里清安二百八十里驪州一百六十里龍仁八十里竹山一百八十里陰竹一百九十里利川一百四十里陽智一百二十里原州二百四十里旌善四百三十里平昌三百七十里寧越四百十里라

【元帳付田畓】은六萬二千三百七十一結이오

【公穀】ᄂᆞᆫ八萬一千七百九十九라

【名勝】은月岳山은忠州寶蓋山은龍仁雉岳山오原州龜巖은丹陽竹嶺은丹陽義林池ᄂᆞᆫ堤川에在ᄒᆞ니世宗朝에大堤를築ᄒᆞ야一邑의稻田에灌ᄒᆞ니라驪江은驪州錦障江은寧越大陰江은旌善清心樓ᄂᆞᆫ驪州子規樓ᄂᆞᆫ寧越清陰亭은原州彈琴臺ᄂᆞᆫ忠州라

【土産】은白玉은出清安永春利川原州玉石은出丹陽平昌青玉은出清風沙器ᄂᆞᆫ出竹山利川磁器ᄂᆞᆫ出竹山陶器ᄂᆞᆫ出利川竹山石硫黃은出忠州清風紫硯石은出平昌鐵磨石은出旌善銅鐵

은(出平昌) 水鐵은(出清風) 鐵은(出忠州堤川) 麻絲ᄂᆞᆫ(出龍仁) 水獺은(出忠州) 漆은(出槐山旌善平昌) 蓴菜ᄂᆞᆫ(出陰竹堤川) 滑石은(出忠州) 羚羊角은(出堤川鎭川清風永春) 石鍾乳ᄂᆞᆫ(出清風永春) 白檀香은(出寧越) 安息香은(出寧越平昌) 人蔘은(出忠州永春槐山清安鎭川丹陽清風原州龍仁旌善平昌寧越) 鹿茸은(出旌善) 麝香은(出忠州鎭川) 地黃은(出清安平昌龍仁) 茯苓은(出清風槐山堤川永春清安平昌) 大棗ᄂᆞᆫ(出忠州丹陽陰城堤川) 錦鱗魚ᄂᆞᆫ(出忠州原州驪州) 鯽魚ᄂᆞᆫ(出陽智) 鱖魚ᄂᆞᆫ(出旌善) 訥魚ᄂᆞᆫ(出驪州平昌永春)이라

人物은 金生은新羅時에忠州人이니自幼로能書ᄒᆞ고年이八十에踰ᄒᆞ되操筆ᄒᆞ믹入神ᄒᆞᄂᆞᆫ지라

高麗學士洪灌이使臣으로ᄡᅥ入宋ᄒᆞ야金生의書帖을楊球李革의게示ᄒᆞᆫ딕二人이大駭ᄒᆞ야ᄀᆞᆯ오딕今日에다시王右軍의手書ᄅᆞᆯ得見ᄒᆞ리로다ᄒᆞ더라宋彥琦ᄂᆞᆫ鎭川人이니高麗高宗時에登第ᄒᆞ고일즉이蒙古에使ᄒᆞ야講和ᄒᆞ믹邊境이稍安ᄒᆞ더니後에高宗이다시蒙古에使ᄅᆞᆯᄒᆞ고ᄌᆞᄒᆞᆫ딕彥琦가有疾ᄒᆞᆫ지라宰臣이ᄀᆞᆯ오딕琦의生ᄒᆞᆷ은國의福이오琦의死ᄒᆞᆷ은國의憂ㅣ라ᄒᆞ더라

洪州府ᄂᆞᆫ(洪州郡) 觀察使ㅣ이오參書官ㅣ이오主事十三이오警務官ㅣ이오警務官補ㅣ이오總巡三

이오 郡守 二十二라 洪州(三百里) 結城(三百十里) 德山(二百八十里) 韓山(四百四十里) 舒川(三百里) 庇仁(四百二十里) 藍浦(三百七十里) 保寧(三百五十里) 林川(四百里) 鴻山(四百十里) 瑞山(三百五十里) 海美(三百十里) 唐津(三百五十里) 沔川(三百十里) 泰安(三百九十里) 大興(二百八十里) 青陽(三百二十里) 禮山(二百五十里) 新昌(二百二十里) 溫陽(二百三十里) 牙山(二百十里) 定山(三百五十里)라

元帳付田畓은 九萬七千六百六十六結이오

人戶는 八萬三千二라

名勝은 烏棲山은(洪州) 伽倻山은(德山) 萬壽山은(鴻山) 安眠島는(泰安) 栗島는(藍浦) 環瀛樓는(保寧) 觀海亭은(庇仁) 望海亭은(舒川)이라

土産은 白玉은(出泰安牙山) 靑玉은(出結城) 玉石은(出唐津牙山) 水晶은(出牙山) 硯石은(出藍浦) 磁器는(出禮山藍浦) 鐵은(出洪州泰安瑞山定山) 漆은(出定山韓山鴻山德山) 苧는(出韓山定山瑞山沔川林川鴻山舒川) 茯苓은(出溫陽鴻山新昌禮山) 地黃은(出青山大興結城林川定山) 安息香은(出鴻山) 竹은(出藍浦結城) 大棗는(出溫陽) 柿는(出韓山舒川) 青魚는(出洪州林川泰安庇仁) 廣魚는(出洪州海美) 白魚는(出林川德山) 葦魚는(出林川) 石首魚는(出林川) 蟹는(出林川鴻山青陽大興) 秀魚는(出韓山禮山德山新昌) 鱸魚는(出韓山) 鯽魚는(出大興德山) 海衣는(出洪州舒川泰安沔川) 海蔘(出瑞山泰安)이라

人物은李穡은韓山人이니穀의子ㅣ라天資ㅣ明敏ᄒᆞ야著書ᄅᆞᆯ博覽ᄒᆞ고後學을勉進홈을已任으로ᄒᆞ고官이門下侍中에至ᄒᆞ니라金周鼎은高麗人이니일즉瑞山守ㅣ되얏더니時에蒙兵이大至ᄒᆞ미周鼎이措置ᄅᆞᆯ得宜ᄒᆞ야威惠가幷著ᄒᆞ니一邑이稱之ᄒᆞ니라郭狆龍은高麗人이니일즉沔川守ㅣ되야본ᄃᆡ書生으로軍旅ᄅᆞᆯ不嫺ᄒᆞ더니倭兵이突至ᄒᆞ야一境이奔竄ᄒᆞ거ᄂᆞᆯ狆龍이上馬ᄒᆞ야橫槊ᄒᆞ고勇氣가激衆ᄒᆞ야一이可히百을當ᄒᆞᄂᆞ지라倭ㅣ失利ᄒᆞ고退ᄒᆞ니라尹氏ᄂᆞᆫ韓山人이니

[illegible]成著의妹라자못文을解ᄒᆞ더니其夫羅繼門이宰相洪允成의家奴의게見殺ᄒᆞᆫ지라 世祖ㅣ溫泉에幸ᄒᆞ실ᄉᆡ尹氏ㅣ寃訴ᄅᆞᆯ呈ᄒᆞᆫᄃᆡ 上이命ᄒᆞ샤允成의奴ᄅᆞᆯ轘ᄒᆞ시고尹氏ᄅᆞᆯ歲마다賜米ᄒᆞ시며復戶ᄒᆞ시니라

公州府ᄂᆞᆫ公州郡 觀察使一이오叅書官一이오主事十五오警務官一이오警務官補一이오總巡三이오郡守二十七이라公州三百二十里燕岐二百九十里恩津四百里連山四百里石城三百九十里扶餘三百八十里魯城三百七十里沃川四百十里文義三百三十里懷德三百四十里鎭岑三百四十里

平澤(一百六十里) 報恩(三百八十里) 懷仁(三百五十里) 永同(四百七十里) 靑山(四百二十里) 黃澗(五百十里) 淸州(三百十里) 全義(二百四十里) 木川(二百四十里) 天安(二百十里) 稷山(二百八十里) 安城(一百七十里) 振威(一百二十里) 陽城(一百五十里) 珍山(四百五十里) 錦山(四百八十里)라

【元帳付田畓】은 十萬八千七百六十八結이오

【戶口】는 十萬四千四百九十六이라

【名勝】은 雞龍山은(公州에在ᄒᆞ니岡巒이特秀ᄒᆞ고氣像이淸明ᄒᆞ니라) 俗離山은(報恩) 黃岳山은(黃澗) 瑞雲山은(安城) 秋風嶺은(黃澗) 錦江은(公州) 白馬江은(扶餘) 江鏡浦는(恩津) 龍淵은(鎭岑) 拱北樓는(淸州) 三山樓는(報恩) 宣化樓는(天安) 白雲亭은(靑山)이라

【土産】은 白玉은(出鎭岑) 靑玉은(出淸州) 玉石은(出恩津) 磁器는(出燕岐淸州天安黃澗珍山) 陶器는(出燕岐淸州安城天安) 水晶石은(出懷仁) 鐵은(出石城全義會城木川恩津錦山珍山) 水鐵은(出公州沃川懷仁報恩) 銅鐵은(出公州珍山) 石鐵은(出懷德) 自然銅은(出連山) 漆은(出連山木川) 苧는(出石城連山魯城扶餘) 麻絲는(出安城) 石硫黃은(出珍山) 安息香은(出安城稷山) 人蔘은(出淸州黃澗永同沃川靑山) 茯苓은(出鎭岑靑山懷德扶餘黃澗全義錦山) 地黃은(出安城振威陽城平澤報恩石城懷德恩津沃川天安連山懷仁) 麝香은(出沃川) 熊膽은(出報恩) 羚羊角은(出報恩) 大棗는(出靑山報恩木川) 柿는(出恩津) 白魚는(出扶餘) 秀魚는(出扶餘平澤天安) 鯽魚는(出平澤陽城) 鱸魚는(出扶餘) 葦魚는(出石城扶餘) 訥魚는(出公

州懷德文義 蟹ᄂᆞᆫ 出公州燕岐天安魯城石城振威 白花蛇ᄂᆞᆫ 出文義라

人物은 向德은 新羅時에 公州人이니 時에 年荒을 値ᄒᆞ고 癘疫이 加ᄒᆞᆫ지라 父母ㅣ 飢ᄒᆞ고 또 病ᄒᆞ니 德이 日夜로 衣帶를 不解ᄒᆞ며 髀肉을 割ᄒᆞ야 써 進ᄒᆞ고 母ㅣ 發癰ᄒᆞ거ᄂᆞᆯ 德이 吮ᄒᆞ야 得瘥ᄒᆞ니라 王이 命ᄒᆞ야 賜租ᄒᆞ고 立石ᄒᆞ야 紀事ᄒᆞ니 後人이 號를 孝家里라 ᄒᆞ니라 蔡亨溫은 本朝에 永同人이니 年이 十一에 母ㅣ 父의 棄ᄒᆞᆫ바ㅣ 되야 家貧ᄒᆞᆫ지라 橡實을 拾ᄒᆞ야 써 朝夕을 供ᄒᆞ더니 母ㅣ 歿ᄒᆞᄆᆡ 稱貸ᄒᆞ야 써 葬ᄒᆞ고 父ㅣ 일직 淋을 患ᄒᆞ거ᄂᆞᆯ 亨溫이 吮ᄒᆞ야 卽愈ᄒᆞ니라

全州南原羅州濟州四府ᄂᆞᆫ 本은 全羅道ㅣ니 馬韓의 地ㅣ라 後에 百濟의 有ᄒᆞᆫ바ㅣ 되얏더니 唐高宗이 百濟를 滅ᄒᆞ야 五都督府를 置ᄒᆞ고 新羅聖德王時에 唐玄宗이 그 地를 新羅에 還屬ᄒᆞ니 景德王十六年에 全武二州都督府를 本道에 置ᄒᆞ야 郡縣을 領케 ᄒᆞ고 眞聖王時에 後百濟의 取ᄒᆞᆫ바ㅣ 되고 高麗太祖十九年에 後百濟를 滅ᄒᆞ야 成宗十四年에 全瀛淳馬等州縣으로 써 南道를 合ᄒᆞ고 光羅貝潭等州縣으로 써 海陽道를 삼앗더니 顯宗九年에 二道

를合ᄒ야全羅道를삼고 本朝ㅣ因之ᄒ얏더니今上朝에至ᄒ야全羅道를四府에分ᄒ야全州府와南原府와羅州府와濟州府ㅣ라稱ᄒ니라大槩그南은大海에濱ᄒ고東은慶尙에接ᄒ야國의南藩이되니智異ᄂᆞᆫ그左에聳ᄒ며漲海ᄂᆞᆫ그右에浸ᄒ고德裕ᄂᆞᆫ그鎭이되니諸山이盤據ᄒ고衆水ㅣ襟帶ᄒ야洋洋乎南天의巨鎭이라德裕와智異와珠崒와靈鷲은仙境福地라號ᄒ고楞枷와月出과天冠과八巔은海上名山이라稱ᄒ며大野ᄂᆞᆫ萬頃에閟衍ᄒ고明湖ᄂᆞᆫ金堤에醽渟ᄒ며雄關을萬馬

에設ᄒ고雲堞을秋月에環ᄒ며舟楫을藏ᄒ야湖嶺와咽喉를合ᄒ고節制를統ᄒ야江浙의控扼에據ᄒ니島嶼萬點은星羅碁布ᄒ고沃野千疇ᄂᆞᆫ繡錯綺分이라松田과竹林은海底에蒼翠ᄒ고名樓와巨刹은湖山에擅勝ᄒᄂᆞᆫ지라風俗은儇利를尙ᄒ고人民은浮巧를喜ᄒ야貿遷이多ᄒ며工技ㅣ精ᄒ고耕織에勤ᄒ며楮竹에工ᄒ니라

全州府ᄂᆞᆫ(全州郡) 觀察使ㅣ이오參書官ㅣ이오主事十五오警務官ㅣ이오警務官補ㅣ이오總巡三이오郡守二十이라全州(五百里) 礪山(四百四十里) 高山(四百七十里)

里 臨陂 四百九十里 咸悅 四百四十里 沃溝 五百三十里 龍安 四百二十里

里 益山 四百十里 扶安 五百十七里 萬頃 五百十五里 金提 五百三十里

金溝 五百十里 古阜 五百六十里 興德 六百十里 井邑 五百十五里 泰

仁 五百十里 長城 六百十里 高敞 六百四十里 茂長 六百十里 靈

光 七百十里라

元帳付田畓은 十一萬八千八十二結이오

戶口는 十萬八千二百六十三이라

名勝은 楞伽山은 金堤 龍華山은 益山 珠華山은 高山 萬馬

關은 全州 蘆嶺은 長城 東津江은 金堤 彩石江은 扶安 蟾蜍江

은 全州 孔德池는 全州 太極浦는 金堤 萬和樓는 全州 雲湖樓

는 靈光 淸心樓는 益山 冬栢亭은 茂長이라

土産은 磁器는 出興德高敞扶安 沙器는 出金溝 烏水晶은

出山 礪石은 出仁泰 楮는 出全州高敞 苧는 出金溝高山礪山泰仁扶安咸悅 金堤井

邑 長城 漆은 出全州高山 竹은 出金井邑溝高敞扶安 薑은

出金溝泰仁古阜扶安 井邑 金溝 蓴菜는 出金堤咸悅 石榴는 出金溝全州

柿는 出高敞井邑 秀魚는 出沃溝龍 葦魚는 出安咸悅龍 鯽魚는

出金堤山 蟹는 出臨山 蘆山 白魚는 出安龍 眞魚는 出臨陂

石首魚는 出興德 白花蛇는 出長城이라

人物은 黃喜는

本朝人이니 號를 厖村이라 高麗

辛昌時에 登第ᄒᆞ고 本朝에 入ᄒᆞ야 四朝를 事

호야官이議政에至호고年이九十에卒호니謚를
翼成이라호다公이政府에在호지二十四年에
祖宗의成憲을務遵호야紛更을不喜호며處事에
循理호야規模ㅣ弘遠호고비록宮闈의秘事라도
承召호야咨之호면문득片言에定호더라崔有悰
은 本朝人이니正言으로써爲親호야郡守가되
야治民호미政淸호고事簡호며또諸生을會호야
經史를講論호니受業호는者ㅣ甚히多호더라吳
氏는 本朝人이니池三近의妻ㅣ라夫ㅣ歿호미
三年을廬墓홀시朝夕으로慟泣호니聞者ㅣ皆服

호더라
南原府는 南原郡 觀察使一이오參書官一이오主事
十三이오警務官一이오警務官補一이오總巡三
이오郡守十五ㅣ라南原六百三十里求禮七百六十里雲峰六百八十里谷城六百七十里順天七百七十里光陽八百十里任實五百七十里長水六百四十里鎭安五百八十里潭陽六百十里淳昌六百三十里玉果六百六十里昌平七百里龍潭五百三十里茂朱四百八十里라
元帳付田畓은六萬六千九百八十四結이오
人戶는七萬五千七百三十九라
名勝은德裕山은茂朱智異山은求禮馬耳山은鎭安白華

山은(長水)金珠島는(順天)蟾津은(光陽)廣寒樓는(南原)喚仙亭
은(順天)滿月亭은(順天)이라
【土産】은自然銅은(出淳昌)鐵은(出光陽昌平茂朱)磁器는(出順天谷
城)漆은(出昌平任實陽鎭安龍潭)楮는(出潭陽淳昌任實玉果谷城求禮南原鎭安龍
潭茂朱)苧는(出任實順天龍潭潭陽谷城南原順天)竹은(出天求禮南原谷城順天)薑은(出順天)
(天任南實原)人蔘은(出雲峯長水茂朱)茯苓은(出南原潭陽雲峯求禮)地黃
은(出求禮)五味子는(出雲峯)胡桃는(出潭陽南原求禮)棗는(出昌平)
柿는(出谷城昌平求禮南原潭陽長水玉果)石榴는(出潭陽南原順天)柚子는
(出順天)銀口魚는(出淳昌玉果求禮)蟹는(出南原)이라
【人物】은孫順興은高麗時에求禮人이니幼時에母

ㅣ歿ᄒᆞ니及長에母像을畵ᄒᆞ야奉祀ᄒᆞ고三日에
ᄒᆞᆫ번식墳墓에詣ᄒᆞ야饗ᄒᆞ기를生時와갓치ᄒᆞ니
成宗이詔ᄒᆞ야官階를擬授ᄒᆞ야ᄡᅥ孝道를勸ᄒᆞ니
라宣烱은 本朝人이니武藝ㅣ過人ᄒᆞ고詩詞가
鳴世ᄒᆞ니라 世祖敵愾功臣으로楡城君을封ᄒᆞ
니라崔致遠은新羅時에南原人이니ᄉᆞᄉᆞ로學業
으로ᄡᅥ己志를삼고不ᄒᆞ되疑忌가多ᄒᆞ야能히容
치못ᄒᆞ야出ᄒᆞ야太山太守되니라
【羅州府】는(羅州郡) 觀察使ㅣ이오叅書官ㅣ이오主事
十四오警務官ㅣ이오警務官補ㅣ이오總巡三이

오郡守十六이라羅州(七百五十里)海南(九百里)珍島(一千三十里)康津(八百十里)長興(八百十里)興陽(八百九十里)寶城(九百五十里)靈巖(八百二十里)務安(七百十里)咸平(七百九十里)綾州(七百五十里)和順(七百十里)同福(七百六十里)光州(七百十里)南平(七百二十里)樂安(八百七十里)

元帳付田畓은十一萬四千二百九十五結이오

人口는九萬七千三百八十四라

名勝은月出山은(靈巖)頭輪山은(海南)萬德山은(康津)汭陽江은(長興)莞島는(長興)觀政樓는(咸平)海月樓는(靈巖)聽潮樓는(康津)望雲樓는(海南)滄浪亭은(同福)이라

土産은鐵은(出光州咸平和順)水鐵은(出咸平)磁器는(出光州綾州)水泡石은(出寶城)礪石은(出寶城)華班石은(出海南)南竹은(出羅州海南珍島咸平長興康津)烏竹은(出寶城)漆은(出長興)與福同水獺은(出咸平寶城)紫檀香은(出珍島)麝香은(出興陽)地黃은(出光州)는(出城海南)黃薑은(出長興同福)楮는(出樂安咸平同福寶城)苧는(出長興)大棗는(出光州)胡桃는(出光州)石榴는(出珍島)柚는(出光州)子는(出樂安靈巖康津長興珍島寶城)柿는(出海南寶城咸平綾州靈巖)同栗은(出光州)銀口魚는(出同福)鯽魚는(出光州)라

人物은洪偘은(…)朝人이니世一病들미簡이脛肉을割ᄒᆞ야和麵ᄒᆞ고作丸ᄒᆞ야써進ᄒᆞ니病이드

디더愈ᄒᆞ니라 그越年에母ㅣ歿ᄒᆞ미喪禮로權窆히ᄒᆞ야葬ᄒᆞ고三年을廬墓ᄒᆞ미哀毁ᄒᆞ야杖ᄒᆞᆫ後에起ᄒᆞ니人이다出天ᄒᆞᆫ孝ㅣ라ᄒᆞ더라事ㅣ聞ᄒᆞ미旌閭ᄒᆞ니라朴有誠은 本州人이니年이五十에父母ㅣ俱歿ᄒᆞ니廬墓六年에服闋ᄒᆞ미父母의圖形을奉ᄒᆞ고朝夕으로祭奠을不廢ᄒᆞ더라

濟州府ᄂᆞᆫ濟州郡觀察使一이오叅書官一이오主事十三이오警務官一이오警務官補一이오總巡三이오郡守三이라濟州一千九百十里大靜二千三十里旌義二千一百四十里라

荒帳付田畓은八千四百結이오

人戶ᄂᆞᆫ九千八百이라

名勝은漢挐山은濟州瀛州山은旌義飛揚島ᄂᆞᆫ濟州毛瑟浦ᄂᆞᆫ大靜弘化閣은濟州觀德亭은濟州이라

土産은海獺皮ᄂᆞᆫ出濟州玳瑁ᄂᆞᆫ出大靜鸚鵡螺ᄂᆞᆫ出濟州鹽은出旌義石斛은出濟州柑子ᄂᆞᆫ出濟州橘은出濟州柚子ᄂᆞᆫ出濟州杜冲은出大靜零陵香은出濟州白蠟은出濟州蠙珠ᄂᆞᆫ出濟州枳殼은出旌義附子ᄂᆞᆫ出濟州安息香은出濟州이라

人物은金千同은 本朝人이니母ㅣ腫으로病ᄒᆞ야幾危ᄒᆞᆫ지라千同이斷指ᄒᆞ야和藥ᄒᆞ야써進ᄒᆞ

니病이드듸여愈ᄒᆞ니事ㅣ聞ᄒᆞ매旌閭ᄒᆞ니라金
氏ᄂᆞᆫ 本朝人이니일즉喪夫ᄒᆞ매父母ㅣ奪志ᄒᆞ
고ᄌᆞᄒᆞᆫ듸金氏ㅣ誓ᄒᆞ야適他를아니라ᄒᆞ고投
江ᄒᆞ고ᄌᆞᄒᆞ거ᄂᆞᆯ父母ㅣ止之ᄒᆞ니金氏ㅣ終身토
록衣白ᄒᆞ고祭祀를奉ᄒᆞᆯ셰肉을不食ᄒᆞ더라

晉州東萊大邱安東四府ᄂᆞᆫ本은慶尚道ㅣ니辰弁
二韓의地라西漢五鳳甲子에新羅ㅣ國을此에建
ᄒᆞ더니景德王十六年에尚良康三州都督府를本
道에置ᄒᆞ야郡縣을領케ᄒᆞ고孝恭王時에後百濟
의甄萱이尚康二州의地를侵ᄒᆞ야有ᄒᆞ고敬順王
九年에國을高麗에遜ᄒᆞ야成宗十四年에分ᄒᆞ야
嶺南과嶺東과山南三道를合ᄒᆞᆺ더니睿宗元年에
合ᄒᆞ야慶尚晉州道ㅣ라改ᄒᆞ고明宗元年에分ᄒᆞ
야慶尚晉陝二道를合ᄒᆞᆺ다가十六年에合ᄒᆞ야慶
尚道ㅣ라稱ᄒᆞ고神宗이晉安道ㅣ라改ᄒᆞ고忠肅
王이慶尚道를삼고 本朝ㅣ因之ᄒᆞᆺ더니 今
上朝에至ᄒᆞ야慶尚道를四府에分ᄒᆞ야晉州府와
東萊府와大邱府와安東府ㅣ라稱ᄒᆞ니라大槩ㅣ
國의東南에居ᄒᆞ니東은日本을控ᄒᆞ고西ᄂᆞᆫ兩湖
를連ᄒᆞ며南은滄海가環ᄒᆞ고北은太白이鎭ᄒᆞ야

鳥竹兩嶺으로써 繚ᄒᆞ고 晉洛兩江으로ᄡᅥ 帶ᄒᆞ니 그 山川의 淸秀와 土地의 膏腴와 關鎖의 固密과 民物의 殷富ᄂᆞᆫ 東土에 第一이라 關은 架山과 王屹의 固홈이 有ᄒᆞ고 城은 金烏와 矗石의 堅홈이 有ᄒᆞ며 山에ᄂᆞᆫ 古刹을 藏ᄒᆞ고 水에ᄂᆞᆫ 高樓를 起ᄒᆞ며 野에 名村이 多ᄒᆞ고 嶺에 重關을 設ᄒᆞ야 大江과 峻嶺이 서로 表裏가 되고 雄鎭과 巨防이 서로 唇齒가 되니 屹然히 天府ㅣ라 風俗은 士ᄂᆞᆫ 文重을 重히 녁이고 禮讓을 敦ᄒᆞ며 民은 淳儉을 尙ᄒᆞ고 耕織을 勤ᄒᆞ니 이에 羅麗로부터 國朝에 至ᄒᆞ기 節義와 經術의

士가 多ᄒᆞ야 閭閻이 化ᄒᆞᆫ지라 民이 ᄌᆞᆺ못 饒給ᄒᆞ야 義로ᄡᅥ 動홈에 遠近이 響應ᄒᆞ며 禮로ᄡᅥ 勉홈에 大小가 影從ᄒᆞᄂᆞ니라

晉州府ᄂᆞᆫ 晉州郡 觀察使一이오 參書官一이오 主事十四오 警務官一이오 警務官補一이오 總巡三이오 郡守二十一이라 晉州 八百五十里 固城 九百里 鎭海 八百四十里 泗川 八百八十里 昆陽 九百里 南海 九百十里 丹城 八百八十里 山淸 八百四十里 河東 八百二十里 居昌 七百十里 安義 七百五十里 咸陽 七百十里 陜川 七百七十里 草溪 七百里 三嘉 七百七十里 宜寧 七百七十里 漆原 七百七十里 咸安 八百里 昌原 八百八十里 熊川 八百六十里

金海 八百八十里라

元帳付田畓은九萬九千一百九結이오

人口는十一萬四千九十二라

名勝은伽倻山은陜川牛頭山은居昌靑龍山은漆原佛巖
山은固城鳳鳴山은昆陽黃山江은金海三叉河는金海馬山
浦는昌原에在ᄒᆞ니舟楫이湊會ᄒᆞ니라露梁浦는南海矗石樓는晋州齊
景樓는泗川將星樓는昌原會老堂은金海淨襟堂은三嘉라

土産은鐵은出山淸陝川三嘉昌原丹城銅鉛은出昌原竹은出咸陽漆
原昌原熊川咸安晉州河東昆陽固城漆은出草溪宜寧漆原昌原咸安楮는出陝川草
溪宜寧昌原咸安晉州固城鹽은出漆原生薑은出晉州海松子는出晋
州麝香은出居昌丹城鹿茸은出晉州固城茯苓은出陜川人蔘
은出陝川漆原熊膽은出晉州胡桃는出安義栗은出居昌柿는
出居昌安義陝川草溪漆原咸安河東泗川石榴는出熊川咸安晉州丹城固城南海柚
子는出熊川河東昆陽泗川固城南海文魚는出熊川鰒은出固城鯉魚
는出咸安鯽魚는出昌原咸安銀口魚는出陝川丹城鱖魚는出三
嘉라

人物은安裕는高麗元宗時에登第ᄒᆞ야官이中贊
에至ᄒᆞ더니學校를憂ᄒᆞ야日夜로建議ᄒᆞ야贍學
錢을置ᄒᆞ고쏘그臧獲을納ᄒᆞ며晦庵眞을掛ᄒᆞ고
써景慕를致ᄒᆞ니라忠肅王六年에文廟에從祀ᄒᆞ

고謚ᄅᆞᆯ文成이라ᄒᆞ다鄭汝昌은　本朝河東人이
니年八歲에明使張寧이見ᄒᆞ고異之ᄒᆞ야汝昌이
라名ᄒᆞ니라汝昌이事親을至孝로ᄒᆞ고理學에精
明ᄒᆞ더라我　成宗이叅奉을特授ᄒᆞ야褒之ᄒᆞ시
더니戊午에被謫ᄒᆞ야死ᄒᆞ니　中宗이議政을贈
ᄒᆞ시고賜祭ᄒᆞ시니라

東萊府ᄂᆞᆫ(東萊郡)觀察使一이오叅書官一이오主事
十五오警務官一이오警務官補一이오總巡三이
오郡守十一이라東萊(一千里)梁山(九百里)機張(九百五十里)
蔚山(八百十里)彦陽(八百八十里)慶州(七百六十里)延日(七百七十里)長
鬐(八百八十里)興海(七百五十里)巨濟(一千里)라

元帳付田畓은四萬五千四百七十二結이오

人口ᄂᆞᆫ五萬六千七百三十四라

名勝은圓寂山은(蔚山)金鰲山은(慶州)大興山은(延日)釜山
浦ᄂᆞᆫ(東萊)絶影島ᄂᆞᆫ(東萊)閒山島ᄂᆞᆫ(巨濟)太和樓ᄂᆞᆫ(蔚山)海雲
臺ᄂᆞᆫ(東萊)라

土産은磁器ᄂᆞᆫ(出東萊)陶器ᄂᆞᆫ(出東萊)水晶石은(出慶州)瑪
瑙石은(出蔚山)鐵은(出彦陽)水鐵은(出山)竹은(出蔚山機張)
苧ᄂᆞᆫ(出蔚山)楮ᄂᆞᆫ(出慶州)水獺은(出巨濟)漆은(出巨濟)石
硫黃은(出慶州)砒礵은(出慶州)石榴ᄂᆞᆫ(出巨濟)柚子ᄂᆞᆫ(出機張)

張清巨柟ᄂᆞᆫ出張樸 秀魚ᄂᆞᆫ出山 梁葦魚ᄂᆞᆫ出梁山이라

人物은金后稷은高麗眞平王時에慶州人이라王이好獵ᄒᆞ거ᄂᆞᆯ后稷이諫호ᄃᆡ不聽ᄒᆞᄂᆞᆫ지라將歿에其子에게語ᄒᆞ야ᄀᆞᆯ오ᄃᆡ我ㅣ能히言惡을匡救치못ᄒᆞ얏스니我ㅣ歿ᄒᆞ거던王의遊田ᄒᆞᄂᆞᆫ路側에瘞ᄒᆞ라其子ㅣ從之ᄒᆞ얏더니他日에王이出ᄒᆞ다가中路에聲이有ᄒᆞ야일오ᄃᆡ王은勿去ᄒᆞ라ᄒᆞ거ᄂᆞᆯ王이顧問ᄒᆞᆫᄃᆡ從者ㅣᄀᆞᆯ오ᄃᆡ金后稷의墓ㅣ라ᄒᆞ고드ᄃᆡ어臨歿의言을陳ᄒᆞ니王이消然히出涕ᄒᆞ고終身토록不獵ᄒᆞᄂᆞᆫ지라人이일오ᄃᆡ墓諫

이라ᄒᆞ더라鄭夢周ᄂᆞᆫ高麗時에延日人이니豪邁ㅣ絕倫ᄒᆞ야忠孝의大節이有ᄒᆞ더라恭愍王九年에三場에連魁ᄒᆞ야官이侍中에至ᄒᆞ니라後에趙英珪의殺ᄒᆞᆫ바ㅣ되니 本朝ㅣ褒之ᄒᆞ야領相을贈ᄒᆞ고諡ᄅᆞᆯ文忠이라ᄒᆞ니라

大邱府ᄂᆞᆫ大邱部 觀察使一이오叅書官一이오主事十五오警務官一이오警務官補一이오總巡三이오郡守二十三이라大邱六百七十里 慶山七百里 漆谷六百六十里 仁同五百二十里 星州六百里 知禮六百十里 高靈六百五十里 善山五百十里 開寧五百五十里 金山五百六十里 義城五百六十里

朝鮮地誌

義興(六百十六里) 軍威(五百十五里) 比安(五百十五里) 密陽(八百十里) 清道(七百十七里) 永川(六百十里) 慈仁(七百二十里) 新寧(六百四十里) 河陽(七百十六里) 昌寧(八百十七里) 靈山(七百十里) 玄風(七百十二里)라

元帳付田畓은 十一萬四千五百三十七結이오

人戶는 十二萬七千二百四十二라

名勝은 金烏山은(善山) 八公山은(大邱) 雲門山은(清道) 秋風嶺은(金山) 氷巖은(善城) 晉江은(靈山에在ᄒᆞ니 源이 智異山으로 南流ᄒᆞ야 咸陽의德裕水를 會ᄒᆞ고 晉州로 丹城 宜寧을 經ᄒᆞ야 至ᄒᆞ고 南으로 洛東江에 會)ᄒᆞ니 海陽江은(容陽) 琴湖는(大邱) 嶺南樓는(密陽) 聞韶樓는(義城) 百花軒은(星州)라

三十六

土産은 磁器는(出義興星州) 高沙器는(出咸昌) 華斑石은(出密陽) 石硫黃은(出清道) 漆은(出大邱清道密陽新寧軍威 比安義興義城善山星州) 楮는(出清道) 綿絲는(出義城) 人蔘은(出大邱安義興義城新寧) 茯苓은(出寧昌) 地黃은(出新寧金山) 胡桃는(出大邱清道) 柿는(出大邱) 石榴는(出善山高靈仁同清道) 棗는(出大邱清道河陽慶山) 栗은(出河陽) 銀口魚는(出善山清道) 鱸魚는(出咸陽大邱知禮金山) 鯽魚는(出慶山河陽) 鯉魚는(出玄風) 白花蛇는(出昌寧이라)

人物은 金黃元는 高麗 宣宗時에 星州守ㅣ 되얏더니 吏가 有ᄒᆞ야 殺人ᄒᆞᆫ 强盜로 捕ᄒᆞ야 ᄲᅥ 至ᄒᆞ얏거늘 黃元이 熟視ᄒᆞ야 ᄀᆞᆯ오ᄃᆡ 此ㅣ 賊趣아니니ᄒᆞ야

朝鮮地誌 三十七

吾放之ᄒᆞ라判官李思緯이力爭ᄒᆞ야ᄀᆞᆯ오ᄃᆡ此盜ㅣ已服ᄒᆞ니맛당이治罪ᄒᆞᆯ거시라黃元이不聽ᄒᆞ더니後에他盜ᄅᆞᆯ獲ᄒᆞ니果然向日에殺人ᄒᆞᆫ者ㅣ라吏民이그神明ᄒᆞᆷ을服ᄒᆞ더라李寶林은高麗時에星州守ㅣ되얏더니婦人의哭聲을聞ᄒᆞ고ᄀᆞᆯ오ᄃᆡ哭聲이哀치아니ᄒᆞ야喜ᄒᆞᆷ이有ᄒᆞᆫ것갓다ᄒᆞ고執ᄒᆞ야訊之ᄒᆞ니果然奸夫로더부러夫ᄅᆞᆯ謀殺ᄒᆞᆫ者ㅣ러라人이有ᄒᆞ야訟ᄒᆞ되隣人이我의牛舌을割去ㅣ라ᄒᆞ니隣人이不服ᄒᆞᄂᆞᆫ지라寶林이其牛ᄅᆞᆯ渴ᄒᆞ게ᄒᆞ고里人을會ᄒᆞ고水에醬을和ᄒᆞ고令ᄒᆞ야ᄀᆞᆯ오ᄃᆡ以次로飮牛ᄒᆞ되飮ᄒᆞ고ᄌᆞᄒᆞ거ᄃᆞᆫ卽止ᄒᆞ라里人이如命ᄒᆞ더니所訟人에至ᄒᆞᆫ則牛ㅣ駭走ᄒᆞ거ᄂᆞᆯ訊之ᄒᆞ니果服ᄒᆞ더라徐氏ᄂᆞᆫ 本朝郎將徐思達의女ㅣ니軍威人이라同縣人都雲峰에게嫁ᄒᆞᆫ지계우一年에夫ㅣ死ᄒᆞᄆᆡ哀毁ㅣ逾禮ᄒᆞ고항샹堂後에竹林에就ᄒᆞ야抱竹ᄒᆞ고呼泣ᄒᆞ니一日은忽然이白竹三叢이生ᄒᆞ야三年에七八叢에至ᄒᆞᆫ지라 世宗이聞之ᄒᆞ시고命ᄒᆞ샤白竹을圖ᄒᆞ야 進ᄒᆞ시고復戶ᄒᆞ고旌門ᄒᆞ시니라

安東府ᄂᆞᆫ 安東郡 觀察使ㅣ이오 叅書官ㅣ이오主事

十五오警務官一이오警務官補一이오總巡三이오郡守十七이라安東(五百四十里)青松(六百二十里)眞寶(六百二十里)英陽(六百四十里)盈德(七百九十里)寧海(七百五十里)清河(八百十里)榮川(四百八十里)禮安(五百十里)奉化(五百十里)順興(四百六十里)豊基(四百三十里)咸昌(四百四十里)龍宮(四百五十里)醴泉(四百八十里)尚州(四百八十里)聞慶(三百八十里라)

元帳付田畓은六萬五千三百八結이오

戶는七萬七千三百五十六이라

名勝은太白山은(奉化에在ᄒᆞ니三道의交에盤據ᄒᆞ야周圍ㅣ三百餘里라)清凉山은(安東)周房山은(青松)小白山은(豊基)日月山은(英陽)鳥

嶺은(聞慶)竹嶺은(豊基)洛東江은(尚州에在ᄒᆞ니源이太白山에出ᄒᆞ야安東을經ᄒᆞ야尚州洛東江이되고南流ᄒᆞ야靈山晋江이되고東流ᄒᆞ야密陽海陽江이되고金海三叉河로由ᄒᆞ야海에入ᄒᆞ니라)河豐津은(龍宮)加恩川은(聞慶)映湖樓는(安東)讚慶樓는(青松)鳳松亭은(清河라)

土産은玉石은(出尚州)水晶石은(出豊基)紫石은(出安東)鐵은(出安東禮安醴泉龍宮尚州)銅鉛은(出寧海)漆은(出盈德青松)楮는(出豊基榮川醴泉)人蔘은(出醴泉聞慶尚州盈德寧海青松真寶安東禮安奉化豊基榮川)茯苓은(出聞慶)地黃은(出榮川咸昌)當歸는(出順興)山査는(出順興)羚羊角은(出青松)熊膽은(出青松聞慶)五味子는(出英陽)胡桃는(出尚州)柿는(出聞慶咸昌尚州)梨는(出龍宮)栗은(出尚州)海松子

ᄂᆞᆫ出聞慶 銀口魚ᄂᆞᆫ出安東豊基醴泉聞慶尙州 鯽魚ᄂᆞᆫ出醴泉 白花
蛇ᄂᆞᆫ出聞慶이라

【人物】은權溥ᄂᆞᆫ高麗時에安東人이니年이十八에登第ᄒᆞ야일직朱子四書集註를刊行ᄒᆞ니東方에性理의學이溥로부터倡ᄒᆞ더라子婿八人이다封君ᄒᆞ니時人이號를一家九封이라ᄒᆞ다及卒에謚를文正이라ᄒᆞ니라孫順은新羅眞興王時에人이니養母를至孝로ᄒᆞᆯ시小兒ㅣ미양母食을奪ᄒᆞᄂᆞᆫ지라順이其妻다려謂ᄒᆞ야ᄀᆞᆯ오ᄃᆡ兒로ᄒᆞ야곰求食케勿ᄒᆞ라兒ㅣ또求食ᄒᆞ거ᄂᆞᆯ順이兒를埋코ᄌᆞᄒᆞ야掘地ᄒᆞ다가石鍾을得ᄒᆞ니甚奇ᄒᆞᆫ지라妻ㅣᄀᆞᆯ오ᄃᆡ得物홈이자못兒의福이라ᄒᆞ고이에負兒ᄒᆞ고還ᄒᆞ야石鍾을堂에懸ᄒᆞ고撞之ᄒᆞ니聲이王宮에聞ᄒᆞᆫᄃᆡ王이人으로ᄒᆞ야곰審之ᄒᆞ고ᄀᆞᆯ오ᄃᆡ昔에郭巨ㅣ埋子ᄒᆞ다가하ᄂᆞᆯ이金釜를賜ᄒᆞ더니今에孫順이埋兒ᄒᆞ다가地에서石鍾이出ᄒᆞ니前後ㅣ同符ㅣ라ᄒᆞ고屋一區와粳米五十石을賜ᄒᆞ니라

【江陵春川二府】ᄂᆞᆫ本은江原道ㅣ니濊貊樂浪의地라百濟와分ᄒᆞ야有ᄒᆞ얏더니東漢末에新羅ㅣ二

地로漸拓ᄒᆞ고景德王十六年에溟朔二州都督府를本道에置ᄒᆞ야郡縣을領케ᄒᆞ고孝恭王時에泰封의取ᄒᆞᆫ바ㅣ되고景明王時에高麗에歸ᄒᆞ니成宗十四年에朔方道ㅣ라稱ᄒᆞ고明宗八年에改ᄒᆞ야溟州春州二道를置ᄒᆞ고忠肅王元年에春州를改ᄒᆞ야淮陽道를合고恭愍王十五年에溟州로써江陵道ㅣ라稱ᄒᆞ고辛禑十四年에二道를合ᄒᆞ야交州江陵道를삼고　本朝太祖四年에江原道ㅣ라改ᄒᆞ얏더니　今上朝에至ᄒᆞ야江原道를二府에分ᄒᆞ야江陵府와春川府ㅣ라稱ᄒᆞ니라此二府의大幹은淮陽의鐵嶺으로부터南으로走ᄒᆞ야楸池와鴈門과檜田과大關이되고太白에至ᄒᆞ야一派巨嶺이되야崇山峻嶺이層疊蜿蜒ᄒᆞ야千里를橫亘ᄒᆞ니江陵等九邑은다嶺에據ᄒᆞ고海에濱ᄒᆞ야嶺海의間이三四十里에不過ᄒᆞ야ᄌᆞ못異域과갓고嶺西諸邑은다亂山深谷이라峻嶺으로써疊ᄒᆞ고長川으로써回ᄒᆞ야地ㅣ僻ᄒᆞ며人은稀ᄒᆞ고樹木은叢密ᄒᆞ며田疇ㅣ瘠薄이라北은鐵關과防墻의險홈을阻ᄒᆞ며東은金剛과五臺의雄홈을鎭ᄒᆞ고左로萬里의滄海를沿ᄒᆞ며右로千重의複嶺

을聯ᄒᆞ니北으로咸平을連ᄒᆞ며南으로忠慶을接ᄒᆞ야畿輔의東藩이되니라風俗이朴魯ᄅᆞᆯ尙ᄒᆞ야衣食이華侈ᄒᆞᆷ이無ᄒᆞ고濱海의民은魚鹽으로生ᄒᆞᆷ이多ᄒᆞ고峽에處ᄒᆞᄂᆞᆫ民은專혀火耕을일삼으니地가다疊嶂과冷泉이오風氣가凄寒ᄒᆞᆫ지라麻ᄅᆞᆯ織ᄒᆞ야써衣ᄒᆞ며蕎穈ᄅᆞᆯ食ᄒᆞ고士ᄂᆞᆫ文藝가鮮ᄒᆞ며人은工技가無ᄒᆞ니라

江陵府ᄂᆞᆫ(江陵郡)觀察使一이오叅書官一이오主事十三이오警務官一이오警務官補一이오總巡三이오郡守九라江陵(五百三十里)蔚珍(八百里)平海(八百八十里)三陟(六百五十里)高城(五百十里)杆城(五百五十里)通川(四百四十里)歙谷(四百七十里)襄陽(五百四十里)이라

元帳付田畓은一萬五百七十一結이오

公元ᄂᆞᆫ二萬四千六百六十八이라

名勝은雪嶽山은(襄陽에在ᄒᆞ니石勢ㅣ連天ᄒᆞ야白ᄒᆞᆷ이雪色과如ᄒᆞ니라)五臺山은(江陵에在ᄒᆞ니五峯이環列ᄒᆞ고九龍淵과史庫ㅣ有ᄒᆞ니라)大關嶺은(江陵)鏡浦湖ᄂᆞᆫ(江陵에在ᄒᆞ니水淨ᄒᆞ기如鏡ᄒᆞ니라)鬱陵島ᄂᆞᆫ(蔚珍에在ᄒᆞ니周回ㅣ二百餘里니東西ㅣ六十餘里오南北이四十餘里라)芋山島ᄂᆞᆫ(蔚珍)三日浦ᄂᆞᆫ(高城)鏡浦臺ᄂᆞᆫ(江陵)侍中臺ᄂᆞᆫ(歙谷)竹西樓ᄂᆞᆫ(三陟)太平樓ᄂᆞᆫ(襄陽)望洋亭은(蔚珍)越松亭은(平海)淸澗亭은(杆城)叢石亭은

通川이라

土產은 磁石은 出高城 水晶은 出高城 瑪瑙石은 出三陟 鐵은 出三陟襄陽 漆은 出歙谷杆城 苧는 出三陟襄陽 海獺은 出三陟江陵平海 紫檀香은 出三陟江陵 五味子는 出通川 人蔘은 出歙谷通川高城 地黃은 出通川杆城襄陽江陵三陟平海 茯苓은 出歙谷三陟平海通川高城三陟江陵 白花蛇는 出平海라

人物은 金益精은 本朝人이니 일직 江陵倅되미 性이 廉謹ᄒᆞ야 一毫도 ᄲᅥ擾民치 아니ᄒᆞ고 鄕校를 創ᄒᆞ야 興學ᄒᆞ니 民이 다 化之ᄒᆞ더라 趙鉊은 高麗時에 人이니 事親홈을 至孝ᄒᆞ더니 其母ㅣ 冬月에 得病ᄒᆞ야 生魚를 食코ᄌᆞ ᄒᆞ되 鉊이 剖氷ᄒᆞ고 鯉魚를 得ᄒᆞ니 人이 일오되 孝感의 致ᄒᆞᆫ 바ㅣ라 ᄒᆞ더라

春川府는 春川郡 觀察使一이오 叅書官一이오 主事十三이오 警務官一이오 警務官補一이오 總巡三이오 郡守十三이라 春川 一百六十里 楊口 三百七十里 洪川 二百二十里 麟蹄 三百七十里 橫城 二百四十里 鐵原 二百里 平康 二百五十里 金化 二百三十里 狼川 二百三十里 淮陽 三百八十里 金城 二百七十里 楊根 一百二十里 砥平 一百五十里

元帳付田畓은 一萬九千五百六十八結이오

【戶口】ᄂᆞᆫ 四萬二千八百二十六이라

【名勝】은 金剛山은 淮陽에 在ᄒᆞ니 起家ㅣ 五百餘里오 무릇 一萬二千峯이라 萬瀑洞과 須彌塔과 毗盧峯과 長安寺ㅣ 有ᄒᆞ니라 龍門山은 陽根 寶蓋山은 鐵原 清平山은 春川 白嶽山은 鐵原 鐵嶺은 淮陽 斷髮嶺은 淮陽 昭陽江은 春川 菩提津은 金城 昭陽亭은 春川 龍化亭은 狼川 泛波亭은 洪川이라

【土産】은 磁器ᄂᆞᆫ 出楊口鐵原砥平 陶器ᄂᆞᆫ 出砥平 磁石은 出淮陽 鐵은 出橫城洪川金化 銅鐵은 出淮陽金城 鉛鐵은 出淮陽金城 漆은 出橫城洪川麟蹄春川狼川原平康金化金城淮陽鐵 人蔘은 出橫城洪川麟蹄陽口春川狼川鐵原平康金化淮陽金城 茯苓은 出橫城洪川金城 鹿茸은 出淮陽 安息香은 出橫城 羚羊角은 出淮陽 白花蛇ᄂᆞᆫ 出橫城 錦鱗魚ᄂᆞᆫ 出洪川淮陽金城 訥魚ᄂᆞᆫ 出楊口鐵原平康 餘項魚ᄂᆞᆫ 出狼川이라

【人物】은 曹孝立은 高麗人이니 일직 文學으로ᄡᅥ 著名ᄒᆞ니라 春川守ㅣ 되얏더니 蒙古의 兵이 圍城에 士卒이 國蒼ᄒᆞ거ᄂᆞᆯ 孝立이 城을 不守ᄒᆞᆯ 줄 知ᄒᆞ고 妻로 더부러 赴火ᄒᆞ야 死ᄒᆞ다 孫氏ᄂᆞᆫ 高麗人이니 承旨哥 田龍의 妻ㅣ라 年이 二十一에 田龍이 中原에 入ᄒᆞ야 不返ᄒᆞ거ᄂᆞᆯ 孫氏ㅣ 養姑ᄒᆞ기를 더욱 勤히 ᄒᆞ야 心에 不二ᄒᆞ니 朝廷이 그 節義를 嘉히 녀겨 立碑ᄒᆞ야ᄡᅥ 旌之ᄒᆞ니라

開城海州二府ᄂᆞᆫ(開城은京畿道라) 海州ᄂᆞᆫ本은黃海道ㅣ니馬韓의地라後에樂浪의管ᄒᆞᆫ바ㅣ되고또百濟高句麗가分ᄒᆞ야有ᄒᆞ얏더니後에다高句麗에入ᄒᆞ고唐高宗이高句麗를滅ᄒᆞ야그地를安東都護府에屬ᄒᆞ고(今平壤이라)唐玄宗開元時에그地를新羅에還屬ᄒᆞ니景德王十六年에本道郡縣을漢州郡督府에隷ᄒᆞ고孝恭王時에弓裔의取ᄒᆞᆫ바ㅣ되얏더니後에高麗의並ᄒᆞᆫ바ㅣ되고成宗十四年에關內道에隷ᄒᆞ고顯宗時에分ᄒᆞ야西海道ㅣ라稱ᄒᆞ고元宗十年에洞仙嶺迤北이蒙古에沒ᄒᆞ얏다가後十年忠烈王四年에復還ᄒᆞ고 本朝太祖四年에豐海道를合고 太宗十七年에黃海道ㅣ라改ᄒᆞ얏더니 今上朝에至ᄒᆞ야黃海道를二府에分ᄒᆞ야開城府와海州府ㅣ라稱ᄒᆞ니라大槩ㅣ그大嶺은北에障ᄒᆞ고巨海ᄂᆞᆫ西에環ᄒᆞ야畿輔의藩屛과關西의脣齒가되니水ᄂᆞᆫ月唐과禮成의限홈이有ᄒᆞ고山은首陽과九月의雄홈이有ᄒᆞ며天險을洞仙과慈悲에設ᄒᆞ고廣野를鹽州와鳳陽에藏ᄒᆞ얏시며環海七邑은名勝으로ᄡᅥ擅ᄒᆞ고沿途五邑은關防으로ᄡᅥ壯ᄒᆞ며海州ᄂᆞᆫ左로江松兩郡를

藩捍ᄒᆞ고右로黃瓮二鎭에跨馭ᄒᆞᆫ지라一隅에處ᄒᆞ야水陸을控制ᄒᆞ고郡縣은權衡ᄒᆞ며黃州ᄂᆞᆫ左로複嶺을聯ᄒᆞ고右로大野를挾ᄒᆞ며北으로浿水를距ᄒᆞ고南으로巴嶺을限ᄒᆞ야土地가膏沃ᄒᆞ고民物이富繁ᄒᆞ며瓮津은左로喬沁의聲援을擅ᄒᆞ고右로長山의險固를聯ᄒᆞ며東으로畿甸을控ᄒᆞ고西으로登萊를引ᄒᆞ니兩道의咽喉오一方의要衝이라風俗은淳質을尙ᄒᆞ나人性이勁悍ᄒᆞ고商賈를好ᄒᆞ며弓馬를習ᄒᆞ고稼穡을勤ᄒᆞ니라

開城府ᄂᆞᆫ(開城郡) 觀察使一이오叅書官一이오主事十四오警務官一이오警務官補一이오總巡三이오郡守十三이라開城(一百四十里) 豐德(一百八十里) 湖寧(一百十里) 麻田(一百三十里) 長湍(一百二十里) 伊川(二百八十里) 安峽(三百二十里) 兎山(二百三十里) 平山(二百六十里) 金川(二百里) 遂安(四百三十里) 谷山(四百四十里) 新溪(三百三十里)라

元帳付田畓은三萬五千九十三結이오

人口ᄂᆞᆫ五萬一千九百九라

名勝은淸凉山은(谷山) 彦眞山은(遂安) 松岳山은(開城) 五冠山은(長湍) 聖居山은(金川) 天摩山은(開城) 白馬山은(豐德) 能成江은(開城) 臨津江은(長湍) 朴淵瀑은(金川) 助邑浦ᄂᆞᆫ(金川) 風和

朝鮮地志 三十九

樓ᄂᆞᆫ(遂安) 滿月臺ᄂᆞᆫ(開城) 悅雲亭은(伊川) 青石關은(開城)이라

土產은 礪石은(出金川平山) 玉石은(出遂安) 水晶은(出兎山) 碇玉沙ᄂᆞᆫ(出豐德) 鐵은(出金川遂安平山新溪) 銅은(出遂安) 山獺은(出金川) 麻絲ᄂᆞᆫ(出遂安谷山長淵麻田朔寧) 綿絲ᄂᆞᆫ(出平山) 人蔘은(出開城安峽伊川遂安兎山新溪谷山) 茯苓은(出遂安安峽伊川新溪) 羚羊角은(出伊川) 訥魚ᄂᆞᆫ(出遂安新溪谷山) 漆은(出兎山安峽伊川) 鯽魚ᄂᆞᆫ(出平山) 葦魚ᄂᆞᆫ(出長淵) 錦鱗魚ᄂᆞᆫ(出翎寧) 餘項魚ᄂᆞᆫ(出安峽伊川) 蟹ᄂᆞᆫ(出平山豐德長淵麻田)이라

人物은 金富允은 高麗人이니 忠烈王이 世子로ᄲᅥ 如元ᄒᆞᆯ시 富允이 從行ᄒᆞ야 비록 險難을 值ᄒᆞ나 執節ᄒᆞ야 移치 아니ᄒᆞ니 元世祖ㅣ 其名을 知ᄒᆞ고 征東行省官을 授ᄒᆞ니라 金處禮ᄂᆞᆫ 本朝人이니 일즉 縣倅ㅣ 되야 理民ᄒᆞ미 淸簡ᄒᆞ야 官舍에 事ㅣ 無ᄒᆞ고 獄中에 蒿ㅣ 生ᄒᆞ야 政治第一이 되ᄂᆞᆫ지라 世祖ㅣ 召還ᄒᆞ샤 兵曹知事를 授ᄒᆞ시니라

海州府(海州郡) 觀察使一이오 參書官一이오 主事士오 警務官一이오 警務官補一이오 總巡三이오 郡守十六이라 海州(三百八十里) 延安(二百五十里) 白川(二百十里) 甕津(四百八十里) 康翎(四百五十里) 長淵(五百二十里) 松禾(五百五十里) 豐川(五百五十里) 安岳(五百三十里) 長連(五百七十里) 殷栗(五百五十里) 載

寧四百六十里信川四百六十里文化五百二十里瑞興三百四十里鳳山四百十里라

元帳付田畓은六萬七千三十三結이오

人口는十萬一千二百二十八이라

名勝은九月山은文化에在ᄒᆞ니石勢가雄盤ᄒᆞ고崇峻ᄒᆞ니라首陽山은海州에在ᄒᆞ니石勢가挿天ᄒᆞ야芙蓉과如ᄒᆞ니라金藏山은載寧鳳凰山은康翎洞仙嶺은鳳山月當江은瑞興三支江은載寧鐵和江은黃州龍池는延安에在ᄒᆞ니周回一二十里라椒島는豐川羅津浦는延安海雲亭은海州芙蓉堂은海州君子亭은延安觀心亭은白川望海亭은康翎이라

土産은青玉은出海州黃玉은出鳳山烏石은出鳳山鐵은出海州長淵鳳山安岳黃州松禾豐川信川鉛은出瑞興銅은出長淵礪石은出康翎黃州水鐵은出信川麻絲는出殷栗文化信川安岳海州康翎甕津載寧長淵松禾豐川鳳山苧는出康翎楮는出松禾豐川漆은出松禾豐川瑞興人蔘은出信川安岳瑞興鹿茸은出康翎鹿角膠는出長淵豐川桑寄生은出長淵何首烏는出載寧磁石은出鳳山蟹는出海州信川鳳山安岳載寧黃州鱸魚는出海州鯽魚는出海州信川鳳山黃州秀魚는出海州信川鳳山安岳載寧黃州靑魚는出海州銀口魚는出私禾錦鱗魚는出信川白魚는出安岳鳳山訥魚는出瑞興이라

人物은金宏弼은本朝時에瑞興人이니일즉經

學에力行ᄒ더니 成宗朝에學行으로擧ᄒ야授職ᄒ야年이五十一에卒ᄒ니領議政을追贈ᄒ고諡를文敬이라ᄒ니라黃氏ᄂ 本朝人이니縣監李繼幹의妻ㅣ 夫ㅣ歿ᄒ미三年祭奠을한갈갓치生時와如ᄒ고終制ᄒ되오히려朔望奠儀을廢치아니ᄒ니라朝廷이命ᄒ야旌門ᄒ고復戶ᄒ다

平壤義州江界三府ᄂ本은平安道ㅣ니朝鮮古地ㅣ라漢武帝時에樂浪郡을置ᄒ얏더니後에高句麗의有ᄒᆫ바ㅣ되얏다가唐高宗이攻滅ᄒ고中宗時에渤海國南地가되고新羅孝恭王時에弓裔ㅣ浿西의十三鎭을置ᄒ얏더니景明王이因ᄒ야高麗에歸ᄒ니成宗이浿西道를置ᄒ고靖宗二年에北界라稱ᄒ고文宗元年에西北面이라稱ᄒ고元宗十年에西北諸城이叛ᄒ야蒙古에附ᄒ니蒙古ㅣ東寧路를置ᄒ얏다가忠烈王四年에高麗에還ᄒ고 本朝太宗十三年에平安道ㅣ라改ᄒ얏더니 今上朝에至ᄒ야平安道를三府에分ᄒ야平壤府와義州府와江界府ㅣ라稱ᄒ니라大槩그北은遼瀋을連ᄒ야鴨江을界ᄒ며南은黃海를接ᄒ야浿水를帶ᄒ고東은劒山의阻ㅣ有ᄒ며西ᄂ渤

海의限이有ᄒᆞ야萬山이戟立ᄒᆞ고三江이橫帶ᄒᆞ야진실노東土의藩屛이되ᄂᆞᆫ지라東으로狄嶺으로부터左峴에至ᄒᆞ야千里를延袤ᄒᆞ야다關을設ᄒᆞ며鎭을置ᄒᆞ고東北으로廢茂昌으로부터西南으로古麟州에至ᄒᆞ야沿江數千里에烽堡와營鎭이連珠와列星과如ᄒᆞ니實노兩西의鎖鑰이라長江巨嶺이在ᄒᆞᆫ바에限隔이되고名都雄鎭이셔로唇齒가되야地方이千里오帶甲이十萬이라北은妙香이鎭ᄒᆞ며南은浿水가環ᄒᆞ고內에重關과堅城이多ᄒᆞ며外에沃野와膴原이有ᄒᆞ니此ㅣ이른바表裏山河오天府用武의地ㅣ라風俗은大槩浮華에略ᄒᆞ며勁悍에習ᄒᆞ야士ᄂᆞᆫ經術을尙ᄒᆞ며節義가多ᄒᆞ고民은武藝를好ᄒᆞ며耕桑에勤ᄒᆞ니라

平壤府ᄂᆞᆫ平壤郡觀察使一이오叅書官一이오主事十五오警務官一이오警務官補一이오總巡三이오郡守二十七이라平壤五百十里安州七百二十里肅川六百六十里順安六百里龍岡六百四十里永柔六百三十里甑山六百四十里咸從六百二十里三和六百六十里慈山六百四十里江西六百里德川八百二十里寧遠八百里熙川九百九十里孟山七百五十里寧邊七百七十里雲山八百三十里順川七百里价川八百二十里殷

山(六百七十里)成川(七百十里)陽德(九百九十里)三登(六百十四里)江東(六百八十里)祥原(六百十里)中和(五百五十里)黃州(四百六十里)라

元帳付田畓은九萬三百八十四結이오

人戶는十三萬三千三百四十二라

名勝은九龍山은(平壤)妙香山은(寧邊)에在ᄒᆞ니一百餘里오奇巖秀石이多ᄒᆞ니라巫山은(成川)劍鶴山은(成川)觀音山은(寧邊)烏石山은(龍岡)秋踰嶺은(熙川)大同江은(平壤)清川江은(安州)熊成江은(三登)沸流江은(成川)魚龍浦는(安州)德島는(三和)浮碧樓는(平壤)練光亭은(平壤)百祥樓는(安州)降仙樓는(成川)黃鶴樓는(三登)月波樓는(黃州)라

土產은白玉은(出成川德川遂安)水鐵은(出价川)鉛은(出殷山孟山)磁器는(出平壤)麻絲는(出平壤中和江西龍岡永柔肅川安州順川)漆은(出龍岡三和甑山永柔順川殷山成川熙川)楮는(出江東三登成川祥原)海松子는(出德川寧邊安州成川价川陽德)瑪瑙石은(出安州)人蔘은(出順川陽德成川孟山)茯苓은(出德川孟山)麝香은(出孟山殷山寧遠成川)安息香은(出順川)自然銅은(出三登)山獺은(出殷山陽德价川)蟹는(出安州)白蝦는(出安州)秀魚는(出平壤江西中和)葦魚는(出平壤江西)錦鱗魚는(出平壤)眞魚는(出安州)銀口魚는(出安州价川)訥魚는(出孟山德川)餘項魚는(出寧遠熙川德川)이라

人物은王式廉은高麗太祖의從弟니為人이忠勇

ᄒᆞ고 恪勤ᄒᆞ니라 太祖ㅣ 平壤이 荒廢홈으로 ᄡᅥ 民을 徙ᄒᆞ야 實之ᄒᆞ고 式廉을 命ᄒᆞ야 出鎭ᄒᆞ니 式廉이 郡을 按ᄒᆞ야 矯弊ᄒᆞ고 民을 治ᄒᆞ야 安堵ᄒᆞ게 ᄒᆞ니 一郡이 稱之ᄒᆞ더라 尹承解ᄂᆞᆫ 本朝人이니 京兆에 豪黨이 有ᄒᆞ야 奉使ᄒᆞᆫ 者를 毆殺ᄒᆞ야 姑息ᄒᆞ고 不治ᄒᆞ니 承解ㅣ 京兆에 尹이 되미 莅郡ᄒᆞ야 首謀者를 按ᄒᆞ야 誅ᄒᆞ니 一州ㅣ 安土ᄒᆞ니라

義州府ᄂᆞᆫ 義州郡 觀察使 一이오 叅書官 一이오 主事 十五오 警務官 一이오 警務官補 一이오 總巡 三이오 郡守 十三이라 義州 一千八十里 昌城 一千八十里 碧潼 一千九十里 朔州 一千二十里 龍川 九百九十里 鐵山 九百六十里 宣川 九百十里 郭山 八百八十里 定州 八百八十里 嘉山 七百八十里 博川 七百六十里 泰川 八百十里 寧邊 八百八十里라

元帳付田畓은 二萬八千二百二十五結이오

人口ᄂᆞᆫ 六萬九千九百五十이라

名勝은 七岳山은 定州 天劍山은 宣川 華嚴山은 義州 大定江은 泰川 鴨綠江은 義州 大寧江은 嘉山 宣沙浦ᄂᆞᆫ 鐵山 薪島ᄂᆞᆫ 龍川 威化島ᄂᆞᆫ 義州 統軍亭은 義州 洗兵樓ᄂᆞᆫ 碧潼 觀德亭은 龍川이라

土産은 青玉은 出義州 硯石은 出郭山宣川 石硫黃은 出義州

山獺은 出甲州鐵山江城이오 麻絲는 出博川嘉山泰川龜城定州宣川鐵山龍川義州朔州碧潼昌城이오 漆은 出博川嘉山碧潼이오 楮는 出博川이오 人蔘은 出泰川龜城朔州昌城碧潼이오 茯苓은 出泰川이오 麝香은 出泰川昌城이오 熊膽은 出朔州오 羚羊角은 出朔州오 蟹는 出嘉山義州오 鯽魚는 出博川이오 秀魚는 出博川이오 餘項魚는 出朔州오 錦鱗魚는 出朔州라

人物은 還吕ㅣ 高麗人이니 高宗十九年에 蒙古의 兵이 松京을 圍ᄒᆞ거ᄂᆞᆯ 王이 江華에 避ᄒᆞ니 吕ㅣ 鄕戶로ᄡᅥ 被執ᄒᆞ야 賊이 路ᄅᆞᆯ 問ᄒᆞᆯᄉᆡ 刑이 炮烙에 至ᄒᆞ되 不答ᄒᆞ니라 賊이 退ᄒᆞ매 高宗이 吕ᄅᆞᆯ 上將軍을 授ᄒᆞ니라 洪施ᄂᆞᆫ 本朝人이니 母ㅣ 狂疾을 得ᄒᆞ니 施ㅣ 左手의 小指ᄅᆞᆯ 斷ᄒᆞ야 血을 和藥ᄒᆞ야 進ᄒᆞ니 母의 病이 드ᄃᆡ여 愈ᄒᆞ니라 朝廷이 命ᄒᆞ야 旌閭ᄒᆞ다

江界府ᄂᆞᆫ 郡江界 觀察使一이오 參書官一이오 主事十四오 警務官一이오 警務官補一이오 總巡三이오 郡守六이라 江界(一千三百里) 厚昌(一千四百八十里) 慈城(一千四百六十里) 楚山(一千七十一里) 渭原(一千三百里) 長津(一千五百二十里)라

元帳付田畓은 一萬三百九十四오

人口ᄂᆞᆫ 二萬八千六百九十이라

名勝은 崇積山은(楚山) 天臺山은(渭原) 永德山은(長津) 混沌

江은長津 童巾江은楚山 慈上江은慈城 仁風樓는江界 暎湖亭은楚山 鎭北樓는長津이라

土産은 麻絲는出楚山渭原江界厚昌長津 山獺은出渭原江界 人蔘은出楚山渭原江界慈城 麝香은出楚山渭原江界長津 鹿茸은出慈城厚昌 熊膽은出慈城長津 羚羊角은出江界 海松子는出楚山渭原江界 五味子는出慈城江界 秀魚는出江界 餘項魚는出楚山渭原江界長津 錦鱗魚는出慈城

名物은 度支論은 高麗人이니 일즉 縣令이 되여 政治가 神明ᄒᆞ야 摘發ᄒᆞ기를 如神ᄒᆞ니 一方이 稱之ᄒᆞ더라 金氏는 本朝人이니 朴鶴孫의 妻ㅣ라 夫ㅣ歿ᄒᆞ미 勺飮을 不入ᄒᆞ고 死ᄒᆞ니라

咸興甲山鎭城三府는 本은 咸鏡道ㅣ니 古朝鮮沃沮의 地라 漢武帝時에 玄菟郡을 置ᄒᆞ얏더니 後에 高句麗의 有ᄒᆞᆫ바ㅣ 되고 唐高宗이 高句麗를 滅ᄒᆞ고 그 地로ᄡᅥ 安東都護府에 屬ᄒᆞ고 高麗成宗十四年에 和州等郡縣으로ᄡᅥ 朔方道에 隷ᄒᆞ야 都連浦로ᄡᅥ 界를 삼고 定州宣德元興三關門을 置ᄒᆞ야ᄡᅥ 女眞을 備ᄒᆞ고 靖宗二年에 東界라 稱ᄒᆞ고 文宗元年에 東北面이라 稱ᄒᆞ고 明宗八年에 沿海溟州道ㅣ라 稱ᄒᆞ고 元宗四年에 江陵道를 삼고 恭愍王九

四十七

年에江陵朔方道ㅣ라改ᄒᆞ고本朝 太宗十三年에永吉道ㅣ라改ᄒᆞ고 成宗元年에永安道ㅣ라改ᄒᆞ고 中宗四年에咸鏡道ㅣ라改ᄒᆞ얏더니今上朝에至ᄒᆞ야咸鏡道ᄅᆞᆯ三府에分ᄒᆞ야咸興府와甲山府와鏡城府ㅣ라稱ᄒᆞ니라大際그一國의東에處ᄒᆞ야邊徼遠地가되니北으로白頭ᄅᆞᆯ負ᄒᆞ고南으로滄海ᄅᆞᆯ環ᄒᆞ니延袤ㅣ數千里에峻嶺으로ᄡᅥ緣ᄒᆞ고疊嶂으로ᄡᅥ阻ᄒᆞ야沿路ᄂᆞᆫ山을背ᄒᆞ며海ᄅᆞᆯ臨ᄒᆞ야地가肥美ᄒᆞ야五穀과魚鹽에宜ᄒᆞ고山峽은高嶺重峰이며地僻人稀ᄒᆞ야樹木이叢密ᄒᆞ며道路ㅣ阻絕ᄒᆞ니人民이堪居치못ᄒᆞ고魚鹽이至貴라六鎭을設ᄒᆞ야殊俗을制ᄒᆞ고三關을置ᄒᆞ야暴客을待ᄒᆞᄂᆞᆫ지라西으로劒山과雪嶺의險이有ᄒᆞ고東으로鬼門과摩天의固홈이有ᄒᆞ니風土가苦寒ᄒᆞ고雲棧이縈紆ᄒᆞ야平安黃海의屛蔽와圻輔江原의咽喉ㅣ되니라風俗은敦朴愚直ᄒᆞᄃᆡ巫覡을尙ᄒᆞ며淫祀ᄅᆞᆯ喜ᄒᆞ고土寒地瘠ᄒᆞ야綿絮와花果ᄂᆞᆫ無ᄒᆞ고다만績麻ᄅᆞᆯ資ᄒᆞ야蓄積ᄒᆞᄂᆞᆫ民이多ᄒᆞ며文雅의士가有ᄒᆞᆫ지라村落이無接ᄒᆞ야遷徙에輕ᄒᆞ고六鎭三甲等地ᄂᆞᆫ生利가尤艱

ᄒᆞ야오즉麥을食ᄒᆞ며皮로衣ᄒᆞ야飢를忍ᄒᆞ며寒을耐ᄒᆞᄂᆞ니라

咸興府ᄂᆞᆫ 咸興郡 觀察使一이오參書官一이오主事十五오警務官一이오警務官補一이오總巡三이오郡守十一이라咸興 七百七十里 定平 七百二十里 永興 六百八十里 高原 六百三十里 文川 五百九十里 德源 五百六十里 安邊 五百二十里 端川 一千二百十里 利原 一千二百十里 北靑 一千十一里 洪原 九百三十里라

元帳付田畓은四萬八千六百二十六結이오

人口ᄂᆞᆫ五萬五千三百五十八이라

名勝은黃龍山은 安邊 聖歷山은 永興 道德山은 端川 赴戰嶺은 咸興 咸關嶺은 咸興 大門嶺은 洪原 摩雲嶺은 利原 龍興江은 永興 城川江은 咸興 元山浦ᄂᆞᆫ 德源 雲田浦ᄂᆞᆫ 咸興 馬郎島ᄂᆞᆫ 洪原 樂民樓ᄂᆞᆫ 咸興 駕鶴樓ᄂᆞᆫ 安邊 北壯樓ᄂᆞᆫ 北靑이라

土産은玉石은 出端川 石琉黃은 出端川 鐵은 出文川北靑利原端川 鉛은 出永興端川 麻絲ᄂᆞᆫ 出德源高原永興洪原北靑利原端川定平 竹은 出咸興安邊德源 漆은 出北靑利原 靑鼠ᄂᆞᆫ 出定平利原端川 貂獺은 出洪原利原端川定平北靑 樺皮ᄂᆞᆫ 出咸興北靑 梨ᄂᆞᆫ 出咸興安邊 海松子ᄂᆞᆫ 出咸興 五味子ᄂᆞᆫ 出咸興定平 茯苓은 出咸興安邊德源端川 人蔘은 出安邊咸興文川永興北靑端川 麝香은 出咸興安邊德源文川高原永興北靑利原端川定

四十九

平安息香은 定平永興出 羚羊角은 咸興出 鰱魚ᄂᆞᆫ 高原出、松魚ᄂᆞᆫ 高原出 黃魚ᄂᆞᆫ 高原出、

人物은 李之蘭은 初에 姓名은 佟豆蘭이니 今에 姓名을 賜ᄒᆞ니라 之蘭이 我、太祖를 事ᄒᆞ야 開國功臣이 되고 官이 門下侍郎에 至ᄒᆞ고 靑海君을 封ᄒᆞ니라 밋 卒ᄒᆞᄆᆡ 諡를 襄烈이라 ᄒᆞ다 李行儉은 本朝人이니 鎭撫節制使되얏더니 李澄玉이 異心이 有ᄒᆞ거ᄂᆞᆯ 行儉이 誅ᄒᆞᆫ ᄃᆡ 特이 僉樞를 陞ᄒᆞ다

甲山府ᄂᆞᆫ 甲山 觀察使一이오 參書官一이오 主事十三이오 警務官一이오 警務官補一이오 總巡三이오 郡守二라 甲山 一千二百七十里 三水 一千三百六十里라

元帳付田畓은 四千四百七結이오

人口ᄂᆞᆫ 五千七百九十三이라

名勝은 大闕山은 甲山 五峰山은 三水 原致嶺은 甲山 白山嶺은 三水 虛川江은 三水 惠山江은 甲山 洗劍亭은 三水라

土産은 麻絲ᄂᆞᆫ 甲山三水出 礪石은 甲山出 貂獺은 甲山三水出 人蔘 靑鼠ᄂᆞᆫ 甲山三水出 豹ᄂᆞᆫ 甲山三水出 麝香은 甲山三水出 은 三水甲山出 水泥石은 甲山三水出이라

人物은 李公老ᄂᆞᆫ 高麗人이니 明宗時에 登第ᄒᆞ야 判官을 謂ᄒᆞᄆᆡ 公老ㅣ 私財를 出ᄒᆞ야 民賦를 貸ᄒᆞ

며政治가第一이되니徵ᄒᆞ야司儀署丞을合으니라

鏡城府ᄂᆞᆫ 鏡城郡 觀察使一이오參書官一이오主事十五오警務官一이오警務官補一이오總巡一이오郡守十이라 鏡城 一千六百里 富寧 一千六百九十里 吉州 一千三百九十里 明川 一千四百六十里 慶源 二千一百九十里 慶興 二千三百十里 穩城 二千二百十里 鍾城 二千四十里 會寧 一千九百四十里 茂山 一千八百五十里라

元帳付田畓은四萬四千九十五結이오

人戶ᄂᆞᆫ五萬三千六百一이라

名勝은白頭山은 茂山에在ᄒᆞ니橫亘이千里오高ㅣ三百里니本國諸山에發脈의始라 小白山은 鍾城 長白山은 鏡城에在ᄒᆞ니延袤千餘里라 廣德山은 鍾城 七寶山은 明川 先春嶺은 會寧 車踰嶺은 富寧 摩天嶺은 吉州 豆滿江은 慶源 多信浦ᄂᆞᆫ 吉州 實莊浦은 富寧 楸島ᄂᆞᆫ 慶興 臨海亭은 吉州 靜邊樓ᄂᆞᆫ 會寧 鎭邊樓ᄂᆞᆫ 穩城 威遠樓ᄂᆞᆫ 鏡城 受降樓ᄂᆞᆫ 鍾城이라

土産은麻絲ᄂᆞᆫ 出富寧茂山會寧吉州明川鏡城鍾城穩城慶源 鐵은 出吉州鏡城鍾城富寧會寧慶興 漆은 出明川 竹은 出明川鏡城 靑鼠ᄂᆞᆫ 出明川鏡城富寧茂山會寧穩城 貂獺은 出明川鏡城富寧茂山會寧穩城 豹狼은 出鏡城富寧 麝香은 出吉州明川慶源 鹿茸은 出吉州 羚羊角은 出鏡城 人蔘은 出明川鏡城鍾城穩城富寧會寧茂山慶源慶興 五味子ᄂᆞᆫ 出鍾城穩城慶源이라

人物은 智蔡文은 高麗人이니 顯宗時에 契丹이 至ᄒᆞ거ᄂᆞᆯ 蔡文이 和州를 鎭ᄒᆞ야 北邊을 備禦ᄒᆞ니 契丹이 乃退ᄒᆞ니라 孟[illegible]美ᄂᆞᆫ 本朝人이니 射藝가 超羣ᄒᆞ야 僉知中樞府事로ᄡᅥ 從征ᄒᆞ다가 李施愛의 害ᄒᆞᆫ 바ㅣ 되니 漢城府尹職을 追贈ᄒᆞ니라

朝鮮地誌 終

소학 만국지지

(小學 萬國地誌)

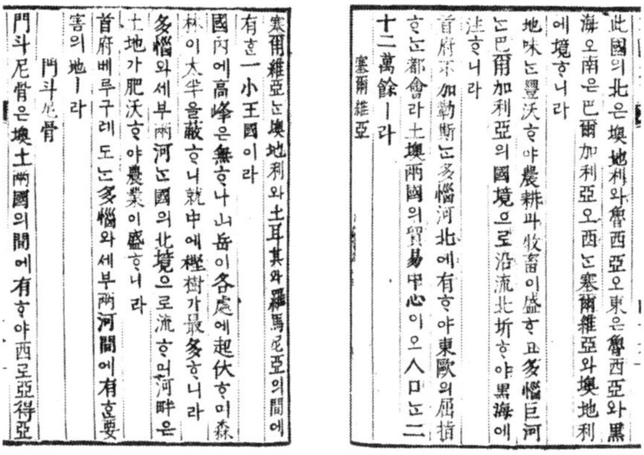

此國의北은墺地利와魯西亞오東은魯西亞와黑
海오南은巴爾加利亞오西ᄂᆞᆫ塞爾維亞와墺地利
에境ᄒᆞ니라
地味ᄂᆞᆫ豐沃ᄒᆞ야農耕과牧畜이盛ᄒᆞ고多惱巨河
ᄂᆞᆫ巴爾加利亞의國境으로沿流北折ᄒᆞ야黑海에
注ᄒᆞ니라
首府布加勒斯ᄂᆞᆫ多惱河北에有ᄒᆞ야東歐의屈指
ᄒᆞᄂᆞᆫ都會라土墺兩國의貿易中心이오人口ᄂᆞᆫ二
十二萬餘ㅣ라

塞爾維亞

塞爾維亞ᄂᆞᆫ墺地利와土耳其와羅馬尼亞의間에
有ᄒᆞᆫ一小王國이라
國內에高峰은無ᄒᆞ나山岳이各處에起伏ᄒᆞ며森
林이大半을蔽ᄒᆞ니就中에櫟樹가最多ᄒᆞ니라
多惱와세부兩河ᄂᆞᆫ國의北境으로流ᄒᆞ며河畔은
土地가肥沃ᄒᆞ야農業이盛ᄒᆞ니라
首府베루구레도ᄂᆞᆫ多惱와세부兩河間에有ᄒᆞᆫ要
害의地ㅣ라

門斗尼骨

門斗尼骨은墺土兩國의間에有ᄒᆞ야西로亞得亞

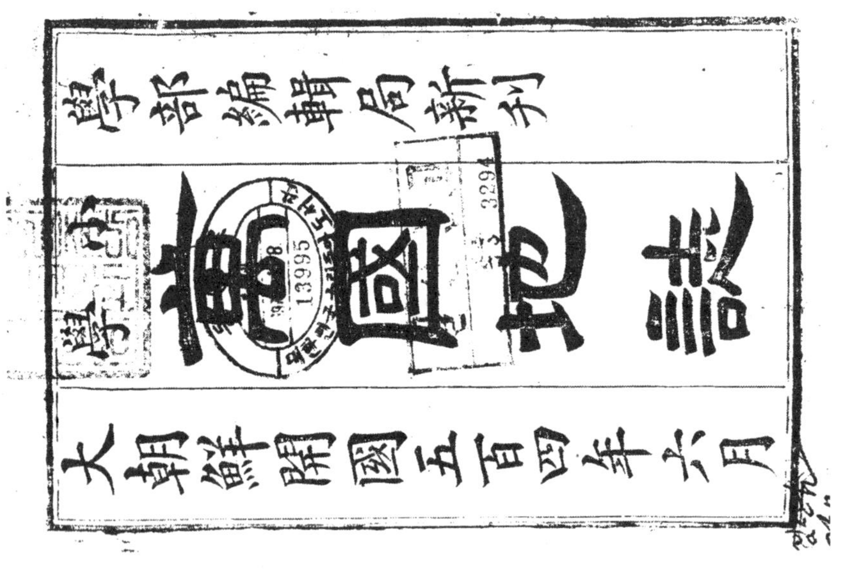
學部編輯局新刊

萬國地誌

大朝鮮開國五百四年六月

萬國地誌序

余以不佞膺

欽命莅玆部旣有月日尙未克裨一乎

聖化之作成羣彥之導迪若職由其中得知以之兼

應乎外也余乃憤悱采求不已幸日士高見龜氏

與本部編輯局長李庚稙甫同志為余謀曰當今

學務之急先用力者固非一二然自五洲通航以

來王帛交錯貨居貿遷與國有內外以若昔日之專

域觀乎今日不[illegible]世界矣凡人之足跡不能[illegible]

遍[illegible]合於[illegible]

人之不幸其將爲國家何哉雖然一國之內實難
人人致之然則不出戶而知天下者莫若書籍之
有可攷萬國地誌是已余聞是說而究然有喜遂
嘯而譯之隨而錯之假以時日始克成編披而一
覽圜贏方趾之國流峙之深高區劃之大小産育
之夥夥製造之奇巧俗尙之同异莫不瞭然不齎
一葦而萬國在於衽席之上其將有功於學者固
不可旣也於是僉君子請余弁之不實余冗兼公
輪之巧何敢與議於繩墨然忝是職者義亦有不
獲辭焉乃敢摭颺噫後之君子夫何福相之多於

余也習于此而試諸用必不如余之侄侄沒也豈
不偉哉

大朝鮮開國五百四年李夏學部大臣李完用序

小學萬國地誌總論目次

第一篇

歐羅巴洲十八國

弗列顚諸島

瑞典諾威

丁抹

荷蘭

白耳義

佛蘭西

西班牙

葡萄牙

瑞西

伊太利

土耳其

羅馬尼亞

塞爾維亞

門斗尼骨

希臘

露西亞

日耳曼

墺地利

第四篇

北亞米利加洲十一國

哥里蘭

加奈太

新著大島

北米合衆國

墨西哥

英領閔都拉斯

瓜地馬拉

閔都拉斯

三薩尾多

尼加拉瓜

哥斯德里加

第五篇

南亞米利加洲十一國

哥倫比亞

委內瑞拉

巴西

幾亞那

厄瓜多

秘露

玻里比亞

智利

알젠틴共和國

巴拉圭

烏兒圭

호룰난드諸島

苐六篇

阿西亞尼亞洲

馬來羣島

濠太利亞羣島

波里尼西亞羣島

萬國地誌總論

空間에懸ᄒᆞᆫ太陽의周圍에運行ᄒᆞᄂᆞᆫ거슨遊星이라ᄒᆞᄂᆞ니吾人의棲息ᄒᆞᄂᆞᆫ바世界ᄂᆞᆫ卽遊星의一이니其形이球의類ㅣ라

此地球上에水陸山河의形勢位置로븟터氣候風土의差異와草木禽獸의狀態와또各國人民의政體宗敎와言語敎化와産業等에至ᄒᆞ기ᄭᆞ지그天作과人為에地球上의顯象을取ᄒᆞ야査察考覈ᄒᆞᄂᆞᆫ學問을地理學이라ᄒᆞ고그書冊을地誌라ᄒᆞ니라

地球의表面은水와陸二者로된거시니水는陸에
三倍가되느니라然이나水陸의大小廣狹을因ᄒᆞ
야數多ᄒᆞᆫ名이有ᄒᆞ니라

大陸이란거ᄉᆞᆫ廣大ᄒᆞᆫ陸地의名이라世界中에그
數가六箇가有ᄒᆞ니亞細亞와歐羅巴와亞弗利加
와南北亞米利加의二箇와阿西亞尼亞ㅣ有ᄒᆞ고
島란거ᄉᆞᆫ陸地의小ᄒᆞᆫ거시니濟州島와臺灣島의
類ㅣ라

半島ㅣ란거ᄉᆞᆫ四分의三以上으로水에依ᄒᆞ야圍
繞ᄒᆞᆫ陸地를謂홈이니即朝鮮半島와伊太利半島
와西班牙半島等이오海岬은陸地가海中에突出
ᄒᆞᆫ거ᄉᆞᆯ謂홈이니即喜望海岬과고모린海岬等이
오地峽은二箇陸地가聯接ᄒᆞ야狹小ᄒᆞᆫ土地를指
홈이니巴那馬地峽等이라

土地의高起ᄒᆞᆫ者를山嶽이라ᄒᆞ며地面의渺然廣
平ᄒᆞᆫ者를原野ㅣ라ᄒᆞ며山間의低窪ᄒᆞᆫ土地를谿
谷이라ᄒᆞ며山嶽의低ᄒᆞᆫ者를邱陵이라ᄒᆞ며原野
의高ᄒᆞᆫ者를臺地라ᄒᆞ며沙磧不毛ᄒᆞᆫ者를沙漠이
라ᄒᆞ고ᄯᅩ한山嶽中에噴火山이란者ㅣ有ᄒᆞ니그
噴火ㅣ山口로不絶히火烟과鎔石과熱火等이發

出ᄒᆞ니라
大洋은鹹水의廣大ᄒᆞᆫ者ᄅᆞᆯ指ᄒᆞᆷ이라其數ㅣ五箇가有ᄒᆞ니太平洋과大西洋과印度洋과北極洋과南極洋이오海ᄂᆞᆫ大洋의小者ᄅᆞᆯ指ᄒᆞᆷ이니卽地中海와黑海等이오灣은水ㅣ陸地애入ᄒᆞ듸海의小者ᄅᆞᆯ指ᄒᆞᆷ이니卽墨西哥灣과가리호루니아灣等이오曲海ᄂᆞᆫ其口ㅣ灣의大者ᄅᆞᆯ指ᄒᆞᆷ이니卽비수게曲海와하도손曲海等이오二箇海水ㅣ聯接ᄒᆞ야狹小ᄒᆞᆫ水ᄅᆞᆯ海峽이라ᄒᆞ며그廣ᄒᆞ고ᄯᅩ大ᄒᆞᆫ者ᄅᆞᆯ海岔이라ᄒᆞ니卽지부라루다海峽과英吉利海岔이오全然히地面에依ᄒᆞ야圍繞ᄒᆞᆫ一體의水ᄅᆞᆯ湖ㅣ라ᄒᆞ며溶溶ᄒᆞ야地上에長奔ᄒᆞᄂᆞᆫ水ᄅᆞᆯ河ㅣ라ᄒᆞ고河水의發處ᄅᆞᆯ泉源이라ᄒᆞ며河水가他水에注出ᄒᆞᄂᆞᆫ處ᄅᆞᆯ河口ㅣ라ᄒᆞ니라

今에試計ᄒᆞ건ᄃᆡ地球의全面積이凡一億九千七百萬方哩니水의面積이凡一億四千五百萬方哩오陸의面積이凡五千二百萬方哩라陸上에生活ᄒᆞᄂᆞᆫ人口ㅣ凡十五億九百萬人으로分ᄒᆞ야五種類ㅣ되니卽高加索人種과蒙古人種과馬來人種과以斯於伯亞人種과亞米利加人種이라

世界에多數ᄒᆞᆫ人民이相集ᄒᆞ야國을成ᄒᆞ야政府를有ᄒᆞ며政府의體裁가二種이有ᄒᆞ니曰君主政體와共和政體라君主政體를小分ᄒᆞ야二되니專制政體와立憲政體오共和政體를小分ᄒᆞ야二되니貴族政體와民主政體라

第一篇

亞細亞洲

亞細亞洲는六大洲中에第一오니南部는海岸에屈曲ᄒᆞᆫᄃᆡ가多ᄒᆞ며三個大半島ㅣ有ᄒᆞ고北은北氷洋에臨ᄒᆞ고東南은太平洋과印度洋에接ᄒᆞ고西는歐羅巴洲에隣ᄒᆞ며狹ᄒᆞᆫ蘇士ㅣ運河를隔ᄒᆞ야亞弗利加洲로相對ᄒᆞ고南部一帶地方은氣候ㅣ酷熱ᄒᆞ며中部는稍凉ᄒᆞ고北部는極히寒ᄒᆞ니라地勢는中央에一面高原을抱ᄒᆞ고海邊은一望平野ㅣ라

本洲의面積은一千七百萬方哩니地球上全陸地에三分의一을占ᄒᆞ고人口는八億餘萬이라全洲를區畫ᄒᆞ야左에十六國이有ᄒᆞ니라

朝鮮　日本　支那　亞細亞露西亞　西土耳其斯坦　亞細亞土耳其　亞剌伯　波斯

阿富汗斯坦 皮路其斯坦 印度 緬甸
暹羅 佛領交趾 東蒲寨 安南
朝鮮
本國은別노地誌가有ᄒᆞ미此에揭錄을省ᄒᆞ니라
日本
日本은太平洋西北隅에有ᄒᆞᆫ五大島와多數의小島로ᄡᅥ되니北은北海道의宗谷海峽과千島의久留里海峽으로ᄡᅥ界ᄒᆞ고西北은日本海에臨ᄒᆞ고西隅ᄂᆞᆫ朝鮮海峽을隔ᄒᆞ야朝鮮과相對ᄒᆞ고東南一面은뭇太平洋이라

四大島中에最大ᄒᆞᆫ者ᄅᆞᆯ本土ㅣ라ᄒᆞ고其西南에有ᄒᆞᆫ二大島ᄅᆞᆯ四國과九洲ㅣ라ᄒᆞ고最南의一島ᄅᆞᆯ臺灣이라ᄒᆞ고東北에橫ᄒᆞᆫ一大島ᄅᆞᆯ北海道ㅣ라ᄒᆞ고全國을區別ᄒᆞ야一道三府四十六縣으로ᄒᆞ니其面積은二萬五千餘方里오(日本里程一里ᄂᆞᆫ凡朝鮮의十里라)人口ᄂᆞᆫ四千餘萬이라
國內에地勢ᄂᆞᆫ山脉이縱列ᄒᆞ야高山이多ᄒᆞ고就中에富士山이大ᄒᆞ니駿河甲斐ᄅᆞᆯ跨ᄒᆞ야高ㅣ一萬二千三百七十尺이니絕頂은白雪이四時에常存ᄒᆞ고其他有名ᄒᆞᆫ山은白根山과駒嶽과大蓮華

山과白山과淺間山과霧島山等이니淺間霧島兩山은噴火山이라

國內에山脈이多ᄒᆞᆫ故로여러川流ㅣ有ᄒᆞ나地形이狹隘ᄒᆞᆷ으로長川이못되니其中에石狩川과北上川과利根川과信濃川과天龍川과木曾川等은國中에長流ㅣ라稱ᄒᆞ고湖水의廣大ᄒᆞᆫ者ᄅᆞᆯ琵琶湖ㅣ라ᄒᆞ니周回ㅣ六百六十七里餘ㅣ오霞浦와猪苗代湖等은其次오平野의有名ᄒᆞᆷ은關東八洲ㅣ니東西ㅣ三百里오南北이三百六十里餘ㅣ라

此邦은四面海圍ᄒᆞᆫ島國이라故로海岸에ᄂᆞᆫ港灣內海에曲入ᄒᆞᆷ이多ᄒᆞ니海岸線의延長을國土面積의比ᄒᆞ면長이世界萬國中에第一이라其長이十三萬七千七百里로至ᄒᆞᄂᆞ니라近時에此邦이크게開明ᄒᆞ야進步ᄒᆞᆷ은如此히天然ᄒᆞᆫ形勢에相關ᄒᆞᆷ이不小ᄒᆞ니라

首府ᄅᆞᆯ東京이라ᄒᆞ니東洋中에第一繁都ㅣ라人口ㅣ一百三十餘萬이니家屋은稠疊ᄒᆞ야商賈의舘이連ᄒᆞ고街路ᄂᆞᆫ車馬ㅣ絡繹ᄒᆞ야行人이肩摩ᄒᆞ며宮城은市中의中央에有ᄒᆞ니各官省과兵營이圍繞ᄒᆞ고電線은蛛網갓고鐵道ㅣ伭ᄒᆞᆫ各地方

으로幷集ᄒᆞ야交通運輸를便케ᄒᆞ니因ᄒᆞ야萬貨가輻湊ᄒᆞ고電燈과瓦斯燈은不夜城이되고水道ᄂᆞᆫ地下로ᄒᆞᆯ녀飮料水를供給ᄒᆞᄂᆞ니라北部에上野와淺草의兩公園이有ᄒᆞ야游客과遊人이ᄆᆡ양雜沓ᄒᆞ며博物館과動物園과音樂學校와美術學校等은모다上野公園內에有ᄒᆞ니라隅田川은東部를貫流ᄒᆞ니船舶의出入이頗多ᄒᆞ고河岸의墨陀ᄂᆞᆫ花月의勝으로有名ᄒᆞ니라

大坂은東京의次에大都會ㅣ니各道의要路를當ᄒᆞ고任ᄒᆞᆫ此邦商業의中心이라淀川은山城으로流來ᄒᆞ야市의北部를貫通ᄒᆞ야安治川과木津川兩川이되야大坂灣으로幷注ᄒᆞ니西國諸港으로來往ᄒᆞᄂᆞᆫ滊船이ᄆᆡ양安治川을上下ᄒᆞ고任ᄒᆞᆫ市中에溝渠ᄂᆞᆫ縱橫히穿通ᄒᆞ니運漕홈이極便ᄒᆞ니라人口ᄂᆞᆫ凡五十萬人이라昔時에平秀吉이지은有名ᄒᆞᆫ大坂城址ᄂᆞᆫ卽市의東部에有ᄒᆞ니現今은兵營이되니라

京都ᄂᆞᆫ初에平安이라稱ᄒᆞ야此邦의舊首都ㅣ라人口ㅣ三十萬餘ㅣ오街衢ㅣ端正ᄒᆞ고道路ㅣ淸潔ᄒᆞ며加茂川은그東部를貫流ᄒᆞ야舊闕과壯觀

ᄒᆞᆫ 社寺等이 多ᄒᆞ고 또ᄒᆞᆫ 此地ᄂᆞᆫ 山岳을 負ᄒᆞ야 風光이 秀麗ᄒᆞᆷ으로ᄡᅥ 外國人의 遊歷ᄒᆞᄂᆞᆫ 者ㅣ ᄆᆡ양 不息ᄒᆞ더라

三都의 次에 有名ᄒᆞᆫ 五港이라ᄒᆞ니 橫濱과 神戶와 長崎와 函館과 新瀉ㅣ라 外國과 互市ᄒᆞ야 貿易이 頗盛ᄒᆞ니라

臺灣島ᄂᆞᆫ 支那海岸에 接近ᄒᆞ야 本은 支那의 屬ᄒᆞ얏더니 本年에 日淸의 戰爭이 結果된 後에 日本領地에 歸ᄒᆞ니라 地味ᄂᆞᆫ 肥沃ᄒᆞ야 砂糖과 茶米等 物이 産出ᄒᆞ니라

此邦의 氣候ᄂᆞᆫ 寒暑ㅣ 太甚치 아니ᄒᆞ야 溫和ㅣ 快適ᄒᆞ고 地味ᄂᆞᆫ 豐沃지 못ᄒᆞ나 人民의 勤勉ᄒᆞᆷ과 農事의 發達ᄒᆞᆷ으로ᄡᅥ 山地ᄂᆞᆫ 鬱鬱ᄒᆞᆫ 森林이 有ᄒᆞ며 平野ᄂᆞᆫ 穰穰ᄒᆞᆫ 禾穀이 有ᄒᆞ니라

政體ᄂᆞᆫ 立憲君主國으로 萬世一系의 元首가 統治ᄒᆞ고 政治ᄂᆞᆫ 立法과 行政의 二大部로 分ᄒᆞ니 立法部ᄂᆞᆫ 貴族과 衆議의 兩院을 合稱ᄒᆞ야 帝國議會라ᄒᆞ고 行政部ᄂᆞᆫ 一閣九省을 置ᄒᆞ니 國務大臣이 長官이 되야 各省務를 統督ᄒᆞ니라

國民은 大槩 義俠의 心이 厚ᄒᆞ야 事上ᄒᆞᆷ이 忠勇ᄒᆞ

고또ᄒᆞᆫ進取의氣에富ᄒᆞ야ᄒᆞᆫ번外國과交通이開ᄒᆞᆫ以來로文明事物을採取ᄒᆞ야諸科學의發明等에至ᄒᆞ야ᄂᆞᆫ間或先進國을凌駕ᄒᆞᆷ이有ᄒᆞ고教育은자못普及ᄒᆞ야寒村僻邑에至토록小學校ᄅᆞᆯ設치아니ᄒᆞᆫ處ㅣ업고其他에中學과大學과師範學校等이또ᄒᆞᆫ悉備ᄒᆞ고宗教ᄂᆞᆫ佛教와耶蘇教와神道等이라

物産은蠶絲와米茶와石炭과銅陶器와漆器와絹布類와樟腦燐寸과海産物等이니近時에ᄂᆞᆫ外國으로輸出ᄒᆞᆷ이頗多ᄒᆞ니라

支那

支那ᄂᆞᆫ亞細亞洲의東南部에處ᄒᆞ니北은亞細亞魯西亞에接ᄒᆞ며西ᄂᆞᆫ阿富汗斯坦에界ᄒᆞ고南은印度와緬甸과安南과支那海에連ᄒᆞ며東은太平洋黃海와朝鮮에臨ᄒᆞ니라面積은凡四百二十九萬方哩니亞細亞全洲에三分의一을占ᄒᆞ고人口ᄂᆞᆫ三億六千百五十萬人이니世界人口에四分의一을當ᄒᆞ니라

全國을分ᄒᆞ야支那本部와滿洲와蒙古와伊犂와西藏의五部로ᄒᆞ니支那本部ᄂᆞᆫ二個平野ᄅᆞᆯ占ᄒᆞ、

야人民이稠密ᄒᆞ며全地ᄂᆞᆫ直隸와山東과河南과
山西와陝西와甘肅과江蘇와安徽와湖北과四川
과貴州와湖南과江西와浙江과福建과廣東과廣
西와雲南의十八省으로分ᄒᆞᄂᆞ니라

地勢ᄂᆞᆫ東南은沃野ㅣ多ᄒᆞ며西南은山嶽이騈列
ᄒᆞ고崑崙山脈은東方으로延走ᄒᆞ야黃河와揚子
江의二大水의源이그左右로發ᄒᆞ니黃河ᄂᆞᆫ東北
으로流ᄒᆞ야直隸灣에注ᄒᆞ고揚子江은曲流ᄒᆞ야
黃河에入ᄒᆞᄂᆞ니라또ᄒᆞᆫ國內에溝渠가多ᄒᆞ니가장
有名ᄒᆞᆷ은運河ㅣ라ᄒᆞᄂᆞ니라

萬里長城은東方山海關으로起ᄒᆞ야西方嘉峪關
에達ᄒᆞ야長이數千里에連亘ᄒᆞ니秦始皇의築ᄒᆞᆫ
바有名ᄒᆞᆫ一大土工이라

北京은直隸省에有ᄒᆞ야本國의首府ㅣ라四方에
堅牢ᄒᆞᆫ城壁이繞回ᄒᆞ야護衛가嚴密ᄒᆞ고府內에
華美ᄒᆞ며壯麗ᄒᆞᆫ宮殿과樓閣이不小ᄒᆞ나屋宇의
大槪ᄂᆞᆫ矮小ᄒᆞ며街衢ᄂᆞᆫ汚穢ᄒᆞ고道路ᄂᆞᆫ破損ᄒᆞ
니雨時에ᄂᆞᆫ泥濘ᄒᆞ야行步ㅣ難ᄒᆞ니라人口ᄂᆞᆫ凡
一百五十萬人이니行人의往來가繁多ᄒᆞ고市店
이雜沓ᄒᆞ야商況이旺盛ᄒᆞ니라

南京은此邦의舊都로써有名ᄒᆞ니江蘇省에有ᄒᆞ야楊子江南岸에濱ᄒᆞ고文華와風流雅客이此地에居住ᄒᆞᆫ者ㅣ多ᄒᆞ니라또ᄒᆞᆫ絹帛과磁器의製産地로有名ᄒᆞ니라

支那海岸의交易場은往時ᄂᆞᆫ게우廣東뿐이러니近年에至ᄒᆞ야外國을爲ᄒᆞ야開港ᄒᆞᆫᄃᆡ가二十二니其中에上海와天津과牛莊과廣東과漢口와福州等은貿易이最盛ᄒᆞ니라

香港島ᄂᆞᆫ廣東河口에有ᄒᆞ야英國에屬ᄒᆞ니東洋第一의碇泊場으로貿易上에極히樞要ᄒᆞᆫ地라

此邦의氣候ᄂᆞᆫ版圖가廣大ᄒᆞᆷ으로均一치못ᄒᆞ나大槪ᄂᆞᆫ寒暑가一切히甚ᄒᆞ니라

政體ᄂᆞᆫ君主專制라古來로屢姓이帝統을遷替ᄒᆞᆫ國이니夏殷周秦漢唐宋元明等國號가各異ᄒᆞ나此ᄂᆞᆫ다同國異代의名稱이라現今에淸國은其先이滿洲로起ᄒᆞ야明을滅ᄒᆞ고드듸여支那全部를統一ᄒᆞᆫ者ㅣ라此國은世界中에第一古國이니일즉文明의域에進ᄒᆞ야典章法度와其他書籍과器械等이燦然히具備ᄒᆞ얏더니數千年來로鎖國安眠ᄒᆞ야海外에形勢를不知ᄒᆞ야開化의風敎ᄂᆞᆫ漸

漸退却ᄒᆞ니國勢ᄂᆞᆫ不振ᄒᆞ며政令은不行ᄒᆞ고人情과風俗은日日히衰頹ᄒᆞ야詭詐와浮誕을專尙ᄒᆞ야頑固가俗을成ᄒᆞ니自古로禮讓을重ᄒᆞ든風習이近來ᄂᆞᆫᄒᆞᆫ갓虛飾의末을從ᄒᆞ야細節에區區ᄒᆞᆯᄲᅮᆫ이라然이나勤俗으로其業을勵ᄒᆞ야비록陋賤ᄒᆞᆫ事業이라도能히其勞役을堪ᄒᆞᄂᆞᆫ風習에至ᄒᆞ야ᄂᆞᆫ各國人의可히不及ᄒᆞᄂᆞᆫ바ㅣ라

風俗은男子ᄂᆞᆫ髮을辮ᄒᆞ고婦人은足을裹ᄒᆞ니辮髮은頂顱에髮을辮組ᄒᆞ야背後에垂ᄒᆞ고婦人은五六歲時로브터布로足을緊紮ᄒᆞ야거의步를不堪ᄒᆞ게ᄒᆞᆷ이라ᄯᅩᄒᆞᆫ無知ᄒᆞᆫ國民에鴉片을嗜好ᄒᆞᄂᆞᆫ惡習이有ᄒᆞ니라

軍備ᄂᆞᆫ各樣器械가ᄌᆞ못整齊ᄒᆞ나師律이不明ᄒᆞ며組鍊에不嫺ᄒᆞ고ᄒᆞᆫ갓軍額만多ᄒᆞᆫ지라近時에日本과搆兵ᄒᆞ야連敗ᄒᆞᆷ이되니라

物産은茶種이第一이오生絲와綿穀類와陶器鑛産等物이ᄯᅩᄒᆞᆫ多ᄒᆞ니라

滿州ᄂᆞᆫ淸太祖가勃興ᄒᆞᆫ地ㅣ라國內에山脉이縱橫ᄒᆞ야黑龍江이北境을繞ᄒᆞ야諸水ㅣ注ᄒᆞ니라

盛京吉林黑龍江의三省에分ᄒᆞ고首府를奉天이

라ᄒᆞ니淸國奕世宗廟의有ᄒᆞᆫ地ㅣ라ᄯᅩᄒᆞᆫ離宮이有ᄒᆞ야繁華ᄒᆞ고富麗ᄒᆞᆷ이北方에冠ᄒᆞ니라二十年前에英法의同盟軍이北京을逼迫ᄒᆞᆫ時에淸帝가避ᄒᆞ야오리此府에駐ᄒᆞ니라

蒙古ᄂᆞᆫ支那本部의北方에有ᄒᆞ니그中央에大漠이有ᄒᆞ야二部로分ᄒᆞ니南을內蒙古라ᄒᆞ고北을外蒙古라稱ᄒᆞ니라蒙古人은家畜을率ᄒᆞ고水草를探ᄒᆞ야各處에遷徙ᄒᆞ야帳幕內에서生活ᄒᆞ고其性이勇悍ᄒᆞ며粗暴ᄒᆞ되盖世의英雄이踵을繼起ᄒᆞ야絶大ᄒᆞᆫ版圖를拓ᄒᆞ니世界를統一코자ᄒᆞ

ᄂᆞᆫ勢力을有ᄒᆞᄂᆞᆫ者ㅣ二三에止치아니ᄒᆞᆫ다ᄒᆞ니라

買賣城은亞細亞露西亞國境의山中에有ᄒᆞ니兩國의貿易場이라

伊犁ᄂᆞᆫ蒙古의西南에有ᄒᆞ니天山의羣峰이西界로부터東邊에連亘ᄒᆞ야其地를二에分ᄒᆞ니其北部를天山北路(一名준가리아)라稱ᄒᆞ고南部를天山南路(一名東土耳其斯坦)이라稱ᄒᆞ니各地方에許多ᄒᆞᆫ部落이有ᄒᆞ야各各酋長이有ᄒᆞ고支那本部로야루간도府에鎭臺를置ᄒᆞ야滿州의將帥를命ᄒᆞ야軍務를統督케ᄒᆞ니라

氣候ᄂᆞᆫ冬短夏長ᄒᆞ고地味ᄂᆞᆫ膏腴ᄒᆞ니米麥과菓實이生홈이多ᄒᆞ고宗教ᄂᆞᆫ佛教와回教가共行ᄒᆞ며言語ᄂᆞᆫ土耳其의方言을ᄒᆞᆫ가지用ᄒᆞ니라

西藏은支那本部의西南에有ᄒᆞ야印度에隣ᄒᆞ니世界中第一의高原地라海面으로隆起홈이一萬四千呎이오그南境에有ᄒᆞᆫ히마라야山은即崑崙이니世界中第一高山이라其最高ᄒᆞᆫᄃᆡᄂᆞᆫ二萬九千二呎에及ᄒᆞ고山脉이東西에亘ᄒᆞ야印度地方을畫斷ᄒᆞ니라

此國은佛教가最盛ᄒᆞᄂᆞᆫᄃᆡ라僧侶의多홈은亞細亞洲中에比ᄒᆞᆯᄃᆡ無ᄒᆞ고寺院堂宇에僧侶의群居홈이三四千에至ᄒᆞ니그頭領은구란로라마라號ᄒᆞᄂᆞᆫ法王이니國內政務를ᄯᅩᄒᆞᆫ管掌ᄒᆞ니國人이神이라尊崇ᄒᆞ니라

首府를랏사ㅣ라ᄒᆞ니法王의宮殿과支那鎭臺의衙府가幷有ᄒᆞ니라家屋은大概石造ㅣ니市街가清潔ᄒᆞ며無數ᄒᆞᆫ高塔과佛堂이各所에羅列ᄒᆞ야華美ᄒᆞ며壯麗홈이極ᄒᆞ고其中에金銀珠玉을鏤刻ᄒᆞ야烱烱히人目을眩惑게ᄒᆞᄂᆞᆫ者도有ᄒᆞ니是等金銀珠玉은다各地의信徒가冥福을祈홈을爲

ᄒᆞ야佛寺僧侶에게施捨ᄒᆞᆫ바ㅣ라

此地ᄂᆞᆫ氣候가寒冷ᄒᆞ고地味가耕種에不宜ᄒᆞ나人民이能히製造와販賣에用力ᄒᆞ기로近隣에貿易이盛ᄒᆞ니라

此國에數人이一婦ᄅᆞᆯ娶ᄒᆞ야ᄒᆞᆷ끠妻로ᄒᆞᄂᆞᆫ陋習이有ᄒᆞ니라

亞細亞露西亞

亞細亞露西亞ᄂᆞᆫ亞細亞洲의北部에有ᄒᆞ니北은北氷洋에臨ᄒᆞ고西ᄂᆞᆫ歐羅巴露西亞가수비안海에界ᄒᆞ고南은波斯土耳其斯坦과支那로接ᄒᆞ고東은太平洋을面ᄒᆞ니面積은六百四十六萬二千二十四方哩오人口ᄂᆞᆫ一千三百五十萬人이라

地勢ᄂᆞᆫ東南部에高山과峻嶺이羣列ᄒᆞ고中央으로西北에至ᄒᆞ야ᄂᆞᆫ一面의廣漠ᄒᆞᆫ原野ㅣ거의數百里ᄅᆞᆯ跨ᄒᆞᆫ故로國南에無數ᄒᆞᆫ川流ᄂᆞᆫ다源을南方으로發ᄒᆞ야北流ᄒᆞ야北氷洋으로注ᄒᆞ니에니세이河ᄂᆞᆫ第一의長流ㅣ니長이楊子江애亞ᄒᆞ니라

北部ᄂᆞᆫ極寒ᄒᆞᆫ原野ㅣ니계우蘚苔의種類와矮少ᄒᆞᆫ荊棘이生ᄒᆞᆯ뿐이라其間에瀦澤과大川이有ᄒᆞ며ᄯᅩᄒᆞᆫ堅氷과積雪이地ᄅᆞᆯ埋沒ᄒᆞ야人跡이不到

ᄒᆞᄂᆞᆫ處ㅣ有ᄒᆞ니라然ᄒᆞ나南方은膏腴ᄒᆞᆫ地가多
ᄒᆞ며山中에樹木이繁茂ᄒᆞ고居民이耕作과漁獵
을用力ᄒᆞ니라

此國을分ᄒᆞ야南高加索地方과西比利亞와中央
亞細亞의三部ㅣ되니西比利亞에二部가有ᄒᆞ야
一은토보르스크이니人口ㅣ二萬이며貿易上에樞
要ᄒᆞᆫ地오一은이르구스크이니支那地界에近ᄒᆞ야
人口ㅣ一萬七千이며街衢가華麗ᄒᆞ고景色이絶
佳ᄒᆞ니라

바이갈湖ᄂᆞᆫ알다이山脈의北邊에有ᄒᆞ니亞細亞
洲中에淡水湖의最大ᄒᆞ니라

西比利亞人의重要ᄒᆞᆫ者ᄂᆞᆫ官人과罪人과植民이
니是等은다露西亞人으로希臘敎를奉ᄒᆞᄂᆞᆫ지라
다ᄆᆞᆫ南部의支那와接ᄒᆞᄂᆞᆫ地方의人民은佛敎를
信ᄒᆞᄂᆞ니라

國內에다리行政區를分設ᄒᆞ니太守가管治ᄒᆞ니
라

物産은獸皮와鑛物을第一上ᄒᆞ니알다이山의金
鑛은其名이世上에遠播ᄒᆞ고任ᄒᆞᆫ金剛石도出ᄒᆞ
니라

土耳其斯坦

土耳其斯坦은亞細亞露西亞의南方에有ᄒᆞ니平野가多ᄒᆞ며ᄯᅩᄒᆞᆫ廣大ᄒᆞᆫ沃土가有ᄒᆞ니라人民은蒙古種類오宗教ᄂᆞᆫ回教ㅣ라此國의首府ᄅᆞᆯ다슈켄도ㅣ라ᄒᆞ니露西亞의屬邦이라

亞細亞土耳其

亞細亞土耳其ᄂᆞᆫ亞細亞洲中의最西에有ᄒᆞ야七大部에分ᄒᆞ니國內에듸구리수와유후레도라ᄒᆞᄂᆞᆫ有名ᄒᆞᆫ二江이有ᄒᆞ야江邊의地ᄂᆞᆫ肥沃ᄒᆞᆫ平原이니人類ㅣ創生ᄒᆞᄂᆞᆫ善地라稱ᄒᆞ니라

西部에졀사렘이라ᄒᆞᄂᆞᆫ舊都가有ᄒᆞ니耶蘇가降誕ᄒᆞᆫ地ㅣ라世上에有名ᄒᆞ니라

亞剌伯

亞剌伯은亞細亞洲의西南에有ᄒᆞᆫ大半島ㅣ라國中에ᄂᆞᆫ茫茫ᄒᆞᆫ砂漠이多ᄒᆞ야降雨ㅣ稀少ᄒᆞ고空氣ᄂᆞᆫ미양乾燥ᄒᆞ야地球上에無比ᄒᆞᆫ熱土ㅣ라稱ᄒᆞ니라

麥加와밋麥地拿ᄂᆞᆫ다此國의繁都ㅣ라就中에麥加ᄂᆞᆫ回回教의教祖摩哈麥이誕生ᄒᆞᆫ地라該教徒가靈地로知ᄒᆞ고美麗宏壯ᄒᆞᆫ寺塔이有ᄒᆞ니라

國中에統合ᄒᆞᆫ王가無ᄒᆞ니各部ᄂᆞᆫ酋長이各各分領ᄒᆞ야自治ᄒᆞ며或土耳其에屬ᄒᆞ며或英國에隷ᄒᆞ니라

此國에物産으로有名ᄒᆞᆷ은駿馬와駱駝ㅣ라

波斯

波斯ᄂᆞᆫ一帶高原이라磽确ᄒᆞᆫ沙地가相連ᄒᆞ니山脉의有名ᄒᆞᆫ者ᄅᆞᆯ엘불스ㅣ라ᄒᆞ니라此國의首府德里蘭은其南方平野에有ᄒᆞ니此地ᄂᆞᆫ夏에極熱ᄒᆞ니라

人民은大槩溫雅ᄒᆞᆫ風이有ᄒᆞ나然이나고게驕奢ᄅᆞᆯ好ᄒᆞ고女子의粧飾은別노이人目을驚케ᄒᆞ니라

阿富汗

阿富汗은英領印度와魯領亞細亞의間에介在ᄒᆞ니힌쥬구슈山脉은國內에連亘ᄒᆞ고헬문도河ᄂᆞᆫ그南麓으로發源ᄒᆞ야國中을貫流ᄒᆞ니라

首府ᄅᆞᆯ喀布爾라ᄒᆞ니冬節에ᄂᆞᆫ積雪이數尺이堆ᄒᆞ되國內交通의要衝됨으로貿易이盛ᄒᆞ니라

皮路其斯坦

皮路其斯坦은阿富汗의南部에有ᄒᆞ니西ᄂᆞᆫ波斯

에接ᄒᆞ고地勢ᄂᆞᆫ阿富汗과同ᄒᆞ야磽确ᄒᆞᆫ高地ㅣ라

首府ᄅᆞᆯ겨랏도ㅣ라ᄒᆞ고汗이라稱ᄒᆞᄂᆞᆫ國王이此에住ᄒᆞ니印度政府에셔保護ᄒᆞᄂᆞ니라

印度

印度ᄂᆞᆫ印度洋에突出ᄒᆞᆫ一大半島ㅣ라北境에喜馬拉亞山脉을負ᄒᆞ니印度河ᄂᆞᆫ그西北境에沿流ᄒᆞ고安額河ᄂᆞᆫ東南을向ᄒᆞ야流ᄒᆞᄂᆞ니다此國의大江이라

此地ᄂᆞᆫ大概ㅣ熱帶中에有ᄒᆞ야降雨가多ᄒᆞᆷ으로動植物의生產ᄒᆞᆷ이最多ᄒᆞ야林中은樹草ㅣ密茂ᄒᆞ며野生과動物이羣居ᄒᆞ고또ᄒᆞᆫ有毒ᄒᆞᆫ昆虫이多ᄒᆞ야往往히人을殺ᄒᆞ고或螫傷ᄒᆞᄂᆞᆫ事ㅣ有ᄒᆞ니라

此國은昔에文明의淵叢이라歐洲諸國이아즉蒙昧ᄒᆞᆫ時에이의大都會ᄅᆞᆯ有ᄒᆞ야人은各色美麗ᄒᆞᆫ織物ᄅᆞᆯ製造ᄒᆞ고名木과象牙와眞珠와黃金等으로精巧ᄒᆞᆫ器物을製出ᄒᆞ니일즉他國人이此地ᄅᆞᆯ垂涎케ᄒᆞᆫ다ᄒᆞ니라舊都의古跡이至今에存ᄒᆞᆫ者ㅣ宛然ᄒᆞ되數千年間에數回沿革을過ᄒᆞ니昔時

에文化를大失ᄒᆞ야國中의繁華ᄒᆞ며樞要ᄒᆞᆫ地ᄂᆞᆫ大槪英國人의專有ᄒᆞᆫ바ㅣ됨으로ᄡᅥ近時에ᄂᆞᆫ英領印度ㅣ라稱ᄒᆞᄂᆞ니라

甲谷他ᄂᆞᆫ英領印度의首府ㅣ라政廳이며鎭臺가有ᄒᆞ고市街의屋宇가宏壯ᄒᆞ니卽印度太守의住ᄒᆞᄂᆞᆫ地ㅣ라

孟買ᄂᆞᆫ世界中에良港의一이라人口ㅣ七十七萬餘ㅣ오商工의業이가쟝繁盛ᄒᆞ니라

英領印度外에五大諸侯의地ㅣ며六七小諸侯의地가有ᄒᆞ고其他에또ᄒᆞᆫ佛領과葡領等地가有ᄒᆞ니라

錫蘭島ᄂᆞᆫ土地가豐沃ᄒᆞ야肉桂와木棉等이産出ᄒᆞ며象이또ᄒᆞᆫ甚多ᄒᆞ니라地勢ᄂᆞᆫ中央이高秀ᄒᆞ야四方으로漸降ᄒᆞ니佛敎의始祖釋迦牟尼가쳐음으로敎를傳ᄒᆞᆫ地ㅣ라

此國의士人은專혀門閥을區別ᄒᆞ야貴賤이서로不合ᄒᆞ고자쟝奇怪ᄒᆞᆫ事ᄂᆞᆫ一家에셔夫가病死ᄒᆞ면其妻가火中에自投ᄒᆞ야焚死ᄒᆞᄂᆞᆫ陋習이有ᄒᆞ고其他殘忍ᄒᆞᆫ風習이多ᄒᆞ니라

物産은香料와珍木과美果와藥料와寶石과綿花

와綿絲와穀物等이라

緬甸

緬甸은支那本部의南에有ᄒᆞ야上下兩部에分ᄒᆞ니上버마의首府ᄂᆞᆫ만다레라ᄒᆞ니라此地ᄂᆞᆫ金銀과銅鐵等의鑛物이富饒호ᄃᆡ人民은懶惰ᄒᆞ야一齊히佛教ᄅᆞᆯ信ᄒᆞ니라

下緬甸은孟加拉灣에濱ᄒᆞᆫ一帶地方이니現今은英國에屬ᄒᆞ니라首府ᄅᆞᆯ랑군이라ᄒᆞ니米穀의産出이가장多ᄒᆞ니라

暹羅

暹羅ᄂᆞᆫ緬甸의東南에有ᄒᆞ야儼然ᄒᆞᆫ獨立王國으로邦域이稍大ᄒᆞ니라國王은國憲을從ᄒᆞ야內閣諸大臣과갓티政務ᄅᆞᆯ掌ᄒᆞ니近時에ᄂᆞᆫ泰西文明의事業을效ᄒᆞ야國勢가漸漸振興ᄒᆞ니라首府ᄅᆞᆯ盤谷이라ᄒᆞ니人口ㅣ五十萬餘ㅣ有ᄒᆞ고貿易이盛ᄒᆞ니라

佛領交趾

佛領交趾ᄂᆞᆫ本ᄃᆡ安南의一部ㅣ라數十年前에安南王이佛國에讓與ᄒᆞᆷ이니現今은佛國에東洋領地中에重要ᄒᆞᆫ處ㅣ되니라

首府ᄅᆞᆯ西貢이라ᄒᆞ고米穀의輸出港으로有名ᄒᆞ
나라

東浦寨

東浦寨도ᄯᅩᄒᆞᆫ安南의一洲ㅣ라近年에一王國이
되야佛國의保護ᄒᆞᆫ바ㅣ되니首府ᄅᆞᆯ바놈빈이라
ᄒᆞ니라

安南

安南은支那本部의南方에有ᄒᆞ야支那海에臨ᄒᆞ
니此國의北部ᄅᆞᆯ東京이라稱ᄒᆞ고南部ᄅᆞᆯ交趾라
稱ᄒᆞ며土地ᄂᆞᆫ膏腴ᄒᆞ야米穀이多產ᄒᆞ고ᄯᅩᄒᆞᆫ石
炭의採掘이盛ᄒᆞ니라
此國은元來로支那의藩屏이되얏스되十數年前
에佛人의攻을被ᄒᆞᆫ以來로全혀佛國의保護國이
되니라人民은支那人과갓티儒教ᄅᆞᆯ奉ᄒᆞ며ᄯᅩᄒᆞᆫ
佛教ᄅᆞᆯ信ᄒᆞ니라

第二篇

亞弗利加洲

亞弗利加洲ᄂᆞᆫ北은地中海에面ᄒᆞ며西ᄂᆞᆫ大西洋
에臨ᄒᆞ고南은南氷洋에突出ᄒᆞ니其面積이一千
一百四十萬方哩라크기가亞細亞洲에次ㅣ되고

歐羅巴洲의三倍가되니라

北部는渺茫ᄒᆞᆫ沙漠이니大槪는平夷ᄒᆞ되中央部로셔南方에至ᄒᆞ야는高原이多ᄒᆞ고低ᄒᆞᆫ其間의各地에沙漠이有ᄒᆞ고四周沿海의地方은山脈이連亘ᄒᆞ야高山峻峰이重疊ᄒᆞ니라

本洲는地域이廣ᄒᆞ되暗黑世界라稱ᄒᆞ는바ㅣ오人跡이通치못ᄒᆞ는處가有ᄒᆞ니全土의人口를能히確算치못ᄒᆞ니라

土人의大槪는黑色人種이니分ᄒᆞ야數多ᄒᆞᆫ部落이되고氣候는極熱ᄒᆞ야多雨地域과寡雨地域의二部에分ᄒᆞ니라

本洲邦土의區畫은不知ᄒᆞ는處가有ᄒᆞ니便宜를從ᄒᆞ야左에區分ᄒᆞ니라

土耳其管轄　英國領　佛國領　日耳曼領

葡國領　西班牙領　獨立諸邦　獨立地方

土耳其管轄

土耳其國이管轄ᄒᆞ는名色이有ᄒᆞᆫ者를埃及과的黎波里와突尼斯의三國으로ᄒᆞ니라

埃及

埃及은本洲의東北隅에有ᄒᆞ야世界中에古國이

라 全國의 大槩ᄂᆞᆫ 平遠ᄒᆞᆫ 沙磧의 高原이니 耕種에 適ᄒᆞᄂᆞᆫ 地가 稀少ᄒᆞ나 다만 尼羅河의 附近地ᄂᆞᆫ 其氾濫홈을 因ᄒᆞ야 地味가 極히 肥沃ᄒᆞ니라

尼羅河ᄂᆞᆫ 世界中에 有名ᄒᆞᆫ 大河ㅣ라 本洲의 中央部로 發源ᄒᆞ야 國中을 貫流ᄒᆞ야 地中海에 注ᄒᆞᄂᆞ니라

首府該羅ᄂᆞᆫ 尼羅河의 東岸에 有ᄒᆞ니 人口ᄂᆞᆫ 凡三十七萬이라 市街ᄂᆞᆫ 狹隘不潔ᄒᆞ며 構造ᄂᆞᆫ 全혀 東洋모양이라 또ᄒᆞᆫ 그 西北의 海濱에 亞歷山과 德黎港이 有ᄒᆞ니 國中에 第二都會로 가장 有名ᄒᆞᆫ 古府ㅣ라

國中에 太古時의 遺跡이 不少ᄒᆞ니 就中에 가이로의 西南平野의 間에 巨大ᄒᆞᆫ 石塔數十이 有ᄒᆞ니 金字塔이라 名ᄒᆞᄂᆞ니라 是等의 大槩ᄂᆞᆫ 赤花崗石으로 畊築造ᄒᆞ야 大者ᄂᆞᆫ 高가 四五百尺에 達ᄒᆞ니 모다 此國에 古帝王의 墳墓ㅣ라 其他異狀奇形ᄒᆞᆫ 神人의 巨像과 宮殿과 堂塔等이 今에도 依然히 舊觀을 存ᄒᆞ니 太古文物이 크게 開明홈을 足히 畊想知홀지라

此國은 古來로 幾多變遷을 지나야 西歷一千八百

四十一年에土耳其의屬國이되고今에도同國의
管轄ᄒᆞᆫ바ㅣ되얏스나然이나政府의財政은一切
英國의監督을受ᄒᆞᄂᆞ니라

的黎波里突尼斯

的黎波里와突尼斯ᄂᆞᆫ本洲北部地中海의沿岸에
有ᄒᆞ야其他諸小邦바르가와ᄒᆞᆫ에산等으로ᄒᆞᆷ께
土耳其의管轄에隷屬ᄒᆞᄂᆞ니라

英國領地

英國領地內에서重要ᄒᆞᆫ者ᄂᆞᆫ岌朴哥羅尼와那達
爾와西方亞弗利加植民地와金濱植民地와其他
諸島領地等이라

岌朴哥羅尼

岌朴哥羅尼ᄂᆞᆫ本洲의南端에有ᄒᆞ니國中을橫斷
ᄒᆞᄂᆞᆫ山脈을雪山이라ᄒᆞ니高가一萬呎에達ᄒᆞ고
又西南端의高岬을喜望峰이라名ᄒᆞᄂᆞ니라
首府ᄅᆞᆯ岌朴敦이라ᄒᆞᄂᆞ니南洋航路中에緊要ᄒᆞᆫ良
港으로各國郵船이항상停港ᄒᆞᄂᆞ니라
氣候의大槪ᄂᆞᆫ溫暖ᄒᆞ되變化가急劇ᄒᆞ니東海岸
은降雨가多ᄒᆞ고草木이繁茂ᄒᆞ나西海岸과內地
ᄂᆞᆫ降雨가稀少ᄒᆞ고地味가[illegible]ᄒᆞᆫ磽确ᄒᆞ니라

人種은黑人과歐洲人과相半ᄒᆞ니土人은專혀牧畜에從事ᄒᆞ니라

那達爾

那達爾는埃及과哥羅尼의東隣에有ᄒᆞ니人口는五十四萬餘ㅣ라首府를비다마리츠부르흐ㅣ라ᄒᆞ고다르우반港間에鐵道의便이有ᄒᆞ니라

土人의大概는黑種이나性質이正直ᄒᆞ야職業을勉ᄒᆞ니라

西方亞弗利加植民地

西方亞弗利加植民地는간비아와시라리온의二地方이니本洲의西海岸에有ᄒᆞ니氣候가極惡ᄒᆞ야사ᄅᆞᆷ의健康을害ᄒᆞᆷ이적지아니ᄒᆞᆫ故로英人은다만貿易市場으로因ᄒᆞ야往來ᄒᆞᆯ쑨이라

金濱植民地

金濱은本洲의西部에有ᄒᆞ야南方幾內亞灣에臨ᄒᆞ니貿易上의有名ᄒᆞᆫ植民地ㅣ라椰子油를輸出ᄒᆞ니라

諸島領地

聖厄里那島는大西洋中에有ᄒᆞᆫ孤島ㅣ라拿破侖第一世가放竄ᄒᆞᆫ處ㅣ라其他數多ᄒᆞᆫ小島가有ᄒᆞ

니라

佛國領地

佛國領地內에셔主重된者ᄂᆞᆫ亞爾日利亞와塞內牙와象牙海岸과諸島ㅣ라

亞爾日利亞

亞爾日利亞ᄂᆞᆫ本洲의最北部에有ᄒᆞ야발발이諸邦의一이라佛國領地中에最大ᄒᆞᆫ者ㅣ니佛國으로總督을派遣ᄒᆞ야다ᄉᆞ리ᄂᆞ니라

首府ᄅᆞᆯ亞爾日耳斯ㅣ라ᄒᆞ니氣候ᄂᆞᆫ健康ᄒᆞᆷ에適ᄒᆞ야冬時에ᄂᆞᆫ歐洲에셔病客이와셔養痾ᄒᆞ니라

其他君斯坦丁과오란等의諸都가有ᄒᆞ니라

塞內牙植民地

塞內牙植民地ᄂᆞᆫ塞內牙河口에散在ᄒᆞᆫ諸島ᄅᆞᆯ云ᄒᆞᆷ이니是等의植民地ᄂᆞᆫ實上塞內牙河의貿易을管掌ᄒᆞ니라

셰네갈河와간비야河에瀕ᄒᆞᆫ地方을總稱ᄒᆞ야塞內岡比亞ㅣ라ᄒᆞ고幾內亞海岸은以上地方으로멀리南方에至ᄒᆞ야赤道邊의오고웨河ᄭᆞ지ᄅᆞᆯ上幾內亞ㅣ라ᄒᆞ고以南후리오海角ᄭᆞ지ᄅᆞᆯ下幾內亞ㅣ라稱ᄒᆞ니라

日耳曼領地

日耳曼領地는카메룬海岸의도고와비기니地方의후리오海角으로와루빗스灣에至ᄒᆞᄂᆞᆫ一帶海岸과나마과라도라ᄒᆞᄂᆞᆫ其他諸島ㅣ라

葡萄牙領地

葡萄牙領地는下幾內亞의南半部와上幾內亞의호와이다와本洲東南海岸의蘇拉蘭으로브터桑給巴에至ᄒᆞᄂᆞᆫ一帶地方과諸島ㅣ라

西班牙領地

西班牙領地는摩洛哥中의一小部分과加奈里諸島ㅣ라

獨立諸國

本洲中에有ᄒᆞᆫ以上諸國의領地에屬지아니ᄒᆞ야獨立의形을保ᄒᆞᄂᆞᆫ者는左와如ᄒᆞ니라

摩洛哥　阿比西尼亞　桑給巴　馬達加斯加
橘河自由國　南亞弗利加共和國　里比利亞
公額自由國　獨立地方

摩洛哥國

摩洛哥國은本洲의北部에有ᄒᆞ야大西洋에面ᄒᆞ니라國王은술단이라稱ᄒᆞ니政治와宗教上의首

長으로專恣의政을行ᄒᆞ니라

阿比亞尼亞

阿比亞尼亞國은本洲東部埃及의南方에有ᄒᆞ야
地가一體히高野ㅣ니가장高ᄒᆞᆫ되ᄂᆞᆫ海面으로버
出ᄒᆞᆷ이一萬五千二百呎에及ᄒᆞ니라首府를곤다
라ᄒᆞ고人民은古來로耶蘇教를信奉ᄒᆞ니라

桑給巴國

桑給巴國은本洲의東岸에有ᄒᆞ야近海의八島를
包ᄒᆞ니其中最大ᄒᆞᆫ者를桑給巴島ㅣ라ᄒᆞ고稻米
의産出이夥多ᄒᆞ며終歲토록靑草와綠樹가有ᄒᆞ

니라首府쟌가니도또ᄒᆞᆫ此島中에有ᄒᆞ야큰貿易
市場이라

비니야와기리만쟈로의山峰은高가二萬呎이
니絶頂은四時에白雪이常有ᄒᆞ니라

馬達加斯加國

馬達加斯加國은本洲의第一大島ㅣ라印度洋中
에有ᄒᆞ야莫三鼻海峽을隔ᄒᆞ야大陸과相對ᄒᆞ니
地味ᄂᆞᆫ大槩豐饒ᄒᆞ야森林이繁茂ᄒᆞ니라
土族을호바수라ᄒᆞ며其首府를안다나나리보라
稱ᄒᆞ고人口ᄂᆞᆫ十萬餘ㅣ라耶蘇宣教師가此島에

曾來ᄒᆞ야羅馬字ᄅᆞᆯ人民에게敎授홈으로現今에羅馬字로ᄡᅥ記載ᄒᆞᆫ新聞紙가種種各色이有ᄒᆞ니라

此國에現時의國王은女王으로佛國政府의保護ᄅᆞᆯ受ᄒᆞ니라

橘河自由國

此國은橘河의上流와其支流바르河間에有ᄒᆞ야冬寒夏熱이大端ᄒᆞ고降雨ㅣ稀少ᄒᆞᄃᆡ라首府ᄅᆞᆯ부로멘혼텐이라ᄒᆞ니以利哥羅尼와那達爾間에電線이通ᄒᆞ니라

元來此國의人民은以利哥羅尼의管轄에歸ᄒᆞ얏더니英國의監督을忌厭ᄒᆞ야西曆一千八百五十四年에至ᄒᆞ야드듸여橘河北岸에셔共和國을建設ᄒᆞ니라

南亞弗利加共和國

此國은또ᄒᆞᆫ두라수발共和國이라稱ᄒᆞ니橘河共和國北方에有ᄒᆞ야北方림보보河로界ᄅᆞᆯᄒᆞ고人口ᄂᆞᆫ六十餘萬이라首府ᄅᆞᆯ부례도리아라ᄒᆞ니國內에鐵道와電線이有ᄒᆞ고또ᄒᆞᆫ公私의學校等도有ᄒᆞ니라

此國은一時英國의管轄에歸ᄒᆞ얏더니西曆一千八百五十二年以來로全혀獨立共和國이되얏ᄂᆞ니라

里比利亞國

此國은元來禾濱海岸의一部를占ᄒᆞ고人民은北米合衆國으로解放ᄒᆞᆫ바ㅣ되ᄂᆞᆫ者ㅣ凡二萬許에過치아니ᄒᆞ니라

公額自由國

公額自由國은本洲의中央公額河가貫穿ᄒᆞᆫ地方을指稱홈이니西曆一千八百八十五年에伯靈府에開ᄒᆞᆫ萬國公額會議를由ᄒᆞ야建立ᄒᆞ야白耳義王으로ᄡᅥ管掌케ᄒᆞ니其面積은一百五萬餘方哩ㅣ라

公額河ᄂᆞᆫ赤道近傍의地方으로出ᄒᆞ야千有餘哩의長流ᄒᆞ니河口가大西洋에注ᄒᆞᄂᆞᆫ地의六哩에達ᄒᆞ니라

獨立地方

撒哈拉地方

撒哈拉은地球上에最大ᄒᆞᆫ砂漠이니東은尼羅河로브터西ᄂᆞᆫ太平洋에達ᄒᆞ니라

此地ᄂᆞᆫ降雨가少ᄒᆞ며井水ㅣ乏ᄒᆞᆫ稀少ᄒᆞ고晝間은頗熱ᄒᆞ며夜間은甚寒ᄒᆞᄂᆞ니라

此地에住ᄒᆞᄂᆞᆫ人民의産業은牧畜等事ᄅᆞᆯ務ᄒᆞᄂᆞ니라

蘇丹地方

蘇丹地方은熱帶間에降雨ᄅᆞᆯ受ᄒᆞ며地味가豊饒ᄒᆞ고森林이地ᄅᆞᆯ蔽ᄒᆞ며菓穀을産出ᄒᆞᆷ이多ᄒᆞ고土人은黑色種類ㅣ며亞剌伯人이往往住居ᄒᆞᄂᆞ니라

尼日爾河ᄂᆞᆫ此地의第一長流ㅣ니거의二千哩에達ᄒᆞᄂᆞ니라

蘇拉蘭地方

蘇拉蘭地方은本洲의南方에有ᄒᆞ야那達爾의東隣에接ᄒᆞ니地勢ᄂᆞᆫ大槩平坦ᄒᆞ고沼澤이多ᄒᆞ니樹木을生ᄒᆞᆷ이頗多ᄒᆞᄂᆞ니라

撒皮西地方

撒皮西地方은本洲의南部에有ᄒᆞ야風土가惡ᄒᆞ고有毒ᄒᆞᆫ草木이며昆虫等이多ᄒᆞᄂᆞ니라

撒皮西河ᄂᆞᆫ此地方을横流ᄒᆞ야印度洋으로注ᄒᆞᄂᆞ니라

索謀利地方

索謀利地方은桑給巴의北方에有ᄒᆞ야獨立ᄒᆞᆫ種族의住居ᄒᆞᆫ바ㅣ라此地ᄂᆞᆫ珈琲와沒藥과乳香等物이産出ᄒᆞ니라

第三篇

歐羅巴洲

歐羅巴洲의境界ᄂᆞᆫ北에北氷洋이有ᄒᆞ고西에太西洋이有ᄒᆞ며南은地中海와臺島海와黑海와高加索山을接ᄒᆞ고東은裏海와烏拉河와우를山을隔ᄒᆞ야亞細亞洲에接境ᄒᆞ니라

本洲ᄂᆞᆫ地域이最小ᄒᆞ나海岸의曲折홈과岬灣의多ᄒᆞ기ᄂᆞᆫ他洲에無比ᄒᆞ고ᄯᅩ氣候가大槪溫和홈으로써人口가가장稠密ᄒᆞ고文化가大開ᄒᆞ니라

本洲內의諸國은大槩君民이共治ᄒᆞᄂᆞᆫ政體로ᄃᆡ或三四國에ᄂᆞᆫ共和政治도有ᄒᆞ고君主의獨裁政治도有ᄒᆞ며ᄯᅩ人民은高加索人種이오蒙古人種도多ᄒᆞ니라

本洲를分ᄒᆞ야左에十八國이有ᄒᆞ니라

弗列顚諸島　瑞典諾威　丁抹　荷蘭　白耳義
佛蘭西　西班牙　葡萄牙　瑞西　伊太

利 土耳其 羅馬尼亞 塞爾維亞 門斗尼
骨 希臘 露西亞 日耳曼 墺地利

茀列顚諸島

茀列顚諸島ᄂᆞᆫ歐洲大陸의西에有ᄒᆞᆫ二大島를合ᄒᆞ야成ᄒᆞ니고東部에有ᄒᆞᆫ最大ᄒᆞᆫ島를統稱ᄒᆞ야大茀列顚이라ᄒᆞ되分稱ᄒᆞ며英吉利와威耳士와蘇格蘭三部ㅣ가되고西部의大島ᄂᆞᆫ愛蘭이라名ᄒᆞ고또二大島와附近ᄒᆞᆫ小島를合稱ᄒᆞ야茀列顚帝國이라ᄒᆞ니라

茀列顚은北部ᄂᆞᆫ山脉이多ᄒᆞ고東南部ᄂᆞᆫ平坦ᄒᆞ며愛蘭은四面에山을帶ᄒᆞ고中央은大槩低地ㅣ라

兩島海岸에岬灣의出入이多ᄒᆞ고內地에ᄂᆞᆫ大ᄒᆞᆫ河流가無ᄒᆞ나다만漸四河ᄂᆞᆫ首府倫敦을貫流ᄒᆞᄂᆞᆫ故로其名이特著ᄒᆞ니라

此國에氣候ᄂᆞᆫ大槩溫和ᄒᆞ야寒暑의差가甚少ᄒᆞ나天氣의變化가無常홈은一缺点이라

國民은過半이耶蘇新敎를信奉ᄒᆞ고그性質이着實ᄒᆞ며氣力이有ᄒᆞ야能히起事ᄒᆞ고또能히守業ᄒᆞ니라

首府倫敦은英吉利에有ᄒᆞ야漸西河上에立ᄒᆞ야그規模의廣大홈과人口의繁多홈이地球上에無比ᄒᆞ니人口ᄂᆞᆫ四百四十萬餘오宮殿과政廳과學校와寺院과製造場等의盛大홈이人目을驚ᄒᆞ며鐵道와電線이四通八達ᄒᆞ야世界商業의中心이라故로그一動一靜이萬國商況에關係가有ᄒᆞ니라

利拔浦市ᄂᆞᆫ英吉利西岸에有ᄒᆞ야密西河上에臨ᄒᆞ야國中第二되ᄂᆞᆫ都會라其近傍에滿齒士多市가有ᄒᆞ고其他蘇格蘭의如天堡와屈羅士古와愛蘭의多佛仁等이다盛都ㅣ라

此國은世界에第一商業場이오또世界에第一工業場이라製造ᄒᆞᄂᆞᆫ物中에最盛ᄒᆞᆫ者ᄂᆞᆫ綿布와羅紗와絹布와硝子等이오鑛産物에ᄂᆞᆫ鐵과石炭이世에有名ᄒᆞ니라

政體ᄂᆞᆫ立憲君主國이오現今의國王은女皇이니此國의領地와屬國이各大洲에跨ᄒᆞ야그總面積이一千百三十五萬餘方哩가되니라

瑞典諾威

瑞典과諾威ᄂᆞᆫ本洲西北隅에有ᄒᆞᆫ大半島ㅣ라그

東北一方은俄羅斯에隣ᄒᆞ며此兩國이往時에ᄂᆞᆫ各立ᄒᆞ얏시나八十年前에一王의治下에聯合ᄒᆞ니라

此國中央에山岳이極多ᄒᆞ야峻嶺과絶壁이目을驚ᄒᆞ며西南部ᄂᆞᆫ廣漠ᄒᆞᆫ高原이一望坦坦ᄒᆞ니라

此國은다만冬夏二候만有ᄒᆞ고北部에ᄂᆞᆫ太陽이數週間이나不沒ᄒᆞᄂᆞᆫ處ㅣ有ᄒᆞ니라

首府士德威은馬謁湖海口에有ᄒᆞ야市街ᄅᆞᆯ個島上에築ᄒᆞ야서로連續ᄒᆞ니라

此國은礦物이富ᄒᆞ고또魚油와魚膠와良材가出

ᄒᆞ니라

丁抹

丁抹은北海로서波羅的海에入ᄒᆞᄂᆞᆫ咽喉에有ᄒᆞᆫ半島와附近數島ᄅᆞᆯ合ᄒᆞ야一國을成ᄒᆞ니大槪低地오東方海岸에ᄂᆞᆫ堤防을築ᄒᆞ야海潮의漲溢을防遏ᄒᆞ니라

首府古篇應見은芝蘭島東海岸에有ᄒᆞ야此國의重要ᄒᆞᆫ都會ㅣ라

氷島ᄂᆞᆫ大西洋中의一大島ㅣ라面積이四萬方哩오內地에山岳이多ᄒᆞ며噴火山이多ᄒᆞᆫ中에著名

ᄒᆞᆫ者ᄅᆞᆯ愚曰羅山이라ᄒᆞᄂᆞ니라
國民은大槩航海術을通ᄒᆞ고또그性質이勤儉ᄒᆞ
며忍耐ᄒᆞ고政治ᄂᆞᆫ立憲政體ㅣ라

和蘭

和蘭은南으로白耳義ᄅᆞᆯ接ᄒᆞ고東으로德逸을隣
ᄒᆞ며西北二方은北海ᄅᆞᆯ望ᄒᆞ고地勢ᄂᆞᆫ白耳義와
相連ᄒᆞ야大槪平野오海岸의低地ᄂᆞᆫ堤防을築ᄒᆞ
야海水의浸入을防遏ᄒᆞᄂᆞ니라
羅仁河ᄂᆞᆫ德逸로브터流ᄒᆞ야荷蘭國中央을貫ᄒᆞ
야北海에注ᄒᆞ고其他川流와許多ᄒᆞᆫ運河가縱橫
ᄒᆞ고環通ᄒᆞ야運輸에頗便ᄒᆞ니라
首府ᄅᆞᆯ彪蘇來ㅣ라ᄒᆞᄂᆞ니羅仁河의西岸에有ᄒᆞ며脂
多士淡은脂多士河의沿岸에有ᄒᆞ야貿易이繁盛
ᄒᆞ고翁多淡은羅仁河의東岸에位ᄒᆞ야歐洲中央
諸國으로브터大西洋에出ᄒᆞᄂᆞᆫ咽喉의地ㅣ라
此國의人民은專혀貿易과牧畜을業ᄒᆞ며風俗이
質朴溫厚ᄒᆞ고協同ᄒᆞᄂᆞᆫ力이富ᄒᆞ며또學業을勉
勵ᄒᆞ고政體ᄂᆞᆫ立憲君主의政治ㅣ라

白耳義

白耳義ᄂᆞᆫ北으로和蘭을界ᄒᆞ며西으로北海ᄅᆞᆯ臨

ᄒᆞ고南으로佛蘭西를隣ᄒᆞ며東으로日耳曼을接ᄒᆞ야地勢ㅣ平坦ᄒᆞ며田野ㅣ自闢ᄒᆞ고土味가豐饒ᄒᆞᆫ故로그地域이狹小ᄒᆞ나人口의稠密홈은此國이世界에第一이라뮤쥬와세루도兩河가다佛蘭西로븟터此國東西를貫流ᄒᆞ야和蘭에入ᄒᆞ고小川과運河가多ᄒᆞ야水利의便이富ᄒᆞ니라

此國의人種과言語ᄂᆞᆫ다和蘭人과如ᄒᆞ며宗教ᄂᆞᆫ羅馬舊教를奉ᄒᆞ고人民은耕種의業에最精ᄒᆞ야一歲의收穀으로ᄡᅥ二歲의糧을充ᄒᆞ니라

富羅雪은此國의首府ㅣ라市街ㅣ清潔ᄒᆞ며外觀이華美홈으로小巴里라稱ᄒᆞ니人口ㅣ四十七萬이오貿易이繁盛ᄒᆞ니라

佛蘭西

佛蘭西ᄂᆞᆫ本陸西部에有ᄒᆞᆫ大國이라西ᄂᆞᆫ太西洋에面ᄒᆞ며南은西班牙와地中海에隣ᄒᆞ고北은白耳義와日耳曼과英吉利海峽에隔ᄒᆞ야英吉利와相對ᄒᆞ며東은日耳曼과瑞西와伊太利에界ᄒᆞ니라

地勢ᄂᆞᆫ中央으로西北部ᄭᆞ지大槩平坦ᄒᆞ나東南兩方은山岳이重疊ᄒᆞ야亞爾卑斯山支脉은伊太

利國境에聳ᄒᆞ며比禮尼斯山은西班牙에境이되니歐洲에第一高峰이라ᄒᆞᄂᆞᆫ富蘭克峰은實노아루부수支脈中에有ᄒᆞ니라

此國의河流ᄂᆞᆫ塞印과羅爾와加倫과羅尼河가最大ᄒᆞ고南溝ㅣ라ᄒᆞᄂᆞᆫ溝渠ᄂᆞᆫ路易十四世의時에鑿通ᄒᆞᆫ水路ㅣ니長이五百餘里오舟行이極便ᄒᆞ니라

全國은八十七政區로分ᄒᆞ고人口ᄂᆞᆫ三千八百餘萬이라氣候ᄂᆞᆫ溫和ᄒᆞ야降雨가常多ᄒᆞ며國民은文學과工藝를勉勵ᄒᆞ고그性이快活ᄒᆞ니라

首府巴里ᄂᆞᆫ塞印河에跨ᄒᆞ야百工技藝의淵藪이오壯ᄒᆞᆫ歐洲諸國의服粧과其他各物의中心이라市街ㅣ華麗ᄒᆞ야鐵道ㅣ四通ᄒᆞ며電線이交達ᄒᆞ고그人口와地廣은倫敦에不及ᄒᆞ나繁華ᄒᆞᆷ은世界에有名ᄒᆞ니라

里昻은此國의第二盛都로羅尼河畔에有ᄒᆞ니本洲中에有名ᄒᆞᆫ絹布를製造ᄒᆞᄂᆞᆫ處ㅣ라

馬耳塞ᄂᆞᆫ地中海의沿岸에有ᄒᆞ니歐洲南部의一大要港으로貿易이繁盛ᄒᆞ며海岸에巨大ᄒᆞᆫ倉庫ㅣ栢連ᄒᆞ야商業上에極便ᄒᆞ니라

此國의地品은大槪豐沃ᄒᆞ야各地에穀菓ㅣ多出ᄒᆞ며南部ᄂᆞᆫ가장葡萄ᄅᆞᆯ多産ᄒᆞ고또養蠶이盛ᄒᆞ니라

政體ᄂᆞᆫ共和政治오宗敎ᄂᆞᆫ羅馬舊敎ᄅᆞᆯ信奉ᄒᆞ니라

西班牙

西班牙ᄂᆞᆫ本洲西部의大半島國이니佛蘭西의西南으로延ᄒᆞ야大西洋과地中海의間에突出ᄒᆞ며日巴拉太의海峽에隔ᄒᆞ야亞非利加洲와相對ᄒᆞ니라

地勢ᄂᆞᆫ大槩山이多ᄒᆞ니北方佛蘭西國境에比禮尼斯山脉이有ᄒᆞ야是로븟터西方비수게灣岸으로連亘ᄒᆞᆫ거ᄉᆞᆯ간다부리안山脉이라ᄒᆞ고國의中央은高原이니寒暑ㅣ極ᄒᆞ며降雨ㅣ稀ᄒᆞ고樹木이未盛ᄒᆞ니라

此國의河流ᄂᆞᆫ厄波羅와瓜達幾微가大ᄒᆞ고大古와斗羅와瓜低安等의諸河가다西流ᄒᆞ야葡萄牙에入ᄒᆞ니라

首府馬德里ᄂᆞᆫ中央部의高原에有ᄒᆞ야規模가壯嚴ᄒᆞ나市街ㅣ不潔ᄒᆞ며地中海의東濱에巴塞羅

港이有ᄒᆞ니國中에第二都會로貿易이繁盛ᄒᆞ니라

日巴拉太ᄂᆞᆫ現時에英國所領으로堅固ᄒᆞᆫ砲臺가有ᄒᆞ고英兵이항상駐在ᄒᆞ야實上地中海의關門이되니라

氣候ᄂᆞᆫ大槩溫和ᄒᆞ나人民이耕種의業에拙ᄒᆞ야土地가往往이荒蕪ᄒᆞ며風俗이遊戱를好ᄒᆞ고其中에猛牛로格鬪를식이며그觀覽ᄒᆞᆷ으로無極ᄒᆞᆫ樂이라ᄒᆞᄂᆞᆫ故로國中에都會ᄂᆞᆫ擧皆鬪牛觀場을設ᄒᆞ니라

物産은葡萄와橄欖과桑絹等이라

葡萄牙

葡萄牙ᄂᆞᆫ西班牙의西隣으로據ᄒᆞ야大西洋에面ᄒᆞᆫ小國이니國內에ᄂᆞᆫ西班牙로連亘ᄒᆞᆫ山脈이縱橫起伏ᄒᆞ나高峻은無ᄒᆞ니라

河의大者ᄂᆞᆫ太古ㅣ니西班牙로流來ᄒᆞ야大西洋에注ᄒᆞ니라

氣候가溫和ᄒᆞ며降雨ㅣ不絶ᄒᆞ야河流의氾濫ᄒᆞᆷ이多ᄒᆞ니라

首府里斯本은太古河口에有ᄒᆞ야人口ᄂᆞᆫ二十四

萬이니此地가大西洋沿岸의良港이라稱ᄒᆞᆷ은葡萄酒의輸出로뻐有名ᄒᆞ며荷波多港은國의北境에有ᄒᆞ야第二都會ㅣ라

國民은大槩固陋ᄒᆞ야文學과藝術을不勉ᄒᆞ며國政은世襲君主의政治ㅣ라

物産의最多ᄒᆞᆷ은葡萄와海塩等이라

瑞西

瑞西ᄂᆞᆫ歐洲中에最高處로伊太利와墺太利와日耳曼과墺地利四國의間에有ᄒᆞ니國內에亞爾畢斯山脈이縱橫蟠屈ᄒᆞ야峻嶺險岳이四境에繞ᄒᆞ며其間各地에大小湖水ㅣ多ᄒᆞ고溪谷의低地에ᄂᆞᆫ渺漠ᄒᆞᆫ水田이往往이有ᄒᆞ며高峰을흰수다알호룬이라ᄒᆞ니베루닌수알부수山脈中에有ᄒᆞ니라

此國은實노歐洲中央大陸의大河羅仁과羅尼와多惱等의發源地ㅣ라

首府伯爾尼ᄂᆞᆫ愛耳河畔에位ᄒᆞ야共和政府가有ᄒᆞ며是로븟터西南佛國地境에日內瓦府가有ᄒᆞ니日內瓦ㅣ湖濱에接ᄒᆞ야國中에第一繁都ㅣ니此府ᄂᆞᆫ時計樂器의製造와寶玉의彫刻으로뻐世

界에有名ᄒᆞ니라

氣候가寒冷ᄒᆞ야冬時에ᄂᆞᆫ全國이皚皚ᄒᆞᆫ白世界되고險岳峻嶺下에雪崩ᄒᆞ야家屋人畜等의被害가多ᄒᆞ니라

政體ᄂᆞᆫ純然ᄒᆞᆫ共和政治오教育이頗盛ᄒᆞ야讀書와習字에能ᄒᆞ며人民이ᄯᅩᄒᆞᆫ自由ᄅᆞᆯ重히여기ᄂᆞ니라

此國의風景이壯快美麗ᄒᆞᆷ으로ᄡᅥ歐洲各國人이簇簇히此地에遊覽ᄒᆞ니라

伊太利

伊太利ᄂᆞᆫ地中海에突出ᄒᆞᆫ半島國으로北方一部ᄂᆞᆫ墺地利와瑞西와佛蘭西와接境이되야亞爾卑斯山脉으로ᄡᅥ區劃ᄒᆞ니라

亞卑尼山脉은西北部海頭로븟터蜿蜒蟠屈ᄒᆞ야國中을直通ᄒᆞ니此山脉中最高峰을몬데고루노峰이라ᄒᆞ니라

亞爾卑斯와亞卑尼兩山脉間에포河ㅣ有ᄒᆞ니此國의第一長流ㅣ라冬時ᄂᆞᆫ多雨ᄒᆞ며夏節은融雪ᄒᆞ야水量이頗多ᄒᆞ고ᄯᅩᄒᆞᆫ急激ᄒᆞ야舟航이不便ᄒᆞ며此河畔에大平原이有ᄒᆞ되론바듸平原이라

ᄒᆞ니 每年에 牧草ᄅᆞᆯ 生ᄒᆞᆷ이 六回에 及ᄒᆞᄂᆞ니라

諸屬島中에 最大ᄒᆞᆫ 者ᄂᆞᆫ 西西里島오 아베나인 山脈이 延ᄒᆞ야 全島에 起伏ᄒᆞ며 東岸에 埃德那란 噴火山이 有ᄒᆞ니 이ᄂᆞᆫ 歐洲에 最高ᄒᆞᆫ 噴火山이오 此島西北에 撒丁島ㅣ 有ᄒᆞ야 佛蘭西의 哥塞牙島와 相對ᄒᆞᄂᆞ니라

氣候ᄂᆞᆫ 溫和ᄒᆞ고 天色이 蒼然ᄒᆞ나 포河畔은 冬日에 寒威가 酷甚ᄒᆞᄂᆞ니라

此國은 歐洲中에 古國이라 距今二千年以前에 羅馬帝國이 旺盛ᄒᆞᆫ 時에ᄂᆞᆫ 羅馬府中에 人口가 百萬이 移住ᄒᆞ며 또 四方人種이 入來ᄒᆞ야 雜居ᄒᆞ나 至今은 一統國이 되고 言語와 宗教도 一體ㅣ라

首府 羅馬ᄂᆞᆫ 다이바ᄅᆞ河에 跨ᄒᆞ야 距海口가 十三哩오 그 左岸에 法皇의 宮殿과 世界中에 廣大ᄒᆞᆫ 聖彼得의 會堂이 有ᄒᆞ며 其他 舊蹟 名所가 極多ᄒᆞ니라

國의 南方 西岸에 那不勒市街ᄂᆞᆫ 國中에 最大ᄒᆞᆫ 都府ㅣ오 또 ᄒᆞᆫ 風景이 絶佳ᄒᆞ며 외니수와 미란과 후로ᄅᆞᆫ수 等도 다 有名ᄒᆞᆫ 都市ㅣ라

此國이 外患內憂로 國內가 久亂ᄒᆞ고 紀綱이 不振

ᄒᆞ더니距今二十餘年前에革命戰爭ᄒᆞᆫ後로全國
이비로소一統이되야一個獨立ᄒᆞᆫ立憲君主國이
되니라
此國은有名ᄒᆞᆫ物産이無ᄒᆞ고惟獨養蠶이歐洲中
에最盛ᄒᆞ니라

歐羅巴土耳其

土耳其帝國은一名은옷도만이라歐羅巴와亞細
亞와亞非利加三洲에跨ᄒᆞ야一時威力이歐洲에
振ᄒᆞ더니近年에至ᄒᆞ야漸次勢盡ᄒᆞ야匈牙利와
希臘을失ᄒᆞ며魯土戰爭에羅馬尼亞와塞爾維亞

와門的尼哥三侯國의獨立을約定ᄒᆞ고기부라스
島를英國에奪ᄒᆞ며發士尼亞와헤르세고비나兩
地方을墺國에讓ᄒᆞ고바다무地方을魯國에與ᄒᆞ
며巴爾加利亞와東羅美利亞의自治를許ᄒᆞ니
現今은昔勢를大失ᄒᆞ고歐洲에有ᄒᆞᆫ者를本部로
ᄒᆞ야歐羅巴土耳其라名ᄒᆞ니라
歐羅巴土耳其ᄂᆞᆫ本洲東南部에有ᄒᆞ야黑海와馬
馬拉海와多島海와亞得亞的海에臨ᄒᆞ며墺地利
와塞爾維亞와羅馬尼亞와希臘에接壤ᄒᆞ니라
巴爾幹山脈은國의東南部로連亘ᄒᆞ야빈다스山

脉西部에起伏ᄒᆞ야希臘半島에走入ᄒᆞᄂᆞ니라
此國의河流ᄂᆞᆫ다山嶺이遮斷ᄒᆞᆫ바ㅣ되야長流ㅣ無ᄒᆞ고다못多惱河ㅣ墺國으로流來ᄒᆞ야北境에沿流ᄒᆞ야羅馬尼亞에入ᄒᆞᄂᆞ니라

首府ᄂᆞᆫ君士坦丁은보스포라스海峽에臨ᄒᆞ야歐亞兩大洲의咽喉ㅣ되야商業上과軍事上에便宜ᄒᆞ며此市가三面으로海에枕ᄒᆞᆫ周回五十里餘에亘ᄒᆞ고宮殿樓閣과寺院堂塔等이參差羅列ᄒᆞ야海上으로遠景이絕勝ᄒᆞ나市內에入ᄒᆞ면街衢ᄂᆞᆫ不潔ᄒᆞ고家屋은大槩木製ㅣ라

首府西北에亞得利安市ᄂᆞᆫ國中第一次地마리도사河畔에有ᄒᆞ야穀物의賣買가繁盛ᄒᆞ니라
氣候ᄂᆞᆫ大槩寒冷ᄒᆞ나巴爾幹山以南의地ᄂᆞᆫ稍暖ᄒᆞ며教育이普及ᄒᆞ야專門學校와師範學校等이備ᄒᆞ고風俗은溫恭ᄒᆞ나婦人을畀케며이며妾婢ᄅᆞᆯ賣買ᄒᆞᄂᆞ니라

羅馬尼亞

羅馬尼亞ᄂᆞᆫ塞爾維亞와門的尼哥이다土耳其帝國의屬國이러니近時에ᄂᆞᆫ漸漸獨立體面을具ᄒᆞᆫ니라

此國의北은墺地利와魯西亞오東은魯西亞와黑海오南은巴爾加利亞오西는塞爾維亞와墺地利에境ᄒᆞ니라

地味는豐沃ᄒᆞ야農耕과牧畜이盛ᄒᆞ고多腦巨河는巴爾加利亞의國境으로沿流北折ᄒᆞ야黑海에注ᄒᆞ니라

首府布加勒斯는多腦河北에有ᄒᆞ야東歐의屈指ᄒᆞᄂᆞᆫ都會라土墺兩國의貿易中心이오人口는二十二萬餘ㅣ라

塞爾維亞

塞爾維亞는墺地利와土耳其와羅馬尼亞의間에有ᄒᆞᆫ一小王國이라

國內에高峰은無ᄒᆞ나山岳이各處에起伏ᄒᆞ며森林이太半을蔽ᄒᆞ니就中에櫟樹가最多ᄒᆞ니라

多腦와셰부兩河는國의北境으로流ᄒᆞ며河畔은土地가肥沃ᄒᆞ야農業이盛ᄒᆞ니라

首府베르구린드는多腦와셰부兩河間에有ᄒᆞᆫ要害의地ㅣ라

門듸尼膏

門듸尼膏은墺土兩國의間에有ᄒᆞ야西로亞得亞

的海에臨ᄒᆞ며몬데네구로란黑山은松樅檜等의鬱林이國의全面을蔽ᄒᆞ니라

首府셰지네ᄂᆞᆫ人口一千五六百이되ᄂᆞᆫ一小村落에不過ᄒᆞ며國際上에關係ᄅᆞᆯ因ᄒᆞ야軍旗와戰艦을有치못ᄒᆞᄂᆞ니라

希臘

希臘은歐羅巴土耳其南端에突出ᄒᆞᆫ一小國으로東西南三面은海에臨ᄒᆞ고北方一隅ᄂᆞᆫ土耳其에連屬ᄒᆞ니라

國의中央에코린도와에지나海灣이東西로븟터澳에入ᄒᆞ며地形을南北兩部로分ᄒᆞ니哥林多地峽과連絡ᄒᆞ니라

此國은山岳과邱陵이多ᄒᆞ고平地ᄂᆞᆫ海濱ᄲᅮᆫ이며地味ᄂᆞᆫ肥沃지못ᄒᆞ나周圍된羣島ᄂᆞᆫ豊饒ᄒᆞ니라

河流ᄂᆞᆫ北境사ᄅᆞᆷ부리아川이最大ᄒᆞ니그附近은有名ᄒᆞᆫ農產의地ㅣ라

氣候ᄂᆞᆫ溫和ᄒᆞ야健康에適ᄒᆞ며高山에ᄂᆞᆫ夏節에도雪이積ᄒᆞ나沿海地ᄂᆞᆫ冬候ᄅᆞᆯ不知ᄒᆞᄂᆡ라

此國은歐洲中에最先開化國으로至今에名所舊蹟이不少ᄒᆞ며人民은古昔希臘人類ㅣ니談話辯

論을好ᄒᆞ며機智才藝를練ᄒᆞ니라
首府雅典은政治教化의中心으로歷史上에有名ᄒᆞᆫ舊都ㅣ라

歐羅巴魯西亞

歐羅巴魯西亞ᄂᆞᆫ邦域이廣大ᄒᆞ야歐洲全土의太半을占ᄒᆞ니北은北氷洋이오南은黑海오西ᄂᆞᆫ波羅的海와日耳曼과墺地利오東은烏拉山에境ᄒᆞ며國中을分劃ᄒᆞ야六十八政區라ᄒᆞ나歷史上과地理上에ᄂᆞᆫ十部로左갓치分ᄒᆞ니라

波羅的洲　大魯西亞　小魯西亞　南魯西亞　東魯西亞　西魯西亞　阿斯達干　波蘭　芬蘭　高加索

地勢ᄂᆞᆫ茫茫無際ᄒᆞᆫ大平原이오山은極南에구리미아와南海岸에도리다山脉과東境에烏拉連山과東南境에高加索連山이며大平原北部ᄂᆞᆫ卑濕ᄒᆞᆫ澤地로每年에氷結이數月에及ᄒᆞ며南部黑海와裏海의沿岸은漠漠ᄒᆞᆫ曠原이多ᄒᆞ나樹木을不見ᄒᆞ고此澤地와曠原의間에森林의地가有ᄒᆞ니境域의廣袤홈을測量치못ᄒᆞ니라
此國의數多ᄒᆞᆫ河流가有ᄒᆞ되就中에窩尾河가最

大ᄒᆞ야歐洲에第一巨流ㅣ되고其他尼泊과頓과
土味那와尼斯達等諸流가爲次ᄒᆞᄂᆞ니라
湖水ᄂᆞᆫ西北部에多ᄒᆞ되就中羅十加湖ᄂᆞᆫ歐洲의
第一大湖ㅣ라
此國은土地가廣大홈으로써氣候ㅣ地各不同ᄒᆞ
며雨量은西歐洲에比ᄒᆞ면少ᄒᆞᄂᆞ니라
人民은수라오니안人種이最多ᄒᆞ며宗敎ᄂᆞᆫ希臘
敎로國敎를定ᄒᆞ고敎育은西歐洲諸國에不及ᄒᆞᄂᆞ
니라
國都聖彼得堡府ᄂᆞᆫ芬蘭灣頭의尼瓦河口에有ᄒᆞ

야街衢ㅣ方正ᄒᆞ며市域이廣闊홈이歐洲名都로
ᄂᆞᆫ可比홀處ㅣ無ᄒᆞ고人口ᄂᆞᆫ九十二萬餘오此府
ᄂᆞᆫ英京倫敦과갓티開港의處에諸國船隻의出入
이年年數千艘에不下ᄒᆞ나然이나每年十一月上
四五月ᄭᆞ지ᄂᆞᆫ河流가氷結ᄒᆞ야交易이全斷ᄒᆞᄂᆞ니
라
莫斯科ᄂᆞᆫ此國의舊都로國의中央大魯西亞部에
有ᄒᆞ야鐵道와運河가四方에通ᄒᆞ며貿易이頗盛
ᄒᆞ고此市로製出ᄒᆞᄂᆞᆫ韋革은世界에有名ᄒᆞ며其
他注肖와葯德沙와가새上等의都市가有ᄒᆞᄂᆞ니라

此國의産物中에鑛物이最多ᄒᆞ야年年이新鑛山이出ᄒᆞ니金이世界全産額에五分의四以上으로出ᄒᆞ며食鹽等도無盡이出ᄒᆞ니라

政體ᄂᆞᆫ立憲專制오國民이勤王의心이厚ᄒᆞ야浪徒ㅣ不多ᄒᆞ며皇帝ᄂᆞᆫ政治와敎會의長이되니라

日耳曼

日耳曼은一名은獨逸이니歐洲中央에位ᄒᆞ야和蘭과白耳義와佛蘭西와瑞西와墺地利와魯西亞와丁抹의諸國과接境이되며波羅的海와北海에臨ᄒᆞ니라

此國은四王國과六大公國과五公國과七侯國과三自由府와一帝領의二十六州로成ᄒᆞ니就中에普魯士王國이最大ᄒᆞ야거의三分의二를包有ᄒᆞ니라

全國의山嶺이少ᄒᆞ야北部近海ᄂᆞᆫ一望無際ᄒᆞᆫ曠原이니此를低地日耳曼이라ᄒᆞ며南으로漸次高起ᄒᆞ니此를高地日耳曼이라ᄒᆞ고全國地品은大槪瘠薄ᄒᆞ되惟獨羅仁河上流沿岸과波蘭의地境上은土地가豐沃ᄒᆞ야穀類의收穫이最多ᄒᆞ니라

羅仁河ᄂᆞᆫ國의西部로北流ᄒᆞ야和蘭에入ᄒᆞ며에

루베와웨제루兩河ᄂᆞᆫ西北으로流ᄒᆞ야北海에注ᄒᆞ고其他小流와運河等이多ᄒᆞ야運輸와灌漑에適ᄒᆞ니라

國都伯靈은普魯士王國의中央에루베와오데루兩河中間에處ᄒᆞ야政府ㅣ有ᄒᆞ고人口ᄂᆞᆫ百五十餘萬이오市街의宏大홈은世界中에屈指ᄒᆞᄂᆞᆫ大都會니此府ᄂᆞᆫ政治上에中心이며또商業上과工業上과學術上에淵叢의地오홈바루구와부레수로와도레수덴等의諸市가또ᄒᆞᆫ有名ᄒᆞᆫ繁都ㅣ라

此國의人民은活潑ᄒᆞ야智育과體育이他邦人에超絶ᄒᆞ며宗教ᄂᆞᆫ耶蘇教오政體ᄂᆞᆫ立憲君主의政治니現時에聯邦의皇帝ᄂᆞᆫ普魯士王을兼ᄒᆞ니라

物産은麥類와麻烟草와麥酒와材木과鐵과石炭과金銀等이라

墺地利凶牙利

墺地利凶牙利ᄂᆞᆫ北은日耳曼과魯西亞오東은魯西亞와羅馬尼亞오西ᄂᆞᆫ瑞西와伊太利와亞得亞的海오南은羅馬尼亞와塞爾維亞와門斗尼骨에接ᄒᆞ며此國은墺地利와凶牙利二國을分ᄒᆞ나그

君主ᄂᆞᆫ同一ᄒᆞ니라

國內에山嶺과河流가多ᄒᆞ니西南에ᄂᆞᆫ亞爾卑斯大山脉이重疊蟠屈ᄒᆞ야瑞西로븟터土耳其에連亘ᄒᆞ며東南으로東北에繞ᄒᆞᆫ가루파시안의山脉이縱橫起伏ᄒᆞ고多惱河ᄂᆞᆫ國의中央을貫通ᄒᆞ며諸流ㅣ集ᄒᆞ야羅馬尼亞와塞爾維亞의境에入ᄒᆞ니其流ㅣ八百五十哩오通商의要路ㅣ니歐洲에第二大河ㅣ라稱ᄒᆞ며에루베河와비수듀라河의源이다此地로發ᄒᆞ니라

多惱河畔에廣濶ᄒᆞᆫ平原이有ᄒᆞ야匈牙利平原이라稱ᄒᆞ니小麥의耕作에適ᄒᆞ니라

維也納은此國의首府로多惱河에濵ᄒᆞ야歐洲中에樞要ᄒᆞᆫ大都會니商賈와工業이繁盛ᄒᆞ며人口ㅣ百三十五萬이오布多伯息市가有ᄒᆞ니匈牙利의大都ㅣ라

西方亞得亞的海의沿岸에도리예수도港이有ᄒᆞ니此國의第一外國貿易市場이라

墺地利와匈牙利兩國은其法律과議院과內閣財政이異ᄒᆞ나그君主와海陸軍備와全國議院은同一ᄒᆞ며政體ᄂᆞᆫ立憲君主의政治오君主ᄂᆞᆫ三種의

稱號ㅣ有ᄒᆞ니即墺地利帝와보헤미아王과匈牙利王이라

物産은金銀과銅鐵과鹽穀物等이라

第四篇

北亞米利加洲

北亞米利加洲ᄂᆞᆫ北은北氷洋이오東은大西洋이오西ᄂᆞᆫ太平洋이오南은墨西哥灣과巴那馬地峽이니南亞米利加洲에接ᄒᆞ니라

本洲의西岸은大灣의流入ᄒᆞᆷ이少ᄒᆞ고北岸과東岸은屈曲이多ᄒᆞ고또ᄒᆞᆫ島嶼ㅣ羅列ᄒᆞ니其中에哥里蘭과巴芬蘭과新著大島와西印度諸島ᄂᆞᆫ最大라ᄒᆞ니라

落機山脈은北氷洋의沿峰으로漸次隆起ᄒᆞ야本洲의西部ᄅᆞᆯ貫通ᄒᆞ야맛치脊骨의形狀으로合衆國과墨西哥에至ᄒᆞ야高原이되니其西方太平洋의沿峰에잇ᄂᆞᆫ支脈은加斯結的山脈이라ᄒᆞ고東峰大西洋沿峰에平行ᄒᆞᆫ者ᄅᆞᆯ亞利俺尼山脈이라稱ᄒᆞ니라

本洲에ᄂᆞᆫ密士失必과聖勞稜索과其他十數條의大河가잇고또ᄒᆞᆫ蘇甲略과米執安等大湖와那以

亞加拉大瀑布가有ᄒᆞ니라

本洲의人口ᄂᆞᆫ大約八千九百萬人이니其中에合衆國과加奈太人民은大抵歐羅巴洲中央과以西北部로移住ᄒᆞᆫ者ㅣ라土人은黑色의鴨斯基毛人種과銅色의印度ㅣ니宗敎도업ᄂᆞᆫ人種이라

本洲內의諸國은左開十一國이라ᄒᆞ니라

哥里蘭　加奈太　新著大島　北米合衆國
墨西哥　英領閔都拉斯　瓜地馬拉　閔都拉斯　三薩尾多　尼加拉瓜　哥斯德里加

哥里蘭

哥里蘭은本洲의東北에잇ᄂᆞᆫ陸地ㅣ니內地ᄂᆞᆫ山岳이甚多ᄒᆞ고氷雪이常存ᄒᆞ니라此地ᄂᆞᆫ아직精密ᄒᆞᆫ搜索을지ᄂᆡ지못ᄒᆞ므로島嶼와氷雪을判知치못ᄒᆞ고氣候ᄂᆞᆫ極히寒冷ᄒᆞ고若干海濱을除ᄒᆞᆫ外에ᄂᆞᆫ住民이全無ᄒᆞ며또ᄒᆞᆫ樹木이不生ᄒᆞ고南海岸은夏期에數旬久이만氷雪이融解ᄒᆞ고西濱은寒氣稍弱ᄒᆞ니此處에數個殖民地가잇스되住民이大略一萬人이오其大半은鴨斯基毛種族이라其他ᄂᆞᆫ丁抹人과那威人等이잇스니住民의生業은漁獵이라此地ᄂᆞᆫ丁抹國에屬ᄒᆞ

니라

加奈太

加奈太ᄂᆞᆫ亞拉斯加와갓치本洲의全北部를占ᄒᆞ고其面積이歐羅巴大陸과略同ᄒᆞ니라東西ᄂᆞᆫ大西太平兩大洋에面ᄒᆞ고南은合衆國에接ᄒᆞ니라

西方太平洋岸에落機山脉이잇스되其最高峰을열이아스峰이라ᄒᆞ니高ㅣ一萬八千呎에達ᄒᆞ니라이山脉의以東은曠濶ᄒᆞᆫ平原이中間에哈得孫灣과數多河湖가잇고平原의北部ᄂᆞᆫ氣候ㅣ大槩冱寒ᄒᆞ야住民이少ᄒᆞ고南方合衆國에接ᄒᆞᆫᄯᅡᄒᆞᆫ곳至要ᄒᆞᆫ地方이니住民도亦多ᄒᆞ니라

國中各處에湖水가잇스되特別이南部에잇고一連諸大湖ᄂᆞᆫ一半은此國에屬ᄒᆞ고一半은合衆國에屬ᄒᆞ야交通을便ᄒᆞᆷ이極大ᄒᆞ고諸大河流中에셔가장有益ᄒᆞᆫ者ᄂᆞᆫ聖勞稜索河라ᄒᆞ니冬期ᄉᆞ이에結氷ᄒᆞ나春陽溫暖ᄒᆞᆫ時에至ᄒᆞ면멀니內地에滊船을通ᄒᆞ니라

西方太平洋中에萬古福島가잇스되近時에著名ᄒᆞᆫ新開港場萬古福은그ᄯᅡ에잇ᄂᆞ니라

全國의氣候ᄂᆞᆫ大槪乾燥ᄒᆞ고冬期ᄂᆞᆫ寒氣甚ᄒᆞ야

積雪이皚皚ᄒᆞ야河川과溝渠ㅣ一切이成氷ᄒᆞ니沿峰의二三港灣을除ᄒᆞᆫ外에ᄂᆞᆫ冬時에交通을全혀遮斷ᄒᆞᄂᆞ니라

人口의稠密홈은東部地方이니土着住民은歐洲에셔來ᄒᆞᆫ人外에ᄂᆞᆫ白人種과印度人種이로되北部海濱에ᄂᆞᆫ鴨斯基主人이잇ᄂᆞ니라此國에ᄂᆞᆫ國教가업스되耶蘇新教ᄂᆞᆫ盛行ᄒᆞᄂᆞ니라首府ᄅᆞᆯ阿他瓦라ᄒᆞᄂᆞ니英國女皇의敎撰ᄒᆞᆫ總督이잇셔政務ᄅᆞᆯ統轄ᄒᆞᄂᆞ니라人口ᄂᆞᆫ三萬餘人에不過ᄒᆞ고國內第一의商業府ᄂᆞᆫ聖勞稜索河畔의孟的里니人口ㅣ十八萬이오其次流의그에벗子市ᄂᆞᆫ此國最舊의都市라

新著大島

新著大島ᄂᆞᆫ聖勞稜索의灣頭에잇고地勢ᄂᆞᆫ山이多ᄒᆞ고氣候ᄂᆞᆫ嚴寒ᄒᆞᄂᆞ니라本島의富源은漁獲을主ᄒᆞᄂᆞ니特히大口魚의捕獲은無盡藏이니世界에第一이라全島의人口ᄂᆞᆫ十九萬餘ㅣ오首府ᄅᆞᆯ聖約翰이라ᄒᆞᄂᆞ니라本島ᄂᆞᆫ加奈太領에屬지아니ᄒᆞ고英國直轄의ᄒᆞᆫ殖民地ㅣ라

北米合衆國

北米合衆國은北亞米利加의中央에잇고北은加
奈太에界ᄒᆞ고西ᄂᆞᆫ太平洋에臨ᄒᆞ고南은墨西哥
와墨西哥灣에接ᄒᆞ고東은大西洋에面ᄒᆞ니全國
을分ᄒᆞ야三十八州로ᄒᆞ고其他에十一地方이잇
스되人口ᄂᆞᆫ六千餘萬이라其面積으로人口ᄅᆞᆯ算
컨ᄃᆡ一方哩에二十一人餘가사ᄂᆞᆫ分數에過치아
니ᄒᆞ니라

西方海岸은嶮崖絶壁이만코ᄯᅩᄒᆞᆫ沿岸의屈曲이
젹으니自然이良灣과佳港이업고다만桑方斯西
哥港이잇슬ᄲᅮᆫ이라反之ᄒᆞ야東方沿岸에ᄂᆞᆫ깁흔
港灣이만으니繁都ᄂᆞᆫ大槩此地方에잇ᄂᆞ니라

地勢ᄅᆞᆯ大別ᄒᆞ야太平洋의高地와傾地ㅣ며密梭
里河谷이며大西洋의高地와平原의三部로ᄒᆞ니
落機山은나라西部에連亘ᄒᆞ야數條支脉이分ᄒᆞ
되太平洋沿岸에蟠屈ᄒᆞᆫ加斯結的과시라네바앗
다의兩山脉은實노此山脉의分脈ㅣ라亞利俺尼
山脉은國의東部에蜿蜒起伏ᄒᆞ니그東西兩山脉
ᄉᆞ이ᄂᆞᆫ곳密士失必河의大平原이니野草ㅣ繁茂
ᄒᆞ나一望廣原이라

此平野의東北에五大湖가羅列ᄒᆞ니其中에密執

安湖란國內에잇고其餘는加奈太國境에잇ᄂᆞ니라五大湖의最東에잇는安達略과厄利兩湖사이에那以亞加拉瀑布가잇스니長은곳世界中第一의大瀑布ㅣ라

密士失必河는源이加奈太國境에發ᄒᆞ야南流ᄒᆞ야密蘇里河와相合ᄒᆞ야다시國中에幾多支流로모히고ᄆᆞᄎᆞᆷᄂᆡ廣大ᄒᆞᆫ三稜洲를作ᄒᆞ야墨西哥灣에注入ᄒᆞᄂᆞ니長이四千五百餘哩에達ᄒᆞ야北亞米利加第一의長流ㅣ라

此國은境域이廣大ᄒᆞᆷ으로써南北寒暖의差異가甚ᄒᆞ되溫帶中에在ᄒᆞᆫ故로大槩는溫和ᄒᆞ고特別이太平洋沿岸地方은氣候ㅣ絶佳ᄒᆞ야植物이繁茂ᄒᆞ나合衆國의花果園이되ᄂᆞ니라

人民의大部는白人種이니年年히歐洲로부터此地에移住ᄒᆞᄂᆞᆫ者ㅣ極多ᄒᆞ니人口增加의迅速ᄒᆞᆷ이古來로比類가無ᄒᆞ니라

言語는一般이英語를用ᄒᆞ고宗敎는人民의自由에委ᄒᆞ되然이나耶蘇新敎가가장盛行ᄒᆞ고敎育은國內에普及ᄒᆞ야各種의學校가到處에設置ᄒᆞᆷ이多ᄒᆞ니라

首府華盛頓은허도맛子河畔에잇고街衢가壯麗ᄒᆞ니府中에國會議事堂이며大統領의官邸ㅣ니全府의人口ᄂᆞᆫ二十三萬이라

紐育은國中第一의繁盛ᄒᆞᆫ大都會ㅣ라ᄒᆞᆺ도손河口에잇서東西兩洋貿易의要衝에當ᄒᆞ므로百貨ㅣ輻輳ᄒᆞ고出入ᄒᆞᄂᆞᆫ船舶이日夜에긋치지아니ᄒᆞ고工業이ᄯᅩᄒᆞᆫ頗盛ᄒᆞ야諸製造場이各處에建設ᄒᆞ고人口ㅣ一百七十萬이라市街ㅣ廣濶ᄒᆞ고鐵道ㅣ絡繹ᄒᆞ며府內에一大公園이잇스되中央公園이라稱ᄒᆞ니라

費拉特費ᄂᆞᆫ紐育에亞ᄒᆞᆫ繁都ㅣ오人口ㅣ一百四萬이라波士頓발치머ㅣ等은모다大西洋岸의要都ㅣ라其他密執安湖邊의市加俄市ᄂᆞᆫ人口ㅣ一百十萬이라世界中의第一穀物市場이라ᄯᅩᄒᆞᆫ太平洋岸의桑方斯西哥港은西岸의第一要港이니太平洋鐵道와瀛船에依ᄒᆞ야東洋諸國과濠洲와歐洲諸國을連絡게ᄒᆞ니라

此國은地味와氣候가갓치天產物의發生에適當ᄒᆞ고ᄯᅩᄒᆞᆫ土地廣大홈으로ᄡᅥ物產이饒富ᄒᆞ니歐

洲人民의食料ᄂᆞᆫ大抵此國에서輸出ᄒᆞ니라其他에棉花와烟草와砂糖과果實과왼갓農産物이甚多ᄒᆞ고漁獲術이며牧畜法이또ᄒᆞᆫ크게發達ᄒᆞ고鑛産에ᄂᆞᆫ實노無限의富가잇스니金은加里福尼亞西部에만코銀은全國到處에서나고水銀은地球上全産額의五分의三을生ᄒᆞ고鐵과石炭은富饒를極ᄒᆞ고石腦油ᄂᆞᆫ東部諸州에産ᄒᆞ야此國第一의商貨ㅣ되고其他諸礦物의産出이적지아니ᄒᆞ니라

此國은聯邦共和國이니行政의長官은大統領이오國會ᄂᆞᆫ元老院과代議院이有ᄒᆞ니라

亞拉斯加ᄂᆞᆫ本洲의西北隅에잇ᄂᆞᆫ合衆國의屬地니西曆一千八百六十七年에魯西亞國으로購買ᄒᆞᆫ者ㅣ라海岸에出入이多ᄒᆞ고港灣岬角이적지아니ᄒᆞ니就中에부릿스어트우엘스岬은本洲의西北端이니白令海峽을隔ᄒᆞ야亞細亞洲와相對ᄒᆞ고其南方에亞拉斯加半島가잇ᄂᆞᆫ이라

內地ᄂᆞᆫ山岳이多ᄒᆞ고山間各處에平野ㅣ有ᄒᆞ고森林의鬱蒼홈이多ᄒᆞ니라유건河ᄂᆞᆫ加奈太로流來ᄒᆞ고西流二千哩로白令海에注入ᄒᆞ니라

氣候ᄂᆞᆫ 冱寒ᄒᆞ며 地味ᄂᆞᆫ 磽确ᄒᆞ고 住民은 黠斯基毛와 印度人이라

墨西哥

墨西哥ᄂᆞᆫ 北亞米利加洲의 南部에 有ᄒᆞ야 北은 合衆國에 隣ᄒᆞ고 東은 墨西哥灣을 擁ᄒᆞ고 西ᄂᆞᆫ 太平洋에 面ᄒᆞ고 南은 瓜地馬拉과 英領閉都拉斯에 接ᄒᆞ고 國의 西北端으로 東南에 向ᄒᆞ야 길게 太平洋中에 斗出ᄒᆞᄂᆞᆫ 者ᄅᆞᆯ 下加里福尼亞半島라 稱ᄒᆞ니 此半島의 內部에 잇ᄂᆞᆫ 灣曲을 加里福尼亞灣이라 ᄒᆞᄂᆞ니라

此國의 地形은 東南에 斜出延長ᄒᆞ야 漸漸狹隘히 되어 다시 鉤曲ᄒᆞ야 于加單半島ㅣ 되니라 國의 中央을 連亘ᄒᆞᆫ 山脉을 西拉馬德勒이라 稱ᄒᆞ니 鑛脉이 富ᄒᆞ며 火山이 多ᄒᆞ니 就中 波白加達伯多爾ᄂᆞᆫ 首府 墨西哥의 南方에 聳ᄒᆞ야 本洲 火山의 最高ㅣ라 國中에 大河ᄂᆞᆫ 無ᄒᆞ되 其中 稍大ᄒᆞᆫ 者ᄂᆞᆫ 北境의 理阿骨蘭河라 ᄒᆞᄂᆞ니라

此國은 温熱二帶에 跨ᄒᆞ되 東西에 海灣을 擁ᄒᆞᆷ으로ᄡᅥ 氣候ᄂᆞᆫ 大槪 温和ᄒᆞ니라

人種은 印度人이 過半을 占ᄒᆞ고 其餘ᄂᆞᆫ 西班牙人

파混種이라

首府墨西哥ᄂᆞᆫ內房高原中에有ᄒᆞ야四方에山巒이繞回ᄒᆞ니眺望은絶佳ㅣ라市街에도ᄯᅩᄒᆞᆫ華麗ᄒᆞᆫ建築物이有ᄒᆞ고全府人口ᄂᆞᆫ三十三萬이라稱ᄒᆞ니라

此國은聯邦共和國이니其制ᄂᆞᆫ專혀合衆國에倣ᄒᆞ야中央政府가全國을統治ᄒᆞ고地方은各各其自治게任ᄒᆞ니라

物産은礦物이最多ᄒᆞ고特히銀의産出은世界에冠ᄒᆞ니라

中央亞米利加

墨西哥江南파巴那馬地峽以北의諸國을總稱ᄒᆞ야中央亞米利加라ᄒᆞ니地形이細長ᄒᆞ고長이大略一千里오廣이八十里或三百里라其中包有ᄒᆞᆫ諸國은左와如ᄒᆞ니라

瓜地馬拉	首府	新瓜地馬拉
閔都拉斯	首府	텡시괄파
三薩兎多	首府	산살바더아
尼加拉瓜	首府	마넹아
哥斯德里加	首府	산허쟈바

英領閣都拉斯　首府 베리즈

此等諸國의地勢ᄂᆞᆫ東西가傾斜ᄒᆞ야墨西哥의西拉馬德勒山南에延長ᄒᆞ고全土에連亘ᄒᆞ야或高原을作ᄒᆞ며或高峰을起ᄒᆞ니其最高ᄅᆞᆯ월간이라稱ᄒᆞ고北部에ᄂᆞᆫ火山이多ᄒᆞ고屢次劇烈ᄒᆞᆫ地震이有ᄒᆞ니라河流ᄂᆞᆫ細流가多ᄒᆞ고湖水의큰者ᄅᆞᆯ尼加拉瓜湖와마방아湖라ᄒᆞ니라

全土의氣候와人種의言語와物產等의大槩ᄂᆞᆫ墨西哥와同ᄒᆞ니라

諸國中에英領閣都拉斯ᄅᆞᆯ除ᄒᆞᆫ外에ᄂᆞᆫ다獨立共和國이니舊時에ᄂᆞᆫ中央亞米利加聯邦國을組織ᄒᆞ든者ㅣ라

西印度諸島

西印度諸島ᄂᆞᆫ合衆國의弗羅利多半島로南亞米利加洲의베네쥴아灣에向ᄒᆞ고弧線狀에羅列ᄒᆞᆫᄂᆞᆫ一大羣島ㅣ라墨西哥灣과가립안海ᄅᆞᆯ大西洋과區劃ᄒᆞ야島數ㅣᄌᆞ못一千處가잇스되大別ᄒᆞ야大안데일과小안데일과바헤마의三羣島로ᄒᆞ니라

氣候ᄂᆞᆫ熱帶에屬ᄒᆞ되周囘ᄒᆞᆫ海水와高峻ᄒᆞᆫ山脉

에溫ᄒᆞ고涼ᄒᆞᆫ風이相合ᄒᆞ니其風을貿易風이라稱ᄒᆞ더라天氣ᄂᆞᆫ寒處ᄂᆞᆫ常寒ᄒᆞ고熱處ᄂᆞᆫ常熱ᄒᆞᆯᄲᅮᆫ이라諸羣島中重要의物産은砂糖과烟草와綿珈琲오其他甘味의菓實類로貿易이盛大ᄒᆞ고住民은農業을爲主ᄒᆞ니라

諸島의人民은大略四百萬이니其四分의三은黑人이오亞弗利加洲黑奴의後裔라諸島ᄂᆞᆫ大抵歐洲諸國의領地되니特히西班牙와英吉利와佛蘭西에屬ᄒᆞᆫ者ㅣ라

大안티일羣島ᄂᆞᆫ古巴와海地와牙買加와波多里哥의四大島로稱ᄒᆞ니라

古巴ᄂᆞᆫ羣島中最大最要의島ㅣ라山脉이東西에連亘ᄒᆞ고ᄯᅩᄒᆞᆫ廣大ᄒᆞᆫ牧野ㅣ잇고島內ᄂᆞᆫ鐵道를敷設ᄒᆞ야交通을便케ᄒᆞ고最要ᄒᆞᆫ産物은烟草와砂糖이니砂糖의産出은世界中第一이라故로首府합아나ᄂᆞᆫ世界中第一의砂糖貿易場이라此島ᄂᆞᆫ現今西班牙에屬ᄒᆞ니라

海地ᄂᆞᆫ산되밍거라도稱ᄒᆞ니第二의大島ㅣ라高峻ᄒᆞᆫ山脉과廣大ᄒᆞᆫ平野ㅣ有ᄒᆞ니라此島에ᄂᆞᆫ黑人이建立ᄒᆞᆫ二個獨立共和國이有ᄒᆞ야東部에有

ᄒᆞᆫ者를더미니가共和國이라ᄒᆞ고西部에有ᄒᆞᆫ者
를海地共和國이라ᄒᆞ니라
牙買加는英領諸島中最要의島ㅣ라首府를긴구
스뎐이라稱ᄒᆞ니重要ᄒᆞᆫ海港이라
波多里哥는西班牙에屬ᄒᆞᆫ豐饒美麗ᄒᆞᆫ小島ㅣ라
別行小안데일羣島는벌더리이고島의南方에連
列ᄒᆞᆫ數多島嶼ㅣ라三部에小別ᄒᆞ니卽北가립비
안과南가립비안과웨녜수라諸島ㅣ라北가립비
안諸島는大槩英領이니其他는佛蘭西와丁抹에
分屬ᄒᆞ니라

바헤이바羣島는英領이니島數ㅣ五百有餘ㅣ라
然이나住人이有ᄒᆞᆫ者는二十四島에不過ᄒᆞ니産
物은橙實이라
亞米利加洲에發見者라稱ᄒᆞᆫ可倫波氏가最初에
發見ᄒᆞ든者는곳此羣島中의一이라

파뮤다스諸島

파뮤다스諸島는大西洋中의一羣島ㅣ니合衆國
의東方六百里에有ᄒᆞ고島數ㅣ甚多호ᄃᆡ住人이
有ᄒᆞᆫ者는계우數島에不過ᄒᆞ고氣候가爽快ᄒᆞ야
健康에適當ᄒᆞ고珈琲와綿等을産ᄒᆞ고此羣島는

一切히英國에屬ᄒᆞ니라

第五篇

南亞米利加洲

南亞米利加洲ᄂᆞᆫ北亞米利加洲南方에有ᄒᆞᆫ大洲
ㅣ라南으로ᄂᆞᆫ南氷洋에入ᄒᆞ고東西에ᄂᆞᆫ太平洋
과大西洋에臨ᄒᆞ며北으로ᄂᆞᆫ巴那馬地峽비北으
로亞米利加洲에接ᄒᆞ니라

本洲의海岸은北亞米利加洲에比ᄒᆞ면大屈曲이
少ᄒᆞ야巴那馬地峽비南으로西岸一帶ᄂᆞᆫ岬灣의
出入이甚히稀ᄒᆞ며더욱北方의太半一千八百里
間은無雨ᄒᆞᆫ沙岸이오內地ᄂᆞᆫ自然ᄒᆞᆫ地勢에據ᄒᆞ
야四大部에分ᄒᆞᆷ을得ᄒᆞ니卽安的斯山脈과巴西
高地와幾亞那高地와中央平原이라安的斯山脈
은本洲西岸一帶를沿ᄒᆞ야南北으로走ᄒᆞ니實上
本洲의樞軸이오此山脈의最高峰은仝라다라稱
ᄒᆞ니高一二萬四千八百尺이며巴西高地ᄂᆞᆫ茫茫
ᄒᆞᆫ高原이라往往이四千尺或六千尺되ᄂᆞᆫ連嶺을
起ᄒᆞ며幾亞那高地ᄂᆞᆫ崎嶇ᄒᆞᆫ山地라亞馬遜과荊
黎諾哥兩河間에在ᄒᆞ며中央平原은荊黎諾哥와
亞馬遜과拉不拉他ㅣ三大河間에在ᄒᆞ니라

本洲의河道는總히大西洋에注하며其中亞馬
孫河는世界의第一되는大河ㅣ라長이四千四百
里오其次는阿黎諾哥와拉不拉他兩大河ㅣ며伍
本洲의最大湖는마라게보라稱하야西北邊의有
하니廣이百里라

本洲의大部는熱帶에有하고其驪原은炎熱하며
濕氣ㅣ甚한故로人身의健康에適지못하나安的
斯山脈의高臺는氣候ㅣ淸冷하므로此에有名하니
라

本洲의人口는三千六百餘萬이오人種은拉典種
白人과黃黑과밋雜種이며基督舊教로崇尙하고
言語는大槪西班牙와或葡萄牙言이오政體는共
和主義가多호되本洲諸國은概論하면文運이進
치안니하고事業이與치못하야歐洲諸國의背後
에有하니라

本洲內에서一國을成한者ㅣ左와如하니라

哥倫比亞　委內瑞拉　厄瓜多　秘魯　波里
比亞　智利　알젠틘共和國　巴拉圭　烏見
圭　巴西　幾亞那

哥倫比亞

哥倫比亞ᄂᆞᆫ本洲西北端에有ᄒᆞ야北은가리비안海에臨ᄒᆞ고東은委內瑞拉과巴西에界ᄒᆞ며南은厄瓜多에隣ᄒᆞ고西ᄂᆞᆫ哥斯德里加와밋太平洋을面ᄒᆞ니라

此國西北端에有ᄒᆞᆫ巴那馬地峽은東南으로灣曲ᄒᆞ고다시斗出ᄒᆞ야巴那馬灣을成ᄒᆞᆫ後로브터厄瓜多에至ᄒᆞᆫ沿岸은屈曲이少ᄒᆞ니라

全國에山이多ᄒᆞ고다만東方의一部만疴黎諾哥河平原에屬ᄒᆞ며安的斯山脉은三派에分ᄒᆞ야美麗ᄒᆞᆫ二谷을作ᄒᆞ고西派安的斯가最高ᄒᆞ야도리마火山이라稱ᄒᆞᄂᆞᆫ國內의第一高峰이有ᄒᆞ니其高ㅣ一萬八千二百七十尺이오東派安的斯에도또一萬五千尺되ᄂᆞᆫ數箇火山이有ᄒᆞ니라

國內의大河ᄅᆞᆯ마구다레나河라名ᄒᆞ야源이中派安的斯에發ᄒᆞ고北流ᄒᆞ야가리비안海에入ᄒᆞ며其他諸流ᄂᆞᆫ다疴黎諾哥河及亞馬孫河에貢ᄒᆞ니라

首府ᄅᆞᆯ보고다라名ᄒᆞ야八千六百尺되ᄂᆞᆫ高原에在ᄒᆞ니氣候ㅣ適溫ᄒᆞ며人口ᄂᆞᆫ六萬이라

此國의制度憲法은大槩合衆國을比倣ᄒᆞ얏스나

近年內亂이相踵ᄒᆞ야國債가山積ᄒᆞ니라

委內瑞拉

委內瑞拉은西으로哥倫比亞에接ᄒᆞ고南으로巴西에界ᄒᆞ며東은英領幾亞那를隣ᄒᆞ고北은가리비안海에臨ᄒᆞ니라

此國中央은草原이니疴黎諾哥河가貫流ᄒᆞ야東向으로大西洋에入ᄒᆞ니流程은凡千五百里오支流ᄂᆞᆫ凡四百條ㅣ며南部ᄂᆞᆫ巴西界에파리마連山이有ᄒᆞ니라

首府ᄅᆞᆯ가라가스라名ᄒᆞ야北方海岸에在ᄒᆞ니貿易이盛ᄒᆞ니라

此國은獨立共和政體나政黨의激爭을因ᄒᆞ야國內의騷擾ㅣ極ᄒᆞ며財政이紛亂ᄒᆞ니라

幾亞那

幾亞那ᄂᆞᆫ北으로大西洋을面ᄒᆞ고西으로委內瑞拉을隣ᄒᆞ며東南에ᄂᆞᆫ巴西ᄅᆞᆯ接ᄒᆞ니此國은佛領과蘭領과英領三部에分ᄒᆞ니라

此國은大體가高地라南方巴西接境에ᄂᆞᆫ高峻ᄒᆞᆫ山嶺이連亘ᄒᆞ며數條河川이北流ᄒᆞ야大西洋에注ᄒᆞ니其最大ᄒᆞᆫ者ᄅᆞᆯ엣세기보라稱ᄒᆞ니라

物產內에特別이著名ᄒᆞᆫ者ᄂᆞᆫ乳樹와電氣鰻이라三領地中에英領이가장進步ᄒᆞ고蘭領이其次오佛領은罪囚를派遣ᄒᆞᄂᆞᆫ地가될ᄲᅮᆫ으로써領內의開墾이甚이稀少ᄒᆞ며英領의首府를죠쥬타운이라稱ᄒᆞ고蘭領의首府를파라마리보라名ᄒᆞ며佛領의首府ᄂᆞᆫ게옌이라名ᄒᆞᄂᆞ니라

巴西

巴西ᄂᆞᆫ本洲中에最大ᄒᆞ고最要ᄒᆞᆫ國이라北은哥倫比亞와委內瑞拉과幾亞那를接ᄒᆞ고東方一帶ᄂᆞᆫ大西洋에濱ᄒᆞ며南은烏兒圭와알젠틴共和國과巴拉圭를隣ᄒᆞ고西南은玻里巴亞를界ᄒᆞ며西ᄂᆞᆫ秘露와厄瓜多에接ᄒᆞ야其面積이거의歐羅巴全土에等ᄒᆞᄂᆞ니라

全國의地勢가南北兩部에分ᄒᆞ야北部ᄂᆞᆫ廣大ᄒᆞᆫ平原이니亞馬孫河와其支流가灌漑ᄒᆞᆷ으로森林이鬱蒼이繁茂ᄒᆞ고南部ᄂᆞᆫ高原이니低ᄒᆞᆫ山脈이橫斷ᄒᆞ야亞馬孫河道와拉不拉他河道의分水界를成ᄒᆞᄂᆞ니라

亞馬孫河ᄂᆞᆫ世界의第一되ᄂᆞᆫ大河ㅣ라數多ᄒᆞᆫ支流가有ᄒᆞ야갓치內地의交通을便케ᄒᆞ미極大ᄒᆞ

며此河道의水路는凡三萬里에達ᄒᆞ야歐洲의河川을다合算ᄒᆞ야도오히려此河에밋지못ᄒᆞ고그河口는廣이五十七里라마라지요라ᄒᆞ는島가其中에在ᄒᆞ며도간친스河와리오후란시스고河等諸流도또ᄒᆞᆫ大河ㅣ라水運의便ᄒᆞ미多ᄒᆞ고파라나河도그源을此國에서發ᄒᆞ며東南海岸의파도스湖는最大ᄒᆞᆫ湖水ㅣ라其水가大西洋에注ᄒᆞ니라

此國에殖物의繁茂ᄒᆞ고또種類가多ᄒᆞᆷ이他에比ㅣ無ᄒᆞ며農産物의重要ᄒᆞᆫ者는珈琲와砂糖과綿화米와烟草等이니其中珈琲는地球上全産額의二分의一을産ᄒᆞ니라.

首府는리오자네로라名ᄒᆞ니本洲中의最大ᄒᆞᆫ都會ㅣ오大西洋을面ᄒᆞᆫ良港이라人口는三十五萬이라

此國은獨立帝國으로서西曆千八百八十九年에皇帝를廢ᄒᆞ고共和政府를設立ᄒᆞ니라

厄瓜多

厄瓜多는北은哥倫比亞오西는太平洋이오南은秘露오東은巴西ㅣ니國內에地勢가三部에分ᄒᆞᆫ

니國中의第一高峰은짐부라조라名ᄒᆞ며其次ᄂᆞᆫ고도파시라稱ᄒᆞ야다大火山이라國內에잇ᄂᆞᆫ亞馬遜河의支流가다能히船을通ᄒᆞᄂᆞ니西邊으로太平洋에入ᄒᆞᆫ河ᄂᆞᆫ大槪短小ᄒᆞᆫ急流ㅣ라

키도ᄂᆞᆫ海面上九千七百尺되ᄂᆞᆫ高所에在ᄒᆞ야氣候가適順ᄒᆞ야恒常春暖갓ᄐᆞ니此國京都오키야길은首府와相距九十里라太平洋岸의一要港이라

此國은西曆一千八百三十年에獨立共和國이되니라

秘魯

秘魯ᄂᆞᆫ本洲中央西岸에在ᄒᆞ야厄瓜多와智利와玻里比亞와巴西로接界ᄒᆞ고西方에ᄂᆞᆫ太平洋을面ᄒᆞ며地勢ᄂᆞᆫ太平洋岸平地와安的斯山高原과亞馬遜河源傾斜地三部의區分ᄒᆞᄂᆞ니太平洋岸平地ᄂᆞᆫ終年토록少雨ᄒᆞ야樹木이茂盛치못ᄒᆞ나亞馬遜河源傾斜地에ᄂᆞᆫ降雨ㅣ甚多ᄒᆞ야林木이繁茂ᄒᆞ고國民은만히安的斯山地의温和ᄒᆞᆫ處에居住ᄒᆞᄂᆞ니라

此國에地球上最高ᄒᆞᆫ一火山이有ᄒᆞ니가라데리

라稱ᄒᆞ야高ㅣ二萬一千九百六十尺의至ᄒᆞᄂᆞ니라
亞馬孫河의上流ᄅᆞᆯ마라논이라稱ᄒᆞᄂᆞ니파스꼬府에北邊에서發源ᄒᆞ야大船을通ᄒᆞᄂᆞ니라

此國은熱帶中에잇스나地勢가高ᄒᆞᄆᆞ로ᄡᅧ氣候가大槩平和ᄒᆞ고더욱西方山地에ᄂᆞᆫ寒威가凜烈ᄒᆞᄂᆞ니라

國都利馬ᄂᆞᆫ海峰을相距ㅣ七里라人口ᄂᆞᆫ十萬餘오가라오ᄂᆞᆫ其海港이며구즈고ᄂᆞᆫ古代의國都라遺跡의볼만ᄒᆞᆫ者ㅣ只今도尚存ᄒᆞᄂᆞ니라

此國은三百年間에鑛業의利로天下에有名ᄒᆞ며그中銀山으로ᄡᅧ가장著名ᄒᆞ야시나近時國政이紊亂ᄒᆞ야其業이不振ᄒᆞ고農產物은玉蜀黍와馬鈴薯와珈琲와및金鷄蠟皮等이라

此國이前에西班牙에屬ᄒᆞ야시나西曆一千八百二十一年에其所轄을脫ᄒᆞ야獨立共和國이되고近年에隣國智利와戰ᄒᆞ야其富源으로賴ᄒᆞ든鳥糞島와硝石坑을失ᄒᆞ고또海軍을見奪ᄒᆞᆫ後國力이衰弊ᄒᆞ야아직恢復ᄒᆞᆯ機ᄅᆞᆯ得지못ᄒᆞᄂᆞ니라

玻里比亞

玻里比亞ᄂᆞᆫ秘露와智利와巴西와巴拉圭와알겐

린共和國에隣ᄒᆞ고海에面ᄒᆞ니라

西部에ᄂᆞᆫ安的斯山脈의高原과二萬尺以上되ᄂᆞᆫ高峰數個가有ᄒᆞ며그中소라다ᄂᆞᆫ南亞米利加洲中에最高ᄒᆞᆫ山이라二萬四千八百尺이오北方과東方은亞馬遜과拉不拉他河平原에屬ᄒᆞ고亞馬遜河의大支派만데라河上流ᄂᆞᆫ此國에有ᄒᆞ야安的斯山으로봇터發源ᄒᆞ고秘魯西境에티티가가라ᄒᆞᄂᆞᆫ大湖가有ᄒᆞ니라

首府ᄂᆞᆫ오루로라ᄒᆞ야人口ᄂᆞᆫ八千에過치안코스구리ᄂᆞᆫ此國의舊都오라파스ᄂᆞᆫ第一大都會ㅣ라

此國의富源은鑛物이라金銀과銅鑛과硝石이富ᄒᆞ고그中銀이最多ᄒᆞ니라

智利

智利ᄂᆞᆫ本洲西南岸에有ᄒᆞᆫ狹長ᄒᆞᆫ國이라秘魯와玻里比亞와알젠틴共和國에接界ᄒᆞ야西ᄂᆞᆫ太平洋을面ᄒᆞ고地勢ᄂᆞᆫ海岸으로봇터內地를向ᄒᆞ야崛起ᄒᆞ야安的斯山嶺에至ᄒᆞ매安的斯山은東方의國境이되야其最高ᄒᆞᆫ峰을아곤가가라稱ᄒᆞ니高ㅣ二萬三千四百尺이오此國에火山이多ᄒᆞᆫ故로地震이多ᄒᆞ고河流ᄂᆞᆫ大者ㅣ無ᄒᆞ니라

氣候ᄂᆞᆫ地方을따라差異가有ᄒᆞ야極南에ᄂᆞᆫ南極의寒威가甚ᄒᆞ고海上에ᄂᆞᆫ氷山의浮流ㅣ되ᄂᆞ니라

此國教育의進步ᄂᆞᆫ近隣諸國에比ᄒᆞ야優盛ᄒᆞ고人民이能히事業에勤勵ᄒᆞ고또忍耐ᄒᆞ야國內가오래泰平ᄒᆞ니라

首府산차아고에ᄂᆞᆫ人口가二十萬이오鐵道로ᄡᅥ西海岸의발파래소와알젠틴國에連絡ᄒᆞ니라

產物의重要ᄒᆞᆫ者ᄂᆞᆫ銅이오其次ᄂᆞᆫ五穀과良材等이라

此國이初에ᄂᆞᆫ西班牙의屬地나西曆一千八百十八年에共和政府를創建ᄒᆞ고近年알젠틴國과締結ᄒᆞᆫ條約에因ᄒᆞ야莫大ᄒᆞᆫ土地를得ᄒᆞ고또秘露를戰勝ᄒᆞ야시로版圖를加ᄒᆞ야現今에ᄂᆞᆫ本洲中에强大ᄒᆞᆫ國이라

알젠틴共和國

알젠틴은北으로玻里比亞를接ᄒᆞ고東北은巴拉圭와巴西와烏兒圭三國을隣ᄒᆞ고東은太平洋에面ᄒᆞ고西ᄂᆞᆫ智利를接ᄒᆞ니라

此國西北隅ᄂᆞᆫ高原이나其他ᄂᆞᆫ肥沃ᄒᆞᆫ平原이오

高峰이處處에散在ᄒᆞ고北部ᄂᆞᆫ팜파스라稱ᄒᆞᄂᆞᆫ
大草原이라樹木은無ᄒᆞ고牛馬ᄂᆞᆫ蕃殖ᄒᆞ니라
此國北部ᄂᆞᆫ大槪暖和ᄒᆞ고南部ᄂᆞᆫ바람이强ᄒᆞ고
雨가多ᄒᆞ며極南은冱寒이非常ᄒᆞ니라
首府부에노스아이레스ᄂᆞᆫ拉不拉他江南岸에有
ᄒᆞ야貿易이盛大ᄒᆞ고人口ᄂᆞᆫ四十五六萬餘오內
地에ᄂᆞᆫ鐵道와電線과郵便制度가具備ᄒᆞ야交通
의便利가多ᄒᆞ니라
此國은一千八百十六年에聯邦共和國이되야近
年에國勢가漸漸隆盛홈에向ᄒᆞ니라

巴拉圭

巴拉圭ᄂᆞᆫ알헨틴과玻里比亞와巴西國을接ᄒᆞ야
四方이陸地를帶ᄒᆞ고國內에平野ㅣ多ᄒᆞ며巴拉
圭河ᄂᆞᆫ巴西로븟터流ᄒᆞ야國의中央으로南流ᄒᆞ
야픨코마요河와合ᄒᆞ야西境이되고파라나河
ᄂᆞᆫ東境이되니라
氣候ᄂᆞᆫ大槪溫和ᄒᆞ며土地ᄂᆞᆫ豐饒ᄒᆞ고産物의重
要ᄒᆞᆫ者ᄂᆞᆫ玉蜀黍와綿과煙草와밋巴拉圭茶等이
라
首府아순손은人口ㅣ二萬五千이有ᄒᆞᆫ小都會라

此國이南米中에最小ᄒᆞᆫ國이라海를接지못ᄒᆞᆫ故
로交際가不足ᄒᆞ야百事가近國에劣ᄒᆞᄂᆞ니라

烏見圭

烏見圭ᄂᆞᆫ巴西와알젠틴間에界ᄒᆞ야東南은拉不
拉他와大西洋을面ᄒᆞ고地勢ᄂᆞᆫ大槩低平ᄒᆞ나內
部ᄂᆞᆫ高乾ᄒᆞ고草原이富ᄒᆞ야牧畜에適ᄒᆞ며烏見
圭河가西境에流ᄒᆞ야크게交通을便케ᄒᆞ고或急
湍이有ᄒᆞ야航行에不便ᄒᆞᆫ處도有ᄒᆞ되現時ᄂᆞᆫ鐵
道를布設ᄒᆞ야得便ᄒᆞᄂᆞ니라
首府몬데뷔데오ᄂᆞᆫ拉不拉他江에瀕ᄒᆞᆫ貿易의中

心이오人民의主業은牧畜이라
此國은처음에西班牙에屬ᄒᆞ고後에巴西의屬郡
이되얏더니西曆一千八百二十五年에獨立을布
告ᄒᆞ고其後에共和國이되니라

호클난드諸島

호클난드諸島ᄂᆞᆫ듸라델후에고島東北의잇ᄂᆞᆫ東
西二大島와數多ᄒᆞᆫ島嶼를合稱ᄒᆞ미니人口가一
萬五千이오土地ᄂᆞᆫ泥炭이多ᄒᆞ고雜草가繁茂ᄒᆞ
며現今에英領이되고總督은東島스단레府에住
ᄒᆞ니호니岬에迴航ᄒᆞᄂᆞᆫ船이往往이此處에寄港

ᄒᆞ야糧食과石炭을藏載ᄒᆞ니라

第六篇

阿西亞尼亞洲

阿西亞尼亞洲ᄂᆞᆫ濠太利亞大島를抗ᄒᆞ야太平洋諸島內에亞細亞洲와亞美利加洲에不屬ᄒᆞᄂᆞᆫ者를總稱ᄒᆞᆷ이니今에區別ᄒᆞ야馬來羣島와濠太利亞羣島와波里尼西亞羣島의三으로ᄒᆞ니라

馬來羣島

馬來羣島ᄂᆞᆫ휘릿빈諸島와산다諸島를總稱ᄒᆞᆷ이니盖此諸島ᄂᆞᆫ馬來人種이多住ᄒᆞᄂᆞᆫ故로如此ᄒᆞᆫ名ᄒᆞ니라

휘릿빈諸島ᄂᆞᆫ臺灣南에잇ᄂᆞᆫ一叢島라大小島嶼ㅣ一千四百個以上이잇ᄂᆞ니그最大者를呂宋민다나오사마르파라완等이라ᄒᆞ며諸島에山脊이且多ᄒᆞ고火山이잇ᄂᆞ니最高ᄒᆞᆫ峰은민다나오島의아포峰이라ᄒᆞ며內地에小小ᄒᆞᆫ川流ㅣ甚多ᄒᆞ야灌漑와運輸가便宜ᄒᆞ니라

首府麻尼羅ᄂᆞᆫ呂宋島의西南海岸麻尼羅灣에臨ᄒᆞ니人口ㅣ十六萬이오西班牙政府로派遣ᄒᆞᆫ總督이玆에居ᄒᆞ야諸島를管治ᄒᆞ니라

諸島ᄂᆞᆫ天然富源이라草木이繁茂ᄒᆞ며沃土ㅣ不少ᄒᆞ나開墾ᄒᆞᆫ地ᄂᆞᆫ十分의一에不過ᄒᆞ며重要ᄒᆞᆫ物產은米穀과砂糖과烟草와珈琲等이라

산다諸島ᄂᆞᆫ西마랏가半島로東뉴기니島에至ᄒᆞᆫ列島를總稱ᄒᆞᆷ이오수마도라와瓜哇와보르네오와셰레베수와모랏가수諸島ㅣ最大ᄒᆞ며뉴기니와보르네오二島ᄂᆞᆫ世界中大島ㅣ라

諸島에山岳이多ᄒᆞ야其連脈이東西에向ᄒᆞ며河流도不少ᄒᆞ야運送과灌漑에足ᄒᆞ며海岸은屈曲出入ᄒᆞ야繫船의宜ᄒᆞᆫ港灣이亦多ᄒᆞ고就中瓜哇

의바데비아港은산다海峽에隔ᄒᆞ야수마도라島와相對ᄒᆞ니諸島中最為繁華ᄒᆞᆫ大都府오人口ㅣ十萬에過ᄒᆞ니라

氣候ᄂᆞᆫ炎熱ᄒᆞ고雨量이亦多ᄒᆞ되地品이肥沃ᄒᆞ며諸島中最開ᄒᆞᆫ者ᄂᆞᆫ瓜哇島ㅣ니財源이富ᄒᆞ야地球上熱帶地方의島中第一에位ᄒᆞ며諸島의重要ᄒᆞᆫ物產은米穀과珈琲와砂糖과烟草와香料와毛皮와鑛物等이라

諸島中港市의最盛ᄒᆞᆫ者ᄂᆞᆫ바데비아와수라바야와보르네오島의본듸아낫가와수마도라島西岸

의파단구等이라
諸島中보루네오島의三分의二와뉴기니와其他
島嶼는大槩和蘭의領地니政廳은바데비아府에
在ᄒᆞ니라

濠太利亞羣島

濠太利亞羣島는濠太利亞와다수마니아와뉴지
란도의三島를總稱홈이나然이나濠太利亞島는
巨大ᄒᆞ미或一大洲라홈도可ᄒᆞᆫ則他二島는此의
屬島라稱홈이亦無不可ᄒᆞ니라
濠太利亞는東印度諸島南方에位ᄒᆞ야東은太平
洋西는印度洋에面ᄒᆞᆫ一大陸地로其大홈이歐羅
巴五分의四를當ᄒᆞ며全地를區劃ᄒᆞ야五部로ᄒᆞ
[illegible]大地는周圍八千里로되海岸의灣曲이極少
ᄒᆞ[illegible]다못北海岸에一大灣이잇스니가루벤데리
아[illegible]이라名ᄒᆞ며南海岸은一大緩灣을成ᄒᆞ되其
沿岸이一千二百里間에河口ㅣ絶無홈은盖內地
의凹窪홈이니此大灣을濠大利亞灣이라名ᄒᆞ며
東海岸은本島의最高ᄒᆞᆫ山脉을負ᄒᆞ야斷崖와絶
壁이多ᄒᆞ며其北部는大珊瑚島礁가繞ᄒᆞ야航海
의危險이不少ᄒᆞ니라

內地ᄂᆞᆫ其地勢ㅣ恰然히大皿과如ᄒᆞ야周邊이高
ᄒᆞ고內部ㅣ低ᄒᆞ야灌水ㅣ大槩淡湖에輻輳ᄒᆞ며
東西兩岸에連ᄒᆞ야蜿蜒ᄒᆞᆫ山脉이잇ᄉᆞ니就中高
峰은위구도리아의ᄒᆞᆺ도ᄒᆞᆷ과뉴사우스왜루스의
콧시아수고라ᄒᆞ니라
此國大河ᄂᆞᆫ무레河니長이一千百里오其他東
北岸에ᄒᆞ린데루수와밋제루兩河ㅣ有ᄒᆞ고西北
岸에위구도리아와휘주로이河等이有ᄒᆞ며湖水
의大者ᄂᆞᆫ아이루湖와도렌수湖ㅣ라ᄒᆞᄂᆞ니라
此地北部ᄂᆞᆫ熱帶中에在ᄒᆞ야夏時酷熱ᄒᆞ나東部

及南部ᄂᆞᆫ氣候ㅣ此適ᄒᆞ며人口ㅣ三百二十餘萬
이니過半은歐洲人의從裔오土人의數ᄂᆞᆫ五六萬
에不過ᄒᆞᄂᆞ니라
此地ᄂᆞᆫ大槪英國植民地니五部內에西濠太利亞
ᄅᆞᆯ除ᄒᆞᆫ外에ᄂᆞᆫ다責任政府ᄅᆞᆯ有ᄒᆞ니政府長官은
英吉利女皇의任命ᄒᆞᆫ太守로其府下에內閣이有
ᄒᆞ야輔佐ᄒᆞ며킨수란도의首府ᄂᆞᆫ부리스반이라
稱ᄒᆞ니부리스반河岸에在ᄒᆞ야人口ㅣ五萬餘오
뉴사우스에루스의首府ᄂᆞᆫ시도니라世界中最富
ᄒᆞᆫ都府의第一이니人口ㅣ三十六萬이오貿易이

繁盛ᄒᆞ며위구도리아의首府ㅣ메루본은휘릿부
濟內에臨ᄒᆞ미아루라河口에位ᄒᆞ야船舶이如織
ᄒᆞ며通商이頗盛ᄒᆞ고人口ㅣ四十餘萬이니本洲
中最大ᄒᆞᆫ都府오南濠太利亞의首府ᄂᆞᆫ왼셴도濟
內의아쥬데레도오西濠太利亞의首府ᄅᆞᆯ파루수
라稱ᄒᆞ며生業의重要ᄒᆞᆷ은養羊이니歐洲에輸入
ᄒᆞᄂᆞᆫ羊毛ㅣ三分의二ᄂᆞᆫ此地에셔出ᄒᆞ며其他礦
物의採堀이亦盛ᄒᆞ야黃金의産額이殊多ᄒᆞ니라
다수마니아島ᄂᆞᆫ濠太利亞南方에在ᄒᆞᆫ小島ㅣ라
首府호바루도ᄂᆞᆫ南海岸에有ᄒᆞ야貿易이盛ᄒᆞ며

別行뉴치란도ᄂᆞᆫ濠太利亞東南一千二百里에位
ᄒᆞ야北南兩島로成ᄒᆞ니南島ᄂᆞᆫ稍大ᄒᆞ며其最高
峰은굿구라ᄒᆞ고北島에ᄂᆞᆫ長河ㅣ有ᄒᆞ야一百里
間에航行을可得ᄒᆞ며氣候ᄂᆞᆫ健康에適ᄒᆞ니라
此島ᄂᆞᆫ山谷과平野에水量이洽足ᄒᆞ야農作이漸
進ᄒᆞ며內地에ᄂᆞᆫ鐵道와電線과郵便이有ᄒᆞ야交
通之器ᄅᆞᆯ具ᄒᆞ니라
都府의大者ᄂᆞᆫ北島의오구란도와首府왜린돈과
南島의구리수쟈나等이라

波里尼西亞群島

波里尼西亞라ᄒᆞᆷ은太平洋中에散布ᄒᆞᆫ諸島를總稱ᄒᆞᆷ이라 此等羣島를二種으로區別ᄒᆞ니 一은火山島니噴火ᄒᆞ야海上에現出ᄒᆞᆷ이오 一은珊瑚島니海蟲의作成ᄒᆞᆫ者ㅣ라

諸島ᄂᆞᆫ大槪氣候ㅣ溫暖ᄒᆞ며地味ᄂᆞᆫ肥沃多水ᄒᆞ야植物産이足ᄒᆞ고 其重要ᄒᆞᆫ者ᄂᆞᆫ麵包果와大薯와香蕉와砂糖과咖啡等이라

諸島에住居ᄒᆞᄂᆞᆫ土人은太半馬來人種이라 其性이慧敏ᄒᆞ야 商業開明에進ᄒᆞᆷ을得ᄒᆞ나然이나白人과交際ᄒᆞᆷ으로부터人口ㅣ頓然減少ᄒᆞ니라

羣島中에가로린諸島와산도윗지諸島外에ᄂᆞᆫ다歐洲諸國의領地에屬ᄒᆞ니라

지구약론

(地璆略論)

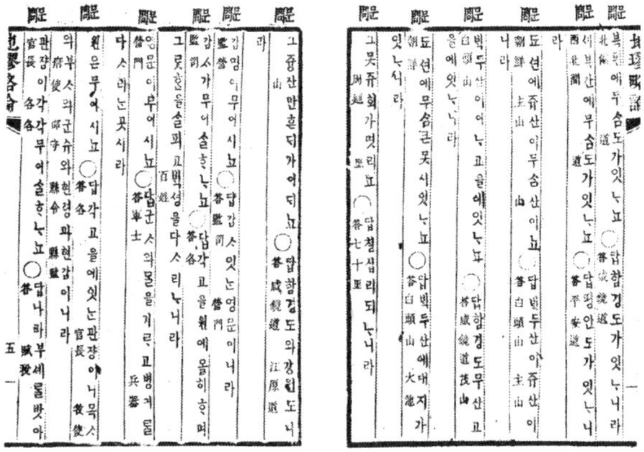
地璆略論 一

문 북편에 무ᄉᆞᆷ도가 잇ᄂᆞ뇨 ○답 함경도가 잇ᄂᆞ니라

문 서북편에 무ᄉᆞᆷ도가 잇ᄂᆞ뇨 ○답 평안도가 잇ᄂᆞ니라

문 됴션에 쥬산이 무ᄉᆞᆷ 산이뇨 ○답 ᄇᆡᆨ두산이 쥬산이니라

문 ᄇᆡᆨ두산이 어ᄂᆡ 고을에 잇ᄂᆞ뇨 ○답 함경도 무산 고을에 잇ᄂᆞ니라

문 됴션에 무ᄉᆞᆷ 큰 못시 잇ᄂᆞ뇨 ○답 ᄇᆡᆨ두산에 대지가 잇ᄂᆞ니라

문 그 못 쥬회가 몃 리뇨 ○답 칠십 리 되ᄂᆞ니라

문 그 즁산만 ᄒᆞᆫ 디가 어ᄃᆡ뇨 ○답 함경도와 강원도니라

문 감영이 무어시뇨 ○답 감ᄉᆞ 잇ᄂᆞᆫ 영문이니라

문 감ᄉᆞ가 무어ᄉᆞᆯ ᄒᆞᄂᆞ뇨 ○답 각 고을 원에 올히 ᄒᆞ며 그 곳 ᄇᆡᆨ셩을 ᄉᆞᆯ피고 ᄇᆡᆨ셩을 다ᄉᆞ리ᄂᆞ니라

문 영문이 무어시뇨 ○답 군ᄉᆞ의 몸을 기르고 병계ᄃᆞᆯ 다ᄉᆞ리ᄂᆞᆫ 곳시라

문 원은 무어시뇨 ○답 각 고을에 잇ᄂᆞᆫ 관쟝이니 목ᄉᆞ의 부ᄉᆞ와 군슈와 현령과 현감이니라

문 관쟝이 각각 무어ᄉᆞᆯ ᄒᆞᄂᆞ뇨 ○답 나라 부세를 밧아

地璆略論 五

디구(地璆)략론(略論)

문(問) 디구(地璆)가 무숨 모양(貌樣)이뇨 ○답(答) 둥근 모양(貌樣)이니 [illegible]

문(問) 디구(地璆)가 안졍(安靜)(움작이지안ᄂᆞᆫ 형용(形容))ᄒᆞᄂᆞ뇨 ○답(答) 디구(地璆) [illegible] 식도 ᄂᆞ니라

문(問) 디구(地璆)가 돌면 엇지 되ᄂᆞ뇨 ○답(答) 낫(晝)과 밤(夜)이 되ᄂᆞ니라

문(問) 엇지ᄒᆞ여 낫(晝)과 밤(夜)이 되ᄂᆞ뇨 ○답(答) ᄯᅡ히 ᄒᆡ를 디(對)ᄒᆞ면 낫(晝)이 되고 ᄒᆡ를 등지면 밤(夜)이 되ᄂᆞ니라

문(問) 쥬회(周廻)가 얼마나 되ᄂᆞ뇨 ○답(答) 칠만오천리(七萬五千里) 되ᄂᆞ니라

문(問) 디구(地璆) 우희 무어시 잇ᄂᆞ뇨 ○답(答) 물(水)과 흙(陸)이 잇ᄂᆞ니라

문(問) 흙(陸)이 만ᄒᆞ뇨 물(水)이 만ᄒᆞ뇨 ○답(答) 물(水)은 [illegible]

은 삼분지일(三分之一)이니 물이 만ᄒᆞ니라

問 물 만히 모힌 ᄃᆡ가 무어시뇨 ◯答 답 대양(大洋)이라 ᄒᆞᄂᆞ니라

問 대양(大洋)이 몃치나 되ᄂᆞ뇨 ◯答 답 다ᄉᆞᆺ시니라

問 닐ᄏᆞ롬 무어시뇨 ◯答 답 태평양(太平洋)과 대셔양(大西洋)과 인도양(印度洋)과 북빙양(北氷洋)과 남빙양(南氷洋)이니라

問 다ᄉᆞᆺ 대양중(大洋中)에 어ᄃᆡ가 뎨일(第一) 크뇨 ◯答 답 태평양(太平洋)이 뎨일(第一) 크니라

問 태평양(太平洋)이 넓기가 몃 리(里)뇨 ◯答 답 이만ᄉᆞ천(二萬四千) 리(里) 되ᄂᆞ니라

問 길이ᄂᆞᆫ 몃 리(里)뇨 ◯答 답 이만칠천(二萬七千) 리(里) 되ᄂᆞ니라

問 물 가온ᄃᆡ 잇ᄂᆞᆫ ᄯᅡᄒᆞᆫ 무어시뇨 ◯答 답 셤이니라

問 디구(地球)가 몃 디방(地方)에 분별(分別)되엿ᄂᆞ뇨 ◯答 답 여ᄉᆞᆺ세 분별(分別)되엿ᄂᆞ니라

問 디방(地方) 일홈이 무어시뇨 ◯答 답 아셔아(亞西亞)와 유롭(歐羅巴)와 아프리가(亞非利加)와 오스트렐라(澳大利亞)와 남아미리가(南亞米利加)와 북아미리가(北亞米利加)니라

問 동편(東偏)에 잇던 디방(地方)이 잇ᄂᆞ뇨 ◯答 답 아셔아(亞西亞)와 유롭(歐羅巴)와 아프리가(亞非利加)와 오스트렐라(澳大利亞)니라

問 셔편(西偏)에 잇던 디방(地方)이 잇ᄂᆞ뇨 ◯答 답 남아미리가(南亞米利加)와 북아미리가(北亞米利加)니라

問 여ᄉᆺ디방(地方)즁(中)에엇던디방(地方)이크뇨 ○답(答)아셔아(亞西亞)가크니라

問 여ᄉᆺ디방(地方)즁(中)에엇던디방(地方)이적으뇨 ○답(答)오스트렐랴(澳大利亞)가적으니라

問 ᄯᅩ깁흔디모히ᄂᆞᆫ물이무어시라ᄒᆞᄂᆞ뇨 ○답(答)못시라ᄒᆞᄂᆞ니라

問 물만히흘너가ᄂᆞᆫ디롤무어시라ᄒᆞᄂᆞ뇨 ○답(答)강(江)이라ᄒᆞᄂᆞ니라

問 됴션국(朝鮮國)이엇더ᄒᆞᆫᄯᅡ에잇ᄂᆞ뇨 ○답(答)아셔아(亞西亞)ᄯᅡ동편(東偏)에잇ᄂᆞ니라

問 아셔아(亞西亞)동편(東偏)에엇던대양(大洋)이엇ᄂᆞ뇨 ○답(答)태평양(太平洋)이란바다가잇ᄂᆞ니라

問 아셔아(亞西亞)남편(南偏)에엇던대양(大洋)이잇ᄂᆞ뇨 ○답(答)인도양(印度洋)이란바다가잇ᄂᆞ니라

問 아셔아(亞西亞)븍편(北偏)에엇던대양(大洋)이잇ᄂᆞ뇨 ○답(答)븍빙양(北氷洋)이란바다가잇ᄂᆞ니라

問 아셔아(亞西亞)셔편(西偏)에엇던ᄯᅡ히잇ᄂᆞ뇨 ○답(答)유롭프란(歐羅巴)ᄯᅡ히잇ᄂᆞ니라

問 아셔아(亞西亞)셔남간(西南間)에엇던ᄯᅡ히잇ᄂᆞ뇨 ○답(答)아프리카(亞非利加)란ᄯᅡ히잇ᄂᆞ니라

三一

問 아셔아(亞西亞) 동남(東南) 바다밧긔 엇던 ᄯᅡ히 잇ᄂᆞ뇨 ◯ 답(答) 오스ᄐᆞ렬랴(澳大利亞) ᄯᅡ히 잇ᄂᆞ니라

問 됴션(朝鮮) 동편(東偏) 바다밧긔 엇던 나라히 잇ᄂᆞ뇨 ◯ 답(答) 일본(日本) 국(國)이 잇ᄂᆞ니라

問 됴션(朝鮮) 븍편(北偏)에 엇던 나라히 잇ᄂᆞ뇨 ◯ 답(答) 아라사(俄羅斯) 국(國)이 잇ᄂᆞ니라

問 됴션(朝鮮) 셔븍간(西北間)에 엇던 나라히 잇ᄂᆞ뇨 ◯ 답(答) 쳥국(清國)이 잇ᄂᆞ니라

問 됴션(朝鮮) 셔남(西南)에와 동븍(東北)에ᄂᆞᆫ 어ᄃᆡ가 되ᄂᆞ뇨 ◯ 답(答) 태평양(太平洋)이 되ᄂᆞ니라

問 됴션(朝鮮) 디방(地方)이 몃리(里)뇨 ◯ 답(答) 남븍(南北)은 삼쳔(三千) 리(里)오 동셔(東西)ᄂᆞᆫ 구ᄇᆡᆨ(九百) 리(里)니라

問 됴션(朝鮮)에 몃 도(道)가 잇ᄂᆞ뇨 ◯ 답(答) 팔도(八道)가 잇ᄂᆞ니라

問 동편(東偏)에 무ᄉᆞᆷ 도(道)가 잇ᄂᆞ뇨 ◯ 답(答) 강원도(江原道)가 잇ᄂᆞ니라

問 셔편(西偏)에 무ᄉᆞᆷ 도(道)가 잇ᄂᆞ뇨 ◯ 답(答) 경긔도(京畿道)와 황희도(黃海道)가 잇ᄂᆞ니라

問 남편(南偏)에 무ᄉᆞᆷ 도(道)가 잇ᄂᆞ뇨 ◯ 답(答) 츙쳥도(忠淸道)와 젼라도(全羅道)가 잇ᄂᆞ니라

問 동남편(東南偏)에 무ᄉᆞᆷ 도(道)가 잇ᄂᆞ뇨 ◯ 답(答) 경상도(慶尙道)가 잇ᄂᆞ니라

問 북편(北便)에 무슴 도(道)가 잇ᄂᆞ뇨 ○답(答) 함경도(咸鏡道)가 잇ᄂᆞ니라

問 셔북간(西北間)에 무슴 도(道)가 잇ᄂᆞ뇨 ○답(答) 평안도(平安道)가 잇ᄂᆞ니
라

問 됴션(朝鮮)에 쥬산(主山)이 무슴 산(山)이뇨 ○답(答) ᄇᆡᆨ두산(白頭山)이 쥬산(主山)이
니라

問 ᄇᆡᆨ두산(白頭山)이 어ᄂᆞ 고을에 잇ᄂᆞ뇨 ○답(答) 함경도(咸鏡道) 무산(茂山) 고
을에 잇ᄂᆞ니라

問 됴션(朝鮮)에 무슴 큰 못시 잇ᄂᆞ뇨 ○답(答) ᄇᆡᆨ두산(白頭山)에 대지(大池)가
잇ᄂᆞ니라

問 그 못 쥬회(周廻)가 몃 리(里)뇨 ○답(答) 칠십리(七十里) 되ᄂᆞ니라

問 그 즁 산(山) 만흔 ᄃᆡ가 어ᄃᆡ뇨 ○답(答) 함경도(咸鏡道)와 강원도(江原道)니
라

問 감영(監營)이 무어시뇨 ○답(答) 감ᄉᆞ(監司) 잇ᄂᆞᆫ 영문(營門)이니라

問 감ᄉᆞ(監司)가 무어ᄉᆞᆯ ᄒᆞᄂᆞ뇨 ○답(答) 각(各) 고을 원에 올히 ᄒᆞ며
그릇ᄒᆞᆷ을 ᄉᆞᆯ피고 ᄇᆡᆨ셩(百姓)을 다ᄉᆞ리ᄂᆞ니라

問 영문(營門)이 무어시뇨 ○답(答) 군ᄉᆞ(軍士)와 ᄆᆞᆯ을 기르고 병긔(兵器)를
다ᄉᆞ리ᄂᆞᆫ 곳시라

問 원은 무어시뇨 ○답(答) 각(各) 고을에 잇ᄂᆞᆫ 관쟝(官長)이니 목ᄉᆞ(牧使)
와 부ᄉᆞ(府使)와 군슈(郡守)와 현령(縣令)과 현감(縣監)이니라

問 관쟝(官長)이 각각(各各) 무어ᄉᆞᆯ ᄒᆞᄂᆞ뇨 ○답(答) 나라 부셰(賦稅)를 밧아

드리고ᄇᆡᆨ셩(百姓)을다ᄉᆞ리ᄂᆞ니라

問 함경도(咸鏡道)븍편(北偏)에잇ᄂᆞᆫ강(江)이무어시뇨 ○답(答)두만강(豆滿江)이
잇ᄂᆞ니라

問 두만강(豆滿江)이어ᄃᆡ물이어ᄃᆡ로흐르ᄂᆞ뇨 ○답(答)ᄇᆡᆨ두산(白頭山)
물이강(江)되여동ᄒᆡ(東海)로흐르ᄂᆞ니라

問 함경도(咸鏡道)에무ᄉᆞᆷ포구(浦口)잇ᄂᆞ뇨 ○답(答)원산포(元山浦)잇ᄉᆞ니기(開)
항(港)ᄒᆞᆫ포구(浦口)니라

問 함경도(咸鏡道)에감영(監營)이어ᄂᆞ고을에잇ᄂᆞ뇨 ○답(答)함흥부(咸興府)
에잇ᄂᆞ니라

問 함흥(咸興)이셔울셔몃리(里)뇨 ○답(答)팔ᄇᆡᆨ열리(八百十里)니라

問 함경도(咸鏡道)병영(兵營)이어ᄃᆡ잇ᄂᆞ뇨 ○답(答)븍쳥(北青)고을에병영(兵營)
이잇ᄂᆞ니라

問 함경도(咸鏡道)에고을이몃치뇨 ○답(答)이십ᄉᆞ읍(二十四邑)되ᄂᆞ니라

問 함경도(咸鏡道)소산(所産)이무어시뇨 ○답(答)립ᄡᆞᆯ은귀(貴)ᄒᆞ고셔쇽(黍粟)
이만흐며뵈(麻布)와모믈(毛物)과ᄉᆡᆼ션(生鮮)과금(金)과구리(赤銅)가나ᄂᆞ니
라

問 함경도(咸鏡道)에일홈난곳이어ᄃᆡ뇨 ○답(答)경흥(慶興)에젹디(赤池)와
못흘은안변(安邊)에큰호슈(湖水)잇ᄉᆞ니쥬회(周廻)가삼십리(三十里)오ᄉᆞ면(四面)
ᄇᆡᆨ사장(白沙場)에ᄒᆡ당화(海棠花)ᄀᆞ득ᄒᆞ니라

問 함경도(咸鏡道)에큰령(嶺)이몃치뇨 ○답(答)마텬령(摩天嶺)과마운령(摩雲嶺)과

六

地誌略

함관령(咸關嶺)이잇고다른령(嶺)도만흐니라

問 강원도(江原道)에무숨산(山)이잇ᄂ뇨 ○답(答)강릉(江陵)고을에오디(五臺)산과회양(淮陽)고을에금강산(金剛山)이잇ᄂ니라

問 강원도(江原道)에무숨강(江)이잇ᄂ뇨 ○답(答)쇼양강(昭陽江)이잇ᄂ니라

問 소양강(昭陽江)이어ᄃ᠁셔흐르ᄂ뇨 ○답(答)금강산(金剛山)뒤희셔흘너한강(漢江)이되ᄂ니라

問 강원도(江原道)에감영(監營)이어ᄂ고을에잇ᄂ뇨 ○답(答)원쥬부(原州府)에잇ᄂ니라

問 원쥬(原州)가셔울셔몃리(里)뇨 ○답(答)이백사십리(二百四十里)되ᄂ니라

問 강원도(江原道)에병슈영(兵水營)이잇ᄂ뇨 ○답(答)산협(山峽)인고로병영(兵營)과슈영(水營)이업ᄂ니라

問 강원도(江原道)에고을이몃치뇨 ○답(答)이십륙읍(二十六邑)되ᄂ니라

問 강원도(江原道)에소산(所產)이무어시뇨 ○답(答)립쌀은적고서속(黍粟)과감ᄌ(甘藷)와빅청(白淸)이만흐며모물(毛物)과인삼(人蔘)과담빅(淡巴姑)가나ᄂ니라

問 강원도(江原道)에무숨셤이잇ᄂ뇨 ○답(答)울릉도(鬱陵島)의우산도(芋山島)란큰셤이잇고적은셤도잇ᄂ니라

問 강원도(江原道)에일홈난곳이어ᄃ᠁뇨 ○답(答)금강산(金剛山)과령동(嶺東)대관령(大關嶺)동편(東編)아홉고을에각각(各各)경치(景致)가됴흐니라

七

問 경상도(慶尚道)에 감영(監營)이 어ᄂᆞ 고을에 잇ᄂᆞ뇨 ○ 答 대구부(大邱府)에 잇ᄂᆞ니라

問 경상도(慶尚道)에 고을이 몃치뇨 ○ 答 칠십일읍(七十一邑)되ᄂᆞ니라

問 경상도(慶尚道)에 병슈영(兵水營)이 몃치뇨 ○ 答 울산(蔚山) 좌병영(左兵營)과 진쥬(晉州) 우병영(右兵營)과 동ᄅᆡ슈영(東萊水營)과 고셩(固城) 통졔영(統制營)[통졔ᄉᆞ(統制使)가 잇셔 경상(慶尚) 젼라(全羅) 츙쳥(忠淸) 삼(三)도(道) 슈군(水軍)을 거ᄂᆞ리니라]이 잇ᄂᆞ니라

問 대구(大邱)가 셔울셔 몃리(里)뇨 ○ 答 륙ᄇᆡᆨ칠십리(六百七十里)니라

問 경상도(慶尚道)에 무ᄉᆞᆷ 셤이 잇ᄂᆞ뇨 ○ 答 남ᄒᆡ(南海)셤과 거졔(巨濟)셤이 잇고 적은 셤도 만ᄒᆞ니라

問 경상도(慶尚道)에 소산(所產)이 무어시뇨 ○ 答 오곡(五穀)과 목포(木布)와 슈졍(水晶)과 어물(魚物)과 실과(實果)와 금(金)과 구리(赤銅)가 나ᄂᆞ니라

問 경상도(慶尚道)에 일홈난 곳이 어ᄃᆡ뇨 ○ 答 진쥬(晉州) 쵹셕루(矗石樓)와 밀양(密陽) 령남루(嶺南樓)와 의셩(義城) 빙암(氷巖)[산(山)이 놉고 고을이 깁허 녀름에도 어름이 잇ᄂᆞ니라]과 의흥(義興) 풍혈(風穴)[깁흔 굴에셔 바람이 대단이 나오ᄂᆞ니라]이 잇ᄂᆞ니라

問 젼라도(全羅道)에 무ᄉᆞᆷ 산(山)이 잇ᄂᆞ뇨 ○ 答 젹샹산셩(赤裳山城)[무쥬(茂朱)고을에 잇ᄉᆞ니 바위가 ᄀᆞᆺ치 되엿ᄂᆞ니라]셩과 지리산(智異山)[구례(求禮)고을]이 잇고 김만경(金萬頃) 큰 들이[아홉 고을에 한 들에 잇ᄂᆞ니라] 잇ᄂᆞ니라

問 젼라도(全羅道)에 무ᄉᆞᆷ 강(江)이 잇ᄂᆞ뇨 ○ 答 둑겁강(蟾蜍江)이 잇ᄉᆞ니 젼쥬(全州)셔 흘너 남ᄒᆡ(南海)로 드러가ᄂᆞ니라

問 젼라도(全羅道)에 무ᄉᆞᆷ 포구(浦口) 잇ᄂᆞ뇨 ○ 答 군산포(羣山浦)[옥구(沃溝)고을]와

地理略論

법셩포(法聖浦) 령광(靈光) 고을이 잇고 적은 포구(浦口)도 만흐니라

問 젼라감영(全羅監營)이 어ᄂᆡ 고을에 잇ᄂᆞ뇨 ○답 젼쥬부(全州府)에 잇ᄂᆞ니라

問 젼라도(全羅道)에 병슈영(兵水營)이 어ᄂᆡ 고을에 잇ᄂᆞ뇨 ○답 강진(康津) 병영(兵營)과 슌쳔(順天) 좌슈영(左水營)과 해남(海南) 우슈영(右水營)이 잇ᄂᆞ니라

問 젼라도(全羅道)에 고을이 몃치뇨 ○답 오십륙읍(五十六邑)이니라

問 젼쥬(全州)가 셔울셔 몃리(里)뇨 ○답 오백리(五百里)되ᄂᆞ니라

問 젼라도(全羅道)에 소산(所産)이 무어시뇨 ○답 립발과 쥭긔(竹器)와 백목(白木)과 칠긔(漆器)와 쥭렴(竹簾)과 붓치와 망건(網巾)과 어물(魚物)과 소금과 죠의와 금(金)이 나ᄂᆞ니라

問 젼라도(全羅道)에 무슴 셤이 잇ᄂᆞ뇨 ○답 졔쥬(濟州)란 큰 셤과 진도(珍島)란 셤과 젹은 셤도 만흐니라

問 졔쥬(濟州)가 셔울셔 몃리나 되ᄂᆞ뇨 ○답 륙디(陸地)가 쳔리(千里)오 슈로(水路)가 구백칠십리(九百七十里)니라

問 졔쥬(濟州) 디방(地方)이 몃리(里)뇨 ○답 삼백리(三百里)되ᄂᆞ니라

問 졔쥬(濟州)에 무슴 산(山)이 잇ᄂᆞ뇨 ○답 한라산(漢拏山)이란 큰 산(山)이 잇ᄂᆞ니라

問 졔쥬(濟州)에 소산(所産)이 무어시뇨 ○답 귤(橘)과 말(馬)과 어물(魚物)과 쥭긔(竹器)가 만히 나되 곡식(穀食)이 귀(貴)ᄒᆞ니라

問 츙쳥도(忠淸道)에 무슴 산(山)이 잇ᄂᆞ뇨 ○답 계룡산(鷄龍山) 진잠(鎭岑) 고을과

地誌各論 九

問 속리산(俗離山)보은(報恩)고을은ᄯᅩ다른산(山)도만히잇ᄂᆞ니라

問 충청도(忠淸道)에무슴강(江)이잇ᄂᆞ뇨 ○답(答) 금강(錦江) 공쥬(公州) 감영(監營)과 빅마강(白馬江) 부여(扶餘)고을에이잇ᄂᆞ니라

問 금강(錦江)이어ᄃᆡ셔흐르ᄂᆞ뇨 ○답(答) 젼라도(全羅道) 마이산(馬耳山) 진안(鎭安)고을물이금강(錦江)되여빅마강(白馬江)으로통(通)ᄒᆞ여서히(西海)로흐르ᄂᆞ니라

問 충청도(忠淸道)에감영(監營)이어ᄂᆞ고을에잇ᄂᆞ뇨 ○답(答) 공쥬부(公州府)에잇ᄂᆞ니라

問 충청도(忠淸道)에병슈영(兵水營)이몃쳐뇨 ○답(答) 쳥쥬(淸州) 병영(兵營)과 보령(保寧) 슈영(水營)이잇ᄂᆞ니라

問 충청도(忠淸道)에고을이몃쳐뇨 ○답(答) 오십사(五十四) 읍(邑)되ᄂᆞ니라

問 충청도(忠淸道)에무슴포구(浦口)잇ᄂᆞ뇨 ○답(答) 강경(江鏡) 은진(恩津)고을이란큰포구(浦口)잇고져근포구(浦口)도만ᄒᆞ니라

問 충청도(忠淸道)에무슴셤이잇ᄂᆞ뇨 ○답(答) 안면도(安眠島)란큰셤이잇고져근셤도만ᄒᆞ니라

問 공쥬(公州)가셔울셔몃리뇨 ○답(答) 삼빅리(三百里)되ᄂᆞ니라

問 충청도(忠淸道)에소산(所産)이무어시뇨 ○답(答) 오곡(五穀)과무명과뵈(布)와모시와죠희와대쵸(大棗)가나ᄂᆞ니라

問 충청도(忠淸道)에일홈난곳이어ᄃᆡ뇨 ○답(答) 룡연(龍淵) 진잠(鎭岑)고을과 거복바외(龜巖) 단양(丹陽)고을과 의림지(義林池) 졔쳔(堤川)고을와 화양동(華陽洞) 쳥쥬(淸州)고을과

十一

地理略論

고을이 잇ᄂᆞ니라

問 경긔도(京畿道)에 무ᄉᆞᆷ 산(山)이 잇ᄂᆞ뇨 ○답(答) 삼각산(三角山) 경산(京山)과 오관산(五冠山) 송도(松都)고을과 관악산(冠岳山) 과쳔(果川)고을과 룡문산(龍門山) 양근(楊根)고을과 남한산셩(南漢山城) 광쥬(廣州)고을과 북한산셩(北漢山城) 경산(京山)이 잇ᄂᆞ니라

問 경긔도(京畿道)에 무ᄉᆞᆷ 강(江)이 잇ᄂᆞ뇨 ○답(答) 오강(五江) 한강(漢江) 룡산(龍山) 삼강(麻浦) 셔강(西江) 로량강(露梁江)이 잇고 ᄯᅩ 림진강(臨津江) 파쥬(坡州)고을이 잇ᄂᆞ니라

問 오강(五江)이 어ᄃᆡ셔 흐르ᄂᆞ뇨 ○답(答) 츙쳥도(忠淸道) 쇽리산(俗離山) 물과 강원도(江原道) 오ᄃᆡ산(五臺山) 물과 금강산(金剛山) 물이 합(合)ᄒᆞ여 한강(漢江)되야 팔미도(八尾島)로 흐르ᄂᆞ니라

問 림진강(臨津江)은 어ᄃᆡ셔 흐르ᄂᆞ뇨 ○답(答) 강원도(江原道) 텰령(鐵嶺) 물이 합슈(合水)ᄒᆞ여 림진강(臨津江)되야 셔ᄒᆡ(西海)로 흐르ᄂᆞ니라

問 남한산셩(南漢山城)과 북한산셩(北漢山城)에 무어시 잇ᄂᆞ뇨 ○답(答) 남한산셩(南漢山城)은 광쥬(廣州) 읍ᄂᆡ(邑內)오 ᄯᅩ 총셥(摠攝)과 승군(僧軍)이 잇고 북한산셩(北漢山城)에도 총셥(摠攝)과 승군(僧軍)이 잇ᄂᆞ니라

問 총셥(摠攝)이 무어시뇨 ○답(答) 승군(僧軍)을 거ᄂᆞ리고 산셩(山城)을 직희ᄂᆞᆫ 쟝슈(將帥) 즁의 벼슬이니라

問 경긔감영(京畿監營)이 어ᄂᆡ 고을에 잇ᄂᆞ뇨 ○답(答) 양쥬(楊州)ᄯᅡ희 잇ᄂᆞ니라 (경긔감영(京畿監營)이 셔울 셔문밧긔 [illegible])

問 경긔도(京畿道)에 병슈영(兵水營)이 잇ᄂᆞ뇨 ○답(答) 병영(兵營)은 본ᄃᆡ 업고 교동(喬桐) 슈영(水營)이 파(罷)ᄒᆞ엿ᄂᆞ니라

地理各論 十一

問 경긔도(京畿道)에 류슈(留守)가 몃치뇨 ○답(答) 오도류슈(五都留守)니라

問 오도류슈(五都留守)가 어ᄂᆡ 고을에 잇ᄂᆞ뇨 ○답(答) 광쥬(廣州)와 슈원(水原)과 기셩(開城)과 강화(江華)와 츈쳔(春川)이니라

問 류슈(留守)가 무어슬 ᄒᆞᄂᆞ뇨 ○답(答) 감ᄉᆞ(監司)와 ᄀᆞᆺᄒᆞ나 힝궁(行宮)과 셩(城)을 딕희여 보리(保釐)ᄒᆞᄂᆞ니라 (보리ᄂᆞᆫ 편안ᄒᆡ 다ᄉᆞ리ᄂᆞᆫ 것시라)

問 경긔도(京畿道)에 고을이 몃치뇨 ○답(答) 삼십륙읍(三十六邑)되ᄂᆞ니라

問 경긔도(京畿道)에 무슴 포구(浦口) 잇ᄂᆞ뇨 ○답(答) 졔믈포(濟物浦) 인쳔(仁川)ᄯᅡ 잇ᄉᆞ니 기항(開港)ᄒᆞᆫ 포구(浦口)요 마산포(馬山浦) 남양(南陽)ᄯᅡ와 문산포(文山浦) 파쥬(坡州)ᄯᅡ가 잇고 적은 포구(浦口)도 만흐니라

問 경긔도(京畿道)에 소산(所産)이 무어시뇨 ○답(答) 오곡(五穀)과 인삼(人參)과 사긔(砂器)와 각ᄉᆡᆨ실과(各色實果)와 어렴(魚鹽)이 나ᄂᆞ니라

問 경긔도(京畿道)에 무슴 셤이 잇ᄂᆞ뇨 ○답(答) 강화(江華)란 큰 셤과 교동(喬桐)셤과 적은 셤이 만히 잇ᄂᆞ니라

問 강화(江華)에 무슴 산(山)이 잇ᄂᆞ뇨 ○답(答) 마리산(摩尼山)과 뎡족산셩(鼎足山城)이 잇ᄂᆞ니라

問 강화(江華) 디방(地方)이 몃리(里)뇨 ○답(答) 기리ᄂᆞᆫ 칠십리(七十里)오 넓이ᄂᆞᆫ 삼십리(三十里)니라

問 강화(江華)에 소산(所産)이 무어시뇨 ○답(答) 오곡(五穀)과 실과(實果)와 어렴(魚鹽)과 ᄌᆞ리 셕문(席紋)가 나ᄂᆞ니라

問 강화(江華)가 셔울셔 몃리(里)뇨 ○답(答) 일ᄇᆡᆨ이십리(一百二十里)니라

問 황히도(黃海道)에 무슨 산(山)이 잇ᄂᆞ뇨 ○ 답(答) 슈양산(首陽山) 히쥬(海州) 과 구월산(九月山) 문화(文化) 이 잇고 다른 산도 만ᄒᆞ니라

問 황히도(黃海道)에 무슨 강(江)이 잇ᄂᆞ뇨 ○ 답(答) 월당강(月當江) 과 후셔강(後西江) 이 잇ᄂᆞ니라

問 후셔강(後西江)이 어ᄃᆡ셔 흐르ᄂᆞ뇨 ○ 답(答) 언진산(彦鎭山) 슈안(遂安) 아래셔 흘너 연평(延平) 바다로 드러가ᄂᆞ니라

問 황히감영(黃海監營)이 어ᄂᆞ 고을에 잇ᄂᆞ뇨 ○ 답(答) 히쥬부(海州府)에 잇ᄂᆞ니라

問 황히도(黃海道)에 병슈영(兵水營)이 몃치뇨 ○ 답(答) 황쥬병영(黃州兵營)과 옹진슈영(甕津水營)이 잇ᄂᆞ니라

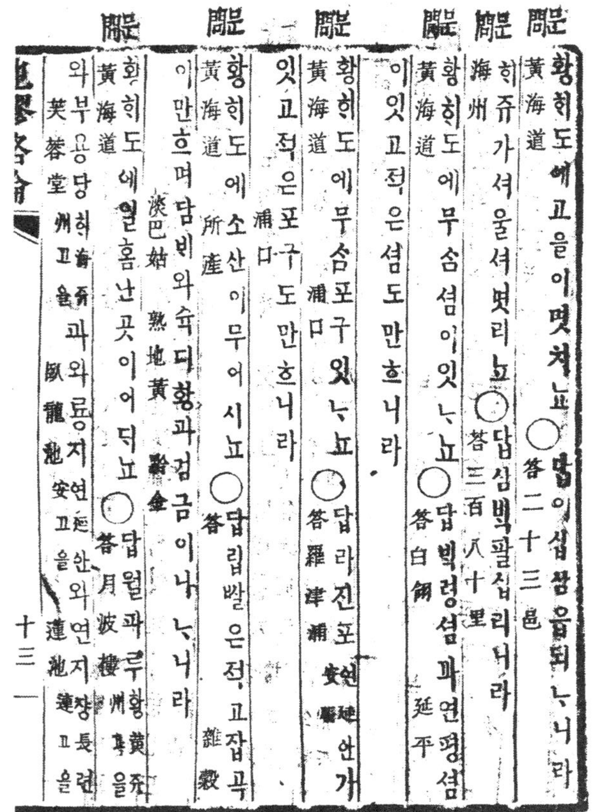

問 황히도(黃海道)에 고을이 몃치뇨 ○ 답(答) 이십삼읍(二十三邑)이 되ᄂᆞ니라

問 히쥬(海州)가 셔울셔 몃리뇨 ○ 답(答) 삼ᄇᆡᆨ팔십리(三百八十里)니라

問 황히도(黃海道)에 무슨 셤이 잇ᄂᆞ뇨 ○ 답(答) ᄇᆡᆨ령셤(白翎)과 연평셤(延平)이 잇고 젹은 셤도 만ᄒᆞ니라

問 황히도(黃海道)에 무슨 포구(浦口) 잇ᄂᆞ뇨 ○ 답(答) 라진포(羅津浦) 안연가 잇고 젹은 포구(浦口)도 만ᄒᆞ니라

問 황히도(黃海道)에 소산(所産)이 무어시뇨 ○ 답(答) 립ᄡᆞᆯ은 젹고 잡곡(雜穀)이 만ᄒᆞ며 담ᄇᆡ(淡巴姑)와 슉디황(熟地黃)과 검금(黔金)이 나ᄂᆞ니라

問 황히도(黃海道)에 일홈난 곳이 어ᄃᆡ뇨 ○ 답(答) 월파루(月波樓) 황쥬(黃州) 고을과 부용당(芙蓉堂) 히쥬(海州) 고을과 와룡지(臥龍池) 연안(延安) 고을과 연지(蓮池) 쟝련(長連) 고을

十三

地理略論

問 평안(平安)도(道)에 잇ᄂᆫ 못와 ᄇᆡᆨ사뎡(白沙汀) 쟝현(長峴)ᄯᅡ에 명사(明沙) 십리(十里)명이 잇ᄂᆞ니라

問 평안도(平安道)에 무ᄉᆞᆷ 산(山)이 잇ᄂᆞ뇨 ○답(答) 묘향산(妙香山) 녕변(寧邊)고을과 구룡산(九龍山) 평양(平壤)고을과 룡골산(龍骨山) 룡쳔(龍川)ᄯᅡ이 잇고 다른 산(山)도 만흐니라

問 평안도(平安道)에 무ᄉᆞᆷ 강(江)이 잇ᄂᆞ뇨 ○답(答) 대동강(大同江) 평양(平壤)고을과 불류강(沸流江) 셩쳔(成川)ᄯᅡ과 웅셩강(熊成江) 삼등(三登)고을과 압록강(鴨綠江) 의쥬(義州)ᄯᅡ이 잇ᄂᆞ니라

問 대동강(大同江)이 어ᄃᆡ셔 흐르ᄂᆞ뇨 ○답(答) 함경도(咸鏡道) 물은 불류(沸流)강(江)되고 황ᄒᆡ도(黃海道) 물은 웅셩강(熊成江)되여 대동강(大同江)의 합(合)ᄒᆞ여 결량ᄒᆡ(決梁海)로 흐르ᄂᆞ니라

問 압록강(鴨綠江)은 어ᄃᆡ셔 흐르ᄂᆞ뇨 ○답(答) 함경도(咸鏡道) ᄇᆡᆨ두산(白頭山) 셔(西)편(偏)물이 혼돈강(混沌江) 쟝진(長津)ᄯᅡ 되여 압록강(鴨綠江)으로 통(通)ᄒᆞ여 셔(西)ᄒᆡ(海)로 흐르ᄂᆞ니라

問 압록강(鴨綠江) 건너가 어ᄃᆡ뇨 ○답(答) 구련셩(九連城)이니 청국(淸國) 건쥬(建州)ᄯᅡ히 되ᄂᆞ니라

問 평안도(平安道)에 감영(監營)이 어ᄂᆞ 고을에 잇ᄂᆞ뇨 ○답(答) 평양부(平壤府)에 잇ᄂᆞ니라

問 평안도(平安道)에 병슈영(兵水營)이 몃치뇨 ○답(答) 안쥬(安州) 병영(兵營)이 잇고 슈영(水營)은 업ᄂᆞ니라

問 평안도(平安道)에 고을이 몃치뇨 ○답(答) ᄉᆞ십ᄉᆞ읍(四十四邑)되ᄂᆞ니라

地理略論 十四

問 평양(平壤)이 셔울셔 몃 리뇨 ○답(答) 오백오십리(五百五十里)니라

問 평안도(平安道)에 무슨 셤이 잇나뇨 ○답(答) 신미도(新尾島)와 석골도(石骨島)란 큰 셤이 잇고 젹은 셤도 만ᄒᆞ니라

問 평안도(平安道)에 소산(所産)이 무어시뇨 ○답(答) 쌀은 젹고 잡곡(雜穀)이 만ᄒᆞ며 면쥬(綿紬)와 담바고(淡巴菰)와 옥돌(玉)과 금(金)과 인삼(人蔘)과 석탄(石炭)이 나ᄂ니라

問 평안도(平安道)에 일홈난 곳이 어듸뇨 ○답(答) 련광뎡(練光亭) 평양(平壤)과 부벽루(浮碧樓) 평양(平壤)과 약산동대(藥山東臺) 녕변(寧邊)과 통군뎡(統軍亭) 의쥬(義州)이 잇ᄂ니라

問 됴션팔도(朝鮮八道)에 인구수(人口數)가 얼마나 되나뇨 ○답(答) 륙(六)조(兆)오(五)

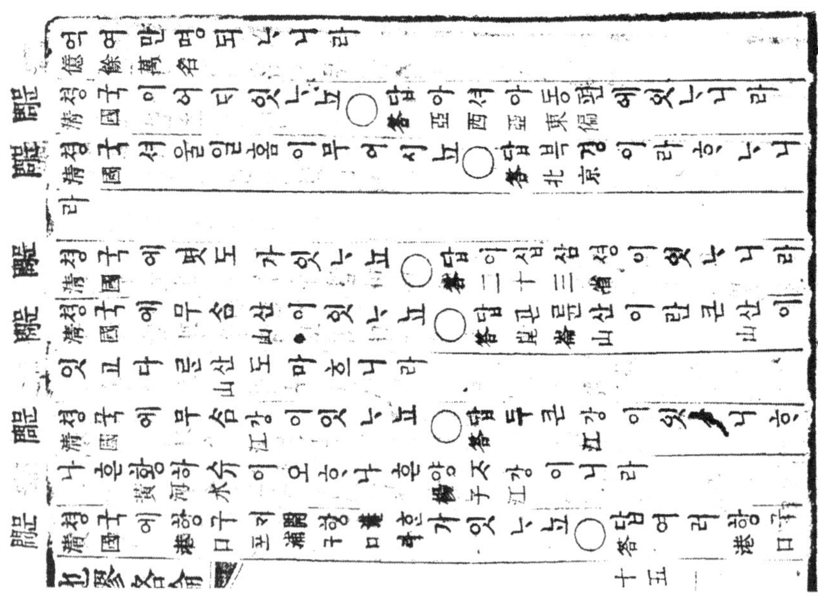

억여만명(億餘萬名) 되ᄂ니라

問 쳥국(淸國)이 어듸 잇나뇨 ○답(答) 아셰아(亞西亞) 동편(東偏)에 잇ᄂ니라

問 쳥국(淸國) 셔울 일홈이 무어시뇨 ○답(答) 븍경(北京)이라 ᄒᆞᄂ니라

問 쳥국(淸國)에 몃 도가 잇나뇨 ○답(答) 이십삼셩(二十三省)이 잇ᄂ니라

問 쳥국(淸國)에 무슨 산(山)이 잇나뇨 ○답(答) 곤륜산(崑崙山)이란 큰 산(山)이 잇고 다른 산(山)도 만ᄒᆞ니라

問 쳥국(淸國)에 무슨 강(江)이 잇나뇨 ○답(答) 두 큰 강(江)이 잇스니 ᄒᆞ나흔 황하슈(黃河水)이오 ᄒᆞ나흔 양ᄌᆞ강(揚子江)이니라

問 쳥국(淸國)에 항구(港口) 포(浦)개항(開港)ᄒᆞᆫ 가 잇나뇨 ○답(答) 십오(十五) 여러 항구(港口)

잇ᄂᆞ니라

問 청국(淸國)에무ᄉᆞᆷ호슈가잇ᄂᆞ뇨 ○답(答)두큰호슈(湖水)물만이인곳시오모못보다큰ᄃᆡ라잇ᄉᆞ니ᄒᆞ나ᄒᆞᆫ동졍호(洞庭湖)요ᄒᆞ나ᄒᆞᆫ핑려호(彭蠡湖)니라

問 청국(淸國)에소산(所産)이무어시뇨 ○답(答)닙ᄡᆞᆯ파차(茶)와금(金)파옥(玉)과비단(緞)과각ᄉᆡᆨ보ᄇᆡ(各色寶貝)만ᄒᆞ니라

問 청국(淸國)에인구(人口)수(數)가얼마나되ᄂᆞ뇨 ○답(答)대강ᄉᆞᄇᆡᆨ죠(大綱四百兆)인구(人口)되ᄂᆞ니라

問 일본국(日本國)디형(地形)이엇더ᄒᆞ뇨 ○답(答)큰셤이셋시오젹은셤도만ᄒᆞ니라

問 일본(日本)셔울일홈이무어시뇨 ○답(答)동경(東京)이라ᄒᆞᄂᆞ니라

問 일본(日本)에항구(港口)가몃치뇨 ○답(答)세큰항구(港口)잇ᄉᆞ니ᄒᆞ나ᄒᆞᆫ요고하마(橫濱)요ᄒᆞ나ᄒᆞᆫ고비(神戶)요ᄒᆞ나ᄒᆞᆫ나가사기(長崎)나요하고다데(函館)니가다(新潟)란두항구(港口)가잇ᄂᆞ니라

問 일본(日本)에소산(所産)이무어시뇨 ○답(答)곡식(穀食)과셕탄(石炭)과ᄉᆡᆼᄉᆞ(生絲)와단쇽(緞屬)과미슐품(美術品)과어물(魚物)이나ᄂᆞ니라

問 일본(日本)에경개(景槩)가엇더ᄒᆞ뇨 ○답(答)일본(日本)이셤즁인고로각ᄉᆡᆨ초목(各色草木)이무셩(茂盛)ᄒᆞ고아름다온산쳔(山川)이만ᄒᆞ니라

問 인도국(印度國)이어ᄃᆡ잇ᄂᆞ뇨 ○답(答)아셔아(亞西亞)남편(南偏)에잇ᄂᆞ니라

問 인도국(印度國)셔울일홈이무어시뇨 ○답(答)갈갓다(葛龍多)라ᄒᆞᄂᆞ니라

나라

問 인도국(印度國)에 무슴 유명(有名)ᄒᆞᆫ 강(江)이 잇ᄂᆞ뇨 ○답(答) 깐지쓰(干支斯)란 강이 잇스되 백(百)성이 위ᄒᆞ여 졔ᄉᆞ(祭祀)를 지내고 아희(兒孩)를 졔물(祭物)을 만드러 그 강(江)에 넛ᄂᆞ니라

問 인도국(印度國)에 소산(所産)이 무어시뇨 ○답(答) 쌀과 아편(鴉片)과 쪽과 각색(各色) 실과(實果)와 금(金)과 구리(赤銅)와 쇠(鐵)가 나ᄂᆞ니라

問 인도국(印度國)에 인구수(人口數)가 얼마나 되ᄂᆞ뇨 ○답(答) 대강(大綱) 이백(二百)조(兆) 인명(人名)되ᄂᆞ니라

問 인도국(印度國) 백성(百姓)의 픔수(品數)가 네 가지로 논홈이 엇더ᄒᆞ뇨 ○답(答) 서로 혼인(婚姻)ᄒᆞ지 아니ᄒᆞ고 음식(飮食)과 거쳐(居處)를 ᄀᆞᆺ치

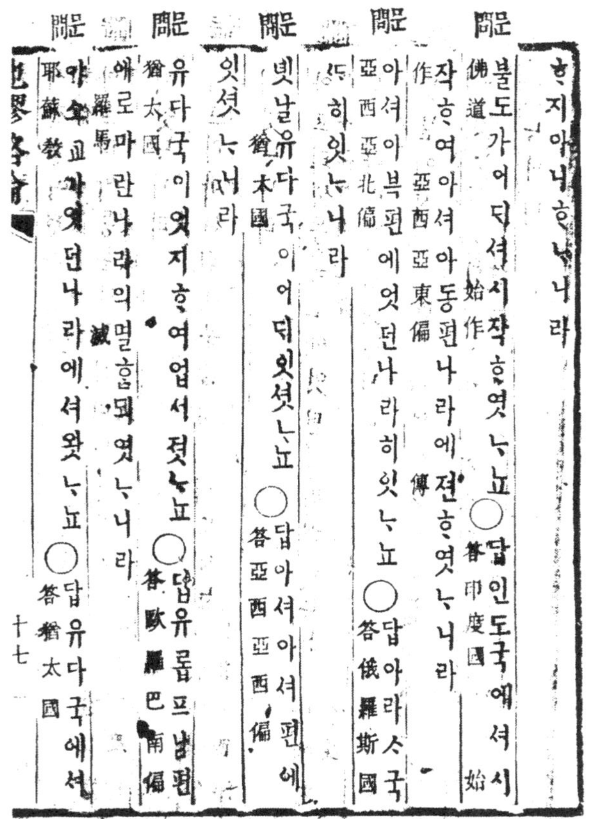

ᄒᆞ지 아니ᄒᆞᄂᆞ니라

問 불도(佛道)가 어ᄃᆡ셔 시작(始作)ᄒᆞ엿ᄂᆞ뇨 ○답(答) 인도국(印度國)에셔 시작(始作)ᄒᆞ여 아셔아(亞西亞) 동편(東偏) 나라에 젼(傳)ᄒᆞ엿ᄂᆞ니라

問 아셔아(亞西亞) 북편(北偏)에 엇던 나라히 잇ᄂᆞ뇨 ○답(答) 아라ᄉᆞ국(俄羅斯國)이 잇ᄂᆞ니라

問 녯날 유다국(猶太國)이 어ᄃᆡ 잇셧ᄂᆞ뇨 ○답(答) 아셔아(亞西亞) 셔편(西偏)에 잇셧ᄂᆞ니라

問 유다국(猶太國)이 엇지ᄒᆞ여 업서젓ᄂᆞ뇨 ○답(答) 유롭프(歐羅巴) 남편(南偏)에 로마(羅馬)란 나라의 멸(滅)홈되엿ᄂᆞ니라

問 야소교(耶蘇敎)가 엇던 나라에셔 왓ᄂᆞ뇨 ○답(答) 유다국(猶太國)에셔

十七

시작(始作)ᄒᆞ여텬하만국(天下萬國)에젼(傳)ᄒᆞ엿ᄂᆞ니라

問 이프리까(亞非利加)동편(東偏)에무ᄉᆞᆷ대양(大洋)이잇ᄂᆞ뇨 ○답(答)인도양(印度洋)이잇ᄂᆞ니라

問 아프리까(亞非利加)셔편(西偏)에무ᄉᆞᆷ대양(大洋)이잇ᄂᆞ뇨 ○답(答)대셔양(大西洋)이잇ᄂᆞ니라

問 아프리까(亞非利加)동븍간(東北間)에엇던나라히잇ᄂᆞ뇨 ○답(答)예지부도(埃及)란나라히잇ᄂᆞ니라

問 녯날예지부도(埃及)란나라에셔엇던사ᄅᆞᆷ들이종노릇ᄒᆞ엿ᄂᆞ뇨 ○답(答)이스레일(以色列)사ᄅᆞᆷ의조샹(祖上)이종노릇ᄒᆞ엿ᄂᆞ니라

問 예지부도(埃及)와아셔아(亞西亞)ᄉᆞ이에무ᄉᆞᆷ유명(有名)ᄒᆞᆫ바다가잇ᄂᆞ뇨 ○답(答)홍히(紅海)란바다가잇ᄂᆞ니라

問 홍히(紅海)에두ᄉᆞᆷ유명(有名)ᄒᆞᆫ일이잇셔ᄂᆞ뇨 ○답(答)이스레일(以色列)사ᄅᆞᆷ의조샹(祖上)이예지부도(埃及)에셔ᄯᅥ날셰에예지부도(埃及)사ᄅᆞᆷ들이급ᄒᆞ게잡으라고ᄶᅩᆺ칠ᄉᆡ하ᄂᆞ님이도으사바다가ᄭᅳᆫ허져륙디(陸地)가되엿ᄂᆞ니라

問 아프리까(亞非利加)븍편(北偏)에엇던ᄯᅡ히잇ᄂᆞ뇨 ○답(答)젹은나라히벗시오그밧긔아프리까(亞非利加)ᄯᅡ흔만흐되야인(野人)들이만히잇ᄂᆞ니라

問 유롭프(歐羅巴)디방(地方)에나라가몃치뇨 ○답(答)십구(十九)나라히니

그즁에 영국(英國)과 덕국(德國)과 법국(法國)과 아라사국(俄羅斯國)이 뎨일(第一)이니라

問 영국(英國)셔울일홈이무어시뇨 ○답(答) 론던(倫敦)이라ᄒᆞᄂᆞ니라

問 론던(倫敦)은엇더ᄒᆞᆫᄯᅡ이뇨 ○답(答) 셰계(世界)즁(中)뎨일(第一)큰도부(都府)라 샹업(商業)으로텬하(天下)즁심(中心)이되고 인구(人口)ᄉᆞ빅여만(四百餘萬)이잇다ᄒᆞᄂᆞ니라

問 영국(英國)의소산(所産)이무어시뇨 ○답(答) 쳘(鐵)과 쳘긔(鐵器)와 셕탄(石炭)과 비단 무명등믈(等物)과 기여(其餘) 왼갓 공예믈건(工藝物件)이 만타ᄒᆞᄂᆞ니라

問 우리ᄡᅳᄂᆞᆫ 양목(洋木)은 영국소산(英國所産)이라ᄒᆞ니 그러ᄒᆞ뇨 ○답(答) 영국(英國)만졔스다에셔 ᄡᅳᄂᆞᆫ거시니라

問 법국(法國)셔울일홈이무어시뇨 ○답(答) 파리(巴里)라ᄒᆞᄂᆞ니라

問 파리(巴里)ᄂᆞᆫ엇더ᄒᆞᆫᄯᅡ이뇨 ○답(答) 샹업(商業)과 인구(人口)만키ᄂᆞᆫ 론던(倫敦)만못ᄒᆞ나 장엄미려(壯嚴美麗)로 우ᄂᆡ(宇內)뎨일(第一)이라 각국(各國)의셔 유람(遊覽)ᄒᆞᄂᆞᆫ쟈(者)만ᄒᆞ니라

問 법국(法國)의소산(所産)이무어시뇨 ○답(答) 비단(緞)과 자긔(磁器)와 미쥬(美酒)가 뎨일(第一)이라ᄒᆞᄂᆞ니라

問 덕국(德國)셔울일홈이무어시뇨 ○답(答) 빅림(伯林)이라ᄒᆞᄂᆞ니라

問 아라사국(俄羅斯國)셔울일홈이무어시뇨 ○답(答) 션도비다스(聖比得)

비릉이라 ᄒᆞᄂᆞ니라

問 유롭프북편(歐羅巴北偏)에 엇던 대양(大洋)이 잇ᄂᆞ뇨 ○답(答) 북빙양(北氷洋)이 잇ᄂᆞ니라

問 유롭프셔편(歐羅巴西偏)에 엇던 대양(大洋)이 잇ᄂᆞ뇨 ○답(答) 대셔양(大西洋)이 잇ᄂᆞ니라

問 남아미리가동편(南亞米利加東偏)에 엇던 대양(大洋)이 잇ᄂᆞ뇨 ○답(答) 대셔양(大西洋)이 잇ᄂᆞ니라

問 남아미리가셔편(南亞米利加西偏)에 엇던 대양(大洋)이 잇ᄂᆞ뇨 ○답(答) 대평양(太平洋)이 잇ᄂᆞ니라

問 북아미리가(北亞米利加)에 나라히 몃치뇨 ○답(答) 칠국(七國)이 잇고 또 영국(英國)에 붓친 ᄯᅡ히 만ᄒᆞ니라

問 그중(中)에 엇던 나라히 뎨일(第一)이뇨 ○답(答) 미국(美國)이 뎨일(第一)이니라

問 북아미리가북편(北亞米利加北偏)에 엇던 대양(大洋)이 잇ᄂᆞ뇨 ○답(答) 북빙양(北氷洋)이 잇ᄂᆞ니라

問 오스트렐랴(澳大利亞) 디방(地方)이 엇던 나라에 붓첫ᄂᆞ뇨 ○답(答) 영국(英國)에 붓처엿ᄂᆞ니라

問 텬하각국(天下各國)에 칩고 더운 거시 엇더ᄒᆞ뇨 ○답(答) 디구(地球)가 온ᄃᆡ가 뎨일(第一) 더웁고 디구(地球) 남북(南北) 끗치 치우니라 디구(地球) 가온ᄃᆡ는 가갓가온 고로 더웁고 남북(南北) 끗ᄃᆡ 젹도(赤道) 근방(近方)은 젹도(赤道)가 먼 고로 치운ᄃᆡ라

二十

地璆略論

그 中(중)에 치운 ᄯᅡ희 사ᄂᆞᆫ 사ᄅᆞᆷ들이 음식(飮食)과 거쳐(居處)를 엇지ᄒᆞᄂᆞ뇨 ○답(答) 어름집 짓고 즘승 잡아 먹고 그 가죽으로 옷ᄒᆞ여 닙ᄂᆞ니라

텬하(天下) 만국(萬國) 사ᄅᆞᆷ들 모양(貌樣)과 빗치 엇더ᄒᆞ뇨 ○답(答) 오식(五色)이니 아셰아(亞西亞) 동편(東偏)은 누른빗치요 아셰아(亞西亞) 남(南)과 여러 셤은 검향빗치요 아프리까(亞非利加)ᄂᆞᆫ 검은빗치요 유롭프(歐羅巴)ᄂᆞᆫ 흰빗치요 북아미리까(北亞米利加)ᄂᆞᆫ 븕근빗치니라 북미(北米) 아미리까(亞米利加) 디방(地方)에 지금(至今)은 각쳐(各處) 사ᄅᆞᆷ들이 사ᄂᆞᆫ고로 븕근빗사ᄅᆞᆷ만 잇지아니ᄒᆞ니라

디구략론 종(地璆略論終)

한국지리교과서

(韓國地理敎科書)

韓國地理敎科書目次

第一編 天然

第二編 處誌

第三編 人文

附屬地圖目次

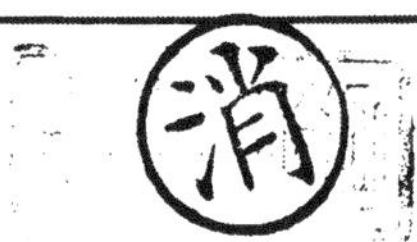

大韓國地理教科書

第一編 天然

第一章 地形 (地形全圖參照)

一 廣袤及境域

位置 我國은滿洲南方에突出ᄒᆞᆫ半島라。地形이南北은長ᄒᆞ고東西ᄂᆞᆫ狹ᄒᆞ니。南北의最長ᄒᆞᆫ處ᄂᆞᆫ百九十里에達ᄒᆞ고最短ᄒᆞᆫ處라도百五十里에不下ᄒᆞ며。東西의最狹ᄒᆞᆫ處ᄂᆞᆫ僅히四十五里오最廣ᄒᆞᆫ處이七十里에不過ᄒᆞ니。

面積 面積은大約一萬三千四百方里라。日本의總面積은大約三萬方里니我國은大約日本의三分一이되ᄂᆞ니라。

境域 長白山脈과鴨綠·豆滿二大江은滿洲와天然ᄒᆞᆫ境界를成ᄒᆞ

第一編 天然 第一章 地形 1

얏스니東北은豆滿江의下流ᄅᆞᆯ隔ᄒᆞ야露領沿海州에接ᄒᆞ고東은日本海에面ᄒᆞ고西ᄂᆞᆫ黃海에臨ᄒᆞ고。南의海ᄅᆞᆯ朝鮮海라云ᄒᆞ며朝鮮海와日本海間에日本對馬島가有ᄒᆞ야朝鮮及對馬의二海峽을分ᄒᆞ니。朝鮮海峽을一稱西水道라ᄒᆞ고對馬海峽을一稱東水道라ᄒᆞ다。對馬島와我國은僅히二十二里ᄅᆞᆯ隔ᄒᆞ니라。

二 沿岸

海岸線

我國의東海岸과西南兩海岸은其形勢가判異ᄒᆞ니。東海岸은出入이極少ᄒᆞ며岬灣島嶼가甚稀ᄒᆞ고。西南兩海岸은此와相反ᄒᆞ야港灣岬串이連接ᄒᆞ야鋸의齒와恰似ᄒᆞ고無數ᄒᆞᆫ大小島嶼가點々히碁布ᄒᆞ얏스니。陸地面積에比較ᄒᆞ면海岸線의長ᄒᆞᆷ이我國의西南兩海岸과如ᄒᆞᆷ은其類ᄅᆞᆯ罕見ᄒᆞᄂᆞᆫ바이니라。

東海岸

東海岸은懸崖가海에迫ᄒᆞ고海底에岩石이多ᄒᆞ야海水가澄淸ᄒᆞᆫ고로自古로滄海의名稱이有ᄒᆞ고。此海岸의中央地境에當ᄒᆞ야一大灣이有ᄒᆞ니此ᄅᆞᆯ東朝鮮灣이라稱ᄒᆞ고東朝鮮灣上頭에又一小灣이有ᄒᆞ니此ᄂᆞᆫ永興灣이라。元山港이其一隅에在ᄒᆞ니。元山以北에ᄂᆞᆫ露境에近ᄒᆞᆫ造山灣은稍히港灣의形을成ᄒᆞ고。元山以南에ᄂᆞᆫ延日灣이有ᄒᆞ니。延日灣의東南을界限ᄒᆞᆫ岬角을冬外串이라云ᄒᆞᄂᆞ니라。

西海岸

西海岸은大槪地低ᄒᆞ야海底에泥土가多ᄒᆞᆷ으로海水가常濁ᄒᆞ고。此海岸에ᄂᆞᆫ黃海道半部가海中에突出ᄒᆞ야一大半島ᄅᆞᆯ成ᄒᆞ고其極西의岬角을長山串이라云ᄒᆞ니淸.國山東省의東角과相對ᄒᆞ니라。此海岸에灣의大ᄒᆞᆫ者ᄂᆞᆫ北에西朝鮮灣이有ᄒᆞ고南에京城灣이有ᄒᆞ며西朝鮮灣內大同江口에又一大

灣이有ᄒᆞ고京城灣은更히海州·仁川·南陽三大灣을包容ᄒᆞ니仁川灣北方에江華島가橫在ᄒᆞ고。南陽灣南平澤岬下에小灣을成ᄒᆞᆫ者를牙山灣이라ᄒᆞ며。南陽灣以南에泰安半島가有ᄒᆞ니安眠島와共히淺水灣을擁抱ᄒᆞ고。其南方에一帶海灣을庇仁灣이라稱ᄒᆞ니群山港이其灣頭에在ᄒᆞ고。木浦港은我國西南端에在ᄒᆞ니其灣을木浦灣이라云ᄒᆞ며。右水營半島가其南方을界限ᄒᆞ고灣內에又若干小灣이有ᄒᆞ야各其陸地에深入ᄒᆞ니卽榮山江의入海口에當ᄒᆞ니라。木浦近海ᄂᆞᆫ卽朝鮮多島海의名이有ᄒᆞᆫ處이니大小의島嶼가相連ᄒᆞ야汽船이其間에航行ᄒᆞᆯ時에左右諸島를一々히應接키不遑ᄒᆞ니珍島ᄂᆞᆫ其中最大ᄒᆞᆫ者이니라。

南海岸

南海岸은岬角과港灣이最多ᄒᆞ며島嶼의多ᄒᆞᆷ이亦西南海卽朝鮮多島海에不讓ᄒᆞᄂᆞ니。就中巨濟島·南海島·濟州島가其

最大ᄒᆞᆫ者이라。此에珍島·江華島를加ᄒᆞ야韓國五大島라稱ᄒᆞᄂᆞ니라。此海岸西隅에右水營半島가突出ᄒᆞ야西南兩海岸의分界를作ᄒᆞ고其南方으로珍島와海南半島中間에珍島灣을成ᄒᆞ고莞島·巨文島北方에寶城灣을成ᄒᆞ며興陽·左水營兩半島가突出ᄒᆞ야順天灣을擁抱ᄒᆞ고左水營半島와南海島中間에河東灣이有ᄒᆞ며巨濟島北方에ᄂᆞᆫ有名ᄒᆞᆫ鎭海·馬山兩灣이有ᄒᆞ니。鎭海灣은全世界의軍艦을足容ᄒᆞᆫ다云ᄒᆞᄂᆞ니라。

第二章 地勢 (地形全圖高低全圖及山系略圖參照)

一 山脈

脊樑山脈

我國의脊樑山脈은東方을偏占ᄒᆞ야海岸線과竝行ᄒᆞ야南北으로走ᄒᆞ고로日本海에向ᄒᆞᆫ斜面은傾斜가急促ᄒᆞ야平野

와長流가無ᄒᆞ나。然이나脊樑山脈의西方은傾斜가緩漫ᄒᆞ야處々에平野를成ᄒᆞ고長江大河가其間에流ᄒᆞ니東西兩方이地勢가甚異ᄒᆞ니라。故로脊樑山脈以東을裏朝鮮이라ᄒᆞ고以西를表朝鮮이라稱ᄒᆞᄂᆞ니。裏朝鮮은大概土地가磽确ᄒᆞ며人煙이稀少ᄒᆞ고表朝鮮은土地가肥沃ᄒᆞ며人口가稠密ᄒᆞ니然ᄒᆞ즉我國의主要部分은實로表朝鮮에在ᄒᆞᆷ을可知ᄒᆞᆯ지니라。

裏朝鮮及表朝鮮

又我國의地勢ᄂᆞᆫ南北이懸殊ᄒᆞᆫ지라。故로此를北部南部中部의三部로區別ᄒᆞᄂᆞ니。卽東西兩朝鮮灣間에一線을劃ᄒᆞ야其以北을北部라ᄒᆞ며元山으로브터江華島間에一線을劃ᄒᆞ야其以南을南部라ᄒᆞ고南北兩部의間을中部라ᄒᆞᄂᆞ니라。

南中北三大部分의地勢

北部의主要山脈은西南브터東北으로向亙ᄒᆞ야其方向이支那의諸山脈과갓치全히大陸的地體를成ᄒᆞ고。南部의主要山脈은南北으로向亙ᄒᆞ야大陸山脈과其方向이相反ᄒᆞ야半島的形勢를成ᄒᆞ고。中部의山脈은大概東西로奔ᄒᆞ야南北兩部와不同ᄒᆞᆫ處가有ᄒᆞ니。此ᄂᆞᆫ大陸的地體와半島的地體의縫合ᄒᆞᆫ地域을可見ᄒᆞᆯ者이니라。

北部의主要山脈

北部의主要山脈은長白、江南、狄踰、妙香의四脈이有ᄒᆞ니라。

長白山脈

一、長白山脈은滿洲의境에屹立ᄒᆞ니其主峰白頭山은八千九百尺을聳ᄒᆞ야實로國內第一의高山이니라。

江南山脈

二、江南山脈은平安北道西北隅에起ᄒᆞ야鴨綠江과竝行ᄒᆞ야東北으로延亙ᄒᆞ야平安、咸鏡兩道境에至ᄒᆞ니本脈中에ᄂᆞᆫ三千尺에達ᄒᆞᄂᆞᆫ高峰이無ᄒᆞ니라。

狄踰山脈

三、狄踰山脈은江南山脈南에在ᄒᆞ야殆히此와竝行ᄒᆞ니。東北으로漸進ᄒᆞᆷ을隨ᄒᆞ야次第로高峻을成ᄒᆞ야鴨綠江上流의附近甲山地方에達ᄒᆞ니。雪梅嶺、狄踰嶺等은本脈中의高嶺이라。雪梅嶺은其高가四千八百尺이니라。

妙香山脈

四、妙香山脈의西南端은平安南北道의境界를成ᄒᆞ고咸鏡道에至ᄒᆞ야海岸線과竝行ᄒᆞ야我國東北境ᄭᆞ지延亘ᄒᆞ니。本脈中에ᄂᆞᆫ妙香山·狼林山·厚致嶺·摩天嶺·大元山의諸峰이有ᄒᆞ니。妙香山이其中最著ᄒᆞ니라。

江南·狄踰·妙香諸山脈間은一面의臺地니臺地의傾斜가北方은緩ᄒᆞ고南方은急ᄒᆞᆫ지라。臺地의中部ᄂᆞᆫ分水嶺이되니其北流ᄂᆞᆫ鴨綠·豆滿二江이되고其南流ᄂᆞᆫ清川·大同二江에集ᄒᆞ니라。

南部의主要山脈

南部의主要山脈은太白·小白의二聯脈과車嶺·蘆嶺의二山脈이니라。

太白聯脈

一、太白聯脈은東海岸에沿ᄒᆞ야東朝鮮灣의南으로브터半島의南端ᄭᆞ지延亘ᄒᆞᆫ二條의大山脈과慶尙道北方에起ᄒᆞ야此山脈과騈走ᄒᆞᆫ三條의小山脈과東朝鮮灣附近으로브터起ᄒᆞ야京畿西南部에達ᄒᆞᆫ一條의大山脈을總稱ᄒᆞᆷ이니。此大聯脈은北部妙香山脈의一部와共히我國의脊樑을成ᄒᆞ야半島를縱斷ᄒᆞ고。此聯脈中에金剛·太白·五臺等의高峰이有ᄒᆞ니。就中에金剛山이最高ᄒᆞ고奇峰이亂聳ᄒᆞ야其最高ᄒᆞᆫ者ᄂᆞᆫ四千六百餘尺에達ᄒᆞᄂᆞ니라。

小白聯脈

二、小白聯脈은慶尙·忠清兩道境에聳峙ᄒᆞᆫ秋風嶺을起點ᄒᆞ야此로브터南北及西南方에分枝ᄒᆞ야慶尙道西部及全羅南道에蔓延ᄒᆞᆫ數條山脈의總稱이니小白山·智異山은卽本脈中名山이니라。

蘆嶺山脈

三、蘆嶺山脈은木浦北方으로브터東北으로向進ᄒᆞ야慶尙·忠清兩道의境에在ᄒᆞᆫ秋風嶺에셔小白山脈에結合ᄒᆞ니。其主峰을蘆嶺이라稱ᄒᆞᄂᆞ니라。

車嶺山脈

四、車嶺山脈은忠清道西南隅에起ᄒᆞ야蘆嶺山脈과殆히竝

行ᄒᆞ다가江原道鱗蹄附近에至ᄒᆞ야太白聯脈에合ᄒᆞ니車嶺은卽本脈中의第一高嶺이니라。

山中脈部의主要

中部卽縫合地域에ᄂᆞᆫ馬息滅惡慈悲彦眞馬項과介等의諸小山脈이輻湊ᄒᆞ얏ᄉᆞ니其中馬息嶺이最高ᄒᆞ야地上에秀出ᄒᆞᆷ이三千三百尺에達ᄒᆞ니라。

以上은我國의主要山脈을列擧ᄒᆞᆷ에不過ᄒᆞ고此等諸山脈間에更히無數ᄒᆞᆫ小山脈이有ᄒᆞ며各小山脈에又許多支脈이有ᄒᆞᆷ으로我國은到處에山岳峰巒이重疊起伏ᄒᆞ야一望無際ᄒᆞᆫ平野를見키不能ᄒᆞ고就中北部及東部에ᄂᆞᆫ高峰臺地가相連ᄒᆞ야平野라稱ᄒᆞᆯ者이殆無ᄒᆞ니라。

二 江河

日本海에面ᄒᆞᆫ地方은傾斜가急促ᄒᆞᆷ으로江河라稱ᄒᆞᆯ者가別無ᄒᆞ고오직東北隅에豆滿江의一流가日本海에注入ᄒᆞᆯ뿐이며其他長江大河ᄂᆞᆫ擧皆黃海及朝鮮海峽으로向流ᄒᆞᄂᆞ니라。

鴨綠江

一、鴨綠江은其源을白頭山西麓에서發ᄒᆞ야咸鏡南道虛川江·長津江의二流를合ᄒᆞ고下流에서更히滿洲로브터流來ᄒᆞᄂᆞᆫ渾河·靉河의二江을合ᄒᆞ야黃海에注ᄒᆞ니其全長이百四十里니國內의最大ᄒᆞᆫ河流라。然이나河底傾斜가急促ᄒᆞ야處々에激流奔湍이有ᄒᆞ고又岩礁沙洲가多ᄒᆞ야淺灘이頻數ᄒᆞᆷ으로船舶航行에頗히不便ᄒᆞ니라。

豆滿江

二、豆滿江(又ᄂᆞᆫ圖們江)은其源을白頭山東麓에서發ᄒᆞ야正히鴨綠江과背流ᄒᆞ야穩城北部에至ᄒᆞ야滿洲로브터流來ᄒᆞᄂᆞᆫ布爾哈圖河及海蘭河를合ᄒᆞ고此에서東南으로轉流ᄒᆞ야日本海에入ᄒᆞ니其長이九十里라鴨綠江의次되ᄂᆞᆫ巨流이니

라。

清川江 三、清・川・江・은妙香山脈中의狼林山에셔發源ᄒᆞ야狄踰・妙香二山脈間의溪流를集ᄒᆞ야平安北道南部에流ᄒᆞᄂᆞᆫ大寧江과其河口를共合ᄒᆞ야黃海에注入ᄒᆞᄂᆞ니。其支流에ᄂᆞᆫ晴門江이有ᄒᆞ고。下流沿岸은稍廣ᄒᆞᆫ平野를成ᄒᆞᄂᆞ니라。

大同江 四、大・同・江・은平安南道極北에셔流出ᄒᆞ야其極南에至ᄒᆞ야海에入ᄒᆞᄂᆞ니。其支流中三登江이最大ᄒᆞ며。本流와支流가共히迂廻曲折ᄒᆞ야廣히全道에灌漑ᄒᆞᄂᆞ니。其支流도亦皆本道內에셔發源ᄒᆞ야本道以外에不出ᄒᆞᆷ으로此江은實로平安南道의專有ᄒᆞᆫ水流이라。下流ᄂᆞᆫ黃海道로브터流來ᄒᆞᄂᆞᆫ載寧江을合ᄒᆞ고江口ᄂᆞᆫ一大灣이되야鎭南浦의良港을成ᄒᆞᄂᆞ니라。

禮成江 五、禮・成・江・은咸鏡・平安・黃海三道境上에셔發源ᄒᆞ야黃海道東部를流過ᄒᆞ야下流ᄂᆞᆫ京畿와黃海道의境界를成ᄒᆞ고海에入ᄒᆞᄂᆞ니라。

臨津江 六、臨・津・江・은咸鏡道南部에셔發源ᄒᆞ야京畿에入ᄒᆞ야其西北部平野에灌漑ᄒᆞ고下流ᄂᆞᆫ漢江과合ᄒᆞ야海에注ᄒᆞᄂᆞ니라。

漢江 七、漢・江・은南江北江의二流로써成ᄒᆞᆫ者이니。南江은江原道五臺山에셔發源ᄒᆞ야忠淸道의東北을迂廻ᄒᆞ야京畿에入ᄒᆞ니。此를本流라ᄒᆞ고北江은春川江이라稱ᄒᆞᄂᆞ니咸鏡・江原兩道境에셔發源ᄒᆞ야江原道北部의諸流를集ᄒᆞ야京畿에入ᄒᆞ야起頭院附近에셔本流와合ᄒᆞ고更히臨津江을合ᄒᆞ야河幅益廣ᄒᆞ야下流가江華島를抱ᄒᆞ고左右二派에分ᄒᆞ야京城灣에入ᄒᆞᄂᆞ니라。

錦江 八、錦・江・은全羅道東北部에셔流出ᄒᆞ야北으로流ᄒᆞ야忠淸道에入ᄒᆞ고更히西으로流ᄒᆞ다가南으로轉ᄒᆞ야群山에至ᄒᆞ야海에注ᄒᆞᄂᆞ니라。

榮山江

九.榮山江은全羅南道北邊에서發ᄒᆞ야本道中部의平野를貫流ᄒᆞ야木浦灣에注ᄒᆞ니。錦江·榮山江은河口로브터數里間에汽船이能히通行ᄒᆞᄂᆞ니라。

蟾津江

十.蟾津江은全羅北道中部에서發ᄒᆞ야全羅南北兩道의間에流過ᄒᆞ야更히全羅·慶尙兩道의境을分ᄒᆞ고河東灣에注ᄒᆞ니。其下流ᄂᆞᆫ南部에有名ᄒᆞᆫ智異山南麓을流過ᄒᆞᆷ으로一名은岳陽江이라稱ᄒᆞᄂᆞ니라。

洛東江

十一.洛東江은慶尙道北境에在ᄒᆞᆫ太白山에서發ᄒᆞ야朝鮮海峽에注ᄒᆞ니支流가頗多ᄒᆞ야其最大ᄒᆞᆫ者ᄂᆞᆫ晋江이라。晋江은慶尙·全羅兩道境에在ᄒᆞᆫ六十嶺에서發ᄒᆞ야晋州南方에서東으로轉折ᄒᆞ야本流에合ᄒᆞ니。洛東江의慶尙道에在ᄒᆞᆷ이亦大同江이平安南道에在ᄒᆞᆷ과如히道內에서發源ᄒᆞ야全道를灌漑ᄒᆞ고道外에不出ᄒᆞᄂᆞ니라。

我國의五大江

以上十一江中에豆滿江은日本海에注ᄒᆞ고洛東·蟾津二江은朝鮮海에注ᄒᆞ고其他八江은皆黃海에注入ᄒᆞ니。其中鴨綠江·豆滿江·大同江·漢江·洛東江이最히長大ᄒᆞᆷ으로此를我國의五大江이라稱ᄒᆞᄂᆞ니。大同江·漢江·洛東江의三流ᄂᆞᆫ其長이大約相等ᄒᆞ야各七十里가되ᄂᆞ니라。五大江外에更히淸川江·臨津江·錦江·榮山江·蟾津江의五流를加ᄒᆞ야十大江이라稱ᄒᆞᆷ도有ᄒᆞᄂᆞ니라。

灌漑

我國은到處에山岳이起伏ᄒᆞᆫ고로江河가大概迂回曲折ᄒᆞ야流域面積의狹ᄒᆞᆷ에比ᄒᆞ야ᄂᆞᆫ水流가長遠ᄒᆞ야灌漑의便益이有ᄒᆞᆷ으로全國을通ᄒᆞ야儲水池의施設이殆無ᄒᆞᆷ에不拘ᄒᆞ고水田이廣開ᄒᆞ야多額의米穀을産出ᄒᆞᆷ은全히河流自然의給水가有ᄒᆞᆷ을因ᄒᆞᆷ이니라。

河口

又我國의江河ᄂᆞᆫ其江口에廣大ᄒᆞᆫ灣을成ᄒᆞ야河口와海面

의區劃이不明ᄒᆞᆫ者이多ᄒᆞ니故로江口ᄂᆞᆫ大概良港이라。江口ᄅᆞᆯ稍히溯上ᄒᆞ면岩礁가有ᄒᆞ며奔流가有ᄒᆞ고或은水流가忽廣忽狹ᄒᆞ야航運의用이甚少ᄒᆞ니라。

平野

我國內地에旅行ᄒᆞᆯ진ᄃᆡ何處에去ᄒᆞ든지渺茫ᄒᆞᆫ廣野ᄅᆞᆯ見ᄏᆡ不能ᄒᆞ나諸江河沿岸에ᄂᆞᆫ多少의平野가不無ᄒᆞ니。洛東江·大同江·錦江諸沿岸에在ᄒᆞᆫ平野가最히廣濶ᄒᆞ고淸川江·臨津江·漢江、榮山江·蟾津江流域의平野가其次이니라。

第三章 氣候

一 寒暑

大陸的氣候

我國은北緯三十三度로브터四十三度에在ᄒᆞ야日本國本州와大略同緯度에位ᄒᆞ나氣候ᄂᆞᆫ大概大陸的性質을帶ᄒᆞᆷ으로日本同緯度地方과比較ᄒᆞ면寒暑가俱甚ᄒᆞ며且晝夜朝夕을因ᄒᆞ야其溫度의差異가顯著ᄒᆞ니一日間에寒暖計가二十度ᄅᆞᆯ昇降ᄒᆞᆷ이例事이오又同節期에在ᄒᆞ야도氣候의激變이有ᄒᆞ니。俗語에三寒四溫이라云ᄒᆞᆷ은寒氣가三日繼續ᄒᆞ면其後四日은寒氣가顯著히減退ᄒᆞᆷ을謂ᄒᆞᆷ이니。此變化ᄂᆞᆫ冬節에特히確然히循環ᄒᆞ야四溫에當ᄒᆞᄂᆞᆫ日은嚴冬에라도春暖의感覺이有ᄒᆞ니라。

南北氣候의差異

我國은地形이南北으로延長ᄒᆞᆷ으로南部와北部의氣候가不同ᄒᆞᆷ은勿論이어니와山脈의方向에因ᄒᆞ야差異가尤甚ᄒᆞ니。南部에在ᄒᆞ야ᄂᆞᆫ山脈이多是南北으로趨走ᄒᆞᆫ고로南方은溫暖ᄒᆞᆫ海風이谿谷ᄭᆞ지及ᄒᆞ야氣候ᄅᆞᆯ調和ᄒᆞ고北部ᄂᆞᆫ山脈이東으로브터西이나又ᄂᆞᆫ西南으로브터東北에延長ᄒᆞᆷ으로此海風을阻隔ᄒᆞ야寒氣가特히凜烈ᄒᆞᆫ지라。南部ᄂᆞᆫ半島的氣

候를帶ᄒᆞ고北部ᄂᆞᆫ大陸的氣候를作ᄒᆞ니此限界線은凡北緯三十七度이니忠淸·全羅·慶尙各南北六道ᄂᆞᆫ半島的氣候에屬ᄒᆞ고其他七道ᄂᆞᆫ大陸的氣候에屬ᄒᆞ니라南部의六道ᄂᆞᆫ三南地方이라稱ᄒᆞ니氣候가大槪溫和ᄒᆞ야農產物이頗히豐裕ᄒᆞ고。北部의七道ᄂᆞᆫ寒氣가酷烈ᄒᆞᆷ으로農業이三南地方과如히盛치못ᄒᆞ며鴨綠·豆滿·大同等諸江은冬期三四個月間江水가結氷ᄒᆞ야人馬가氷上에往來ᄒᆞ고漢江도亦結氷ᄒᆞ나其期間이以上三江과如히長久치아니ᄒᆞ니라蓋其結氷ᄒᆞᆷ은一은空氣가乾燥ᄒᆞᆷ이니結氷ᄒᆞᆷ에比ᄒᆞ야ᄂᆞᆫ寒氣가極히酷烈치아니ᄒᆞ니라。

參考 經緯度比較表

韓國				日本		
			度分			度分
極東	鬱陵島東端	東經	一三〇、五四	千島國占守郡占守島東端	東經	一五六、三二
極西	鴨綠江口薪島西端	東經	一二四、一一	澎湖島水按澳花嶼西端	東經	一一九、二〇
極南	濟州島南端	北緯	三三、一一	臺灣恒春廳垂陸七星岩南端	北緯	二一、四六
極北	咸鏡北道北端	北緯	四三、〇二	千島國占守郡아라이도島北端	北緯	五〇、五六

二 雨雪

雨量 雨期

我國은日本國等에比ᄒᆞ면一個年間降雨의量이甚少ᄒᆞ니京城以北은尤少ᄒᆞ고南方은稍多ᄒᆞ니라降雨의時期ᄂᆞᆫ南北을隨ᄒᆞ야多少의遲速이有ᄒᆞ나大綱六月下旬에始ᄒᆞ야八月中旬에終ᄒᆞᆷ이常例오特히降雨가頻繁ᄒᆞ며雨量이最多ᄒᆞᆷ은七月이니。雨期外에ᄂᆞᆫ晴天이多ᄒᆞ고陰翳의日이甚稀ᄒᆞ니라。

降雪

降雪도亦不多ᄒᆞ니江原·咸鏡南北·平安南北五道에在ᄒᆞ야는積雪이五六尺에及ᄒᆞᄂᆞᆫ時가有호ᄃᆡ三南地方에在ᄒᆞ야ᄂᆞᆫ一年中에降雪을不見ᄒᆞᆷ이居多ᄒᆞ니라。

濃霧

又四五月頃에ᄂᆞᆫ近海에濃霧가多ᄒᆞ야航海를障碍ᄒᆞᄂᆞᆫ事가或有ᄒᆞ니其最甚ᄒᆞᆫ處ᄂᆞᆫ西海面이오南海面이其次이오東海面이最少ᄒᆞ니是ᄂᆞᆫ海流의影響에由ᄒᆞᆷ이니라。

第四章 海流及潮汐 (海流圖參照)

一 海流

暖流及寒流

我國近海에ᄂᆞᆫ暖流及寒流의二海流가有ᄒᆞ니暖流ᄂᆞᆫ黑潮라稱ᄒᆞᄂᆞᆫ大海流의一派라此黑潮ᄂᆞᆫ南方比律賓群島附近으로브터流來ᄒᆞ야日本國太平洋海岸을沿流ᄒᆞ고其一派ᄂᆞᆫ日本九州西南에서分岐ᄒᆞ야北으로進ᄒᆞ야對馬海峽을經ᄒᆞ야日本海에進入ᄒᆞ며更히北上ᄒᆞ야我國東海岸의洋中에流ᄒᆞ야北緯四十度近邊브터漸々東으로偏流ᄒᆞ야日本北海道西方을流過ᄒᆞ니此를對馬海流라稱ᄒᆞ니此海流가濟州島附近에서更히一小分流를出ᄒᆞ야同島西方을過ᄒᆞ야黃海에流入ᄒᆞ야我國西海岸을洗ᄒᆞ고渤海에達ᄒᆞ니라寒流ᄂᆞᆫ北方오히쓰구海로브터流來ᄒᆞ야露領海岸을沿ᄒᆞ야南으로流下ᄒᆞ야鬱陵島東方을過ᄒᆞ야慶尙道南方에서暫時其跡을隱潛ᄒᆞ얏다가再히現ᄒᆞ야全羅道西南端의洋中에流ᄒᆞ야黃海에入ᄒᆞ니。此를리만海流라稱ᄒᆞᄂᆞ니라。

海流와氣候의關係

暖流의影響을被ᄒᆞᄂᆞᆫ地方은其緯度에比ᄒᆞ야過溫ᄒᆞ고寒流의影響을被ᄒᆞᄂᆞᆫ地方은其緯度에比ᄒᆞ야過寒ᄒᆞ니라。每年一定ᄒᆞᆫ節期에海流의消長이有ᄒᆞ니卽春節에至ᄒᆞ면寒流가

漸減ᄒᆞ고暖流가增大ᄒᆞ며盛夏時에ᄂᆞᆫ咸鏡道近海에셔兩流가相交ᄒᆞ고暖流가更增ᄒᆞ야海岸을一洗ᄒᆞ며秋節에至ᄒᆞ면暖流가還減ᄒᆞ고寒流가漸增ᄒᆞ며嚴冬時에ᄂᆞᆫ朝鮮海峽에셔兩流가相交ᄒᆞ야寒流의餘勢가黃海에入ᄒᆞ야西海岸을一洗ᄒᆞᄂᆞ니。如斯히暖流ᄂᆞᆫ夏期에最增ᄒᆞ고冬期에最減ᄒᆞ며寒流ᄂᆞᆫ冬節에最增ᄒᆞ고夏節에最減ᄒᆞ니我國氣候가夏日에特暑ᄒᆞ고冬日에特寒홈은全히此海流의影響을因홈이니라。

海流와魚族의關係

又春夏秋冬을通ᄒᆞ야近海에諸種魚族이能히生息홈은此寒暖兩流의交替가有홈을因홈이니 即春夏間暖流가增大ᄒᆞᆫ節期에ᄂᆞᆫ鯷魚(멸치)·道味魚(도미)·鰆魚(삼치)·鯊魚(상어)等의暖流魚族이多數來集홈이오秋冬間寒流가增大ᄒᆞᆫ節期에ᄂᆞᆫ暖流魚族이南으로去ᄒᆞ고鯨(고ᄅᆡ)·大口魚(ᄃᆡ구)·魴魚(방어)·明太魚(북어)等의寒流魚族이北海에셔游來홈이니라

二 潮汐

東·西·南海岸潮汐滿減의差

我國海岸에在ᄒᆞᆫ潮汐滿減의差ᄂᆞᆫ其最多ᄒᆞᆫ處와最少ᄒᆞᆫ處의兩極端을示ᄒᆞᄂᆞ니大槪西海岸이最多ᄒᆞ고南海岸이其次이오東海岸이最少ᄒᆞ니西海岸中에도特히京畿의海岸이最甚ᄒᆞ야仁川과如ᄒᆞᆫ處ᄂᆞᆫ間或其滿減의差가三十四五尺에及ᄒᆞ고。其以北及以南으로漸進홈을隨ᄒᆞ야次第로其滿減의差가減ᄒᆞ며。北方으로鎭南浦에ᄂᆞᆫ二十八尺이오平安北道의海岸에至ᄒᆞ면二十尺에減少ᄒᆞ고。又南方으로群山에ᄂᆞᆫ二十五尺이오木浦近方에到ᄒᆞ야ᄂᆞᆫ甚히減少ᄒᆞ야十四尺에至ᄒᆞ고。更히南海岸과東海岸에進홈을從ᄒᆞ야其差가益減ᄒᆞ니。鎭海灣에ᄂᆞᆫ七尺이오釜山에ᄂᆞᆫ四尺五寸이오元山에至ᄒᆞ면僅히一尺에減ᄒᆞ야殆히滿減의差異를不知ᄒᆞ고元山灣으로브터

北에進ᄒᆞ면更히其差가增加ᄒᆞ야造山灣에至ᄒᆞ면三尺五寸이되ᄂᆞᆫ지라仁川은其滿減差異의最高ᄒᆞᆷ을示ᄒᆞ며元山은其最低ᄒᆞᆷ을示ᄒᆞ니共히世界에比類를罕見ᄒᆞᄂᆞᆫ兩極端이니라

河口와潮汐滿減의關係

西海岸及南海岸에在ᄒᆞᆫ河口가甚廣ᄒᆞ야深灣을成ᄒᆞᆷ은潮汐滿減의差異가多大ᄒᆞᆷ으로河口와海面間에激流를生ᄒᆞ야河底와兩岸을漸次破壞ᄒᆞ니如斯히多年을經ᄒᆞ야今日에遂히如此히廣大ᄒᆞᆫ河口를造成ᄒᆞᆷ이니라

第五章 生產物

一 植物

我國은位置가溫帶에屬ᄒᆞᆷ으로諸種植物이能히生育ᄒᆞᄂᆞ니라

林樹

鴨綠江森林

林樹에ᄂᆞᆫ落葉松·海松·檜·松·楊·櫟·欅等이最多ᄒᆞ니北部及東部에山岳이重疊ᄒᆞᆫ地方에ᄂᆞᆫ此等樹木이能히繁茂ᄒᆞ야鬱蒼ᄒᆞᆫ森林이數十里에連亙ᄒᆞᆫ處가有ᄒᆞ니鴨綠江上流의森林과如ᄒᆞᆷ이卽其一이라然이나其他地方은到處赭山인고로森林을罕見ᄒᆞ고오즉貴人의墳墓와寺院과古堂等周圍에若干松樹가存在ᄒᆞᆯ뿐이라故로木材ᄂᆞᆫ姑舍ᄒᆞ고薪炭도缺乏을告ᄒᆞ야僅히野草를採取ᄒᆞ야炊爨에供用ᄒᆞᆷ에至ᄒᆞᄂᆞ니라然이나我國의地質은決코樹林의發育에不適ᄒᆞᆷ이아니라다만多年濫伐ᄒᆞᆫ結果로今日의慘狀을招ᄒᆞᆷ이니故로如彼ᄒᆞᆫ赭山이라도五六十年前ᄭᆞ지ᄂᆞᆫ鬱蒼ᄒᆞᆫ樹木이密簇ᄒᆞᆫ者가不少ᄒᆞ다云ᄒᆞ니現에此等赭山上에點々發生ᄒᆞᄂᆞᆫ松檜等의穉木을見ᄒᆞ면其發育의旺盛ᄒᆞᆷ이森林地의穉木과無異ᄒᆞ도다竹은全羅·慶尙各南北四道에最多ᄒᆞ고其他諸道에ᄂᆞᆫ絕無ᄒᆞ니라

農業植物

農業植物에ᄂᆞᆫ稻·麥·豆類·黍·棉花·麻·苧·烟草·莞과其他各種菜蔬가能히發生ᄒᆞ며茶와甘蔗ᄂᆞᆫ國內에殆無ᄒᆞ고桑樹ᄂᆞᆫ從來栽培ᄒᆞᆫ者이少ᄒᆞ나自然發生ᄒᆞᆫ者이多ᄒᆞ며全國到處에其發育이適宜ᄒᆞᆷ으로써將來에最히可望이有ᄒᆞ고人蔘은我國特産의植物이니라。

果樹

果樹ᄂᆞᆫ桃·李·栗·柿·梨·棗·杏·林檎·石榴等溫帶地方에生育ᄒᆞᄂᆞᆫ者ᄂᆞᆫ産出치아니ᄒᆞᄂᆞᆫ者이殆無ᄒᆞ나柑橘類ᄂᆞᆫ濟州島以外에ᄂᆞᆫ極히稀少ᄒᆞ니라

海藻類

沿海에海藻類의産出ᄒᆞᄂᆞᆫ者도不少ᄒᆞ나。其中海衣(김)가最多ᄒᆞ고其次되ᄂᆞᆫ者ᄂᆞᆫ海蘿(가ᄉᆞ리)·甘藿(메역)·石花菜(우모가ᄉᆞ리)等이니라。

二 動物及鑛物

我國은一方이大陸과接壤ᄒᆞ야陸上動物이自意移住ᄒᆞᆯ뿐아니라國內到處에山岳이重疊ᄒᆞ고人烟이稀少ᄒᆞᆷ으로陸上動物의種類가繁多ᄒᆞ니라。

獸類

獸類에ᄂᆞᆫ牛·馬·豚·犬·驢等이最히多産ᄒᆞ며山間에ᄂᆞᆫ虎·豹·山猪·熊·山猫等의猛獸가棲息ᄒᆞ고。東海岸은鯨이最히多集ᄒᆞᄂᆞᆫ處이니라。

鳥類

鳥類에ᄂᆞᆫ鷄·雉·鶩·鴨·雁·鵠·鷹·鷲·鷺等이極多ᄒᆞ고又野生의吐綬鷄라稱ᄒᆞᄂᆞᆫ者이有ᄒᆞ니此ᄂᆞᆫ他國에ᄂᆞᆫ稀産의鳥이라其肉味가甚美ᄒᆞ니라。

魚類

魚類도亦是寒暖二海流ᄅᆞᆯ隨ᄒᆞ야南北으로브터群游來集ᄒᆞᄂᆞᆫ고로其種類가甚多ᄒᆞ니其中明太魚·幾魚·鰕(시우)·石魚(조긔)·道味魚·鯨·鯿魚·靑魚(비웃)·海蔘(뮈)·大口魚·刀魚(갈치)·鱝魚가오리)·古道魚(고동어)·鰱魚(연어)·鯊魚等이最多ᄒᆞ고貝類ᄂᆞᆫ全鰒·

(젼복)·牡蠣(굴)等을稱ᄒᆞ고河江에ᄂᆞᆫ鯉(리어)가多産ᄒᆞᄂᆞ니라。

鑛物

我國에ᄂᆞᆫ到處에各種鑛物이伏在ᄒᆞ니其最多ᄒᆞᆷ은平安道及咸鏡道이라。鑛物中에도特히石金·砂金·銅·鐵·石炭이多産ᄒᆞ며銀·鉛·黑鉛等이其次이니。近來에黑鉛이多産ᄒᆞᄂᆞ니라。

第一編總括

以上本編敍述의事項을總括ᄒᆞ건ᄃᆡ我國은其地가溫帶에在ᄒᆞᆷ으로諸種動植物이生育ᄒᆞᆷ에適宜ᄒᆞ야海에ᄂᆞᆫ魚類가繁殖ᄒᆞ고山에ᄂᆞᆫ鑛物이各處에伏在ᄒᆞ며海ᄂᆞᆫ三方을繞ᄒᆞ야多數良港을成ᄒᆞ고。河川은國內를貫流ᄒᆞ야灌漑의便이有ᄒᆞ고。無數ᄒᆞᆫ島嶼가海面에散在ᄒᆞ며峰巒과丘陵이各處에起伏ᄒᆞ야千態萬狀으로風景이頗히佳麗ᄒᆞ나天然의利用開拓과産物의增殖發展은아즉十分치못ᄒᆞᄂᆞ니라。

第二編 處誌

第一章 區分 (地形全圖參照)

行政上便宜를因ᄒᆞ야全國을十三道로區分ᄒᆞ야行政廳을觀察道라云ᄒᆞ고其長官을觀察使라稱ᄒᆞ니十三道及觀察道所在地ᄂᆞᆫ如左ᄒᆞ니라。

	道名	觀察道所在地名
一	平安北道	義州
二	平安南道	平壤
三	咸鏡北道	鏡城
四	咸鏡南道	咸興
五	江原道	春川
六	黃海道	海州

七 京畿 水原
八 忠淸北道 淸州
九 忠淸南道 公州
十 慶尙北道 大邱
十一 慶尙南道 晋州
十二 全羅北道 全州
十三 全羅南道 光州

參考

古來로平安道와黃海道ᄂᆞᆫ此를總稱關西라ᄒᆞ며黃海道만을海西라고도謂ᄒᆞ고咸鏡道ᄂᆞᆫ關北又ᄂᆞᆫ北道라呼ᄒᆞ니特히北道의稱은今日에多用ᄒᆞᄂᆞ니라江原道의別稱은關東이오忠淸道ᄂᆞᆫ湖中或湖西라稱ᄒᆞ고全羅道ᄂᆞᆫ湖南慶尙道ᄂᆞᆫ嶺南이라云ᄒᆞ며又忠淸道及全羅道를並ᄒᆞ야兩湖라稱ᄒᆞ며忠淸・全羅・慶尙三道를併ᄒᆞ야三南이라稱ᄒᆞᆷ은旣히前編의所述과如ᄒᆞ니라。

第二章 平安道(南北) (平安道圖參照)

平安道

位置 平安道ᄂᆞᆫ我國西北隅에在ᄒᆞ니支那와域을接ᄒᆞᆷ으로最히先開ᄒᆞ니라。本道를南北으로分ᄒᆞ야淸川江及妙香山으로써界를成ᄒᆞ고道內에三大江이有ᄒᆞ니鴨綠江은西邊에流ᄒᆞ야滿州와境을劃ᄒᆞ고淸川江은中部에流ᄒᆞ고大同江은南道內를廻縈ᄒᆞ니東部와北部一帶ᄂᆞᆫ山岳과高地오三江의下流附近은稍廣ᄒᆞᆫ平野를成ᄒᆞ니라。

物産 故로全道의大部分은米穀産出에ᄂᆞᆫ適當치못ᄒᆞ나大豆의産出이多ᄒᆞ고牧牛와養蠶의業이亦發達ᄒᆞ니라。金은全道諸

處에서産出ᄒᆞ나南道의順安殷山과北道의雲山이最히有名ᄒᆞᆫ産地니特히順安의砂金은其産額이全國에冠ᄒᆞ고木材ᄂᆞᆫ北部及東部山中에多産ᄒᆞ니特히本道北部江界以北은有名ᄒᆞᆫ鴨綠江上流의山林一部라故로喬木이茂生ᄒᆞ야恒常鬱蒼ᄒᆞᆫ大樹林을成ᄒᆞ니라

道路

京城으로本道西部의平野를橫斷ᄒᆞ야義州에通ᄒᆞᄂᆞᆫ一條의坦路가有ᄒᆞ니是ᄂᆞᆫ即支那에通ᄒᆞᄂᆞᆫ大路라鐵道京義線과殆히竝行ᄒᆞ고道內에著名ᄒᆞᆫ都會ᄂᆞᆫ擧皆此平野間에在ᄒᆞ니大槪ᄂᆞᆫ此大路及鴨綠江의沿岸에在ᄒᆞ니라

都會 平壤

平壤(南道)은京義大路에沿ᄒᆞ야大同江右岸에在ᄒᆞ니山을背ᄒᆞ고江을面ᄒᆞ며江을隔ᄒᆞ야田野가闢ᄒᆞ고西韓商業의中心이되ᄂᆞᆫ고로富豪가多ᄒᆞ니此地ᄂᆞᆫ太古로브터高勾麗朝에至ᄒᆞ기ᄭᆞ지屢次半島의首府가되야我國第一의古都인고로

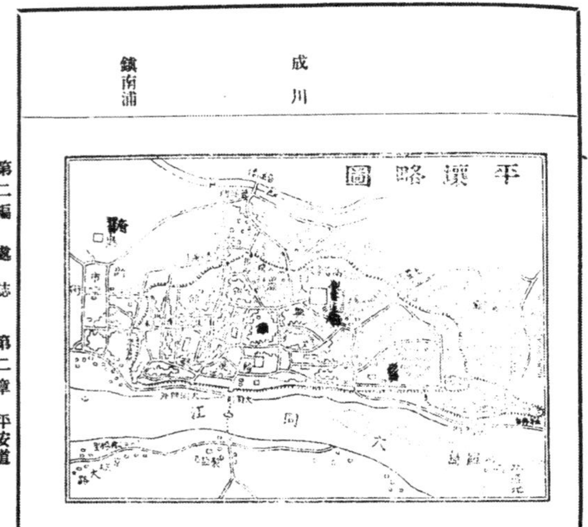

邑의內外到處에古蹟이多有ᄒᆞ고。大同門普通·七星等諸門及浮碧樓練光亭崇仁殿等의古建築이處々에屹立ᄒᆞ야至今ᄭᆞ지古都의遺址가尙存ᄒᆞ니라。平壤東北에在ᄒᆞᆫ成川은有名ᄒᆞᆫ烟草産地니라。

成川

平壤으로브터大同江을流下ᄒᆞ야十五里되ᄂᆞᆫ處에鎭南浦가有ᄒᆞ니。灣內가廣潤ᄒᆞ야數隻의汽船이一時碇泊이足ᄒᆞ니此ᄂᆞᆫ西北部

鎭南浦

第一의良港이라。故로開港以來十數年間에甚히繁盛호一都會를成호야一個年貿易額이仁川·釜山兩港의次位에居홈에至호고。平壤·鎭南浦間의交通은江上小汽船의便을因호야六時間에可히得達호닉니라。

鴨綠江沿岸에重要호都會는義州·新義州·龍巖浦等이니라。

義州

義州(北道)는鴨綠江을隔호야淸國九連城과相對호니市街가丘陵에處호고로眼界가佳絶호고。昔에支那와國交가頻繁홀時는兩國使節의往來호는者가大槪此地에留宿호고兩國物貨의交易이擧皆此處로往來호는고로商業이殷盛호고富豪가頗多호며市街가壯麗호니라。然이나近年에至호야는淸國과使節의往來가絶호고鐵道가新義州에直通호고로新義州는兩國交通의要衝이될뿐아니라仁川·鎭南浦等의殷盛홈을隨호야兩國物貨의運搬이船舶의便을由호야來홀식義州의貿易은自然히此等開港場의所奪이되는지라。故로今日의義州는昔日을回復홀期望이頓無호다홀지나居民은繁多호야瓦屋이櫛比호고高樓大廈가其間에點點호야多少昔日의盛況을想像홀만호니라。

新義州

新義州는義州西南四里에在호니鴨綠江을隔호야淸國安東縣과相對호고京義鐵道의終點이라新義州와安東縣間은今日小汽船으로써往來호나現方鐵橋를架設호니工事의竣成이數年에不出홀지니라

龍巖浦

龍巖浦는西韓의海岸에在호야鎭南浦의次되는良港이라。潮漲時에는一千噸汽船의碇泊이足호고龍巖浦와安東縣及新義州間은其相距가各約七里이니每日小汽船의往復이有호니라。

此外鴨綠江及其支流沿岸에在호朔州·昌城·碧潼·楚山·江界·

慈城及京義鐵道兩側에在ᄒᆞᆫ中和·順安·安州·定州·宣川等諸邑은稍히都會의形을成ᄒᆞ니라

咸鏡道

第三章 咸鏡道 (南北) (咸鏡道圖參照)

位置 地勢

咸鏡道ᄂᆞᆫ我國東北隅에在ᄒᆞ야南北二道에分ᄒᆞ니。其北道ᄂᆞᆫ特히東北에突出ᄒᆞ야全道到處에山岳이重疊ᄒᆞ고平野가殆無ᄒᆞ며鴨綠·豆滿兩江의支流가北部山谷間에回流ᄒᆞᄂᆞᆫ外에ᄂᆞᆫ江河라可稱ᄒᆞᆯ者이別無ᄒᆞ니支流中長津江이最大ᄒᆞ고其次ᄂᆞᆫ虛川江이니皆南道에在ᄒᆞ고

本道의大部分은土地가磽确ᄒᆞ고人烟이稀少ᄒᆞ야米穀의產

物產

出이極少ᄒᆞ니라。然이나銅·鐵·砂金等의鑛物이富ᄒᆞ며牛ᄂᆞᆫ平安道의牡牛와咸鏡道의牝牛라稱ᄒᆞ야其種類가良好ᄒᆞ며產額이亦不少ᄒᆞ고南部에ᄂᆞᆫ麻布·苧布·紬等의所產이有ᄒᆞ며其山中에ᄂᆞᆫ木材가多ᄒᆞ니特히南道의西北隅ᄂᆞᆫ鴨綠江上流의大森林中心地오海岸線이百二十里를連亙ᄒᆞ니其近海에ᄂᆞᆫ明太魚·鰒魚·道味魚·鯨·古道魚·昆布等水產物이富ᄒᆞ되特히明太魚ᄂᆞᆫ本道의特產이니라。

本道東北隅ᄂᆞᆫ露領沿海州에接ᄒᆞ며海蔘威港을距ᄒᆞᆷ이不遠ᄒᆞᆷ으로露國人과交通이開ᄒᆞ야春夏節間에本國人이露領地에出ᄒᆞ야播稼ᄒᆞᄂᆞᆫ者이多ᄒᆞᆫ지라是以로露語를通ᄒᆞᄂᆞᆫ者이不少ᄒᆞ니라。

都會 元山

元山(南道)은殆히釜山과海蔘威港의中間에在ᄒᆞᆫ開港場이니東海岸唯一의良港이라合津岬·大江岬이南北相對ᄒᆞ야大

灣을抱擁ᄒᆞ니此를永興灣이라稱ᄒᆞ며我國軍港으로豫定ᄒᆞᆫ者이오其一隅에在ᄒᆞᆫ元山港은水深ᄒᆞ야大艦의碇泊이無難ᄒᆞ며本港一個年間貿易額은仁川·釜山·鎭南浦의次에居ᄒᆞᄂᆞ니라。

咸興

咸興(南道)은古來로有名ᄒᆞᆫ處이니元山의次되ᄂᆞᆫ都會이라。然이나海岸을不接ᄒᆞᆫ고로其商業은元山과如히隆盛치못ᄒᆞ고。其東南方四里에西湖津이有ᄒᆞ니咸興에集ᄒᆞᄂᆞᆫ物貨ᄂᆞᆫ此港을由ᄒᆞ야出入ᄒᆞ며咸興과西湖津間에輕便鐵道가有ᄒᆞ야旅客貨物의運搬이大槪此로由ᄒᆞ고元山과咸興의中間에永興이有ᄒᆞ니。此地ᄂᆞᆫ即我太祖高皇帝陛下의誕降ᄒᆞ신處이며又紬의名產地라。此郡亭子里에ᄂᆞᆫ太祖幼時의邸宅이有ᄒᆞ니。濬源殿을建ᄒᆞ야其地를表ᄒᆞ고守衛를置ᄒᆞ야此를守護케ᄒᆞᄂᆞ니라。

永興

城津

城津은北道南隅에在ᄒᆞ니。咸鏡道總海岸百二十里間의中央에處ᄒᆞ야北韓의一開港場인고로商業이稍盛ᄒᆞ나灣入이淺ᄒᆞ야風波를防禦ᄒᆞᆷ에不宜ᄒᆞ고有名ᄒᆞᆫ摩天嶺이其西方에聳立ᄒᆞ니라。

鏡城 清津

北道海岸線略中央에獨津이有ᄒᆞ니。此ᄂᆞᆫ東海岸에航行ᄒᆞᄂᆞᆫ汽船이出入ᄒᆞᄂᆞᆫ處이라。獨津브터內地로入ᄒᆞ야十五六町에鏡城(北道)이有ᄒᆞ니。鏡城은關北第一의都會라稱ᄒᆞ나其人口ᄂᆞᆫ比較的僅少ᄒᆞ고。鏡城東北에清津이有ᄒᆞ니。亦北韓의一開港場이라。我國의最新開港이니近年에漸漸發達ᄒᆞ야其盛況이장찻鏡城을凌駕ᄒᆞᆯ勢가有ᄒᆞ고鏡城·清津間에ᄂᆞᆫ輕便鐵道가有ᄒᆞ니라。

雄基

清津으로海岸을沿ᄒᆞ야東北으로進ᄒᆞ면國疆이近ᄒᆞᆫ處에雄基가有ᄒᆞ야雄基灣에臨ᄒᆞᆫ良泊地인ᄃᆡ豆滿江流域의物產

은一次此地에集ᄒᆞᆫ然後에海外에輸出되나니將來에有望ᄒᆞᆫ處이니라。

豆滿江流域에ᄂᆞᆫ慶興·慶源·會寧·茂山等의諸邑이稍히都會의形을成ᄒᆞ니라。慶興은豆滿江口브터凡三十里에在ᄒᆞ니。陸地ᄅᆞᆯ從ᄒᆞ야露境에入ᄒᆞᄂᆞᆫ者의必經ᄒᆞᄂᆞᆫ處이니라。會寧은淸津北方約二十七里에在ᄒᆞ니兩地間에輕便鐵道가有ᄒᆞ야一日에可達ᄒᆞ니。茂山은長白山脈南麓에在ᄒᆞ고四方에蓊鬱ᄒᆞᆫ茂山森林이有ᄒᆞ니라。

鴨綠江上流와其支流虛川江의相合ᄒᆞᄂᆞᆫ處에惠山鎭(南道)이有ᄒᆞ니。所謂鴨綠江森林採伐의根據地라。故로統監府營林支廠이亦此地에在ᄒᆞ며。惠山鎭으로虛川江을溯上ᄒᆞ야凡十一里에甲山이有ᄒᆞ니。此地ᄂᆞᆫ有名ᄒᆞᆫ銅産地니라。

慶興 會寧 茂山 惠山鎭 甲山

江原道 地勢

第四章 江原道 (江原道圖參照)

江原道ᄂᆞᆫ太白聯脈이東海에臨迫ᄒᆞ야南北으로亘走ᄒᆞ야東西二部에分ᄒᆞ니東部ᄂᆞᆫ嶺東이오西部ᄂᆞᆫ嶺西이라。嶺西ᄂᆞᆫ大槪山嶽高地니漢江의上流가其間에縈流ᄒᆞ고。嶺東은傾斜가急激ᄒᆞ야數方里되ᄂᆞᆫ平野ᄅᆞᆯ見키不能ᄒᆞ며九十里ᄅᆞᆯ連亘ᄒᆞᆫ海岸線이殆히一直線을成ᄒᆞ야平沙斷崖가相交ᄒᆞ며港灣島嶼가甚稀ᄒᆞ니라。然이나山海風光에至ᄒᆞ야ᄂᆞᆫ實로八道의冠이되ᄂᆞ니라。

地勢가如此ᄒᆞᆷ으로海陸交通의便이乏少ᄒᆞ야文化의發達이他諸道에不及ᄒᆞ며。土地가亦磽确ᄒᆞ야農産物이豐富치못

物產 / 都會 春川 / 鐵原 / 江陵 / 原州

호나鐵·人蔘·紬等의所產이不少호고特히寧越所產烟草는其名이全國에著호고本道近海는寒暖二海流의影響이顯著호야諸種魚族이廻游홈으로漁利가頗富호니鯨·青魚·幾魚·麻魚·大口魚·魴魚·古道魚等이最多호니라

本道에都會라可稱홀者는春川·鐵原·江陵·原州의四邑이라春川은漢江의支流昭陽江에臨호니上古에貊國의首都되얏든處이라至今도此地方物貨의集散地오本道觀察道의所在地나人口는鐵原보담少호니라

鐵原은鐵을產出홈으로著名호니其地名도亦此를因홈이며又紬의產地로는咸鏡道永興의次이라人口는春川보담도稠密홈으로本道第一의都會가되느니라

江陵은海岸에在호니古昔에濊國의首都라云호느니라

原州는本道南部에位호야京城東南二十餘里에在호니曾

金剛山 / 溫井里溫泉

往에觀察道가在호얏든處이라田野가稍闢호니라

本道海岸九十里間에漁船의可泊홀處는南方에는竹邊이第一이오北方에는長箭이第一이라長箭西南에는金剛山이有호니奇峯이亂立호야其形이千態萬狀이라故로一萬二千峯의稱이有호며山中에寺院이多호고楓樹가茂生호야秋色이尤佳홈으로古來로「此山을不見호者는朝鮮을不知혼다」稱호느니此山은實로我國第一의名山이오此山北麓長箭의西南約一里半에溫井里溫泉이有호니라

第五章 黃海道 (黃海道圖參照)

黃海道 / 位置 / 地勢

黃海道는大陸的地勢와半島的地勢가縫合호는地域에在호니許多혼小山脈이各處에蜿蜒호야全道一帶에平野가稀

少ᄒᆞ고。鐵道京義線이本道中央을貫通ᄒᆞ니線路以西ᄂᆞᆫ宛然히半島의形을成ᄒᆞ고禮成江은東部에流ᄒᆞ며載寧江은中部를灌漑ᄒᆞ야兩江流域에ᄂᆞᆫ米穀·大豆가饒産ᄒᆞ니大豆의産地로ᄂᆞᆫ長淵·金川·白川等三郡이最히著名ᄒᆞ고。米穀의産地로ᄂᆞᆫ載寧이最히著名ᄒᆞ니載寧地方에産ᄒᆞᄂᆞᆫ米ᄂᆞᆫ粒形이長大ᄒᆞ야品質이良好ᄒᆞᆷ으로古來로闕內에ᄂᆞᆫ此地의米를專用ᄒᆞᆫ다云ᄒᆞ며。又水産物은延平列島附近에石魚産額이多大ᄒᆞ니라。

物産

都會 海州

海州灣上頭에龍頭浦라稱ᄒᆞᄂᆞᆫ一港이有ᄒᆞ고。此地로브터西北으로向ᄒᆞ야二里許에海州가有ᄒᆞ니。海州ᄂᆞᆫ人家가稠密ᄒᆞᆫ一都會라。市街背後에山이有ᄒᆞ고山下에湖水가有ᄒᆞ야風景이極佳ᄒᆞ며。仁川과龍頭浦間에ᄂᆞᆫ汽船의往來가有ᄒᆞ니라。

長淵

長淵은海州西北十五里에在ᄒᆞ니。秋期에ᄂᆞᆫ大豆의賣買가盛行ᄒᆞ고。大東河가其南에流ᄒᆞ야河口에深潤ᄒᆞᆫ灣을成ᄒᆞ야。船舶의碇泊이適宜ᄒᆞ니長淵에集合ᄒᆞᄂᆞᆫ物貨의輸出이皆此를賴ᄒᆞᄂᆞ니라。

載寧

載寧江의流域은棘城의野라稱ᄒᆞ니米穀이多産ᄒᆞᄂᆞᆫ地라。載寧이此平野一隅에在ᄒᆞ고。載寧及信川附近에ᄂᆞᆫ鐵의礦山이多ᄒᆞ니라。

黃州

黃州ᄂᆞᆫ京義鐵道의東側에在ᄒᆞ니。此ᄂᆞᆫ本道에셔海州의次되ᄂᆞᆫ都會라。棉花·大豆·生牛等의集散ᄒᆞᄂᆞᆫ地인고로商業이盛旺ᄒᆞ고。黃州로브터兼二浦에達ᄒᆞᄂᆞᆫ京義鐵道支線이有ᄒᆞ니。

兼二浦

兼二浦ᄂᆞᆫ平壤·鎭南浦間에上下ᄒᆞᄂᆞᆫ汽船의寄港ᄒᆞᄂᆞᆫ處인고로黃州地方物貨의運搬은海陸을勿論ᄒᆞ고皆便利를得ᄒᆞᄂᆞ

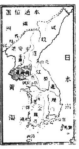

니라。

第六章 漢城及京畿 (京城龍山略圖及京畿圖參照)

漢城(京城)

漢城은或은京城이라云ᄒᆞ니卽我國의首府라戶口가稠密ᄒᆞ고家屋이櫛比ᄒᆞ야全國第一의大都會니。北에ᄂᆞᆫ北漢山이有ᄒᆞ고南에ᄂᆞᆫ木覓山이有ᄒᆞ니兩山의餘脈이東西로亘ᄒᆞ야四方을環繞ᄒᆞ야天然의城壁를成ᄒᆞ얏고更히其上에人工의城堞을築ᄒᆞ고八方에城門을建設ᄒᆞ니其中崇禮·興仁·敦義의三門이最히宏大ᄒᆞ니俗에崇禮門을南大門、興仁門을東大門、敦義門을西大門이라稱ᄒᆞ고城內에昌德宮·景福宮·慶運宮이有ᄒᆞ니昌德宮은現今皇闕이니라。

諸官衙及學校等도亦城內에散在ᄒᆞ니高等法院·大韓醫院等의建築이最히宏壯ᄒᆞ고。統監府及其所屬官衙日本駐韓軍司令部等도亦此地에在ᄒᆞ고鍾路ᄂᆞᆫ城內의要衝에在ᄒᆞ니其商況이殷盛ᄒᆞ고日本人市街의最히繁華ᄒᆞᆫ處ᄅᆞᆯ泥峴이라稱ᄒᆞ야木覓山下에在ᄒᆞ니此處에도商店이櫛比ᄒᆞ고肩摩轂擊ᄒᆞ야往來가如織ᄒᆞᄂᆞ니라。

京城에ᄂᆞᆫ電車·水道·電氣燈·瓦斯燈等이有ᄒᆞ야文明

南大門

의利器가稍備ᄒᆞ고。停車場은南大門外와西大門外에在ᄒᆞ니。南大門停車場은構內가廣濶ᄒᆞ야乘客과貨物의出入이全國의第一이니라。

京畿 地位 地勢

京畿。는半島의中央에在ᄒᆞ야京城을包圍ᄒᆞ야東南北三面

은山嶽이連亙ᄒᆞ고西方은平野로海를接ᄒᆞ니。海岸은灣入이多ᄒᆞ며島嶼가亦不少ᄒᆞ고。漢江과臨津江의二流가有ᄒᆞ야谿谷及平野間에縈流ᄒᆞ고其平野에는

物產

米穀大豆의產出이多ᄒᆞ고開城附近은古來로人蔘의名產地니라。

都會 仁川

仁川은京城西二十五里에在ᄒᆞ니汽車로往來ᄒᆞ면僅히一時間餘에得達ᄒᆞᄂᆞ니라。其港은山을負ᄒᆞ야山上山下에人家

가櫛比ᄒᆞ며。前面의灣을濟物浦라云ᄒᆞ고月尾島小月尾島等의諸島가有ᄒᆞ니此地는二十四五年前ᄭᆞ지一小漁村에不過ᄒᆞ더니今에는我國第一의通商港을成ᄒᆞ야船舶이恒常輻湊ᄒᆞ고商業이繁昌ᄒᆞ야一個年의貿易額이實로我國의第一이니라。

龍山

龍山은京城西南에在ᄒᆞ니前面에漢江을臨ᄒᆞ야四時에眺望이絕佳ᄒᆞ고古來

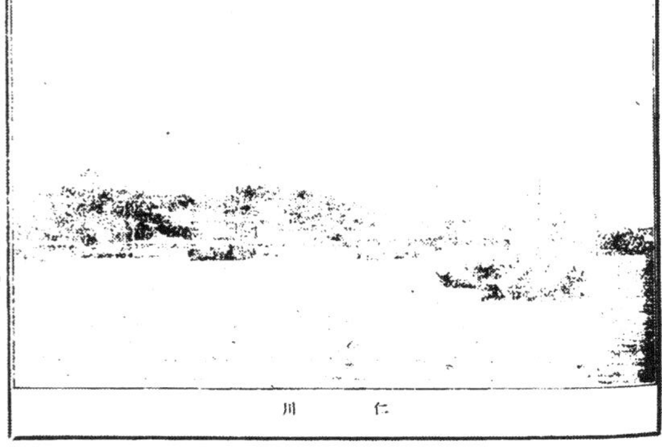

仁川

로仁川브터船路로京城에輸送ᄒᆞᄂᆞᆫ物貨ᄂᆞᆫ大概漢江을由ᄒᆞ야此地에下陸홈으로商業이夙히發達ᄒᆞ얏고近年에至ᄒᆞ야ᄂᆞᆫ鐵道京義線의起點地가되고日本國은鐵道院의韓國管理局을此處에置ᄒᆞ고日本駐韓軍司令部도亦此地附近에在ᄒᆞ야其所在地에新히一市街를形成홈으로其繁盛이日加月增ᄒᆞᄂᆞ니라.

開城(松都)

開•城•(松都)은松京이라或稱ᄒᆞ니本道西北境에位ᄒᆞ며京城을距홈이十六里오高麗朝四百五十餘年間王都되얏든處인고로實로漢城의次되ᄂᆞᆫ都會라山嶽丘陵이四面을擁圍ᄒᆞ고城壁과城門이有ᄒᆞ고市街의形勢가漢城과近似ᄒᆞ니城內及近郊에宏壯ᄒᆞᆫ建築이至今尙存ᄒᆞ야古色이蒼然ᄒᆞ야景致가甚佳ᄒᆞ고西北方松嶽山麓下에稍高ᄒᆞᆫ平地를滿月臺라稱ᄒᆞ니昔日王宮의舊址인고로巨大ᄒᆞᆫ礎石이草萊間에隱見ᄒᆞ고,

居民은實業을務ᄒᆞ야勤儉貯蓄의美風이有ᄒᆞ고古來로人蔘産出의有名ᄒᆞᆫ地라故로政府ᄂᆞᆫ蔘政局을置ᄒᆞ야紅蔘의製造와專賣의監督에從事케ᄒᆞ고高麗朝ᄂᆞᆫ東國文化의最進步ᄒᆞᆫ時代라故로美術工藝等의可觀ᄒᆞᆯ者이多ᄒᆞ니特히陶器製法에至ᄒᆞ야ᄂᆞᆫ其意匠技術이極히精妙ᄒᆞ니是以로今日에其遺存ᄒᆞᆫ者ᄂᆞᆫ價格이甚高ᄒᆞ야往々一個花甁이一千圓價値에超過ᄒᆞᄂᆞᆫ者이有ᄒᆞ다云ᄒᆞᄂᆞ니라.

長湍

京城으로브터開城에前往ᄒᆞᆯ서臨津江을渡ᄒᆞ야右方으로望見ᄒᆞ면長•湍•이라稱ᄒᆞᄂᆞᆫ一邑이有ᄒᆞ니其近境은大豆의産地니長湍은卽其聚散ᄒᆞᄂᆞᆫ處이니長湍大豆ᄂᆞᆫ最히著名ᄒᆞ니라.

江華

臨津江은漢江과合流ᄒᆞ야河口가左右로分ᄒᆞ야江華島를擁抱ᄒᆞ니本島南部에摩尼山이聳峙ᄒᆞ고山下에ᄂᆞᆫ卽江華郡廳의所在地이라極히要害處인고로前朝以來로國家에亂이

有ᄒᆞᆫ時에屢次此地에避亂ᄒᆞ신事이有ᄒᆞ얏스며四面에城堞이圍繞ᄒᆞ고城內에瓦屋이櫛比ᄒᆞ니라

水原

水原은京城南에在ᄒᆞ니京城을距ᄒᆞᆷ이仁川과略等ᄒᆞ고風景이明媚ᄒᆞᆫ地라昔時에離宮을置ᄒᆞ고歷代君王이屢次幸行ᄒᆞ시고近年에ᄂᆞᆫ城外에勸業模範場及農林學校를設ᄒᆞ야全國農事改良의中心地가되니勸業模範場의試作地及農林學校의實習地ᄂᆞᆫ凡四百町步가有ᄒᆞ니穀類·菜蔬·果樹·麻·苧·棉花烟草等及其他我國氣候風土에適當ᄒᆞᆫ農作物을大槪試作ᄒᆞ며又養鷄場·牧場·養蠶室·實驗室等을設ᄒᆞ야農事改良에必要ᄒᆞᆫ各種事項을研究ᄒᆞᄂᆞ니라

忠淸道

第七章 忠淸道 (南北)

(忠淸道圖參照)

地勢

車嶺山脈이西南브터東北으로延亙ᄒᆞ야忠淸道를南北二部에分ᄒᆞ니錦江은殆히其嶺以南의全部를灌漑ᄒᆞ며漢江의上流ᄂᆞᆫ嶺以北의東半을灌漑ᄒᆞᄂᆞᆫ지라此二江流域에ᄂᆞᆫ各處에平野가有ᄒᆞ니其中江景·公州·淸州·忠州等諸野가最廣ᄒᆞ며本道ᄂᆞᆫ所謂三南地方에屬ᄒᆞ야氣候

物產

가溫和ᄒᆞ며地質이肥沃ᄒᆞᆫ고로米穀·大豆·棉花等의農產物이豊富ᄒᆞ며鐵道京釜線은本道를貫通ᄒᆞ고海岸은灣入이多ᄒᆞ야船舶의碇泊이便ᄒᆞ고近海에ᄂᆞᆫ漁利가富ᄒᆞ니特히錦江口에近ᄒᆞᆫ竹島及烟島附近은道味魚·麻魚를多產ᄒᆞ야春期에漁業이最盛ᄒᆞᆫ時ᄂᆞᆫ五六百艘의漁船이來集ᄒᆞ야白帆이海面을掩蔽ᄒᆞᄂᆞᆫ盛況이可賞이니라。

都會 公州 公州(南道)ᄂᆞᆫ錦江을臨ᄒᆞ니本道第一의都會라。昔에熊津城이라稱ᄒᆞ니暫時百濟國의王都되얏든處이라。周圍에在ᄒᆞᆫ沃野로브터出ᄒᆞᄂᆞᆫ農産物은此處에四集ᄒᆞᆷ으로古來로商業이繁盛ᄒᆞ니라。

江景 公州로브터錦江을沿下ᄒᆞ면全羅道와境을接ᄒᆞᆫ江景(又稱江鏡)이有ᄒᆞ니有名ᄒᆞᆫ農産地라。此地와群山間에小汽船이往來ᄒᆞ야交通이便利ᄒᆞᆫ고로商賈가多集ᄒᆞ야其盛況이公州의次이며。江景과公州間에在ᄒᆞᆫ扶餘ᄂᆞᆫ百濟國의古都오又江景西方에麻苧의名産地韓山郡이有ᄒᆞ니라。

淸州 淸州(北道)ᄂᆞᆫ道의中央에位置ᄒᆞ얏스니。其四圍의沃野ᄂᆞᆫ淸州平野라稱ᄒᆞ야廣袤가四里에達ᄒᆞ니有名ᄒᆞᆫ農業地의一이니라。

忠州 忠州(北道)ᄂᆞᆫ漢江上流에臨ᄒᆞ얏스니。年前ᄭᆞ지觀察道의所在地니라。

平澤 忠淸南道와京畿間에ᄂᆞᆫ牙山灣이有ᄒᆞ야灣入이淺ᄒᆞ니其灣頭브터素沙江을溯上ᄒᆞ면平澤에達ᄒᆞ니此近處物産의輸運ᄒᆞᄂᆞᆫ者ᄂᆞᆫ大概此水路를賴ᄒᆞ며灣南方에在ᄒᆞᆫ牙山은日淸戰爭時에兩國陸軍이初次衝突ᄒᆞ든處이오灣東方에在ᄒᆞᆫ成歡도亦其時에戰場되얏든處이니總히南道에在ᄒᆞ고灣口西北에在ᄒᆞᆫ豊島의近海ᄂᆞᆫ日淸兩國海軍의戰端을開始ᄒᆞᆫ處이니라。

溫陽 牙山東南方에溫陽이有ᄒᆞ니。我國의屈指ᄒᆞᄂᆞᆫ溫泉이有ᄒᆞᆫ고로鐵道開通以後로浴客이增加ᄒᆞ니天安驛을距ᄒᆞᆷ이僅히三里니라。

第八章 全羅道(南北) (全羅道圖參照)

全羅道

位置地勢

全羅道는南北二部로分ᄒᆞ야我國西南端에在ᄒᆞ니東은小白聯脈이慶尙道의境을限ᄒᆞ고北은蘆嶺支脈과錦江이共히忠淸南道의境을劃ᄒᆞ며萬頃江은北道의北部를貫流ᄒᆞ고榮山江은南道의中央을貫流ᄒᆞ고蟾津江은南北兩道의境을劃ᄒᆞ야東南으로向流ᄒᆞ야河東灣에注入ᄒᆞ니以上三流는道內를灌漑ᄒᆞ며其流域은皆廣潤ᄒᆞᆫ平野를成ᄒᆞ니라本道는氣候가溫和ᄒᆞ며土地가肥沃ᄒᆞ야農産物이豐富ᄒᆞ니特히棉花가最多ᄒᆞ고米穀이爲次이오其海岸에

物産

는石魚道味魚刀魚鱖魚鯡魚鰲魚及鹽을多産ᄒᆞ야魚鹽의利가富ᄒᆞ고兼ᄒᆞ야灣入이多ᄒᆞ야到處에良港이有ᄒᆞ고近海에는無數ᄒᆞᆫ島嶼가羅列ᄒᆞ야天然의風光이畵圖와如ᄒᆞ니本道를三南中三南이라ᄒᆞᆷ이實로得當ᄒᆞ니라。

都會 光州 羅州 木浦

榮山江의流域은沃野가開ᄒᆞ고光州及羅州(南道)等의都會가其間에在ᄒᆞ며江口에有名ᄒᆞᆫ木浦(南道)가有ᄒᆞ니其港內가水淺ᄒᆞ야汽船의出入이不絶ᄒᆞ니全羅南道의物産은大槪此港을從ᄒᆞ야輸出ᄒᆞ는고로商業이甚히繁盛ᄒᆞ며榮山江下流木浦와榮山浦間에는每日小汽船이往來ᄒᆞ니羅州光州地方에來往ᄒᆞ는者는大槪此汽船의便을由ᄒᆞᄂᆞ니라

群山

群山(北道)은本道西北隅錦江口에在ᄒᆞ니木浦와比肩ᄒᆞ는良港이라錦江流域의平野는榮山江流域의平野보다稍히廣潤ᄒᆞ고特히公州江景의沃野가有ᄒᆞ야其農産物이皆此地에會集ᄒᆞᆯ뿐아니라且全州地方의物産도亦此地에來聚ᄒᆞᆷ으로

群山은開港이日淺ᄒᆞ나其商業의繁昌홈이夙히木浦를凌駕ᄒᆞ야一個年輸出入額이元山次位에居ᄒᆞᄂᆞ니라.

全州 全州(北道)ᄂᆞᆫ有名ᄒᆞᆫ全州平野一隅에在ᄒᆞ니山을負ᄒᆞ며江을臨ᄒᆞ야一望平遠홈이頗히形勝ᄒᆞᆫ地라고로古來로本道第一의都會라稱ᄒᆞ며商業도亦殷盛ᄒᆞ니라曾往에東學黨의占據ᄒᆞᆫ바되야暫時衰微ᄒᆞ얏다가未久에復舊ᄒᆞ니라.

南原 南原(北道)은蟾津江上流地方에在ᄒᆞ니北道에ᄂᆞᆫ全州의次되ᄂᆞᆫ都會라.全州·南原은皆京城에通ᄒᆞᄂᆞᆫ大路를當ᄒᆞ얏스니此大路의南端은卽順天郡이라.

順天 順天(南道)은順天灣頭에在ᄒᆞ야人口가五千에達ᄒᆞ나灣入이過淺ᄒᆞ야汽船의寄港이不便홈으로商業은木浦·群山과如히繁昌치못ᄒᆞ니라.

島嶼 本道近海ᄂᆞᆫ著名ᄒᆞᆫ多島海라大小의無數ᄒᆞᆫ島嶼가星宿와如히羅列ᄒᆞ니此等諸島ᄂᆞᆫ大槪地味가膏腴ᄒᆞ야農産物이豐富ᄒᆞ며魚貝와海藻의産出이多ᄒᆞ니是以로人口도亦稠密ᄒᆞ니라.

濟州島 其中濟州島가最大ᄒᆞ니東西가三十里오南北이九里라其人口가十一萬에超過ᄒᆞ고島의中央에漢拏山이有ᄒᆞ니其高가六千五百尺餘이라.巍々然雲外에聳出ᄒᆞ야遠處에서도望見홈을得ᄒᆞ고島內에氣候가温暖ᄒᆞ야樹木이繁茂ᄒᆞ며農業도亦開發ᄒᆞ얏스되四面에絶崖가多ᄒᆞ야船舶의可泊홀處가少ᄒᆞ며木浦로브터小汽船이往來ᄒᆞᄂᆞ니라.

第九章 慶尙道 (南北) (慶尙道圖參照)

慶尙道

位置 慶尙道ᄂᆞᆫ半島東南隅에在ᄒᆞ니

地勢 太白聯脈은其東部에連亙ᄒᆞ야海에臨迫ᄒᆞ고小白聯脈은其西部에蔓延ᄒᆞ야全羅道의境域을劃ᄒᆞ고.二聯脈間에ᄂᆞᆫ處々에廣濶ᄒᆞᆫ平野가有ᄒᆞ니洛

物産

東江과其支流가此平野를灌漑ᄒᆞ며東部及西部ᄂᆞᆫ山岳이多ᄒᆞ야土地가瘠薄ᄒᆞ나中央部ᄂᆞᆫ地質이良沃ᄒᆞ야米·麥·大豆等農産物의豊饒홈이全羅道를壓倒ᄒᆞ고養蠶도亦盛ᄒᆞ야北道ᄂᆞᆫ實로我國第一의養蠶地오牛畜도

其産額의多홈이十三道中本道와如ᄒᆞᆫ處이無ᄒᆞ고其近海에ᄂᆞᆫ大口魚·道味魚·鯨·幾魚·石魚·廉魚·靑魚等의漁利가富ᄒᆞ며海岸은港灣이多ᄒᆞ야物貨의出入이便利홈으로商業이最히發達ᄒᆞ고戶口의稠密홈이全國에冠ᄒᆞ야人口五千以上되ᄂᆞᆫ都會ᄂᆞᆫ枚擧키不遑ᄒᆞᄂᆞ니라。

本道ᄂᆞᆫ日本國과近接홈으로上古로브터日本과關係가最淺ᄒᆞ니。故로本道南部에居住ᄒᆞᄂᆞᆫ日本人中에韓語를善解ᄒᆞᄂᆞᆫ者도有ᄒᆞ고本邦人도日語에慣通ᄒᆞᆫ者이不少ᄒᆞ니라。

都會 釜山

釜山(南道)은灣內가淺且濶ᄒᆞ야一時에數十艘大船의碇泊을足容ᄒᆞ니實로國內第一의良港이라灣은南方을向ᄒᆞ야開面ᄒᆞ고灣口에絕影島를抱擁ᄒᆞ니라。

釜山은古來로日韓兩國의交通關門이라許久間兩國의通商港이러니近年兩國關係의親密이益加ᄒᆞ야

釜山

兩國人民의往來와通商이頻繁ᄒᆞ고。且京釜鐵道가開通된以後로京城方面에交通이또ᄒᆞᆫ鐵道의便을由ᄒᆞᆷ으로益々發達ᄒᆞ야人口가殷盛ᄒᆞ고。又我國의沿岸을航行ᄒᆞᄂᆞᆫ汽船의十에八九ᄂᆞᆫ東海岸에向ᄒᆞᄂᆞᆫ者와西海岸에向ᄒᆞᄂᆞᆫ者가반다시釜山港에寄港ᄒᆞᄂᆞᆫ고로港內에恒常數艘大船의碇泊ᄒᆞᆷ을不見ᄒᆞᆯ時가無ᄒᆞ니라。然이나本港의一個年貿易額은仁川港以上에出ᄒᆞ기不能ᄒᆞ니是ᄂᆞᆫ仁川港은京城에近ᄒᆞ야外國物品의輸入이夥多ᄒᆞᆷ이니라。

草梁 釜山鎭

釜山東北에草梁이有ᄒᆞ고草梁北에ᄂᆞᆫ釜山鎭이有ᄒᆞ니草梁은二百餘年前에ᄂᆞᆫ日本居留地館의在ᄒᆞ든處이오釜山鎭은昔時日韓兩國의通商港이며又我國南方의關門이라。其時城郭의一部가至今尙存ᄒᆞ되釜山港이一開ᄒᆞᆫ以後로ᄂᆞᆫ其盛況이漸衰ᄒᆞ얏스나其人民은釜山港의日本人과商業을共營

ᄒᆞ야一般富饒ᄒᆞ다云ᄒᆞ니釜山·草梁·釜山鎭三處ᄂᆞᆫ將來에漸次合一ᄒᆞ야釜山灣頭一帶에大都會地를成ᄒᆞᆯ形勢가有ᄒᆞ니라。

東萊

釜山鎭東北二里處에東萊가有ᄒᆞ니。人口가稠密ᄒᆞ고瓦屋이相連ᄒᆞ야稍히繁華ᄒᆞᆫ一都會라。昔時에日韓兩國의使价가頻々히此處에會同ᄒᆞ야國交를談議ᄒᆞᆫ事이有ᄒᆞ며。有名ᄒᆞᆫ東萊溫泉은此地의東北半里許에在ᄒᆞ니釜山鎭브터輕便鐵道로通ᄒᆞᄂᆞ니라。

蔚山

蔚山(南道)은東海岸에屈指ᄒᆞᄂᆞᆫ一港이니近海漁船의根據地오又附近貨物이此地에集合ᄒᆞᆷ으로船舶의出入이頻繁ᄒᆞ나汽船의寄港은罕見ᄒᆞᄂᆞ니라。

金海

釜山西南에在ᄒᆞᆫ金海(南道)ᄂᆞᆫ三韓時代에駕洛國의首都되얏든處이라境內에田畝가相連ᄒᆞ야農產物이豊裕ᄒᆞᆷ으로尙

今商業地로重要ᄒᆞᆫ一都會를成ᄒᆞ니라

馬山

京釜鐵道의支線이三浪津에서分枝ᄒᆞ야馬山에至ᄒᆞ고馬山(南道)은馬山灣頭에在ᄒᆞ니灣內가淺濶ᄒᆞ야國內에屈指ᄒᆞᄂᆞᆫ良港이나灣入이過淺ᄒᆞ야船舶出入에時間을多費ᄒᆞᄂᆞᆫ缺點이有ᄒᆞ고日本人의多數居住ᄒᆞᄂᆞᆫ處ᄂᆞᆫ馬山의西方에連ᄒᆞ야別히一市街를成ᄒᆞ얏스니近來에此地를馬山이라稱ᄒᆞ고舊來市街ᄂᆞᆫ舊馬山이라稱ᄒᆞᄂᆞ니라

鎭海

馬山灣西方에鎭海灣이有ᄒᆞ니灣內가廣濶ᄒᆞ고灣頭에有ᄒᆞᆫ都會를鎭海라云ᄒᆞ니光武十年에咸鏡道永興灣과同히我國軍港으로豫定ᄒᆞ니라

晋州

晋州(南道)ᄂᆞᆫ馬山西方에在ᄒᆞ야洛東江支流晋江岸에位置ᄒᆞ니昆陽灣上頭泗川을距ᄒᆞᆷ이四里라木綿의產地로著名ᄒᆞ고南韓에屈指ᄒᆞᄂᆞᆫ一部會니라

龍南

固城半島南端에在ᄒᆞᆫ龍南은曾往에統營이라稱ᄒᆞ니三道水軍의統制營을設置ᄒᆞ얏든處이니라

大邱(達城)

大邱(北道)ᄂᆞᆫ又達城이라稱ᄒᆞ니。本道中央沃野間에在ᄒᆞ야四通八達ᄒᆞᆫ要路에當ᄒᆞᆷ으로古來로商業의繁昌ᄒᆞᆷ이三南의第一이라國內商業地로ᄂᆞᆫ平壤과南北相對ᄒᆞ야南方의居最이오人口도亦二萬以上으로算ᄒᆞ니平壤과互爲伯仲이라。大邱市日은其名이全國에最高ᄒᆞ니。開市ᄂᆞᆫ例市와令市가有ᄒᆞ야例市ᄂᆞᆫ每月二七兩日에開ᄒᆞ고令市ᄂᆞᆫ春秋二回에開ᄒᆞ야各一個月間을連續ᄒᆞ니。令市開設時ᄂᆞᆫ各處로브터來集ᄒᆞᄂᆞᆫ商人이一萬人에達ᄒᆞ고買者의數가又此에幾倍인지不知ᄒᆞ니大邱市中이此를由ᄒᆞ야極히雜遝ᄒᆞ니라

慶州

慶州(北道)ᄂᆞᆫ東方에僻在ᄒᆞ니境內의地勢가崎嶇ᄒᆞ며辰韓時代브터新羅末ᄭᆞ지一千餘年間首府되얏든處이라。人口가

六千에超過ᄒᆞ며四方에城壁이圍匝ᄒᆞ야尙今古都의遺跡이餘存ᄒᆞ고近方에南山이라稱ᄒᆞᄂᆞᆫ鑛山이有ᄒᆞ야玉石을產出ᄒᆞᄂᆞ니라

慶州東北에在ᄒᆞᆫ延日灣은東海岸에셔永興灣에次되ᄂᆞᆫ大灣이라灣內에大船을碇泊ᄒᆞᆷ은不足ᄒᆞ나帆船의出入은多ᄒᆞ고此地ᄂᆞᆫ有名ᄒᆞᆫ造鹽地니海岸一帶平野에鹽田이遍滿ᄒᆞ니라

鬱陵島

江原道竹邊의東四十里海上에鬱陵島가有ᄒᆞ니從往에江原道에屬ᄒᆞ얏더니今日은鬱島郡이라ᄒᆞ야慶尙南道의所轄이라上古日韓兩國의往來ᄒᆞᄂᆞᆫ者ᄂᆞᆫ此島로써寄港地를ᄒᆞ니라島內에樹木이繁茂ᄒᆞ야桐·欅·白檀等의良材를產ᄒᆞᄂᆞ니라

參考

全國重要都會人口表 (隆熙四年三月調査)

道	地名	人口	道	地名	人口	道	地名	人口
平安北道	義州	七,五一〇	黃海道	海州	一三,〇七四	全羅南道	光州	六,一五〇
同	新義州	四六八	同	黃州	五,七一九	同	木浦	三〇一
同	寧邊	五,三三〇	京畿	漢城	二三四,〇三三	同	羅州	四,六一三
平安南道	平壤	三三,三三三	同	水原	七,六六四	慶尙北道	大邱	二〇,九五四
同	鎭南浦	九,七二〇	同	開城	三三,九九三	同	尙州	六,七九六
咸鏡北道	鏡城	三,八四七	同	仁川	一〇,五九九	同	慶州	四,七一三
同	城津	二,六六四	忠淸北道	淸州	二,五四九	慶尙南道	晉州	九,一五九
同	淸津	二,一四三	同	忠州	二,三一一	同	釜山	六,八五一
咸鏡南道	咸興	一三,五八九	忠淸南道	公州	五,四一六	同	馬山	五,九九七
同	元山	一〇,八三三	全羅北道	全州	一〇,三〇三	同	東萊	八,三九七
江原道	春川	三,八二三	同	群山	三,〇〇六			

第三編 人文

第一章 人種及人口 (地形全圖參照)

種族

我國人民은日本人及支那人과同一ᄒᆞᆫ亞細亞人種이니古來隣邦으로브터來住ᄒᆞᆫ諸種의民族과混淆ᄒᆞ야今日에至ᄒᆞ니라。諸種의民族이라ᄒᆞᆷ은古代滿洲로브터咸鏡道地方에移住ᄒᆞᆫ沃沮와咸鏡道南部로江原道ᄭᆞ지占居ᄒᆞᆫ濊種及貊種과曾往에高勾麗國을建ᄒᆞ고我國의北部及滿洲의一部를領有ᄒᆞᆫ扶餘種과其他支那로브터來ᄒᆞᆫ漢人과日本으로브터來ᄒᆞᆫ日本人을指稱ᄒᆞᆷ이니라。

人口

我國人口에對ᄒᆞ야ᄂᆞᆫ調査가不一ᄒᆞ야其實數가未詳ᄒᆞ더니隆熙元年에至ᄒᆞ야全國戶口를調査ᄒᆞᆷ에稍히確實ᄒᆞᆫ數를始知ᄒᆞ얏스니其調査ᄒᆞᆫ바를據ᄒᆞᆫ즉全國人口가九百七十八萬餘오人口의分布ᄂᆞᆫ南部에多ᄒᆞ며北部에少ᄒᆞ고又裏朝鮮에稀少ᄒᆞ며表朝鮮에稠密ᄒᆞ니今에其多少의順序를從ᄒᆞ야各道人口의概數를示ᄒᆞ면左와如ᄒᆞ니라。

一	慶尙南道	百二十七萬
二	京畿	百〇七萬
三	慶尙北道	百〇六萬
四	黃海道	九十一萬
五	全羅南道	八十五萬
六	平安南道	六十九萬
七	忠淸南道	六十五萬
八	江原道	六十三萬
九	平安北道	六十萬
十	全羅北道	六十萬

十一 咸鏡南道 五十八萬

十二 忠淸北道 四十九萬

十三 咸鏡北道 三十九萬

此로由ᄒᆞ야觀ᄒᆞ건ᄃᆡ慶尙南道人口ᄂᆞᆫ平安北道의二倍有餘로ᄃᆡ其面積은反히其半에不達ᄒᆞ고京畿와江原道ᄂᆞᆫ腹背相接ᄒᆞ야江原道의面積은京畿의二倍半이로ᄃᆡ其人口ᄂᆞᆫ大約京畿의二分一이라若全國中人口의最多ᄒᆞᆫ慶尙道와最少ᄒᆞᆫ咸鏡道를互相比較ᄒᆞ면慶尙道의面積이咸鏡道의三分二에不過호ᄃᆡ其人口ᄂᆞᆫ三倍에超過ᄒᆞᄂᆞ니라

其他我國에居住ᄒᆞᄂᆞᆫ日本人十四萬餘과他外國人이四千三百이니內外國人을摠合ᄒᆞ면一千萬에近ᄒᆞ야日本國人口의約五分一이되ᄂᆞ니라

第二章 宗敎

鬼神敎

我國에ᄂᆞᆫ太古브터一種의鬼神敎가盛行ᄒᆞ야日月星辰과名山大川等을崇拜ᄒᆞ며又英雄豪傑의神靈을祭ᄒᆞᄂᆞᆫ俗이有ᄒᆞ니英雄豪傑中에도特히關羽를最히尊崇ᄒᆞ야關羽廟가全國到處에有ᄒᆞ니其建築이宏壯ᄒᆞ야輪奐의美를盡ᄒᆞᆫ者이多ᄒᆞ니라又先祖를崇拜ᄒᆞ야其神靈을祭祀ᄒᆞᄂᆞᆫ風이有ᄒᆞ니是ᄂᆞᆫ我國의古禮로今日에至ᄒᆞ기ᄭᆞ지保存ᄒᆞ야來ᄒᆞᄂᆞᆫ一種美風이라可謂ᄒᆞᆯ者이니라

迷信

凡世界中에迷信이無ᄒᆞᆫ國이無ᄒᆞᆷ으로我國에도亦一種의迷信이有ᄒᆞ야人의吉凶禍福은悉皆神이喜怒ᄒᆞᆷ에由ᄒᆞᆷ이라ᄒᆞ야疫病水旱等이有ᄒᆞ면巫女卜者等을招來ᄒᆞ야祈禱케ᄒᆞ야ᄡᅥ神의怒를解ᄒᆞ고又無事ᄒᆞᆫ時라도此等卜者에게將來禍

福을祈ᄒᆞ며巫女를請來ᄒᆞ야未來의冥福을祈ᄒᆞ니實로可笑ᄒᆞᆯ迷信이로ᄃᆡ巫女卜者等은此의迷信을奇貨로認ᄒᆞ야愚民뿐아니라往々上流社會의婦人들도欺誑ᄒᆞ야金錢米穀等을貪得ᄒᆞᆷ이亦多ᄒᆞ더라。

巫女卜者를信賴ᄒᆞᆷ이如斯ᄒᆞᆫ고로疾病이有ᄒᆞᆯ지라도醫師를不聘ᄒᆞ고巫女를招來ᄒᆞ며不潔ᄒᆞᆫ神水等을飮ᄒᆞ고醫藥을服치아니ᄒᆞᄂᆞᆫ지라。由是로其疾病이愈益沉重ᄒᆞ야其命을遂失ᄒᆞᆷ에至ᄒᆞ되오히려其見欺ᄒᆞᆷ을不悟ᄒᆞᄂᆞᆫ者이不少ᄒᆞ니。此風俗은實로本國文化의發達을阻碍ᄒᆞᆷ인즉吾人은此弊風을速히改良ᄒᆞᆷ이可ᄒᆞᆯ지니라。

佛敎

佛敎ᄂᆞᆫ三國時代에支那로브터傳來ᄒᆞᆫ지라。爾後國內에漸次播傳ᄒᆞ야王·后·親王의尊貴로도오히려髮을剃ᄒᆞ고佛門에投入ᄒᆞᆷ이有ᄒᆞ니一時에極히熾盛ᄒᆞ다가高麗末葉브터佛敎排斥의聲이起ᄒᆞ야本朝에至ᄒᆞ야愈益佛敎抑壓의方針을取ᄒᆞᆫ고로其勢力을漸失ᄒᆞ야信徒의數가日縮月減ᄒᆞ고。本朝第十三世明廟時에ᄂᆞᆫ僧侶를下賤으로待遇ᄒᆞ야城內에寺院의建築을不許ᄒᆞ며葬祭에法席(說法)을禁止ᄒᆞ니於是에佛法이全然衰頹ᄒᆞ야殿塔伽藍이荒廢에歸ᄒᆞ되此를顧見ᄒᆞᄂᆞᆫ者이無ᄒᆞ더니。近年에至ᄒᆞ야日本僧侶가我國에渡來ᄒᆞ야布敎에從事ᄒᆞᄂᆞᆫ者가有ᄒᆞ나然이나아즉顯著ᄒᆞᆫ成績을見치못ᄒᆞᆫ지라。故로今日에在ᄒᆞ야ᄂᆞᆫ我國에佛敎가無ᄒᆞ다謂ᄒᆞ야도過言이라謂ᄒᆞᆷ을不得ᄒᆞᆯ지로다。

儒敎

儒敎ᄂᆞᆫ宗敎라稱ᄒᆞᆫ者이아니나然이나古來로我國人의最히崇奉ᄒᆞᄂᆞᆫ者이라。特히佛敎의勢力이漸衰ᄒᆞᆷ을當ᄒᆞ야益益隆盛ᄒᆞ야맛참ᄂᆡ人心을薰化ᄒᆞ고世道를持保ᄒᆞᆫ지라。故로我國의思想及慣習上에及ᄒᆞᆫ影響이實로多大ᄒᆞ니라。

基督教

基督教도亦支那로브터傳來ᄒᆞ얏스니距今凡一百二十餘年前事이라佛教의勢力이掃地無餘ᄒᆞ야人民이宗教에渴望ᄒᆞ얏슴으로因ᄒᆞ야基督教ᄂᆞᆫ幾多의障碍를遭ᄒᆞ얏스나其傳播ᄂᆞᆫ比較的迅速ᄒᆞ얏ᄂᆞ니라特히最近三十年來로歐米各國이宣教師를爭先派送ᄒᆞ야熱心布教홈으로信者의數가頓然히增加ᄒᆞ니라就中其信者를多率홈은美國宣教師가爲最이오法英兩國이其次이며又地方으로言ᄒᆞ면我國의中部와北部가最盛ᄒᆞ니京城과平壤은卽其中心이오南部ᄂᆞᆫ比較的盛치아니ᄒᆞ니라

第三章 教育

書堂

我國에ᄂᆞᆫ古來로京城에成均館과四學이有ᄒᆞ고地方에ᄂᆞᆫ書院과鄕校가有ᄒᆞ며民間에ᄂᆞᆫ書堂이有ᄒᆞ야其數가全國內

新教育制度

에壹萬을超過ᄒᆞ니라然이나近世世界에文化가大開ᄒᆞ야各國이互相競爭ᄒᆞ야其國民의子弟를文明ᄒᆞᆫ新教育을施ᄒᆞᄂᆞᆫ時運의漸促홈을察ᄒᆞ야我韓에셔도開國五百四年의更張과共히文明諸國을模倣ᄒᆞ야新教育의制度를發布ᄒᆞ야諸種學校를開設ᄒᆞ니라然이나其制度가아족國情에適合치못ᄒᆞᆫ바이有ᄒᆞ야十分完全ᄒᆞᆫ成績을擧홈에至치못ᄒᆞ얏스니其後光武十年에更히教育制度를改正ᄒᆞ고國費로써諸學校를新築ᄒᆞ며新教科書를頒行ᄒᆞ니라

現今普通教育의機關은官立師範學校·官立高等學校·官立高等女學校及公私立普通學校가有ᄒᆞ고其他農業·工業·商業·醫學·法律·語學의專門教育을授ᄒᆞᄂᆞᆫ學校가有ᄒᆞ되就中에實業을教授ᄒᆞᆯ學校가漸次增加ᄒᆞ고邦人及外國宣教師의設立ᄒᆞᆫ私立學校도ᄯᅩᄒᆞᆫ甚多ᄒᆞ니라

第四章 政治

一 中央政府

中央政府

我國政體ᄂᆞᆫ君主專制오行政機關에ᄂᆞᆫ中央政府와地方官廳이有ᄒᆞ니中央政府ᄂᆞᆫ內部度支部學部農商工部等四部에分ᄒᆞ고各部의長官을大臣이라稱ᄒᆞ며各部行政의統一을保全ᄒᆞ기爲ᄒᆞ야內閣을別設ᄒᆞ니內閣은內閣總理大臣及各部大臣으로此를組織ᄒᆞ고內閣總理大臣은其首班에居ᄒᆞ야一切政務를總理ᄒᆞᄂᆞ니라

各部所管의行政事務은如左ᄒᆞ니라

內部 警察·衛生·土木·戶籍·地方行政等에關ᄒᆞᆫ事務

度支部 會計·出納·租稅·國債·貨幣·銀行等에關ᄒᆞᆫ事務

學部 敎育·學藝에關ᄒᆞᆫ事務

農商工部 農·商·工·鑛山·山林·水産·氣象等에關ᄒᆞᆫ事務

勅令·法律·豫算等은內閣에서議定ᄒᆞ야統監에게承認ᄒᆞ야皇帝의裁可를經ᄒᆞ야施行ᄒᆞ고各部大臣은勅令·法律을執行ᄒᆞ기爲ᄒᆞ야其規定範圍內에서部令을發ᄒᆞᆷ을得ᄒᆞᄂᆞ니라

宮內府

帝室에關ᄒᆞᆫ事務ᄂᆞᆫ一般政務와全然區別ᄒᆞ야決코混淆치못ᄒᆞᆯ지라故로宮內府를特設ᄒᆞ야帝室의財産·會計·品階·式典等에關ᄒᆞᆫ一切事務를處理ᄒᆞᄂᆞ니其長官을宮內府大臣이라稱ᄒᆞ며宮內府大臣은一般政務에ᄂᆞᆫ關係가無ᄒᆞ니라

二 地方官廳

地方官廳

道

府及郡

地方官廳은道와府或郡의二級으로分ᄒᆞ니卽全國을十三道에區分ᄒᆞ고各道에觀察使를寘ᄒᆞ야一道의行政事務를管理케ᄒᆞ며各道를更히若干의府와郡에分ᄒᆞ고府에府尹郡에

郡守를寘ᄒᆞ야其地方의行政事務를掌케ᄒᆞ니府ᄂᆞᆫ全國을通ᄒᆞ야漢城(京城)·仁川·東萊(釜山)·德源(元山)·昌原(馬山)·三和(鎭南浦)·務安(木浦)·沃溝(群山)·城津·龍川(龍巖浦)·慶興·義州의十二處이오其他ᄂᆞᆫ總히郡이니其實數ᄂᆞᆫ三百十七處이니라

府와郡은道에屬ᄒᆞ야觀察使의監督을受ᄒᆞ나然이나唯獨漢城府ᄂᆞᆫ內部에直屬ᄒᆞ야其府尹은各道觀察使와同ᄒᆞᆫ地方長官으로且其首班이되ᄂᆞ니라

(漢城府)

府와郡下에ᄂᆞᆫ更히面·洞(或里)의二階級이有ᄒᆞ니其長은皆人民의選擧에依ᄒᆞ야府尹或郡守가此를定ᄒᆞᄂᆞ니라

(面及洞(或里))

三 統監府

統監府ᄂᆞᆫ統監의政廳으로京城에在ᄒᆞ니統監의部下에多數官吏가有ᄒᆞ야事務를處理ᄒᆞᄂᆞ니各地에在ᄒᆞᆫ바理事廳及京城의司法廳·特許局·通信管理局等은皆日本과締結ᄒᆞᆫ條約를基因ᄒᆞ야設立되얏ᄂᆞ니라

(統監)

統監은光武九年十一月에日本과締結ᄒᆞᆫ協約에依ᄒᆞ야派遣된日本政府의代表者이니政治改善其他重要ᄒᆞᆫ國務에關ᄒᆞ야我國을指導ᄒᆞ며我國의安寧秩序를持保ᄒᆞ고居留ᄒᆞᄂᆞᆫ日本人을保護監督ᄒᆞᄂᆞᆫ任務를帶ᄒᆞᆫ지라。若我國에內亂或外寇가有ᄒᆞᆫ時ᄂᆞᆫ統監은日本駐韓軍을命ᄒᆞ야此를鎭定케ᄒᆞᄂᆞ니라

(日本駐韓軍)

日本駐韓軍은條約에基因ᄒᆞ야我國에派遣된것이라其司令部를龍山附近에寘ᄒᆞ고全國樞要地에若干守備隊를配置ᄒᆞ며守備軍外에別히日本憲兵隊가有ᄒᆞ니此亦我國의安寧秩序를保持ᄒᆞ기爲ᄒᆞ야司令部를京城에設置ᄒᆞ고分遣所를各地에配置ᄒᆞ니라

(憲兵隊)

理事廳

理事廳은理事官의官衙로清津·城津·元山·釜山·馬山·木浦·群山·仁川·鎭南浦·新義州·平壤·京城·大邱等十三個所에有ᄒᆞ니此等地에ᄂᆞᆫ日本人이多數居住ᄒᆞ야商業이繁盛ᄒᆞ니라

理事官

理事官은統監의指揮를依ᄒᆞ야其管轄區域內에셔日本人을保護監督ᄒᆞᆯᄲᅮᆫ아니라我國과日本及諸外國間의條約履行으로伴生ᄒᆞᄂᆞᆫ事務를掌ᄒᆞ며又一般의安寧秩序를保持ᄒᆞ기爲ᄒᆞ야緊急홈을要ᄒᆞᄂᆞᆫ境遇에ᄂᆞᆫ地方守備隊에出兵홈을要請ᄒᆞ기可得ᄒᆞᄂᆞ니라。

四 裁判所

往時의裁判

往昔에ᄂᆞᆫ觀察使·府尹·郡守等이一地方의行政以外에司法ᄭᆞ지掌理ᄒᆞ야其弊害가不少ᄒᆞ더니近年에至ᄒᆞ야先進諸國의例를模倣ᄒᆞ야行政과司法을全然分離ᄒᆞ야司法은悉皆裁

判所管轄에歸屬홈이行政官은毫毛도裁判에干與홈을不得홈에至ᄒᆞ얏스니此ᄂᆞᆫ全히四民平等의主旨에基因ᄒᆞ야人民의權利를保護ᄒᆞᄂᆞᆫ精神에서出홈이니라。

高等法院 控訴院 地方裁判所 區裁判所

裁判所를最初에ᄂᆞᆫ大審院·控訴院·地方裁判所·區裁判所의四階級으로分ᄒᆞ얏더니法部가廢止되야司法에關ᄒᆞᆫ事務ᄂᆞᆫ統監府司法廳에셔掌理ᄒᆞ게됨으로브터大審院을改ᄒᆞ야高等法院이라ᄒᆞ고其他ᄂᆞᆫ依舊ᄒᆞ니高等法院은京城에在ᄒᆞ고控訴院은京城·平壤·大邱等三個所에在ᄒᆞ며地方裁判所ᄂᆞᆫ京城·公州·咸興·平壤·海州·大邱·晋州等八個所에在ᄒᆞ며區裁判所ᄂᆞᆫ全國各處에在ᄒᆞ니此等裁判所ᄂᆞᆫ各項訴訟을聽理ᄒᆞ야是非曲直을判斷ᄒᆞᄂᆞᆫ處所이라

三審制度

此와如히四階級을設ᄒᆞᆫ所以ᄂᆞᆫ一裁判所判決에不服ᄒᆞᄂᆞᆫ者ᄂᆞᆫ初審브터三審ᄭᆞ지順次로上級裁判을受ᄒᆞᆯ便宜를與홈인즉此를三審制度라謂ᄒᆞᄂᆞ니要

컨ᄃᆡ人民의權利ᄅᆞᆯ保護ᄒᆞ야不正ᄒᆞᆫ判決을防杜코자ᄒᆞᄂᆞᆫ趣旨에서出홈이니라。

第五章 交通及通信 (本邦交通圖及內外交通連絡圖參照)

一 道路

道路

京城을中心으로ᄒᆞ야釜山·義州·元山에通ᄒᆞᄂᆞᆫ數條의幹道가有ᄒᆞ니幹道ᄂᆞᆫ幅員이稍廣ᄒᆞ나風雨의破壞에委置ᄒᆞ고修築을不加ᄒᆞᄂᆞᆫ고로到處에甚히完全치못ᄒᆞ며其他道路ᄂᆞᆫ幅員도狹隘ᄒᆞ며凹凸崎嶇홈이多ᄒᆞ야殆히通行키難ᄒᆞᆫ處가多ᄒᆞ고。又河川에橋梁을架設ᄒᆞᆫ者이少홈으로霖雨가多日ᄒᆞ야河水가漲溢홀時ᄂᆞᆫ交通이全然阻絕홈이有ᄒᆞ니由是로我國의文化進步와産業發達을阻碍홈이不少ᄒᆞᆫ고로近年에巨額

橋梁

의國費로써道路의開通과修築을計劃ᄒᆞ야方今工役에着手ᄒᆞᆫ中이니라。

二 鐵道

京釜線 京義線

我國의鐵道ᄂᆞᆫ日本의鐵道院韓國管理局管轄에屬ᄒᆞ고京城、이其中心이라南은釜山에達ᄒᆞ며北은新義州에到ᄒᆞ니此線이即其主線이오。京城과釜山間鐵道ᄅᆞᆯ京釜線이라稱ᄒᆞ니其延長이二百七十四哩餘오。京城과新義州間鐵道ᄅᆞᆯ京義線이라稱ᄒᆞ니其延長이三百十一哩餘라。此二線은韓半島ᄅᆞᆯ縱貫ᄒᆞ야其全長이五百八十五哩餘오京城은殆히其中央에在ᄒᆞ니라。曾往에轎子와馬背로旅行ᄒᆞ든時代에ᄂᆞᆫ釜山브터義州에達ᄒᆞ랴면五六十日을虛費ᄒᆞ더니現今은鐵道로由ᄒᆞ면僅히二十四時間即一晝夜에可히得達ᄒᆞᄂᆞ니라。

支線

其他永登浦仁川間과三浪津·馬山間과黃州·兼二浦間에는各一條의支線이有ᄒᆞ며。釜山과馬關間에는連絡船의設備가有ᄒᆞ야日韓兩國의鐵道를連絡ᄒᆞ고。又新義州와淸國安東縣間은小汽船을由ᄒᆞ야安奉鐵道에連絡ᄒᆞᄂᆞ니라。

三 海運

沿岸航路

海上交通은陸上交通에比ᄒᆞ면甚히發達ᄒᆞ야現今은我國重要ᄒᆞᆫ諸港間에汽船의往復이無ᄒᆞᆫ處이無ᄒᆞ니其數는日本汽船이最多ᄒᆞ니라。其中日本郵船會社와大坂商船會社에屬ᄒᆞᆫ者이其多數를占ᄒᆞ니。此等汽船은釜山을中心으로ᄒᆞ야西海岸으로航行ᄒᆞᄂᆞᆫ者는馬山·木浦·群山·仁川·鎭南浦·龍巖浦等에寄港ᄒᆞ며更히淸國大連·芝罘等地에進航ᄒᆞ고。東海岸으로航行ᄒᆞᄂᆞᆫ者는元山·西湖津(咸興)·城津·獨津(鏡城)·淸津等에寄港

ᄒᆞ며。更히露領地海蔘威港에通行ᄒᆞ고。其他江河에는其下流에上下ᄒᆞᄂᆞᆫ小汽船이有ᄒᆞ니海運에關ᄒᆞ야는現著ᄒᆞᆫ不便을感치아니홈에至ᄒᆞ니라。

四 通信

郵便電信

郵便·電信·電話等의通信機關은統監府通信管理局所掌으로亦近年에現著히完備ᄒᆞ니重要ᄒᆞᆫ都會에는郵便局을寘ᄒᆞ야郵便·電信事務를處理ᄒᆞ고。其他各處에는取扱所郵便所或은郵遞所를設ᄒᆞ야全國到處에郵便이不達ᄒᆞᄂᆞᆫ處가殆無ᄒᆞ며電信이不通ᄒᆞᄂᆞᆫ處가罕少홈에至ᄒᆞ고。

電話

又京城·平壤·大邱·仁川·釜山等은勿論이고其他繁華ᄒᆞᆫ各都會及諸開港場에는大槪電話의架設이有ᄒᆞ니라

第六章 産業 (地形全圖及各道圖參照)

一 農業

我國은山岳과丘陵이多ᄒᆞ야比較的平野가少ᄒᆞ나位置가溫帶에屬ᄒᆞ야地質이肥沃ᄒᆞᆫ故로農産物의種類가甚多ᄒᆞ니라。然이나森林을濫伐ᄒᆞᆫ結果로河水가汎濫ᄒᆞ야堤防을破壞ᄒᆞ며荒蕪地가多ᄒᆞ고又灌漑의方法이完全치못ᄒᆞᆷ으로農業의發達이天然灌漑地에止ᄒᆞᆯ뿐이오又一般國民의農業知識이尙且缺乏ᄒᆞ며耕作收穫의方法이幼稚ᄒᆞᆫ고로天與의利澤을充足히獲得키不能ᄒᆞ니라。

農事의現狀

然이나農業은本邦産業의大部分을占ᄒᆞ야三南地方은地質이肥沃ᄒᆞ며氣候가溫和ᄒᆞᆫ고로農産物의種類가最富ᄒᆞ고其産額도亦全國의半數을占ᄒᆞ며我國農産物의主要되ᄂᆞᆫ者

主要農産物

ᄂᆞᆫ米·麥·豆·棉花·人蔘·麻·荏等이니라。

米

米•ᄂᆞᆫ主要農産物中에最히重要ᄒᆞᆫ者이라隆熙元年度輸出額은七百五十餘萬圓에過ᄒᆞ니海外輸出品의第一位를占ᄒᆞ니라全國中産額의最多處ᄂᆞᆫ慶尙道及全羅道이니殆히全國總産額의半數에達ᄒᆞ며忠淸道黃海道京畿가其次오平安(南北)江原·咸鏡(南北)五道가最少ᄒᆞ니라。

麥

麥•은全國到處에産出호ᄃᆡ大槪田地에栽植ᄒᆞᄂᆞᆫ고로米에比ᄒᆞ면其産額이甚少ᄒᆞ니라。

大豆

大豆•ᄂᆞᆫ米의次되ᄂᆞᆫ農産物이니其輸出額이隆熙元年度에ᄂᆞᆫ殆히四百萬圓에達ᄒᆞ니라大豆도亦三南地方에最多히産出ᄒᆞ나京畿及黃海道所産의品質이最히良好ᄒᆞ니라。

棉花

棉花•ᄂᆞᆫ表朝鮮各地에産出호ᄃᆡ特히全羅道가其主産地니라。我國은棉花가開絮ᄒᆞᆯ節候에降雨가少ᄒᆞ고氣候와地質이

棉花栽培所

其栽培에俱히適宜홈으로政府에서木浦에棉花栽培所를設立ᄒᆞ야改良發達홀方法을講究ᄒᆞᄂᆞ니라。

養蜂

蜂蜜은古來로我國에需用이極多ᄒᆞ야蜜蜂을飼養치아니ᄒᆞᄂᆞᆫ地方이殆無ᄒᆞ고其中에最盛ᄒᆞᆫ處ᄂᆞᆫ江原道오其次ᄂᆞᆫ咸鏡道及全羅道等이니라。

人蔘

人蔘은我國에特有ᄒᆞᆫ物産이니諸外國에ᄂᆞᆫ此를産出ᄒᆞᄂᆞᆫ處가少ᄒᆞ고或此를産出ᄒᆞ나其品質이本邦所産에甚히不及ᄒᆞ며人蔘은紅蔘과白蔘의二種으로製造홈이有ᄒᆞ니。白蔘은다만乾燥홀ᄲᅮᆫ이오其價額도亦低廉ᄒᆞ되紅蔘은一次蒸乾ᄒᆞᆫ者이니甚히價高ᄒᆞ며其産出地ᄂᆞᆫ開城이니官設ᄒᆞᆫ紅蔘製造所가有ᄒᆞ며白蔘은全國各道에産出ᄒᆞ되江原道及慶尙道의産額이最多ᄒᆞ고紅蔘의製造ᄂᆞᆫ政府의所營인고로一般人民은此를製造홈을不得ᄒᆞᄂᆞ니라人蔘은本邦人及淸國人의貴

重히녁이ᄂᆞᆫ藥品이라古來로特히淸國의需用이最多ᄒᆞ야産額의大部分은此를淸國으로輸出ᄒᆞᄂᆞ니라。

麻

麻도全國各道에産出ᄒᆞ되咸鏡道가其主産地오忠淸道及全羅道가其次이니라。

繭及養蠶

以上列擧ᄒᆞᆫ農産物以外에今後農事의改良發達홈을伴ᄒᆞ야重要ᄒᆞᆫ農産物될것이不尠ᄒᆞ나特히有望ᄒᆞᆫ것은繭이라。平安南道平壤附近에ᄂᆞᆫ養蠶業이最盛ᄒᆞ고慶尙道及全羅道가其次이라。然이나養蠶方法이尙且幼穉ᄒᆞ야桑樹도此를田地에栽培ᄒᆞᄂᆞᆫ事가無ᄒᆞ고다만野生ᄒᆞᆫ桑樹를用홈에不過ᄒᆞ지라。我國의氣候ᄂᆞᆫ到處에蠶桑이適宜홈으로政府에서養蠶의改良과奬勵홈에盡力ᄒᆞᄂᆞᆫ바인즉數年을不出ᄒᆞ야繭은我國의重要ᄒᆞᆫ農産物됨에至홀지니라。

二 林業

鴨綠江森林

鴨綠江과豆滿江上流의地方은鬱蒼ᄒᆞᆫ森林이數十里에連亙ᄒᆞ고數百年을經ᄒᆞᆫ老樹巨木이相連ᄒᆞ니所謂鴨綠江森林及豆滿江森林이是라。近年에此를伐採와造林에着手ᄒᆞ야政府ᄂᆞᆫ新義州(平安北道)에西北營林廠을置ᄒᆞ고統監府ᄂᆞᆫ新義州對岸安東縣(淸國)에統監府營林廠을置ᄒᆞ며惠山鎭(咸鏡南道)에其支廠을置ᄒᆞ야此等森林을共同經營ᄒᆞᄂᆞ니라。

營林廠

鳥嶺森林

鳥嶺森林은鴨綠江森林의次되ᄂᆞᆫ者이니忠淸道와慶尙道境域에在ᄒᆞᆫ一帶森林이라。國內森林은大槪平安(南北)·咸鏡(南北)·江原等五道와如히山岳이重疊ᄒᆞᆫ地方에在ᄒᆞ니라。其他八道에ᄂᆞᆫ森林이라可稱ᄒᆞᆯ者이殆無ᄒᆞ고到處에赭山과草坪이有ᄒᆞᆯ뿐이라。然이나此等山野도亦樹木이發生ᄒᆞᆷ에不宜ᄒᆞᆷ이아니라全혀多年濫伐ᄒᆞᆫ結果로現今狀態에遂陷ᄒᆞᆷ이라。故로政府에서一般國民으로ᄒᆞ야곰造林의必要를知케ᄒᆞ고자ᄒᆞ야各處에模範植林을施行ᄒᆞ고林業事務所를要地에設置ᄒᆞ야此를保護케ᄒᆞᄂᆞ니라

林業事務所

三 牧畜業

牛

牧畜은大槪農家의副業이라。故로牧場을特有ᄒᆞᆫ者이甚少ᄒᆞ며我國牛ᄂᆞᆫ其種類가良好ᄒᆞ고骨骼이偉大ᄒᆞ니特히平安道及咸鏡道의所産이最良ᄒᆞ다稱ᄒᆞᄂᆞ니라。然이나其産額은慶尙道가最多ᄒᆞ며馬豚等도飼養ᄒᆞ되其種類가良好치못ᄒᆞ니라。

四 水産業

我國의近海는頗히魚族이豊富ᄒᆞ고從ᄒᆞ야漁業이甚盛ᄒᆞ니其中最盛ᄒᆞᆷ은咸鏡道의明太漁業이오其次는慶尙南道馬山으로브터平安北道에至ᄒᆞᄂᆞᆫ一帶沿海에서産出ᄒᆞᄂᆞᆫ石魚漁業이오道味魚ᄂᆞᆫ全國沿岸에서産出치아니ᄒᆞᄂᆞᆫ處가殆無ᄒᆞ되本邦人의食用에供ᄒᆞᆷ이頗稀ᄒᆞᆷ으로從ᄒᆞ야本邦人은此漁業에從事ᄒᆞᄂᆞᆫ者이不多ᄒᆞ나日本人은盛히其漁業에從事ᄒᆞ야忠淸道의烟島及竹島附近은有名ᄒᆞᆫ大漁場이되ᄂᆞ니라。

明太漁業 **石魚漁業** **道味魚漁業**

鱶魚漁業

鱶魚도亦沿岸到處에産出ᄒᆞ되特히江原道慶尙道及全羅道의近海에最히饒多ᄒᆞ며。此等의漁業에次됨은刀魚麻魚大口魚青魚等의漁業이니。其中에도刀魚及青魚ᄂᆞᆫ本邦人의需要가甚多ᄒᆞ고東海岸一帶에서此를産出ᄒᆞ며鯡魚도亦明太魚及石魚에次가되야本邦人의嗜好品이니沿岸到處에此를産出ᄒᆞ며。

捕鯨業

鯨의捕獲도亦我國에屈指ᄒᆞᄂᆞᆫ漁業이니春秋二期

에ᄂᆞᆫ咸鏡道江原道及慶尙道沿岸에서行ᄒᆞ되特히春期에在ᄒᆞ야鬱陵島附近에서最盛ᄒᆞ니라。

五大漁業

上述ᄒᆞᆫ中에明太魚石魚道味魚鱶魚鯨의漁業을我國五大漁業이라稱ᄒᆞ며又海衣加士里甘藿牛毛加士里海帶等과如ᄒᆞᆫ海藻類及全鰒과如ᄒᆞᆫ貝類採取에從事ᄒᆞᄂᆞᆫ者도不尠ᄒᆞ니라。

漁期

此等水産物의採捕時期ᄂᆞᆫ冬期에在ᄒᆞᆫ明太魚青魚大口魚等을除ᄒᆞ면大槪春夏秋三期에跨ᄒᆞ되特히春夏의時가最盛ᄒᆞ며

販路

採捕業에從事ᄒᆞᄂᆞᆫ者ᄂᆞᆫ本邦人外에日淸兩國人이有ᄒᆞ되本邦人의採捕ᄒᆞᆫ魚類ᄂᆞᆫ擧皆乾製又ᄂᆞᆫ鹽沈으로ᄒᆞ야內國需用에供ᄒᆞ고海外에輸出됨은日本으로輸送ᄒᆞᄂᆞᆫ鱶魚加士里牛毛加士里等에不過ᄒᆞ니라

鹽

鹽도亦重要ᄒᆞᆫ我國水産物의一種이니品質이비록良好치못ᄒᆞ나內地需用에充足ᄒᆞ고外國으로브터輸入ᄒᆞᄂᆞᆫ것은僅

히其一部에不過ᄒᆞ니라。其生産地ᄂᆞᆫ我國海岸에散在ᄒᆞ야海岸地에ᄂᆞᆫ産出치아니ᄒᆞᄂᆞᆫ處이殆無ᄒᆞ나然이나最盛ᄒᆞᆫ鹽業地ᄂᆞᆫ全羅南道의沿岸及其所屬諸島이니全國産額의三分一以上을産出ᄒᆞ야羅州鹽의名이最著ᄒᆞ고其次ᄂᆞᆫ京畿沿海地方이니南陽鹽의名이最高ᄒᆞ고慶尙南道·忠淸南道가其次이니라。

鹽業試驗場

政府ᄂᆞᆫ鹽業의改良進步를計圖키爲ᄒᆞ야農商工部에鹽業試驗場을置ᄒᆞ고出張所를朱安(京畿仁川府朱安面)及龍湖(慶尙南道東萊府石南面)에設置ᄒᆞ얏ᄂᆞ니라。

五 工業

主要工藝品

工藝品은棉布·麻布·苧布·紬·竹簾·扇子·紙·莞席·陶器·鍮器等이其中에最히重要ᄒᆞᆫ者이니라。

棉布 麻布 苧布 紬 紙

棉布ᄂᆞᆫ晉州地方所産의品質이佳良ᄒᆞᆷ으로晉木의名이國內에遍滿ᄒᆞ고。麻布ᄂᆞᆫ咸鏡道의所産이最히著名ᄒᆞ니夏衣와喪服等은擧皆此道所産을用ᄒᆞ고。苧布ᄂᆞᆫ忠淸道에多産ᄒᆞ니特히韓山이其主産地오。紬ᄂᆞᆫ咸鏡(南北)平安(南北)江原五道에多産ᄒᆞ니永興紬의名이最著ᄒᆞ고。竹簾·扇子·紙·莞席等은慶尙道及全羅道에多産ᄒᆞ고。陶器·鍮器等은京畿及忠淸道가其主産地니라。

此等工藝品은工場을特設ᄒᆞ고製造ᄒᆞᆷ이아니라。擧皆農家의副業으로此를製造ᄒᆞᆷ에不過ᄒᆞᆷ으로其産額이不多ᄒᆞ야僅히內地需用을供給ᄒᆞᆷ에止ᄒᆞᄂᆞ니라。

六 鑛業

主要鑛物

鑛物은金이最히多産ᄒᆞ며銅·鐵·石炭·黑鉛等이其次이니라。

石金 金은石金·砂金의別이有ᄒᆞ되石金鑛은雲山·殷山(平安道)·遂安(黃海道)의三處가最히著名ᄒᆞ니雲山金鑛은美國人이採掘ᄒᆞ며殷山金鑛은英國人이採掘ᄒᆞ고遂安金鑛은雲山殷山의次이나其產額은甚少ᄒᆞ니라

砂金 砂金은全國各處河川에셔採取ᄒᆞᄂᆞ니平安南北咸鏡南北四道에最히多產ᄒᆞ고其中에도平安道順安은古來로國內第一의砂金多產地라稱ᄒᆞᄂᆞ니라

銅 銅은咸鏡南道甲山郡銅店에多產ᄒᆞᄂᆞ니此地에人家가二百餘戶라其人家의大部分은採鑛運搬으로爲業ᄒᆞᄂᆞ니라

鐵 鐵은平安南道价川과黃海道載寧과江原道鐵原等諸郡附近이其主產地라然이나產額이不多ᄒᆞ니라

石炭 石炭鑛脈은全國各處에伏在ᄒᆞ되大概散在ᄒᆞᆷ으로資本을投ᄒᆞ야採掘ᄒᆞᄂᆞᆫ者이無ᄒᆞ고오즉平壤東南에在ᄒᆞᆫ無烟炭鑛은政府의經營에屬ᄒᆞᆫ바이니其區域이十二三里에延亙ᄒᆞ고炭層의所在가甚淺ᄒᆞ며運搬이便利ᄒᆞᆫ故로盛히採掘ᄒᆞᄂᆞ니라

黑鉛 黑鉛은大概各道에產出ᄒᆞ되其產出이最盛ᄒᆞᆷ은忠淸北道오慶尙北道가其次이니라其採掘이極히近年에屬ᄒᆞ나產額은年々히漸次增加ᄒᆞᄂᆞᆫ傾向이有ᄒᆞ야將來에有望ᄒᆞᆫ鑛業이니라

七 商業

市日 內國物貨의賣買ᄂᆞᆫ大概一定ᄒᆞᆫ市日에行ᄒᆞᄂᆞᆫ慣例가有ᄒᆞ야一般人民은次回市日々지所用되ᄂᆞᆫ物品을一次에購買ᄒᆞᆷ이特히店鋪에來購ᄒᆞᄂᆞᆫ者이稀少ᄒᆞᆫ고로地方에在ᄒᆞᆫ一般都會에ᄂᆞᆫ店鋪의恒開ᄒᆞᆫ者이不無ᄒᆞ나오즉少額의商品을陳列

外國貿易

흠에不過ᄒᆞ니라。

我國의外國貿易은最近數年間에頗히進步되얏스니卽光武七年末에ᄂᆞᆫ一個年間의輪出入總額이二千八百餘萬圓에不過ᄒᆞ얏더니隆熙元年末에ᄂᆞᆫ暴騰ᄒᆞ야總額이五千八百餘萬圓에達ᄒᆞ니就中日本과貿易이最盛ᄒᆞ야大概總額의七割以上을占ᄒᆞ고支那가其次로되僅히日本貿易의半額에不及ᄒᆞ니라。今後로交通機關이愈益開進ᄒᆞ고産業이次第發達흠을從ᄒᆞ야我國의外國貿易도亦漸次伸張흠에至ᄒᆞᆯ지로다。

開港場

外國과條約으로써貿易品의輪出入을許ᄒᆞᆫ處所를開港場이라稱ᄒᆞᄂᆞ니。我國現在의開港場은淸津·城津·元山·釜山·馬山·木浦·群山·仁川·鎭南浦等九個所이며。又港口가아니오貿易品의輪出入을許ᄒᆞᄂᆞᆫ處所를開市場이라稱ᄒᆞᄂᆞ니京城·平壤이是니라。

開市場

重要輪出入品

輪出品의重要ᄒᆞᆫ物産은米·大豆·人蔘·生牛·牛皮·鹽·魚·棉花·麥·海蔘·紙等이오輪入品의重要ᄒᆞᆫ物産은棉布·綿絲·洋木·木材·石油·烟草·砂糖·絹布·染料及鐵道材料等이니라。

第七章 財政及金融 (地形十四參照)

一 歲計

租稅

我國歲入의主되ᄂᆞᆫ者ᄂᆞᆫ租稅이니其中重要ᄒᆞᆫ者ᄂᆞᆫ地稅·戶稅·關稅이라。近來에ᄂᆞᆫ家屋과其他酒·烟草와如ᄒᆞᆫ奢侈品에도課稅가始ᄒᆞ얏스니。此等租稅ᄂᆞᆫ我國의安寧秩序를維持ᄒᆞ고殖産敎育을振興ᄒᆞ고交通을便利케ᄒᆞᄂᆞᆫ等諸凡我國의發達에要ᄒᆞᄂᆞᆫ費用으로徵收ᄒᆞᄂᆞᆫ者이며。此外에又一地方의利便을

地方費

圖謀ᄒᆞ고産業을興ᄒᆞ기爲ᄒᆞ야漢城府尹及各道觀察使가內

部及度支部의許可를受ᄒᆞ야一定ᄒᆞᆫ地方費로賦課ᄒᆞᄂᆞ니라。

稅關

我國租稅中最多額되ᄂᆞᆫ者ᄂᆞᆫ地稅오其次ᄂᆞᆫ關稅라。關稅ᄂᆞᆫ輸出入ᄒᆞᄂᆞᆫ物品에課ᄒᆞᄂᆞᆫ租稅이니此를徵收ᄒᆞᄂᆞᆫ機關을稅關이라稱ᄒᆞ야開港場에ᄂᆞᆫ稅關或其支署를置ᄒᆞ고開港場以外의樞要地에도支署或出張所를設ᄒᆞ야皆是度支部所管에屬ᄒᆞ니。今日稅關의所在地ᄂᆞᆫ仁川·釜山·元山·鎭南浦오群山·木浦·馬山·淸津·城津·新義州에ᄂᆞᆫ稅關支署를置ᄒᆞ얏고京城及平壤에ᄂᆞᆫ各其出張所가有ᄒᆞ니라。

財務監督局及財務署

關稅以外租稅를徵收ᄒᆞᄂᆞᆫ機關을財務署라稱ᄒᆞ니全國에二百二十九處가有ᄒᆞ고又京城·平壤·大邱·全州·元山·公州六個所에財務監督局을設置ᄒᆞ야各其區域을定ᄒᆞ야徵稅를監督케ᄒᆞ고其收入國庫金은中央金庫에셔此를保管ᄒᆞᄂᆞ니라。

歲出入額

我國은産業이아즉未興ᄒᆞᆷ으로國庫의歲出入이隆熙二年度에在ᄒᆞ야僅히二千餘萬圓이라。此를同一時期에在ᄒᆞᆫ日本國의歲出入六億餘萬圓에比ᄒᆞ면約三十分一에不過ᄒᆞ니라。

豫算

政府ᄂᆞᆫ每年國庫의收入及支出을豫先算定ᄒᆞ니此를豫算이라云ᄒᆞᄂᆞ니라我國의經費ᄂᆞᆫ總히此豫算에據ᄒᆞ야處理ᄒᆞᄂᆞᆫ者인고로度支部ᄂᆞᆫ此를編成ᄒᆞ고其編成과決算을監査ᄒᆞᄂᆞᆫ機關을會計檢査局이라ᄒᆞᄂᆞ니然則今日我國의財政은前日有司가民財를誅求ᄒᆞ야私腹을肥ᄒᆞ든것과ᄂᆞᆫ其趣가大異ᄒᆞᆷ을可知ᄒᆞᆯ지니라

會計檢査局

二 金融機關

韓國銀行

金融機關의主되ᄂᆞᆫ者ᄂᆞᆫ卽銀行이니韓國銀行은我國銀行中에最大ᄒᆞᆫ者이라此銀行은隆熙三年에日韓兩國의資金으로써創立ᄒᆞᆫ者이니我國中央金庫의事務를處理ᄒᆞ고且紙幣

로發行ᄒᆞᆷ을得ᄒᆞ는特權을有ᄒᆞ고。其外에漢城·天一·韓一等의銀行이有ᄒᆞ나此는皆商業上金融機關이니卽商業銀行이오。農工銀行은特히農業工業의發達을目的으로ᄒᆞ는金融機關이니全國各樞要地에設定ᄒᆞ얏고。其外我國各地에在ᄒᆞᆫ金融組合도亦地方農民의資金을融通ᄒᆞ고兼ᄒᆞ야農事改良에資ᄒᆞᆯ目的으로써設置ᄒᆞᆫ者로政府의保護를受ᄒᆞᄂᆞ니。此等의機關이設立됨을隨ᄒᆞ야我國實業奬勵의設備가現今稍備라云ᄒᆞᆯ지라此等外에日本의銀行으로我國에支店을設置ᄒᆞᆫ者도不少ᄒᆞ니。其中第一銀行支店이最大ᄒᆞ야韓國銀行設立에至ᄒᆞ기ᄭᆞ지는同銀行과同一ᄒᆞᆫ特權을有ᄒᆞᆫ고로現今我國에通用ᄒᆞ는紙幣가此銀行의發行ᄒᆞᆫ者이니라。

韓國地理敎科書 終

隆熙四年六月二十日發行 (定價金參拾四錢)

學部

印刷局印刷

초등대한지지

(初等大韓地誌)

初等大韓地誌 全

初等大韓地誌目次

初等大韓地誌目次終

初等大韓地誌

廣陵 安鍾和
完山 柳瑾 著述

第一課 位置와境界

大韓帝國의位置는亞細亞洲의東部에在ᄒᆞ니그境界는東南은日本을鄰ᄒᆞ고東北은俄羅斯領土를接ᄒᆞ고西와北은滿洲를界ᄒᆞ고南은海를臨ᄒᆞ니北緯三十三度十三分에起ᄒᆞ야四十三度二分에止ᄒᆞ고東經一百二十五度五分에起ᄒᆞ야三十度五十八分에止ᄒᆞ

니東은慶尙南道鬱島郡鬱陵島ㅣ오西는黃海道長淵郡長山串이오南은全羅南道濟州島毛瑟浦오北은咸鏡北道土門江이니面積이八萬二千方里니라

第二課 沿革

沿革은箕子의時에西으로遼東과遼西에至ᄒᆞ고東南으로海에至ᄒᆞ고北으로肅愼을接ᄒᆞ얏더니衛滿이箕氏를代ᄒᆞᆷ이孫、右渠王에至ᄒᆞ야漢武帝劉徹에게滅ᄒᆞᆫ바되야四郡을置ᄒᆞ얏다가其後에二府로合ᄒᆞ니라

三韓은辰韓과弁韓과馬韓이라北은樂浪(今平安道)과東은日本를接ᄒᆞ고西와南은大海를臨ᄒᆞ니辰韓은今慶尙道洛東江左의地ㅣ오弁韓은洛東江右의地ㅣ오馬韓은今漢江以南京畿忠淸全羅等地니라

三國은新羅와高句麗와百濟라新羅는今慶州에都ᄒᆞ야百濟와高句麗로鼎足의勢를保ᄒᆞ더니後에新羅가二國을統一ᄒᆞ니東西南三面은海를際ᄒᆞ고西北은浿江(今大同江)에至ᄒᆞ고北은渤海國으로黃草嶺(今咸興)ᄭᆞ지界ᄒᆞ니라

高句麗ᄂᆞᆫ卒本에都ᄒᆞ얏다가平壤에徙都ᄒᆞ니其疆域은蓋(音합)馬大山(今白頭山)西北地方에서起ᄒᆞ야遼東諸郡을取ᄒᆞ니西ᄂᆞᆫ大遼河에至ᄒᆞ고北은北扶餘(今淸開原)와靺鞨의諸邦을領ᄒᆞ고東北은滄海에窮ᄒᆞ며東南은新羅와百濟를隣ᄒᆞ니라

百濟ᄂᆞᆫ扶餘氏가漢山(今廣州)에都ᄒᆞ얏다가後에泗沘(今扶餘)에移都ᄒᆞ니北은浿水(今平山猪灘)를限ᄒᆞ고西南은海를際ᄒᆞ고東은新羅를隣ᄒᆞ고北은樂浪과濊貊을接ᄒᆞ니라

新羅가衰ᄒᆞᆷᄋᆡ西南은甄萱이割據ᄒᆞ고北은弓裔가占領ᄒᆞ얏다가高麗太祖王建이가起ᄒᆞ사松岳에都ᄒᆞ시고秦封(弓裔都鐵原)과後百濟(甄萱都全州)를滅ᄒᆞᆫ뒤新羅가또ᄒᆞᆫ降附ᄒᆞ니全國을統一ᄒᆞ니라東北은女眞을接ᄒᆞ고西ᄂᆞᆫ鴨綠江을限ᄒᆞ고東과南은海에至ᄒᆞ니라

本朝ㅣ天命을受ᄒᆞ사國號를朝鮮이라ᄒᆞ며漢陽에都ᄒᆞ심ᄋᆡ聲教가東南으로海에至ᄒᆞ며北으로土門江과西으로鴨綠江에達ᄒᆞ야八道를置ᄒᆞ얏더니開國ᄒᆞ신後五百六年即

光武元年에國號를大韓이라改ᄒᆞ시고全國
을十三道로定ᄒᆞ니라

第三課 地勢

地勢는大陸의半島國이니山岳은富ᄒᆞ고平
原은少ᄒᆞ야南部와北部가逈異ᄒᆞ며山脈은
咸鏡北道로부터一枝는西南으로走ᄒᆞ며一
枝는東南으로分馳ᄒᆞ야兩西와三南沿海에
止ᄒᆞ고水勢는山脈을隨ᄒᆞ야西北과東南이
다海岸線의近ᄒᆞᆫ處로直注ᄒᆞ니라

第四課 名山과大川

名山은三角山(京畿)과白頭山(咸鏡北道)과妙香山(平安
北道)과五臺山과金剛山(江原道)과九月山(黃海道)과
冠岳山(京畿道)과雞龍山(忠淸南道)과俗離山(忠淸北道)과
太白山과小白山(慶尙北道)과德裕山(全羅北道)과智異
山(全羅南道)과漢拏山(濟州)等諸山이有ᄒᆞ니라

大川은漢江(京畿道)과大同江(平安南道)과鴨綠江과
淸川江(平安北道)과豆滿江(咸鏡北道)과大津(京畿道)과白
馬江(忠淸南道)과洛東江과榮山江(慶尙南道)等諸江이
有ᄒᆞ고湖는八池(慶源)와碧骨池(金堤)와鏡浦(江陵)와
義林池(堤川)와恭檢池(咸昌)와南大池(延安)가有ᄒᆞ니

라

第五課 氣候

氣候는本國이北溫帶에在ᄒᆞ야春秋分에는溫和ᄒᆞ고冬夏至間에는寒暑의度가酷烈ᄒᆞ야北部는冬季에江水가堅冰을結ᄒᆞ야人馬가江上에往來ᄒᆞ고南部는夏秋間에霖雨가每多ᄒᆞᆫ故로長霾라稱ᄒᆞ며江原咸鏡等道는雪의堆積이六七尺에至ᄒᆞ고平安道는四五尺에至ᄒᆞ고三南은積雪이鮮少ᄒᆞ니라

第六課 物產

物產은動植礦三物이具備ᄒᆞ니植物產은松柏檜橡桑楮漆竹等과梨棗栗柿杏榴橘榧等의果實과禾麥菽粟葛麻蔘菁綿花烟草等農產物이오

動物產은牛馬犬豚驢騾鷄鵝鷹鶻鴈鸛鴨鶴과虎豹鹿獐熊兎狐貉貍獺과魴鱸鯖鮑와大口魚明太魚石首魚八梢魚蝦蛤蟹蠔蠣螺鯽鯉鼈龜等物이오

鑛物產은金銀銅鐵鉛錫鹽砂石炭硫黃錦貝白礬水晶琥珀等物이니라

第七課 海岸線

地形은東西南三面이海를沿ᄒᆞᆫ半島國인故로海岸線의延長이一萬八千餘里에達ᄒᆞ니咸鏡北南道와江原道와及慶尙北道의東方一部ᄂᆞᆫ滄海를面ᄒᆞ야東海岸이라ᄒᆞ며慶尙南道와全羅南道의南方一部ᄂᆞᆫ南海岸이라ᄒᆞ며平安、黃海、京畿道와忠清南道와全羅北道等地의西方一部ᄂᆞᆫ黃海를面ᄒᆞ야西海岸이라ᄒᆞᄂᆞ니라

第八課 潮汐

海水가朝에漲ᄒᆞ면潮ㅣ오夕에漲ᄒᆞ면汐이니初秋에極度를達ᄒᆞᄂᆞᆫ故로七月(陰曆)百種사리라ᄒᆞ며每月의朔과望에潮가澎漲ᄒᆞᆷ을또ᄒᆞᆫ사리라ᄒᆞ고八日과二十四日로潮가減小ᄒᆞᆷ을潮減이라ᄒᆞᄂᆞ니平安北南道와黃海道와京畿道에潮汐水가差異ᄒᆞ야澎漲ᄒᆞᆯ時에ᄂᆞᆫ三十尺에及ᄒᆞ고南으로下ᄒᆞ면稍少ᄒᆞ야忠清南道의淺水灣에ᄂᆞᆫ其差가二十六尺餘에達ᄒᆞ고全羅北南道에ᄂᆞᆫ十四尺餘ㅣ오慶尙南北道에ᄂᆞᆫ五尺에滿치못ᄒᆞ고江原道와咸

鏡南北道에는一尺五寸에過치못ᄒᆞ니라

第十九課 宗教

古初브터箕子의教化로洪範大道를崇信ᄒᆞ더니三國時에至ᄒᆞ야印度의佛教가流入ᄒᆞ야俗尙이一變ᄒᆞ얏다가國朝에至ᄒᆞ야는儒教를專崇ᄒᆞ고佛教를痛抑ᄒᆞᆷ으로倫理와禮義가世界에著名ᄒᆞ니라近日에는耶蘇教을信仰ᄒᆞ는者ㅣ甚衆ᄒᆞ고ᄯᅩ天主教와希臘教도有ᄒᆞ니라

第十課 貨幣

貨幣는高麗時에鐵錢及銅錢을鑄用ᄒᆞ니東國通寶와三韓重寶와東國重寶ㅣ라ᄒᆞ고ᄯᅩ銀瓶을製造ᄒᆞ야本國地形을象ᄒᆞ니名曰濶口ㅣ라ᄒᆞ고國朝初에箭幣와布幣와楮貨를用ᄒᆞ다가中葉에常平通寶를鑄行ᄒᆞ고開國五百三年에銀銅貨를鑄行ᄒᆞ고光武九年에金貨를鑄行ᄒᆞ니라

第十一課 產業

產業은全國이農業을專尙ᄒᆞ며工業은紡績業과陶器業等이有ᄒᆞ나發達치못ᄒᆞ고商業

도또ᄒᆞᆫ興旺치못ᄒᆞ니라

水產業은沿海의居民이採漁煑鹽으로生涯를作ᄒᆞ며牧畜業은牛馬와鷄豚을到處에飼畜ᄒᆞ며山林業은往昔盛時에山澤堤防의植木이蒼鬱ᄒᆞ더니近日에ᄂᆞᆫ童濯의歎을不堪ᄒᆞ며鑛業은近日에金銀銅鐵煤炭等의採掘ᄒᆞᆷ을始許ᄒᆞ니라

第十二課　都會勝地

漢城은大韓帝國京都ㅣ라北으로三角山과白岳을負ᄒᆞ고南은木覓山이오西ᄂᆞᆫ毋岳이오東은駱山이니城은石으로築ᄒᆞ고周廻ᄂᆞᆫ四十里ㅣ니라城內에北闕은景福宮이오東闕은昌德宮과昌慶宮이오西闕은崇政殿이오또貞洞에慶運宮이有ᄒᆞ며五部內四十九坊에四萬三千戶와二十萬人口가居ᄒᆞ며十部衙閣과各社會와各學校ᄂᆞᆫ前後로排列ᄒᆞ며電氣鐵線과火輪鐵路ᄂᆞᆫ左右로縱橫ᄒᆞ며商店이櫛比ᄒᆞ고物貨가雲集ᄒᆞ니라

北漢山城은京城彰義門外三角山下에在ᄒᆞ니山陽樓가瀑布水聲中에在ᄒᆞ며南漢山城

은廣州日長山中에在ᄒᆞ니內形은坦平ᄒᆞ나外勢ᄂᆞᆫ險峻ᄒᆞ야金湯의固를作ᄒᆞ니라

水原은京城으로브터三南大路의咽喉地ㅣ오城內에華寧殿이有ᄒᆞ며城壁周圍가十餘里ㅣ오螺閣과龍頭閣의諸名樓가城上에羅列ᄒᆞ야堅緻壯麗홈이十三道에第一이오一條淸溪가北으로브터南流ᄒᆞ야市街를橫貫ᄒᆞ니라

開城은臨津江西北四十里에在ᄒᆞ니高麗五百年故都ㅣ라人烟이稠密ᄒᆞ고百貨가輻湊ᄒᆞ며滿月臺의階礎가尙存ᄒᆞ고紫霞洞과花潭과樸淵瀑布ᄂᆞᆫ泉石이絶勝ᄒᆞ고城東數里許에善竹橋가有ᄒᆞ니高麗忠臣鄭夢周가殉節ᄒᆞ신處이라至今ᄭᆞ지血痕이尙存ᄒᆞ니라

江華ᄂᆞᆫ海防에名勝地ㅣ니三郎城과塹星壇은檀君의遺跡이尙存ᄒᆞ고城堞과砲臺ᄂᆞᆫ周圍羅列ᄒᆞ며高麗時에此에移都ᄒᆞᆫ故로江都ㅣ라ᄒᆞᄂᆞ니라

淸州ᄂᆞᆫ忠淸北道首府ㅣ니京城東南에在ᄒᆞᆫ一大都會라巨大嶺을負ᄒᆞ고東津江을臨ᄒᆞ

야南方은水高ᄒᆞ고西方은地低ᄒᆞᆫ故로年年히橫溢圮壞의患이不絕ᄒᆞ고西로鎭川吉祥山과木川摩日山이對峙ᄒᆞ고其中은茫漠ᄒᆞᆫ大野ㅣ廣袤가四五十里니라

忠州ᄂᆞᆫ京城으로嶺南을通ᄒᆞ야左路ᄂᆞᆫ竹嶺이오右路ᄂᆞᆫ鳥嶺이니南北往來에衝要를當ᄒᆞᆫ一大都會ㅣ라㺚川江上에彈琴臺가有ᄒᆞ니此ᄂᆞᆫ新羅眞興王時에樂師于勒이彈琴ᄒᆞ던處인故로名ᄒᆞᆷ이오또我朝壬辰亂에都元帥申砬이殉節ᄒᆞᆫ地ㅣ니라

丹陽은山川景概가一道에冠絕ᄒᆞ야名人達士가棲遊ᄒᆞ기를樂ᄒᆞ며島潭과龜潭과玉筍峰이最히有名ᄒᆞ니라

堤川은山中에開野ᄒᆞᆫ一小都會니郡北五里許에義林池가有ᄒᆞ야周回가甚遠ᄒᆞ며池中에蓴菜가多産ᄒᆞᄂᆞ니라

報恩俗離山에法住寺가有ᄒᆞ니新羅僧義信이白騾로佛經을載來ᄒᆞ야此寺를建ᄒᆞᆷ으로石槽와石瓮과石鑊이有ᄒᆞ고珊瑚殿에金身丈六像이有ᄒᆞ니라

公州는忠淸南道의首府ㅣ니州北의一小邱가錦江上에盤結ᄒᆞ야公字와恰如ᄒᆞᆫ故로公州ㅣ라稱ᄒᆞ며城北에拱北樓가有ᄒᆞ며雙樹山城은 仁祖朝씌셔甲子年에李适의亂을避ᄒᆞ샤幸行ᄒᆞ신處이니라

錦江西南岸에扶餘郡이有ᄒᆞ니百濟古都ㅣ라釣龍臺와自溫臺와皐蘭寺와大王浦와落花岩이有ᄒᆞ니라

洪州는湖西에在ᄒᆞᆫ一都會ㅣ니市場이繁富ᄒᆞ고大興鳳首山과保寧烏栖山이東南에峙ᄒᆞ고月山下에牧使洪可臣이土賊李夢鶴을平ᄒᆞᆫ故로遺廟가有ᄒᆞ니라

全州는全羅北道의首府ㅣ니後百濟甄萱의舊都ㅣ오我朝發祥의地ㅣ라故로肇慶壇과慶基殿이有ᄒᆞ고德眞池는周가九千餘尺이오萬景臺와黃鶴臺는石壁이如畵ᄒᆞ니라

南原은馬耳山南에在ᄒᆞ니邑內에九區井田의遺制가尙存ᄒᆞ며廣寒樓는城北에跨ᄒᆞ야棟宇가宏壯ᄒᆞ고風景이佳麗ᄒᆞ니라

益山은古馬韓의都ㅣ니龍華山上에箕準의

古城에有ᄒᆞ며城南古宮遺址에王宮井이有ᄒᆞ며唐山의三熟栗이産ᄒᆞ고黃登浦의堤ᄂᆞᆫ周가二十五里니灌漑가甚廣ᄒᆞ니라

金堤郡에ᄂᆞᆫ碧骨池가有ᄒᆞ니周가八十里ㅣ오堤長이六萬八百四十三尺이라古阜에訥堤와益山의黃登堤로通히三湖ㅣ라稱ᄒᆞ며全羅道를湖南이라稱ᄒᆞᆷ도亦此로써ᄒᆞᆷ이니라

古阜郡에訥堤ᄂᆞᆫ長이一千二百餘步ㅣ오周가四十里니라

雲峰에智異山靑鶴洞이有ᄒᆞ니土性이沃饒ᄒᆞ야五穀을升으로種ᄒᆞ면石으로出ᄒᆞᄂᆞ니라

錦山郡城外에古戰塲墟가有ᄒᆞ니壬辰亂에義兵將趙憲이七百義士를率ᄒᆞ고日本兵으로더부러戰ᄒᆞ다가同時殉節ᄒᆞᆫ處이니라

光州ᄂᆞᆫ全羅南道의首府ㅣ니平野를臨ᄒᆞ야農産이饒富ᄒᆞ고市街가繁昌ᄒᆞ야富豪村落이多ᄒᆞ며無等山圭峰寺에三尊石이有ᄒᆞ니高가數百尺이오漆川이北流ᄒᆞ야沙湖江을

作ᄒᆞ니라
濟州島ᄂᆞᆫ古耽羅國이니北緯三十三度十二
分으로二十一分에至ᄒᆞ며東經一百二十六
度八分으로五十七分에至ᄒᆞ니東西ᄂᆞᆫ三百
餘里오南北은一百二十里라地形이圓長ᄒᆞ
야雞子와恰似ᄒᆞ며漢拏山脈이高低起伏ᄒᆞ
야風景이可愛ᄒᆞ며天氣가常暖ᄒᆞ야橘柚와
良馬가多産ᄒᆞᄂᆞ니라
大邱ᄂᆞᆫ慶尙北道의首府ㅣ니山岳이四圍ᄒᆞ
고中央에大野가廣開ᄒᆞ고野中에琴湖江이

東으로브터西流ᄒᆞ야水陸의運輸가富ᄒᆞ며
琵琶山에桐華寺가有ᄒᆞ야風光이淸幽ᄒᆞ니
라
慶州ᄂᆞᆫ新羅古都ㅣ니宮殿遺址와半月城과
瞻星臺와昌林寺의古蹟이猶存ᄒᆞ니라
晉州ᄂᆞᆫ慶尙南道의首府ㅣ니南江을臨ᄒᆞ야
江山의形勝이雄壯ᄒᆞ고矗石樓ᄂᆞᆫ十里鏡波
를俯臨ᄒᆞ야嶺南第一名樓ㅣ라ᄒᆞᄂᆞ니라
鬱嶋ᄂᆞᆫ古鬱陵嶋ㅣ니北緯一百三十度四十
五分으로三十五分에至ᄒᆞ며東經三十七度

三十四分으로三十一分에至ᄒ니三峰이撑
空ᄒ야地方이約五百零四方里오藥材와森
林이多產ᄒ며于山嶋ᄂ其東南에在ᄒ니라
春川은江原道의首府ㅣ니貊國의古都ㅣ라
昭陽江上에牛頭坪이有ᄒ야開野홈이平遠
ᄒ고土地가肥沃ᄒ니라
江陵은濊國의古都ㅣ니鏡浦의周가二十里
오西岸에鏡浦臺가有ᄒ고襄陽에洛山寺이
오杆城에淸澗亭이오高城에三日浦ᄂ三十
六峯이環ᄒ얏고通川에叢石亭이오蔚珍에

望洋亭은十里明沙에海棠花가爛發ᄒ면畫
圖를開ᄒ듯ᄒ고平海에越松亭이오三陟에
竹西樓ᄂ五十川上에在ᄒ야絕壁이千仞이
니此를關東八景이라共稱ᄒ고歙谷에侍中
臺가有ᄒ니라
海州ᄂ黃海道의首府ㅣ니首陽山을負ᄒ고
海州灣을臨ᄒ야舟車의便利홈으로商賈가
繁昌ᄒ며芙蓉堂은壬辰亂에
仁祖씌서誕降ᄒ신處이니라
平壤은平安南道의首府ㅣ니古代朝鮮의三

姓舊都ㅣ라崇靈殿에檀君과東明王을祭ᄒᆞ며崇仁殿에箕子를祀ᄒᆞᄂᆞ니라此地는江海의要衝이오西北의孔路인故로民戶가殷富ᄒᆞ고物色이華麗ᄒᆞ야佳人才子의風流賞詠이古로從ᄒᆞ야擅名ᄒᆞ고練光亭과浮碧樓와牧丹峰과大同江과十里長林에風光이絕勝ᄒᆞ야錦繡江山이라稱ᄒᆞ니라

寧邊은西方의藥山이有ᄒᆞ야巖石이廣鋪ᄒᆞᆫ으로此를東臺라稱ᄒᆞ고清川江이東南으로流ᄒᆞ니高句麗國相乙支文德이隋兵三十萬을破ᄒᆞ던處이니라

義州는平安北道의首府ㅣ니鴨綠江口를臨ᄒᆞᆫ一大都會라北으로遼燕을通ᄒᆞ고統軍亭과義順館과太祖峯이有ᄒᆞ며白馬山城은清國九連城과相距가三十里니라

咸興은咸鏡南道의首府ㅣ니我 太祖潛邸時의本宮이有ᄒᆞ며萬歲橋는虹과如히亘ᄒᆞ고樂民樓는風景이絕勝ᄒᆞ니라

鏡城은咸鏡北道의首府ㅣ니祖白山을據ᄒᆞ고東海岸을枕ᄒᆞ며民戶의富와市場의盛이

北關의第一都會오海上에元帥臺와學士臺의景致가甚好ᄒᆞ니라
慶源의古城柱와鍾城의童巾刻字와會寧의古長城은皆古代遺跡이니라
開國五百十六年來로港場을新開ᄒᆞ야市況이漸進ᄒᆞ니仁川에濟物浦와務安에木浦와沃溝에群山浦와昌原에馬山浦와東萊에釜山港과德源에元山浦와城津에城津港과三和에甑南浦와龍川에龍岩浦와慶興에慶興港과會寧에淸津을十一港口ㅣ라共稱ᄒᆞ고平壤과義州에二市場을開ᄒᆞ니各國商船이雲集ᄒᆞ야物貨가輻湊ᄒᆞᆷ으로交易이繁昌ᄒᆞ니라

第十三課 人種

大韓人種은亞細亞의黃色人種이라上古에九種의部落이有ᄒᆞ더니文化가漸開ᄒᆞᆷ이各地의移住民이混雜ᄒᆞᆫ지라此를區別ᄒᆞ면三族이有ᄒᆞ니一曰本族이오二曰漢族이오三曰夫餘族이니라
此外에도靺鞨族과蒙古族과日本族이有ᄒᆞ

니靺鞨族은高麗初年에西北兩道에女眞部落이入ᄒᆞ야蕃屬이되얏고蒙古族은高麗末年에移住ᄒᆞᆫ者ㅣ甚多ᄒᆞ얏고日本族은古代로브터來往이複雜ᄒᆞ야移住ᄒᆞᆫ者ㅣ多ᄒᆞᆷ으로麗倭의稱이有ᄒᆞ니라

第十四課 族制

大韓의民族은新羅時로브터聖骨(王族)과貴骨(貴族)의稱이有ᄒᆞ고高麗時에文班과虎班의稱이有ᄒᆞ고 國朝에至ᄒᆞ야ᄂᆞᆫ兩班으로ᄡᅥ貴族의名詞를作ᄒᆞ야限이無ᄒᆞᆫ勢力을使ᄒᆞ얏고其次ᄂᆞᆫ中人이라名ᄒᆞ니高麗의士族이我朝에服지아니ᄒᆞᄂᆞᆫ者를抑壓ᄒᆞ야中等階級에寘ᄒᆞ고仕宦을不許ᄒᆞᆷ이오其次ᄂᆞᆫ常民이니곳普通平民을稱ᄒᆞᆷ이오此外에ᄯᅩ七班의賤級이有ᄒᆞ야平民에도齒치못ᄒᆞ고비록高才와異行이有ᄒᆞ야도仕宦을不許ᄒᆞ야屢百年의痼習을成ᄒᆞ얏더니今
太皇帝陛下ᄭᅴ셔政治를更張ᄒᆞ실서班閥의階級를劈破ᄒᆞ시고各히人의姿格을隨ᄒᆞ야登庸케ᄒᆞ시니實로平等의福을享ᄒᆞᆯ지로다

第十五課 言語와文字

國民의言語도種族을隨ᄒᆞ야土音과漢語와蒙古語를雜用ᄒᆞ니古代三韓의方言은太半이나變改ᄒᆞ고或訛傳ᄒᆞᆷ이多ᄒᆞᆷ으로古今의名詞와動詞等의言調가逈殊ᄒᆞᆫ者ㅣ多ᄒᆞ야國內各地에風土를隨ᄒᆞ야方言이差異ᄒᆞ니라

文字ᄂᆞᆫ古來로漢文을適用ᄒᆞ나文字와言語가相殊ᄒᆞᆷ으로使用ᄒᆞᆷ이甚히難ᄒᆞ더니新羅時의薛聰이句讀와吐語를造ᄒᆞ야九經을解ᄒᆞ고吏讀을作ᄒᆞ야公私文牒에挽近ᄭᆞ지行用ᄒᆞ더니我朝
世宗朝ᄭᅴ셔二十八字를刱造ᄒᆞ샤國文을作ᄒᆞ시고訓民正音이라命名ᄒᆞ시니

父母音	第一列 闢口音		第二列 喉音		第三列 舌音		第四列 脣音		第五列 牙音			重音	
	ㅏ	ㅑ	ㅓ	ㅕ	ㅗ	ㅛ	ㅜ	ㅠ	ㅡ	ㅣ	ㆍ		
ㄱ 平音	가	갸	거	겨	고	교	구	규	그	기	ᄀᆞ	과	궈
ㄴ	나	냐	너	녀	노	뇨	누	뉴	느	니	ᄂᆞ	놔	눠
ㄷ	다	댜	더	뎌	도	됴	두	듀	드	디	ᄃᆞ	돠	둬
ㄹ	라	랴	러	려	로	료	루	류	르	리	ᄅᆞ	롸	뤄

訓民正音二十八字에ㆆㆁ△此三個字는비록本文에載ᄒᆞ얏스나今에그音訓을傳치아니ᄒᆞ니라

今에國文을反切文이라稱ᄒᆞ며或諺文이라稱ᄒᆞ야普通으로用ᄒᆞ니

ㄱ ㄴ ㄷ ㄹ ㅁ ㅂ ㅅ ㅣ ㅇ

가 갸 거 겨 고 교 구 규 그 기 ᄀᆞ

나 냐 너 녀 노 뇨 누 뉴 느 니 ᄂᆞ

다 댜 더 뎌 도 됴 두 듀 드 디 ᄃᆞ

라 랴 러 려 로 료 루 류 르 리 ᄅᆞ

ㅁ	마	먀	머	며	모	묘	무	뮤	므	미	ᄆᆞ	뫄	뭐
ㅂ	바	뱌	버	벼	보	뵤	부	뷰	브	비	ᄇᆞ	봐	붜
ㅅ	사	샤	서	셔	소	쇼	수	슈	스	시	ᄉᆞ	솨	숴
ㅇ	아	야	어	여	오	요	우	유	으	이	ᄋᆞ	와	워
ㅈ	자	쟈	저	져	조	죠	주	쥬	즈	지	ᄌᆞ	좌	줘
ㅎ 音輕	하	햐	허	혀	호	효	후	휴	흐	히	ᄒᆞ	화	훠
ㅋ 音激	카	캬	커	켜	코	쿄	쿠	큐	크	키	ᄏᆞ	콰	쿼 音重激
ㅌ	타	탸	터	텨	토	툐	투	튜	트	티	ᄐᆞ	톼	퉈
ㅍ	파	퍄	퍼	펴	포	표	푸	퓨	프	피	ᄑᆞ	퐈	풔
ㅊ	차	챠	처	쳐	초	쵸	추	츄	츠	치	ᄎᆞ	촤	춰

마 먀 머 며 모 묘 무 뮤 므 미 ᄆᆞ
바 뱌 버 벼 보 뵤 부 뷰 브 비 ᄇᆞ
사 샤 서 셔 소 쇼 수 슈 스 시 ᄉᆞ
아 야 어 여 오 요 우 유 으 이 ᄋᆞ
자 쟈 저 져 조 죠 주 쥬 즈 지 ᄌᆞ
차 챠 처 쳐 초 쵸 추 츄 츠 치 ᄎᆞ
카 캬 커 켜 코 쿄 쿠 큐 크 키 ᄏᆞ
타 탸 터 텨 토 툐 투 튜 트 티 ᄐᆞ
파 퍄 퍼 펴 포 표 푸 퓨 프 피 ᄑᆞ
하 햐 허 혀 호 효 후 휴 흐 히 ᄒᆞ

과 궈 놔 눠 돠 둬 롸 뤄 뫄 뭐
봐 붜 솨 숴 와 워 좌 줘 화 훠
콰 쿼 톼 퉈 퐈 풔 촤 춰

第十六課 家屋

我國의家屋制度는古初에支那의遺制를模範ᄒᆞ야王公의宮室과郡邑의衙舍는極히宏大ᄒᆞ나羅麗로브터人民의家屋은制限이有ᄒᆞ야二層을許치아니ᄒᆞ고間架도ᄯᅩᄒᆞᆫ定ᄒᆞᆫ數가有ᄒᆞ니然ᄒᆞᆫ故로貧富를勿論ᄒᆞ고一般의居處가甚히狹窄ᄒᆞ고陋醜ᄒᆞ니라

대개家屋의制ᄂᆞᆫ一同溫突을用ᄒᆞ고高ᄂᆞᆫ五六尺으로十尺에過치못ᄒᆞ고間架ᄂᆞᆫ平均三四間으로五六間에過치못ᄒᆞ고屋根은瓦와藁와茅와鱗石等으로蓋ᄒᆞ나官舍外에ᄂᆞᆫ瓦屋이稀少ᄒᆞ고普通으로藁草가多ᄒᆞ며咸鏡道의三水와甲山等地方에ᄂᆞᆫ泥土로써屋을蓋ᄒᆞᆷ으로屋上에草萊가茂盛ᄒᆞ야望ᄒᆞ면邱隴과如ᄒᆞ니라

近日에ᄂᆞᆫ京城과各港市와其他大都會에外國의制를倣ᄒᆞ야或二層三層의屋을建ᄒᆞ고函石과洋瓦로覆ᄒᆞ며溫突을廢止ᄒᆞ니라

第十七課 衣服

我國의衣服은箕子가東來ᄒᆞ신後에白色을尙ᄒᆞ며衣質은紬絲와麻와綿과苧等의土產을用ᄒᆞ되奢華를絕禁ᄒᆞ고儉薄을尙ᄒᆞ더니近時에ᄂᆞᆫ外國의輸入이多ᄒᆞ야木織과毛織과絨屬과綾과羅와錦과緞의類를着ᄒᆞᄂᆞ니라

衣制ᄂᆞᆫ三韓時에ᄂᆞᆫ男女가다曲領과大袖衫을服ᄒᆞ며皮弁을戴ᄒᆞ더니新羅文武王이唐

制를遵ᄒᆞ고高麗忠烈王이蒙古의制를取ᄒᆞ야髮을薙ᄒᆞ고胡服을着ᄒᆞ며婦人은長衫과圓衫을變ᄒᆞ야衣制를甚히短케ᄒᆞ니近日婦人의服이是라其後에更히長衣를製ᄒᆞ야婦人의出入에服케ᄒᆞ더니 世祖元年에梁誠之가婦女의長衣를着홈은男女의別이無ᄒᆞ다ᄒᆞ야禁ᄒᆞ기를請ᄒᆞ니此로브터長衣은다만出入時에頭面을掩ᄒᆞ니라

朝服은烏紗帽와黑團領이오朝賀服은金冠과青衫과紅衫과紅裳과後垂와佩玉과蔽膝과牙笏과品帶오祭服은朝賀服에紅衫만去ᄒᆞ고黑衫을着ᄒᆞ며士人의禮服은普通으로道袍를着ᄒᆞ니라

太皇帝二十一年甲申에廣袖衣를廢ᄒᆞ고窄袖周衣를着ᄒᆞ며官服은褡護를用ᄒᆞ더니現今은西洋冠服을着ᄒᆞ니라

第十八課 皇室及政體

大韓의皇室은寶籙을世로承ᄒᆞ시니

太祖高皇帝씌셔開國ᄒᆞ샤都를漢陽에定ᄒᆞ시고 太廟와太社와太稷을立ᄒᆞ샤國號를

朝鮮이라ᄒᆞ시니
定宗 太宗 世宗 文宗 端宗 世祖
德宗 睿宗 成宗 中宗 仁宗 明宗
宣祖 元宗 仁祖 孝宗 顯宗 肅宗
景宗 英祖 眞宗 莊祖 正祖 純祖
文祖 憲宗 哲宗二十八世를歷ᄒᆞ사今
太皇帝陛下即位ᄒᆞ신지四十四年丁酉에國
號를改ᄒᆞ야曰大韓이라ᄒᆞ시고元을建ᄒᆞ야
曰光武라ᄒᆞ시고此日(光武元年十月十五日陰曆九月十七日)을
命名ᄒᆞ야曰繼天紀元節이라ᄒᆞ시다

光武十一年에 太皇帝ᄭᅴ셔位를內禪ᄒᆞ시
니 皇太子ㅣ皇帝位에即ᄒᆞ샤元을改ᄒᆞ야
曰隆熙라ᄒᆞ시고弟 英親王을封ᄒᆞ사 皇
太子를삼으시다
政體는古에는國家에大事가有ᄒᆞ면政府長
官과元老大臣과地方儒林에諮詢ᄒᆞ야議를
定ᄒᆞ더니百餘年以來로政權이戚臣에게歸
ᄒᆞ야百官의任홈과免홈을專擅ᄒᆞ니曰勢道
라此로因ᄒᆞ야政綱이日로衰頹ᄒᆞ더니
太皇帝陛下ᄭᅴ셔甲午更張의運을際ᄒᆞ샤戚

臣의權을排除ᄒᆞ고政府를組織ᄒᆞ시니라
我國政府의組織은其沿革을溯ᄒᆞ건ᄃᆡ古에
ᄂᆞᆫ議政府와吏曹와戶曹와禮曹와兵曹와刑
曹와工曹를寘ᄒᆞ얏더니官制를改定ᄒᆞ야宮
內府와內閣과內部와度支部와學部와軍部
와法部와農商工部를寘ᄒᆞ야共히國務大臣
이라稱ᄒᆞ고光武十年에外部를廢止ᄒᆞ고內
閣外事局을寘ᄒᆞ니라

第十九課　戶口와租稅

戶口ᄂᆞᆫ光武十一年五月의調査表를據ᄒᆞᆫ즉
戶가二百三十三萬三千八十七이오口가九
百七十八萬一千六百七十이오租稅가總히
八百十八萬一千六百五十三圜이러라

第二十課　十三道郡名

京畿道　水原　仁川　廣州　開城　江華
楊州　驪州　長湍　通津　坡州　利川
富平　南陽　豊德　抱川　竹山　楊平
(砥平合)　安山　朔寧　安城　高陽　金浦
永平　麻田　交河　加平　龍仁　陰竹
振威　陽川　始興　積城　果川　漣川

陽智 陽城 喬桐 三十八郡

忠清北道 忠州 清州 沃川 鎭川 清風
槐山 報恩 丹陽 堤川 懷仁 清安
永春 永同 黃澗 青山 延豊 陰城
文義 十八郡

忠清南道 公州 洪州 韓山 舒川 沔川
瑞山 德山 林川 鴻山 恩津 泰安
溫陽 大興 平澤 定山 靑陽 懷德
鎭岑 連山 魯城 扶餘 石城 庇仁
藍浦 結城 保寧 海美 唐津 新昌
禮山 全義 燕岐 牙山 稷山 天安
木川 鰲川 三十七郡

全羅北道 全州 南原 古阜 金堤 泰仁
礪山 錦山 益山 臨陂 金溝 咸悅
扶安 茂朱 淳昌 任實 鎭安 珍山
萬頃 龍安 高山 沃溝 井邑 龍潭
雲峰 長水 求禮 二十六郡

全羅南道 光州 羅州 靈岩 靈光 順天
寶城 興陽 長興 咸平 康津 海南
茂長 潭陽 綾州 樂安 務安 南平

珍島 興德 長城 昌平 光陽 同福
和順 高敞 玉果 谷城 莞島 智島
突山 麗水 濟州 大靜 旌義 三十四郡

慶尙北道

尙州 慶州 大邱 星州 義城
永川 安東 醴泉 金山 善山 淸道
靑松 仁同 寧海 順興 漆谷 豐基
盈德 龍宮 河陽 榮川 奉化 淸河
眞寶 軍威 義興 新寧 延日 禮安
開寧 聞慶 知禮 咸昌 英陽 興海
慶山 慈仁 比安 玄風 高靈 長鬐
鬱島 二十四郡

慶尙南道

晉州 金海 密陽 東萊 蔚山
宜寧 昌寧 昌原(鎭海熊川合) 居昌 河東
陜川 咸安(漆原合) 咸陽 固城 梁山
彥陽 靈山 機張 巨濟 草溪 昆陽
三嘉 安義 山淸 丹城 南海 泗川
鎭南 二十八郡

江原道

春川 原州 江陵 淮陽 襄陽
鐵原 伊川 三陟 寧越 平海 通川
旌善 高城 杆城 平昌 金城 蔚珍

歙谷 平康 金化 華川 洪川 楊口
麟蹄 橫城 安峽 二十六郡

黃海道 黃州 安岳 海州 平山 鳳山
延安 谷山 瑞興 長淵 載寧 遂安
白川 信川 金川 文化 豐川 新溪
長連 松禾 殷栗 兎山 瓮津 康翎 二十三郡

平安南道 平壤 中和 龍岡 成川 咸從
三和 順川 祥原 永柔 江西 安州
慈山 肅川 价川 德川 寧遠 殷山
陽德 江東 孟山 三登 甑山 順安 二十四郡

平安北道 義州 江界 定州 寧邊 宣川
楚山 昌城 龜城 龍川 鐵山 朔州
渭原 碧潼 嘉山 郭山 熙川 雲山
博川 泰川 慈城 厚昌 二十一郡

咸鏡南道 德源 咸興 端川 永興 北青
安邊 定平 三水 甲山 長津 利原
文川 高原 洪原 十四郡

咸鏡北道 鏡城 吉州 會寧 鍾城 慶興

城津

茂山

明川

富寧

穩城

慶源 十一郡

初等大韓地誌終

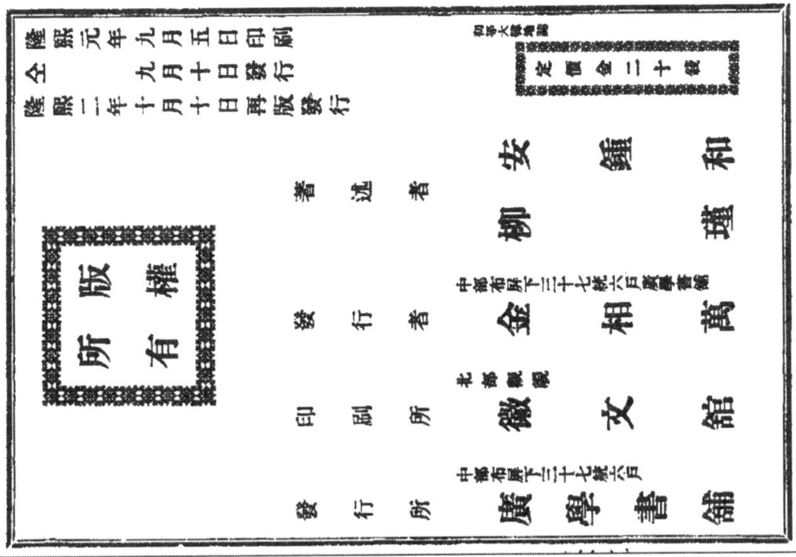

初等大韓地誌
定價金二十錢

隆熙元年九月五日印刷
仝　九月十日發行
隆熙二年十月十日再版發行

版權所有

著述者 安鍾和 柳瑾

發行者 中部布屛下三十七統六戶廣學書舖 金相萬

印刷所 北部觀峴 徽文館

發行所 中部布屛下三十七統六戶 廣學書舖

五十八

發行兼發賣元

皇城中部布屛下二十七統六戶 廣學書舖 金相萬

최신초등 대한지지

(最新初等 大韓地誌)

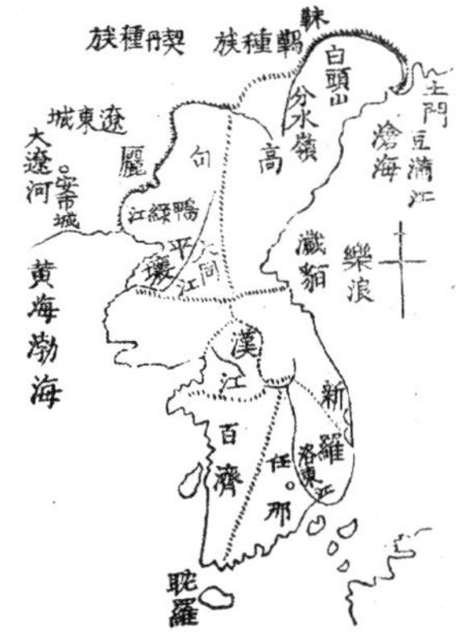

最新初等
大韓地誌 全

最新初等大韓地誌目次

最新初等大韓地誌目次 終

最新初等大韓地誌

東萊 鄭寅琥 編輯

第一篇 總論

第一課 位置와境界

우리大韓帝國의位置와境界는亞細亞洲東部에在ᄒᆞ니東南은日本의對馬島와相對ᄒᆞ고東北은俄羅斯의領地烏蘇里와界를接ᄒᆞ고西北은淸國의滿洲와壤을連ᄒᆞ고南은大海를臨ᄒᆞ니라

第二課 幅員

幅員은長이東北으로西南에至ᄒᆞᆷ이三千六百里오廣은到處에不同ᄒᆞ니東은慶尙南道鬱島郡이오西는黃海道長淵郡이오南은全羅南道濟洲郡이오北은咸鏡北道土門江이니라

第三課 漢陽一

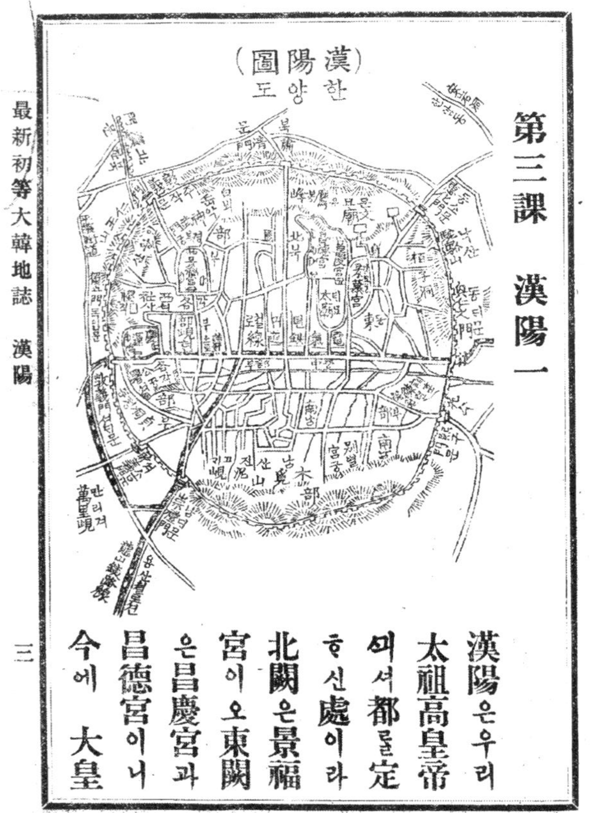

漢陽은우리太祖高皇帝씌셔都를定ᄒᆞ신處이라北闕은景福宮이오東闕은昌慶宮과昌德宮이니今에 大皇

帝씌셔御臨ᄒᆞ신處이오西闕은崇政殿이오또
貞洞에慶運宮이有ᄒᆞ니今에 太皇帝씌셔御
臨ᄒᆞ신處이니라

第四課 漢陽二

城의周圍가四十里에八門을建ᄒᆞ고五部內에
四十九坊의四萬三千戶와二十萬人口가住ᄒᆞ
며十部衙門과各社會와各學校가前後에排列
ᄒᆞ고우리商店과各國人의居留地가四面에櫛
比ᄒᆞ야物貨가雲과如히集ᄒᆞ니眞帝王의萬年
基地라 光武元年에國號를大韓이라ᄒᆞ다

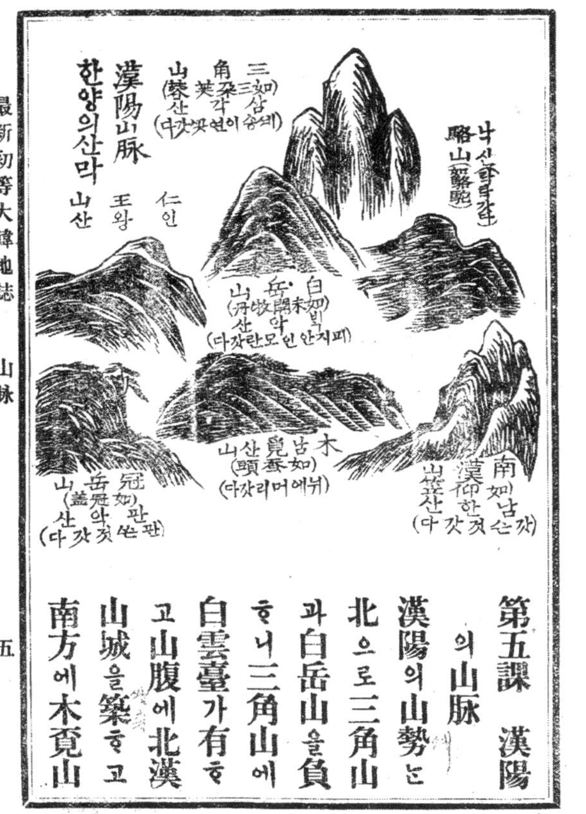

第五課 漢陽의山脈

漢陽의山勢ᄂᆞᆫ
北으로三角山
과白岳山을負
ᄒᆞ니三角山에
白雲臺가有ᄒᆞ
고山腹에北漢
山城을築ᄒᆞ고
南方에木覓山

은蠶頭와如히對立ᄒᆞ고東에駱山이오西에仁王山이오西南에冠岳山과東南에南漢山이羅列ᄒᆞ야皇城을保障ᄒᆞ다

第六課 漢陽의江流一

漢江은漢陽東方으로入ᄒᆞ야南山을抱ᄒᆞ야西으로鷺梁津에至ᄒᆞ야鐵橋를架設ᄒᆞ야京城에서仁川과釜山을通ᄒᆞᆫ火輪車가晝夜로往來ᄒᆞ더라

第七課 漢陽의江流二

漢江이楊花渡를지나臨津江과合ᄒᆞ야南으로꺽겨江華에서海에入ᄒᆞ니根源은江陵의五臺山과淮陽의金剛山과報恩의俗離山에서發ᄒᆞ야漢陽에至ᄒᆞ되水는淺ᄒᆞ고石이多ᄒᆞ야小船만行ᄒᆞᄂᆞ니라

第八課 全國의地勢

地勢는大陸에半島國이니山岳은多ᄒᆞ고平原은小ᄒᆞ며山脉은咸鏡、北道의白頭山으로부터一枝는西南으로走ᄒᆞ고一枝는東南으로分馳ᄒᆞ야兩西와三南、沿海에止ᄒᆞ고水勢는山脉을隨ᄒᆞ야西北과東南、海岸에注入ᄒᆞᆫ다

第九課　全國의名山

名山은三角山(京城)과白頭山(咸鏡北道)과妙香山(平安北道)과五臺山과金剛山(江原道)과九月山(黃海道)과冠岳山(京畿道)과鷄龍山(忠淸南道)과俗離山(忠淸北道)과太白山과小白山(慶尙北道)과德裕山(全羅北道)과智異山(全羅南道)과漢拏山(濟州)等이有ᄒᆞ니라

第十課　全國의江流

江流는漢江(京城)과大同江(平安南道)과鴨綠江(平安北道)과豆滿江(咸鏡北道)과洛東江(慶尙北道)과榮山江(全羅南道)等이오湖水는八池(慶源)와碧骨池(金堤)와鏡浦(江陵)와義林池(堤川)와恭儉池(咸昌)와南大池(延安)等이有ᄒᆞ니라

第十一課　氣候

氣候는三南、地方은寒暖이適宜ᄒᆞ고北方、諸道는寒氣가凜烈ᄒᆞ며南部는夏秋間에霖雨가每多ᄒᆞ고北部는冬季에江水가堅氷을結ᄒᆞ야人

馬가氷上에往來ᄒᆞ며江原、咸鏡、平安等道에ᄂᆞᆫ雪이四五尺이ᄂᆞ六七尺이堆積ᄒᆞ고三南은氷雪이小ᄒᆞ니라

第十二課 物產一

物產은動物과植物과礦物이具備ᄒᆞ니動物은牛、馬、豚、犬과虎、豹、獐、鹿과熊、狐、貂、獺과鷄、鴨、鵝、鷹과鴈、鶴、鷺、鶉과鯽、鯉、龜、鼈과魴、鱣、鱸、鯖과明太魚와大口魚와八梢魚와石首魚와鰕、蟹、蛤、螺等이有ᄒᆞ니라

第十三課 物產二

植物은松、栢、檜、槻와桑、楮、漆、竹과棗、栗、梨、柿와橘、榴、桃、李와禾、粟、菽、麥과蔘、芪、菁、菘과葛、麻、苧、綿等物이오礦物은金、銀、銅、鐵과鹽、砂、煤、硫와水晶、寶石等物이오또製造物은布、帛、紬、錦과絲、紙、簾、席과鍮、沙、陶器等物이有ᄒᆞ니라

第十四課 上古의沿革

上古에檀君이平壤에都ᄒᆞ고國號ᄅᆞᆯ朝鮮이라ᄒᆞ고箕子의時에疆域이東南은大海에至ᄒᆞ고西은遼東과遼西에限ᄒᆞ고北은肅愼을接ᄒᆞ얏더니燕나라ᄉᆞᄅᆞᆷ衛滿이箕氏ᄅᆞᆯ代ᄒᆞ얏다가孫

右渠王이漢에게滅ᄒᆞ니라

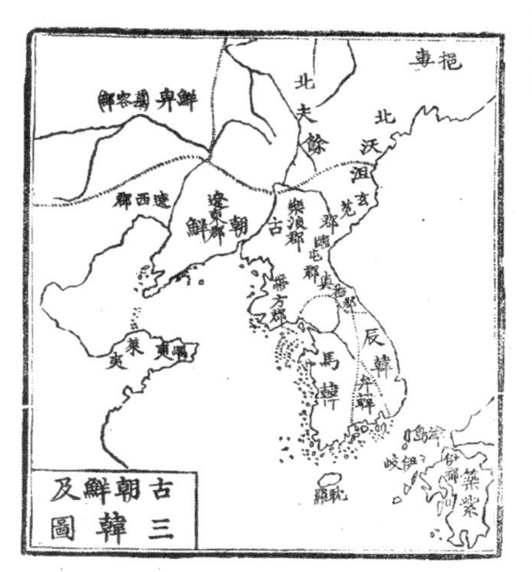

古朝鮮及三韓圖

第十五課 中古의沿革一

辰韓과弁韓과馬韓이三韓이니辰韓은今慶尙北道洛東江의左에在ᄒᆞ고弁韓은洛東江의右에在ᄒᆞ고馬韓은今漢江南

方의京畿道와忠淸道와全羅道等地에在ᄒᆞ니北은樂浪(今平安道)과東은日本을接ᄒᆞ고西南은大海를臨ᄒᆞ니라

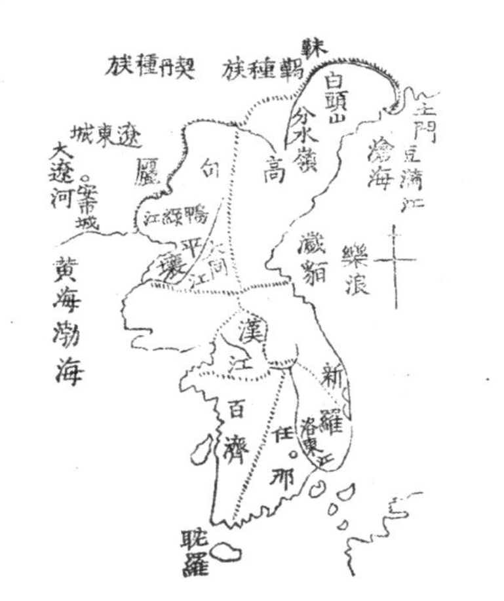

第十六課 中古의沿革二

新羅와高句麗와百濟가三國이니新羅ᄂᆞᆫ今慶州에

都ᄒᆞ고高句麗ᄂᆞᆫ卒本에都ᄒᆞ얏다가平壤에徙ᄒᆞ고百濟ᄂᆞᆫ今廣州에都ᄒᆞ얏다가扶餘에徙ᄒᆞ야三國이鼎足과如히立ᄒᆞ엿더니後에新羅가二國을統合ᄒᆞ다

第十七課 近古의沿革

高麗ᄂᆞᆫ太祖王建이起ᄒᆞ야開城에都ᄒᆞ고泰封과後百濟ᄅᆞᆯ滅ᄒᆞ니新羅가또降附ᄒᆞᆷ이全國을統一ᄒᆞ얏더니우리
太祖高皇帝ᄭᅴ서天命을受ᄒᆞ사國號ᄅᆞᆯ朝鮮이라ᄒᆞ시고漢陽에都ᄒᆞ시고이에全國을分ᄒᆞ야八道ᄅᆞᆯ置ᄒᆞ셧더니 太皇帝光武元年에十三道로改定ᄒᆞ시다

第二篇 京畿道

第一課 位置와境界와地勢

本道의位置와境界는全國中

央에在ᄒᆞ니東北은江原道를交壤ᄒᆞ고西는黃海道를隣ᄒᆞ고南은忠淸、南、北道와接ᄒᆞ고西方一面은仁川、海를攬ᄒᆞ고地勢는山岳이重疊ᄒᆞᄂᆞ川流가多ᄒᆞ야田野가闊ᄒᆞ다

第二課 山脈

本道의山脈은三角山이第一이오其次는松岳山(開城)이니大興山城이有ᄒᆞ고그中에奇岩、怪石과瀑布와朴淵이有ᄒᆞ고豐德의德積山(俗名덕물산)은이有ᄒᆞ야山上에崔侍中、瑩의廟가有ᄒᆞ고江華의摩尼山에는檀君의祭天ᄒᆞ던處이有ᄒᆞ다

第三課 都會와勝地

開城은高麗、王氏의五百年、故都라滿月臺는遺跡이尙存ᄒᆞ고紫霞洞은花卉가俱備ᄒᆞ야景色이明媚ᄒᆞ고城東에善竹橋가有ᄒᆞ니麗季、忠臣、鄭夢周가被害ᄒᆞ던處이라橋上에血痕이尙存ᄒᆞ고靑石關은萬夫莫開ᄒᆞᆯ要地오廣州의南漢山城은 仁祖씌셔淸人과和約을定ᄒᆞ신處이니라

第四課 江流와海灣과島嶼

本道의江流는漢江이第一이오次는臨津江이니渡頭가絶險ᄒᆞᆫ城形이되고瓮浦는京城에서義州로通ᄒᆞᆫ鐵道에鐵橋를敷設ᄒᆞ고南陽灣은巨艦을可히泊ᄒᆞ고花梁灣은石豚이海中에亘ᄒᆞ고江華、島는 仁祖、時에淸兵이犯ᄒᆞᆫ故로鼎

足山城에八個砲臺를築ᄒᆞ니라

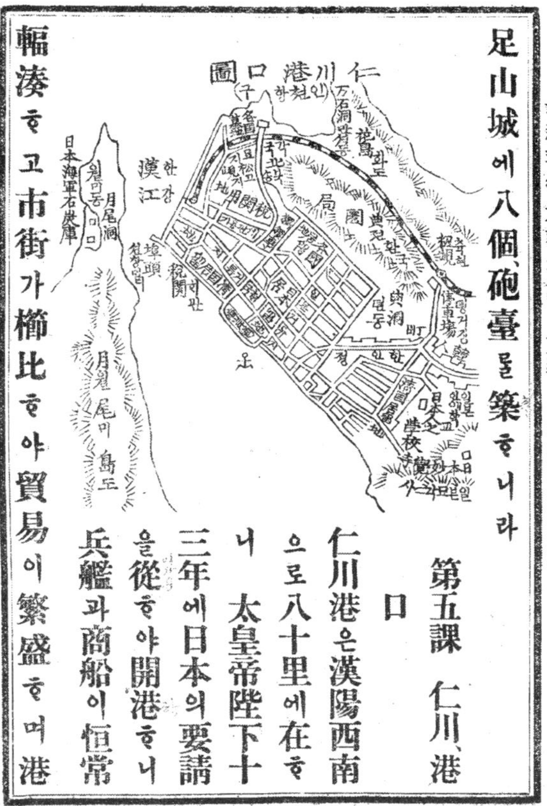

第五課 仁川港口

仁川港은漢陽西南으로八十里에在ᄒᆞ니 太皇帝陛下十三年에日本의要請을從ᄒᆞ야開港ᄒᆞ니兵艦과商船이恒常輻湊ᄒᆞ고市街가櫛比ᄒᆞ야貿易이繁盛ᄒᆞ며港後에蘇來山은山勢가雄峻ᄒᆞ고月尾島와申島가屛立ᄒᆞ니라

本道ᄂᆞᆫ三十八郡이니 水原 開城 仁川 江華 廣州 楊州 驪州 南陽 長湍 豐德 通津 抱川 坡州 竹山 利川 楊根 富平 安山 朔寧 交河 安城 加平 高陽 龍仁 金浦 陰竹 永平 振威 麻田 陽川 始興 漣川 砥平 陽智 積城 陽城 果川 喬桐 이니라

第三篇　忠清北道

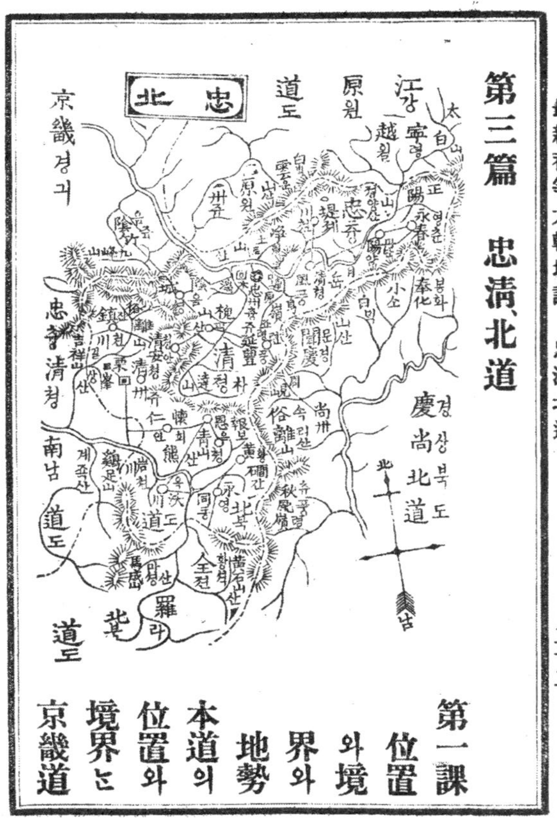

第一課　位置와境界와地勢

本道의位置와境界는京畿道東南間에在ᄒᆞ니東北은江原道를接ᄒᆞ고東은慶尙北道와隣ᄒᆞ고西는忠清南道오南은全羅北道며地勢는峯巒이重疊ᄒᆞᄂᆞ高山峻嶺은小ᄒᆞ고風俗과氣候는京畿와相似ᄒᆞ다

第二課　山脈

俗離山[報恩]은慶尙、忠清兩道間에據立ᄒᆞᆫ山이라其北에靑華山이有ᄒᆞ니背에는內外仙遊山을負ᄒᆞ고前에는龍遊山을對ᄒᆞ며俗離山一脉은西으로走ᄒᆞ야百足山[竹陰]과普賢山[陰城]과胎靈山[鎭川]과頭陀山[淸安]과天門嶺이되고東에上黨山城

(清州)이有ᄒᆞ고胎靈山이素沙河(稷山)에至ᄒᆞ야鷲岩山(木川)이突起ᄒᆞ야山麓에溫泉이湧出ᄒᆞ다

第三課 都會

忠州ᄂᆞᆫ達川을沿ᄒᆞᆫ都會니左道ᄂᆞᆫ竹嶺이오右道ᄂᆞᆫ鳥嶺이라南北에往來ᄒᆞᄂᆞᆫ要衝인故로商賈가輻湊ᄒᆞ고彈琴臺ᄂᆞᆫ新羅時에伽倻國의樂師于勒이彈琴ᄒᆞ던處이오壬辰亂時에申砬이此地에셔敗軍ᄒᆞᆫ故로此地를過ᄒᆞᄂᆞᆫ者가懷古感慨ᄒᆞᆫ淚를不禁ᄒᆞ더라

第四課 勝地

丹陽은本道東南에在ᄒᆞ니山川의佳景이一道

에卓冠이라名人達士가棲游ᄒᆞ며吉祥山(鎭川)은新羅眞平王時에萬弩郡太守金舒賢의妻萬明이有娠ᄒᆞᆫ지二十朔에庚信을生ᄒᆞ니後에金庚信이新羅의名將으로高句麗와百濟를滅ᄒᆞ고新羅의統

一을成ᄒᆞ고唐兵을擊破ᄒᆞ야天下에有名ᄒᆞ다

第五課　江流

清風江은江原道、金剛淵에서發源ᄒᆞ야本道、中央을橫斷ᄒᆞ고漢江에注入ᄒᆞ니江의南岸에清風里ᄂᆞᆫ勝地로有名ᄒᆞ며寒碧樓가臨江ᄒᆞᆷ이風趣가多ᄒᆞ고達川은俗離山에서發源ᄒᆞ야忠州郡을經ᄒᆞ야清風江과合ᄒᆞ다

本道ᄂᆞᆫ十八郡이니 忠州 清風 清州 槐山 沃川 報恩 鎭川 永同 丹陽 黃磵 堤川 青山 懷仁 延豐 清安 陰城 永春 文義 이러라

第四篇　忠清、南道

第一課　位置와境界와地勢

本道의位置와境界ᄂᆞᆫ京畿南

方에在ᄒᆞ니南은全羅、北道오西北의沿海、諸郡은海口에突出ᄒᆞ고東은忠淸、北道오地勢ᄂᆞᆫ四方에山岳이重疊ᄒᆞ야一道의半을占據ᄒᆞ고其外ᄂᆞᆫ土地가膏腴ᄒᆞ야田野를開拓ᄒᆞ다

第二課 山脉

鷄龍山은公州、東南에聳峙ᄒᆞᆫ高山이니此ᄂᆞᆫ湖南、馬耳山의盡脉이라山勢가逶

迤淸秀ᄒᆞ고燕岩山(溫陽)에ᄂᆞᆫ溫泉이湧出ᄒᆞ야四時에沐浴ᄒᆞᄂᆞᆫ客子가不絶ᄒᆞ고山上에欄干이有ᄒᆞ니高麗、時에架設ᄒᆞᆫ바오娥眉山(藍浦)은一點、翠色이佳人의娥眉를描出ᄒᆞ고山腰에銀礦이多ᄒᆞ니라

第三課 都會와勝地

公川ᄂᆞᆫ舟楫을能通ᄒᆞ야商賈가輻湊ᄒᆞ니忠淸道에第一、都會오扶餘ᄂᆞᆫ百濟의古都라釣龍臺ᄂᆞᆫ唐將、蘇定方의釣龍ᄒᆞᆫ處이오自溫臺ᄂᆞᆫ臨江ᄒᆞᆫ一岩이니百濟王의遊宴ᄒᆞ던處이오落花岩

은義慈王이唐兵에게敗홈이花容의宮女들이此岩에서落水ᄒᆞᆫ處이니라

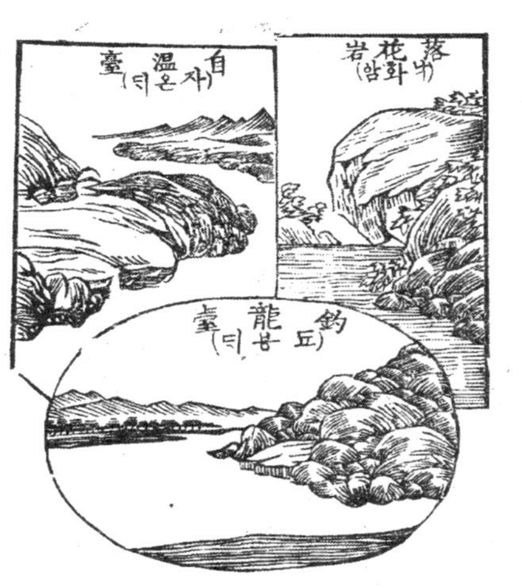

第四課 江流와河水

錦江은俗離山과德裕山間에서發源ᄒᆞ야東津江과合ᄒᆞ야江鏡浦에至ᄒᆞ니水가

清潔ᄒᆞ고芙蓉津은地勢가平坦,肥沃ᄒᆞ야穀物이多産ᄒᆞ고素沙河(稷山)는公州,維鳩山에서發源ᄒᆞ야靈仁山(牙山)의邊에서滙滂ᄒᆞ야,曲橋川과相合ᄒᆞ야大湖를成ᄒᆞ고河口에一,大岩이有ᄒᆞ야大船에帆을掛홈과如ᄒᆞ더라

第五課 海灣과島嶼

牙山灣은忠清,京畿,兩道間에在ᄒᆞ고唐津浦는本道,西方에在ᄒᆞ야船舶을碇繫키便ᄒᆞ고昔에支那,使臣이往來ᄒᆞ면要津이라彩雲橋와石門山에支那使臣이賦詩,稱賞ᄒᆞ야兩國에著名ᄒᆞ

고唐津浦와相抱ᄒᆞᆫ一灣은波知島灣이니西人이、네시부손灣이라謂ᄒᆞᄂᆞ니라

本道ᄂᆞᆫ三十七郡이니 公州 舒川 洪州 沔川 韓山 瑞山 德山 大興 林川 平澤 鴻山 定山 恩津 靑陽 泰安 懷德 溫陽 鎭岑 延山 結城 魯城 保寧 扶餘 海美 石城 唐津 庇仁 新昌 藍浦 禮山 全義 天安 燕岐 木川 牙山 鰲川 稷山이러라

第五篇 全羅、北道

第一課 位置와境界와地勢

本道의位置와境界ᄂᆞᆫ本道、東

部를占據ᄒᆞ얏스니北은忠清、南道와相對ᄒᆞ고東은慶尙、北道와分界ᄒᆞ고西南은全羅、南道와並列ᄒᆞ고東北은忠清、北道를相接ᄒᆞ고地勢는智異山의餘脉이蟠屈、起伏ᄒᆞ고西南은良田、沃野가數百里를連亘ᄒᆞ고沿海는魚鹽의利가多ᄒᆞ니라

第二課 山脉

本道에雲梯山(高山)은千峯萬壑의翠色과嵐光이雲間、天外에嵯峨ᄒᆞ야西方으로延綿ᄒᆞ고邊山(扶安)은峯巒이盤回ᄒᆞ고山上에不思議方丈이라

ᄒᆞᄂᆞᆫ僧舍ᄂᆞᆫ木梯의高가百尺이오其下ᄂᆞᆫ萬丈、不測에壑이라鐵索으로其、屋을引ᄒᆞ야岩間에釘着ᄒᆞ얏더라

第三課 都會와勝地

全州ᄂᆞᆫ全羅、北道의大都會니舟楫의便과魚鹽의利가有ᄒᆞᆫ故로商賈가輻湊ᄒᆞ고南門內에慶

基殿은 高皇帝、御眞을奉安ᄒᆞ얏고南原은馬耳山、南麓에在ᄒᆞᆫ都會오智異山(雲峯)은또方丈山이라ᄒᆞ니三神山中에一이오雲峯、引月驛은高皇帝ᄭᅴ셔倭將、阿只拔都를射殺ᄒᆞ신處이오錦山、城外에趙憲이壬辰亂에殉節ᄒᆞᆫ處이有ᄒᆞ니라

第四課 江流와海灣과島嶼

本道에江流는萬頃、江과金堤、江이有ᄒᆞ나深濶치안코西方、一帶는總히沿海ᄒᆞ나大艦巨舶의碇泊ᄒᆞᆯ處는不多ᄒᆞ고黔毛浦는新昌浦、西方에

島如碁峙星羅圖
(섬이바독돌갓고별갓흠)

在ᄒᆞᆫ一埠頭니昔年에水軍、諸鎭을設ᄒᆞ얏던處이오古羣山島는稍大ᄒᆞ나其外에羣島는碁置、星羅ᄒᆞ야淼茫ᄒᆞᆫ波濤間에浮沈ᄒᆞ더라

第五課 羣山、港口

沃溝에羣山、浦는本道、西方에深入ᄒᆞᆫ灣이니東

으로臨陂郡을沿ᄒᆞ고西으로古羣山島가羅列ᄒᆞ고忠淸南道를北으로通ᄒᆞ야物貨가四方으로輻湊ᄒᆞᄂᆞᆫ故로近年에港口를開ᄒᆞ야外國人의通商이漸益興旺ᄒᆞ니라

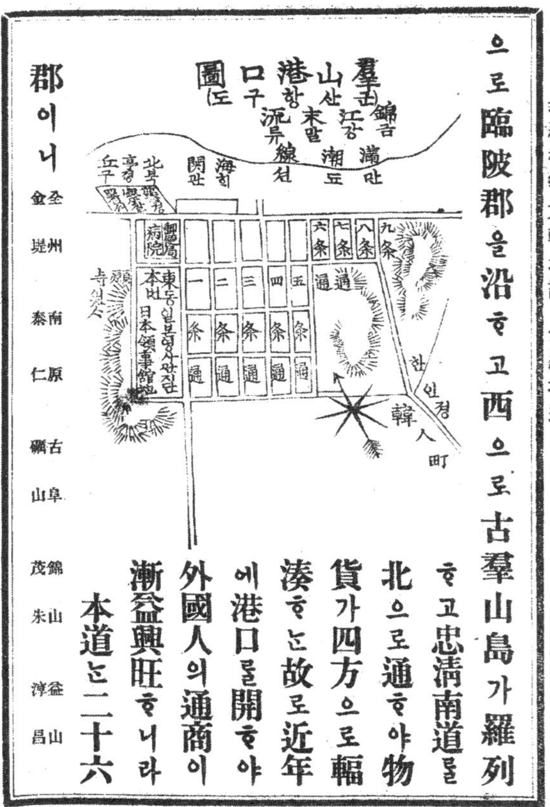

本道ᄂᆞᆫ二十六郡이니 全州 金堤 南原 泰仁 古阜 礪山 錦山 茂朱 益山 淳昌

臨陂 任實 金溝 鎭安 咸悅 珍山 扶安 萬頃 龍安 龍潭 高山 雲峯 沃溝 長水 井邑 求禮 이러라

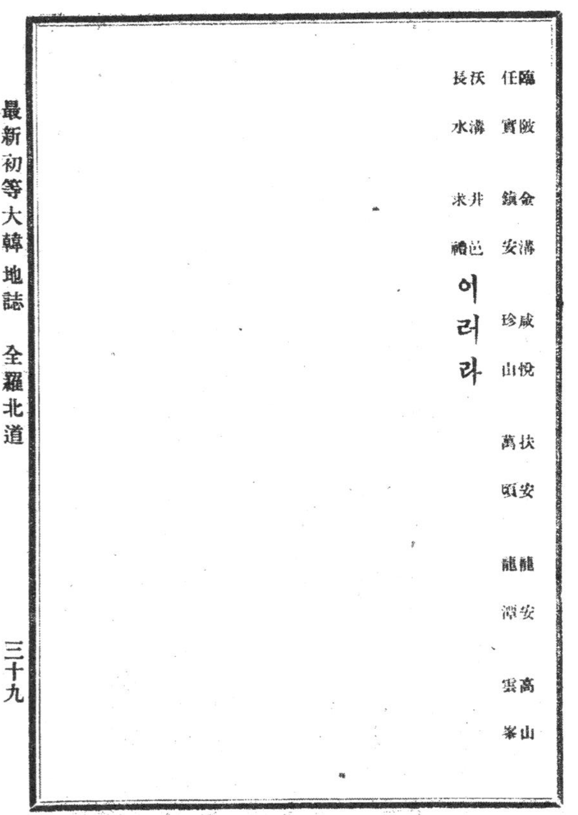

第六篇 全羅南道

第一課 位置와境界와地勢

本道의位置와境界 는我邦의最南端에在ᄒᆞ니全

羅、北道를北으로接ᄒᆞ고慶尙、南道를東으로隣ᄒᆞ고南西、兩面은大海에濱ᄒᆞ야無數ᄒᆞᆫ羣島가其前에羅列ᄒᆞ고島嶼와岬灣의多ᄒᆞᆷ이全國에第一이라故로大韓、海道의保障이되며地勢는山脉이稀少ᄒᆞ고良田과沃野가多ᄒᆞ야豐登이連仍ᄒᆞ고氣候는溫暖ᄒᆞ니라.

第二課 山脉과都會와勝地

中條山은綾州南에聳立ᄒᆞ야南方、獅子山(長興)과相對ᄒᆞ야本道內에高山、峻嶺이되고羅州는錦城山、南麓에在ᄒᆞᆫ都會니田野가闢ᄒᆞ고西南、江

海에利益이湊臻ᄒᆞ야富潤ᄒᆞᆫ氣像이恰然히漢陽、局勢와如ᄒᆞ고光州ᄂᆞᆫ羅州、東에在ᄒᆞᆫ都會니市街가繁盛ᄒᆞ고順天은山水가明媚ᄒᆞ더라

濟州漢拏山(壹云瀛洲)
졔쥬한라산(혹은영쥬)

第三課 江流와海灣과島嶼

蟾津江은鎭安에셔發源ᄒᆞ야智異山을環ᄒᆞ야南海에注ᄒᆞ고法聖浦(靈光)ᄂᆞᆫ白玉山、西岸

에濱ᄒᆞᆫ埠頭니灣內가水深ᄒᆞ야商船이恒常、往來ᄒᆞ고海南과珍島와長興、間에景致ᄂᆞᆫ諸島가屈曲ᄒᆞ고興陽에羅列ᄒᆞᆫ諸島ᄂᆞᆫ梅花를舖地홈과如ᄒᆞ고濟州島의漢拏山은風光이幽絕ᄒᆞ야瀛洲라稱ᄒᆞ니三神山中에一이니라

第四課 木浦、港口

木浦、港은本道、西方、務安郡에在ᄒᆞ니大艦巨船의碇泊ᄒᆞ기便利ᄒᆞ고灣口에多慶浦와相接ᄒᆞ야物貨가輻湊ᄒᆞ니 光武元年에港口를開ᄒᆞ야各國、貿易塲을作ᄒᆞ니近年에商利가漸益興

旺ᄒᆞ야釜山、仁川兩港에比ᄒᆞ깃더라西北을向ᄒᆞ야斗出ᄒᆞᆫ半島ᄂᆞᆫ海南島니南海에要衝이라水軍節度使를置ᄒᆞ얏던處이니라

本郡ᄂᆞᆫ三十四郡이니 光州 靈光 羅州 順天 靈岩 寶城 興陽 潭陽 長興 綾州 咸平 樂安 康津 務安 海南 南平 茂長 珍島 興德 高敞 長城 玉果 昌平 谷城 光陽 莞島 同福 突山 和順 麗水 濟州 旌義 大靜 智島러라

第七篇　慶尙北道

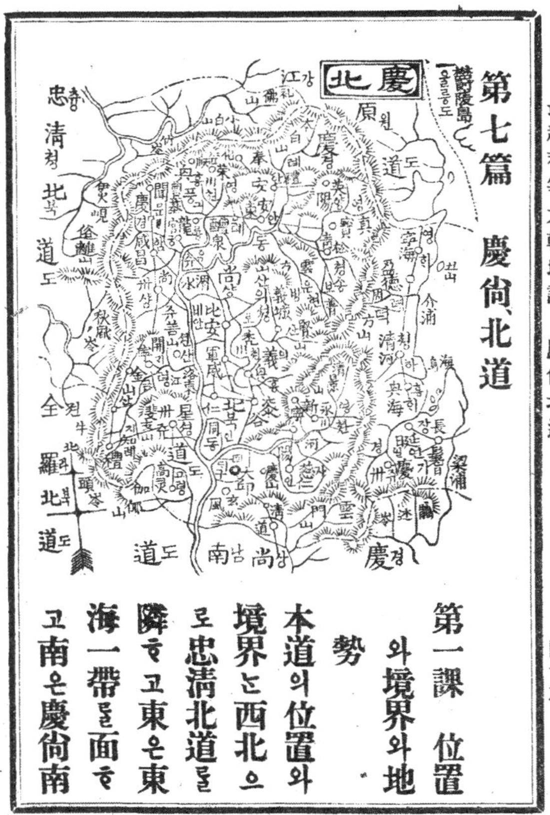

第一課　位置와境界와地勢

本道의位置와境界는西北으로忠淸北道를隣ᄒᆞ고東은東海一帶를面ᄒᆞ고南은慶尙南道오東北은江原道를接ᄒᆞ고西南、一隅는全羅北道를聯ᄒᆞ고地勢는西北、兩部에山岳이重疊ᄒᆞ고東南에至ᄒᆞ야는岡巒이處處에起伏ᄒᆞ나中央은平坦ᄒᆞ야田野가闊ᄒᆞ다

第二課　山脈과都會와勝地

太白山(奉化)은本道、北方에聳峙ᄒᆞᆫ山이니支脈이左右에奔馳ᄒᆞ야左脈은東萊府에至ᄒᆞ고右脈은鳥嶺과俗離山과德裕山과智異山이되다太白山上에潢池가有ᄒᆞ니池水가起波ᄒᆞ며水禽이浮沉ᄒᆞ고小白山(順興)은太白山西에跨聳ᄒᆞᆫ土

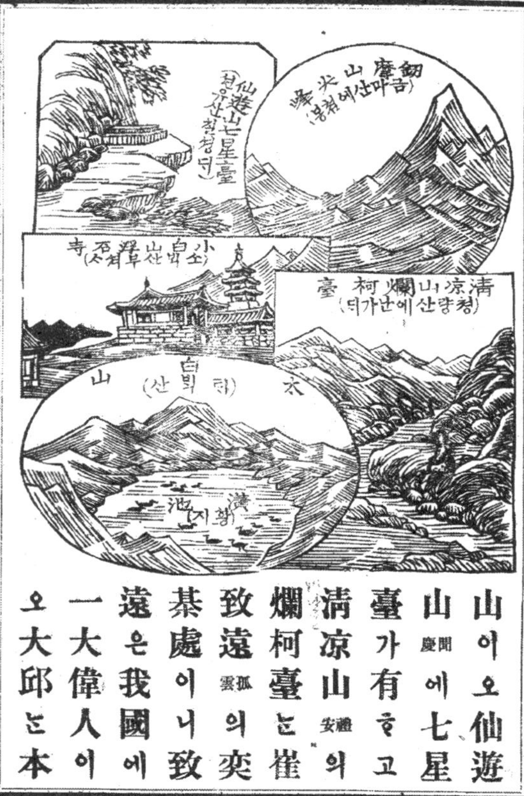

山이오仙遊山(聞慶)에七星臺가有ᄒᆞ고清涼山(禮安)의爛柯臺는崔致遠(孤雲)의奕棊處이니致遠은我國에一大偉人이오大邱는本道에第一繁華ᄒᆞᆫ都會오慶州는故昔에鷄林이니新羅의舊都니라

第三課 江流와海灣과島嶼

嶺南의長江은洛東江뿐이니本道、中央을貫通ᄒᆞ고金海를由ᄒᆞ야海에入ᄒᆞ니長이七百里에一派로歸ᄒᆞᆫ故로俗稱에嶺南、人의性質이此、水와如히勁直、不回ᄒᆞ다ᄒᆞ고東方、一帶는東海를面ᄒᆞ고江原道를接ᄒᆞᆫ地에觀魚臺가有ᄒᆞ니海를臨ᄒᆞ고山을據ᄒᆞ야一望千里러라

本道는四十一郡이니 尙州 星州 慶州 義城 大邱 永川

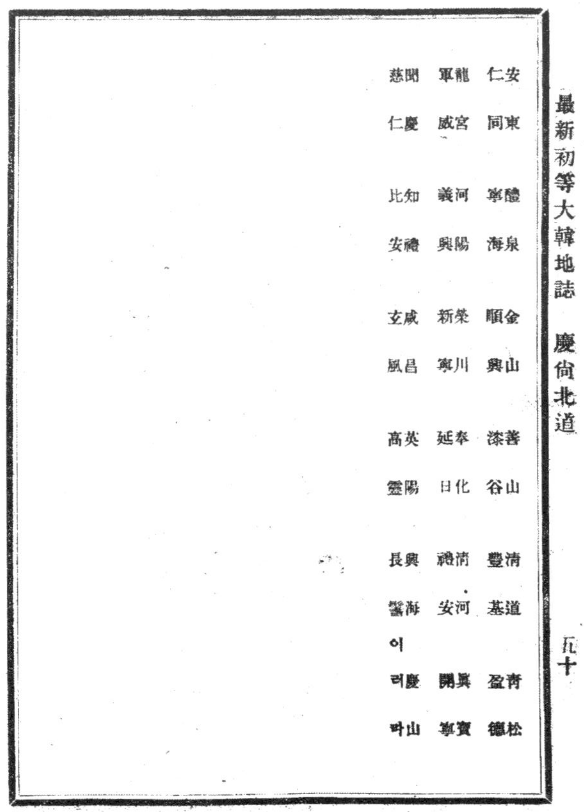

安東 仁同 醴泉 寧海 金山 順興 善山 漆谷 清道 豐基 青松 盈德 龍宮 軍威 河陽 義興 榮川 新寧 奉化 延日 清河 禮安 眞寶 開寧 聞慶 慈仁 知禮 比安 咸昌 玄風 英陽 高靈 興海 長鬐 이 慶山 이러라

第八篇　慶尙南道

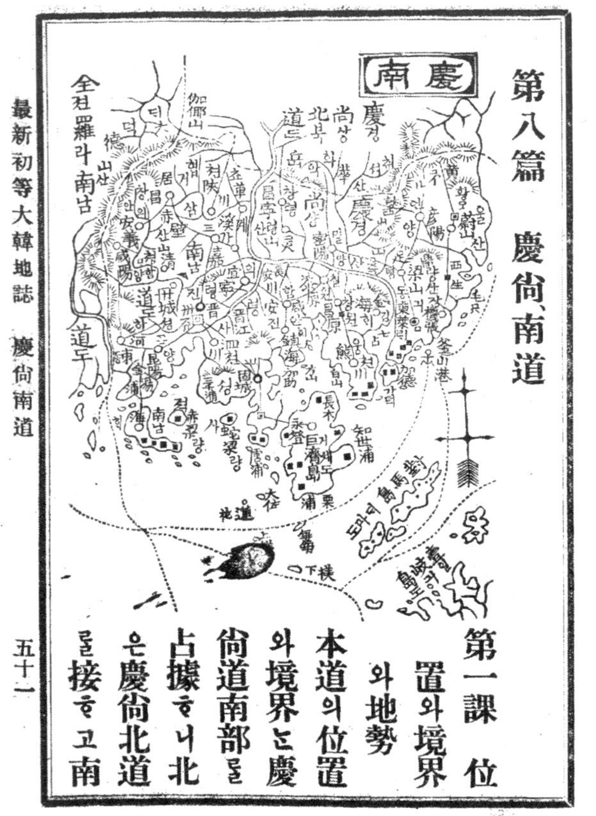

第一課　位置와境界와地勢

本道의位置와境界는慶尙道南部를占據ᄒᆞ니北은慶尙北道를接ᄒᆞ고南

東은南海와巨濟와絕影島、等의羣島를帶ᄒᆞ야
大海를臨ᄒᆞ고遙遙히日本、對馬島와相對ᄒᆞ며
西方、一面은重疊ᄒᆞᆫ山脉을隔ᄒᆞ야全羅、南道와
隣ᄒᆞ고地勢ᄂᆞᆫ西北에山岳이蟠屈、起伏ᄒᆞ되沃
野가連綿ᄒᆞ고氣候ᄂᆞᆫ嚴冬에도氷雪을罕見ᄒᆞ
ᄂᆞ니라

第二課　山脉과都會와勝地

伽倻山(陜川)은德裕山、東과秋風嶺、南에立ᄒᆞᆫ高山
이라山中에泉石이佳麗ᄒᆞ고石上에崔孤雲의
刻字가如新ᄒᆞ고海印寺가有ᄒᆞ야藏書閣、上에

飛鳥가坐치못ᄒᆞᆫ다ᄒᆞ며晋州郡은本道、中에가

論介負將墜江之處(론기부장타강ᄒᆞᆫ듯)

장著名ᄒᆞᆫ都會오
矗石樓ᄂᆞᆫ嶺南에
第一、大觀이오樓
下、江邊에一岩이
有ᄒᆞ니義娘岩이
라壬辰亂에邑妓
論介가敵將과此
岩에셔遊宴ᄒᆞ다가敵將을背負ᄒᆞ고江에墜ᄒᆞᆫ
處이러라

第三課 江流와海灣과島嶼

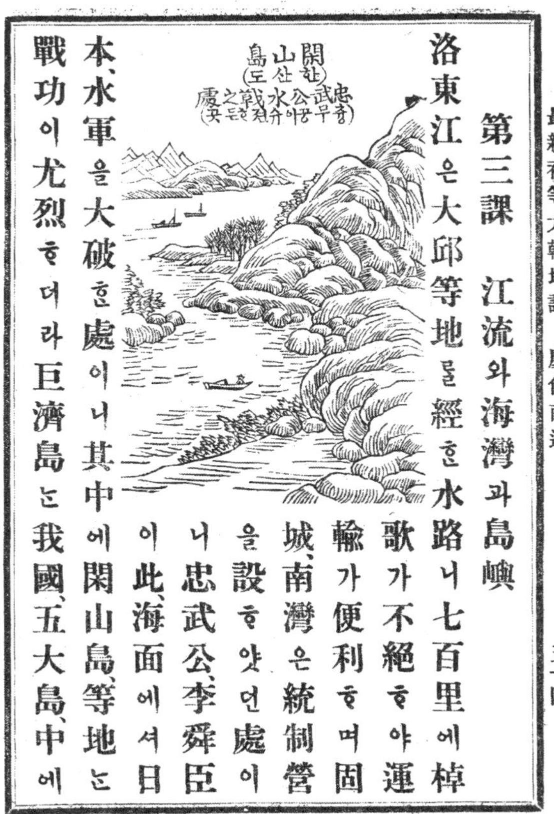
閑山島(한산도)
忠武公水戰之處(충무공수젼ᄒᆞ든곳)

洛東江은大邱等地를經ᄒᆞᆫ水路니七百里에棹歌가不絶ᄒᆞ야運輸가便利ᄒᆞ며固城、南灣은統制營을設ᄒᆞ얏던處이니忠武公、李舜臣이此、海面에셔日本、水軍을大破ᄒᆞᆫ處이니其中에閑山島、等地는戰功이尤烈ᄒᆞ더라巨濟島는我國、五大島、中에

第二니舟舶의碇繫가便ᄒᆞ니라

第四課 釜山、港口

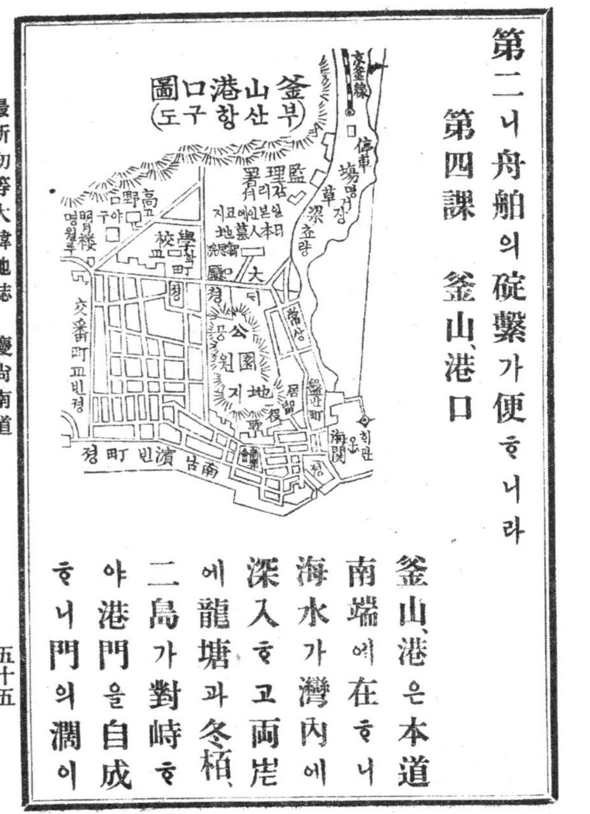

釜山港口圖(부산항구도)

釜山、港은本道南端에在ᄒᆞ니海水가灣內에深入ᄒᆞ고兩岸에龍塘과冬栢、二島가對峙ᄒᆞ야港門을自成ᄒᆞ니門의濶이

十里오其傍에五六島가突兀散在ᄒᆞ고港門에絕影島가橫列ᄒᆞ고其右에赤崎가有ᄒᆞ니船舶이此處로出入ᄒᆞ고港西에多慶浦ᄂᆞᆫ水軍鎭을設ᄒᆞ얏던處이러라

馬山浦港口圖(마산포항구도)

第五課　馬山浦港口

馬山浦港은昌

原府南方에在ᄒᆞᆫ一大灣이니北은龍花山餘脉이盤鬱ᄒᆞ고南은薺浦와松島와方山等이羅列ᄒᆞ고東은府內에人烟이櫛比ᄒᆞ고西은加乙浦와時落浦가屛開ᄒᆞ고本港에海水가遠入ᄒᆞ야灣內가深濶ᄒᆞ고風浪을避ᄒᆞ기에良好ᄒᆞ더니至今에新港을開ᄒᆞ야外國人의通商이繁盛ᄒᆞ니라

本道ᄂᆞᆫ三十二郡이니

晋州　東萊　金海　蔚山　密陽　宜寧
昌原　咸陽　居昌　固城　河東　梁山　陜川　彦陽　昌寧　靈山　咸安　機張
巨濟　安義　草溪　山淸　昆陽　丹城　三嘉　南海　漆原　泗川　鎭海　熊川

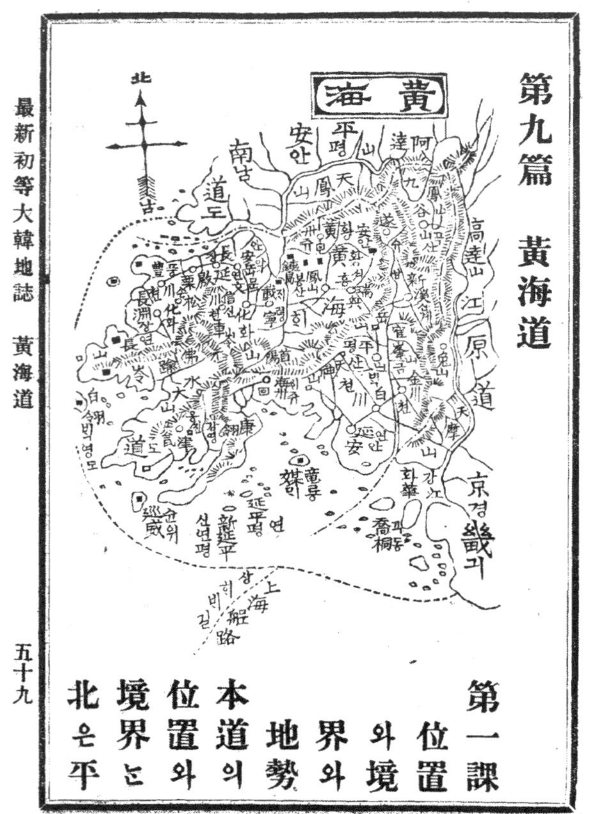

第九篇 黃海道

第一課 位置와 境界와 地勢

本道의 位置와 境界ᄂᆞᆫ 北은 平

安、南道를接ᄒ고東은江原、京畿、兩道를隣ᄒ고西南、兩面은海를臨ᄒ며地勢ᄂ東西가長ᄒ고南北이狹ᄒ며東은連山이重疊ᄒ고支脉이西으로延ᄒ야本道中央에橫ᄒᆞᆯ셔西南이傾斜ᄒᆞᆫ故로道內에川流가西南으로流ᄒ야黃海에注ᄒ고其間에平原、沃野가多ᄒ야五穀과綿花가多産ᄒ며土色은黃ᄒ고氣候ᄂ霜雪이早降ᄒᄂ니라

第二課　山脉과都會와勝地

首陽山은海州、府東에聳立ᄒᆞᆫ高峯이니山容이

明媚ᄒ고山上에淸聖廟가有ᄒ야百世淸風의四字、石碑를立ᄒ얏스니此ᄂ伯夷、叔齊를思慕

ᄒᆞᆷ이오또山北數十里에石潭은昔에栗谷先生李珥가臺를築ᄒ고講學ᄒ던處이오九月山은首陽山西北에聳立ᄒ고海州ᄂ首陽山南麓

에在ᄒᆞᆫ都會니富戶가多ᄒᆞ고街後에少洞庭이
라ᄒᆞᄂᆞᆫ湖水가有ᄒᆞ고南大池(延安)ᄂᆞᆫ廣濶이十里
에荷花가爛熳ᄒᆞ고洞仙嶺은義州로通ᄒᆞᆫ大路
오正方山城은
城堞이鐵壁과
如ᄒᆞ더라

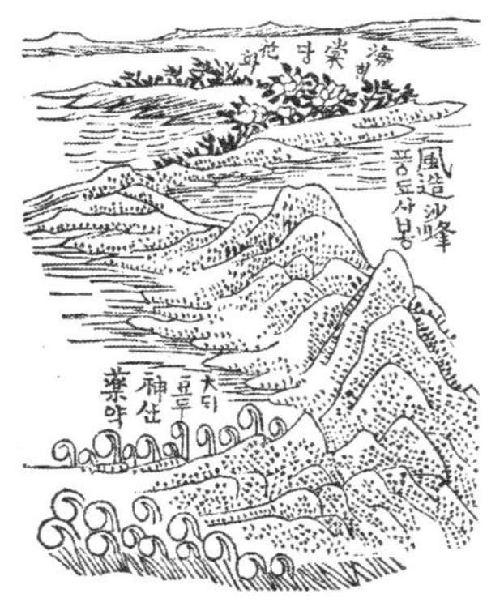

第三課　江流와海灣과島嶼

月塘江(安岳)은首

陽山北에셔發源ᄒᆞ야黃州、西에셔大同江과合ᄒᆞ고本道의東西北三面은海를濱ᄒᆞᆫ故로海岸線의出入이多ᄒᆞ고其北에金沙寺(長淵)가有ᄒᆞ니汀岸에白沙가極히細軟ᄒᆞ며金色을帶ᄒᆞ야日이映ᄒᆞ면光彩가有ᄒᆞ고沙가風을隨ᄒᆞ야峯을成ᄒᆞ되朝夕으로遷移ᄒᆞ며沙中에海棠花가多ᄒᆞ고大豆黃卷이産出ᄒᆞ니衛生에必要ᄒᆞᆫ藥材오登山串(康翎)과龍塘浦ᄂᆞᆫ風光이佳麗ᄒᆞ고長山串과延平島가有ᄒᆞ니라

本道ᄂᆞᆫ二十三郡이니(黃州 平山 安岳 鳳山 海州 延安)

第十篇 平安南道

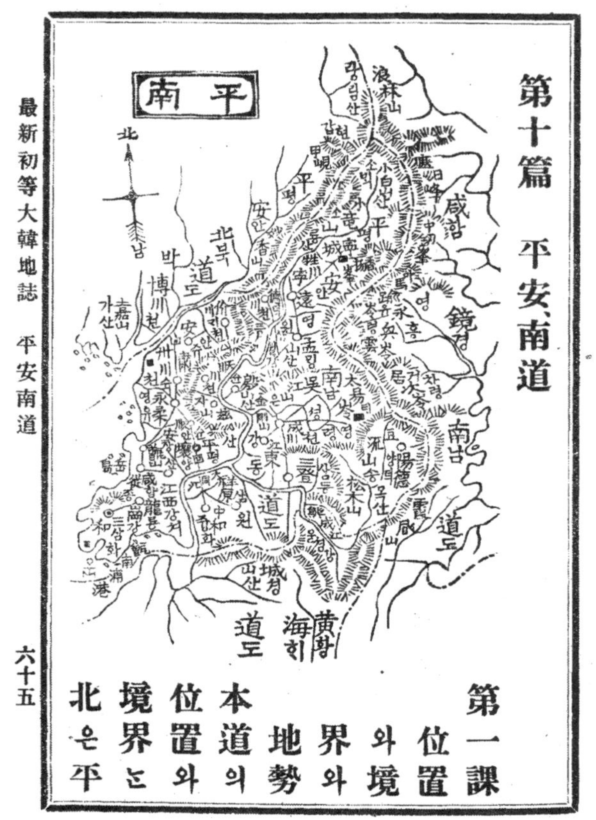

第一課 位置와境界와地勢

本道의位置와境界는北은平

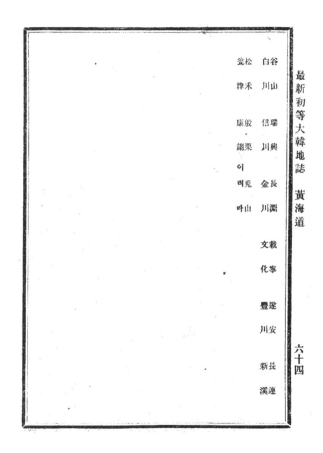

安、北道를接ᄒᆞ고東은咸鏡、南道를隣ᄒᆞ고南은黃海道를聯ᄒᆞ고西南은海에濱ᄒᆞ며地勢는東北으로狼林山과妙香山이圍繞ᄒᆞ며南部는田圃가稍開ᄒᆞ고山海의利가富ᄒᆞ며氣候는寒冷ᄒᆞ야霜雪이早降ᄒᆞ고冬에는河海에氷結ᄒᆞ야人馬가氷上에往來ᄒᆞ더라

第二課 山脈과都會와勝地

狼林山(邊寧)은咸鏡、南道와平安、北道를跨立ᄒᆞ야支脈이各郡에名山、奇峯을起ᄒᆞ고慈母山、東에慈山郡이有ᄒᆞ니高麗、忠臣、崔春命이蒙古、兵을

大破ᄒᆞᆫ處이오成川은大都會니土壤이肥美ᄒᆞ고山水가秀麗ᄒᆞ며降仙樓는結構가宏壯ᄒᆞ고

紇骨山十二峯이其前에屹立ᄒᆞ야八道樓觀에首가되고百祥樓(安州)는淸川江上에名勝ᄒᆞᆫ區오安市城(龍岡)은唐(支那)太宗李世民이楊萬春에게

目을傷ᄒᆞ고敗歸ᄒᆞᆫ處이니라

第三課 江流와海灣과島嶼

淸川江은狼林山에서發源ᄒᆞ야安州、北方을經ᄒᆞ야入海ᄒᆞ니高句麗、大臣、乙支文德이隋(支那)軍三十餘萬을討滅ᄒᆞ던處이오能成江은陽德郡에서發源ᄒᆞ야大同江과合ᄒᆞ야黃海에入ᄒᆞ고本道、西北은一海灣을成ᄒᆞ얏스니곳朝鮮灣이라灣內가水深ᄒᆞ고島嶼ᄂᆞᆫ虎島와松島、等이有ᄒᆞᄂᆞ住民은無ᄒᆞ니라

第四課 平壤開市場

平壤은大同江、北岸에在ᄒᆞ니昔에檀君과箕子와、밋、衛氏와高氏의舊都라中央에一門은大同門이오北에兎山이有ᄒᆞ야山腹에箕子陵과崇仁殿이有ᄒᆞ고城上에江을臨ᄒᆞᆫ練光亭은我東의第一江山이오江上에綾羅島와淸流壁과

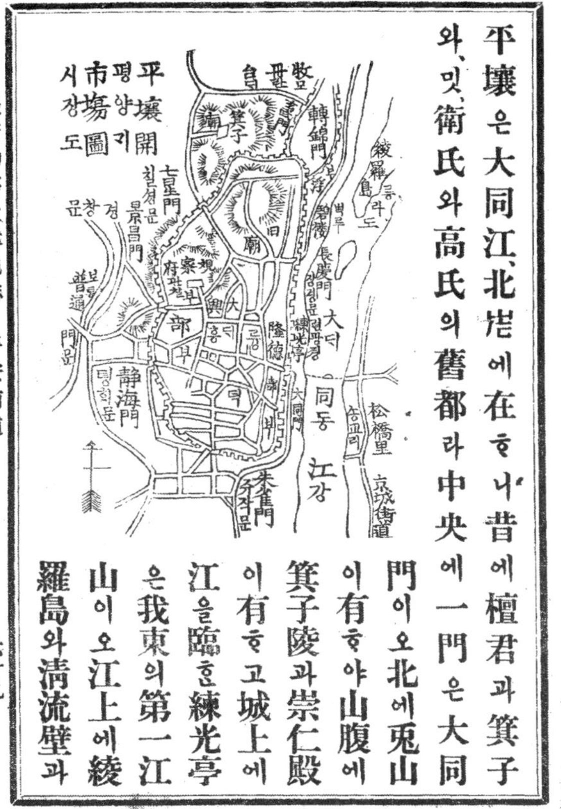

浮碧樓와永明寺와牧丹峯이有ᄒᆞ니景槩가다
絕勝ᄒᆞ고城內外에物貨가輻湊ᄒᆞᄂᆞᆫ故로近年

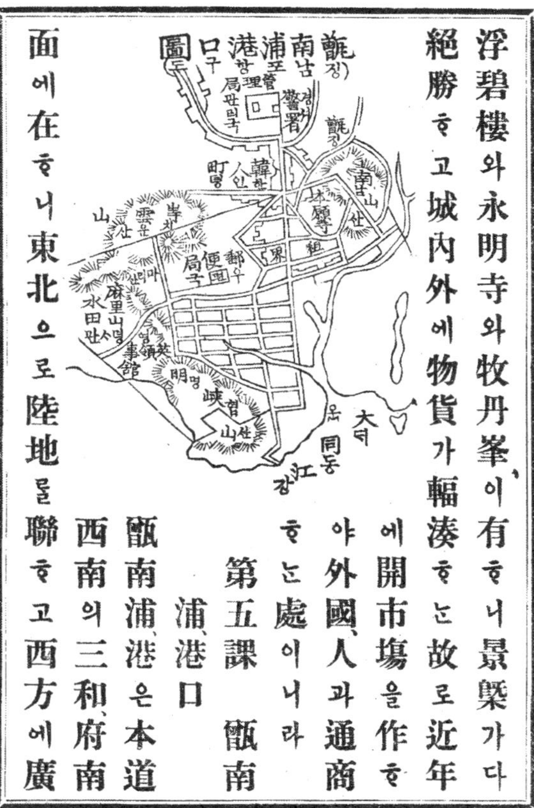

에開市場을作ᄒᆞ야外國人과通商ᄒᆞᄂᆞᆫ處이니라

第五課　甑南浦港口

甑南浦港은本道西南의三和府南面에在ᄒᆞ니東北으로陸地를聯ᄒᆞ고西方에廣

梁島가有ᄒᆞ니昔에鎭營을設ᄒᆞ얏던處이오德島와愁島와小吹螺島가羅列ᄒᆞ야障風ᄒᆞᄂᆞᆫ勢를作ᄒᆞᆫ良港이라云ᄒᆞ더니近年에港口를開ᄒᆞ고各國人과通商이繁盛ᄒᆞ며古老가傳言ᄒᆞ되金應瑞가此地에서崛起ᄒᆞ얏다ᄒᆞ더라

本道ᄂᆞᆫ二十三郡이니 平壤 中和 龍岡 成川 咸從 三和 江西 安州 慈山 寧遠 殷山 陽德 順川 祥原 永柔 肅川 价川 德川 江東 孟山 三登 甑山 順安이러라

第十一篇　平安北道

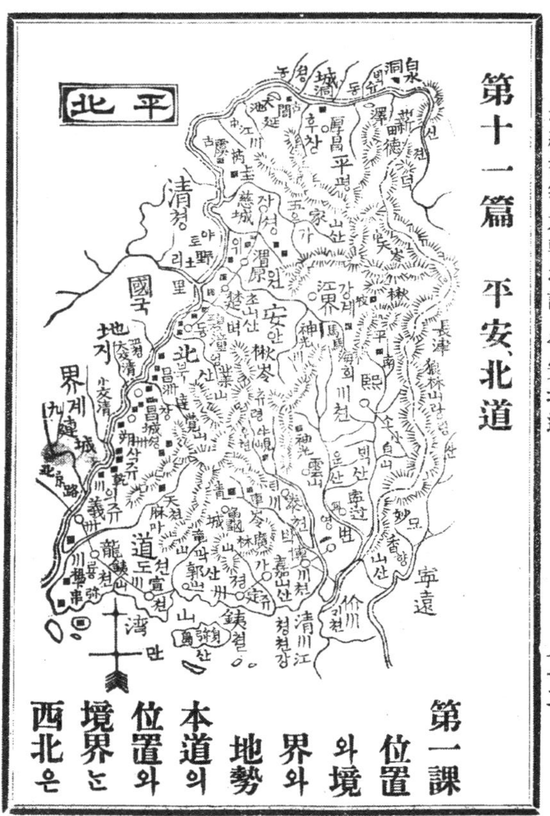

第一課　位置와境界와地勢

本道의位置와境界는西北은

清國의滿洲로遙接ᄒ고東은咸鏡、南道로隣ᄒ고南은平安、南道와大海를臨ᄒ고地勢ᄂ道內에山岳과港灣이多ᄒ고平野가少ᄒ며오직鴨綠江、沿岸으로近海地에田畓이頗有ᄒ고氣候ᄂ全國中의極寒帶에屬ᄒ니海上에數百里를結氷ᄒ야三個月이ᄂ舟楫을不通ᄒ더라

第二課　山脈과都會와勝地와江流와海灣과島嶼

山脈은天摩山(朔州)이本道、西隅에屹立ᄒ高山이라其脈이四方에分派ᄒ야峯巒이重疊ᄒ고妙

妙香山(묘향산)

香山(寧邊)은我國의始祖、檀君이誕生ᄒᆞ신處이오都會ᄂᆞᆫ義州가清國을通ᄒᆞᆫ衝路오江界와定州와寧邊은다山川은險峻ᄒᆞ나市街ᄂᆞᆫ稠密ᄒᆞ고江流ᄂᆞᆫ鴨綠江이五大江에一이니咸鏡、北道、白頭山에셔發源ᄒᆞ야沿邊七邑을繞流ᄒᆞ고海灣은鴨綠江、東岸에海濱이多ᄒᆞ고島嶼ᄂᆞᆫ身彌島와椵島와薪島、等이最大ᄒᆞ니라

第三課 義州、開市場

義州ᄂᆞᆫ西方에邱岡을據ᄒᆞ야南으로面ᄒᆞ얏스니東西ᄂᆞᆫ長ᄒᆞ고南北、은短ᄒᆞ며四方에城壁이環ᄒᆞ고五門을設ᄒᆞ얏스니此地ᄂᆞᆫ漢城으로부터清國을通ᄒᆞᆫ要路라近年에開市場을設ᄒᆞ고外國、人과通商이繁盛ᄒᆞ다

義州開市場(의쥬기시장)

第四課 龍岩浦港口

龍岩浦ᄂᆞᆫ本道西方으로龍川府에在ᄒᆞ니沿邊七郡(渭原楚山碧潼昌城朔州義州龍川)을歷流ᄒᆞᄂᆞᆫ鴨綠江의河口라光武七年에俄國이東侵ᄒᆞᆯ壑慾으로本道의森林을斫伐코ᄌᆞᄒᆞᆷ이日本이東洋義兵을發ᄒᆞ야俄人을擊退ᄒᆞ고港口ᄅᆞᆯ開ᄒᆞ고로外國

人과通商이多ᄒᆞ니라

本道ᄂᆞᆫ二十一郡이니(義州江界定州寧邊宣川楚山 昌城龜城龍川鐵山朔州渭原碧潼嘉山郭山熙川雲山博川 泰川慈城厚昌)이러라

第十二篇 江原道

第一課 位置와境界와地勢

本道의位置와境界는本道、東方에海岸、一帶地를占據ᄒᆞ니北은咸鏡、南道를接ᄒᆞ야西ᄂᆞᆫ黃海、京畿、兩道를隣ᄒᆞ고南은忠淸、北道와慶尙、北道를界ᄒᆞ고東은渺茫ᄒᆞᆫ碧海를濱ᄒᆞ며地勢ᄂᆞᆫ南北이長ᄒᆞ고東西ᄂᆞᆫ狹ᄒᆞ며本道、全境에高山、深壑이重疊ᄒᆞᆫ中에名潭、奇岩과白沙、靑松은丹靑으로도描畵키難ᄒᆞ고樓臺、亭榭가塵外에逈臨ᄒᆞ니果然人間에天堂、福地러라

第二課 山脉과江流와海灣과島嶼

金剛山은淮陽에在ᄒᆞ니我國에第一、名山이라

金剛山壹萬貳千峰(금강산일만이천봉)

一萬二千峯이畵와如ᄒᆞ고峯鑿이、다、純然ᄒᆞᆫ石이오土가無ᄒᆞᆫ故로皆骨山이라ᄒᆞ고또楓岳이라ᄒᆞ며또蓬萊라ᄒᆞ니三神山、中에一이라山、中央、正陽寺의歇星樓ᄂᆞᆫ塵累를洗滌ᄒᆞᆯ듯ᄒᆞ며長安寺와表訓寺ᄂᆞᆫ高麗와 本朝의故器와珍寶가多ᄒᆞ며萬瀑洞、石上에楊士彦의蓬萊、楓岳、元化、洞天이라ᄒᆞᆫ刻字가有ᄒᆞ고最、高峯은飛盧峯이니盛炎에도尙寒ᄒᆞ며楡店寺에五十三佛이西域으로조ᄎᆞ此、山에入ᄒᆞ얏다ᄒᆞᄂᆞᆫ傳說이有ᄒᆞ고江陵에五臺山은雄麗ᄒᆞᆷ이金剛山의次이오江流ᄂᆞᆫ昭陽江이金剛山에셔發源ᄒᆞ야諸流를合ᄒᆞ야新淵江이되야漢江에注ᄒᆞ고海灣과島嶼

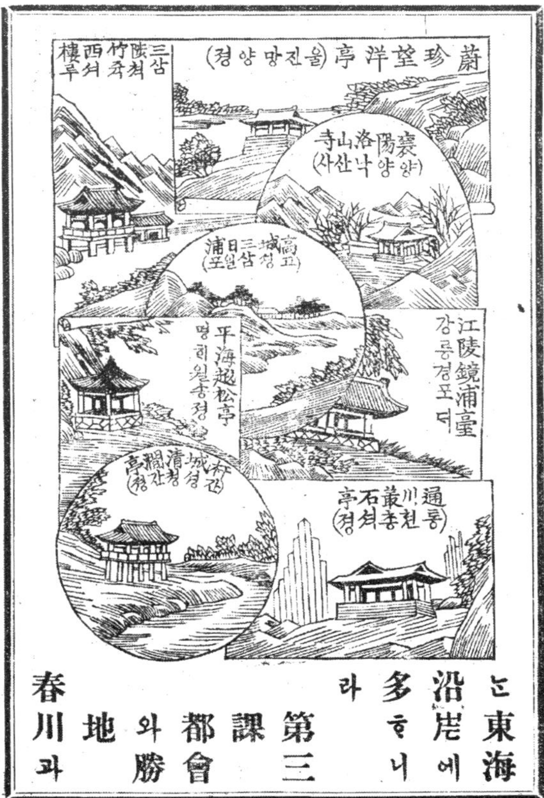

ᄂᆞᆫ東海沿岸에多ᄒᆞ니라

第三課 都會와勝地

春川과

原州와鐵原은本道의大都會오江陵은普賢山東麓에在ᄒᆞ니閭閻이櫛比ᄒᆞ며鏡浦ᄂᆞᆫ周圍가二十里에水深이腰에過치안이ᄒᆞ니天下의奇浦오襄陽은其北에在ᄒᆞᆫ名區니富盛ᄒᆞᆷ으로著名ᄒᆞ고沿海에八景이有ᄒᆞ니江陵의鏡浦臺와襄陽의洛山寺와平海의越松亭과通川의叢石亭과高城의三日浦와杆城의淸磵亭과三陟의竹西樓와蔚珍의望洋亭이니風光이明麗ᄒᆞ야世上에서嶺東八景이라ᄒᆞᄂᆞ니라

本道ᄂᆞᆫ二十六郡이니 春川 淮陽 原州 襄陽 江陵 鐵原

伊川 高城 三陟 杆城 寧越 平昌 平海 金城 通川 蔚珍 旌善 歙谷

平康 楊口 金化 麟蹄 華川 橫城 洪川 安峽 이러라

第十三篇 咸鏡、南道

第一課 位置와境界와地勢

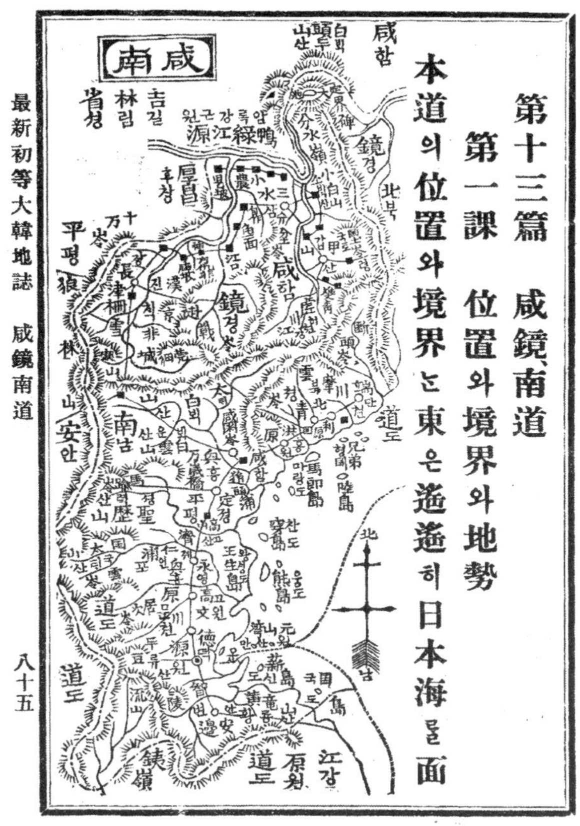

本道의位置와境界는東은遙遙히日本海를面

ᄒᆞ고東北一帶ᄂᆞᆫ白頭山、正脉으로부터摩天嶺까지劃ᄒᆞ야咸鏡、北道와分ᄒᆞ고南은江原道를接ᄒᆞ고、西ᄂᆞᆫ平安、南道를連ᄒᆞ고北은清國、吉林省을界ᄒᆞ니地勢ᄂᆞᆫ北東으로斜下ᄒᆞ야西南에延ᄒᆞ며西南北은平地가少ᄒᆞᄂᆞ沿海、地ᄂᆞᆫ田圃가開ᄒᆞ야五穀과菜蔬가多産ᄒᆞ고魚鹽의利와金鑛이多ᄒᆞ고氣候ᄂᆞᆫ寒暑가逈殊ᄒᆞ야三九月에도人馬가雪上에往來ᄒᆞ고三伏의熱ᄒᆞᆷ은炎火와如ᄒᆞ고人性은精銳ᄒᆞ야近年에時局을察ᄒᆞ고教育에熱心ᄒᆞᄂᆞᆫ紳士가多出ᄒᆞᆫ다

第二課 山脉과都會와勝地와江流와海灣과島嶼

長白山(茂山)의一脉이咸鏡、北道、鏡城으로부터龍蟠、虎踞의形으로各郡에連亘ᄒᆞ야諸山이되고

其中에赴戰嶺은古時에著名ᄒᆞᆫ戰塲이니山上에遺跡이多ᄒᆞ고大博山(永興)南으로國泰山、谿谷間에十六

處、金礦이有ᄒᆞ고三水의銀礦과甲山의銅礦은我國의無限ᄒᆞᆫ財源이오都會ᄂᆞᆫ永興이頗盛ᄒᆞ고咸興에樂民樓ᄂᆞᆫ眼前에野色이廣邈ᄒᆞ고大海ᄅᆞᆯ遙接ᄒᆞ고加乙罕川의架設ᄒᆞᆫ土橋가宏壯ᄒᆞ야前後에五里長丞이對立ᄒᆞ야諸般景槪가平壤의練光亭과伯仲이오江流ᄂᆞᆫ長津江(三水)이赴戰嶺에서發源ᄒᆞ야淸潭江(長津)을合ᄒᆞ야鴨綠江에入ᄒᆞ고海灣과島嶼ᄂᆞᆫ咸興과北靑、東南方에羅列、屈曲ᄒᆞ니라

第三課 元山、港口

元山、港은德源灣頭에在ᄒᆞ니我國、北方에第一要港이라 太皇帝、陛下、十三年에日本의要請

을從ᄒᆞ야修好條規ᄅᆞᆯ結ᄒᆞ고開港ᄒᆞ니各國商船이輻湊ᄒᆞ고北方商賈의貿易이殷盛ᄒᆞ니外國人의居留地가年年增

加ᄒᆞ고街衢의端正홈은仁川釜山兩港을凌駕ᄒᆞ깃더라

本道ᄂᆞᆫ十四郡이니 德源 永興 咸興 北靑 端川 安邊， 定平 利原 三水 文川 甲山 高原 長津 洪原 이러라

第十四篇 咸鏡北道

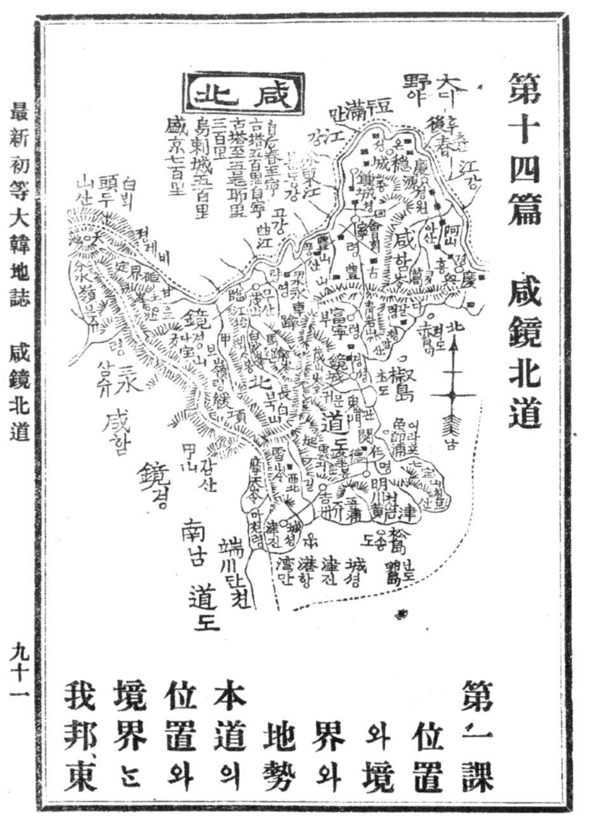

第一課 位置와境界와地勢

本道의位置와境界ᄂᆞᆫ我邦東

北端에在ᄒᆞ니東北、兩面은豆滿江을隔ᄒᆞ야淸
國、吉林省과俄國、領地보시옛도와交壤이되고
東南은日本海를遠面ᄒᆞ고西는咸鏡、南道를接
ᄒᆞ고地勢는北東으로부터斜延ᄒᆞ야西南에至
ᄒᆞ야幅員이더욱廣大ᄒᆞ고全道의山岳이起伏
ᄒᆞ야平地가少ᄒᆞ더라

第二課 山脉과都會와勝地

白頭山은我國、咸鏡、北道와淸國、吉林省에聳據
ᄒᆞᆫ第一高山이니山頂에四時로白雪을戴ᄒᆞ고
山腰에森林이蒼鬱ᄒᆞ며斷崖가峭立ᄒᆞ야千態

萬狀의風趣가絕塵ᄒᆞ니實로天外에勝境이오
我國의諸山이實로此山의分脈으로千萬物、形
을成ᄒᆞ고山上에大澤이有ᄒᆞ야豆滿江과鴨綠

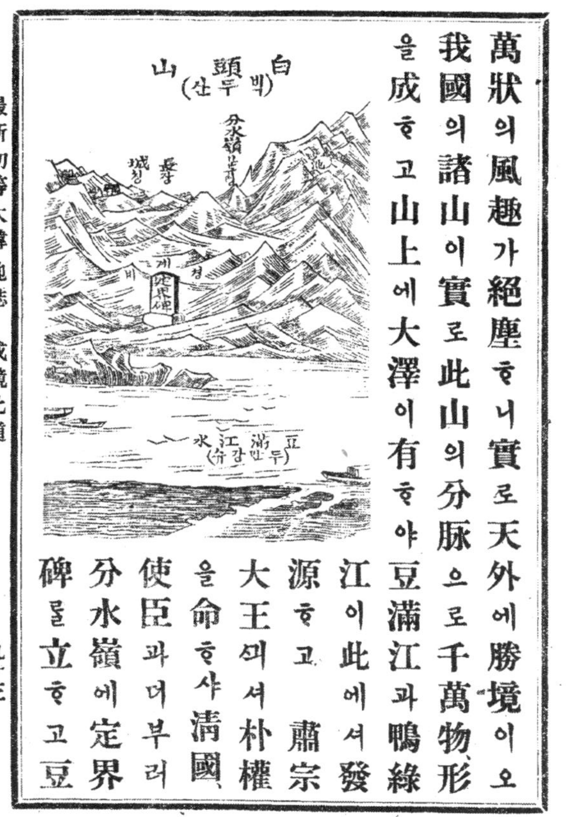

江이此에서發
源ᄒᆞ고 肅宗
大王씌셔朴權
을命ᄒᆞ샤淸國、
使臣과더부러
分水嶺에定界
碑를立ᄒᆞ고豆

滿江邊의六鎭(茂山 會寧 鍾城 穩城 慶源 慶興)은 世宗大王씌셔金宗瑞로ᄒᆞ야곰北疆을盡復ᄒᆞ야千里를開拓ᄒᆞ고重鎭을設ᄒᆞ니라

第四課 慶興、開市場

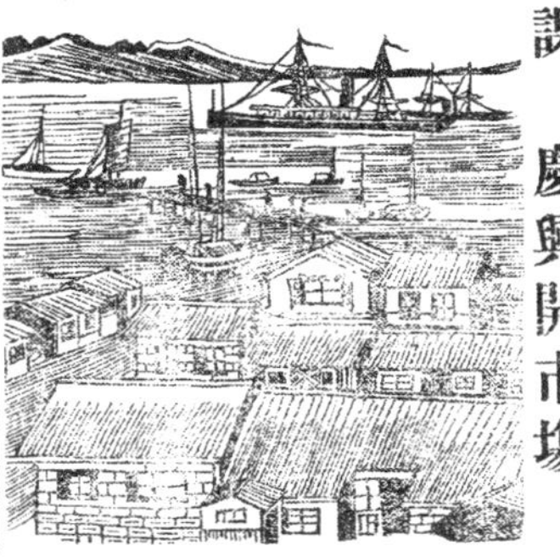

慶興開市場(경흥개시장)

慶興은我國、北方에大都會라東으로豆滿江이沸流ᄒᆞ고江口에橫ᄒᆞᆫ一島ᄂᆞᆫ鹿屯島오其

西에灣入ᄒᆞᆫ것은造山浦니水軍을設置ᄒᆞ얏던處이오古來로著名ᄒᆞᆫ津頭라船舶을恒常碇泊ᄒᆞ고北方에物産과南道의財貨가日夜로交集ᄒᆞ야貿易이繁盛ᄒᆞᆫ故로 太皇帝陛下、二十五年에俄國이通商條約을請ᄒᆞ야開市場을設ᄒᆞ니其、後로부터外國人과通商이繁盛ᄒᆞ다

第五課 城津、港口

城津、港은吉州、西南方에在ᄒᆞᆫ大灣이니東으로三達津과相扼ᄒᆞ고西北으로摩天嶺을沿ᄒᆞ고南東으로大海를臨ᄒᆞ얏스니實로我國、北方에

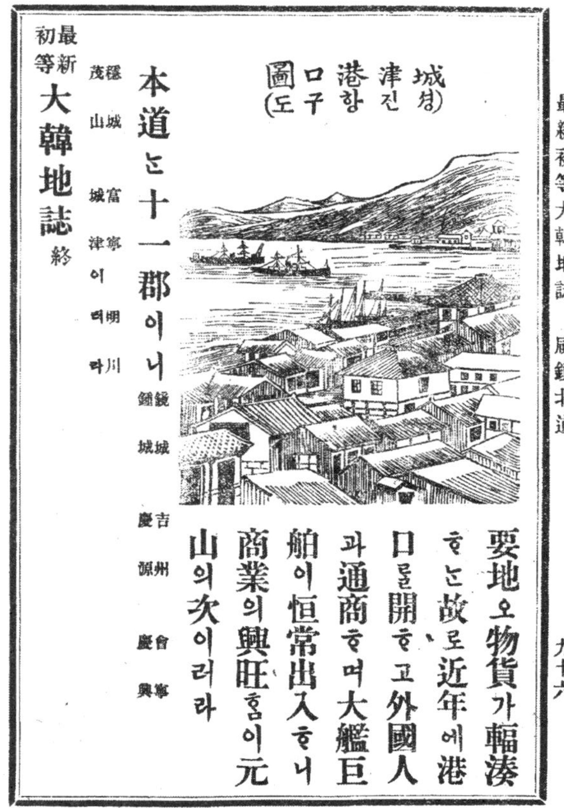

城津港口圖(성진항구도)

要地오物貨가輻湊ᄒᆞᄂᆞᆫ故로近年에港口를開ᄒᆞ고外國人과通商ᄒᆞ며大艦巨舶이恒常出入ᄒᆞ니商業의興旺홈이元山의次이러라

本道ᄂᆞᆫ十一郡이니(鏡城 鍾城 吉州 慶源 會寧 慶興 穩城 茂山 富寧 城津 明川이라)

最新初等大韓地誌 終

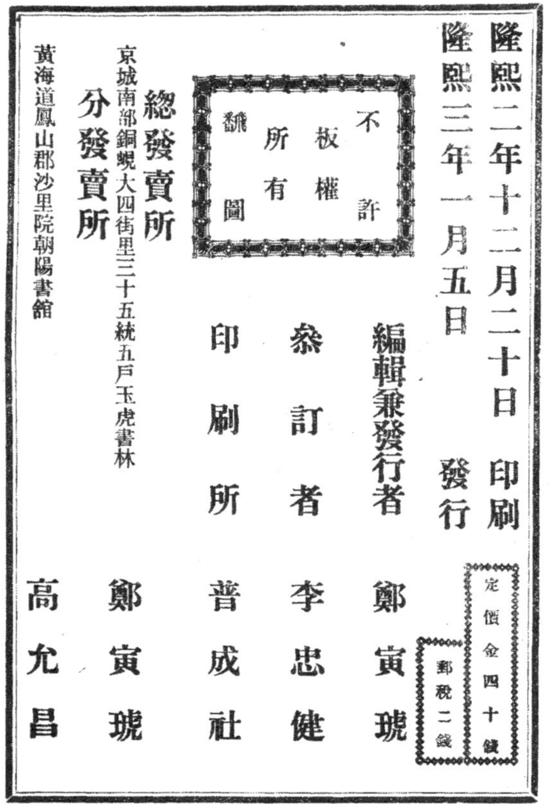

隆熙二年十二月二十日 印刷
隆熙三年一月五日 發行

不許板權所有飜圖

定價金四十錢
郵稅二錢

編輯兼發行者 鄭寅琥
參訂者 李忠健
印刷所 普成社

總發賣所 京城南部銅峴大四街里三十五統五戶玉虎書林 鄭寅琥
分發賣所 黃海道鳳山郡沙里院朝陽書館 高允昌

대한신지지

(大韓新地誌)

卷1·2

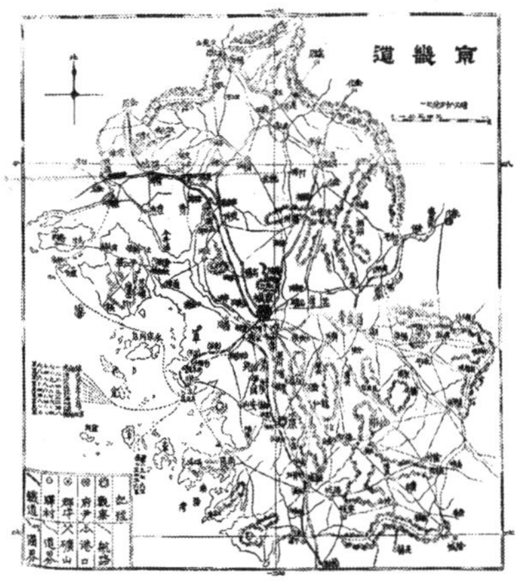

大韓新地志序

大韓新地志者何崇陽張君志淵氏作也曷謂乎新
所以別於舊也地之有志盖尙矣禹貢記山川道里
貢賦夏志也周禮地官掌十有二壤之宜與廣輪之
數周志也楚左史倚相號能讀九丘九丘者九州之
書也漢史十志地居一焉是其槩也如古之無志則
都鄙鄕遂化民成俗之意均田祿制民產以行王者
之政者均無所於考惡乎可哉在易之系曰仰以觀
於天象俯以察於地理夫不察乎此有能爲天下國
家者乎無有也今學校敎人地志列於一課舊有書

大韓新地志序

我國自檀君肇闢歷三四千載疆土之分合沿革紛紜靡定洎國朝膺運版圖始完民族歸一聲教文物卓超往古乃者氣數升降時世變遷自夫開鎖交通沿江沿海握要之地靡不開埠列塲檣棧如林航路輪軌縱橫連絡電綫郵局交錯鱗櫛括山海之藏而富源畢出拓原隰之利而荒蕪悉闢滄海半島便成一大變局以覘閉關自守時抑大相逕庭矣迨此今日吾人之最宜汲汲講究者顧不在地理之切急乎泰西

而未盡善也學者病之而君以淹博之識抗慨之志通達之才諳目時艱常急言竭論木鐸於世于教育尤致意焉乃取輿地勝覽文獻備考列郡誌茶山丁氏所述各家新舊所載分地文人文爲二部自星分區域風土人物物產以至州郡古今沿革無不一開卷瞭然也其嘉惠後學可謂勤矣噫我韓之疆土故在也所以扶護而全保之者獨不在韓人乎無其人則已有則必此志也爲可以藉手者夫奚但嘉惠後學而已哉余于是竊有厚望焉

光武十一年五月日霞山南廷哲序

學士之言日地理之學不興愛國之心不生肆
昔法敗於普而失二州於地圖上別繪一色以
教國中之學者勃然鼓其恥心而計報復普之
君臣望而畏之此其明證也今吾邦之譯新學
者於列國之方輿物情覃覈討論獨於本國地
志絕少硏究凡校塾之教科也雖欲講明地理
無完善之本故地理之感情甚薄此吾人之缺
點也我國地志之作始諸金富軾三國史嗣是
代有述者然皆疎略不過郡縣沿革而已惟輿
地勝覽文獻備考諸書體製始完備猶病其篇

帙之浩穰雖於博涉其他諸家之纂述不爲不
多適足以資參考而已以之教科則未也余自
弱植酷嗜地學遺書佚乘蒐採頗廣嘗欲編成
一完全之書悵汨沒世故荏苒垂四十星霜矣
往年取丁茶山先生疆域考增補備校刊行于
世然猶以地無完志遺憾于中光武十年秋遞
決意纂輯雜蒐內外圖籍累閱月而脫藁南承
宣章熙有志士也爲協贊是役募資印刷功既
竣仍簽名曰大韓新地志蓋別於舊也區區管
見敢完備之足云雖然居今之時欲知近日之

地理、固有捨此而無從講求者、凡形勢物産風土人情、大槩具載、而尤拳拳於政治區劃時勢變嬗之所綦要者、俾一披卷瞭瞭如指諸掌、嗚乎編者苦心惟將四千年祖國精神、注此一部地志之中、以餉我全國之同胞、是不特資蒙學之講習、亦以貢有志愛國士之几案也云爾

光武十一年夏六月上浣南嵩山人張志淵識

大韓新地志目次

卷之一

第一編　地文地理

卷之二

大韓新地志目次終

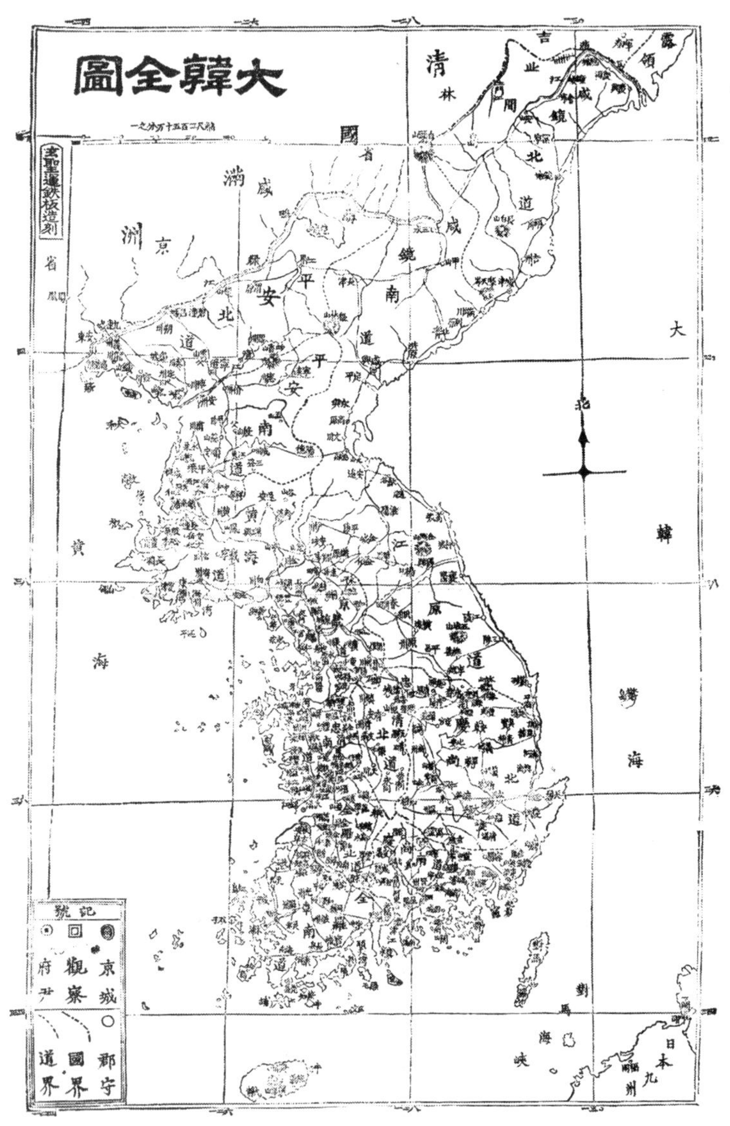
大韓全圖
記號
京城
觀察
府尹
郡守
國界
道界
清
國
大
韓
海
對馬
海峽
日本
九州

大韓新地志卷之一

嵩陽山人 張志淵 著
宜寧 南廷哲 校
完山 柳瑾 閱

第一編 地文地理

第一章 名義

距今四千二百四十年前에檀君이始起ᄒᆞ야平壤에定都ᄒᆞ고國號를朝鮮이라ᄒᆞ니朝鮮의名義ᄂᆞᆫ或曰潮水와汕水가有ᄒᆞᆷ이라ᄒᆞ고(朝音潮鮮音汕見馬史索隱)或曰國이東表日出의地에在ᄒᆞᆷ이라ᄒᆞ고(見輿地勝覽)或曰朝日鮮明ᄒᆞᆷ이라ᄒᆞ고(見金鶴峯誠一朝鮮考異說)或曰國이鮮卑山東에在ᄒᆞᆷ으로朝鮮이라ᄒᆞ니朝ᄂᆞᆫ東方이라ᄒᆞ니라(見安順庵鼎福東史綱目雜說)後一千八百十二年에箕子ㅣ東來ᄒᆞ샤亦平壤에都ᄒᆞ시고國號를朝鮮이라仍稱ᄒᆞ시다(管子書曰發朝鮮之文皮라ᄒᆞ고戰國策蘇秦曰燕은東有朝鮮遼東이라ᄒᆞ니此ᄂᆞᆫ箕氏의朝鮮이라)其漢江以南은古三

韓의地니後에三國이起ᄒᆞᆷ의新羅는辰韓을併ᄒᆞ고駕洛은弁韓을併ᄒᆞ고百濟는馬韓을併ᄒᆞ고其高句麗는朝鮮의地를有ᄒᆞ얏다가後에新羅의併有ᄒᆞᆫ바ㅣ되얏더니(新羅는古에斯盧라徐耶伐이라鷄林이라稱ᄒᆞ니라)高麗에至ᄒᆞ야新羅의全區를統一ᄒᆞ고松京에都ᄒᆞ얏다가距今五百十六年前에

天命이我

太祖高皇帝씌로歸ᄒᆞᆷ의漢陽에定鼎ᄒᆞ시고國號를朝鮮이라稱ᄒᆞ샷더니今

大皇帝陛下ㅣ御極三十四年丁酉에皇帝位에卽ᄒᆞ샤元을光武라建ᄒᆞ시고國號를大韓이라改ᄒᆞ시니라(韓은方言에大며一이니大一統의義를取ᄒᆞᆷ이라)

第二章　位置

我國의位置는亞細亞洲의東部에在ᄒᆞ니支那大陸의東北部로븟허渤海와黃海와日本海의間에突出ᄒᆞ야橢長ᄒᆞᆫ半島國이라其極南의地는濟州島의毛瑟浦니北緯三十三度四十六分에當ᄒᆞ며又全羅道

莞島의西南達陵角은北緯三十四度五十五分에當ᄒᆞ고其極北의地는豆滿江沿岸의慶源이니北緯四十三度二分이오極西는黃海道長山串이니東經百二十五度五分이오極東은俄國接境의豆滿江口니東經百三十度五十八分이라全國이北溫帶의中에在ᄒᆞ니라

第三章　境界

我國의境界는東西南三面으로海를臨ᄒᆞ니其東南端의海角은朝鮮海峽을隔ᄒᆞ야日本對馬島와相對ᄒᆞ고西와南은黃海를枕ᄒᆞ야淸國의江蘇省、山東省과遙遙相對ᄒᆞ고西北은鴨綠江을限ᄒᆞ야淸國의盛京省과壤을接ᄒᆞ고北은豆滿、土門(卽圖們)二江을界ᄒᆞ야淸國의吉林省과鄰ᄒᆞ고東北은俄領烏蘇里와界를分ᄒᆞ니라

第四章　廣袤

我國의廣袤는東北으로西南에至ᄒᆞᆷ이三千六百零里오東西는廣狹이不齊ᄒᆞ야或千餘里或六七百里니其面積은尙今實測이無ᄒᆞ야確

定치못ᄒ나現今一般의說에共八萬二千方英里(一萬三千四百方里二十一萬八千六百五十方米突)라ᄒ니全世界各國의總面積에比ᄒ면一萬分의十六에相當ᄒ지라我韓보다猶、狹小ᄒ面積을有ᄒ葡萄牙、和蘭、白耳義、丁抹、瑞西等도世界에能히獨立國을成ᄒ니라

第五章 沿革

我國은古初에各部落으로分ᄒ얏다가距今四千二百四十年前에檀君이始起ᄒ야平壤에定都ᄒ고國을開ᄒ니其區域은西北으로今滿洲地方과東으로今江原道等地에至ᄒ고歷一千十七年(商武丁八年甲子)에白岳山阿斯達(今文化九月山)에移都ᄒ얏다가(或云唐藏京在今文化郡東十五里有宮闕基地俗稱莊莊坪)歷一百九十五年에北扶餘(今盛京省開原縣)로遷居ᄒ니라

箕子는距今三千二十九年前에東來ᄒ사亦、平壤에都ᄒ시니其區域은西으로今廣寧永平府로븟허遼東(今盛京省)과蓋平金州(在盛京省南)로界ᄒ고南으로洌水에至ᄒ고東北으로穢貊과沃沮로接ᄒ얏더니後孫이衰弱ᄒ의西界千餘里를燕에失ᄒ고滿潘汗(在遼東)으로爲界ᄒ얏다가歷九百二十年ᄒ야四十一世孫準이燕人衛滿의襲奪ᄒ바ㅣ되고南으로金馬郡(今益山)에至ᄒ야馬韓에王ᄒ니라

衛滿은距今二千一百年前에箕準을襲破ᄒ고王儉城(今平壤)에仍都ᄒ더니孫右渠에至ᄒ야漢武帝劉徹의滅ᄒ바ㅣ되고其地를分ᄒ야四郡을置ᄒ니라

四郡은距今二千十五年前(漢武帝元封三年癸酉)에漢이衛右渠를滅ᄒ고四郡을分置ᄒ니曰樂浪(今平安道之地)은治朝鮮縣(今平壤)ᄒ고曰臨屯(今江原黃海京畿以北之地)은治東暆縣(或曰今臨津沿江之地)ᄒ고曰玄菟(今咸鏡南道之地)는治沃沮城(今咸興)ᄒ고曰眞番(今鴨綠江以北婆豬江之地)은治霅縣(今未詳)이러니歷二千七年ᄒ고至漢昭帝劉弗陵始元五年에眞番을罷ᄒ야玄菟에屬ᄒ고臨屯을罷ᄒ야樂浪에屬ᄒ얏다가玄菟는夷貊의侵ᄒ바ㅣ됨으로郡을高句麗(縣名今在盛京省內)西北으로移ᄒ고單大嶺(今薛寒嶺)以東沃沮와穢貊은皆、樂浪에屬ᄒ

얏더니後에境土廣遠홈으로써嶺東의七縣을分ᄒᆞ야東部都尉를寘ᄒᆞ고不耐城(今未詳)에治ᄒᆞ며又昭明縣(樂浪屬縣今春川)에南部都尉를寘ᄒᆞ얏고其後遼東太守公孫度가樂浪郡의屯有以南荒地를分ᄒᆞ야帶方郡(今京畿黃海之地)을寘ᄒᆞ니라

三韓은洌水以南의地니朝鮮과南北을接흔古代辰國의部落이라馬韓은今京畿以南으로忠淸全羅道가皆、其地니箕準이衛滿의所逐흔바ㅣ되야南으로馬韓을攻破ᄒᆞ고王이되니距今二千一百年前이라五十餘國을統ᄒᆞ니其地가北은樂浪과南은倭로接ᄒᆞ고西는大海를臨ᄒᆞ며辰韓은今慶尙道洛東江以東의地니北은濊貊을連ᄒᆞ고西北은馬韓과接ᄒᆞ고東南은弁韓과日本으로接ᄒᆞ니十二國을統ᄒᆞ며弁韓은亦曰弁辰이니今慶尙道洛東江以西의地라西南은智異山을跨ᄒᆞ고西北은馬韓과接ᄒᆞ고東은辰韓과雜居ᄒᆞ고南은日本으로接ᄒᆞ얏더니後에駕洛과五伽倻의國이되니라

四郡과三韓의際에三國이起ᄒᆞ니距今一千九百四十四年前(馬韓王一百三十七年漢宣帝五鳳元年甲子)에新羅始祖赫居世가辰韓六部의人으로鷄林(今慶州)에建國ᄒᆞ야後、漸強홈의伊西(今淸道)押梁(一名押督今慶山)骨火(一名骨弗今永川臨川)召文(今義城)音汁伐(今慶州屬地)悉直(今三陟)于尸山(今寧海)彌秩夫(今興海)萇山(一名居柒山今東萊)甘文(今開寧)沙代(今尙州)駕洛(一名駕羅今金海)大伽倻(一名任那今高靈)小伽倻(一名固資今固城)碧珍伽倻(今星州)阿羅伽倻(一名阿尸良今咸安)古寧伽倻(今咸昌)草八(今草溪)比只、多伐(兩國今未詳)及浦上八國(今漆原泗川昌原熊川等地)于山國(今鬱陵島)等의諸國을皆、倂呑ᄒᆞ니疆土漸大라歷七百十七年ᄒᆞ야至武烈王六年(距今一千二百六十八年前)에百濟를滅ᄒᆞ고後八年(文武王七年)에高句麗를滅ᄒᆞ니於是에三國을統一흔지라其疆域은東西南三面은際海ᄒᆞ고西北은浿江(今大同江)으로爲界ᄒᆞ고北은渤海國으로더부러泥河(今德源)에爲界ᄒᆞ며都ᄂᆞᆫ金城(在慶州東)에始宅ᄒᆞ얏다가婆娑王이月城(在金城東)으로移居ᄒᆞ고後에又、明活城(在月城東)으로移居ᄒᆞ얏더니統一後、歷二百六十七年에敬順王이高麗에降ᄒᆞ니

歷年이共九百九十二年이러라

高句麗는距今一千九百二十四年前(馬韓王一百十七年新羅始祖二十一年漢元帝建昭二年甲申)에扶餘王子高朱蒙이沸流水上(今未詳)에來야國을建고卒本(今鴨綠江北興京界內明建州衛古渤海率賓府)에都얏다가歷四十年고琉璃王廿一年에至야國內城(一名尉那巖城在今楚山江北兀剌山城是也)에移都고又二十七年을歷야山上王十三年에丸都城(在今江界滿浦江北)에移都고又三十九年을歷야東川王二十年에平壤에移都고又九十六年을歷야故國原王十一年에丸都에復都얏다가慕容皝의屠혼바ㅣ되야明年에更히平壤東黃城(在今平壤東四里木覓山中一名絅城)에移都고又八十五年을歷야長壽王十四年에平壤에還都고又一百六十年을歷야平原王廿七年에長安城(在今平壤外城)에移都얏다가歷八十三年에王臧이新羅의滅혼바ㅣ되니其疆域은蓋馬山(今白頭山)西北漢玄菟郡地에起야稍稍其傍近의小國에如、沸流、荇人、蓋馬、勾茶、黃龍、朱那、曷思、東沃沮、北沃沮、扶餘、樂浪、肅愼、梁貊等의諸國을呑倂고後에又帶方、玄菟、遼東等의諸郡縣을取야西는遼河에至고北은北扶餘(今開原)와靺鞨의諸郡을領며東北은滄海에窮야蝦夷와接고東南은新羅와百濟로鄰니百濟의疆土를割取야南平壤을置혼이地方이迨三千餘里에至야開拓이浸廣더니子孫이驕侈야亾에遂及니歷年이共七百五年이러라

百濟는距今一千九百四十五年前(馬韓王一百七十七年新羅始祖四十年高句麗琉璃王二年漢成帝鴻嘉三年癸卯)에北扶餘人溫祚가洌水를南渡야慰禮城(今稷山)에定都혼의馬韓王이東北百里의地를割與얏더니十三年에漢山으로移都(今廣州南漢山城)야慰禮民을移고二十六年에馬韓을襲滅야其地를有니北은浿水(今遂安能成江或云平山猪灘)를限고西와南은海에際고東은新羅와鄰고東北은樂浪과穢貊과로接혼지라歷三百七十六年야近肖古王廿五年에北漢城(今漢城)으로移都고又一百五年을歷야

蓋鹵王時에漢城을失ᄒᆞ고文周王元年에熊津(今公州)으로移都ᄒᆞ고又
六十三年을歷ᄒᆞ야聖王十五年에泗沘(今扶餘)로移都ᄒᆞ얏다가又一百
十二年을歷ᄒᆞ야義慈王이昏淫ᄒᆞᆷ의新羅의滅ᄒᆞᆫ바ㅣ되니王子豐이
起兵ᄒᆞ야周留城(今燕岐)에據ᄒᆞ고熊津을進圍ᄒᆞ야故業을欲復ᄒᆞ다가
兵敗ᄒᆞ야亾ᄒᆞ니歷年이共六百八十一年(王子豐在位四年)이러라
高麗ᄂᆞᆫ距今九百九十年前(新羅景明王二年後梁均王貞明四年戊寅)에太祖王建이松嶽
에定都ᄒᆞ고後百濟(甄萱部完山今全州)와泰封(弓裔部鐵圓今鐵原)을滅ᄒᆞ고新羅를降케
ᄒᆞᆷ의、全國을一統ᄒᆞ니西와北은女眞으로接壤ᄒᆞ고東及南은海를際
ᄒᆞ니라歷七十六年ᄒᆞ야成宗十二年에至ᄒᆞ야契丹蕭孫寧이大擧來
侵ᄒᆞᆯ서聲言ᄒᆞ야曰高句麗의舊地를復ᄒᆞᆫ다ᄒᆞᆷ의時에群議畏讋ᄒᆞ야
黃州岊嶺(今慈悲嶺在瑞興西六十里)以西를割與ᄒᆞ랴ᄒᆞ더니侍郞徐熙의抗辨ᄒᆞᆷ
을賴ᄒᆞ야封疆이無事ᄒᆞ고長興、歸化、龜州、郭州等의四城을得ᄒᆞ얏시
나自是로兵連禍結ᄒᆞ야疆土와爭이連年不息ᄒᆞ다가又二十六年을

歷ᄒᆞ야顯宗十年에上元帥姜邯贊이契丹의兵을大破ᄒᆞ고國威를振
ᄒᆞ니라又、五十四年을歷ᄒᆞ야文宗二十九年에東女眞七州의酋長이
率衆來附ᄒᆞᆷ으로姓名을賜ᄒᆞ고將軍의號를各授ᄒᆞ며又三山(三撒今北靑)
大蘭支擲(咸興西北薛列罕之南寧遠界)等九村과所乙浦村、小支擲、前里、大支擲、等이
皆、來附ᄒᆞᆷ으로十一州를置ᄒᆞ고又、東蕃(卽東女眞)大齊者、古河舍等十二酋
長과豆籠骨伊(今豆滿江)餘波漢等의諸蕃이皆歸服ᄒᆞᆷ으로州縣을分置ᄒᆞ
얏더니又三十四年을歷ᄒᆞ야睿宗二年에至ᄒᆞᆷ의時에女眞이强盛ᄒᆞ
야酋長烏雅束(卽金康宗世祖劾里鉢之子穆宗盈歌之兄子)이肅宗時로브허邊境을屢侵ᄒᆞᆷ
으로元帥尹瓘吳延寵을遣ᄒᆞ야兵十七萬을率ᄒᆞ고女眞을討平ᄒᆞ고
地界를劃定ᄒᆞᆯ서東으로火串嶺과北으로弓漢伊嶺과西으로蒙羅骨
嶺에至ᄒᆞ고英、雄、福、吉(皆在今吉州以北)四州를置ᄒᆞ며明年에又咸、宜二州와
及公嶮、通泰、平戎三鎭을置ᄒᆞ니是爲九城이라南界民六萬八千餘戶
를移ᄒᆞ야써實케ᄒᆞ고公嶮鎭에立碑ᄒᆞ야定界ᄒᆞ니於是、句麗의舊疆

이版圖에始歸ᄒ니라

九城을旣設홈의女眞의諸部ㅣ誓欲報復ᄒ야冒死侵寇홈으로邊警이不息ᄒ지라四年에女眞太師烏雅束이公兄(官名)史顯等을遣ᄒ야和를請ᄒ고九城의地를乞還ᄒ거늘朝議가許ᄒ고崇寧、通泰와英、福、吉咸、雄五州와眞陽、宜化等鎭을撤回ᄒ니女眞酋長等이咸州門外에壇을設ᄒ고天에誓ᄒ야曰今日以後ᄂ連年朝貢ᄒ되此盟을渝ᄒ면蕃土가滅亾ᄒ다ᄒ더라

其後에咸北一路가女眞과蒙古의陷ᄒ바ㅣ되얏더니恭愍王五年에柳仁雨를遣ᄒ야雙城(古和州今永興)을攻破ᄒ고和(今永興)、登(今安邊)、定(今定平)、長(古長州在今定平西南五十五里)、預(古豫州在今定平南四十五里)、高(今高原)、文(今文川)、宜(今宜源)、德(今德源)等州와宣德(在咸興南四十五里)、元興(在今定平南五十里)、寧仁(在今永興東六十里)、耀德(在今永興西百二十里)、靜邊(在今永興東六十里)等鎭을收復ᄒ니前此에朔方道ᄂ都連浦(在咸興南三十里有萬歲橋)로써界를삼고長城을築ᄒ야女眞을防ᄒ고(德宗二年築長城自義州經寧遠永興之耀德靜邊鎭抵都連浦)三關

門(定州宜德元興)을設ᄒ얏더니蒙古에게沒홈이凡九十九年에至是ᄒ야始復ᄒ고又咸州(元稱哈蘭府)吉州(元稱海洋)福州(元稱禿魯元今端川)北靑州(元稱三撒)四城을收復ᄒ고伊板嶺(今摩天嶺女眞稱牛曰伊板昔有毋牛嶺踰嶺牛主跡之因通路故로名亦曰餘波漢嶺)으로界를定ᄒ니四城이女眞에沒ᄒ지二百四十餘年에高麗로始歸ᄒ니라

恭讓王三年에至ᄒ야甲州(今甲山)를復ᄒ고明年에李必等을差ᄒ야斡都里(今會寧)兀良哈諸部落을招諭ᄒ다是年秋七月에我

太祖高皇帝ㅣ開國ᄒ시니高麗ᄂ凡三十四世에歷四百八十五年(高麗統一在太祖十九年戊申則實歷年四百五十五年)이러라

太祖高皇帝開國紀元元年壬申(明太祖洪武二十五年日本後小松帝南北統一元中九年西歷紀元一千三百九十二年)에漢陽에定都ᄒ시다初에高麗恭愍王十九年에我太祖ㅣ騎步兵一萬五千을率ᄒ시고鴨綠江을渡ᄒ샤北元의東寧府(在遼東婆豬江兀剌山城)를攻破ᄒ니東은皇城坪과西ᄂ海에至히部落이一空ᄒ지라是年에又、兵을進ᄒ야遼陽城을攻破ᄒ고北元에移咨ᄒ야曰遼瀋(瀋今奉天)

省은元來本國의舊界라蒙古와漢人은并、干涉이無ᄒ다ᄒ고又、榜을張ᄒ야人民을曉喩ᄒ야曰遼河以東은我國의疆土니大小頭目은亟宜、來朝ᄒ야爵祿을共享ᄒ라ᄒ시다明年恭愍王二十年에北元의遼陽城平章劉益等이以爲호ᄃ遼陽은本我國의地인故로我國에歸附코져ᄒ야遣使來請ᄒ되時에廷議不一ᄒ야回報홈이未有홈으로益이遂、金州、復州、蓋平、海城、遼陽等地로써明에歸附ᄒ니嗚呼라當時에若、劉益의歸附홈을許ᄒ고遼陽을撫有ᄒ면我國의疆土를恢復ᄒ깃거ᄂᆯ機會를失ᄒ야國의弱홈이至此ᄒ니歎息홈을曷勝ᄒ리오

太宗二年에理山(今楚山)渭原、昌城、朔州等郡을始置ᄒ시고七年에慶源慶興二府를寘ᄒ시고十三年에又閭延郡을置ᄒ시며後 世宗朝에至ᄒ야西北으로茂昌、閭延、虞芮、慈城、等四郡을寘ᄒ시고金宗瑞를命ᄒ샤北으로女眞의部落을豆滿江外로驅逐ᄒ고疆土를恢復ᄒ샤六鎭을開拓ᄒ시고 宣祖朝에藩胡를勦滅ᄒ고茂山府를設ᄒ샤六鎭에列케ᄒ시고 正祖朝에長津府를寘ᄒ시니라

肅宗三十九年(淸康熙五十一年)에淸國烏喇總管穆克登이我使朴權李義復等으로더부러白頭山에登ᄒ야國界를審定ᄒᆯ시分水嶺上에至ᄒ야定界碑를立ᄒ고文을石面에刻홈이如左ᄒ니 大淸烏喇總管穆克登奉旨査邊至此審視西爲鴨綠東爲土門故於分水嶺上勒石爲記

後百七十一年을歷ᄒ야開國紀元四百九十一年에北間島勘界事로써淸吉林將軍과我西北經略使魚允中이互相審定ᄒ다가未決ᄒ고其後에勘界使李重夏와淸員德玉賈元桂秦瑛等으로더부러境界를審勘ᄒ다가亦、未決ᄒ야彼我의間에屢度交涉을經ᄒ얏스나尙未妥定ᄒ니蓋、土門江은古統門의水(金史有統門渾蠢等部落之屬註統門今土門江渾蠢今渾春河)라其源이分水嶺에發ᄒ니白頭山大澤의南十里許에定界碑가有ᄒ고碑의西邊數步地에溝壑이有ᄒ니卽鴨綠江의源이오東邊數步地에도溝壑이有ᄒ니卽、土門江의源이라其中間에溝形이甚狹ᄒ야兩岸의

對立ᄒᆞᆷ이門과如ᄒᆞᆫ故로土門이라謂ᄒᆞᄂᆞ니此ㅣ所謂東爲土門이오西爲鴨綠者라土門의江이各洞의水를合ᄒᆞ야三百里를東流ᄒᆞ다가北으로松花江에入ᄒᆞ니間島ᄂᆞᆫ卽、土門의南에在ᄒᆞᆫ지라土門으로界를定ᄒᆞ얏슨즉間島ᄂᆞᆫ我國의疆界어ᄂᆞᆯ淸人은以爲호ᄃᆡ豆滿이卽土門이오亦稱圖們이니音의訛轉ᄒᆞᆷ이오且、分水嶺에發源ᄒᆞᄂᆞᆫ土門江은卽、松花江의上流라ᄒᆞ야互相固執ᄒᆞ나豆滿의江源은長山嶺에出ᄒᆞᆫ즉分水嶺立碑處와距里가九十里에至ᄒᆞ니東爲土門이라ᄒᆞᆫ碑文과不合ᄒᆞᆫ지라豆滿과土門이字音은略似ᄒᆞ나發源이逈異ᄒᆞ야分水嶺定界碑東에셔發ᄒᆞᆫ者ㅣ明是土門의源인즉ᄌᆞᆨ히辨論을不俟ᄒᆞ고界域이自明ᄒᆞ니라

自檀君開國으로至今光武十一年이四千二百四十年이오自
太祖高皇帝開國紀元으로至今年이五百十六年이니大韓帝國於千萬年이로다

第六章　海岸線

大韓은半島國인故로海岸線이富ᄒᆞ야其延長이一萬七千餘里에達ᄒᆞ니此를全國總面積에計較ᄒᆞ면四百七十方里에每一里의海岸線을有ᄒᆞᆫ지라十三道中에海岸線의最長은咸鏡道오其次ᄂᆞᆫ江原慶尙全羅平安의四道오京畿忠淸黃海等道ᄂᆞᆫ最短ᄒᆞ니라咸鏡江原及慶尙道의一部ᄂᆞᆫ日本海에面ᄒᆞ야東海岸이라ᄒᆞ고慶尙全羅道의南方은南海岸이라ᄒᆞ고平安黃海京畿忠淸及全羅道北方의黃海에面ᄒᆞᆷ은西海岸이라ᄒᆞ니東海岸은山軸의接迫으로써傾斜의度가甚ᄒᆞ니古代岩과及舊火成巖의斷崖로成ᄒᆞ야海底ᄂᆞᆫ巖石이오水尋이淺ᄒᆞ며凹凸이少ᄒᆞ고潮汐昇降의差가不多ᄒᆞ야海水가淸澄ᄒᆞᆷ으로써古來로滄海라碧海라稱ᄒᆞ며且出入屈曲이未富ᄒᆞ야港灣이乏ᄒᆞ고島嶼가亦尠ᄒᆞ니라

此海岸에中央半島의地體와大陸地體가接續ᄒᆞᆫ處에一大海灣을成

호니 卽 東朝鮮灣이라 호고 此灣頭에 更히 一小灣을 造호니 卽 永興灣이라 此灣은 關北의 要阨이오 且 軍艦碇泊이 甚便호고 (日本의 軍港地로 租借혼) 灣內에 更히 北으로 凹入홈은 松田灣이오 南으로 凹入홈은 德源灣이오 德源灣內에 在혼 一港은 卽 元山津이니 本海岸中에 最良港이오 永興灣口에 會沙、猪、薪、茅島等 諸島가 有호고 此로 븟허 以北은 內湖灣(咸興灣)前津灣이 有호고 前津灣의 東方은 馬養島(一名 馬耶其)오 其東北은 三峰灣(卽 山居)이니 灣內 約十里에 汽船의 碇泊이 足호니 是를 利原錨地라 호고 其東北의 開港場은 城津灣(臨溟海)이오 城津 以北은 稍稍淺호야 大灣을 成홈은 狗津灣이니 此로 븟허 北은 北關第一의 良港된 羅津灣이 有호고 最北端은 造山灣이오 灣內에 更히 一灣을 成홈은 雄基灣이니라

東朝鮮 以南으로 江原道의 沿岸은 迨一直線을 劃호야 港灣과 島嶼가 稀호고 江陵의 東方 約四百餘里에 鬱陵島가 有호고 港灣은 竹邊迎日

蔚山等灣이 有호니라

南海岸은 半島의 縱貫山脈과 橫斷山脈이 切斷홈으로 써 海岸線이 短호나 其 岬角과 港灣의 多홈은 東洋諸國에 稀見혼 바오 島嶼도 其數가 百有餘에 至호니 本海岸의 東端은 我國第一 良港된 釜山港이 有호고 絶影島는 其前面에 橫호며 其西는 馬山港이 有호니 港前에 加德島가 浮호고 其西로 巨濟島의 北面은 鎭海灣이 有호니 鎭海灣은 全世界의 軍艦을 碇泊홀만혼 良灣이라 (亦日本軍港으로 租借혼) 鎭海灣의 西角은 鎭南半島(古統營)오 其西는 昆陽灣이오 又 其南은 南海島가 有호고 島의 西面에 左水營 半島를 相抱혼 一灣은 蟾津灣이니 蟾津江의 入海處오 左水營 半島와 興陽半島의 間은 順天灣이라 云호고 興陽半島의 西岸 一灣을 寶城灣이라 호고 其西는 康津灣이라 호니 此邊에 島嶼가 頗多호디 就中 青山、薪智、古今、莞島等이 稍大호며 南方으로 九百餘里에 濟州島가 在호고 本海岸의 最西端에 右水營岬과 珍島가 在호야 海峽間에 處호

니 王辰亂에 忠武公李舜臣이 日本艦艇을 殲滅ᄒ던 碧波亭이 有ᄒ야
我國島門의 最險灘이라ᄒ니라
西海岸은 多히 新成岸의 小地로 成ᄒᆫ 斷岸絶壁을 見ᄒ니 海底ᄂᆞᆫ 淤泥
가 多ᄒ며 凹凸ᄒᆫ 딕ᄂᆞᆫ 水尋이 一般히 淺ᄒ나 最深ᄒᆫ 딕ᄂᆞᆫ 二百尋에 過
ᄒ고 沿岸에ᄂᆞᆫ 淺洲가 多ᄒ야 潮汐의 差激이 甚ᄒ니 干潮時에ᄂᆞᆫ 數十
里를 亙ᄒ야 泥土의 露出ᄒᆷ을 見ᄒ고 本海岸에 最大灣을 成ᄒᆷ은 北은
遼東半島의 東南으로 붓허 南은 黃海道長山串(小乳蘿岬)ᄭᆞ지 及ᄒᆷ을
總稱西朝鮮灣이라ᄒ고 此灣內에ᄂᆞᆫ 鴨綠江 大寧江 淸川江 大同江等
의 排水가 有ᄒ며 薪、大和、身彌、數高、德、椴島等의 諸島嶼가 有ᄒ며 鴨綠
江口에ᄂᆞᆫ 龍岩浦의 錨地가 有ᄒ야 淸國安東縣大東溝로 相接ᄒ고 大
同江口에 鎭南浦와 兼仁浦의 開港地가 有ᄒ니라 黃海道의 登山串과
忠淸道의 泰安半島間에 一大港이 成ᄒᆷ을 京畿灣이라ᄒ니 此灣內에
ᄂᆞᆫ 仁川濟物浦와 及海州、江華、永宗、南陽、牙山灣等이 有ᄒ고 南陽灣의

南端을 南陽半島라 稱ᄒ고 河川은 禮成江 臨津江 漢江等의 排水가 有
ᄒ며 島ᄂᆞᆫ 延平列島 喬桐、江華、永宗、大部列島及其他島嶼가 羅列ᄒ며
此灣內ᄂᆞᆫ 韓國沿岸中에 尤히 潮汐干滿의 差激이 甚ᄒ고 泰安半島의 南
面에 安眠島와 相對ᄒ야 一深入灣을 成ᄒᆷ은 淺水灣이오 其南錦江의
排水口에 庇仁灣이 有ᄒ며 灣의 南岸에 開港場은 群山港이 되고 東海
岸의 最南端되ᄂᆞᆫ 右水營半島와 北으로 務安半島의 間에 一灣을 木浦
灣이라ᄒ니 灣內에 榮山江이 注ᄒ고 北岸은 木浦港이 有ᄒ며 港의 前
面에ᄂᆞᆫ 幾多의 島嶼가 簇列ᄒ니 此를 雙子列島라 稱ᄒ며 此邊에 多島
海의 名이 有ᄒ니 此列島와 本島가 一海峽을 成ᄒᆫ 處를 雙子海峽이라
ᄒ니라

第七章 地勢

全國의 地勢ᄂᆞᆫ 大陸의 半島니 隆起ᄒᆫ 山脈이 其骨格을 組成ᄒᆷ으로 大
槩山岳은 富ᄒ고 平原은 少ᄒ야 其地形이 宛히 暴風雨時에 海上에서

起伏ᄒᆞᄂᆞᆫ波濤와如ᄒᆞ다ᄒᆞ고或曰大韓의地形輪郭은全히一匹兎가將北方을向ᄒᆞ야飛ᄒᆞ려ᄒᆞᆷ과恰似ᄒᆞ다ᄒᆞ고或은以謂老人이西를向ᄒᆞ야拱揖ᄒᆞᄂᆞᆫ狀과如ᄒᆞᆷ으로往昔에ᄂᆞᆫ支那의文化를受ᄒᆞ다ᄒᆞ나此ᄂᆞᆫ皆個人의推想的에不過ᄒᆞᆫ지라我國俗言에云ᄒᆞ기를我國地形은疾猋ᄒᆞᆫ田犬이蹲踞ᄒᆞ야狐兎를顧視ᄒᆞ고奮迅將搏ᄒᆞᆷ과如ᄒᆞᆷ으로古來븟허秦漢隋唐과遼金蒙古의諸國時代에倂呑코저ᄒᆞ다가畢竟은狼狽顚蹶ᄒᆞ야自服에至ᄒᆞ얏다ᄒᆞ니此ᄂᆞᆫ歷史에證ᄒᆞ며前蹟에稽ᄒᆞ건ᄃᆡ其言이或、不誣ᄒᆞ도다

大槩全國의地勢가南部와北部가逈異ᄒᆞ야各其特殊의地相을有ᄒᆞ야山脉과河流로써異相을表示ᄒᆞ니咸鏡道元山灣으로븟허京畿道江華灣에至ᄒᆞ기ᄭᆞ지一線을劃ᄒᆞ면其南北兩部의面積이逈相均ᄒᆞ니其南部ᄂᆞᆫ卽京畿江原忠清全羅慶尙의五道니謂之南韓이오其北部ᄂᆞᆫ卽咸鏡平安黃海의三道니謂之北韓이라ᄒᆞ니라

北部의地勢　北韓山脉은大抵東北으로븟허西南에走ᄒᆞ고東南에向ᄒᆞ야南部와逢合ᄒᆞ니咸鏡平安兩道ᄂᆞᆫ共히分水山脉이西南과東北으로分走ᄒᆞ고水ᄂᆞᆫ山脉을隨ᄒᆞ야亦、西北과東南이反對流下ᄒᆞᆫ지라東面沿岸의地方은山脉이隆起ᄒᆞ야海에近ᄒᆞ고又其海岸線이長ᄒᆞᆷ으로써諸流가海에直注ᄒᆞ며西南面은白頭山脉이國境上에連綿ᄒᆞ고水ᄂᆞᆫ西北으로流下ᄒᆞ다가其東部ᄂᆞᆫ豆滿江에注ᄒᆞ며南部ᄂᆞᆫ鴨綠江에注ᄒᆞ니라

南部의地勢　南韓의東部及南部ᄂᆞᆫ北으로븟허南走ᄒᆞᆫ數條山脉이有ᄒᆞ니此、縱貫山脉은南進ᄒᆞᆷ을隨ᄒᆞ야漸次低下ᄒᆞ다가終히巖石性의邱陵이됨으로許多ᄒᆞᆫ半島々嶼가海中에散在ᄒᆞ니南韓의地勢ᄂᆞᆫ東이高隆ᄒᆞ고西가低卑ᄒᆞ며分水嶺은東岸에近接ᄒᆞ야駢走ᄒᆞᆷ으로東岸諸川은水域이甚短ᄒᆞ고且地勢險峻ᄒᆞᆷ으로行程이亦短ᄒᆞ야東海에直注ᄒᆞ고西面은此와反ᄒᆞ야邱陵이間交ᄒᆞᆫ平野가됨으로河川

의水域이亦闊ᄒᆞ고水流가稍大ᄒᆞ야北은京城을沿下ᄒᆞᆫ漢江과中部는錦江과西南은榮山江이오南岸의蟾津洛東二江은皆水量이甚大ᄒᆞ니라

第八章　山經

白頭山이咸鏡北方에雄盤ᄒᆞ야其北脈은清國吉林에綿亘ᄒᆞ고其南脈은大韓諸山의祖宗이되니山海經에所謂不咸山이是라高가二千七百米突에過ᄒᆞ고山巔에潭이有ᄒᆞ니周가八百里라其山이南으로臙脂峯虛項嶺이되고東南으로寶多沙伊綬項等嶺이되야圓山에至ᄒᆞ고

圓山은西北으로馬騰嶺과南으로趙哥嶺과西으로厚致嶺과太白山에至ᄒᆞ며又西南으로赴戰嶺大小白亦山과黃草嶺에至ᄒᆞ고又西北으로雪寒嶺과東南으로狼林山에至ᄒᆞ며圓山의東北은長白山이니六鎭諸山이되야豆滿江에止ᄒᆞ고

狼林山은南으로劒山馬踰艾田鐵瓮等嶺이되고東南으로弓羅山과東北으로莊佐嶺과東으로豆流山에至ᄒᆞ며其西는太白山이니又西으로狄踰梨坡等嶺이되야平安道諸山이되고

豆流山은東南으로蘆洞峴과南으로分水嶺에至ᄒᆞ며其西는灰嶺袈裟等山이니西南으로高達山開蓮山이되고聖居天摩松岳等山에至ᄒᆞ며西南으로黃海道諸山이되고

分水嶺은北東으로鐵嶺과南으로楸池嶺金剛山에至ᄒᆞ며分水의西脈이三角山에至ᄒᆞ니三角山은皇都의鎭山이라漢江이其南에經ᄒᆞ니라

金剛山은南으로檜田珍富와西으로雪岳과東南으로五臺山에至ᄒᆞ며五臺山은西으로太白山에至ᄒᆞ며西南으로漢江의東南諸水이되고

太白山은西으로小白山과竹嶺이되고又西南으로鷄立鳥嶺曦陽俗

離等山에至ᄒᆞ며東南으로周房日月諸山이되야東萊海上에止ᄒᆞ고俗離山은西南으로秋風掛榜三道大德等山에至ᄒᆞ고又西南으로德裕山六十峙長安山智異山에至ᄒᆞ며俗離의西北은上黨山이되야漢江以南과忠淸南北의諸山이되고

長安山은西으로蘆嶺이되고西北으로馬耳熊峙珠萃大芚諸山이되야鷄龍山에至ᄒᆞ며東南으로秋月玉泉無等月出諸山이되야海에止ᄒᆞ고

智異山은我國의極南에在ᄒᆞ야最高大ᄒᆞ니白頭山의靈淑ᄒᆞᆫ氣가玆에流蓄ᄒᆞᆫ故로亦曰頭流라ᄒᆞ니라

第九章 水誌

國內에五大江이有ᄒᆞ니鴨綠江大同江漢江洛東江豆滿江等이是오其外에又錦江淸川江榮山江蟾津江禮成江大津江龍興江等의小江이有ᄒᆞ고土門江은淸國交界에在ᄒᆞ니라

漢江은其源이三이니一은江陵五臺山于筒에出ᄒᆞ고一은淮陽金剛山萬瀑洞에出ᄒᆞ고一은報恩俗離山文藏臺에셔出ᄒᆞ니其于筒에셔出ᄒᆞᄂᆞᆫ者ᄂᆞᆫ南流ᄒᆞ야金剛淵이되고珍富西에至ᄒᆞ야ᄂᆞᆫ折而東流ᄒᆞ야江原道諸山谷水와合ᄒᆞ야錦障江이되고忠淸道永春丹陽淸風忠州諸郡을經ᄒᆞ야黃江이되고金灘에至ᄒᆞ야ᄂᆞᆫ㺚川江이南으로來會ᄒᆞ니卽文藏臺에셔出ᄒᆞᄂᆞᆫ者라西流ᄒᆞ야玉江木溪가되고興元津에至ᄒᆞ야ᄂᆞᆫ蟾江이北으로來會ᄒᆞ고楊根獤尺島에至ᄒᆞ야ᄂᆞᆫ新淵江이北으로來會ᄒᆞ니卽萬瀑洞에셔出ᄒᆞᄂᆞᆫ者라又西流ᄒᆞ야漢江이되고又西北으로流ᄒᆞ다가交河鰲頭에至ᄒᆞ야ᄂᆞᆫ臨津江이北으로븟허來會ᄒᆞ니曰祖江이라江華海에入ᄒᆞ니라

其新淵江은萬瀑洞에셔西流ᄒᆞ야合出江이되며永平白鷺洲에至ᄒᆞ야昭陽江이東으로븟허來會ᄒᆞ야新淵津이되고南流ᄒᆞ야加注山에至ᄒᆞ야ᄂᆞᆫ洪川江이東으로븟허來會ᄒᆞ며楊根龍津이되야漢江에會

ᄒᆞ니라

其、臨津江은源이文川郡盧嶺에셔出ᄒᆞ야南流ᄒᆞ야江原道嶺西諸郡의水를受ᄒᆞ고朔寧漣川에至ᄒᆞ야羽化津澄波渡가되고東으로大灘江을會ᄒᆞ야鏈潭이되고高浪赤壁을經ᄒᆞ야臨津渡가되고南流ᄒᆞ야漢江으로더부러祖江에會ᄒᆞ니라

又、禮成江은其源이遂安彦眞山에셔出ᄒᆞ야谷山에黑石灘이되고平山에至ᄒᆞ야猪灘馬灘이되고金川에至ᄒᆞ야助浦가되며彌羅山東南에至ᄒᆞ야禮成江이되고又、碧瀾渡가되야海에入ᄒᆞ니라

洛東江은其源이安東郡太白山黃池에셔出ᄒᆞ야穿山而流ᄒᆞᄂᆞᆫ故로名을穿川이라ᄒᆞ고南流ᄒᆞ야禮安安東英陽眞寶等諸山의水를受ᄒᆞ고折而南流ᄒᆞ다가尙州東에至ᄒᆞ야洛東津이되고善山에至ᄒᆞ야甘川을合ᄒᆞ고大邱西에至ᄒᆞ야沙門津이되니琴湖江이東으로븟허來會ᄒᆞ며又南流ᄒᆞ다가伽倻川黃芚江과會ᄒᆞ야仰津朴津岐江等이되

니晉江이來會ᄒᆞ야折而東流ᄒᆞ야松津과三浪津이되고密陽凝川江을合ᄒᆞ야又、折而南流ᄒᆞ다가東院津、月堂江이되고七点山에至ᄒᆞ야三叉河가되야海에入ᄒᆞ니長이凡七百餘里니라

其、琴湖江은源이青松郡普賢山에셔出ᄒᆞ야永川新寧河陽慶山等郡을經ᄒᆞ야大邱府北에셔泗水箭灘이되고西으로洛東江과會ᄒᆞ니라

其、黃芚江은源이茂朱郡德裕山에셔出ᄒᆞ야南流ᄒᆞ다가居昌郡南에至ᄒᆞ야瀅川이되고陜川郡南에至ᄒᆞ야洛東江과會ᄒᆞ며晉江은亦、德裕山에셔出ᄒᆞ야安義郡南에至ᄒᆞ야藍溪가되고沙斤古城을經ᄒᆞ야濡溪와合ᄒᆞ고山淸丹城을經ᄒᆞ야新安津이되고新豐古縣西에至ᄒᆞ야薩川과會ᄒᆞ야菁川江이되고折而東流ᄒᆞ야晉州郡南에至ᄒᆞ야南江이되고東北流ᄒᆞ다가龍華山北에至ᄒᆞ야洛東江으로岐江에會ᄒᆞ니라

大同江은其源이寧遠郡白山에셔出ᄒᆞ야南流ᄒᆞ다가西南折ᄒᆞ야黑

淵江이되고叉西北流ᄒᆞ다가折而西南流ᄒᆞ야金城山에至ᄒᆞ고北流
ᄒᆞ야獤灘을合ᄒᆞ고西流ᄒᆞ야凝江이되고德川郡南을經ᄒᆞ야는南流
ᄒᆞ야三月江이되고又折而西流ᄒᆞ다가無盡臺를經ᄒᆞ야靜戎江이되
고順川郡東을經ᄒᆞ야斜灘、城岩津、岐灘、禹家淵이되고又東流ᄒᆞ다가
乂波河가되며東으로成川沸流江과會ᄒᆞ야錢浦와西江이되고西折
ᄒᆞ야馬灘이되야東으로能成江과會ᄒᆞ야王成灘이되고西南流ᄒᆞ야
銀灘이되고平壤南에至ᄒᆞ야大同江이되고羊島에至ᄒᆞ야九津弱水
가되고又南流ᄒᆞ다가月唐江과會ᄒᆞ야絶瀵海가되고廣梁에至ᄒᆞ야
海에入ᄒᆞ니長이七百餘里니라

其能成江은源이豆流山에서出ᄒᆞ야南流ᄒᆞ야陽德郡南에至ᄒᆞ고三
登郡南에至ᄒᆞ야鶻鵡洲가되고西北流ᄒᆞ야大同江과會ᄒᆞ며月唐江
은其源이瑞興郡熊坡山釜淵에서出ᄒᆞ야南流ᄒᆞ다가西折而北流ᄒᆞ
야唐城浦가되고西倉에至ᄒᆞ야는吾里浦、栗津이되고南으로三岐江

艾津浦、鐵和江이되야北으로大同江과急水門에會ᄒᆞ니라

鴨綠江은其源이白頭山에서出ᄒᆞ야伏流南出ᄒᆞ야惠山江이되고惠
山鎭을經ᄒᆞ야虛川江을會ᄒᆞ고折而西北流ᄒᆞ야長津江을會ᄒᆞ며兎
還을經ᄒᆞ야厚州江을合ᄒᆞ고茂昌古縣에至ᄒᆞ야十二道溝와合ᄒᆞ고
閭延古縣을經ᄒᆞ야西折南流ᄒᆞ다가中江、慈城江을會ᄒᆞ고又西南流
ᄒᆞ야滿浦高山鎭을經ᄒᆞ야는禿魯江이東으로來會ᄒᆞ고楚山、山羊會
에至ᄒᆞ야는婆豬江이來會ᄒᆞ고阿耳鎭에至ᄒᆞ야童巾江을會ᄒᆞ고玉
江堡를經ᄒᆞ야義州郡北於赤島東에至ᄒᆞ야는三派로分ᄒᆞ니一은南
으로九龍淵이되니水色이鴨頭와似ᄒᆞᆫ故로名을鴨綠이라ᄒᆞ고一은
西流ᄒᆞ야西江이되고一은中으로小西江이되얏다가黔同島에至ᄒᆞ
야三江이復合ᄒᆞ고淸水梁에至ᄒᆞ야又二派로分ᄒᆞ니、一은西流ᄒᆞ야
狄江과合ᄒᆞ고一은南流ᄒᆞ야威化島晴林串에至ᄒᆞ고西流ᄒᆞ야彌勒
堂에至ᄒᆞ야는古津江이東으로來會ᄒᆞ야大總江이되야西海에入ᄒᆞ

니長이一千四百餘里오對岸은安東縣大東溝와隔ᄒᆞ니라

豆滿江은其源이白頭山東南天坪에서出ᄒᆞ야東流ᄒᆞ야魚潤江이되고城川叀下川幹木河를合ᄒᆞ고潼關鎭을經ᄒᆞ야壓江灘이되고穩城北에至ᄒᆞ야布爾哈圖河를合ᄒᆞ며慶源郡東安原堡에至ᄒᆞ야琿春江이來會ᄒᆞ고撫夷鎭을經ᄒᆞ야八池水가合ᄒᆞ고慶興東에至ᄒᆞ야愁濱江이되고西修羅東鹿島에至ᄒᆞ야海에入ᄒᆞ니水淺이十二尺으로三十尺에乃至ᄒᆞ고長이約九百餘里니라

又錦江은其源이長水郡水分峙에서出ᄒᆞ야西流ᄒᆞ야鎭安龍潭茂朱錦山諸郡의水와合ᄒᆞ야召爾津이되고又東流ᄒᆞ다가高唐江이되고永同에至ᄒᆞ야深川津이되고又西流ᄒᆞ야赤登津이되며又北流ᄒᆞ야末訖灘이되며又西流ᄒᆞ야新灘津이되고又東津江과會ᄒᆞ야羅里津瓦灘、箭灘이되고又西南流ᄒᆞ야熊津이되고又東南流ᄒᆞ야白馬江이되며江鏡浦를經ᄒᆞ야黃山에至ᄒᆞ고西折ᄒᆞ야菁浦가되며沃溝郡前에서龍唐津이되고西으로舒川浦에至ᄒᆞ야海에入ᄒᆞ니라

又榮山江은其源이潭陽郡龍泉山에서出ᄒᆞ야南流ᄒᆞ다가潭陽郡東에서北折ᄒᆞ야西南流ᄒᆞ야滄江이되고三支川、漆川、九等川、黃龍川과會合ᄒᆞ야極樂江이되고羅州에至ᄒᆞ야廣灘이되고西折ᄒᆞ야錦津과榮山江이되며又沙湖津이되고駐龍、德津諸浦를過ᄒᆞ야木浦가되야西海에入ᄒᆞ니라

又蟾津江은其源이鎭安郡馬耳山과全州郡熊峙에서出ᄒᆞ야西南流ᄒᆞ야諸郡의水를合ᄒᆞ고東南으로赤城江蓮灘이되며蔘川과合ᄒᆞ고又東으로潺水津이되며花開洞에至ᄒᆞ야龍淵이되고南流ᄒᆞ야사赤江이되야海에入ᄒᆞ니라

又淸川江은其源이江界郡甲峴에서出ᄒᆞ야西流ᄒᆞ야龍釜淵이되고月林山에至ᄒᆞ야月林江이되고妙香山南川을過ᄒᆞ야南으로獐項津花遷江이되고安州城北에至ᄒᆞ야薩水가되고七佛島에至ᄒᆞ야는二

水가되얏다가又合而西南流ᄒᆞ야古城江、老江이되니大寧江이北으로來會ᄒᆞ야海에入ᄒᆞ니라

其、大寧江은源이義州郡天磨山에셔出ᄒᆞ야東流ᄒᆞ야各郡의水를合ᄒᆞ야昌城江이되고泰川郡北에至ᄒᆞ야鳥知遷을由ᄒᆞ야龜城江이西으로븟허來會ᄒᆞ고斗尾를經ᄒᆞ야鎭江이되고沙土里峴을經ᄒᆞ야博川江이되고老江海望隅에至ᄒᆞ야東으로淸川江과會ᄒᆞ니라

又龍興江은其源이永興郡鐵瓮山에셔出ᄒᆞ야東流ᄒᆞ야橫川이되며又東南流ᄒᆞ야鐵水가되고沸流川과合ᄒᆞ며永興北을經ᄒᆞ야濟仁浦가되고黑石里를經ᄒᆞ야龍興江이되고左로德灘、箭灘을合ᄒᆞ야南으로末應島에至ᄒᆞ야海에入ᄒᆞ니라

又大津江은其源이三이니一은陽智曲頓峴에셔出ᄒᆞ고一은靑陽白月山에셔出ᄒᆞ니曲頓에셔出ᄒᆞᆫ者ᄂᆞᆫ西南流ᄒᆞ야禪院川이되고陽城郡東에至ᄒᆞ야安城川을合ᄒᆞ고西으로素

沙野에至ᄒᆞ야多羅窩飛津이되고望海山에至ᄒᆞ야慶陽津이되고魯山西南을經ᄒᆞ야貢津浦가되야行擔島北에入ᄒᆞ고頓串津이南으로븟허來會ᄒᆞ니乃、白月山에셔出ᄒᆞᄂᆞᆫ者라新坪古縣北에至ᄒᆞ야大津이되야沔川、唐津北을經ᄒᆞ야西으로海에入ᄒᆞ니라

其、頓串津은白月山北으로븟허北東流ᄒᆞ야溱川이되고大興郡東에至ᄒᆞ야無限川이되고王子北에至ᄒᆞ야靑池浦가되며又、三岐、頓串、犯斤等浦가되고八堂坪에至ᄒᆞ야ᄂᆞᆫ彌勒川이東南으로븟허來會ᄒᆞ니乃、車嶺에셔出ᄒᆞᄂᆞᆫ者라北流ᄒᆞ야貢津과會ᄒᆞ고彌勒川은車嶺北으로븟허東北流ᄒᆞ야良安川、太華川을合ᄒᆞ고西流ᄒᆞ야布川、峰川이되고又車輪灘、曲橋川、丹浦가되야頓串津과會ᄒᆞ니라

又、土門江은其源이白頭山分水嶺定界碑東에셔出ᄒᆞ니兩岸에土壁이如門ᄒᆞᆫ故로名을土門이라ᄒᆞ니數十里를伏流ᄒᆞ다가杉浦에至ᄒᆞ야水가始出ᄒᆞ야北甑山、西陵口、黃口、大少沙壚、九等壚、兩兩溝等의諸

水를合ᄒᆞ야四五百里를流ᄒᆞ야東北으로松花江과會ᄒᆞ야東으로黑龍江에入ᄒᆞᄂᆞ니卽、韓淸兩國交界의分ᄒᆞᆫ바ㅣ니라

國朝 世祖元年에圜丘에郊祀ᄒᆞᆯ시五岳을定ᄒᆞ니中岳은三角山東岳은金剛山西岳은九月山南岳은智異山北岳은長白山(光武七年改以白頭山)이오四瀆은漢江、洛東江、大同江、鴨綠江으로定ᄒᆞ얏나니라

第十章 潮流

我國沿海의潮流를述ᄒᆞ건ᄃᆡ暖潮ᄂᆞᆫ赤道海流로本源이北向ᄒᆞ야日本海를經ᄒᆞ야朝鮮海峽을過ᄒᆞ야南海로流ᄒᆞ고寒潮ᄂᆞᆫ北方寒帶에發ᄒᆞ야日本海의西北으로慶尙道南海를經ᄒᆞ고全羅道西海에至ᄒᆞ야更起ᄒᆞ야西流ᄒᆞ야黃海北部를沿ᄒᆞ니東海ᄂᆞᆫ西比利亞와日本海를接ᄒᆞ야太平洋과ᄂᆞᆫ關係가薄ᄒᆞᆫ故로潮勢가微弱ᄒᆞ야干滿의差가甚少ᄒᆞ며且、海底가淺히平坦ᄒᆞ야凹凸이少ᄒᆞ며其南部ᄂᆞᆫ暖潮를通ᄒᆞ고北部ᄂᆞᆫ寒潮가注ᄒᆞ니潮流의推移ᄂᆞᆫ春季븟허暖潮가漸漸其幅을增大ᄒᆞ야盛夏에ᄂᆞᆫ極度에達ᄒᆞ며江原道로븟허咸鏡道에至ᄒᆞ야ᄂᆞᆫ寒潮와交涉ᄒᆞᆫ故로此季間에ᄂᆞᆫ暖流魚族의洄游ᄒᆞᆷ이頗多ᄒᆞ고更히十月에至ᄒᆞ야ᄂᆞᆫ暖流가漸衰ᄒᆞ고寒流가其幅을增ᄒᆞᆷ으로十一二月頃에ᄂᆞᆫ慶尙南部의沿海로써其交乂点을삼ᄂᆞ니此季에ᄂᆞᆫ暖流의魚族이南徙ᄒᆞ야全히其跡을絶ᄒᆞ고鰊(靑魚)鱈(大口魚)等의寒流魚族만生息ᄒᆞᄂᆞ니라

南海ᄂᆞᆫ無數ᄒᆞᆫ島嶼가羅列ᄒᆞ고海底가不深ᄒᆞ며暖潮가流入ᄒᆞ야雖冬季라도寒潮의影響을受ᄒᆞᆷ이亦尠ᄒᆞᆷ으로寒流澎漲ᄒᆞᆫ北方으로셔回避ᄒᆞᄂᆞᆫ魚族이此海中에集ᄒᆞ야春暖을待ᄒᆞ며西海도亦島嶼가多ᄒᆞ고海底ᄂᆞᆫ淤泥로成ᄒᆞ야凹凸이少ᄒᆞ고且淺ᄒᆞ나然ᄒᆞ나共히外海에面ᄒᆞᆫ故로潮汐干滿의差가最激烈ᄒᆞ고冬季ᄂᆞᆫ黃海北部의寒流一派가沿岸을洗ᄒᆞ다가春季로븟허暖流가漸增ᄒᆞ면寒潮ᄂᆞᆫ其跡을收ᄒᆞᄂᆞ니라

京畿道仁川附近은潮汐干滿의差異가三十尺에及ᄒᆞ며退潮ᄒᆞᆫ時에數十里의潮痕泥跡을見ᄒᆞ고南下ᄒᆞ면稍少ᄒᆞ야忠淸道淺水灣에ᄂᆞᆫ其差가二十六尺餘이오全羅西部木浦地方은十四尺餘오南海岸에서釜山에至ᄒᆞᆷ에ᄂᆞᆫ五尺에未滿ᄒᆞ고東海岸에셔元山에至ᄒᆞᆷ에ᄂᆞᆫ僅히一尺五寸에不過ᄒᆞ니라

第十一章 氣候

大韓은北緯三十三度十三分으로븟허四十三度二分間에在ᄒᆞ야大槩ᄂᆞᆫ溫和의度가平均ᄒᆞ나山脈의配置에依ᄒᆞ야各地의氣候가南北이差異ᄒᆞ니其分界ᄂᆞᆫ北緯三十七度에셔慶尙全羅忠淸의三道ᄂᆞᆫ山脈이多、南北으로奔ᄒᆞᆷ으로써海風이能히山脈의峽谷을通ᄒᆞ야內部에深及ᄒᆞᆷ의氣候가溫和ᄒᆞ니所謂氣候風帶에屬ᄒᆞ고其他五道ᄂᆞᆫ山脈이槪히東西로奔ᄒᆞᆷ으로써南方의海風을阻隔ᄒᆞ야北方大陸의氣候에感化됨의寒暑의懸隔이甚히大陸的激變이有ᄒᆞ니所謂西伯利

亞大陸性이有ᄒᆞᆫ溫帶에屬ᄒᆞᆫ지라

大陸的의氣候ᄂᆞᆫ總히酷烈ᄒᆞ야寒暑의度가非常히陞降ᄒᆞᆷ으로北部의港灣河川은冬季三四個月間은堅氷이結ᄒᆞ야人馬가江上에往來ᄒᆞᆷ을得ᄒᆞ고夏季ᄂᆞᆫ炎暑가特甚ᄒᆞ며又一日의中에氣候의激變이殊大ᄒᆞ야冬季夏季ᄂᆞᆫ一晝夜에十度乃至二十度의差를生ᄒᆞᄂᆞ니俗言三寒四溫이라稱ᄒᆞᆷ은盖其酷寒이三日을過ᄒᆞ면四日間은寒氣가稍衰ᄒᆞᆷ을謂ᄒᆞᆷ이니此ᄂᆞᆫ循環의常例니라

雨季ᄂᆞᆫ每年五六月頃으로븟허七月頃에終ᄒᆞ나北部ᄂᆞᆫ七八月頃에도必、霖雨가多ᄒᆞᆷ으로俗이七月長霖이라稱ᄒᆞ고南部ᄂᆞᆫ夏秋間에西南氣候가流行ᄒᆞᆯ時ᄂᆞᆫ强雨가屢至ᄒᆞ며

降雪은惟、江原咸鏡等道에ᄂᆞᆫ六七尺의堆積에及ᄒᆞ고平安道ᄂᆞᆫ四五尺에及ᄒᆞ고三南地方은雪의堆積이尠ᄒᆞ니大槩其氣候의寒冷ᄒᆞᆷ을由ᄒᆞ야一般解消의期가遲ᄒᆞ며北部ᄂᆞᆫ三四月春夏의交라도皚皚ᄒᆞᆫ

積雪이峰頭에尙堆ᄒᆞ니라

海風은東海의面에冬春의候ᄂᆞᆫ北風又西風이多ᄒᆞ고夏季ᄂᆞᆫ南風이多ᄒᆞ며秋季ᄂᆞᆫ北風、又北東風이多ᄒᆞ며東風은甚稀ᄒᆞ니其吹ᄒᆞᆯ時ᄂᆞᆫ多、降雨의前兆오雨中에ᄂᆞᆫ東北風과東及北東風이多ᄒᆞ야波浪을掀騰ᄒᆞ고南海及西海面은春季ᄂᆞᆫ南及北西風이오夏季ᄂᆞᆫ南西、北西風이오秋季ᄂᆞᆫ北西와北과西風이오冬季ᄂᆞᆫ西와北西와北風이最多ᄒᆞ며北東과又東風은恒常雨中이나及降雨의前兆로多吹ᄒᆞ다가漸次南으로봇허西으로轉ᄒᆞ면雨霽ᄒᆞᄂᆞ니我國農家에도每以此로雨期를占ᄒᆞ니라

第十二章 生産物

植物産 我國의植物은溫帶林에屬ᄒᆞᆷ으로植物이極繁ᄒᆞ니松(赤松最多)柏、檜、杉、栢、楸、楠、槐、楡、柳、樫、梧、桐、櫟、漆、楮、桑、楓、竹等이오果樹ᄂᆞᆫ棗、栗、柿、梨桃、李、杏、梅、胡桃、銀杏、石榴、林檎、柏子、葡萄等이오濟州及海南南海等地

ᄂᆞᆫ柑、橘、榧가産ᄒᆞ며農作物은米、麥、粟、豆、菽、黍、稗、胡麻、蕎麥、蜀黍、玉蜀黍甘藷、薏苡等과麻、苧、亞麻、棉花、藍、茜、蒲、莞、烟草、龍鬚草、茅、蒯等이隨處皆産ᄒᆞ니라

動物産 我國江原咸鏡平安等道에山林이豐饒ᄒᆞᆷ으로獸類가繁殖ᄒᆞ니虎、豹、鹿、獐、熊、兎、狐、狸、山豬、貂、貉、(一名猯)猫、鼠와家畜은牛、馬、驢、騾、犬、豚、山羊(羔卽也)鷄、鵝等이니其中牛가最繁殖ᄒᆞ야體大力壯ᄒᆞᆷ이美國産에可比ᄒᆞᆯ지오鳥類ᄂᆞᆫ鶴、鸛、鷹、鵰、鵂、鷺、烏、鵲、鳶、鷗、鶯、燕、鵝、鴨、黃雀、百舌、山雉等이오魚族은沿海三面에不産ᄒᆞᆷ이無ᄒᆞ나其中明太魚와大口魚와大蟹와石決明과石首魚와民魚와魴魚와八稍魚와鰕、蛤、鯉、鱸等이饒産ᄒᆞ니라

鑛物産 金、銀、銅、鐵、錫、沙金、石炭、鉛、鹽、水晶、玉石、蠟石、大理石、磁石、硫黃綠礬、蠙珠、琥珀、錦貝、礪石、丹砂等이皆産ᄒᆞ니라

第二編 人文地理

第一章 人種

大韓의人種은亞細亞의黃色人種이라上古는九種의部落이有ᄒᆞ더니文化의關을隨ᄒᆞ야各地의移住民이混雜ᄒᆞᆫ지라大槪其區別은三族이有ᄒᆞ니一曰朝鮮本族은古初土着의民族이니西北으로븟터漸次東南으로蔓衍ᄒᆞᆫ者오二曰漢族은支那에셔移住ᄒᆞᆫ者니殷周의際로븟허戰國及秦漢의代에至히支那의有事時는其人民이我國에移住ᄒᆞ는者ㅣ甚多ᄒᆞ야(如箕子率五千人東來ᄒᆞ고燕齊趙民避秦亂亾歸者數萬衛滿亾命者數千)이遼薊幽燕과齊魯江浙의人이海陸에絡繹ᄒᆞ니所謂秦韓의稱이是오三曰扶餘族은古穢種이니即亦檀君의遺裔라(檀君後孫徙北扶餘)北扶餘王解夫婁가朝鮮東北의海濱으로徙ᄒᆞ야東扶餘(即不耐穢)가되얏漸次蕃殖ᄒᆞ더니後穢君南閭가二十八萬口를率ᄒᆞ고漢에歸ᄒᆞ얏고高句麗와百濟가亦扶餘의族으로朝鮮과馬韓의地에蕃衍ᄒᆞ다가及亾ᄒᆞᆷ의句麗의男女二十餘萬口는唐에遷ᄒᆞ고其他는北으로長白山東에依ᄒᆞ야渤海國이되얏고百濟의男女二千八百餘口는亦唐에徙ᄒᆞ고其他數十千口는皆日本에移住ᄒᆞ야(九州西海鹿兒島等地)至今蕃盛ᄒᆞ니라

其外에又靺鞨族、蒙古族、日本族等도有ᄒᆞ니高麗初에西北兩道에東西女眞의部落이入處ᄒᆞ야藩屬이되얏더니後에東女眞의完顏氏는遼와宋을滅ᄒᆞ고支那에入帝ᄒᆞ야金이되얏고西女眞의後는今淸國의始가되니라蒙古族은高麗末年에移住ᄒᆞᆫ者ㅣ甚多ᄒᆞ고日本의族도古代로븟허來往이複雜ᄒᆞ야移住ᄒᆞᆫ者ㅣ多ᄒᆞᆷ으로麗倭의稱이有ᄒᆞ더니近日은一層交通이便利ᄒᆞᆷ으로每年에屢十萬의增加에至ᄒᆞ니라

大抵我韓의人種은各地에移住ᄒᆞᆫ者ㅣ甚、混雜ᄒᆞ야單純ᄒᆞᆫ一種族으로言ᄒᆞ기不能ᄒᆞᆫ故로其性質習尙이南北의殊異ᄒᆞᆷ은不無ᄒᆞ나大槪는其天性이柔順ᄒᆞ야好善의風이有ᄒᆞᆷ은全國이同然ᄒᆞᆷ으로써東方의君子國이라稱ᄒᆞᆷ이오孔子ㅣ乘桴欲居ᄒᆞ심이此로以ᄒᆞᆷ이아닌가

第二章　族制

大韓의民族은新羅時로봇허聖骨(王族)眞骨(貴族)의稱이有ᄒᆞ더니高麗時에文班虎班兩班의區別이始有ᄒᆞᆫ지라　國朝에至ᄒᆞ야ᄂᆞᆫ遂兩班으로써貴族의名詞를作ᄒᆞ야撫上의勢力을有ᄒᆞ고其次ᄂᆞᆫ中人이라名ᄒᆞ니蓋高麗의士族이我朝에不服ᄒᆞᆫ者를抑ᄒᆞ야中等階級에置ᄒᆞ고仕宦을不許ᄒᆞᆫ者ㅣ多ᄒᆞ고其次ᄂᆞᆫ常民이니卽普通平民의稱이오此外에又七班의賤級이有ᄒᆞ야平民에도不齒ᄒᆞ고雖高才異行이有ᄒᆞ야도仕宦을不許ᄒᆞ야屢百年痼習을成ᄒᆞ얏더니今
皇上陛下三十一年에政治를更張ᄒᆞ실ᄉᆡ班閥의階級을劈破ᄒᆞ시고各其姿格의高下를隨ᄒᆞ야人才를登庸ᄒᆞ시니實로自由平等의福을享有ᄒᆞᆯ지로다

第三章　言語及文字

國民의言語도種族을隨ᄒᆞ야土音과漢語와蒙古語를雜用ᄒᆞ니古代

三韓의方言은太半變改ᄒᆞ고或訛傳ᄒᆞᆷ이多ᄒᆞᆷ으로古今의名詞動詞等의言調가逈殊ᄒᆞᆫ者ㅣ多ᄒᆞ고國內各地의風土에依ᄒᆞ야方言의差異ᄂᆞᆫ不無ᄒᆞ나大槩ᄂᆞᆫ均一ᄒᆞ다ᄒᆞᆯ지니라

文字ᄂᆞᆫ古來로漢文을適用ᄒᆞ나文字와言語가殊異ᄒᆞᆷ으로使用ᄒᆞᆷ에困難이有ᄒᆞᆫ지라新羅時에薛聰이句讀의吐語를造ᄒᆞ야九經을解ᄒᆞ고吏讀를作ᄒᆞ야公私文牒에行用ᄒᆞ니其大槪를記ᄒᆞᆫ건ᄃᆡ

句讀ᄂᆞᆫ　(爲尼)ᄒᆞ니(爲也)ᄒᆞ야(爲古)ᄒᆞ고(尼羅)니라(伊)이(隱)은(乙)을之類也오

吏讀ᄂᆞᆫ　(矣身)의몸(白活)발괄(的只)마기(是喩)인지(最只)안직(敎是)이시(除良)더러(不喩)안인지(爲去乙)하거를(爲去等)하거던(爲乎所)하온바(爲白齊)하ᄉᆞᆲ제(爲白置)하ᄉᆞᆲ두(爲白遣)하ᄉᆞᆲ고(爲臥乎)하누온(爲白乎旀)하ᄉᆞᆲ오며(爲白如可)하ᄉᆞᆲ더가(是去乙良)이거울랑(爲白臥所)ᄒᆞᄉᆞᆲ눈바之類也니라

茲에其大槪만略記ᄒᆞ거니와言語의使用에尙不便을感ᄒᆞ더니國朝
世宗朝에至ᄒᆞ야子母二十八字를刱造ᄒᆞ샤國文을始作ᄒᆞ시니實로
天地自然의正音이오古今字母의眞詮이라簡易便捷ᄒᆞ야婦人孺子
라도未解ᄒᆞᆯ者ㅣ無ᄒᆞ니萬世文明의基礎를此로始ᄒᆞᆯ지로다其訓民
正音의本文은如左ᄒᆞ니

ㄱ 牙音 如君字初發聲이오幷書如虯字初發聲이오 ㅋ 牙音 如快字初發聲이오 ㆁ 牙音 如業字初發聲이오 ㄷ 舌音 如斗字初發聲이오幷書如覃字初發聲이오 ㅌ 舌音 好呑字初發聲 ㄴ 舌音 如那字初發聲이오 ㅂ 脣音 如彆字初發聲이오幷書如步字初發聲이오 ㅍ 脣音 如漂字初發聲이오 ㅁ 脣音 如彌字初發聲이오 ㅈ 齒音 如卽字初發聲이오幷書如慈字初發聲이오 ㅊ 齒音 如侵字初發聲이오 ㅅ 齒音 如戌字初發聲이오幷書如邪字初發聲이오 ㆆ 喉音 如挹字初發聲이오 ㅎ 喉音 如虛字初發聲이오幷書如洪字初發聲이오 ㅇ 喉音 如欲字初發聲이오 ㄹ

半舌音 如閭字初發聲이오 △ 半齒音 如穰字初發聲이오 右初聲 、如呑字中聲이오 ㅡ如卽字中聲이오 ㅣ如侵字中聲이오 ㅗ如洪字中聲이오 ㅏ如覃字中聲이오 ㅜ如君字中聲이오 ㅓ如業字中聲이오 ㅛ如欲字中聲이오 ㅑ如穰字中聲이오 ㅠ如戌字中聲이오 ㅕ如彆字中聲이오 右中聲 終聲은復用初聲이니○連書脣音之下則爲脣輕音이오初聲合用則幷書니終聲도同ᄒᆞ고、ㅡㅗㅜㅛㅠ附書初聲之下ᄒᆞ고ㅣㅏㅓㅑㅕ附書於右ᄒᆞ나니凡字必合而成音이라左加一点則去聲이오二則上聲이오無則平聲이오入聲은加点은同而促急ᄒᆞ니라

右子母凡二十八字는 世宗朝本文也오其後에屢經變易ᄒᆞ야今之通用ᄒᆞ난國文의發音表는如左ᄒᆞ니

母音 / 父音	第一列 開口音		第二列 喉音		第三列 舌音		第四列 脣音		第五列 牙音		
	ㅏ	ㅑ	ㅓ	ㅕ	ㅗ	ㅛ	ㅜ	ㅠ	ㅡ	ㅣ	、

	ㅏ	ㅑ	ㅓ	ㅕ	ㅗ	ㅛ	ㅜ	ㅠ	ㅡ	ㅣ	ㆍ	ㅘ	ㅝ
ㄱ 平音	가	갸	거	겨	고	교	구	규	그	기	ᄀᆞ	과	궈 重音
ㄴ	나	냐	너	녀	노	뇨	누	뉴	느	니	ᄂᆞ	놔	눠
ㄷ	다	댜	더	뎌	도	됴	두	듀	드	디	ᄃᆞ	돠	둬
ㄹ	라	랴	러	려	로	료	루	류	르	리	ᄅᆞ	롸	뤄
ㅁ	마	먀	머	며	모	묘	무	뮤	므	미	ᄆᆞ	뫄	뭐
ㅂ	바	뱌	버	벼	보	뵤	부	뷰	브	비	ᄇᆞ	봐	붜
ㅅ	사	샤	서	셔	소	쇼	수	슈	스	시	ᄉᆞ	솨	숴
ㅇ	아	야	어	여	오	요	우	유	으	이	ᄋᆞ	와	워
ㅈ	자	쟈	저	져	조	죠	주	쥬	즈	지	ᄌᆞ	좌	줘
ㅎ 輕音	하	햐	허	혀	호	효	후	휴	흐	히	ᄒᆞ	화	훠
ㅋ 激音	카	캬	커	켜	코	쿄	쿠	큐	크	키	ᄏᆞ	콰	쿼 重激音
ㅌ	타	탸	터	텨	토	툐	투	튜	트	티	ᄐᆞ	톼	퉈
ㅍ	파	퍄	퍼	펴	포	표	푸	퓨	프	피	ᄑᆞ	퐈	풔
ㅊ	차	챠	처	쳐	초	쵸	추	츄	츠	치	ᄎᆞ	촤	춰

第四章 風俗及性質

我國의風俗은箕聖이支那의文明을輸入ᄒᆞ심으로殷의遺俗이頗多ᄒᆞ니衣裳의尙白홈과章甫의冠弁과婚禮에白馬를用홈이皆殷의古制오農業을務ᄒᆞ고禮義를崇ᄒᆞ며文學을好홈도亦箕聖의德化라羅麗時代에至ᄒᆞ야ᄂᆞᆫ又印度의佛敎가流入홈으로當時에尙佛의風이盛行ᄒᆞ야印度의俗習과相同홈도亦多ᄒᆞ니라

國朝에至ᄒᆞ야ᄂᆞᆫ佛敎를一掃ᄒᆞ고儒道를尊홈으로文化가大闢ᄒᆞ야士ᄂᆞᆫ禮節을尙ᄒᆞ고忠孝를本ᄒᆞ야君親을敬愛ᄒᆞ고長幼의分과男女의別이嚴ᄒᆞ며倫理의發達이世界에無比ᄒᆞ니라

人民의性質은大槪溫柔寬直ᄒᆞ며忠厚好善ᄒᆞ니各道風氣로觀ᄒᆞ면西北諸道ᄂᆞᆫ果毅勁悍홈으로武將이多出ᄒᆞ고東南은忠直淳良홈으로文學이多出ᄒᆞ나異點이各有홈은平安道ᄂᆞᆫ俗이强勁ᄒᆞ야弓馬를

專尙ᄒᆞ고咸鏡道ᄂᆞᆫ質直ᄒᆞ야忍耐의力이富ᄒᆞ고黃海道ᄂᆞᆫ平安道와大同ᄒᆞ며江原道ᄂᆞᆫ俗이朴野ᄒᆞ야儉嗇을尙ᄒᆞ니大抵黃江兩道의人은共히淳良ᄒᆞ고京畿忠淸兩道ᄂᆞᆫ王化를先被ᄒᆞ야學術과智慮가長ᄒᆞ고全羅道ᄂᆞᆫ人民이聰慧ᄒᆞ야才巧에富ᄒᆞ며輕儇의習이有ᄒᆞ고慶尙道ᄂᆞᆫ人民이淳厚鯁直ᄒᆞ야質朴의風이有ᄒᆞ니라大抵我國은家族의結合으로發達된지라總、家族的觀念이多ᄒᆞ고國家的觀念이少ᄒᆞ야怠惰依賴의性質을養成ᄒᆞᆷ으로써國家의精神이頓挫ᄒᆞ고發奮遒往의氣力이澌敗ᄒᆞ야禍福吉凶을巫覡卜筮에信仰ᄒᆞ며貧富窮通을族親師友에依恃ᄒᆞ야自立自主心이鮮ᄒᆞ니此ᄂᆞᆫ皆家族社會的主義에基因ᄒᆞᆷ이라如今競爭時代에在ᄒᆞ야ᄂᆞᆫ此性質習慣을排除ᄒᆞ고奮發心、獨立心、愛國心으로抵抗力、勤勞力、活動力을養成ᄒᆞᆷ이第一國民의主義가될지로다

第五章　家屋

我國의家屋制度ᄂᆞᆫ古初에亦、支那의遺制를模範ᄒᆞᆷ이多ᄒᆞᆷ으로王公의宮室과官衙의廨舍ᄂᆞᆫ極其宏大ᄒᆞ나但羅麗以來로붓허人民의家屋은奢麗ᄒᆞᆷ을禁止ᄒᆞ야限制가有ᄒᆞᆷ으로二層을不許ᄒᆞ고間架도定數가有ᄒᆞ니以故로貧富를毋論ᄒᆞ고一般居處의陋隘ᄒᆞᆷ이殆、豚柵牛欄과土窟穴居와無異ᄒᆞ니實、邱歎咤ᄒᆞᆷ을不堪ᄒᆞ도다

大槪家屋의制ᄂᆞᆫ高가五六尺으로乃至十餘尺에不過ᄒᆞ고間架ᄂᆞᆫ平均三四間或四五間(一間以八尺爲準)以上이오屋根은瓦或藁或茅或鱗石等으로覆蓋ᄒᆞ나官廨나公舍를除ᄒᆞᆫ外ᄂᆞᆫ瓦屋은稀少ᄒᆞ고普通藁艸가多ᄒᆞ며咸鏡道三水甲山等地方은泥土로써屋을蓋ᄒᆞᆷ으로屋上에艸萊가蕪沒ᄒᆞ야望之ᄒᆞ면邱隴과如ᄒᆞ고京城及各港市ᄂᆞᆫ近日外國의制를倣ᄒᆞ야函石或洋瓦로도覆ᄒᆞ고且房室은一切溫突을用ᄒᆞ니蓋公私森林의禁이甚嚴ᄒᆞ야材木이極艱ᄒᆞᆷ으로家屋의建築을全히泥土로構造ᄒᆞ야冬節에寒氣를禦ᄒᆞᆯ而已오其炎埶의候ᄂᆞᆫ室內

에烘熱을不堪ᄒᆞ야地上에露宿ᄒᆞᄂᆞᆫ者ㅣ多ᄒᆞ고其溫突의制ᄂᆞᆫ四壁을築ᄒᆞ고其內地에一尺의高가되게火溝를築ᄒᆞ되川字形과如히ᄒᆞ고其上에扁石을平鋪ᄒᆞ야泥로罅隙을塗ᄒᆞ고又砂土로覆塗ᄒᆞᆫ後에中等以上은油紙로厚히其上에貼付ᄒᆞ야粧版이라謂ᄒᆞ고其下等은但草席을鋪ᄒᆞ고其上에坐臥ᄒᆞ며中等以上은其四壁及天井에도斑紙를貼ᄒᆞ야承塵을作ᄒᆞ고斑子라謂ᄒᆞ며其室外ᄂᆞᆫ火溝를通ᄒᆞ야出烟筒을設ᄒᆞ고其焚爨의口ᄂᆞᆫ卽竈니或火溝가年久堙塞ᄒᆞ야修築을不得ᄒᆞ면每爨火時에烟氣가橫飛ᄒᆞ야堂室에盤旋ᄒᆞᆷ으로居處에烟煤의觸目ᄒᆞᆷ을甚苦ᄒᆞ며都市閭民戶가稠雜ᄒᆞᆫ處ᄂᆞᆫ湫隘이愈甚ᄒᆞ야不潔淨ᄒᆞᆫ汚穢의臭가觸鼻ᄒᆞᆷ을不堪ᄒᆞᄂᆞ니此ᄂᆞᆫ衛生에妨害가甚大ᄒᆞᆫ지라尤宜吾人의十分注意ᄒᆞᆯ바ㅣ라ᄒᆞ노라

第六章 衣服及飲食

衣服은箕子以來로總白色을尙ᄒᆞ며其地質은絹、麻、棉、苧等의土產布를用ᄒᆞ며上流社會ᄂᆞᆫ紬緞紗羅를許着ᄒᆞᄂᆞ니近時에至ᄒᆞ야ᄂᆞᆫ一切外國의輸入品을嗜好ᄒᆞᆷ으로服着도洋木(俗稱棉布曰木)倭木、唐苧、蕉布川布山紬及各種毛織絨屬綾羅錦緞의類를用ᄒᆞ야貴賤의限制를勿問ᄒᆞ고形色制度를各自隨意ᄒᆞᄂᆞ니라

衣服의制度ᄂᆞᆫ古者에三韓은科頭露紒로男女가皆曲領을衣ᄒᆞ고大袖衫을服ᄒᆞ며皮弁(卽折風巾)을戴ᄒᆞ더니新羅文武王이衣服의制를唐에取法ᄒᆞ야風俗을一變ᄒᆞ고高麗에至ᄒᆞ야도新羅의制를仍用ᄒᆞ다가忠烈王에至ᄒᆞ야蒙古의制를取ᄒᆞ야薙髮ᄒᆞ고辮ᄒᆞ며胡服을着케ᄒᆞ고婦人의長衫(卽장옷)과團衫(濶袂長裙)唐衫의制를變ᄒᆞ야亦、蒙古의宮樣製를用ᄒᆞ니卽近日婦人의衣制라衫은甚短ᄒᆞ야僅、覆肩ᄒᆞ고乳를露ᄒᆞ며袖ᄂᆞᆫ窄ᄒᆞ야臂를纏ᄒᆞᆷ과如ᄒᆞ니服妖라可謂ᄒᆞᆯ지라其後에更히長衣를穿ᄒᆞ야婦女의出入에服ᄒᆞ더니 世祖元年에梁誠之가以爲婦女의長衣를着ᄒᆞᆷ은男女가無別이라ᄒᆞ야請禁ᄒᆞ니自此

로長衣ᄂᆞᆫ但出入時에頭面을掩覆ᄒᆞ니라
國初에衣服의制定이無ᄒᆞ야公服은明朝紗帽團領의制를倣ᄒᆞ고又網巾을採用ᄒᆞ고圈貫으로써貴賤을表ᄒᆞ니平民及堂下ᄂᆞᆫ羊角或玳瑁오三品以上은玉이오從二品以上은金이오從一品以上은還玉이니라　中宗丁酉에至ᄒᆞ야闊袖長裙의風을稍改ᄒᆞ야上下衣服의制를定ᄒᆞ야中外에頒行ᄒᆞ더니　宣祖朝에至ᄒᆞ야壬辰의亂을經ᄒᆞᆫ後로上下가無別ᄒᆞ야大小朝官은皆戎服을着ᄒᆞ며紳士도帖裏(卽天翼)를亦服ᄒᆞ고或唐將의衣ᄒᆞᆫ바褡䕏(卽戰服)도服ᄒᆞ더니其後에君臣의服色制度를改正ᄒᆞ얏고今
皇上二十一年甲申에廣袖衣를禁ᄒᆞ고盤領窄袖衣를通服케ᄒᆞ얏다가尋에罷ᄒᆞ고乙未에至ᄒᆞ야廣袖衣를申禁ᄒᆞ고上下가皆從便으로周衣를着케ᄒᆞ며朝官은或褡䕏와絲帶도加ᄒᆞ니라
大槪廣袖衣ᄂᆞᆫ古初로遺傳ᄒᆞᄂᆞᆫ制度라幾千年間에其體裁ᄂᆞᆫ多小變更이有ᄒᆞ나廣袖長衽의制ᄂᆞᆫ未嘗差異ᄒᆞᆷ으로歷史에同然ᄒᆞ나是ᄂᆞᆫ古者儒者의張拱徐趨ᄒᆞᄂᆞᆫ風이라時代를隨ᄒᆞ야極히不便ᄒᆞᆷ이多ᄒᆞᆷ으로今에ᄂᆞᆫ一切廢止ᄒᆞ얏거니와從此以後ᄂᆞᆫ幾十의星霜을閱ᄒᆞ면我國衣服의古制가永히銷滅無傳ᄒᆞ야叅考가無處ᄒᆞᆯ지기로左에其制度의大槩를記ᄒᆞ노니今에雖煩瑣ᄒᆞᆫ듯ᄒᆞ나異日에叅考品은供ᄒᆞᆯ가ᄒᆞ노라
國朝以來로朝官의公服은烏帽、黑團領이니胷과背에宗親은麒麟白澤이오文官은鶴、鳳、鸞、鵠、鷳、鷗、鸂鶒等이오武官은虎、豹、熊、羆、獅、兕等의繡紋을褙附ᄒᆞ야胷褙라稱ᄒᆞ야文武의別과高下의級을辨ᄒᆞ며帶ᄂᆞᆫ犀角、金、銀、烏角等의差로階級을分ᄒᆞ고朝叅賀享에ᄂᆞᆫ朝服이有ᄒᆞ니金冠、靑衫、紅衫、紅裳、後垂、佩玉、蔽膝、牙笏과品帶오祭享에ᄂᆞᆫ祭服이有ᄒᆞ니祭冠、白衫、黑衫、紅裳、後垂、佩玉、牙笏、祭履、品帶等製가有ᄒᆞ야金冠과祭冠은梁의多寡로階級을分ᄒᆞ고動駕時에ᄂᆞᆫ戎服은帖裏와羽笠

과紅廣帶오軍服은戰笠과夾袖와環刀니黑靴는諸服에一切通用ᄒ니라

朝官燕居의服은氅衣니其制는廣袖周衣에背後는坼縫ᄒ야兩衽에分ᄒ고其上에絲帶를加ᄒ며氅衣의底는窄袖周衣를副着ᄒ고宴會或修賓을見ᄒᆯ時는氅衣上에又道袍를加着ᄒ니氅衣와道袍는 宣廟壬辰以後에明으로봇터從來ᄒᆫ者니紳士의通常服을作ᄒᆫ지라道袍는古者에縫掖衣와如ᄒ야廣袖周衣에背後로一幅長衽을加ᄒ니謂之道袍라ᄒᆷ은蓋道士의所服인故로武官은猶道袍의着을不許ᄒ고其氅衣上에直領을加케ᄒ니直領도其制는道袍와略同ᄒ나但左右兩幅의衽을兩腋背後로斜縫ᄒ야前을繞ᄒ고謂之直領이라ᄒ며此는武官과吏役者와又喪人의出入時에着ᄒ는者오儒士와平民의通常服은周袂衫이니亦曰大氅衣小氅衣라ᄒ느니大氅衣는俗稱(즁츄막)이라ᄒ야其制는亦廣袖長衽이오古者四揆衫과如ᄒ나但此는三幅의衽에分ᄒ야背後에一衽이오前에兩衽이疊合ᄒ고左右는缺ᄒ며小氅衣도亦然ᄒ나但窄袖로製ᄒ야燕居에服ᄒ며出入時는其上에大氅衣를加ᄒ고下賤은出入에도大氅衣는不許ᄒ며平民은大氅衣도染色을不得ᄒ야純然白衣를着케ᄒ며惟儒士라야靑色을着케ᄒ고童子도亦然ᄒ니라其裏衣는上衣의袷衣는曰赤古里오單衣는曰赤衫이니此는窄袖短衽으로但腰以上의體를掩ᄒ고下衣는袷曰바지오單曰袴衣니卽袴子라其制는腰以下로兩股를穿ᄒ고足衣는曰襪子니往時는袷襪을着ᄒ더니近代에는棉絮를重厚히貼裏ᄒ야謂之棉襪이라ᄒ니라

冠은通常笠子를戴ᄒ니卽古折風巾의遺制라亦曰羅濟笠이라ᄒ나新羅百濟時로봇터流傳ᄒᆫ者라其外에又草笠이有ᄒ니卽高麗時에着ᄒ던바라今에但童子의加冠時에用ᄒ며殿庭에侍役ᄒ는別監이此를着ᄒ고方笠은其形이穹窿然ᄒ야圓而大ᄒ니但喪人의出入에

戴케ᄒᆞ고高麗辛禑時로브터各司吏胥ᄂᆞᆫ白方笠을着케ᄒᆞ다가本朝ᄂᆞᆫ黑方笠을着케ᄒᆞ더니 宣廟壬辰以後에廢止ᄒᆞ얏고又平凉子ᄂᆞᆫ疎竹으로編ᄒᆞ야笠子와髣髴ᄒᆞ니此ᄂᆞᆫ喪人의着ᄒᆞᄂᆞᆫ者오又野笠은竹或蔽葦로編ᄒᆞᆫ者니其制ᄂᆞᆫ方笠과略同ᄒᆞᆫ지라此ᄂᆞᆫ川翁野老의雨暘을用遮ᄒᆞᄂᆞᆫ者라蓋、笠子、草笠、方笠、平凉子、野笠等이原初ᄂᆞᆫ箕子의臺笠遺制로時代ᄅᆞᆯ隨ᄒᆞ야稍稍變改ᄒᆞᆷ이나其實은皆、一物이라總히折風巾이라稱ᄒᆞ고至於笠制ᄒᆞ야ᄂᆞᆫ國初大全에曰冬苽冒子오切餠(俗稱煎餠者)凉兒라ᄒᆞ니冒ᄂᆞᆫ言其圓이오凉은言其小也ㅣ러니至中葉ᄒᆞ야冒子가太高ᄒᆞ고凉臺가太闊ᄒᆞ야門戶의出入에動輒罣碍ᄒᆞᆷ으로不便을感ᄒᆞ더니近日은漸漸減小ᄒᆞ나猶、觸抵破損에易ᄒᆞ고且、風雨에도妨害됨이多有ᄒᆞ니此ᄂᆞᆫ改良ᄒᆞ야便利케ᄒᆞᆷ이切急의務라ᄒᆞ노라

我國婦人의頭髮은兩道로首에繞ᄒᆞ고其尾ᄅᆞᆯ卷屈ᄒᆞ야右에插ᄒᆞ고

其纓으로써垂ᄒᆞᆷ이卽亦、箕子卷髮蓋旟의遺制니羅麗의俗에婦人이皆、美髮을綠首ᄒᆞ야右肩에垂ᄒᆞᆫ다ᄒᆞᆷ이卽、今日에可見ᄒᆞᆯ지오命婦ᄂᆞᆫ古時로大維盤子로首飾에加ᄒᆞ고亦、僧背와品帶와佩玉이有ᄒᆞ더니近日은嫁娶에만簇頭里ᄅᆞᆯ着ᄒᆞ니라童子ᄂᆞᆫ髮을編ᄒᆞ야背에垂ᄒᆞᆷ이卽、檀君의遺制니加冠後ᄂᆞᆫ草笠或笠子ᄅᆞᆯ戴ᄒᆞ고服色은無常ᄒᆞ니라

食物은米、麥、粟、稗等의飯을食ᄒᆞ며鳥獸肉、魚、蛤、野菜等의副食物이多ᄒᆞ나肉의牛、豚、鷄、犬肉과菜의白菜(菘)菁根(무우)水芹(미ᄂᆞ리)萵苣(샹추)南苽(호박)茄子(가지)豆芽菜(콩기름)又(숙쥬나물)葱(파)蒜(마늘)薑(싱강)蕃椒(亦曰胡荽(고초))等을最、嗜食ᄒᆞ며魚의鹽石魚(간조기)明太(북어)白鰕醢(석오젓)等을好食ᄒᆞ고尤其、特色은卽、沉菜니此ᄂᆞᆫ我國의獨有ᄒᆞᆫ美味의菹오夏節은蕎麥麪甛苽生果의類ᄅᆞᆯ多喫ᄒᆞ며酒ᄂᆞᆫ燒酒(甘紅露出平安道者佳)藥酒、濁酒等數種이有ᄒᆞ나近日은外國의葡萄酒、麥酒朝日酒等을盛히嗜飮ᄒᆞ야全國에消耗가甚夥ᄒᆞ니我民도此等製造

에注意ᄒᆞ야産業을發達케ᄒᆞᆷ이急務라ᄒᆞ노라

食鹽은沿海各地에隨處製造ᄒᆞ고島嶼間에或鹽井도有ᄒᆞ더니近日은外國의鹽이多히輸入됨이味가苦鹹ᄒᆞ고屑이粗硬ᄒᆞ야我鹽에比ᄒᆞ면幾分遜劣ᄒᆞ며漿은全國에專業의釀造가無ᄒᆞ고人人마다自家에서豆豉를爆造ᄒᆞ야多小釀成ᄒᆞᆷ으로味香이各異ᄒᆞ야劣惡ᄒᆞᆷ이多ᄒᆞ니라

烟艸는光海時에日本으로브터渡來ᄒᆞᆫ者니國內老少男女가不吸ᄒᆞ는者ㅣ鮮ᄒᆞ며近日은外國의紙卷烟等을偏嗜ᄒᆞ야每年輸入이鉅額에達ᄒᆞ니라

茶는我國에嗜者가絕少ᄒᆞ니昔新羅興德王二年에大廉이唐에奉使ᄒᆞ얏다가茶種을持來ᄒᆞ야智異山에植ᄒᆞ얏시나其後에栽培ᄒᆞ는者ㅣ無ᄒᆞᆷ으로其種이無聞ᄒᆞ고今金海의黃茶와慶尙全羅南道의沿海地方에서雀舌의茶를採取ᄒᆞ나茶品에供키不足ᄒᆞ고近時에或綠茶紅茶珈琲等의外國의茶를飮ᄒᆞ는者ㅣ多ᄒᆞ니라

第七章　宗敎

我國의宗敎는古初로브터箕子의敎化로支那文明의洪範大道를崇信ᄒᆞ더니三國時에至ᄒᆞ야佛敎가流入ᄒᆞᆷ으로從ᄒᆞ야는盛히佛敎에信仰ᄒᆞ야俗尙을一變케ᄒᆞ니蓋其時戰爭에從事ᄒᆞ야文字를能曉ᄒᆞ는者는惟僧釋而已故로文物制度를佛家에多染ᄒᆞ고高麗時代에는立國의初로國師道詵의術에信ᄒᆞ야佛敎를崇拜ᄒᆞᆷ이極点에達ᄒᆞ더니國朝에至ᄒᆞ야佛敎를痛抑ᄒᆞ고專혀儒敎를崇ᄒᆞ야文明의化를大闢ᄒᆞ니純全ᄒᆞᆫ儒敎의國이라謂ᄒᆞᆯ지라

百餘年前으로브터耶蘇敎가我國에流入ᄒᆞ야紳士間에種種信仰ᄒᆞ는者ㅣ有ᄒᆞ더니于時는法禁이至嚴ᄒᆞ야佛國宣敎師와西敎의信徒가多數慘害를被ᄒᆞ얏다가三十年來로는弛禁이되야近日에는何敎던지人民의信仰을自由케ᄒᆞᆷ으로各敎의門戶가頗繁ᄒᆞ야信徒의數

가各分ᄒᆞ니

第一優數ᄂᆞᆫ基督의信徒니數十萬人에至ᄒᆞ고其次ᄂᆞᆫ天主教徒오其他道教神教希臘教徒等도有ᄒᆞ니라

惟、我國의大宗되던孔孟의儒教ᄂᆞᆫ駸駸衰微ᄒᆞ야斯文이榛蕪의歎을未免ᄒᆞ니實로慨歎을不禁ᄒᆞ도다蓋孔孟의眞理ᄂᆞᆫ心과性命과仁義禮智로根本을삼아體用이兼備ᄒᆞ고本末이俱擧ᄒᆞ야誠正修齊治平의道로宗旨를作ᄒᆞ거ᄂᆞᆯ近來儒者ᄂᆞᆫ徒、章句訓詁에從事ᄒᆞ야固滯不通ᄒᆞᄂᆞᆫ弊가有ᄒᆞᆷ으로新學을排斥ᄒᆞ고舊習을墨守ᄒᆞ야宗教로ᄒᆞ야곰眞相을失케ᄒᆞ니是ᄂᆞᆫ雖儒者라名稱ᄒᆞ나實은孔孟의道와違反ᄒᆞ야距離가甚遠ᄒᆞ니日로衰退ᄒᆞᆷ을豈免ᄒᆞ리오

基督의教ᄂᆞᆫ元來自由釋縛의主義로普濟慈惠의業을務行ᄒᆞᆷ으로學校를設ᄒᆞ야教育을熱心ᄒᆞ며施病救恤等慈善業에盡力ᄒᆞᄂᆞᆫ지라因此로下流人民이皆、基督教에樂趨ᄒᆞ야能히錮閉ᄒᆞᆫ習을變ᄒᆞᆫ者ㅣ多ᄒᆞ고其宣教師ᄂᆞᆫ亦、外國의學問이高明ᄒᆞᆫ人이多ᄒᆞᆷ으로近時ᄂᆞᆫ中流以上의社會도往往히基督教에信仰ᄒᆞᄂᆞᆫ者ㅣ不尠ᄒᆞ니라

第八章 戶口

光武十年度에調査ᄒᆞ얏다ᄂᆞᆫ戶口表가如左ᄒᆞ니

	戶	口	男	女
京畿	一七〇、一四六	六四八、五三三	三五一、七九九	二九六、七三三
忠北	七九、〇一一	三一〇、六七六	一七三、〇七〇	一三七、六〇六
忠南	一二五、五九九	四九五、五〇二	二七三、二八五	二二二、二一七
全北	一一一、四六六	四五四、〇七六	二五一、六〇四	二〇二、四七二
全南	一二六、一二六	五〇九、九五四	二七六、六七八	二三五、二七六
慶北	一六一、八〇一	六〇六、三六二	二三三、三六九	二六二、九九三
慶南	一三一、二八一	五二〇、八七七	二九一、七〇八	二二八、九六九
江原	八五、六八八	三二〇、五八八	一七六、一二六	一四四、四六二
黃海	九九、八四一	三七六、六九七	二〇四、〇九七	一七二、六〇〇

	戶	口	男	女
平南	一〇一、五三七	四一五、六四四	二二三、五一〇	一九二、一三四
平北	九五、九五〇	四一七、五〇四	二三三、七八八	一八三、三七六
咸南	五九、四四八	四六〇、五五〇	二五二、七三八	二〇七、八一三
咸北	四三、五四〇	二八四、一四五	一六一、〇九八	一二三、〇四七

計 戶 一、三九一、四三四　男 三、一〇三、五〇〇
口 五、八二一、〇〇八　女 二、七一七、五〇八

我國의人口를二千萬으로總算ᄒᆞ거늘今에五百八十餘萬에不過ᄒᆞ니此는調査ᄒᆞᆷ이不實ᄒᆞ야隱漏의弊가多ᄒᆞᆯ뿐더러又西北墾島로移住民이數十萬에至ᄒᆞ고其他布哇墨西哥에移住ᄒᆞᆫ者도亦不尠ᄒᆞ니라

第九章　皇室及政體

大韓의皇室은世襲寶籙ᄒᆞᄂᆞ니距今五百十六年前에
太祖高皇帝ᄭᅴ셔開國ᄒᆞ시니卽開國紀元元年壬申秋七月十六日也라漢陽에定鼎ᄒᆞ시고　太廟와太社太稷을立ᄒᆞ샤國號를朝鮮이라ᄒᆞ샷더니
定宗　太宗　世宗　文宗　端宗　世祖　德宗　睿宗　成宗
中宗　仁宗　明宗　宣祖　元宗　仁祖　孝宗　顯宗　肅宗
景宗　英祖　眞宗　莊祖　正祖　純祖　文祖　憲宗　哲宗二十八世를歷ᄒᆞ샤今
大皇帝陛下ᄭᅴ至ᄒᆞ심이開國紀元五百六年丁酉에改國號曰大韓이라ᄒᆞ시고建元光武ᄒᆞ시니卽光武元年冬十月十五日(陰曆九月十七日繼天紀元節)也라
儲宮은　皇太子殿下시니　陛下의長子시오次子는義親王殿下시오第三子는英親王殿下시니　皇室의繁衍ᄒᆞ심이萬歲無疆이샷다
其政府의組織은屢屢變改ᄒᆞ야沿革을枚遮키不能ᄒᆞ나現今其政治機關의組織은如左一府六部가有ᄒᆞ니

議政府 內部 度支部 軍部 學部 法部 農商工部가是己라

政府는議政大臣이主ᄒᆞ나常置흠이無ᄒᆞ고叅政大臣이主ᄒᆞ야各部

大臣과共히國務大臣이라云ᄒᆞᄂᆞ니

議政府는議政叅政大臣叅贊局長叅書官主事와及其他事務官吏가

有ᄒᆞ고各部도同ᄒᆞ나但各部는大臣이一人이오協辦이有ᄒᆞ고叅贊

은無ᄒᆞ며又其局課는如左ᄒᆞ니

議政府官房에秘書課 文書課 官報課 會計課 叅書官四人

主事十四人

光武十年에外部를廢止ᄒᆞ고議政府에外事局을置ᄒᆞ니 局長一

人 叅書官二人 主事 人

表勳院은敍勳을掌ᄒᆞ니 總裁一人 叅書官一人 技師三人 主

事二人 技手四人 議政官十五人以下勅任

中樞院은政府諮詢과人民獻議에關ᄒᆞᆫ事를掌ᄒᆞ니 議長一人 副

議長一人 贊議十五人 副贊議十五人 叅書官二人 主事四

人

內部는 大臣一人 協辦一人 局長三人 叅書官七人 技師一

人 主事三十二人 技手二人

地方局 警務局 會計局 秘書課 文書課 記錄課 衛生課

土木課 版籍課

警務廳에 警務使一人 警務官八人 主事四人 總巡二十人

技手一人 監獄署長一人 主事二人 醫師二人

度支部는 大臣一人 協辦一人 局長四人 叅書官十人 技師

四人 主事五十七人 技手十人

司稅局 司計局 印刷局 檢査局 官房 庶務課

法部는 大臣一人 協辦一人 局長二人 叅書官五人 主事十

五人

民事局　刑事局　官房
法官養成所長一人　敎官六人
學部ㄷ　大臣一人　協辦一人　局長二人　叅書官四人　主事十
一人　技手二人
學務局　編輯局　官房　文書課
成均館　長一人　敎授三人　直員二人　博士
觀象所　長一人　技師四人　技手二人　書記二人
軍部　大臣一人　協辦一人　官房長一人　副官四人　技師一人
技手二人　主事三十人　繙譯官二人　叅課官五人
軍務局長一人　步兵課(長一人 員三人)　騎兵課(長一人 員二人)　砲工兵課(長一人 員三人)　海
防課(長一人 員二人)　醫務課　長一人　軍法課(長一人 理事二人)
叅課局長一人　第一課(長一人 員二人)　第二課(長一人 員二人)
敎育局長一人　敎務課(長一人 員二人)　編修課(長一人 員二人)

經理局長一人　第一課(長一人 員三人)　第二課(長一人 員三人)
軍器廠　廠長一人　副官一人　軍醫一人　軍司一人　主事三
人　製造所長二人　技師二人　技手六人
幼年學校　長一人　副官一人　敎官十七人　中隊長三人　小隊
長十二人　醫官一人　主事二人　特務正校三人
陸軍武官學校　長一人　副官一人　敎官十八人　醫官一人　餉
官一人　繙譯官二人　主事三人　隊長一人　副官一人　中隊
長三人　小隊長十二人　技手一人　特務正校三人
研成學校　長一人　副官一人　敎官三十一人　醫官一人　餉官
一人　繙譯官三人　書記三人　敎成隊長一人　副官一人　中
隊長四人　小隊長十六人　特務正校四人
農商工部　大臣一人　協辦一人　局長五人　叅書官十人　技師
三人　技手八人　主事二十八人

農務局　商務局　礦務局　工務局　鐵道局

通信院官制는十年七月에廢止ᄒᆞ고船舶海員等은農部에屬ᄒᆞᆷ

外部　大臣一人　協辦一人　叅書官六人　局長二人　主事十九人　交涉局　通商局　十年一月에外部는廢止ᄒᆞ고議政府에外事局을置ᄒᆞᆷ

平理院　裁判長一人　判事五人　檢事三人　主事十人

漢城裁判所　首班判事一人　判事三人　檢事二人　主事七人

十三道觀察道　觀察使一人　叅書官一人　檢事一人　主事六人

漢城府　判尹一人　少尹一人　主事四人

仁川　釜山　元山　木浦　羣山　甑南港　龍岩浦　城津　慶興

平壤各府尹一人　主事四人

各郡　郡守一人　主事各一人

宮內府는　皇室의各務를司ᄒᆞ니大臣一人　協辦一人　叅書官五人　主事十三人　內事課　外事課　調査課

侍從院　主殿院　秘書監　奎章閣　弘文館　禮式院　宗簿司

敎寧司　太醫院　經理院　內藏司　內廷司　奉常司　典膳司

尙方司　營繕司　太僕司　會計審査局

皇太子宮侍講院　親王府

第十章　財政

財政은度支部에서掌ᄒᆞ니光武十一年度歲出入預算表가如左ᄒᆞ니라

歲入

第一款	租稅總	八、一八一、六五三圓
第一項	地稅	五、八六六、一九〇
第二項	戶稅	二六九、四〇四
第三項	驛賭稅	一〇五、〇〇〇
第四項	魚稅	三、五九二

第五項	鹽稅	一、三五四〇
第六項	藿稅	一、六二〇
第七項	港稅	一、八七〇、〇〇〇
第八項	礦稅	四〇、〇〇〇
第二欵	印紙收入	一五八、〇〇〇
第三欵	官業收入	一三、四五〇
第一項	醫院收入	九、四五〇
	官報收入	四、〇〇〇
第四欵	雜收入	一二、〇〇〇
第五欵	既往年度未納稅入	一、二〇〇、〇〇〇
歲入經常部合計		九、五六五、一〇三
歲入臨時部 第一欵	起業資金繰入	二、三二五、八六八
第二欵	海關工事基金繰入	一、二九八、三六五

歲入臨時部合計		三、六二四、二三三
總計		一三、一八九、三三六
歲出經常部	皇室費	一、三〇九、〇〇〇
	耆老所	一七、九九三
	議政府	四七、七四二
	中樞院	一二、六四二
	內部	一、二九六、一二六
	度支部	四、二八二、八七六
	軍部	一、五二二、二〇九
	法部	一四六、三三六
	學部	二八六、八五三
	農商工部	二七七、三五八
歲出經常部合計		九、二一四、三九〇

歲出臨時部	
議政府	七七、九五三
內部	一、〇二三、〇五〇
度支部	三、一三四、四三七
法部	七八、〇〇〇
學部	二六七、〇一五
農商工部	一六八、六四五
歲出臨時部合計	四、七四八、六四五
總計	一三、九六三、〇三五

國債

漢城第一銀行支店 (光武九年一月)	三百萬圜	利子每年
又	三百五十萬圜	利子每年
日本興業銀行 (光武十年四月)	一千萬圜	利子每年
合計一千六百五十萬圜		

國庫證券 十四萬圜 利子每年

第十一章 兵制

我國의兵制는光武六年에徵兵令을發布ᄒᆞ얏스나由來習慣을從ᄒᆞ야傭兵의制를尙用ᄒᆞᄂᆞ니元帥府는軍部以上에置ᄒᆞ야大元帥는
大皇帝陛下시니軍機를總攬ᄒᆞ시고元帥는
皇太子殿下시오其次는副元帥一人陸海軍大將이오副官二人이오侍從府陪從府에武官長이各一人이오領尉官이各六人이오親王府武官一人이오武官의官等은大將、副將、叅將、正領、副領、叅領、正尉、副尉、叅尉、正校、副校、叅校로分ᄒᆞᄂᆞ니將을除ᄒᆞ고正領以下는聯隊長이오叅領은大隊長이오正尉는中隊長이오副尉以下는小隊長이오正校以下는下士官이라ᄒᆞ며其外에監督、軍司等이有ᄒᆞ니라

軍隊表

侍衛第一聯隊 長一 附一 副官一 旗官一 餉官一 醫官一 正副校三

侍衛第一大隊　長一副官一餉官一醫官一中隊長四小隊長十六特務正校四士卒八百

第二大隊　第三大隊(幷上同)

鎭衛第一大隊水原　第二大隊淸州　第三大隊大邱　第四大隊光州

第五大隊原州　第六大隊黃州　第七大隊平壤　第八大隊北靑(姑未設)

以上並與侍衛大隊同但兵卒六百名

徵上第一大隊京城西小門內　淸州水原士卒各四百名合八百名

第二大隊興化門前　原州光州士卒各四百名同上

第三大隊布德門前　黃州平壤士卒各四百名同上

憲兵司令部　司令官一副官一正副校五隊長一副官一餉官一醫官一獸醫一正副校四計手一調護長一區隊長六小隊長六正校六副參校十二上等兵三十五士卒二百四十

騎兵隊一中隊五十

砲兵隊一中隊五十

工兵隊二中隊二百

總計軍額一萬○一百四十名

第十二章　敎育

敎育의狀況은原來科擧에應ᄒᆞ기爲ᄒᆞᆷ인故로鄕里方曲마다塾堂을設ᄒᆞ고子弟數十名을聚ᄒᆞ야村學究로敎授의席에據ᄒᆞ야訓誨의任을當케ᄒᆞ니其科程은不過習字、讀書而已오其科書ᄂᆞᆫ千字文、童蒙先習、史略、通鑑、聯珠詩、古文眞寶를高聲大讀ᄒᆞᆯ而已인ᄃᆡ此도亦中等以上의民族만學ᄒᆞ고至於下流子弟ᄒᆞ야ᄂᆞᆫ普然히不學ᄒᆞᄂᆞ니我國의民智未闢ᄒᆞᆷ이皆敎育의如此ᄒᆞᆫ所以라

近日에至ᄒᆞ야ᄂᆞᆫ人民이稍稍時變을察悟ᄒᆞᆷ으로不可不新式敎育을振興ᄒᆞ기로勃興의氣運에漸向ᄒᆞ야國內公私立學校가洹紛然日起ᄒᆞ도다現今政府에셔도敎育에注意ᄒᆞᆷ이一層尤切ᄒᆞ야光武十年八

月에學部에서師範學校令과高等學校令과普通學校令과外國語學校令等을改正頒布ᄒᆞ고中學校와小學校의名稱은一切改革ᄒᆞ니라今、京城內外에官立漢城師範學校一、高等學校一、普通學校八、農商工學校一、日語學校二(又仁川一)漢語、英語、法語、德語、俄語學校各一、醫學校一農林學校一礦務學校一武官學校一幼年、硏成學校各一私立學校合四十餘各府郡公立普通學校合九十四各府郡私立學校學部認許者凡百餘니라

第十三章 貨幣

我國의貨幣ᄂᆞᆫ高麗成宗時로븟허鐵錢을鑄用ᄒᆞ더니肅宗二年에銅錢을改鑄ᄒᆞ니其文曰東國通寶、海東重寶、三韓重寶、東國重寶라ᄒᆞ고又銀瓶을製造ᄒᆞ야本國地形을象ᄒᆞ고名曰闊口라ᄒᆞ야原位貨를作ᄒᆞ얏다가後에銅鐵로混銀의弊가滋甚ᄒᆞᆷ으로忠烈王時에銀瓶을禁ᄒᆞ고碎銀과布貨를通用ᄒᆞ며恭讓王時에楮幣를議造ᄒᆞ다가不果ᄒᆞ

고國朝 太祖初에朝鮮通寶를鑄ᄒᆞ샤麻布棉布와倂用케ᄒᆞ시고 太宗은楮貨를造行ᄒᆞ시고 世祖ᄂᆞᆫ箭幣(形如箭)를鑄行ᄒᆞ시다가 仁祖十年에常平通寶를始鑄ᄒᆞ시고 孝宗元年에金堉이唐錢十五萬을貿ᄒᆞ야西路에行用ᄒᆞ고錢을益、加鑄ᄒᆞ야諸路에도通行케ᄒᆞ더니 肅宗六年에至ᄒᆞ야始、錢을廣鑄ᄒᆞ야全國에通用케ᄒᆞ시고今 皇上初年에當百錢을通用ᄒᆞ다가旋罷ᄒᆞ고二十年에當五錢을鑄行ᄒᆞ얏고二十八年에銀銅貨를始鑄ᄒᆞ시고光武五年에貨幣條例를頒布ᄒᆞ니金貨二十圜十圜五圜이오銀貨ᄂᆞᆫ半圜二十錢白銅貨五錢赤銅貨一錢、半錢、黃銅貨二釐니라

第十四章 產業

農業

農業은我國의生命이라十三道民產의業이農耕을不事ᄒᆞᄂᆞᆫ者ㅣ甚尠ᄒᆞ니貴族達官으로븟허士와工과商이或他業을營ᄒᆞᆯ지라도一邊

은農事를務ᄒᆞᄂᆞ니盖、農業은我國由來의特色이라以故로自古我國에서政治經濟도亦、農業에是依ᄒᆞ야維持ᄒᆞ고商工業도農業에附帶ᄒᆞᆫ一副業에不過ᄒᆞ니라

全國의土地ᄂᆞᆫ邱陵이多ᄒᆞ고傾斜地가少ᄒᆞ며土質은結晶片岩、片麻岩、砂岩、板岩、等의土壤에依ᄒᆞ야成立ᄒᆞᆷ이平野ᄂᆞᆫ大概、此等土壤의分解에依ᄒᆞ야生ᄒᆞᆫ冲積地임으로써農耕上에肥沃의地味에屬ᄒᆞ며殊히農產의寶藏은南部地方이니其土質이膨軟ᄒᆞ야粘氣를含ᄒᆞ고或黑質이輕鬆ᄒᆞ야膏腴의地가多ᄒᆞ고瘠土ᄂᆞᆫ甚稀ᄒᆞᆫ故로數十年이나肥料를不施ᄒᆞ고耕作ᄒᆞᄂᆞᆫ田圃가多ᄒᆞ니是ᄂᆞᆫ天然的窒素燐酸加里等을多量含有ᄒᆞᆷ으로써作物을能、成長ᄒᆞ며結果가亦、豐饒ᄒᆞ도다

雖然이나土地ᄂᆞᆫ農作에適宜ᄒᆞ야도作法이其宜를不得ᄒᆞ야治水의法을不講ᄒᆞᆷ으로河川이國中에貫流ᄒᆞ되灌漑의功이乏ᄒᆞ며又、森林의設備도水源涵養의途가少ᄒᆞᆷ으로霖雨가數日을暴注ᄒᆞ며忽、河川

이汎濫ᄒᆞ야田地를渰覆ᄒᆞ고旱天이幾月을亙ᄒᆞ면江河가枯渴ᄒᆞ며田土가乾坼ᄒᆞ야失農을未免ᄒᆞ니라

作物의種類)米ᄂᆞᆫ全國農產에最多ᄒᆞᆫ者니慶尙、全羅兩道ᄂᆞᆫ全國產米의百分에四十五를占ᄒᆞ고其次ᄂᆞᆫ忠淸、黃海、京畿三道오平安、咸鏡、江原等道ᄂᆞᆫ最少ᄒᆞ니最近統計를據ᄒᆞᆫ건ᄃᆡ我國農產物輸出額이七百五十餘萬圓에其中米의輸出이四百二十餘萬圓인즉米가我國生產物의第一이나但、其收穫打作時에糲와沙礫이混雜ᄒᆞᆷ으로價格이低落ᄒᆞ야每、識者의遺憾ᄒᆞᄂᆞᆫ바오其次ᄂᆞᆫ麥이니麥은田과高燥畓에皆宜ᄒᆞ야大小二麥의產額이亦甚、夥ᄒᆞ니大麥은舊穀이已盡ᄒᆞ고新穀이未登ᄒᆞᆫ夏秋間三四個月에農民의生活을此에專仰ᄒᆞ고小麥의粉은麯을造ᄒᆞ야全國釀酒의需用이浩大ᄒᆞ니라

木棉은高麗末年에江城君文益漸氏가蒙古에서得種ᄒᆞᆫ者니其產地ᄂᆞᆫ全羅、慶尙、忠淸、京畿、黃海、平安等道라就中全羅道羅州、務安、光州、等

地方이氣候와土質이最宜ᄒᆞ고其次ᄂᆞᆫ黃海道黃州、鳳山、載寧等地와平安道平壤、江西、龍岡、三和、祥原、永柔、順安、肅川、三登等諸郡이니蓋、我國의棉花가纖維細長ᄒᆞ야印度의棉과伯仲이됨으로將來發達되면米國棉을壓倒ᄒᆞᆯ깃다ᄂᆞᆫ品評이有ᄒᆞᄂᆞ니若、其栽培法을改良ᄒᆞ면異日輸出品에莫大ᄒᆞᆫ利益을得ᄒᆞ리라ᄒᆞ니라

其次ᄂᆞᆫ麻及苧니麻ᄂᆞᆫ咸鏡、江原道地方에셔年年產額이三十餘萬圓에達ᄒᆞ니喪具와喪服에麻布를專用ᄒᆞᆷ은原來古代로븟터我韓의土產이麻布인故로此를貴重히ᄒᆞᆷ이라己往은特히貢納을磨鍊ᄒᆞᆷ도亦以此니라苧ᄂᆞᆫ忠清道內浦等諸郡과全羅道長城等地에多產ᄒᆞᄂᆞ니라

烟草ᄂᆞᆫ　宣祖末年에日本으로셔渡來ᄒᆞᆫ者니忠清道堤川、木川、定山青陽、天安、溫陽、全義、懷仁等郡과全羅道全州、高山、珍山、任實、南原、茂朱求禮、長水、錦山、龍潭、鎭安等郡과平安道成川、陽德과黃海道谷山과江

原道諸郡이皆產地에最適ᄒᆞ야亦、一農作物을成ᄒᆞ나但、近來紙卷烟、葉卷烟等의外國品을盛吸ᄒᆞ야數年前에日本으로烟草만一年輸入額이二十八萬六千一百七圓에達ᄒᆞ니라

養蠶은從來我國에셔蠶桑을務ᄒᆞ야到處에皆有ᄒᆞ더니近來ᄂᆞᆫ政府에셔蠶業試驗場을設施ᄒᆞ고養蚕의法을敎習ᄒᆞ며淸國蠶桑의種을移來ᄒᆞ야桑의栽培에도從事ᄒᆞᄂᆞᆫ者ㅣ多ᄒᆞᆷ으로稍稍進步ᄒᆞᄂᆞᆫ効果가有ᄒᆞ니라

果樹ᄂᆞᆫ風土에甚適ᄒᆞᆷ으로雖其栽培法을不究ᄒᆞ야도自然的良好ᄒᆞ니如元山梨ᄂᆞᆫ咸鏡道元山附近咸興、安邊等郡에產ᄒᆞ고鳳山梨ᄂᆞᆫ黃海道鳳山、平山等郡에產ᄒᆞ며柿ᄂᆞᆫ三南에產ᄒᆞ고棗와栗은各道에皆產ᄒᆞ나棗ᄂᆞᆫ忠清道報恩、青山等郡에多產ᄒᆞ고栗은京畿道及平安道成從等地에多產ᄒᆞ니라

人蔘은我國에特產品이라自古로支那에셔我國의人蔘을貴重히녀

이ᄂᆞᆫ바니此ᄂᆞᆫ藥料에使用ᄒᆯᄲᅮᆫ더러近時淸人은日常飮料에供ᄒᆞᆷ으로盛히淸國에輸出됨이每年二百萬圓에達ᄒᆞᄂᆞ니其産地ᄂᆞᆫ慶尙道(曰嶺蔘又有一種羅蔘即新羅蔘)諸郡과全羅道錦山等郡과京畿道開城、龍仁等郡과江原道諸郡(曰江直)과平安道江界(即人形蔘界之山蔘)等郡이最、著名ᄒᆞ니라其中開城은距今百餘年前에湖南人崔氏者가種蔘의術과蒸造의方을發明ᄒᆞ야淸國에輸出ᄒᆞᆷ의鉅利를獲ᄒᆞ야富가湖南에甲ᄒᆞ더니後에其法을開城人에게授ᄒᆞᆷ으로自是로歲加蕃殖ᄒᆞ야官定課稅ᄒᆞᆷ에至ᄒᆞ니至今은世界에著名ᄒᆞ니라

工業

我國의工業은極히粗莽ᄒᆞ나略言其槪ᄒᆞ건ᄃᆡ製鹽業은國內産出이約一百二十七萬七千二百石이오鹽田은慶尙道蔚山灣內三島鹽田과金海洛東江口鳴湖鹽田이最、有名ᄒᆞ고全羅道ᄂᆞᆫ木浦附近의下島鹽田이最著ᄒᆞ고其他各道에散在ᄒᆞ니我國은雨量이少ᄒᆞ고氣候가溫暖ᄒᆞ며海岸이屈曲ᄒᆞ야潮汐의干滿이頗多ᄒᆞᆷ으로製鹽에最便利ᄒᆞ나但、製作이未良ᄒᆞ고且、苛稅로由ᄒᆞ야種種妨害를與ᄒᆞᆷ으로鹽釜가衰敗ᄒᆞᆷ이多ᄒᆞ야近日에外國의鹽(日本鹽淸國鹽)을輸入ᄒᆞᆷ에至ᄒᆞ고其鹽井은忠淸黃海等沿海島嶼에或産ᄒᆞ니라

紡績業은慶尙道에木綿産出이品質이佳良ᄒᆞᆷ으로曰晉木(晉州固城泗川宜寧)(咸陽昆陽鎭海昌原漆原等慶尙南道木綿總稱)曰義城木(安東義城新寧義興軍威比安等各郡木總稱亦曰安東木)曰金泉木(星州大邱仁同善山開寧金山知禮等各郡木總稱)이니每年에皆、數百萬疋에達ᄒᆞ고全羅道ᄂᆞᆫ羅州木이最、著名ᄒᆞ고麻布ᄂᆞᆫ關北의北布、江原道의江布、慶尙道의安東布가最、著名ᄒᆞ고慶尙南道三嘉、陝川等各郡에도産出이亦佳ᄒᆞ며苧布ᄂᆞᆫ忠淸道韓山、舒川、鴻山、庇仁、林川、定山、藍浦等地에産出者ㅣ最、著顯ᄒᆞ니名曰韓山苧오其次ᄂᆞᆫ全羅道長城苧가有ᄒᆞ며紬ᄂᆞᆫ咸鏡道永興紬、江原道、鐵原紬、平安道德川紬、慶尙道奈城紬等이最、著ᄒᆞ고安州ᄂᆞᆫ特히黃羅를製織ᄒᆞ니謂之安亢羅라ᄒᆞ고其餘慶尙道ᄂᆞᆫ慶

州、宜寧의紙와鎭南의笠子(鏡涼笠)及貝粧器物、鐵製物、東萊烟管、大邱回扇等이오全羅道는羅州細簾、漆盤、扇子、櫛梳、濟州笠子等이오全州任實、淳昌의紙와其他全南諸郡의竹器諸具오平安道寧邊黑鐵器와京畿道는廣州의磁陶器와江華의花紋莞席이有ᄒᆞ니라

商業

我國의商業은京城、開城、平壤等大都府以外는富商大賈의開棧列肆ᄒᆞᆷ이極尠ᄒᆞ고其他各府郡은每月에五日로爲期ᄒᆞ고一個月六次式市場을開ᄒᆞ야四方物貨를貿易交通ᄒᆞᄂᆞ니其定期는州府郡縣의大小를隨ᄒᆞ야或一六或二七或三八或四九或五十等日로써爲定ᄒᆞᄂᆞ니此市場에는米、麥、豆、菽雜穀의類와蔬、菜、菸、果及其他飮食物과織製品日用品等의各種需要品을排列ᄒᆞ고附近商賈와村落農工士人男女도各其、業務餘暇에作製ᄒᆞᆫ物品을販賣ᄒᆞ야自己의需要物을購ᄒᆞᆷ으로通常俗習을成ᄒᆞ고

且、慶尙道大邱와忠淸道公州는每春秋로二回의大市를開ᄒᆞ고各道商民이物貨를紛集ᄒᆞ야交易을盛行ᄒᆞ니是를謂之令市라ᄒᆞ고其、特種購買品은藥材의商이最盛ᄒᆞᄂᆞ니近日에至ᄒᆞ야는慶尙道晋州全羅道全州江原道春川等都府에도令市를開ᄒᆞᄂᆞ니라

其、商民의區別은褓商及負商이有ᄒᆞ니卽、各地市場으로巡回交易ᄒᆞ는商民이此二種에不外ᄒᆞᆫ지라褓商은布、帛、綾、紬、絲、麻織造物과銅、鍮器具等雜貨物品을褓袱에裹包ᄒᆞ야肩掛背負ᄒᆞᆫ者를謂ᄒᆞᆷ이오負商은陶磁器、漆木器、竹器、魚鹽等各種日用物品을杖架(지게)에擔負ᄒᆞᆫ者를謂ᄒᆞᆷ이라

距今百八十餘年前　仁祖丙子에淸兵이來侵ᄒᆞ거ᄂᆞᆯ　上이南漢山城에駐蹕ᄒᆞ샷더니當時各道褓負商等이同志를糾合ᄒᆞ야軍資糧料를獻納ᄒᆞ고飛輓의役에服勤ᄒᆞᆷ으로　上이嘉之ᄒᆞ샤國家有事時에需用ᄒᆞ기爲ᄒᆞ야其團體를奬勵ᄒᆞ시고全國褓負商을二團에分ᄒᆞ야

都接長、副接長、都副班首、三班首、公事員、會計員等의名目을許設ᄒᆞ시니平常無事에ᄂᆞᆫ商民에不過ᄒᆞ나一朝緩急이有ᄒᆞᆯ時ᄂᆞᆫ軍器粮草를搬運ᄒᆞᄂᆞᆫ輜重兵을作ᄒᆞ게ᄒᆞᆷ이라 今上丙寅에法國艦隊가江華에서衅ᄒᆞᆫ時도褓負商이助力ᄒᆞ얏고壬午六月軍擾時에도其力을亦資ᄒᆞᆷ으로負商廳을設置ᄒᆞ고政府에셔句管ᄒᆞᆷ에至ᄒᆞ더니近日에廢止ᄒᆞ니라

六矣廛은京城鍾路에特設ᄒᆞᆫ店舖니曰立廛、曰白木廛、曰明紬廛、曰靑布廛、曰苧布廛、曰紙廛이오此外에又魚物廛、鞋廛等이有ᄒᆞ니盖物品을分儲ᄒᆞ야各各專賣權이有ᄒᆞ고一團을合結ᄒᆞ야凡國家에冠婚喪葬等大事가有ᄒᆞᆯ時ᄂᆞᆫ物品을分排進獻ᄒᆞ더니近時에至ᄒᆞ야ᄂᆞᆫ布木紬緞等屬을自意買賣ᄒᆞ야謂之散廛이라ᄒᆞ고蕩無防限ᄒᆞᆫ故로六矣廛商業이頗零替ᄒᆞᆷ에至ᄒᆞ니라

客主ᄂᆞᆫ客商의主人이란意味니各種物貨를集蒐儲置ᄒᆞ얏다가他商에게渡賣ᄒᆞᆷ과客商의物貨를卸下販賣ᄒᆞᆷ에周旋紹介ᄒᆞ며又、魚驗의發行引受와預金貸附와貨幣交換等의營業으로口文(每石兩頭幾文割利是也)을受取ᄒᆞ며客商을自家에宿泊케ᄒᆞ야主客이互相便利를圖謀ᄒᆞᆫ者니其貨物은大槪金、銅、棉、絲、布、帛、皮類、藥種、紙類、簾、扇、米穀、粉麵、魚物、果物、鹽屬等各種貨品이니라

旅閣은客商의旅舘의義니客主의次에商業機關을有ᄒᆞᆫ者라卸賣物貨ᄂᆞᆫ客主와略同ᄒᆞ나但旅閣은各宮司에繫屬이多ᄒᆞ니必其差定이有ᄒᆞᆫ然後에始行ᄒᆞ며其貨物은米穀、魚鹽、烟草、果物等의種類오且倉庫를有ᄒᆞ며必馬坊을設ᄒᆞ야牛馬의止宿도管理ᄒᆞᄂᆞ니라

外國人은租界外十里를出ᄒᆞ야內地各所에架棧設房ᄒᆞ고自意行商ᄒᆞᆷ은約章에禁止ᄒᆞᄂᆞᆫ바더니近日에ᄂᆞᆫ外國人이內地不通商口岸과國內都會市塲을勿論ᄒᆞ고隨處마다店舖를開設ᄒᆞ고貿易에從事ᄒᆞᆷ으로商業의利益도一切外國人의手中에歸ᄒᆞ니라

水産業

我國은半島國이라土地面積에比較하면海岸線이富하야其延長이一萬數千里에及하고領海面積이廣闊하야東海岸은露領의沿海로써來하는리만寒流를通함으로써水族이最叢集하니咸鏡道의明太魚、江原道의鰮(멸치鰯方言)全羅慶尚兩道의鯛(도미)鯊(상어)石首魚(조기)로써最重要한五大漁業이라近日은三面環海沿岸의漁業을外國에讓與함으로利益이全히外人에게歸하야每年四五百萬圜以上의巨額에達하니라今其重要漁業의大槪를擧하건대捕鯨業은東北海에最多하니捕鯨船의出獵은例年初期가十一月頃으로붓허咸鏡道에셔漸次南下하야十二月下旬에는元山近海오一月로五月까지는江原道南部로慶尚北道蔚山灣에止하고捕鯨法은諾威式과及亞米利加式으로快駛하는汽船에서銃獵을試하느니라

明太漁業은一曰北魚니産額需用이海産物의第一位에居한지라年漁獲의高가六七十萬圜에及하고漁業地는咸鏡道洪原郡前津以北으로端川郡梨湖에至히數百海里를亘하니就中新浦、新昌、遮湖의三處가爲最하고古來明川太姓人이該漁業을肇發함으로明太라稱함이라

鯛魚(一曰道味)의業은沿海에普産하니元山附近으로붓허全羅黃海道方面까지饒産하야盛時는一網에一萬尾以上을獲하고

鰮魚(一曰蔑魚)의業은北東南海面에均히饒産하니每年에約五六十萬圜에達하고其次는鱶魚(一曰䲒魚)業이니每年十二月로翌年二三月에至하고鯖魚(一曰古刀魚)業은釜山以北江原道에接息함이最盛하고鰆魚(一曰亽魚)業은沿海到處에多産하니春季四五月頃에羣山海面에集合하얏다가陰四月上旬붓허回游하야漸次北上하다가八月頃에는再、南下하니其盛節에는游泳의狀이幾千萬羣이潑剌飛躍하야頗、壯觀을極하고每一網에能、三四千尾를漁獲하며石首魚業은西南海에饒産하니

全羅道七山島와黃海道延平島及平安道接界於龍島로써石首魚의三大漁場을稱ᄒᆞᄂᆞ니其法聖浦、江景浦等市場은一日에百萬尾以上을賣買ᄒᆞ며漁網一隻에四千尾乃至二萬尾에達ᄒᆞ야國內需用이明太의次에在ᄒᆞ고魴魚業은(一曰鰤魚)咸鏡、江原、慶尙各道에饒產ᄒᆞ야一網에三四千尾를能獲ᄒᆞ며民魚業은(一曰鮸魚)京畿、黃海兩道에饒產ᄒᆞ니木浦達島附近에서漁獲이最盛ᄒᆞ고其氣胞ᄂᆞᆫ鰾膠를製ᄒᆞ며鮰魚、鮫鱇魚、鮄魚、鯔魚、鰈魚(比目魚)章魚(八梢魚)靑魚(一曰鯡)鰱魚(鮭魚)等과海鰻鱺、海鼠(即海參)鰒(一名鮑)等이皆漁業의盛況을得ᄒᆞ니라

牧畜業

我國의牧畜은牛、馬、山羊(牂牛 염소)驢、豚、犬等을到處飼畜ᄒᆞ되惟牛가最蕃ᄒᆞ니骨格이肥大ᄒᆞ야米國產種과匹儔ᄒᆞ고年年生牛若牛皮、牛骨의輸出이三四十萬頭에近ᄒᆞ니東南으로日本과北으로海蔘威로輸出ᄒᆞᄂᆞᆫ年額이合計一百萬圓以上에達ᄒᆞ고其產地ᄂᆞᆫ咸鏡南北道와及

平安道가殊多ᄒᆞ며

馬ᄂᆞᆫ通常長이三尺六七寸이오軀幹이短小ᄒᆞ나馳走에善ᄒᆞᆷ으로古來로果下馬라名稱ᄒᆞ니其蹄가堅硬ᄒᆞ며性質이柔順ᄒᆞ야能、勞役에堪ᄒᆞ고輜重의運搬과旅客의乘利에便ᄒᆞᆫ지라其產地ᄂᆞᆫ咸鏡北道와濟州島、巨濟島及、其他牧場이著名ᄒᆞ니라

家豚과犬과鷄ᄂᆞᆫ人家마다飼養ᄒᆞ야食料의需要에最多ᄒᆞ나其種質은皆矮小ᄒᆞ야外國產에比ᄒᆞ면頗劣ᄒᆞ고山羊은羊이無ᄒᆞᆷ으로써此를飼ᄒᆞ야食料에供ᄒᆞᄂᆞ니라

山林業

我國의山岳은森林의栽殖도適宜ᄒᆞᆷ으로古代로븟허到處마다森林이鬱蒼ᄒᆞ더니一自三四十年以來로森林의禁이始弛ᄒᆞᆷ의恣意로濫伐ᄒᆞ야建築薪炭의用에供ᄒᆞ고造林殖木의法을不施ᄒᆞᆷ으로至今은山岳이皆裸體露骨ᄒᆞ야雖深山窮谷이라도蓊鬱ᄒᆞᆫ林木을未見ᄒᆞ도

다今에若干森林이僅有ᄒᆞᆫ處ᄂᆞᆫ江原咸鏡道間에往往히有ᄒᆞ나古昔에比ᄒᆞ면迨童濯을未免이오慶尙道太白山以西로鳥嶺의山林은皇室의禁伐ᄒᆞᄂᆞᆫ地라數千方里를赤松楢榴等이連抱環立ᄒᆞ얏더니近日에至ᄒᆞ야ᄂᆞᆫ此亦奸民貪官의潛伐密賣의弊로由ᄒᆞ야日漸零星ᄒᆞ고我國에最、有名ᄒᆞᆫ鴨綠江畔大森林은江界郡으로爲始ᄒᆞ야慈城、厚昌、長津、三水等郡을越ᄒᆞ야白頭山麓에及ᄒᆞ고更히甲山、茂山二郡을連亙ᄒᆞ야東西延長이約七八百里오南北이百餘里니其廢四郡古地에ᄂᆞᆫ人跡이罕到ᄒᆞᆷ으로數百年老樹巨幹이蓊蔚干雲ᄒᆞ며鴨綠、豆滿의二大河가此森林에서分ᄒᆞ야東西로背流ᄒᆞᆷ으로此處의森林을採伐ᄒᆞ야舟筏의流下가甚便ᄒᆞ니實로無盡藏의富源이라近日은我國과日淸人이會社를設立ᄒᆞ고採伐에着手ᄒᆞ며且鴨綠江下流白馬山城도森林이甚富ᄒᆞ고此外沿海島嶼에樹木의鬱生이頗有ᄒᆞ나最鬱陵島ᄂᆞᆫ槻木의良材가産出ᄒᆞ니라

礦業

礦山은我國의一大富源이라其巖質이太古紀에屬ᄒᆞ며且、此古紀巖層中에隨處花崗石의噴出이有ᄒᆞ니此古紀層과花崗石의接觸ᄒᆞᆫ바로鑛脈이多ᄒᆞ야到處에鑛物이埋藏ᄒᆞ얏스되就中、金鑛이其大部分을占ᄒᆞᆫ지라已往에ᄂᆞᆫ　列聖朝以來로鑛産의採掘을不許ᄒᆞ심은外人의希覬를恐ᄒᆞ심이라雖然이나今에ᄂᆞᆫ國論을洞開ᄒᆞ고多數鑛脈을外人의調査表에備載ᄒᆞ얏슨즉諱之不得ᄒᆞᆯ지오宜、早速히採掘에從事ᄒᆞ야、富源을自開ᄒᆞᆯ지로다

平安道ᄂᆞᆫ全國中에鑛山이最富ᄒᆞᆫ處니砂金의産地ᄂᆞᆫ殷山、成川、雲山朔州、寧邊、宣川、義州、安州、泰川、价川、熙川、慈城、江東、江界、厚昌、昌城、龜城等郡이니品質은殷山成川이最良ᄒᆞ고産額의多量은順安、雲山、朔州、寧邊、宣川等이니一個年에五六十萬圜을得ᄒᆞ며石金坑은殷山雲山黃海道遂安三個所가最有名ᄒᆞ나殷山은英國人에게租借ᄒᆞ야于今

七八年을採掘中인딕每月七八萬圓을産出ᄒ고雲山은美人에게租借ᄒ야亦採掘中인딕一個年에約二百五十萬圓을産出ᄒ고遂安은三鑛中最優地라ᄒᄂ딕昨年봇허日英美三國에게租借ᄒ야現方採掘中이오松禾、長淵、載寧、金川等郡에도金을産出ᄒ며

平壤無烟炭은府東南數十里에在ᄒ니鑛區가非常히大ᄒ야百餘里를亘ᄒ고炭質이粉粹에易ᄒ며燃燒力이亦甚强ᄒ나然ᄒ나炭層이甚淺ᄒ야地上에露出處이有ᄒ지라四五年前에宮內府에셔始發現開採ᄒ다가近時ᄂ豐阜會社를設立ᄒ고法國倫敦商會와協約採掘ᄒ며又日本人과로同採ᄒ니라此外에价川鐵鑛과厚昌銅鑛과殷山無烟炭鑛이有ᄒ고江西、雲山에ᄂ炭酸水를産出ᄒ며又成川、順安、朔州龜城에도鐵鑛이有ᄒ니라

咸鏡道ᄂ石金及砂金은安邊、高原、永興、定平、長津、三水、甲山、端川、吉州、明川諸郡에産ᄒ되最多量의産出은永興、定平、長津、端川等郡이오品質은甲山郡에産이第一이오(千分의九百三十或七十을含)最劣等은永興郡의石金(千分의五百五十을含)이오銀은端川郡에産ᄒ고他郡에도有ᄒ나開採가絶無ᄒ며銅은甲山郡銅店에셔産出ᄒ니此銅鑛은數十年前에淸國人이發明ᄒ야一個年에三千圓의稅金을納ᄒ고採掘權을得ᄒ者라鑛脈이三四十里에亘ᄒ고坑數ᄂ約五十所오精鍊所、鍛冶屋이約五百餘所니國中에最著名ᄒ富源이되고鐵鑛은端川、城津、文川三郡에在ᄒ고石炭鑛은永興、端川、城津、吉州、明川、鏡城諸郡에産ᄒ고玉石은端川에셔産ᄒ니靑黃白三品이有ᄒ니라

江原道ᄂ春川、三陟、金城、洪川、麟蹄、原州、淮陽、平康等郡에金鑛이有ᄒ고又歙谷、洪川、鐵原等地ᄂ鐵鑛이有ᄒ니金城의金鑛은德國人이採掘權을借得ᄒ야現今多年開採中이니라

京畿道ᄂ安城、通津、楊根、砥平에金礦이有ᄒ고

忠淸道ᄂ稷山、淸州、忠州、公州、文義、靑山、報恩、永同、黃澗等郡에金礦이

有ᄒᆞ고稷山、淸州ᄂᆞᆫ鐵도産ᄒᆞ고藍浦、保寧等地ᄂᆞᆫ硯石의佳品이産ᄒᆞ
ᄂᆞ니稷山의金鑛은今、日本에採掘權을許ᄒᆞ얏고黃澗白華山麓에ᄂᆞᆫ
黑鉛鑛이有ᄒᆞ니一日에一人이約一萬斤을採得ᄒᆞ니라

全羅道ᄂᆞᆫ金溝郡院坪에砂金을産ᄒᆞ고同郡鳳林里及釜洞에石金을
産ᄒᆞ고任實郡에도砂金의産이有ᄒᆞ고濟州郡에ᄂᆞᆫ海中에玳瑁와蠙
珠를産ᄒᆞ니蠙珠의最大ᄒᆞᆫ者ᄂᆞᆫ數三寸에至ᄒᆞᆷ으로支那人이高麗珠
라稱ᄒᆞ고海南珍島에ᄂᆞᆫ花斑石이産ᄒᆞ니曰蠟石이라從來로我國人
은但靑黃赤色의斑文만採取ᄒᆞ더니日本人은專히白蠟石을採取粉
碎ᄒᆞ야光澤製紙와石筆等需用에頗多ᄒᆞ고特히歐米에서ᄂᆞᆫ煉瓦石
을製造ᄒᆞ야建築物需用에高貴의價額을得ᄒᆞᄂᆞ니라

慶尙道ᄂᆞᆫ各種鑛物을産出ᄒᆞ니石金及砂金의産地ᄂᆞᆫ盈德、昌原、咸安、
星州、善山、仁同、靑松、義城、慶州、晉州、安東、蔚山等이오鐵은固城、梁山、金
海、丹城、泗川、彦陽、淸河、盈德、昌原、咸安、三嘉、寧海、慶州、陜川、永川、禮安、安

東、醴泉、尙州、龍宮等郡에産ᄒᆞ고銀은龍宮、寧海、慶州等郡에産ᄒᆞ고礦
石은延日、金海、丹城、泗川等郡에産ᄒᆞ고其他蔚山의雲母石、玉石과慶
州의水晶과尙州의玉石과固城、豐基의水晶、玉石等이古來産出ᄒᆞ더
니今에ᄂᆞᆫ日本人의始先調査ᄒᆞᆷ을據ᄒᆞᆫ즉金鑛及砂金의採掘은星州、
慶州、居昌에各一이오銅鑛은陜川이오石炭鑛은蔚山에一이니埋炭
區域이數十里에亘ᄒᆞ니라

光武十年에農商工部에서鑛山條例를發布ᄒᆞ고宮內府所管鑛山은
特別히定ᄒᆞ얏ᄂᆞᆫ듸咸鏡道甲山의銅、砂金鑛과端川의金、砂金鑛과定
平의金、黑鉛、砂金鑛과永興의金、黑鉛、砂金鑛과咸興의金、石炭、砂金鑛
과三水、惠山鎭의金、砂金鑛과黃海道遂安各鑛과載寧、殷栗、長連의鐵
鑛과平安道에平壤、江東、三登의石炭鑛과殷山、雲山의各鑛及价川金鑛
과昌城、厚昌의金、銅、砂金鑛과楚山、泰川、渭原、龜城、熙川、宣川、慈城의金、
砂金鑛과江原道에金城各鑛과忠淸道에稷山等의二十六鑛이오其

他礦山은農商工部에管轄케ᄒᆞ니라

鐵道

京仁鐵道ᄂᆞᆫ京城으로븟허仁川에至ᄒᆞᄂᆞᆫ鐵道니開國五百五年三月에美國人齊壬에게敷設權을認許ᄒᆞ얏스되竣工後第十五年終에ᄂᆞᆫ我政府에서償價買還ᄒᆞᆫ다ᄒᆞ얏더니後에美國人이日本人足立太郞에게該敷設權을讓渡ᄒᆞ야光武四年七月에竣工(京仁鐵道會社資本金二百五十萬元)ᄒᆞ얏ᄂᆞᆫ듸全線이約百七十里오橋梁이十五箇所니其總延長이三千四百八十五日呎이오溝橋七箇所에總延長이四十八日呎인듸光武七年十月에京釜鐵道會社에서買收合幷ᄒᆞ니라停車場은京城西大門、南大門、龍山、露梁、永登浦、梧柳洞、素沙、富平、杻峴、仁川

京釜鐵道ᄂᆞᆫ京城으로釜山에至ᄒᆞᄂᆞᆫ鐵道니光武二年九月에日本京釜鐵道會社代派人佐佐木淸麿、乾長次郞等과外部에서合同을成立(外部交涉局長李應翼農商工部通信局長姜寅圭)ᄒᆞ얏ᄂᆞᆫ듸其條約은亦京仁鐵道條約과大略相同ᄒᆞ니竣工後十五年에ᄂᆞᆫ我政府에서估價買入ᄒᆞ기로ᄒᆞᆫ지라光武八年十一月에竣工(京釜鐵道會社資本金二千五百萬元)ᄒᆞ야全線이開通되니延長이約一千八百餘里(二百七十四日哩)오停車場이四十二箇所오橋梁이三百○二徑에間數ᄂᆞᆫ六百四十四連이오總延長이二萬八千三百八十呎餘오隧道의總延長은四萬七百八十八呎인듸其最長者ᄂᆞᆫ省峴隧道가三千九百四十八呎、增若隧道가千六百八十三呎、扶桑隧道가千百二十二呎이오叉橋梁의最長은琴湖江이千百二十二呎、洛東江이千五百三十四呎、錦江第一橋梁이八百二十四呎、第二橋梁이九百五十三呎이오全線中最高點은秋風嶺驛(在黃澗金山接界)이니海拔이七百十二呎이라ᄒᆞ니라

停車場은京城南大門、永登浦、始興、安養、軍浦場、水原、餅店、烏山、振威、西

井里、平澤、成歡、天安、小井里、全義、鳥致院、芙江、新灘津、太田、增若、沃川、伊院、深川、永同、黃澗、秋風嶺、金泉、金烏山、若木、倭館、新洞、大邱、慶山、清道、楡川、密陽、三浪院洞勿禁、龜浦、釜山、草梁

光武九年에密陽三浪津으로븟허昌原馬山浦에至ᄒᆞᄂᆞᆫ支線路를敷設ᄒᆞ야同六月에竣工開通ᄒᆞ니即所謂馬山鐵道가是오又公州芙江으로븟허全羅道木浦에至ᄒᆞᄂᆞᆫ支線路ᄂᆞᆫ現今我國人民이起工中인즉不久에竣工ᄒᆞᆷ을希望ᄒᆞ노라

京義鐵道ᄂᆞᆫ原來外部에서法國人에게敷設權을認許ᄒᆞ얏다가約期가過ᄒᆞ되始役치못ᄒᆞᆷ으로該合同은繳銷ᄒᆞ고更히我政府에서着手經營ᄒᆞ더니光武八年五月日俄戰役의際를因ᄒᆞ야日本에서軍用鐵道로直接敷設에從事ᄒᆞ얏ᄂᆞᆫ되九年十月에全線이開通되얏스니總延長이約二千餘里(二百九十六日里)오停車場은京城南大門外龍山、水色、一山、汶山、西井、開城、土城、餅店、金川、汗浦、南川、新幕、瑞興、興水、砂仁院、桂東、海州、兼二浦、中和、平壤、西浦、順安、漁陂、肅川、安州、嶺美、雲田、古邑、定州、郭山、路下、宣川、車輦館、南市、枇峴、中瑞、義州凡三十八이니라

京元鐵道도日本人이經營中이더니更히平元鐵道에着手ᄒᆞ니即平壤으로븟허元山에至ᄒᆞᄂᆞᆫ鐵道라京元間線路ᄂᆞᆫ工役이甚困難ᄒᆞᆷ으로平元線路를測査ᄒᆞ야敷設에計劃ᄒᆞᆷ이니라

蓋京釜鐵道ᄂᆞᆫ南部中央을橫貫ᄒᆞ고京義鐵道ᄂᆞᆫ西北部要点을直貫ᄒᆞ야釜山으로鴨綠江에至ᄒᆞ니全國交通의一大關鍵이라今에日本에서又鴨綠江岸으로븟허遼東大野를橫斷ᄒᆞ야東清鐵道의支線을經ᄒᆞ야清國關外鐵道와聯絡ᄒᆞᆷ을經營ᄒᆞ니然ᄒᆞᆫ즉一段은關外、楡津、遼津의三鐵道와連ᄒᆞ야清國北京에達ᄒᆞ야全清國의交通을聯絡ᄒᆞ고一段은東清、西伯利亞兩鐵道를經ᄒᆞ야全歐洲鐵道와聯絡ᄒᆞ고東은釜山에서日本門司間(百二十海里)을經ᄒᆞ야山陽、東海兩鐵路와聯絡ᄒᆞᆫ지라日本東京으로清國北京에至ᄒᆞᄂᆞᆫ總延長이一萬四千餘里

(二千二百數十日里)니三國의首府를通過홈이僅數晝夜에不過홀지라我韓이中心되야日淸兩國을交通홈이敏速快活홈을實可驚홀지로다

航路

我國의航路는古來로海禁이截嚴ᄒᆞ야商船의交通을杜絶ᄒᆞ고或支那와日本에使節의來往이必要ᄒᆞᆫ時는船路를開通ᄒᆞ나海程에不習ᄒᆞ고且舊式帆船의航行이不便홈으로往往히風濤의患을未免ᄒᆞ고其內地에航行ᄒᆞ는者는每貢稅米穀의漕運이나其他魚物의商船이間或來往ᄒᆞ더니外國과通商ᄒᆞᆫ以來로海禁이大開홈의各國의滊船이輻湊ᄒᆞ야日本에셔航運의業에首先着手ᄒᆞᆫ後로我國에셔도滊船을購入ᄒᆞ야協同會社를設ᄒᆞ고航運에從事ᄒᆞ나畢竟競爭力이不及홈으로衰替의歎을未堪ᄒᆞ도다

今에는仁川港으로起点을삼아西北으로三和港甑南浦가二百二十二海里오遼東大連灣이二百五十九里오淸國山東省烟台(卽芝罘)가三百七十二里오直隷省天津太沽港이五百三十五里오營州牛庄이四百八里오南으로沃溝群山港이二十二里오務安木浦港이一百三十里오東萊釜山港이四百一里오日本馬關이五百里오長崎가四百五十六里오神戶가九百三十里오淸國上海가四百六十三里오北으로元山港이七百五里오俄領浦鹽斯德(卽海蔘威)이一千五十里오自鏡港으로至木浦港이一百八里오自木浦로至釜山港이一百九十二里오自釜山으로至元山港이三百四里오至海蔘威가五百里오至馬關이一百二十里오至長崎가一百六十二里오至芝罘가五百里오至膠州灣이五百里오至上海가五百五里오至神戶가三百五十六里오自元山港으로至海蔘威가三百四十二里오至釜山港이三百七十里오自甑南港으로至大連灣이八十二里오至龍巖浦가二十里니라

郵便及電信

我國의通信ᄒᆞᄂᆞᆫ法은古代로브터驛遞를置ᄒᆞ며西北路ᄂᆞᆫ把撥馬를設ᄒᆞ고東南路ᄂᆞᆫ撥夫를置ᄒᆞ얏더니開國五百四年에郵遞規則을定ᄒᆞ고其後에外國郵師를雇聘ᄒᆞ야郵務를擴張ᄒᆞ고光武四年에萬國郵便聯合에加盟ᄒᆞ야外國과郵便物의直接交換을開始ᄒᆞ야內外共通의制를實施홈으로稍稍發達홈에至ᄒᆞ야全國內에郵務의設備가着着進行ᄒᆞ더니光武九年四月에通信機關을一切日本에讓渡ᄒᆞ니라

電信

電線은開國四百四年에京城으로브터仁川義州兩線이成ᄒᆞ고越三年戊子에京釜線이開通되고又二年庚寅에京元이開通되야漸次發達홈으로北은鏡城慶興에至ᄒᆞ며西ᄂᆞᆫ甑南浦義州와雲山殷山各開鑛地와東南은釜山浦馬山等各開港地에至히所在마다交通이聯絡ᄒᆞ야稍稍擴張ᄒᆞ더니光武九年四月에一體로日本에讓渡ᄒᆞ니라

電話ᄂᆞᆫ現時京城仁川과水原과京城麻浦와京城開城及平壤間에設置ᄒᆞ얏ᄂᆞ니라

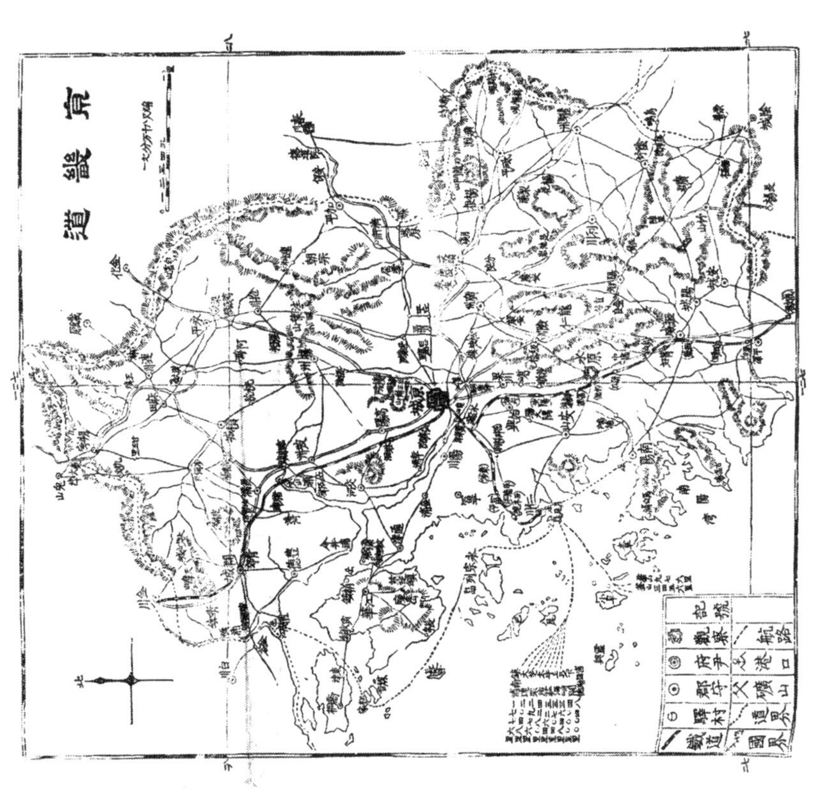
京畿道

第三編

第一章 京畿道

(位置境界)京畿道ᄂᆞᆫ全國中央에在ᄒᆞ니東北은江原道와接ᄒᆞ고西北은黃海道와連ᄒᆞ고南은忠淸道와隣ᄒᆞ고西ᄂᆞᆫ海를臨ᄒᆞ니東西가三百二十餘里오南北이四百餘里니北緯三十七度로붓허東經百二十七度에至ᄒᆞ니라

(沿革)本道ᄂᆞᆫ古朝鮮과馬韓의域이니漢江以北은臨屯에屬ᄒᆞ얏다가後에帶方郡이되고以南은馬韓의地로百濟의倂有ᄒᆞᆫ바되얏다가高句麗南平壤과新羅北漢山州가되야互相侵倂ᄒᆞ더니及麗濟가滅ᄒᆞᆷ의新羅가漢州를置ᄒᆞ고高麗가統合ᄒᆞᆷ의成宗十四年에開城府所管에隷ᄒᆞ얏다가關內道에改隷ᄒᆞ고顯宗九年에開城府를罷ᄒᆞ고貞州德水江陰三縣으로開城에屬ᄒᆞ고松林臨津兎山臨江積城坡平麻田七縣으로長湍縣에屬ᄒᆞ야尙書都省에直隷ᄒᆞ고京畿라稱ᄒᆞ더니忠

肅王元年에楊廣道라改定ᄒᆞ고恭讓王二年에京畿左右道를分ᄒᆞ얏다가我 太宗二年에兩道를合ᄒᆞ야京畿左右道라ᄒᆞ고觀察使各一人을置ᄒᆞ고十三年에四方遠近을酌量ᄒᆞ샤延安白川牛峯江陰兎山으로豐海道에還隷ᄒᆞ고伊川은江原道에隷ᄒᆞ고忠淸道驪興府安城陽智陽城陰竹及江原道加平等縣을割隷ᄒᆞ고左右道를合ᄒᆞ야京畿道라始定ᄒᆞ시고● 世宗十六年에安峽은江原道에移屬ᄒᆞ시니凡四府三十四郡이니라

(地勢)北東은山嶽이多ᄒᆞ고西는海灣島嶼가富ᄒᆞᆷ으로漢江臨津二大河가西流ᄒᆞ야海에入ᄒᆞ니運輸交通이此兩河와海灣으로由ᄒᆞ야極ᄒᆡ便利ᄒᆞ고且 皇都의所在地인故로政治上文明의中心이되야四方貨物이輻湊ᄒᆞ니實帝王의雄府오山河의壯地로다

(山嶺)京畿道의山脉은三支로分ᄒᆞ니第一支는文川의餘項으로봇허西南으로黃海道를經ᄒᆞ야松岳天磨諸山이되고第二支는漢陽分水嶺으로봇허西南으로平康華川永平等地를經ᄒᆞ야楊州道峯三角諸山이되고第三支는俗離山으로봇허西北으로走ᄒᆞ야竹山龍仁水原廣州等諸山을作ᄒᆞ니라

三角山(一名負兒嶽亦曰華山)은漢城北方에在ᄒᆞᆫ鎭山이라白雲國望仁壽三峯이突兀히天半에特秀ᄒᆞ야三朶芙蓉과如ᄒᆞᆷ으로名을三角이라ᄒᆞᆷ이니精神氣勢가萬火朝天의狀이오其高는二千六百三十四英尺이라昔에百濟溫祚王이漢山負兒嶽에登ᄒᆞ야可居之地를望ᄒᆞᆷ이卽此山이니山顚에登ᄒᆞ면皇都의鬱葱ᄒᆞᆫ佳氣와數百里山川景物이眼界에森列ᄒᆞ고白雲臺는最高峻阧截ᄒᆞ야飛巖躍石이蒼穹에聳ᄒᆞ고幽泉激湍이噴瀑을作ᄒᆞ며翠松古木이巖間에森羅ᄒᆞ니洵奇絶ᄒᆞᆫ勝景이라我 太祖高皇帝微時에登此ᄒᆞ샤引手攀蘿上翠峰一庵(庵作樓)高臥白雲中이라 御製詩가有ᄒᆞ심으로白雲臺라仍名ᄒᆞ고白雲臺로從ᄒᆞ야南下ᄒᆞ면萬景臺니 太祖朝에僧無學을命ᄒᆞ샤此相宅ᄒᆞ심

으로國望峰이라稱ᄒᆞ니라山腹에重興寺의泉石이甚奇ᄒᆞ더니北漢山城을築홈으로皆剗平ᄒᆞ고城의周圍ᄂᆞᆫ數十里니嶄巖ᄒᆞᆫ絕壁에臨ᄒᆞ야險固ᄅᆞᆯ成ᄒᆞ니其內에別宮과寺院이有ᄒᆞ고歷代寶藏의史庫ᄅᆞᆯ寘ᄒᆞ니라

白岳은三角山萬景臺의南支니卽皇城景福宮의北鎭山이라其形이未開牧丹과如ᄒᆞ야精神이特秀ᄒᆞ니高ᄂᆞᆫ一千二百九十六英尺이오其西ᄂᆞᆫ仁王山이니石骨이嶄巖ᄒᆞ고其東은駝駱山이오木覓山(一名引慶山亦曰終南山)은其南에在ᄒᆞ니高ᄂᆞᆫ八百五十三英尺이오最高ᄂᆞᆫ蠶頭峰(俗稱乭頭又名龍頭)이니松檜鬱蒼ᄒᆞ야其下에ᄂᆞᆫ公卿의亭榭가多ᄒᆞ더니라

南漢山(一名日長山亦曰晝長)은漢城東南四十里에在ᄒᆞ니其形이仰笠과如ᄒᆞᆫ지라百濟溫祚王이慰禮城으로봇허此山下에徙都홈으로今山巓에溫祚王의古蹟이라ᄒᆞᄂᆞᆫ遺址가有ᄒᆞ고山城은新羅時(景德王十五年)에石築을始ᄒᆞ얏더니我 仁祖四年에城을更築ᄒᆞ야皇城의保障을作ᄒᆞ고守禦營을寘ᄒᆞ며九寺ᄅᆞᆯ設ᄒᆞ야僧徒ᄅᆞᆯ充ᄒᆞ고總攝一名을寘ᄒᆞ야每歲에各道僧丁을募選ᄒᆞ야武藝ᄅᆞᆯ習ᄒᆞ고屯守ᄅᆞᆯ作ᄒᆞ더니라

天摩山은開城北方에聳峙ᄒᆞᆫ山이라群峯이插天ᄒᆞ야氣勢가雄壯ᄒᆞ고聖居山과五冠山이左右로相連ᄒᆞ니其中間은卽大興洞天이라洞中에淸泉激湍이奔流爭跳ᄒᆞ야萬丈의飛瀑을垂ᄒᆞ고其下ᄂᆞᆫ千尺의澄潭을成ᄒᆞ니卽朴淵이오其上에觀音窟과龜潭이有ᄒᆞ니水底ᄂᆞᆫ白石이瑩澈ᄒᆞ며岩壁은矮松이叅差ᄒᆞ고樹木이蓊鬱ᄒᆞ야夏日은綠陰이滿選ᄒᆞ고秋節은赤楓黃葉이水底에倒映ᄒᆞ니眞別有天地라我 肅廟朝에山城을築ᄒᆞ시니(卽大興山城)外ᄂᆞᆫ危峻ᄒᆞ고內ᄂᆞᆫ坦夷ᄒᆞ야洵天險의地라ᄒᆞ니라

松嶽은初名은扶蘇岬이오亦曰鵠嶺이니(一名松岳又曰神嵩又曰靑木)卽開城의鎭山이라其南은滿月臺니高麗宮殿의舊址오其北은紫霞洞이有ᄒᆞ니泉石이幽奇ᄒᆞ야高麗時에卿相의別墅가多ᄒᆞ고其西北은靈通洞과

花潭의泉石이極奇ᄒᆞ니 中宗朝에徵士徐敬德의隱居ᄒᆞᆫ處ㅣ오松嶽의南은龍首山、進鳳山이有ᄒᆞ니躑躅花가盛開홈으로柳得恭詩에進鳳山中紅躑躅春來猶自發層層이라ᄒᆞ니라

摩尼山은江華島南端에在ᄒᆞ니此山頂에檀君의祭天壇이有ᄒᆞ야高가十尺이오上方下圓ᄒᆞ니塹城壇이라稱ᄒᆞ고其東北에傳燈山이有ᄒᆞ니檀君이王子三人을遣ᄒᆞ야城을築홈으로三郞城(一曰鼎足山城)이라名ᄒᆞ니라

永平의白雲山과積城의紺岳山과楊州의佛谷山峨嵯山水落山은畿輔東北에綿亘ᄒᆞ고砥平의彌智山과楊根의龍門山(卽彌智山)馬遊山과驪州의歡喜山과竹山의七長山鼎陷山은東南에起伏ᄒᆞ며果川의冠岳山淸溪山과水原의光敎山石城山과龍仁의寶蓋山과安山의修理山과陽城의白雲山은江南에對峙ᄒᆞ고富平의安南山(亦曰桂陽山)과通津의文殊山과仁川의蘇來山과南陽의海雲山은漢江의西南에崑崚ᄒᆞ며高陽의見達山과坡州의坡平山、惠陰嶺과交河의深岳山은西北에聳翠ᄒᆞ고長湍의月峰山、望海山과豐德의德積山은臨津江西에羅列ᄒᆞ니德積山上에ᄂᆞᆫ高麗崔侍中의廟가有ᄒᆞ니라

(河流)京畿道에二大河가有ᄒᆞ니南은漢江이오北은臨津이라漢江은古稱洌水오亦曰漢山河니其源이一派ᄂᆞᆫ五臺山에서發ᄒᆞ야江原道旌善、寧越、平昌의地와忠淸北道永春、丹陽、淸風의地를經ᄒᆞ야忠州西北에서達川(一名丹月江)과合ᄒᆞ고原州西에서安昌水(一名蟾江)와合ᄒᆞ고本道首界驪州에至ᄒᆞ야黃驪江이되고楊根郡南에至ᄒᆞ야大灘、川溪遷이되니大灘은水中에岩石이橫截ᄒᆞ야水漲則沒ᄒᆞ고水淺則波濤가衝撞ᄒᆞ야往往漕船이漂沒홈으로高麗時에巖石을鑿破ᄒᆞ다가功役이未就ᄒᆞ더니我 世祖朝에亦鑿石의役을始ᄒᆞ되功을未奏ᄒᆞ니其險을世人이灩澦에比ᄒᆞᄂᆞ니라楊根西北에서春川昭陽江과洪川江의下流龍津江이來會ᄒᆞ고廣州東에서渡迷津(一名斗尾遷)이되니沿江石壁

에棧道가如線ᄒᆞᆷ으로世가月溪、斗尼兩遷의險을稱ᄒᆞ는바오其下流는廣津三田渡、(亦曰松坡江)豆毛浦가되니浦上에故上黨府院君韓明澮의狎鷗亭이有ᄒᆞ얏고三田渡에楮子島가有ᄒᆞ니高麗韓宗愈의別墅가在ᄒᆞ던處오漢城南에至ᄒᆞ야漢江이라始稱ᄒᆞ니長江이演漾ᄒᆞ고綠波가萬頃이라自此로沙平津(又曰氷庫)西銅雀津、露梁、龍山이되니江村漁戶는沿岸에櫛比ᄒᆞ고風檣雲帆은滄波에如織ᄒᆞᆫ데公卿貴族의亭臺別業은上下에散在ᄒᆞ야金碧이照耀ᄒᆞ고近日은京仁、京釜鐵道의橋梁이露梁을橫跨ᄒᆞ고電流의軌線을龍山ᄭᆞ지敷設ᄒᆞᆷ으로轟轟殷殷ᄒᆞᆫ流車電輪의聲은終日에不絶ᄒᆞ고西으로仁川海를通ᄒᆞ야物貨의航運을流船으로駛行ᄒᆞ니沿江到處에洋制日度의外人의家戶가造强半을占有ᄒᆞ야村落의闘熱ᄒᆞᆷ이非復疇昔의景象이러라

龍山은卽、龍湖니漢江의流가本、龍山南岸으로從過ᄒᆞ고其一派는北岸下에抖入ᄒᆞ야十里長湖를匯作ᄒᆞ고鹽倉沙岸이西阻ᄒᆞ니其中에

蓮花가滿生ᄒᆞ야風景이絶勝ᄒᆞᆷ으로高麗時에王公貴族과騷人韻士가每、至此ᄒᆞ야留連賞蓮ᄒᆞ더니國朝ㅣ定鼎ᄒᆞ심의鹽倉沙岸이忽潮水의衝破ᄒᆞᆷ이되야海潮가龍山에直達ᄒᆞᆷ으로八道漕運이龍山에來泊ᄒᆞ야萬里倉을置ᄒᆞ고各道貢稅米를儲置ᄒᆞ더니라江이龍山에至ᄒᆞ야兩派에分ᄒᆞ니一派는南岸으로始興에至ᄒᆞ야放鶴湖를成ᄒᆞ고一派는西으로直流ᄒᆞ야麻浦와西江이되고陽川東에至ᄒᆞ야兩派가合ᄒᆞ야楊花渡가되니其東에는故月山大君의風月亭이有ᄒᆞ야高岸長洲와別島沙渚가瀰漫隱約ᄒᆞᆫ데蒹葭菰蘆에牧笛漁歌가風景이絶佳ᄒᆞ고又、西北으로孔巖津이되니卽、往時에兄弟同舟ᄒᆞ다가投金ᄒᆞᆫ處이오金浦郡에至ᄒᆞ야孤島江이되니海가近ᄒᆞᆷ으로水가鹹濁ᄒᆞᆫ지라交河西北에至ᄒᆞ야는臨津江이來合ᄒᆞ고通津北에至ᄒᆞ야祖江이되고西南으로甲串津이되야江華東洋에入ᄒᆞ니甲串의南과摩尼山의北에崩洪石脉이水中에橫亘ᄒᆞᆷ이門閾과如ᄒᆞᆷ으로孫石項이라謂

ᄒᆞᄂᆞ니往時에各道稅船이至此ᄒᆞ면潮生을候ᄒᆞ야越過ᄒᆞ되若、少時라도不及ᄒᆞ면坐礁를未免ᄒᆞ니라

臨津江은古稱帶水오亦曰七重河니百濟溫祚王이渡浿帶二水라ᄒᆞᆫ이帶水가卽此라其源이咸鏡道文川踰嶺에서發ᄒᆞ야江原道伊川、安峽과黃海道兎山을經ᄒᆞ야本道朔寧郡南에至ᄒᆞ야羽化津이되고漣川郡西에至ᄒᆞ야鵂鶹灘、澄波渡가되고麻田郡南에至ᄒᆞ야大灘江(在楊州)이來合ᄒᆞ야鍾淵이되고積城郡北에至ᄒᆞ야仇淵江、梨津이되고長湍府東에至ᄒᆞ야頭耆津(一名長湍渡)이되니兩岸에靑石이壁立ᄒᆞ야犬牙갓치出沒ᄒᆞᆷ이六七十里라望ᄒᆞ면畵圖와如ᄒᆞᆫ지라高麗太祖의常、游幸ᄒᆞ시던地인故로民間이長湍歌를至今尙傳ᄒᆞ니라又、瓠蘆灘은昔에唐將劉仁軌가新羅七重城을攻ᄒᆞᆯ時에兵을瓠蘆河에絶ᄒᆞᆷ이卽此地니라又、臨津古縣東에至ᄒᆞ야臨津渡가되니絶險ᄒᆞᆷ이城形을成ᄒᆞ야實로西路의要衝이오交河郡北에至ᄒᆞ야洛河渡가되고鳳凰巖을

過ᄒᆞ야漢江으로合ᄒᆞ니라

禮成江은漢江臨津二大河의外에一小江이니源이黃海道遂安郡에셔發ᄒᆞ야谷山、金川을經ᄒᆞ야開城府西에至ᄒᆞ야梨浦、錢浦를經ᄒᆞ야東으로此江이되니高麗時에支那와聘使가來往ᄒᆞᆷ에此江에서發船ᄒᆞᆷ으로禮成이라名ᄒᆞᆷ이오其、錢浦ᄂᆞᆫ唐宣宗이商船을隨ᄒᆞ야渡來ᄒᆞᆫ時에潮退ᄒᆞ야泥濘이滿渚ᄒᆞᆫ지라錢을泥上에布ᄒᆞ고下陸ᄒᆞᆷ으로名ᄒᆞ니라其流가又、碧瀾渡가되야海에入ᄒᆞ니其上에古、息波亭이有ᄒᆞ더니라

(海灣과島嶼)濟物浦ᄂᆞᆫ北緯三十七度二十八分과東經百二十六度三十七分에位ᄒᆞᆫ江華灣內漢江河口의東北岸에在ᄒᆞ니漢城을距ᄒᆞᆷ이八十里라開國四百九十二年에日本과通商條約을締ᄒᆞ고首開ᄒᆞᆫ港인ᄃᆡ地가仁川에屬ᄒᆞᆫ故로仁川港이라名ᄒᆞ니라前面은月尾島와小月尾島와中島等의小嶼가廻抱ᄒᆞ야其內ᄂᆞᆫ小港灣을成ᄒᆞ고其外ᄂᆞᆫ

外港이니內港은狹小ᄒᆞ야二千噸以上의船舶出入을不得ᄒᆞ고各國의軍艦과巨船은皆外港에碇泊ᄒᆞ며京仁鐵道를敷設ᄒᆞᆫ後로ᄂᆞᆫ僅一時間餘에京城을通行ᄒᆞᆷ으로逆輪交通이一般便利ᄒᆞ야水陸貨物이輻湊聚集ᄒᆞᆷ이商業이愈益繁昌ᄒᆞ고各國의居留地ᄂᆞᆫ日淸兩國人戶가最多ᄒᆞ니라

南陽灣은南陽西濱에在ᄒᆞ니亦曰馬山浦라仁川港과如히海水를抱擁ᄒᆞ고灣內ᄂᆞᆫ水深ᄒᆞ야巨艦을可泊이오花梁灣은馬山浦南에在ᄒᆞ니古僉使의鎭이라石脈이海中에亘ᄒᆞ야嶺背가屈曲蛇蜒ᄒᆞᆫ故로船舶의來往이不便ᄒᆞ고瓮浦ᄂᆞᆫ潮汐이高低ᄒᆞ야但漁艇을繫泊ᄒᆞᆯ뿐이오內浦ᄂᆞᆫ京畿忠淸兩道間에深히大陸에闖入ᄒᆞᆫ一大灣이오其南은牙山沔川의地니灣內가深濶ᄒᆞ야軍艦이來往은ᄒᆞ되碇泊ᄒᆞᆯ良岸이無ᄒᆞᆷ으로但商船이出入ᄒᆞᆯ뿐이니라

江華島ᄂᆞᆫ南北이百餘里오東西가五十里니西南은海를面ᄒᆞ고東北은江이環ᄒᆞ니卽漢江의入海處오北은豐德昇天浦를隔ᄒᆞ니江岸이皆石壁이오壁下ᄂᆞᆫ泥濘이라泊船ᄒᆞᆯ處가無ᄒᆞ고惟昇天浦對岸과甲串津兩處에만船路를僅通ᄒᆞ니此兩路만守ᄒᆞ면天塹이되ᄂᆞᆫ故로高麗高宗이蒙古兵을避ᄒᆞ야江華에移都ᄒᆞᆷ의蒙兵이敢犯치못ᄒᆞ니實天險에地라其地ㅣ海路에要害인故로留營을設ᄒᆞ고防禦를嚴ᄒᆞ더니　仁祖丁丑에防禦가失宜ᄒᆞᆷ으로淸兵에게被陷ᄒᆞᆫ지라其時淸將이通津文殊山에登ᄒᆞ야全島의形勢를俯察ᄒᆞᆫ故로失守에至ᄒᆞ니肅廟朝에文殊山城을築ᄒᆞ시고　英祖時에北自燕尾亭으로南至孫石項히江城을築ᄒᆞ시沿江泥濘을土石으로塡平ᄒᆞ야江岸이堅固케ᄒᆞ니於是에人馬가始通ᄒᆞ고船舶의往來가便ᄒᆞᆷ으로今　上三年에佛國艦艇의來攻ᄒᆞᆷ을被ᄒᆞ니라

喬桐島ᄂᆞᆫ江華島西方에在ᄒᆞ니長은三十里오幅은十里라西北으로斜ᄒᆞ야黃海道白川延安龍媒諸島와相望ᄒᆞ니一島全身이皆石이라

中央에華蓋山이有ᄒᆞ니已往에統禦營을置ᄒᆞ고京畿黃海平安三道水軍을率ᄒᆞ고海防을以備ᄒᆞ얏더니라永宗島ᄂᆞᆫ長이二十里오幅이十里니江華島東南에在ᄒᆞ야往時僉使의鎭管이라今　上十三年에日本兵艦과礮擊을試ᄒᆞ던地니其中에白雲山、石花山이有ᄒᆞ야甚突兀ᄒᆞ고山麓에田野도頗開ᄒᆞ니라

延平列島ᄂᆞᆫ曰大延平、小延平、鯨背、長島、萬形島等이니皆、喬桐西海中에散在ᄒᆞ고大阜島、小阜島ᄂᆞᆫ花梁灣十里에在ᄒᆞ니全島ㅣ土沃ᄒᆞ야禾穀이頗多ᄒᆞ고且、魚鹽의利가饒ᄒᆞ며其海中에石脊이屈曲連亘ᄒᆞ야海水가甚淺ᄒᆞᆷ으로丙子江華陷時에胡兵이來追ᄒᆞ거ᄂᆞᆯ島民은水路를熟諳ᄒᆞ야石脊上으로走去ᄒᆞᆫᄃᆡ胡兵은石脊의屈曲ᄒᆞᆷ을不知ᄒᆞ고來追ᄒᆞ다가水中에渰沒ᄒᆞ니라

大阜島西로三十里에靈興島(又曰燕興)가有ᄒᆞ니昔高麗時에宗室翼靈君琦가麗朝의將亾ᄒᆞᆷ을知ᄒᆞ고姓名을變ᄒᆞ고盡室浮海ᄒᆞ야此地에逃隱ᄒᆞ얏더니子孫이至今尙存ᄒᆞ야牧馬를業ᄒᆞ며翼靈君의所居의屋三間을封鎖謹嚴ᄒᆞ야閒人의來往을不許ᄒᆞ며(或云藏書器皿) 本島西偏에羅列ᄒᆞᆫ翠島ᄂᆞᆫ水深島、禿俠島、仙俠島、豐島、皇子島等이니翠蔓綠草가蓊蓊繁茂ᄒᆞ야馬牛의牧場을作ᄒᆞ고大約은無數巖礁가海中에散布ᄒᆞᆷ으로船舶의來往이甚艱ᄒᆞ니라

(都會)勝地漢城은本百濟古都니高句麗長壽王이取ᄒᆞ야南平壤이라稱ᄒᆞ고新羅眞興王이取ᄒᆞ야新州라稱ᄒᆞ다가又北漢州、漢山州를置ᄒᆞ고景德王이漢陽郡이라改ᄒᆞ고高麗初에楊州라改ᄒᆞ고成宗이左神策軍이라稱ᄒᆞ고文宗이陞爲南京이라ᄒᆞ고忠烈王이漢陽府라改ᄒᆞ고我　太祖ㅣ定鼎ᄒᆞ시니北은白岳과三角山을負ᄒᆞ고南은木覓山을面ᄒᆞ고東은駝駱山과西ᄂᆞᆫ仁王諸峯이簇立ᄒᆞ야自然의天府를成ᄒᆞ고漢江은其南을經ᄒᆞ니山河의形勢가實、全國의樞要라　太祖五年에八道民夫를徵ᄒᆞ샤京城을石築ᄒᆞ니周가九千九百七十五步

오高가四百尺二寸이오八門을設ᄒᆞ니南曰崇禮오北曰肅淸이오東
曰興仁이오西曰敦義오東北曰惠化오西北曰彰義오東南曰光熙오
西南曰昭義오白岳의陽에景福宮(太祖三年)을建ᄒᆞ시니宮城四門은南曰
光化오北曰神武오東曰建春이오西曰迎秋오闕內에正殿은勤政殿
이오其他思政、延生、慶成(今改康寧)、交泰、含元諸殿과淸讌、隆文、隆武、慶會諸
樓가有ᄒᆞ며景福의東에昌德、昌慶二宮이有ᄒᆞ니淸泉白石과蒼松翠
杉은玉流泉의佳景이御苑에第一이오景福宮西南에慶運宮이有ᄒᆞ
니故月山大君의宅이라 宣祖癸巳에龍灣으로回鑾ᄒᆞ샤時에宮闕
이燬燼흠으로此에暫駐ᄒᆞ신宮인ᄃᆡ今 上陛下光武元年에移御ᄒᆞ
시니正門曰大漢이오布德、永成、平章等門이有ᄒᆞ니라
城內에五署四十九坊으로分ᄒᆞ니中署ᄂᆞᆫ澄淸、瑞麟、壽進、堅平、寬仁、慶
幸、貞善、長通等八坊이오東署ᄂᆞᆫ崇信、蓮花、瑞雲、德成、崇敎、燕喜、觀德、泉
達、興盛、彰善、建德、仁昌等十二坊이오南署ᄂᆞᆫ廣通、會賢、明禮、太平、薰陶

誠明、樂善、貞心、明哲、誠身、禮成等十一坊이오西署ᄂᆞᆫ仁達、積善、餘慶、皇
華、養生、神化、盤松、盤石等八坊이오北署ᄂᆞᆫ廣化、陽德、嘉會、安國、觀光、鎭
長、明通、俊秀、順化、義通等十坊이오戶ᄂᆞᆫ四萬二千六百三十戶오人口
ᄂᆞᆫ十九萬六千四百餘口ㅣ니라
太廟ᄂᆞᆫ昌德宮東蓮花坊에在ᄒᆞ고永寧殿은太廟의北에在ᄒᆞ며太社
太稷은景福宮西仁達坊에在ᄒᆞ고圜丘ᄂᆞᆫ慶運宮東南에在ᄒᆞ고文廟
ᄂᆞᆫ昌慶宮東에在ᄒᆞ며各官廨公署ᄂᆞᆫ光化門前에左右布列ᄒᆞ니六曹
街라謂ᄒᆞ고六矣廛과及各商店은鍾樓街로中心点을삼아左右에列
在ᄒᆞ니東至興仁門과西至敦義門과南至崇禮門은皆通衢大街니商
店이櫛比ᄒᆞ고物貨가雲委ᄒᆞ며又東南兩大門內에ᄂᆞᆫ每日朝市를開
ᄒᆞ야日用雜物을販賣ᄒᆞ니라近時ᄂᆞᆫ韓美電氣會社를立ᄒᆞ고鍾街로
붓허東大門外淸凉里ᄭᆞ지西門外西江ᄭᆞ지南門外龍山ᄭᆞ지電氣鐵
道를敷設ᄒᆞ야來往의電車가日夜에絡繹ᄒᆞ고又商舖店頭에電燈과

長明燈을張ᄒᆞ야不夜城을作ᄒᆞ니라

北岳의三淸洞은星祭井이石間에瀉出ᄒᆞ야淸洌ᄒᆞᆷ이城內에第一이오其東에白鹿洞은杉檜가鬱蒼ᄒᆞ니翠雲亭이有ᄒᆞ며石泉이巖間에瀉出ᄒᆞ고西ᄂᆞᆫ白雲洞이오又其西ᄂᆞᆫ仁王山이니弼雲臺가有ᄒᆞ야泉石이幽絶ᄒᆞ니慈城李文忠恒福의盤旋處오靑鶴洞은木覓山下에在ᄒᆞ니老人亭、紅葉亭等의公卿의別墅가多ᄒᆞ며老人亭西ᄂᆞᆫ舊、南別營이니今、奬忠壇을築ᄒᆞ얏고其下ᄂᆞᆫ國初興天寺의遺址오其西崗은倭將臺니今、日本人의公園地로借與ᄒᆞ얏고南門外蓮池ᄂᆞᆫ堙塞ᄒᆞ야數畝方塘이僅存ᄒᆞ고西門外蓮池ᄂᆞᆫ池畔에盤松이舊有ᄒᆞᆷ으로盤松池라稱ᄒᆞ니高麗王의避雨處오東門內蓮池ᄂᆞᆫ今亦堙廢ᄒᆞ니라

開川의源은仁王山에서發ᄒᆞ니東으로紫壽宮과玉流洞과樓閣洞諸橋의水가會ᄒᆞ야南으로禁淸橋、琮沉橋、承傳色橋의水를經ᄒᆞ야松杞橋에至ᄒᆞ야ᄂᆞᆫ左로北御橋水를過ᄒᆞ야折而東流ᄒᆞ고三淸洞水와合ᄒᆞ야中學橋로由ᄒᆞ야南流ᄒᆞ다가惠政橋와雲從街南橋(俗稱毛橋)로經ᄒᆞ야大廣通橋와曲橋와長通橋와通雲橋水(俗稱鐵物橋)와合ᄒᆞ야水標橋、河良橋、永豐橋、(俗稱孝經橋)太平橋를經ᄒᆞ야漢江에入ᄒᆞ니라.

開城(又曰松都又曰松京)은新羅松岳郡이오高句麗扶蘇岬이오百濟冬比忽이니高麗太祖二年에定都ᄒᆞ야歷四百七十餘年의故都라京城과相距가百六十里오臨津江西北四十里에在ᄒᆞ니其北松岳이天摩山으로發脉ᄒᆞ야雄壯深邃ᄒᆞ고城寨를其岳에依ᄒᆞ야環繞ᄒᆞᆷ이數十里오岳下ᄂᆞᆫ滿月臺니所謂穜穄田이오高麗宮殿의遺跡이라五百餘年階礎鍊石이依舊尙存ᄒᆞ더니近日은毁破ᄒᆞ야鐵道修築의役에供用ᄒᆞᆷ으로砌瓦가蕩夷ᄒᆞ야但、一段墩坂뿐이로다其北에烟艾井이有ᄒᆞ고臺後에紫霞洞은泉石이幽奇ᄒᆞ고花木이繁華ᄒᆞ야前朝風景이至今依俙ᄒᆞ니卽、蔡洪哲耆英會中和堂의舊址라紫霞曲이至今尙傳ᄒᆞ고崔文憲沖의九齋堂도此에在ᄒᆞ며善竹橋ᄂᆞᆫ城東數里에在ᄒᆞ니忠臣鄭

圃隱(夢周)의殉節ᄒᆞ던處라血痕이斑斑히橋石上에尙存ᄒᆞ야風雨에磨洗치아니ᄒᆞ며又、槖駝橋(今稱夜橋)ᄂᆞᆫ麗祖가契丹의貢物槖駝五十疋을此에繫ᄒᆞᆫ處오其東南에男山은崔忠獻의舊莊이니恭愍王의花園八角殿을建ᄒᆞ얏던故址가宛然ᄒᆞ고城東南에龍岬、進鳳兩山이有ᄒᆞ니進鳳山은杜鵑花가盛開ᄒᆞᆷ으로世가進鳳躑躅을稱ᄒᆞᄂᆞ니라其東은吹笛峯이오峯下ᄂᆞᆫ古、天壽院이니賓客迎送의地라、睿王時에名畵李寧의天壽寺圖가宋에有名ᄒᆞ고城東北에山臺가有ᄒᆞ니數王의遇難處오臺西北에ᄂᆞᆫ靈通洞과歸法寺가有ᄒᆞ고眞北으로玄花嶺을踰ᄒᆞ면朗、大興洞天이오城內에穆淸殿이有ᄒᆞ니我 太祖의舊宅인故로 太祖御眞을奉安ᄒᆞ얏고其良醞洞에、ᄂᆞᆫ姜太師邯贊、李牧隱(穡)舊宅의遺址가有ᄒᆞ며又、杜門洞이有ᄒᆞ고其、西門外萬壽山麓에ᄂᆞᆫ高麗七陵이在ᄒᆞ고一嶺을踰ᄒᆞ면是ᄂᆞᆫ靑石關이니十里長谷이屈曲盤廻ᄒᆞ고兩岸은壁立千仞ᄒᆞᆫ中에一大長溪가瀉出ᄒᆞ니一夫當關이면萬夫莫開ᄒᆞᆯ要阨이라往時淸太祖가襲我ᄒᆞᆷ에至此ᄒᆞ야敢入치못ᄒᆞ고東北白時로向ᄒᆞ야改路ᄒᆞ니라

廣州(又曰漢山又曰漢州)ᄂᆞᆫ百濟溫祚王의舊都라京城東南으로相距가四十里니 仁祖三年丙寅에南漢山城을築ᄒᆞ시고邑治를移ᄒᆞ야畿輔保障을作ᄒᆞ고僧兵을置ᄒᆞ야緩急을備(見山城部)ᄒᆞ더니今은其制를廢ᄒᆞ얏고其西舞樂山巖石上에一株古松이幢蓋와如ᄒᆞᆷ으로三品官을封ᄒᆞ니라

水原은京城東南으로相距가九十里니三南通路의咽喉라北은光教山을負ᄒᆞ고東南은廣州、龍仁、安城、振威諸山이遠遠連亘ᄒᆞ고西ᄂᆞᆫ南陽灣을臨ᄒᆞ니亦、一形勝의都會라 正祖十三年(己酉)에府後花山에隆陵을移奉ᄒᆞ시고府治를移ᄒᆞ샤留守府를陞ᄒᆞ시고城堞을築ᄒᆞ시니周가十餘里오龍頭閣小螺閣의諸名榭가城上에羅列ᄒᆞ야樓櫓의堅緻壯麗ᄒᆞᆷ이各道에無比ᄒᆞ고城內에行宮과華寧殿이有ᄒᆞ야 正祖御眞을奉安ᄒᆞ얏고健陵은隆陵西岡에在ᄒᆞ고南門外로隆陵에至ᄒᆞ

기와北門外로運遲峴에至ᄒᆞ기ᄭᆞ지數十餘里를御路를修築ᄒᆞ고松檜楊柳를左右에列植ᄒᆞ야夏月에ᄂᆞᆫ綠樾이滿地에禽鳥가綿蠻ᄒᆞ야行客이炎暑를不知ᄒᆞ며又西屯池가有ᄒᆞ니芙蕖菱芡이風景이絕佳ᄒᆞ며其中에鯉魚가産ᄒᆞ니肥美細軟ᄒᆞᆷ으로西屯鯉라著名ᄒᆞ고堤上에交龜亭은留守의交遞ᄒᆞ던處인ᄃᆡ今에ᄂᆞᆫ京釜鐵路停車場이池邊에在ᄒᆞ고留營을廢ᄒᆞ야觀察府治가되니라

江華島(又曰江都又曰沁府)ᄂᆞᆫ京城西海中에處ᄒᆞ야相距가百二十里라東北은江水가環繞ᄒᆞ고西南은海를臨ᄒᆞ고摩尼山이北方에聳立ᄒᆞ고其下에府治가在ᄒᆞ니石壁이圍繞ᄒᆞ고城內에人家가櫛比ᄒᆞ며離宮과兵營과武庫를設置ᄒᆞ얏스니古來天險의地라高麗高宗이蒙古兵을避ᄒᆞ야徙都ᄒᆞ고江都라稱ᄒᆞ니離宮의址가尙存ᄒᆞ며高宗과熙宗의陵이有ᄒᆞ고府南에傳燈山은檀君의三郞城이니其山寺에ᄂᆞᆫ忠烈王妃貞和宮主가大藏經을宋에購來ᄒᆞ야此에藏寘ᄒᆞ얏고　仁祖丁卯에虜難을避ᄒᆞ샤江都로幸ᄒᆞ심으로陞ᄒᆞ야留營을寘ᄒᆞ시고其東南孫石項은最、險要ᄒᆞ야暗礁가多ᄒᆞ고潮汐이衝激ᄒᆞ야船舶의來往이極艱ᄒᆞᆷ으로沿江岸上에砲臺를設寘ᄒᆞ얏ᄂᆞᆫᄃᆡ今　上八年에美國軍艦을礮擊ᄒᆞ던處이오項口德津의鎭은魚忠壯在淵의戰殉ᄒᆞᆫ地오其、東岸의文殊山城은法國軍艦의大敗處라本島의形勝이實黃海의衝要오京城의咽阨인故로由來戰地가됨이니其、東南永宗島ᄂᆞᆫ又、往時日本軍艦과礮擊을試ᄒᆞ던處이니라

仁川은古、彌趨忽이니卽、沸流王의古都라東北은蘇來山이環峙ᄒᆞ야山勢雄峻ᄒᆞ고西南은仁川灣을臨ᄒᆞ야府南에文鶴山(一名南山)이有ᄒᆞ니山上에沸流王의遺趾가有ᄒᆞ야俗이悲忿城(以沸流悲忿而死故名)이라稱ᄒᆞ며其下海坪에古彌趨王陵이在ᄒᆞ고濟物港은月尾島와甲島가廻抱ᄒᆞ야碇艦商船이恒常輻湊ᄒᆞ고貿易이繁盛ᄒᆞ며市街에ᄂᆞᆫ各國商店이櫛比ᄒᆞ고海關과府尹署、警察署와各國領事館等이散在ᄒᆞ며近口은

又月尾島에浮橋를架設ᄒᆞ야往來가極便ᄒᆞ고島上에燈臺와氣象臺等을建設ᄒᆞ얏ᄂᆞ니라

驪州(一曰黃驪又曰永義曰驪興)ᄂᆞᆫ京城東南으로百九十里距離에在ᄒᆞ니邑治가驪江南岸에位ᄒᆞ야京城과交通ᄒᆞᆫ水路의便이有ᄒᆞᆷ으로商業이甚繁ᄒᆞ야忠淸江原兩道의衝要地点이된지라故로街市가殷富ᄒᆞ고江上에淸心樓와江漢祠와江北에神勒寺가有ᄒᆞ니神勒寺(一名甓寺)ᄂᆞᆫ名僧懶翁의住處라江月軒의風景이絶佳ᄒᆞ고且南岸에馬巖이有ᄒᆞ니諺傳에黃驪馬가出ᄒᆞ얏다ᄒᆞᄂᆞ니李牧隱詩에捍水功高馬巖石이오浮天勢大龍門山이即此오其西北城山에 世宗英陵이有ᄒᆞ니라

長湍(又曰長臨亦曰臨湍)은古臨屯의地니京城西北百四十里距에在ᄒᆞᆫ지라白鶴山(又曰白岳)을負ᄒᆞ고臨津江을臨ᄒᆞ니高麗恭愍王이欲遷都ᄒᆞ야新宮을營ᄒᆞ고新京이라名ᄒᆞ며其北寶鳳山에華藏寺가有ᄒᆞ니昔에名僧指空이卓錫ᄒᆞ야叢林을大搆ᄒᆞ고貝葉經과旃檀香(一名牛頭香)을遺傳ᄒᆞ

얏고其東南은高麗로부터國朝까지陵寢과公卿의塚墓가多ᄒᆞᆷ으로人이北邙이라稱ᄒᆞ며其西界에五冠山은五石峯이秀拔ᄒᆞ야其形의高圓ᄒᆞᆷ이如冠故로名ᄒᆞᆷ이니其下에靈通洞이有ᄒᆞ야形勝이奇絶ᄒᆞ고孝子文忠의木雞曲을唱ᄒᆞ던處오其背賢院은桃源驛의水가來匯ᄒᆞ야深潭을成ᄒᆞ니毅王時에鄭仲夫가文臣을其中에投ᄒᆞ고朝延沉이라謂ᄒᆞ니라

高浪浦ᄂᆞᆫ長湍東北四十里에在ᄒᆞ니臨津江畔에第一市津이라坡州、漣川、積城、麻田、楊州諸郡의貨物이此에集散ᄒᆞᆷ으로民物이殷富ᄒᆞ고商船이輻湊ᄒᆞ야一大市場을成ᄒᆞ며赤壁의勝이有ᄒᆞ니라

豐德(一曰貞州亦曰海豐又曰德水)은開城東南十五里에在ᄒᆞ니北은扶蘇山이오南은白馬山이오其東은臨津江이環流ᄒᆞ야祖江이되고西ᄂᆞᆫ開城碧瀾渡의入海處니高麗高宗三十七年에宮闕을白馬山南에營ᄒᆞ고右蘇라稱ᄒᆞ니卽、臨海宮、壽康宮의遺蹟이尙在ᄒᆞ고其面은昇天浦니江華의北

岸과 相對ᄒᆞ야 舟船의 來往ᄒᆞᄂᆞᆫ 津口오 扶蘇山에 敬天寺가 有ᄒᆞ니 寺中에 在ᄒᆞᆫ 十三層의 玉塔은 人物을 雕刻ᄒᆞ야 製作의 精巧ᄒᆞᆷ이 國內에 無雙이라 俗言에 元丞相脫脫이 願刹을 作ᄒᆞ고 巧手의 工匠을 募ᄒᆞ야 造ᄒᆞᆷ이라 北寺東에 沉香石이 産ᄒᆞ고 東三十里에 德積山이 有ᄒᆞ니 其下ᄂᆞᆫ 古德水縣(德勿)이니라

京城의 東으로 興仁門外ᄂᆞᆫ 卽楊州地오 楊州의 東은 抱川이오 抱川의 東은 加平이오 其北은 永平이니 是를 東郊라 稱ᄒᆞ고 西로 敦義門을 出ᄒᆞ야 沙峴븟허ᄂᆞᆫ 高陽地오 高陽의 西ᄂᆞᆫ 交河오 北은 坡州오 坡州東南은 積城이니 是ᄂᆞᆫ 西郊라 稱ᄒᆞᄂᆞ니 皆臨津以南과 漢江以北에 在ᄒᆞᆫ 畿甸의 地라 楊州(又曰見州一曰山化)ᄂᆞᆫ 岡巒이 重疊起伏ᄒᆞ야 金剛、妙寂、嵯峨、王方、天磨、逍遙、所羅、德巖、法葉、峩嵋、水落諸山이 東北으로 連絡ᄒᆞ야 東南으로 天藏、文殊、佛巖、天寶、道峯諸山과 登峙ᄒᆞ고 又其東南은 漢江을 臨ᄒᆞ고 北은 大灘江이 流ᄒᆞ니 皇城의 屛障이오 僉巖山은 祖宗陵寢의 地라 十陵을 奉ᄒᆞ샷고 法葉山은 世祖光陵을 奉ᄒᆞ샷시며 檜巖(天寶山)望月(道峰山)水落諸寺ᄂᆞᆫ 著名ᄒᆞᆫ 寺刹이니 檜巖寺ᄂᆞᆫ 印度僧指空이 云ᄒᆞ기를 山水의 形이 天竺阿蘭陀와 宛然ᄒᆞ다 ᄒᆞᆷ으로 高麗名僧懶翁이 此寺를 創ᄒᆞ니 宏麗ᄒᆞᆷ이 全國第一(凡一百六十二間)이오 高麗王子因鏡의 碑跡이 在ᄒᆞ니 金使가 見ᄒᆞ고 曰 蹟符의 氣가 有ᄒᆞ다 ᄒᆞ니라

抱川(一曰淸化又曰堅城)洋蹟洞은 我 太祖 微時 舊庄의 在ᄒᆞᆫ 處오 松隅場은 北路를 通ᄒᆞᆫ 市店이라 貨物이 湊集ᄒᆞ고 加平(一曰朴和)은 劍峰、花嶽諸山이 江原道와 交界ᄒᆞ고 新淵江이 東來ᄒᆞ야 拔板灘이 되고 古朝宗廢縣(川古又鑿買伏斯)이 有ᄒᆞ며 永平은 白雲山의 高大ᄒᆞᆷ이 一方에 冠이 되고 其中 白雲洞은 洞府가 平曠ᄒᆞ야 注毀坪이 有ᄒᆞ고 其上에 臨峰이 嶔立ᄒᆞ며 郡東에 風流巖과 郡西에 蒼玉屛은 景槩가 絶奇ᄒᆞ니 山崖가 壁立ᄒᆞ야 周가 數百尺이오 石色이 蒼翠ᄒᆞᆷ으로 蒼玉이라 名ᄒᆞᆫ지라 白雲溪ᄂᆞᆫ 其下를 經ᄒᆞ고 其南에 靑鶴白鶴의 兩瀑가 有ᄒᆞ며 白雲川의 下流에 禾積淵이

有ᄒᆞ니巖石이水中에斗入ᄒᆞ야數百尺을撑起ᄒᆞᆷ이崒嵂ᄒᆞ야禾積의狀과如ᄒᆞ고其下ᄂᆞᆫ水가噴薄ᄒᆞ야深潭을匯作ᄒᆞ고其西에白鷺洲가有ᄒᆞ니水中에石峰이突立ᄒᆞᆫ지라蓋、永平은山水鄕으로幾石에著名ᄒᆞ니라

高陽(一曰高峯)은長嶺高嶺惠陰嶺諸山이東北에環列ᄒᆞ고其東碧蹄驛은明提督李如松이兵敗(其弟如梅戰沒)ᄒᆞᆫ處라刀鎗彈丸의片이至今田間에發見ᄒᆞ고其南二十里江岸에古、幸州(一名王逢又曰德陽)山城이在ᄒᆞ니昔、癸巳에都元帥權慄이日本兵을鏖戰ᄒᆞ야大捷ᄒᆞᆫ處라其下에大捷碑가有ᄒᆞ(崔岦撰文)ᄒᆞ고其西北은見達山이니高麗恭讓王陵과侍中崔瑩의墓가有ᄒᆞ니墓上에草가不生ᄒᆞᆷ으로赤塚이라謂ᄒᆞ며其東孝敬峴에ᄂᆞᆫ國朝五陵(敬陵昌陵孝陵禧陵容陵)을奉ᄒᆞ니라坡州(一坡平一鈴平曲城瑞原)ᄂᆞᆫ樟山이西峙ᄒᆞ야臨津江을臨ᄒᆞ고北에牛浦가有ᄒᆞ니岸上에古宮闕遺址가宛在ᄒᆞ고故徵士牛溪成渾의隱居處라山水가淸秀ᄒᆞ며臨津東岸에ᄂᆞᆫ李氏의別墅花石亭이在ᄒᆞ며南普施洞에ᄂᆞᆫ恭陵을奉ᄒᆞ고交河(一屈火宣城)ᄂᆞᆫ漢江과臨津江의交會處니黔丹、深岳、月籠諸山이環峙ᄒᆞ고洛河渡ᄂᆞᆫ臨津江의下流니郡西에至ᄒᆞ야金尺津이되고積城(古七重城)은紺嶽山이其東에峙立ᄒᆞ야石崟이鋸齒와如ᄒᆞ고絕頂은二千三百餘丈이라三丈石壇上에古碑가有ᄒᆞ야年久剝落ᄒᆞ고其傍에唐將薛仁貴祠가有ᄒᆞ며其西石崖下에雲溪瀑이有ᄒᆞ고龍頭山은四面石壁이九淵江에屹立ᄒᆞ니라臨津以上의沿岸은長湍麻田이오其南岸은漣川朔寧이니麻田은亦曰臨湍이라尾頭山、蠶積山이東西에列峙ᄒᆞ고澄波渡가其南에流ᄒᆞ며崇義殿을建ᄒᆞ고高麗太祖顯宗文宗元宗四王을祀ᄒᆞ며高麗功臣十六人으로配享ᄒᆞ얏고漣川은(一曰漳州一曰麻漣又曰獐浦)麻田東에在ᄒᆞ니寶蓋、五峰、見佛諸山이鐘翠ᄒᆞ고西ᄂᆞᆫ臨津江이流ᄒᆞ니鶺鴒灘澄波渡의奇景이有ᄒᆞ며東南은摩訶川과大灘江이有ᄒᆞ니亦、山水의名鄕이오朔寧(一曰朔邑亦曰僧嶺)은漣川西長湍北에在ᄒᆞ니江原道安峽과黃海道

兎山의間에斗入호地라東北末吞山(一名曉星)은鐵原平康兩界와接連호고鵬耳、鐵原、儉秩、水靑諸山이環列호며馬龍淵、孫聽灘、羽化津이東南에流호니形勝이絶奇호니라

漢江의以東은楊根、砥平이오龍門山東西에分在호니楊根은驪江과新淵江이龍津에서合流호고洪川江이又其北四十里에在호니亦龍津의上流오白銀灘、幷灘、惡灘、大灘이有호야極히濤瀧이危險호고月溪의遷은石路가艱險호며砥平은東北으로江原道原州洪川을隣호며西白雲峯下에長生洞이有호니其中이甚平曠호니라其驪江以西에는利川陰竹이니利川은亦曰南川이라回寂、雪峯、羊角、大德諸山이環列호며福河川이北流호고陰竹은雪城、鐵嶺、白足諸山이列峙호며天民川이南流호고其南에萬佛池와楸澤이有호야蓴을産호고南은忠州와界호니라

漢江의以南은果川、始興、陽川、金浦、通津의五郡이沿江西南岸에在호고富平、安山、南陽은西南沿海에在호고振威、陽城、安城、龍仁、陽智、竹山六郡은幷東南에在호니果川은冠嶽、淸溪의勝이有호며其頂에古刹이多호고始興은古衿州(一曰衿陽又曰穀陽)니東虎巖山에弓橋와獅子庵과桃花洞이有호고黔芝山三聖山이東北에列立호며永登浦는京釜鐵道停車場의最起点이라外國人의家屋이櫛比호야荒鹵호浦地가閙熱호場市를成호고陽川은甑山과仙遊峰이鐵串浦에峙立호며金浦는孤島江이北流호고掘浦가有호니此四郡은皆水田이瀰漫호며艸坪이平廣호야土地는斥鹵호나京中富豪의田庄이散在호고通津은祖江의沿岸이라文殊山城이有호야江華의保障이되고其東童城山下에韓山古縣址가有호며其南守安山下에成城古縣址가有호고顚流站은東界에在호니原野가平衍호고民戶가鱗次호니라

富平(一名夫吐又曰長堤又樹州)은古安南桂陽의地니北에桂陽山이有호야海門을望홈으로高麗李奎報가望海志를作호고黃魚가饒産호며南陽은

古唐城(一曰寧堤 又曰弋浦)이오亦曰益州라其海濱에石磬이産ᄒᆞ며安山(一名蓮城)은古獐項口니修理山이聳峙ᄒᆞ고余月音島ᄂᆞᆫ漕運의要路오草芝梁의兵營이尙有ᄒᆞ니라振威(一釜山淵達 金山松村)ᄂᆞᆫ天德山이陽城과接界ᄒᆞ고陽城(一赤城)은素沙川이南流ᄒᆞ며西百餘里에槐台吉串이有ᄒᆞ니水路가一線과如ᄒᆞ고安城(一名白城)은京城과相距가百五十里라南에瑞雲山이有ᄒᆞ니其西峰에祈雨壇三井이有ᄒᆞ며其下에木洞池가有ᄒᆞ니周가數里오其東에又蓮花池曲池가有ᄒᆞ며安城褐巨里市場은三南大道의要衝이니物貨가此에雲集ᄒᆞ야京城으로通ᄒᆞᆷ으로市肆가極繁昌ᄒᆞ니라

竹山(一曰介山一陰平 延昌一竹州)은安城東二十里에在ᄒᆞ니其南은忠淸道鎭川界라七賢山이有ᄒᆞ니其中七長寺ᄂᆞᆫ高麗의藏史處오其北鼎陪山은一峯이突起ᄒᆞ야石을戴ᄒᆞ고廣野에特立ᄒᆞ니罪死의處寘場을作ᄒᆞᆷ으로朝避山이라亦稱ᄒᆞ고水晶山、雙嶺山、九峯山은其西北에環峙ᄒᆞ

야安城陽智와爲界ᄒᆞ며其竹州古城은高麗宋文胄가蒙古兵을砲擊ᄒᆞ야大破ᄒᆞ던處이니라陽智(一曰秋溪 一曰良陽)ᄂᆞᆫ廣州南四十里에在ᄒᆞ니定水巢輪諸山이有ᄒᆞ고龍仁(一駒城 巨黍)은陽智西에在ᄒᆞ니寶蓋、負兒、石城、禪長諸山이東南에阻ᄒᆞ고金嶺川이其下에流ᄒᆞ며金嶺市場은亦湖嶺의孔道라竹山白巖市場과距離가不遠ᄒᆞ야物貨가湊集ᄒᆞᆷ으로頗繁昌ᄒᆞᆫ狀況이오處仁古城은高麗時에僧金允侯가蒙古와鏖戰ᄒᆞ야其將撒歹를射殲ᄒᆞ던地니라

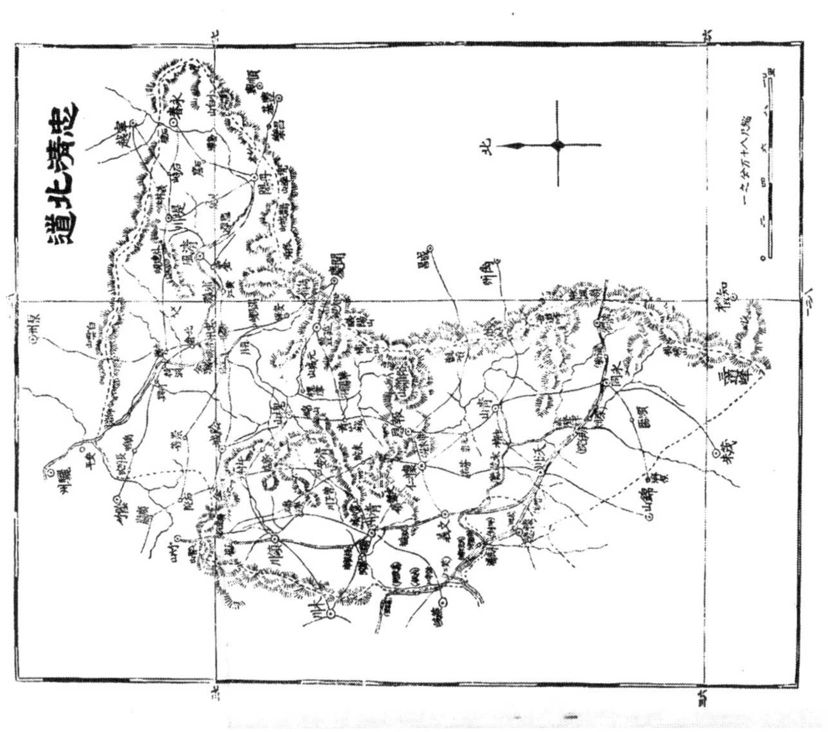
忠淸北道

忠淸北道

(位寘境界)忠淸北道ᄂᆞᆫ京畿道東南方에在ᄒᆞ니東北은江原道를接ᄒᆞ고東南은慶尙道와隣ᄒᆞ고西ᄂᆞᆫ忠淸南道를連ᄒᆞ고南은全羅北道에至ᄒᆞ니東西가約二百里오南北이約二百里니北緯三十六度零으로븟허三十七度零에至ᄒᆞ며東經百二十七度半으로二十九度에至ᄒᆞ니其地形이東北으로橢曲ᄒᆞ야半彎形과如ᄒᆞ니라

(沿革)은古馬韓의域이니百濟、高句麗、新羅가分據ᄒᆞ얏다가高麗成宗十四年에忠、剛、歡等十三州로中原道를삼앗더니睿宗元年에關內道에合ᄒᆞ야楊廣忠淸州道라稱ᄒᆞ고明宗元年에分ᄒᆞ야二道를삼고忠肅王元年에復合ᄒᆞ얏다가恭愍王五年에忠淸道라稱ᄒᆞ고辛禑末年에平昌郡을割ᄒᆞ야交州道에移屬ᄒᆞ고本朝　太宗元年에寧越郡을割ᄒᆞ야江原道에移屬ᄒᆞ고江原道永春郡으로來隸ᄒᆞ며十三年에驪興安城陰竹陽城陽智五郡을割ᄒᆞ야京畿에移隸ᄒᆞ고慶尙道沃川黃

礪永同靑山報恩五郡으로來隷ᄒᆞ얏더니今 上三十三年에南北道를分ᄒᆞ시ᄆᆡ凡十七郡이러니光武十年에文義郡을本道에移隷ᄒᆞ야十八郡을作ᄒᆞ니라

山脈은慶尙北道大小白山과鳥嶺山脈이西南으로連亘ᄒᆞ야本道東南으로俗離山과秋風嶺이되야界를劃ᄒᆞ니東北은峯巒이重疊起伏ᄒᆞ고西南은稍平衍ᄒᆞ니人情風土가京畿道와略同ᄒᆞ니라俗離山은報恩郡東四十里에在ᄒᆞ니九峯이突兀홈으로九峯이라亦稱ᄒᆞ고山勢雄大ᄒᆞ야上은皆石峯이雲霄에聳列홈이玉芙蓉과恰似ᄒᆞ니俗이小金剛山이라稱ᄒᆞ니라山頂에文藏臺가有ᄒᆞ니疊石이天成ᄒᆞ야廣은三十人이可坐홈만ᄒᆞ고上에石坎이有ᄒᆞ야鑊과如ᄒᆞ니中에水가混混ᄒᆞ야水旱에盈縮이無ᄒᆞ고三派로分ᄒᆞ야注下ᄒᆞ니東流는洛東江에入ᄒᆞ고西流는北으로達川이되야漢江에入ᄒᆞ고南流는錦江에入ᄒᆞ며天王峯은其南에在ᄒᆞ니極、高峻ᄒᆞ며山下에八橋九曲이有ᄒᆞ니其、第一橋는水精橋라橋上에飛閣이有ᄒᆞ야人이閣上으로行ᄒᆞ야法住寺에抵ᄒᆞ며寺는新羅僧義信이創建ᄒᆞᆫ者니義信이白騾로써佛經을馱來ᄒᆞ얏다ᄒᆞ고寺에石槽、石橋、石瓮、石鑊과珊瑚殿金身丈六像과銅幢이有ᄒᆞ니刻云統和二十四年에造라ᄒᆞ얏고又寺西에龜石이有ᄒᆞ니自然天成인ᄃᆡ其背에五十人이可坐홈만ᄒᆞ고其頭가昂然西揭ᄒᆞᆫ지라諺傳에元時術士가來見曰中國財帛이東土로日輸홈은此物의使然이라ᄒᆞ고龜頭를斷去ᄒᆞ얏다ᄒᆞ나是는野人의說話이라新羅時에此山을中祀에祀ᄒᆞ고我 世祖大王이南巡ᄒᆞ샤其東、福泉寺에駐蹕ᄒᆞ시니라

俗離山의西北一支는龍城山、錦山山井槐白足山陰竹普賢山、赤精山、迦葉山陰城吉祥山鎭川天門嶺上同頭陀山淸安諸山이되야山岳이鬱疊ᄒᆞ고巖泉이秀麗ᄒᆞ며俗離北에靑華山、道巖山이騈峙ᄒᆞ고其中은龍遊洞이有ᄒᆞ니洞中平地에皆盤石이오大川이石上에流ᄒᆞ야或小瀑을作ᄒᆞ며

或小淵과小池를成ᄒ야景槩가奇絶ᄒ고石은槽鼎釜臼의狀과如ᄒ며島嶼와石峰을作ᄒ며羊虎鷄犬의奇形怪狀이眞天下의絶觀이오靑華東北에ᄂ仙遊山이有ᄒ니絶頂이夷坦ᄒ고洞壑이深長ᄒ며上에七星臺와虎巢窟이有ᄒ니崔眞人濕와南宮道士斗의鍊丹ᄒ던處오七星臺西ᄂ龍串山(一名峯影山)이有ᄒ니洞天이深邃ᄒ고大溪가石間에瀉出ᄒ야雄壯홈은金剛萬瀑에小遜ᄒ나奇怪홈은過ᄒ니三南水石의第一이라其下에華陽洞은泉石이益奇ᄒ야洞壑의晃朗홈이夜도晝와如ᄒ고萬東廟가有ᄒ니라

俗離一支ᄂ南走ᄒ야千葉、德義(幷靑山)諸山이되고又一支ᄂ火嶺、秋風諸嶺이되야德裕山(茂朱)에至ᄒ고又、一支ᄂ北走ᄒ야巨嶺山과大門嶺(鎭川)摩日嶺(木川)이되고又一支ᄂ北走ᄒ야陰城西에서特起ᄒ야迦葉、芙蓉(幷忠州西)等山이되야金遷、嘉興沿岸에止ᄒ야薔薇、小俗離諸山이되고逆行ᄒ야玉帳、八聖等山이되니라

白雲山、紺岳山은堤川西北에在ᄒ니山이坦平ᄒ고野가開闊ᄒ며山南에義林池가有ᄒ니一名은義林湖라湖西의名이此를由홈이오新羅時에堤를築ᄒ야稻田을灌漑ᄒ고其中에香蓴이産홈의味가淸香ᄒ고池邊에金氏의候仙亭이有ᄒ고月嶽山(一名月兄)은淸風西南에聳峙ᄒ며普光山(槐山)鷄立嶺(延豐)別退山(永春)이皆東北에羅列ᄒ야慶尙北道와爲界ᄒ니라

(河流)淸風江은江原道金剛淵에서發源ᄒ야本道中央을橫貫ᄒ야漢江에注入ᄒ니江의南岸은淸風里라寒碧樓가臨江ᄒ야形勝이著名ᄒ고丹陽、永春兩郡은江을瀕ᄒ야水石이絶佳ᄒ며㺚川은(一名德江)俗離山에서發ᄒ야淸州郡에至ᄒ야靑川과會ᄒ고槐山郡에至ᄒ야槐津이되고忠州西에至ᄒ야淸風江과合流ᄒ야金遷、木溪、靑龍諸津을經ᄒ야漢江이되니國朝李荇이水味를能辨ᄒ야㺚水로國內第一이라ᄒ니라

(都會勝地)忠州邑一名國原又中原又化又蘂城又大原又曰는京城東南으로二百八十里에在ᄒᆞ니西는京畿道驪州를界ᄒᆞ고北은江原道原州와隣ᄒᆞ니本道觀察府의所在地라東南으로嶺南을通ᄒᆞ고西北으로京畿를接ᄒᆞ야水陸의運輸가便利ᄒᆞᆫ故로物貨가輻湊ᄒᆞ고市井이繁盛ᄒᆞ니一朝有事ᄒᆞ면即必爭의地라其東은淸風江이流下ᄒᆞ고西는㺚川이流注ᄒᆞ야金遷津에셔合流ᄒᆞ니即漢江의上流라魚物이湊集ᄒᆞ며村閭가稠比ᄒᆞ고其西十餘里沿江에嘉興倉이有ᄒᆞ야薔薇山을據ᄒᆞ니往時에慶尙七邑과忠淸七邑의田租를受積ᄒᆞ던地라民居이此로因ᄒᆞ야富饒를致ᄒᆞ더니甲午東學의亂에兵禍를屢被ᄒᆞ니라其西에秣馬山이有ᄒᆞ니即十淸金世弼의退休ᄒᆞᆫ村이오江北에又內倉이有ᄒᆞ니倉西에灘叟李延慶의故居가有ᄒᆞ고距府西北七里에大門山이有ᄒᆞ니其下는琴休浦오浦上은彈琴臺니即新羅于勒의彈琴ᄒᆞ던處라蒼壁이斗絶ᄒᆞ고松櫟이茂密ᄒᆞ며其下에는楊津이니壬辰에申砬의敗歿ᄒᆞᆫ處라至今過者ㅣ懷古의感을不堪ᄒᆞ며其南丹月驛은林忠愍慶業의故祠가有ᄒᆞ야將軍의英風毅度가眞像에凜凜ᄒᆞ니라金遷西에月落灘과荷潭의勝槪가有ᄒᆞ고又其西木溪津은貨物의聚集ᄒᆞᆫ大市場이오其西는靑龍寺洞壑이오其北은內村倉이오其東은月隱嶺이니即堤川의界니라

風流山은郡南에在ᄒᆞ니上에高巖이屹ᄒᆞ야數十丈을錚嶸ᄒᆞ니古者에仙女와神母가遊樂ᄒᆞᆫ故로絶特臺라名ᄒᆞ고天燈山에는開天寺碑가有ᄒᆞ니俗傳에摺開ᄒᆞᆫ間에立ᄒᆞᆫ바라ᄒᆞ나碑文이剝落ᄒᆞ야可讀치못ᄒᆞ고劒巖山은石峰의側立ᄒᆞᆷ이劒과如ᄒᆞ니라

淸州一名娘臂城又娘子谷城又上黨城又菁州又西原京城東南二百九十里에在ᄒᆞᆫ一大都會니巨大嶺을負ᄒᆞ고東津江을臨ᄒᆞ야南方은水高ᄒᆞ고西方은地低ᄒᆞᆫ故로年年히橫溢圮壞의患이不絶ᄒᆞ며巨大嶺이西로鎭川吉祥、木川摩日諸山과對峙ᄒᆞ고其中은茫漠ᄒᆞᆫ大野라廣袤가四五十里오邱陵

嵩潚이平野에綿亘ᄒᆞ며諸山의水가合流ᄒᆞ야鵲川(東津江上流)을成ᄒᆞ야東南으로芙蓉津(錦江上流)에入ᄒᆞ니川西ᄂᆞᆫ木川、全義、燕岐等郡이오川東은淸安、淸州、文義等郡이니淸州가最大ᄒᆞ야土地肥沃ᄒᆞ며五穀과木棉이豐産ᄒᆞ고其中에八峯이雄盤ᄒᆞ야白沙淺川과平岡嫩麓이縱橫布置ᄒᆞ얏고城內에古銅檣이有ᄒᆞ며官庭에鴨脚樹ᄂᆞᆫ麗末에牧隱李穡陶隱李崇仁諸公의被囚ᄒᆞᆫ處오 英祖戊申에賊李麟佐의起兵陷城ᄒᆞ던地라上黨山城은極히峻屹ᄒᆞ고其東에淸川倉은高靈申氏의世居오又卞氏의引風亭玉流邃가有ᄒᆞ며其東은龜潚이오其東北에松田村이在ᄒᆞ니皆溪山의勝이有ᄒᆞ고宮室舟車의材가多出ᄒᆞ니라淸州郡南에國士峯은重峯趙憲이日兵과大戰ᄒᆞᆫ處오儉丹山은百濟名僧의故居오其東에椒井이有ᄒᆞ니 世宗、 世祖씌셔賞、幸行ᄒᆞ시던處오又其東에周崖鄕이有ᄒᆞ니古朱厓의地니라

鎭川(一名萬弩又絳州又黑壤又黃壤)은本道西方에在ᄒᆞ야京畿竹山과南道木川을

隣ᄒᆞ니山水가佳麗ᄒᆞ고郡西에吉祥山이有ᄒᆞ니(一名胎靈)新羅眞平王時에太守金舒玄의妻萬明이有娠ᄒᆞᆫ지二十月에庾信을生ᄒᆞ야胎를此山에藏ᄒᆞ고因名ᄒᆞᆫ바니金庾信祠가有ᄒᆞ고寶蓮、頭陀諸山과狗吞、大門諸嶺이分峙ᄒᆞ야界를畫ᄒᆞ니라

本道東北으로漢江上流에丹陽、永春、淸風、堤川을沿江四郡이라稱ᄒᆞᄂᆞ니其江山의勝은丹陽이爲最ᄒᆞ니丹陽은萬山中에在ᄒᆞ야十里平野가無ᄒᆞ나江溪巖洞의勝이饒ᄒᆞ야世가二潭三巖을稱ᄒᆞ니島潭은北永春境에在ᄒᆞ야江流가匯渟ᄒᆞ고水中에三石峯이矗立ᄒᆞ야鑱鏤가奇巧ᄒᆞ고龜潭은西淸風境에在ᄒᆞ야兩岸石壁이巉天翳日ᄒᆞ고江이兩峽中에瀉ᄒᆞ니門戶와如ᄒᆞ고左에降仙臺、粉雲峯、玉筍峯이有ᄒᆞ니仙臺ᄂᆞᆫ臨江高巖이離立盤陁ᄒᆞ야上에百餘人이可坐ᄒᆞᆯ만ᄒᆞ고二峯은萬仞石骨이抽立如筍ᄒᆞ고其外江中에磐石이多ᄒᆞ며三巖은郡西南峽中에在ᄒᆞ니山中大溪가石洞으로流下ᄒᆞᄂᆞᆫᄃᆡ溪底와兩岸이

甚石이오岸上奇巖이千態萬狀으로奇絕無比ᄒᆞ며水石이相激ᄒᆞ야日夜喧豗ᄒᆞ고左右ᄂᆞᆫ喬林이蓊鬱ᄒᆞ야實、世間에別境이라名을上仙中仙、下仙이라稱ᄒᆞ고、郡東南에雲巖의勝이有ᄒᆞ니石壁上에柳西厓成龍의故亭址가有ᄒᆞ며丹邱峽은兩厓가對峙ᄒᆞ고一江이中瀉ᄒᆞ며又五老峰이有ᄒᆞ고加文峴은最、險阻ᄒᆞ니永春의通路라永春은亦、山峽中에在ᄒᆞ야其南城山에石窟이最深無際ᄒᆞ야有水混混히瀉出ᄒᆞ니淸冷如氷ᄒᆞ고其西ᄂᆞᆫ堤川이니新羅柰吐(又柰堤 又義原)郡이라四面이皆山이오山上에開野ᄒᆞ며北은義林池가有ᄒᆞ니 世宗朝에修築ᄒᆞ샤灌漑의資홈이甚廣ᄒᆞ고其東北은平昌寧越의深峽을接ᄒᆞ얏고南은淸風이니(一名沙熱伊)飛鳳、月岳、錦屛、錦繡諸山이隔江環峙ᄒᆞ야翠峰이競秀ᄒᆞ고花楓의辰에燦然히錦障과如ᄒᆞ며中에藥草가多ᄒᆞ고寒碧樓ᄂᆞᆫ臨江名樓니其西黃江村에權遂庵尙夏의故居가有ᄒᆞ며靑草湖ᄂᆞᆫ屛山下에在ᄒᆞ니湖色이如藍ᄒᆞ고惶恐灘은兩石이門闕과如ᄒᆞᆫ딕灘

이深黑ᄒᆞ고水底ᄂᆞᆫ皆、磐石이니或穿홈이釜와如ᄒᆞ니라

忠州의東南에槐山과延豐의兩郡은鳥嶺楡嶺의間에介在ᄒᆞᆫ僻邑이나槐山槐江의一帶ᄂᆞᆫ灌漑가頗宜ᄒᆞ고且嶺南을通ᄒᆞᆫ大路인故로物貨가麕集ᄒᆞ며其西北은陰城이니普賢、水精、亭子諸山의間에在ᄒᆞᆫ僻小邑이라水精下에密巖의奇勝이有ᄒᆞ니라

淸州의東南에報恩、靑山、黃澗、永同、沃川五郡이在ᄒᆞ고淸州西北에淸安、懷仁、文義等郡이在ᄒᆞ니皆、山僻ᄒᆞᆫ邑이라報恩은新羅三年山城(一名烏項山)이니三年에訖功홈으로名홈이오高麗太祖의屯兵ᄒᆞᆫ處라俗離山의勝이有ᄒᆞ고其南靑山은德義、千萬、文殊、兜率諸山이列峙ᄒᆞ야地가宜棗홈으로居民이棗로爲業ᄒᆞ고其南黃澗은黃岳山이數百里에雄盤ᄒᆞ야湖嶺二道의交에處ᄒᆞ고秋風嶺은京釜線路의停車場이됨으로市場이頗、繁昌ᄒᆞ고石川長橋二川이廻流ᄒᆞ야灌漑에頗適ᄒᆞ고西ᄂᆞᆫ永同이니天摩(一名南角)朴達諸山이南北에峙立ᄒᆞ고高塘江이西流

ᄒᆞ야錦江에注ᄒᆞ며城西에落花臺ᄂᆞᆫ古人送別의地오又郡西에龍淵瀑布가有ᄒᆞ야石壁이倒立ᄒᆞ며又其北沃川은東林,馬城,摩尼諸山이在ᄒᆞ며赤登津이德裕山에서出ᄒᆞ야錦江의流가되니永同沃川兩郡은京釜線이橫貫ᄒᆞ야外國의移住가頗繁ᄒᆞ고其南陽山은新羅金歆運의戰死ᄒᆞᆫ處이니라

懷仁은報恩北에在ᄒᆞ니山中小邑이라楓溪村이有ᄒᆞ고其地ᄂᆞᆫ烟草가宜ᄒᆞ며淸安은粉赤峴下에介在ᄒᆞ고文義ᄂᆞᆫ九龍山이有ᄒᆞ니山頂에老人星殿이在ᄒᆞ며其西에新灘津은京釜鐵路의停車場이오又月窟山玉女峯이有ᄒᆞ니라

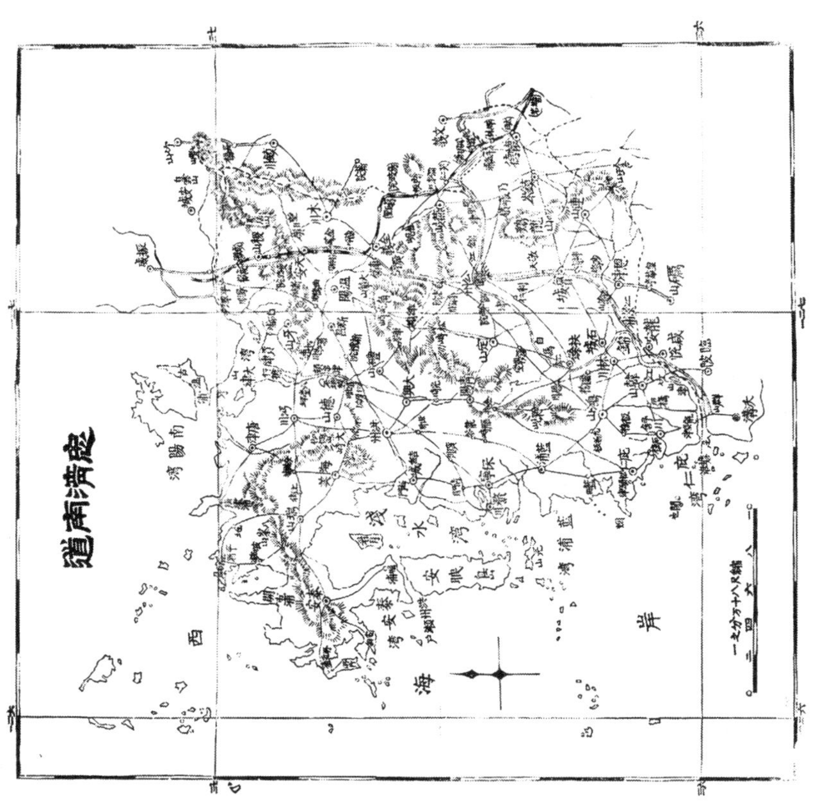
慶尙南道

第三章 忠淸南道

(位置境界)忠淸南道ᄂᆞᆫ京畿道南方에在ᄒᆞ니南은全羅北道를接ᄒᆞ고西北의沿邊諸郡은海上에突出ᄒᆞ야遙遙히黃海道延安瓮津等郡과相峙ᄒᆞ고西邊一帶ᄂᆞᆫ海面을臨ᄒᆞ니卽淸國上海天津과日本에來往ᄒᆞᄂᆞᆫ航路오東은忠淸北道와連ᄒᆞ니東西ᄂᆞᆫ約二百里오南北은約二百五十里니北緯二十五度로二十七度에至ᄒᆞ며東經百二十六度로二十七度半에至ᄒᆞ니라地勢ᄂᆞᆫ峯巒이重疊ᄒᆞ야一道에半分을占據ᄒᆞ고平原과曠野가多ᄒᆞᆷ이土地가膏沃ᄒᆞ고島嶼가富ᄒᆞ니라

(沿革)은古馬韓의域이니百濟가占住ᄒᆞ야文周王이熊津에移都ᄒᆞ고聖王이泗沘에徙都ᄒᆞ얏다가新羅의滅ᄒᆞᆫ비되야唐이熊川都督府를設ᄒᆞ고後에新羅의有ᄒᆞᆫ바ㅣ되야熊州를置ᄒᆞ얏더니高麗成宗十三年에公運等十一州로河南道를實ᄒᆞ얏다가睿宗元年에關內道에合ᄒᆞ고明宗元年에分ᄒᆞ얏다가忠肅王元年에復合ᄒᆞ고本朝 太宗二

年에忠淸道라稱ᄒᆞ얏다가今 上三十三年에南北道를分ᄒᆞ시니凡三十七郡이더니光武十年에文義郡을北道에隷ᄒᆞ고三十六郡으로改正ᄒᆞ니라

(山嶺)은俗離山脈이德裕에止ᄒᆞ야西으로馬耳山이되고復倒行ᄒᆞ야鷄龍山을作ᄒᆞ고俗離一支는又、西南行ᄒᆞ야大門嶺摩日嶺이되고又車嶺이되며西으로武城、烏棲諸山이되니라

鷄龍山은公州、鎭岑、連山諸郡에盤礴ᄒᆞᆫ山이니山勢가逶迤精秀ᄒᆞᆷ으로國初에此山南에定都ᄒᆞ시고車駕親巡ᄒᆞ샤基址를卜吉ᄒᆞ시다가漕運이不便ᄒᆞ야罷ᄒᆞ시고其地를新都라號ᄒᆞ시다其南에龍泉洞이有ᄒᆞ니兩峰이開呀ᄒᆞ고大石이中立ᄒᆞ야其穴에泉水가注瀉ᄒᆞ며鳳林洞에又、大石臼가有ᄒᆞ니水溢成瀑ᄒᆞ고洞水가南으로北流ᄒᆞ야錦江에入ᄒᆞ니此流域은卽儒城大野오其一支가西下ᄒᆞ다가板峴이되고又突起ᄒᆞ야月城(公州)望月(石城)扶蘇(舒川)諸峰이되며錦江北의峯巒은本

道北部의吉祥(鎭川)五峯(燕岐)葛峴(公州)諸嶺이되니蜿蜒起伏ᄒᆞ야東方의諸大嶺과相對ᄒᆞ고五峯의一支가北으로綿亘ᄒᆞ야天安溫陽境上에서聳峙ᄒᆞ야燕巖山이되니其山麓에溫泉이湧出ᄒᆞ며本道南境에在ᄒᆞᆫ孔明山、雲梯山은皆、嶮峻치아니ᄒᆞ고車嶺은公州北境에聳峙ᄒᆞ야山勢가羊腸과如히盤迴ᄒᆞ고穹林深鬱이疊疊ᄒᆞ며其北方에一嶺이稍低夷ᄒᆞ야行路를通ᄒᆞ니卽、車峴이오此地脈이西南으로連綿ᄒᆞ야武城、維鳩諸嶺이되야錦江北岸에屛列ᄒᆞ니라

烏棲山은洪州南境에在ᄒᆞᆫ大山이니峯巒이嵯峨竦峭ᄒᆞ야雲表에聳出ᄒᆞ고其下羣山이迤邐羅列ᄒᆞ며烏棲一支가南走ᄒᆞ야聖住(藍浦)峨眉(藍浦)月明(庇仁)諸名山이되고白月山(靑陽)月山(洪州)伽倻山(德山)은重疊連亘ᄒᆞ야山勢가突兀ᄒᆞ고泉石이淸秀ᄒᆞ며其他高聳山(牙山)笠岩山(牙山)泰昧山、多佛山(沔川)은北方에蟠踞ᄒᆞ얏ᄂᆞ니라

(河川)錦江은忠淸全道의巨川이라其源이一은德裕山에서發ᄒᆞ야達

溪(龍潭)召爾津(茂朱)高塘江(永同)이되고一은俗離山에서發ᄒ야黃澗、永同諸水(深川松川)가되야西流ᄒ다가沃川東北에至ᄒ야車灘、化仁津이되고赤登津에서合流ᄒ야末訖灘(懷仁)利遠津、新灘津(懷仁)이되고公州東北에至ᄒ야東津江(燕岐)이來合ᄒ고南折ᄒ야瓦灘、雉津渡、錦江、白馬江(扶餘)이되고江鏡浦에至ᄒ야鎭江이되고舒川에至ᄒ야海에入ᄒ니라

東津江은(一名鵲川)源이天門嶺(鎭川)에서發ᄒ야翠峯間의許多溪流를集ᄒ고南流ᄒ야淸州文義를經ᄒ야錦江에入ᄒ니水가淸潔ᄒ며峰巒을沿ᄒ야芙蓉津이有ᄒ니風光이秀麗ᄒ고地勢가肥沃ᄒ니라

素沙河ᄂᆞᆫ其源이彌勒川에서發ᄒ야北流ᄒ야新昌에至ᄒ야丹場浦、非浦가되고西轉ᄒ야牙山靈仁山邊에서水가匯停ᄒ야曲橋川과相合ᄒ야太湖(牙山灣)가되고水門을出ᄒ야海에注ᄒ고河口에一大巖石이嶄然屹立ᄒᆫ狀이渤海碣石과如ᄒ니此北은素沙坪(稷山)이니百里長野라 宣祖三十年에明提督麻貴가猿兵을放ᄒ야日兵을大破ᄒ던

處라田夫耕者가往往히刀劍戈戟의類를田中에서拾取ᄒᄂᆞ니라

(海灣及島嶼)牙山灣은忠淸京畿의間에在ᄒ야前後二灣에分ᄒ니前灣은古溫浦오後灣은貢稅串湖(一名大通山津有漕倉)라灣曲이深闊ᄒ야船舶의碇泊에適ᄒᆷ으로忠淸道貢稅米를漕積ᄒ던地오其南은素沙河니라

唐津浦ᄂᆞᆫ本道西北唐津郡西三十里에在ᄒ니古水軍萬戶의鎭이라船舶의碇繫가便ᄒ고往昔支那使臣이往來ᄒ던要津인故로彩雲橋와石門山은兩國使臣이賦詩稱賞ᄒ야其名이頗著ᄒ고孟串과難知島、草落島等諸島가列立ᄒ고唐津浦와相抱ᄒᆫ一灣은卽古波知島等이니(西人稱曰시부손灣)비灣內에碇泊이便利ᄒ고其西方泰安郡과瑞山郡間에深入ᄒᆫ者ᄂᆞᆫ掘浦灣이오又泰安으로붓허瑞山까지通ᄒᆫ一路의地峽을隔ᄒ야淺水灣이有ᄒ니此ᄂᆞᆫ陸地에屈曲ᄒ야深入ᄒᆫ良港이라然ᄒ나海底에暗礁와淺沙가多ᄒ야舟船의便이乏ᄒ니라結城東山

浦(一名蘭亭浦)는內海에臨ᄒᆞᆫ灣浦니潮流가甚急ᄒᆞ야投錠은不便ᄒᆞ나西으로安眠島가眼界에入ᄒᆞ야頗勝槪를呈ᄒᆞ니라

保寧鎭은亦內海를枕ᄒᆞ고安眠島와相望ᄒᆞ니水軍節度의鎭이라西湖와永保亭이山海의勝景을具ᄒᆞ고無數ᄒᆞᆫ小島가西南에羅列ᄒᆞ며其南方에馬梁鎭(庇仁)과底仁灣(一名都豆音串、有多柏亭)과舒川浦(高麗時長巖鎭、有萬戶城鎭)가有ᄒᆞ니水淺ᄒᆞ야巨艦은碇泊치못ᄒᆞ고其南은全羅道沃溝鎭浦와接ᄒᆞ며龍堂津은錦江의入口處니라

泰安郡半島는東北으로瑞山郡과細路를僅通ᄒᆞ고三面은皆海水가環ᄒᆞ니其西에安興鎭과所斤鎭이有ᄒᆞ니皆水軍의城壘를築ᄒᆞᆫ處오白華山脉이海中에附入ᄒᆞ야岩礁가危險ᄒᆞ야漕船이多敗ᄒᆞᆷ으로安興梁이라稱ᄒᆞ며東方一帶는深히海水를包ᄒᆞ야內海가되고西에는遙々히數十島嶼가海中에橫亘ᄒᆞ야形態가奇崛ᄒᆞ고其中白沙汀은白沙가十餘里를周ᄒᆞᆫᄃᆡ蓴池가有ᄒᆞ며海棠이滿發ᄒᆞ고防風의嫩芽는香味가甚佳ᄒᆞ니라

安眠島는泰安半島南方에橫ᄒᆞ니長은七十里오廣은二三十里라峯峰이環列ᄒᆞ고谿洞이甚多ᄒᆞ며處處마다鏡浦金沙에風景이佳麗ᄒᆞ고石雄黃靑藤을産ᄒᆞ며又宮室舟船의材木이多出ᄒᆞ고漁家雁戶의村落이櫛比ᄒᆞ며瑞山泰安洪州三郡에屬ᄒᆞ니古에는平波一帶가陸地와相連ᄒᆞᆷ으로安眠串이라稱ᄒᆞ더니中間에其連陸處를鑿ᄒᆞ야一島를遂成ᄒᆞ니其鑿處를堀項浦라稱ᄒᆞ니라

安眠島의西南은鞏島가散列ᄒᆞ니西方의竹島는竹箭을産ᄒᆞ며南方의要兒梁과波知島와元山島는皆水軍의屯戍ᄒᆞ던處오鳴呼島는(俗稱仍益島今名於靑島)土地가肥沃ᄒᆞ야竹箭과楮가産ᄒᆞ고古城의遺址가有ᄒᆞ야石碉가宛然ᄒᆞ니世가田橫島라稱ᄒᆞ고插是島는甕子를多養ᄒᆞ며其外에桂鳳山島、加文島、開也島、烟島、兄弟島、看月島(有白蓮庵附無學生于此)熊島、馬島、外安島、冬乙非島、興兒音島(一名流島)古台島、杖鼓島、人島(一名沙兒音島)高靜島

梧島、栗島等의無數亨羣島가遙遙히散在亨니라

(都會勝地)公州(一名懷州)는忠淸南道觀察府의所在地라京城南方三百里에在亨니州北에一小岡이公字와如히(州之得名以此)錦江上에盤礴홈이山勢를依亨야城을築亨니錦江이迴抱亨야天然의濠를作亨지라 仁祖元年에李适의難을避亨샤此에駐蹕亨실시城內에雙樹가有홈으로每此樹를依亨샤北望亨시더니及捷報를聞亨시고此樹를封亨야三品大夫를賜亨시며城名을雙樹라改亨시니라城北에拱北樓가臨江亨야景槪가絶勝亨고錦江은翠山과、江鏡浦를通亨야商船이輻湊亨고物貨가委積홈으로市場이繁昌亨고人烟이稠密亨며且百濟文周王의故都라唐將劉仁軌가熊津都督府를設亨고唐樂을訓習홈으로俗이音樂을喜亨며就利山은(在州北)新羅文武王이唐將과同盟亨던地오州東孝家里는新羅孝子向德의故里니라車嶺은北方의大嶺이니天安温陽等十餘郡을界限亨며又雙嶺、角屹嶺(一名文峴)、作介峙、馬峙等의嶺路가險峻亨며刀城、舟尾、茂城、(一名麻谷)東穴、油站、毋嶽等諸山이列峙亨나高峻치는아니亨고惟鷄龍山이東方에雄盤亨야 太祖의卜基亨시던新都가有亨며錦江流域은土地가肥沃亨야農產이豐饒亨고州東六十里에太田芙江(芙蓉津)의停車場은京釜鐵道의著名亨市場이오儒城、敬天、利仁、維鳩等村은田野가衍沃亨고五穀棉麻가俱宜亨며甲川(在儒城)의沿岸에는灌漑의利가富홈으로居民이歉荒을鮮遭亨며寶文、九峯諸山이其南에聳峙亨고又弓院、廣程、德津等野가皆膏沃亨야農作에宜亨니라

扶餘郡(一名南扶餘又曰餘州)은公州西南錦江岸에在亨니卽百濟故都라北에扶蘇山이鎭亨고(有迎月臺送月臺)其下에白馬江(良丹浦及金剛川與錦江合流)이迴流亨니百濟의半月城이彎弓形과如亨고東巖에釣龍臺는巖上에龍攫의跡이依然亨지라俗言에唐將蘇定方에釣龍亨던處라亨고臺西에落花巖은石壁이臨江亨니百濟義慈王이羅唐聯合兵의敗亨바됨의宮女가

是巖에奔登ᄒᆞ야江水에自投ᄒᆞᆫ處오又自溫臺、天政臺(在虎岩山)ᄂᆞᆫ古跡이尙在ᄒᆞ며泗沘河ᄂᆞᆫ(源出烏山)其南에在ᄒᆞ니武王의宴游ᄒᆞ던大王浦ᄂᆞᆫ江山의風景이佳麗ᄒᆞ고蘇定方劉仁願의古碑가有ᄒᆞ야行人過客의遺感ᄒᆞᆫ바라其南은炭峴이오東은石灘(李存吾舊居)이니忠臣烈士의遺蹟이千古의慷慨를不禁ᄒᆞ도다

洪州(一名海豐又曰海興亦曰安平又曰洪陽)ᄂᆞᆫ公州西北에在ᄒᆞᆫ一大都會라土地가平曠ᄒᆞ야農産이頗饒ᄒᆞ며西南은海島가交錯ᄒᆞ야舟船이輻湊ᄒᆞᆷ으로商業이繁盛ᄒᆞ며白月山烏棲山이東南에峻拔ᄒᆞ고東北의八峯山은世人이小金剛이라稱ᄒᆞᄂᆞ니其下에將軍石은崔瑩의遊賞處오合德池ᄂᆞᆫ周가數十里니灌漑의利를數郡이蒙ᄒᆞᄂᆞ니라

洪州烏棲山의東南으로海를沿ᄒᆞ야錦江에至ᄒᆞᆫ諸邑을內浦라稱ᄒᆞᄂᆞ니土地가饒沃ᄒᆞ야墳衍이平曠ᄒᆞ고魚鹽粳稻의利가富ᄒᆞᆷ으로士族의世家가多ᄒᆞ며又、苧布를産ᄒᆞ니卽、庇仁、藍浦、舒川、韓山、林川、鴻山

定山等七邑은其風俗物産이相同ᄒᆞ고烏棲의北은大興、靑陽이니大興은古、百濟의任存城(在鳳首山)이라百濟亾後에宗室福信이王子豐을立ᄒᆞ고故業을恢復코저ᄒᆞ야羅唐兩軍으로數年을血戰ᄒᆞ던處라一片孤城으로兩國의勝兵을屢敗ᄒᆞ다가畢竟은自相殘賊ᄒᆞ야國이遂亾ᄒᆞ니千古英雄의淚를不堪ᄒᆞ도다

林川은百濟加林城이니七星山이曠野에突起ᄒᆞ고其北에場巖津이有ᄒᆞ며普光寺에元時危素의撰ᄒᆞᆫ國師碑가尙存ᄒᆞ고其西韓山(一名馬山又鵝州)은乾止山城、箕嶺、赤峴의險이有ᄒᆞ고其西舒川(一名西林又舌林)은靈鷲山、扶蘇山、千方山이有ᄒᆞ며錦江이此에至ᄒᆞ야入海ᄒᆞ니卽、龍堂津이是오其南泊浦ᄂᆞᆫ亦、稱受洑니渠를鑿ᄒᆞ야吉山浦에注ᄒᆞᆷ으로灌漑가甚廣ᄒᆞ니라

恩津郡(一名德恩曰市津)은公州西南百里에在ᄒᆞ니郡西江景浦ᄂᆞᆫ錦江沿岸의最良浦口라且、京城大路의衝에當ᄒᆞ야舟船의出入과車馬의來往

이連絡不絕ᄒᆷ으로一大部會의市場을成ᄒ니其南은全羅道礪山、珍山을接ᄒ며群山港과一港을僅隔ᄒ야商業이最盛ᄒᆫ지라日淸諸商의住戶가日繁ᄒ야外國貿易額이每個年數百萬元에達ᄒ니라佛明、蘇湖、摩耶、皇華諸山이境上에列峙ᄒ니皇華上에ᄂᆞᆫ皇華臺가有ᄒ야綠江을俯瞰ᄒ니世傳ᄒ기를義慈王의遊宴處라(其西又有御床山)論山은郡北에在ᄒ니亦市場이殷繁ᄒ고觚山浦에潮巖橋가有ᄒ니水底에皆巖石이崎嶇ᄒ니라

恩津의東은連山郡이鷄龍山南에在ᄒ니龍泉洞、鳳林洞이有ᄒ고其東黃山은百濟名將階伯이新羅金庾信과戰ᄒ다가死節ᄒᆫ處오後百濟甄萱이其佛舍에서憤死ᄒᆫ處라高麗太祖가天護山이라改名ᄒ고開泰寺를剏ᄒᆷ으로麗祖의御眞이至今尙在ᄒ며般若山灌燭寺의石彌勒은高가五十四尺이니高麗光宗時에僧慧明의琢成ᄒᆫ바니라公州儒城의西ᄂᆞᆫ鎭岑이오東은懷德이오敬天의西ᄂᆞᆫ魯城石城이니皆平野에分置ᄒ야農作에力ᄒ며公州東北은燕岐、全義、木川、天安、稷山等郡이京釜線路에傍ᄒ야在ᄒ고公州西北으로數百里를距ᄒ야伽倻山이雄峙ᄒ니伽倻의南은洪州、結城、保寧等郡이오西北은海美、唐津、沔川等郡이오其西北은瑞山、泰安이오東北은德山、禮山、平澤、牙山等郡이니皆、海瀕島嶼가富ᄒ며德山에ᄂᆞᆫ伽倻岬祠가有ᄒ니라

溫陽郡(一名湯井溫昌)은廣德山이南方에巍立ᄒ고月羅山이郡西에峙ᄒ며其近에溫泉이在ᄒ니 列朝의駐蹕御浴ᄒ시던行宮이有ᄒ며其南은泰華山이屹立ᄒ니라

大韓新地志卷之一 終

大韓新地志 坤

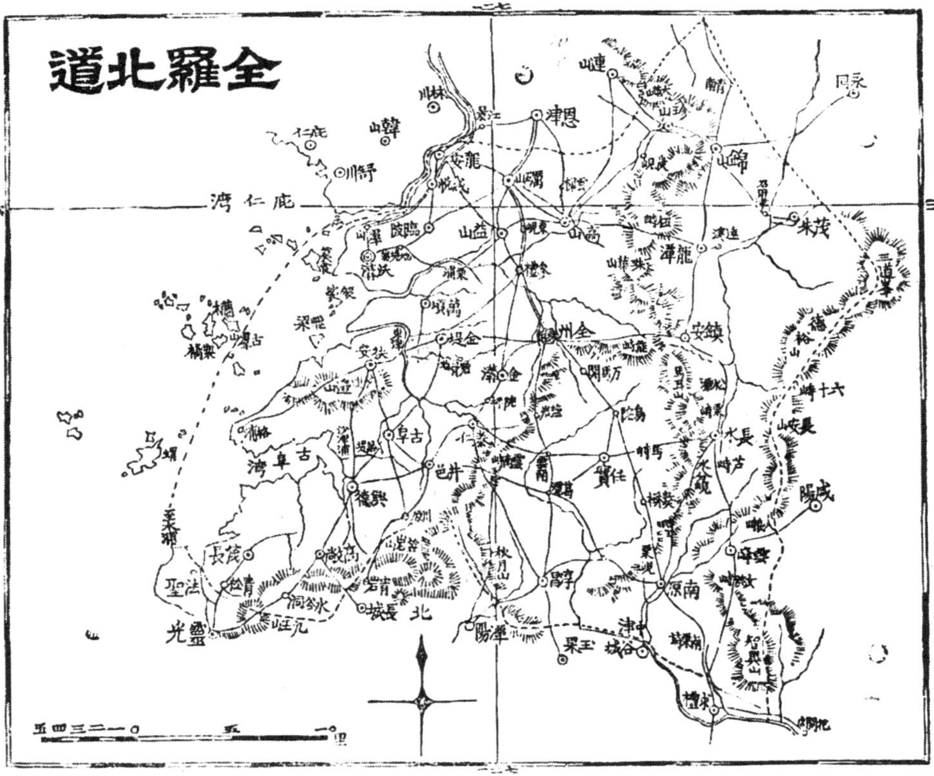
全羅北道
全州
益山
高山
錦山
茂朱
龍潭
鎮安
恩津
龍安
金堤
扶安
古阜
井邑
興德
任實
長水
南原
淳昌
古阜灣
北

大韓新地志卷之二

嵩陽山人 張志淵 著
宜寧 南廷哲 校
完山 柳瑾 閱

第三篇

第四章 全羅北道

(位置境界)全羅北道는北은忠清南道와隣ᄒᆞ고東北은忠清北道와接ᄒᆞ고東은慶尙南道와界ᄒᆞ고西는海에臨ᄒᆞ고南은全羅南道와連ᄒᆞ니東西가約三百里오南北이約二百餘里니北緯三十五度二十分으로븟터三十六度三十餘分에至ᄒᆞ며東經百二十六度半으로二十八度에至ᄒᆞ니其地形이東南으로角尖이南道에深入ᄒᆞ고西南으로格浦의角이古阜灣에出ᄒᆞ며北으로角尖이忠清南道에入ᄒᆞ야稜角의

叅差홈이三圭形과如ᄒᆞ니라

(沿革)온本馬韓의地니後에百濟의所有가되얏다가新羅武烈王이唐兵과共滅ᄒᆞ고五都督府를置홈익本道ᄂᆞᆫ馬韓扶餘德安等府에屬ᄒᆞ얏더니尋에新羅의占領혼바ㅣ되야全州를置ᄒᆞ얏고後에後百濟甄萱이占據ᄒᆞ얏다가高麗의滅혼바됨익成宗十四年에全瀛淳馬等州로江南道를숨고顯宗九年에海陽道를合ᄒᆞ야全羅道라改定혼지라國朝도仍稱ᄒᆞ얏더니今　上三十三年에南北道를分ᄒᆞ시니凡二十六郡이니라

(山嶺)俗離山의南支가本道東北境上에至ᄒᆞ야德裕山이되니慶尙忠淸等道의交界라極히高大雄盤ᄒᆞ야三道峯이其北에峙ᄒᆞ고九泉洞이其上에在ᄒᆞ니泉石이秀麗ᄒᆞ고風光이明媚ᄒᆞ며其東에大德山과其西의赤裳山이並峙ᄒᆞ니赤裳은國史庫가有ᄒᆞ고德裕의一支ᄂᆞᆫ西으로全州東에至ᄒᆞ야馬耳山이되니雙石峰이兀然히雲霄에聳出ᄒᆞ

야狀이馬耳와恰如홈으로　太宗씌오셔全州에講武ᄒᆞ시고此山에至ᄒᆞ샤馬耳라命名ᄒᆞ시니라

馬耳의一支가西南으로走ᄒᆞ야母岳(金溝)이되고一支ᄂᆞᆫ復興山(淳昌)과蘆嶺(井邑)이되며一支ᄂᆞᆫ北으로珠華山(龍潭)과大芚山(珍山)이되고西으로全州에至ᄒᆞ야威鳳山,乾止山이되니　國朝始祖의陵墓가在홈으로封禁을謹ᄒᆞ고珠華北一支ᄂᆞᆫ西으로炭峴이되야龍華山(沃溝)彩雲山(礪山)이되니龍華山上에馬韓王의故城이有ᄒᆞ고彩雲은一孤峯이野中에特峙ᄒᆞ야山上에養蔭靈泉二洞壑이有ᄒᆞ니世傳ᄒᆞ되百濟王의游宴地라ᄒᆞ고大芚山은亦名兜率이니石峯이簇立ᄒᆞ야極히雄大ᄒᆞ니라

德裕의一支가南으로智異山에止ᄒᆞ니白頭山脈이至此ᄒᆞ야止홈으로亦曰頭流라ᄒᆞᄂᆞ니山勢高大ᄒᆞ야數百里를雄據ᄒᆞ고本道와慶尙道의各郡이此山에環居ᄒᆞᆫ者ㅣ凡數十이라新羅時로브허南嶽이라稱ᄒᆞ야中祀에列ᄒᆞ며天王般若二峯이最高ᄒᆞ야山腰ᄂᆞᆫ雲雨가有

ᄒᆞ나 其上은 每晴朗ᄒᆞ니라

德裕智異의 間에 六十峙(求禮安義) 八良峙(雲峯咸陽) 長安山等의 險阨이 有ᄒᆞ고 荒山(雲峰)은 鼎山과 並峙ᄒᆞ니 高麗末에 我 太祖ᄭᅴ서 日兵을 大破ᄒᆞ고 阿只拔都를 射殪ᄒᆞ시던 處오 白雲山 五峯山(並求禮)은 智異의 餘脈이라 德裕의 一支가 蛟龍山 寶連山 楓嶽(並南原) 聖壽山(任實) 回門山 廣德山 赤城山(三峰聳立絕壁千丈) 栢房山(並淳昌)이 되야 南道와 分界ᄒᆞ고 雲梯山 文殊山(並高山)은 山勢가 崔嵬ᄒᆞ야 峯巒이 雲表에 聳翠ᄒᆞ고 錦城山 進樂山 西臺山(並錦山) 萬仞山(珍山) 彌勒山(礪山) 等은 北境에 盤踞ᄒᆞ야 重嶂疊岡이 起伏蜿蜒ᄒᆞ니라

邊山(一名楞迦又曰瀛洲)은 扶安海上에 臨ᄒᆞᆫ 鉅山이라 峯巒이 盤廻ᄒᆞ고 岩谷이 深邃ᄒᆞ야 高麗以來로 宮室舟楫의 材木을 皆此山에 取ᄒᆞ얏고 山巒이 百餘里를 磅礴ᄒᆞ얏ᄂᆞᆫᄃᆡ 義相庵 蘇來寺等의 寺刹이 散在ᄒᆞ야 游人墨客의 轍迹이 相磨ᄒᆞ고 其不思議方丈은 新羅僧眞表의 刱造ᄒᆞᆫ바라 百尺의 木梯를 緣下ᄒᆞ야 方丈에 乃至ᄒᆞ면 其下ᄂᆞᆫ 萬丈不測의 深壑이라 鉄索으로ᄡᅥ 其屋을 引ᄒᆞ야 岩間에 釘着ᄒᆞ니 俗傳에 海龍의 所爲라ᄒᆞ며 其最高頂은 磨天臺라ᄒᆞ니라

萬頃江은 德裕山西麓雲梯威鳳淸凉(全州)諸山에서 發源ᄒᆞ야 全州北邊을 經ᄒᆞ야 泗水가 되고 又金堤、咸悅、臨陂、萬頃諸郡을 經ᄒᆞ야 栗浦(金堤) 新倉津(萬頃) 古沙浦(沃溝)가 되야 西海에 入ᄒᆞ니 灩灩ᄒᆞᆫ 平波가 雖、深濶치 못ᄒᆞ나 舟楫이 能駛行ᄒᆞᄂᆞ니라

金堤江은 亦曰東津江이오 又稱漳水니 源이 井邑蘆嶺及泰仁等郡에서 發ᄒᆞ야 北으로 金堤郡西를 過ᄒᆞ고 更、西轉ᄒᆞ야 萬頃江南에 注ᄒᆞ니 江流ᄂᆞᆫ 細ᄒᆞ나 泉石의 幽雅ᄒᆞᆫ 景致가 人心을 暢悅케ᄒᆞ며 其沿岸에 仁義德林의 諸勝處가 有ᄒᆞ니라

(海灣及島嶼)西方一帶ᄂᆞᆫ 摠히 沿海地로ᄃᆡ 大艦巨舶의 碇泊處가 不多ᄒᆞ고 新倉津은(一名泗浦) 萬頃、金提等郡의 中間에 介在ᄒᆞ야 航運이 頗利ᄒᆞ

며其前面은古群山嶋와蝟嶋가稍大ᄒᆞ고此外에數多ᄒᆞᆫ小島가有ᄒᆞ니夜味野花等嶋ᄂᆞᆫ野獸棲息地에不過ᄒᆞ고古群山嶋ᄂᆞᆫ(在萬頃西)周가六十里니　仁祖二年에水軍鎭을設ᄒᆞ시니其港灣이碇舶에便ᄒᆞ고蝟步等諸嶋가列峙ᄒᆞ야隔港相對ᄒᆞᆫ故로群山嶋라名ᄒᆞ니라

群山港은沃溝北二十里錦江南口에在ᄒᆞ니舊時龍安郡에屬ᄒᆞ야漕倉이有ᄒᆞ니名을得城倉이라ᄒᆞ고　中宗朝에沃溝로移ᄒᆞ시니前水軍鎭의所在ᄒᆞᆫ地라忠淸道長岩鎭과相對ᄒᆞ고北은北亭邱에據ᄒᆞ야錦江에臨ᄒᆞ고西南은望月山을負ᄒᆞ고東南은曠野를連ᄒᆞ니形勝이奇壯ᄒᆞ고港內ᄂᆞᆫ稍廣ᄒᆞ나水深이三尋에不過ᄒᆞ고河口에暗礁堆砂가多ᄒᆞᆷ으로三四百噸以上의滊船은入港이難ᄒᆞ며又潮汐의差가二十尺內外에及ᄒᆞ야退潮時ᄂᆞᆫ潮流가急激ᄒᆞ야小船은往往漂去ᄒᆞᆷ이多ᄒᆞ니라光武三年에本港을開ᄒᆞ니當時ᄂᆞᆫ寂寞ᄒᆞᆫ一漁村에不過ᄒᆞ더니邇來로商業이漸次發展ᄒᆞ고道路의修築과溝渠의浚鑿과埋築工事及家屋倉庫等이着着進步ᄒᆞ야一新改觀이되니라

格浦ᄂᆞᆫ邊山의西端이海中에斗入ᄒᆞᆫ處니潮漲ᄒᆞ면湖를成ᄒᆞ고潮落ᄒᆞ면涸ᄒᆞ니　仁祖朝에水軍鎭을設ᄒᆞ고堤를築ᄒᆞ야水를貯ᄒᆞ며其北黔毛浦ᄂᆞᆫ亦水軍城鎭을設ᄒᆞᆫ處오其前面에橫列ᄒᆞᆫ群島ᄂᆞᆫ蝟嶋니亦水軍鎭이有ᄒᆞ니　肅宗八年에設ᄒᆞᆷ인ᄃᆡ嶋中에靑魚가多産ᄒᆞᆷ으로嶋民이漁業으로써生活ᄒᆞ야每春季에京外商船이湊集打捕ᄒᆞ니라

界火嶋ᄂᆞᆫ漁戶가多居ᄒᆞ며嶋邊에岩石이特起ᄒᆞ야其上은百人이可坐ᄒᆞ고西ᄂᆞᆫ大海를臨ᄒᆞ니漳浦(一名德建浦東津江入口)가自東으로潮汐이吐呑ᄒᆞ며沃溝諸山과群山諸嶋가隔海羅列ᄒᆞ니眞奇絶ᄒᆞᆫ勝境이오其外大立、小立、拜嶋、隔嶋、王登嶋等은遙遙하渺茫ᄒᆞᆫ怒濤激浪間에浮沉ᄒᆞ니라

(都會勝地)全州(甄城完山)ᄂᆞᆫ京城南五百餘里에在ᄒᆞ니觀察府所在의地라

東은威鳳山을據ᄒᆞ고西北은麒麟峯과乾止山을擁ᄒᆞ고茫茫ᄒᆞᆫ平原大野를臨ᄒᆞ니實形勝의地라泗水가大野를橫貫ᄒᆞ야栗潭良田浦新倉浦가되야灌漑에便ᄒᆞ며舟楫이通行ᄒᆞᆷ으로水田이膏腴ᄒᆞ야粳稻竹柿의產과魚塩의利가有ᄒᆞᆷ이人物이殷富ᄒᆞ며貨財의委積ᄒᆞᆷ이三南에第一이라不幸東學의擾를經ᄒᆞ야衰敗ᄒᆞᆷ을未免이나今에稍稍舊日狀態를復ᄒᆞ고郡北에故甄萱城의遺址가存ᄒᆞ니卽後百濟의舊都오且 國朝發祥의地라肇慶壇廟와慶基殿이有ᄒᆞ야 太祖御眞을奉ᄒᆞ셧고東界에熊峙가有ᄒᆞ니都元帥權慄이日兵과鏖戰ᄒᆞ던處오沃城山은西北界野中에孤山이屹立ᄒᆞ고上에于樂岩이有ᄒᆞ야五六十人이可坐ᄒᆞᆯ지오萬景臺(在高達山)와黃鶴臺는石峰이矗立ᄒᆞ고大川이廻抱ᄒᆞ야風景이絕勝ᄒᆞ니萬景臺는尤奇絕ᄒᆞ야石壁이如畵ᄒᆞ며德眞池는周가九千餘尺이니灌漑에甚利ᄒᆞ니라

南原(帶方龍城)은馬耳山南에在ᄒᆞᆫ一都會라西北으로全州를距ᄒᆞᆷ이百三

十里니百濟亡에唐이南帶方州를置ᄒᆞ얏다가尋에新羅에歸ᄒᆞᆷ이景德王이南原小京을置ᄒᆞ니劉仁軌의故城基址가尙在ᄒᆞ며又其邑內에井田九區를劃ᄒᆞ야里廛의秩然ᄒᆞᆫ法制가至今宛然ᄒᆞ며 宣廟壬辰에明將楊元이城郭을築ᄒᆞ야日兵의北上ᄒᆞᆷ을禦ᄒᆞᆯ식又城北에蛟龍山城을修築ᄒᆞ야犄角을合ᄒᆞ니盖本郡은東南으로雲峰八良峙(通咸陽路)와順天左水營과求禮光陽을通ᄒᆞ는要衝인故로防禦에注意ᄒᆞᆷ이니高麗末에阿只拔都가兵船數百艘를率ᄒᆞ고三道로入寇ᄒᆞ다가雲峰引月驛에至ᄒᆞ야我 太祖ᄭᅴ被殲ᄒᆞᆷ도亦此路로由ᄒᆞᆷ이라其東南의星園은溪山의勝致가頗有ᄒᆞ고其南에末禮峴이中間을通ᄒᆞ야一大野가開ᄒᆞ얏고西는鳳洞의泉石과東에는華岩燕谷의奇異ᄒᆞᆷ이皆著名ᄒᆞᆫ地오且東方安信峴을踰ᄒᆞ면卽雲峰이오南은順天과蟾江을界ᄒᆞ며廣寒樓는城北에跨ᄒᆞ야棟宇가宏壯ᄒᆞ고風景이佳麗ᄒᆞ니라

益山郡은古馬韓國都니全州西北으로三十餘里를距ᄒᆞᆫ地라郡北彌

勒山의南龍華山上에箕準古城이有ᄒᆞ고其西에報德城의遺址가尙在ᄒᆞ니即高句麗亡後에新羅王이句麗王子安勝을封ᄒᆞ야報德王을含고金馬渚에處케ᄒᆞ얏다가後에徵ᄒᆞ야蘇判을含으니此가即其址라雙陵은五金寺西에在ᄒᆞ니武康王과及妃善花夫人의陵이라ᄒᆞ고又彌勒寺ᄂᆞᆫ龍華山에在ᄒᆞ니世傳ᄒᆞ되武康王이善花夫人으로游宴의處라三彌勒과石塔을造ᄒᆞ니高가數丈이오龍華南에將軍峯과燈謠岩이有ᄒᆞ고王宮井은城南古宮遺址에在ᄒᆞ며唐山은三熟栗이有ᄒᆞ고其他古跡이多ᄒᆞ며郡西에黃登浦堤ᄂᆞᆫ亦云龜橋니周가二十五里오灌漑가甚廣ᄒᆞ니라

礪山(壺山 礪陽 朗山)郡은全州北七十里에在ᄒᆞ니全羅南北道의皇城을通ᄒᆞᆫ大路라其北黃山場은錦江畔에在ᄒᆞᆫ小邸니江景浦와一水를僅隔ᄒᆞ야商業의盛況이相同ᄒᆞ고鵠旨(亦曰鵠原)ᄂᆞᆫ亦恩津과接界ᄒᆞ야每歲七月望日에傍近兩道居民이相聚ᄒᆞ야手搏戲를行ᄒᆞ며漏項은有川이高山에셔出ᄒᆞ야西流ᄒᆞ다가壺山下에至ᄒᆞ야漏八伏流ᄒᆞ야川을成ᄒᆞᆷ으로漏項이라名ᄒᆞᆷ이오又花山은臨江聳峙ᄒᆞ야景致가頗奇ᄒᆞ니라

金堤郡의碧骨堤ᄂᆞᆫ源이金溝母岳山과泰仁象頭山에셔發ᄒᆞ야古阜訥堤의水와東津江에合ᄒᆞ야萬頃을經ᄒᆞ야海에入ᄒᆞ니三國時에開創ᄒᆞ고新羅元聖王時에增築이라가高麗(顯宗 仁宗)時에再修ᄒᆞ얏고我太宗十五年에重修ᄒᆞ시니長이六萬八百四十三尺이라五渠를開ᄒᆞ고水田을灌漑ᄒᆞᆷ이凡九千八百四十餘結이오周가八十里라國中에大堤를此와與古阜訥堤와益山黃登堤로通히三湖라稱ᄒᆞᄂᆞ니全羅道의湖南이라得名ᄒᆞᆷ이此로써ᄒᆞᆷ이니라

古阜郡西에訥堤湖ᄂᆞᆫ長이一千二百步오周가四十里니訥川의水를瀦ᄒᆞ야成ᄒᆞᆷ이오其東南에斗升山(一名都順山)이巍立ᄒᆞ니北은天台山이니라

錦山城外ᄂᆞᆫ古戰場이라壬辰亂에趙重峯憲이七百義士를率ᄒᆞ고日

兵을伐ᄒ다가同時死義ᄒ던處라七百義士의塚이至今尙在ᄒ야行人으로ᄒ야곰湍瀨의淚를不禁케ᄒᄂ니라其東翠屛峽은月影御險兩山이東西에對峙ᄒ야蒼壁이屛障과如ᄒ고錦水가其中으로縈回屈曲ᄒ야流ᄒ며綠崖에石逕이有ᄒ니名을錦山遊이라ᄒ고濟原村은濟原川上에在ᄒ니土地가膏沃ᄒ고灌漑가極利ᄒ니라

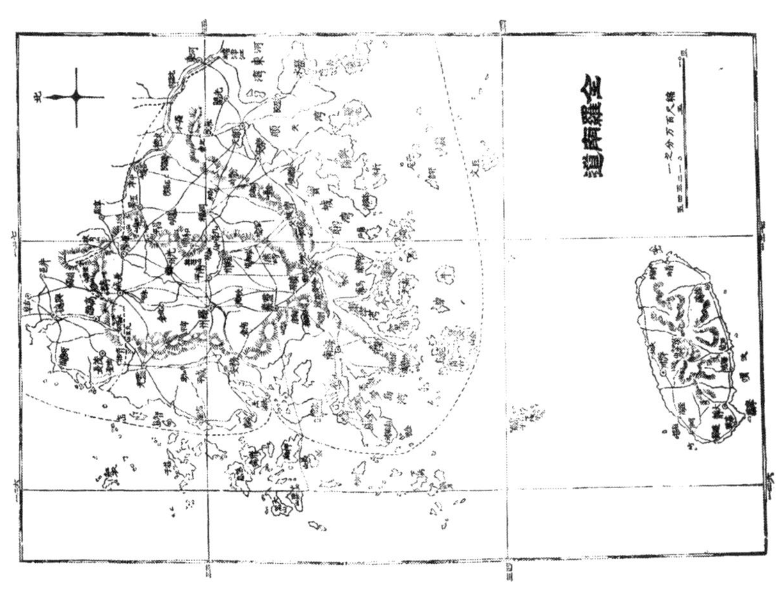
全羅南道

第五章 全羅南道

(位置境界)全羅南道는我國最南端에在ᄒᆞ니北은全羅北道와接ᄒᆞ고東은慶尙道、河東、南海等을隣ᄒᆞ고西南兩面은大海에濱ᄒᆞ야無數群島가羅列ᄒᆞ니東西가約四百餘里오南北이約三百餘里니北緯三十三度四十六分(濟州島毛瑟浦)과三十四度五十五分(莞島南角)으로붓허三十五度四十餘分에至ᄒᆞ며東經百二十六度로二十五度半에至ᄒᆞ니其地形이西北角은古阜灣에深入ᄒᆞ며東南角은河東灣에突出ᄒᆞ고其南과西는許多岬角이犬牙交錯ᄒᆞ야形狀이恠奇ᄒᆞ니라

(沿革)全羅南道의沿革은北道와略同ᄒᆞ니新羅가百濟를滅ᄒᆞ고其地로武珍州를置ᄒᆞ얏다가眞聖王五年에後百濟甄萱이據有ᄒᆞ얏고又、高麗의滅ᄒᆞᆫ바되야成宗十四年에羅光靜昇貝潭朗等州로海陽道를삼앗더니顯宗九年에江南道와合ᄒᆞ야全羅道라改稱ᄒᆞᆷ이 國朝도仍稱ᄒᆞ얏고至今 上三十三年에南北道를分定ᄒᆞ시니凡三十四郡

이니라

(山嶺)本道는北道에比ᄒᆞ면山嶺이稍少ᄒᆞ고田野가多ᄒᆞ며其山脈은北道德裕山의一支가馬耳山이되고又南으로蘆嶺이되니南北道의境界(井邑長城)를橫斷ᄒᆞᆫ지라蘆嶺의一支가南으로錦城山(羅州)이되고一支는東으로秋月山(潭陽)無等山(光州)馬峙山(寶城)天冠山(長興)이되야海에止ᄒᆞ니谷城玉果等諸山이皆此脈이오馬峙에未及ᄒᆞ야又一支는西北으로走ᄒᆞ다가二條에分ᄒᆞ니北은雲興山이되고南은月出山(靈岩)大芚山(海南)이되니榮山江以南諸山이皆此脈이오馬峙의一支는又東北으로松廣山(順天)白雲山(光陽)이되야蟾江에止ᄒᆞ니라

蘆嶺은鉅大ᄒᆞᆫ嶺이라南北道의通行ᄒᆞ는孔路오本道諸山의主幹이니西北의逍遙山(興德)笠岩山(長城)白岩山(長城)으로起ᄒᆞ야蜿蜒磅礴ᄒᆞᆷ이忠清道車嶺과恰如ᄒᆞ고曲道峙와月隱峙는北道淳昌井邑의兩路오半登山(高敞)은新羅末에盜賊이起ᄒᆞ야良家女를掠取ᄒᆞᆯᄉᆡ其中長日縣女가方等山歌를作ᄒᆞ야其夫의不救ᄒᆞᆷ을諷ᄒᆞ니其音이哀切ᄒᆞᆷ으로高麗樂府에採ᄒᆞ니라(方等訛傳爲半登)鷲嶺金鰲山佛臺山이其南東에在ᄒᆞ고錦城山의南에侍郞、宰臣、歌諸等山이有ᄒᆞ며又其南에雙溪、德龍의諸山이羅列ᄒᆞ니라

母嶽君遊(又有君尼)紺岳(並咸平北)僧達鍮達(並務安南)諸山은本道西面을屛障ᄒᆞ니其山에登ᄒᆞ면千島萬嶼가海洋間에浮沈明滅ᄒᆞ야登眺ᄒᆞ는勝致가有ᄒᆞ고無等山은亦曰武珍岳(光州舊號武珍以此)이오又曰瑞石山이니穹窿高大ᄒᆞ야百餘里를雄蟠ᄒᆞᆫ디山上에石柱數十이有ᄒᆞ야側成ᄒᆞᆷ과如ᄒᆞ니高가百尺이오六稜이有ᄒᆞ며又石壁이長은數十武오高는約數十丈인디石紋이雲波와如ᄒᆞ고赤白色이相雜ᄒᆞ며又天作石室이有ᄒᆞᆷ으로瑞石이라名ᄒᆞᆷ이니高麗俗樂에無等山曲이有ᄒᆞ니라

月出山(新羅稱月奈岳高麗改爲月生)은亦曰小金剛이니石峰이挺秀森列ᄒᆞ야玉芙蓉을削立ᄒᆞᆷ과如ᄒᆞ고山頂에九井이有ᄒᆞ며又二丈의高岩이有ᄒᆞ고

傍에一穴이穿ᄒᆞ니穴로從ᄒᆞ야其巓에上ᄒᆞ면數十人이可坐ᄒᆞᆯ만ᄒᆞ고其凹處ᄂᆞᆫ水를貯ᄒᆞᆷ이盆과如ᄒᆞᆫ者ㅣ九니大旱에도不渴ᄒᆞ며峯下에三大石이有ᄒᆞ니名을動石이라岩上에列立ᄒᆞ야高가各丈餘오周ᄂᆞᆫ十四圍니東으로絶壁에臨ᄒᆞᆫ지라其大ᄒᆞᆷ이雖千百人으로도能動치못ᄒᆞᆯ것ᄉᆞ나一人이搖ᄒᆞᆫ즉動ᄒᆞᆷ으로郡의靈岩이라名ᄒᆞᆷ도此로以ᄒᆞᆷ이라山中에道岬寺가有ᄒᆞ니名僧道詵의所住處니라

禪雲山은茂長의北에屹立ᄒᆞ니奇岩恠石이多ᄒᆞ며高麗樂府에禪雲山曲이有ᄒᆞ니百濟時에長沙人이征役ᄒᆞ야過期不返ᄒᆞᆷ으로其妻가是山에登ᄒᆞ야望夫의懷를歌ᄒᆞᆷ이라

天冠山(一名天楓 又曰支提)은長興南方의鉅山이니極히奇峻ᄒᆞ야九龍峰과通靈臺와石塔山과青滿峰이有ᄒᆞ니峰上에三石의跨ᄒᆞᆷ이鼎과如ᄒᆞ고清水가滿中ᄒᆞᆫ데九節菖蒲를產ᄒᆞ고天冠寺와義相庵과石幢石柱와金水窟의諸名勝이有ᄒᆞ며又獅子山과億佛山과迦智山等이列峙ᄒᆞ니라頭輪山은海南郡南에高山이니山頂에登ᄒᆞ면漢拏山을相望ᄒᆞ고山中大芚寺ᄂᆞᆫ著名ᄒᆞᆫ大刹이니景致가佳麗ᄒᆞ며其南에達摩山과館頭山과北에駕鶴山으로遙遙並峙ᄒᆞ니라潭陽에秋月山은石壁의削立ᄒᆞᆷ이城郭과如ᄒᆞ고中에十三泉이有ᄒᆞ며其南에玉泉萬德諸山이有ᄒᆞ니라

漕溪山은順天郡西에在ᄒᆞ니其中松廣寺ᄂᆞᆫ南州鉅刹이라結搆가壯大ᄒᆞ고風景이秀麗ᄒᆞ며其北鷄足山의定慧寺ᄂᆞᆫ麗僧圓鑑의卓錫處라其西北으로桐裏山(谷城)華藏山(谷城)母后山(同福)九峯山雲遏嶺(並同福)天雲山(和順)金錢山(樂安)金華山(一名箏者)中條山舟越山(並寶城)과遙遙列立ᄒᆞ야崇岳峻嶺이重疊起伏ᄒᆞ니라

(河川)榮山江은其源이二니一은蘆嶺에셔發ᄒᆞ고一은秋月山에셔發ᄒᆞ야羅州南方에셔合流ᄒᆞ야西南으로海에入ᄒᆞ니江流가深濶치아니ᄒᆞ고水底에沙磧이有ᄒᆞᆫ故로小船을僅通ᄒᆞᄂᆞ니라

耽津은其源이迦智山長興에셔發ᄒᆞ야南流ᄒᆞ야內海에入ᄒᆞ니昔에耽羅世子가新羅에入朝ᄒᆞᆯ시此에泊舟ᄒᆞᆫ故로耽津이라名ᄒᆞ니라

蟾津江은其源이鎭安南原等郡嶺中에셔發ᄒᆞ야南流ᄒᆞ다가南原南에至ᄒᆞ야蓼川과相合ᄒᆞ야潺水津이되고晉州花開縣西에至ᄒᆞ야龍王淵이되고光陽河東地方에流ᄒᆞ다가蟾津에至ᄒᆞ야南海에注入ᄒᆞ니라

(海灣島嶼)蟾津灣은蟾津江下流의海口니在光陽東南四十里舟楫은不便ᄒᆞ나其山水의景致가最佳ᄒᆞ고南浦、骨若浦、蟾居浦、車衣浦等이鱗次ᄒᆞ며其中에中島가有ᄒᆞ고其灣口順天郡南端에ᄂᆞᆫ前日에左道水軍節度營이有ᄒᆞ다가今廢ᄒᆞ고本來萬戶鎭成宗陞爲節度其東은突山島今爲郡가有ᄒᆞ며又其近長生浦ᄂᆞᆫ高麗柳濯이防倭ᄒᆞ던處오其前에防踏、愁太、巨廉等島가環列ᄒᆞ고其獐島ᄂᆞᆫ 太宗朝에馴象을放ᄒᆞ던處니其象이水草를不食ᄒᆞ고逢人ᄒᆞ면墮淚哀啼ᄒᆞᆷ으로還致ᄒᆞ야柙養ᄒᆞ시니라

樂安의眞石浦ᄂᆞᆫ舊時船廠이有ᄒᆞ며其前에ᄂᆞᆫ塲岩浦오其東北은興陽半島니泰江灣과相扼ᄒᆞ야一大灣曲을成ᄒᆞᆷ이其形이五叉에分ᄒᆞ야梅花의鋪地ᄒᆞᆷ과恰如ᄒᆞ고其南端에鹿島有僉戶鎭와鉢浦有萬戶鎭及船廠와蛇渡浦有僉使鎭가有ᄒᆞ며白石浦、叉浦等과其最南에損竹島ᄂᆞᆫ 宣廟二十年에萬戶李大源이日兵과戰死ᄒᆞ던處이오興陽의西北은龍頭浦、倭津浦並城賨와會寧浦有古萬戶鎭金塘島長興馬島康津와加里浦莞島南有僉使鎭古今島在康津南八十里周一百五里助藥島薪智島有萬戶鎭並屬康津等이有ᄒᆞ니 國朝以來로罪人의竄謫ᄒᆞ던地라名人達士의遺跡이多ᄒᆞ고於蘭浦ᄂᆞᆫ海南南方에在ᄒᆞᆫ古有萬戶鎭埠頭라船舶의出入과碇泊이便ᄒᆞ고其南에梨津達梁並有萬戶鎭等浦津이有ᄒᆞ며又所安島亦稱達木島橫看島仍巨吾島甘勿乃里島等諸島並在監岩가環列ᄒᆞ고楸子島ᄂᆞᆫ高麗 元宗時金方慶이三別抄를進勦ᄒᆞᆯ시此에候風ᄒᆞᆷ으로耽羅人이其功을思ᄒᆞ야候風嶼라因名ᄒᆞ니라莞島ᄂᆞᆫ楸子島와並峙ᄒᆞ야周가二百餘里오民物이富庶ᄒᆞ며黃

賜의木이產ᄒᆞ고昔에嶋人宋徵은武勇이絕人ᄒᆞ야六里外를能射ᄒᆞᆫ다ᄒᆞ니라

海南은古右水營이라(世宗二十二年에自務安移設本郡黃原時有城)海南의岸이此에至ᄒᆞ야西北으로折ᄒᆞ야西海를作ᄒᆞ니卽南海의第一要衝이라其北二十里別津浦의鳴洋은右水營珍嶋의間에在ᄒᆞ야地形이壺口와如ᄒᆞ고怒濤狂浪이舂撞激鳴ᄒᆞᆷ으로李忠武舜臣이日艦隊를此에引至ᄒᆞ야鏖戰大破ᄒᆞᆫ處이오其西南燕子嶋ᄂᆞᆫ四面石壁이側立ᄒᆞ니世傳ᄒᆞ기를昔에南京(明國南京)使臣이燕子娥와留別ᄒᆞ던地라ᄒᆞ고舘頭梁과笠岩浦와於蘭浦ᄂᆞᆫ皆濟州의通行ᄒᆞᆫ津口라其間에華盜頓이라稱ᄒᆞᄂᆞᆫ灘이右ᄒᆞ며於蘭浦南方에遙遙히在ᄒᆞᆫ一嶋ᄂᆞᆫ卽巨文嶋니四時의晴雨를不計ᄒᆞ고其嶋를環ᄒᆞ야航行ᄒᆞ기便利ᄒᆞ니라

珍島(一名因修又沃州)ᄂᆞᆫ我國五大嶋의一이니海南郡三洲院으로봇허石脈이渡海ᄒᆞᆷ이三十里오其要衝에碧波亭이有ᄒᆞ니水中에石脈이橫亘ᄒᆞ고海水가至此ᄒᆞ야波濤가甚急ᄒᆞ니卽李忠武公이日兵을大鏖ᄒᆞ던處라島中에金骨山富智山等의峯巒이高低起伏ᄒᆞ며其南麓의金甲島南桃浦(北有萬戶鎮)等은碇泊ᄒᆞ기足ᄒᆞ고其北의無數群島를雙子列島라ᄒᆞ고西方에浮沈ᄒᆞᄂᆞᆫ者ᄂᆞᆫ西草群嶋라ᄒᆞ니大槪突兀ᄒᆞᆫ怪岩ᄲᅮᆫ이오住民은無ᄒᆞ니라

巨文島ᄂᆞᆫ樂安郡沿岸을距ᄒᆞᆫ約三百里에在ᄒᆞ야(北緯三十四度一分至五分東緯百二十七度十六分至二十八分)三箇의島嶼로成ᄒᆞ니西ᄂᆞᆫ西嶋오(有民二村鑑)東은東嶋니(有竹柚村二)兩島가相擁ᄒᆞ야北으로南에延ᄒᆞ야一峽을成ᄒᆞ고其南端에更倭島가有ᄒᆞ야海灣을成ᄒᆞᆫ지라港內에十餘軍艦을碇泊ᄒᆞᆯ만ᄒᆞᆷ으로英人이稱ᄒᆞ야曰哈蜜爾敦港이라ᄒᆞ고往時에其艦隊가暫時占住ᄒᆞ야交涉上一大問題를惹起ᄒᆞ던處라當時英人의所築ᄒᆞᆫ波市塲과其廢垣殘壘의遺跡이尙存ᄒᆞ고近日도英艦及各國軍艦이每年數次來泊ᄒᆞᄂᆞ니라

莞島ᄂᆞᆫ康津郡前面에橫ᄒᆞ야長은約五六十里오廣은二十里니山脈이全島에起伏ᄒᆞ야高가二千餘尺에至ᄒᆞ며樹木이鬱蒼ᄒᆞ고平地ᄂᆞᆫ少ᄒᆞ며本嶋ᄂᆞᆫ薪智嶋、古今嶋、助藥嶋四島로合ᄒᆞ야一港灣을成ᄒᆞ니(東經一百二十六度四十四分至五十三分北緯三十四度十二分至十四分)港內東西가約二十里오水深이十七八尋에至ᄒᆞ야大艦의碇泊에宜ᄒᆞ니라

黑山嶋(一名牛耳島距羅州三百里)와大黑山嶋ᄂᆞᆫ西南海中에在ᄒᆞ니大黑山島ᄂᆞᆫ黑山嶋西로八百里를絕遠ᄒᆞᆫ地라周가九十餘里오土沃ᄒᆞ야農產이豐ᄒᆞ며(古黑山縣)其外에又紅衣嶋와(在千里外)可佳嶋苫士島ᄂᆞᆫ千七百里에在ᄒᆞ고其外智嶋ᄂᆞᆫ今에郡을置ᄒᆞ얏고歷海島ᄂᆞᆫ古郡이니倭寇를數被ᄒᆞᆷ으로民을內地에移ᄒᆞ고廢郡ᄒᆞ얏ᄉᆞ며其長山島도亦然ᄒᆞ며慈恩、岩曁蘇文、加難、高下、牛月、安昌、愁致、八慕、河衣等諸島ᄂᆞᆫ皆人民의住居ᄒᆞᆫ處오其他無數群島ᄂᆞᆫ一一枚擧키未遑ᄒᆞ노라

法聖浦ᄂᆞᆫ靈光白玉山西北岸에在ᄒᆞ니古水軍의鎭城이오漕倉이有

ᄒᆞ야商船稅船이恒常往來ᄒᆞ고百貨가輻湊ᄒᆞ던地라湖山風景이婉美ᄒᆞ고村閭가櫛比ᄒᆞ며其西南海中에究出ᄒᆞᆫ臨淄(在咸平西八十里有僉使鎭)ᄂᆞᆫ山海風景이畵圖와如ᄒᆞ고其南方務安郡에凹入ᄒᆞᆫ灣口ᄂᆞᆫ多慶浦(有萬戶鎭)屈乃浦向化津(並在咸平郡西北)이니浦頭가相接ᄒᆞ고其外ᄂᆞᆫ鼎足浦오又木浦니(見下)其西海中七嶋가有ᄒᆞᆷ으로七山海라稱ᄒᆞ니石首魚를多產ᄒᆞ야每年春에遠近商船이雲集喧鬨ᄒᆞᆷ으로波市田이라名ᄒᆞ고其外에荏子島(有僉使鎭)古里、望雲、髙道、鞍馬等島가分峙森列ᄒᆞ니라

木浦ᄂᆞᆫ務安東六十里에在ᄒᆞ니榮山江의河口라光武元年에港을開ᄒᆞ니其灣이西向으로開ᄒᆞ야三灣이有ᄒᆞᆫ듸一은海南郡北倉에通ᄒᆞ며一은靈岩郡西倉에及ᄒᆞ며一은羅州를向ᄒᆞ야灣曲을三圜로成ᄒᆞ고西北岸上에古萬戶鎭이有ᄒᆞ니南北은廣ᄒᆞ고東西ᄂᆞᆫ狹ᄒᆞ며前面에孤下島가橫ᄒᆞ고其外ᄂᆞᆫ沙島와達里嶋가屛障을作ᄒᆞ야囊括ᄒᆞᆷ과恰如ᄒᆞ고水深은十八尋으로二十五尋에乃至ᄒᆞ나岸際에暗礁가多

ᄒᆞ고潮流가甚急ᄒᆞ야碇泊이往往困難ᄒᆞᆫ지라其背後ᄂᆞᆫ榮山江流域의數十里沃野가在ᄒᆞ야物産이豐饒ᄒᆞ고四時로魚船이輻湊ᄒᆞ야漁業이繁盛ᄒᆞ며水陸의商業이便利ᄒᆞᆷ으로日本의滊船帆船等이絡繹不絶ᄒᆞ야全羅一道의物貨를綰轂ᄒᆞᄂᆞ니라

木浦와相隔ᄒᆞ야頭靈梁이有ᄒᆞ니卽大掘浦,德津浦의入海口오木浦의下流라高麗太祖가水師로써甄萱의戰艦을燒破ᄒᆞᆷ의甄萱이小舸로逃歸ᄒᆞ던處오其西南唐串은李忠武公이舟師로日兵을大破ᄒᆞ고此에軍餉을儲置ᄒᆞ얏ᄉᆞ며駐龍浦ᄂᆞᆫ卽木浦니其上流의西湖ᄂᆞᆫ錦津江沙湖津이銀積山下에至ᄒᆞ야此湖를灑成ᄒᆞ고湖心의二嶋가有ᄒᆞ니曰大孤山小孤山이오其崖ᄂᆞᆫ北蘇湖니風景이絶勝ᄒᆞ고物色이佳麗ᄒᆞ니라

新城浦ᄂᆞᆫ順天郡에屬ᄒᆞ니光陽郡의一角과麗水郡의一角이海中에突出ᄒᆞ야一深灣을作ᄒᆞ야慶尙全羅의要衝인故로左水營을曾設ᄒᆞᆫ處오漁船商泊이輻湊ᄒᆞ야人家가櫛比ᄒᆞ며其前面의一小島ᄂᆞᆫ曰猫嶋니漁戶가三十餘오其西ᄂᆞᆫ獐島(見上)니라

左水營은今麗水郡을置ᄒᆞ고其前面一大島ᄂᆞᆫ古防踏鎭이니(中宗朝設僉使鎭)其北西로駕莫洋을隔ᄒᆞ야東은南海灣을面ᄒᆞ고南은金鰲島等數三嶋嶼를擁ᄒᆞ야一港灣을成ᄒᆞ니港內에水深ᄒᆞ야艦船의碇泊이便ᄒᆞ고突山郡은其西南方에在ᄒᆞ야諸嶋嶼를管轄케ᄒᆞ며其東面에ᄂᆞᆫ掘前浦오又其西方은京嶋,太禾島,羅發島,多里島等이有ᄒᆞ야人家가稠密ᄒᆞ고金鰲嶋ᄂᆞᆫ突山嶋와鴈島間에介在ᄒᆞ니樹木이繁茂ᄒᆞ고漁戶가殷富ᄒᆞ며其東西兩面에心浦牛室浦의二灣이有ᄒᆞ야艦船의碇泊이極便ᄒᆞ며其東鴈嶋ᄂᆞᆫ釜嶋鳶島와相接ᄒᆞ니라

(都會勝地)光州(武珍翼陽翼州海陽)ᄂᆞᆫ全羅南道의首府니羅州東榮山江上流에在ᄒᆞᆫ一大都會라曠邈ᄒᆞᆫ平野를有ᄒᆞ야農産이饒沃ᄒᆞ며市街가繁昌ᄒᆞ며人烟이稠密ᄒᆞ고物貨가集湊ᄒᆞᆷ으로富豪의村落이多ᄒᆞ며無等

山圭峯寺에三尊石이有ᄒᆞ니高가數百尺이오石壁下에風穴이有ᄒᆞ며漆川이北流ᄒᆞ야沙湖江을作ᄒᆞ니라

羅州(錦城錦山)ᄂᆞᆫ錦城山南과榮山江(一名錦津有沙湖江)又北岸에在ᄒᆞ니東은光州를隣ᄒᆞ고南은靈岩을接ᄒᆞ야田野가饒沃ᄒᆞ고農產이豐饒ᄒᆞ며又棉花가宜土ᄒᆞ야品質이全國에第一이오其西南은江河의利를括ᄒᆞ야地廣物豐ᄒᆞᆷ으로富庶ᄒᆞᆷ이南方에甲ᄒᆞ며且近日은木浦港과密接ᄒᆞ야舟船의便이有ᄒᆞᆫ지라商賈의輻湊ᄒᆞᆷ이比前에尤繁ᄒᆞ고州南에浣紗泉은高麗太祖吳王后(莊和后)의浣紗處라太祖가羅州에出鎭ᄒᆞᆯ시木浦에泊舟ᄒᆞ고望見ᄒᆞ니洲上에五色雲氣가起ᄒᆞᆷ으로尋至ᄒᆞ야后의浣布ᄒᆞᆷ을見ᄒᆞ고召幸ᄒᆞ야惠宗을生ᄒᆞ니라

靈岩(朗州)은羅州南에在ᄒᆞ니人家가稠密ᄒᆞ야亦、一商業의區오其南鳩林里ᄂᆞᆫ新羅時에支那航行을發ᄒᆞ던著名地오郡西에崔氏園이有ᄒᆞ니新羅名釋道詵의生ᄒᆞᆫ地오又、其西銀積山下에西湖와勝景이有ᄒᆞ니라

順天(昇平平陽)은本道南端曹溪山麓에在ᄒᆞᆫ一都會라山水가奇麗ᄒᆞᆷ으로世가小江南이라稱ᄒᆞᄂᆞ니人烟이稠密ᄒᆞ고閭閻이殷富ᄒᆞ며城南玉泉上에燕子樓ᄂᆞᆫ古者에太守孫億이官妓好好와遊宴ᄒᆞ던處오八馬碑ᄂᆞᆫ高麗崔碩의淸白遺愛의古跡이나今에皆、荒廢ᄒᆞ얏고松廣寺ᄂᆞᆫ道僧冲戢의住錫處니其後에道僧懶翁이亦此寺에서衣鉢을無學에게傳ᄒᆞ니라潺水ᄂᆞᆫ亦曰蟾江이니蟾江灣에入ᄒᆞ니라

順天의東光陽은慶尙南道晋州와密接ᄒᆞ야一水를隔ᄒᆞ니其北白鷄山玉龍寺ᄂᆞᆫ道詵의所捿(唐咸通五年創有崔惟淸所撰碑文)이오其東에伽倻山이有ᄒᆞ며東西二川이南流ᄒᆞ야入海ᄒᆞ니其西龍門은蒼壓壁立ᄒᆞᆷ이斗絶如懸ᄒᆞ고飛瀑이走下ᄒᆞ야喧豗ᄒᆞᆷ이雷吼와如ᄒᆞ니라

康津(道康耽津)郡은長興西海岸에在ᄒᆞ니陸軍兵馬營의鎭管이더니今廢ᄒᆞ고其南萬德山은上皆石峯이오月南寺와白蓮社가有ᄒᆞ니冬栢이

滿洞ᄒᆞ고景槩가奇絶ᄒᆞ며月出山에養子岩은古代에倭寇를避ᄒᆞ야岩上에서妻子를保全ᄒᆞᆫ故로名ᄒᆞ며其西海南郡은右水營의舊鎭이라其黃原縣埋玉山에華斑石自然銅이産ᄒᆞ니라

茂長郡茂松長沙은靈光北에在ᄒᆞ니其北塩井은黔堂浦邊에在ᄒᆞ야水가白而鹹ᄒᆞᆷ으로土人이潮退ᄒᆞᆷ을候ᄒᆞ야汲水煑塩ᄒᆞ면其利가甚富ᄒᆞ고且冬栢亭은海中斗入ᄒᆞᆫ山上에搆ᄒᆞ야景致가頗佳ᄒᆞ며其西北古長沙縣海渚에白沙가成堆ᄒᆞ야匹練과如ᄒᆞᆷ이數十里인故로名을長沙浦라ᄒᆞ니南方海濱에皆塩鹵無沙ᄒᆞ되惟此에有ᄒᆞ니라

濟州一名瀛洲 東ᄂᆞᆫ本耽羅國이니或稱毛羅라古初에高夫良三乙那가其地에分處ᄒᆞ야國을開ᄒᆞ얏더니新羅時에高厚高淸等이渡海ᄒᆞ야來朝ᄒᆞᆷ으로新羅王이喜ᄒᆞ야號를星主라ᄒᆞ고國號를耽羅라ᄒᆞ얏고後에百濟를服事ᄒᆞ다가百濟亡ᄒᆞᆷ이新羅文武王元年에國主徒冬音律이來降ᄒᆞ고高麗太祖二十年에王子末老가來朝ᄒᆞ고肅宗十年에耽羅를改ᄒᆞ야耽津郡의領縣을合ᄒᆞ얏더니元宗十年에反賊金通精이三別抄를領ᄒᆞ고其地에入據ᄒᆞᆷ으로金方慶을命ᄒᆞ야討平ᄒᆞ얏고忠烈王三年에元이牧馬場을合ᄒᆞ얏다가二十年에請還ᄒᆞ야濟州라改稱ᄒᆞ고始崔瑞로牧使를合ᄒᆞ얏고恭愍王元年에元이萬戶를置ᄒᆞ얏더니十六年에復來屬ᄒᆞ고我　太宗二年에星主高鳳禮와王子文忠世等이星主의名號를請改ᄒᆞ거ᄂᆞᆯ星主로ᄡᅥ左都知管을삼고王子로ᄡᅥ右都知管을삼앗다가　世祖十二年에按撫使라改ᄒᆞ고後에又牧使라改ᄒᆞ니其地ㅣ北緯三十三度十二分으로二十一分에至ᄒᆞ며東經百二十六度八分으로五十七分에至ᄒᆞ니東西約三百餘里오南北이約百二十里라其地形이圓長ᄒᆞ야鷄子와恰如ᄒᆞ니漢拏山脉이高低起伏ᄒᆞ야全嶋에磅礴ᄒᆞ며東北海濱의一帶地ᄂᆞᆫ土壤이膏腴ᄒᆞ야菜蔬가適宜ᄒᆞ나本嶋海岸은周圍가皆斷崖絶壁이오潮流가恒常變幻急迅ᄒᆞ며且時時山嵐으로船舶의投碇이不便ᄒᆞ고其東端의牛島海峽이

稍安靜ᄒᆞ야風波를僅避ᄒᆞᄂᆞ니라

本島ᄂᆞᆫ一牧二郡에分ᄒᆞ니北部ᄂᆞᆫ濟州오南西部ᄂᆞᆫ大靜이오南東部ᄂᆞᆫ旌義니民俗이淳儉ᄒᆞ고禮讓이有ᄒᆞ며水土가攝養에宜ᄒᆞ야壽考가多ᄒᆞ며天氣가常煖ᄒᆞ야草木의冬靑이多ᄒᆞ며女多男小ᄒᆞ니라

〔山巓及河流〕漢拏山은(在州南二十里)本嶋中央에聳起ᄒᆞ야山項의巍峨ᄒᆞᆷ이雲漢을可拏ᄒᆞᆯ만ᄒᆞᆫ故로名ᄒᆞᆷ이니高가六千五百五十八尺이오峯頭가平圓ᄒᆞ며其上에舊時噴火口가有ᄒᆞ야一大池를成ᄒᆞᆷ이釜와如ᄒᆞᆫ故로又名은釜山이오又名은頭無(俗稱釜爲頭無故名)오其池徑은數百步니名曰白鹿潭(白鹿群游故名)이라蒼黑深絕ᄒᆞ야逼視키難ᄒᆞ고五月에도白雪이尙存ᄒᆞ며大靜郡으로서一線鳥道를由ᄒᆞ야其絕項에登ᄒᆞ면南極老人星을可見ᄒᆞᆫ다ᄒᆞ며世가瀛洲山이라稱ᄒᆞ야金剛智異와幷히三神山이라ᄒᆞ니라其山脉이全島에連綿ᄒᆞ야傾斜地를造ᄒᆞ고南面에ᄂᆞᆫ樹木이鬱茂ᄒᆞ야松、樟、梔、椢等溫帶地의植物이多ᄒᆞ고虎豹의惡獸ᄂᆞᆫ無ᄒᆞ며島의東에元堂岳(山頂有池大旱不涸)과長兀岳과東南에禿岳思美等群岳이列峙ᄒᆞ고西南은鉢山感恩岳等이環立ᄒᆞ니라河流ᄂᆞᆫ無ᄒᆞ고但禾北川水精川等이一小流에不過ᄒᆞ며大靜의塞達川은中에天帝潭이有ᄒᆞ니崖壁이斗絕ᄒᆞ야洞府를成ᄒᆞ고淸泉一道가石罅에噴出ᄒᆞ야瀑布를作ᄒᆞᄂᆞ니라

〔海灣及島嶼〕本島港灣의屈曲이少ᄒᆞ고島嶼明月浦ᄂᆞᆫ船舶의往來ᄒᆞᄂᆞᆫ口라古者支那使節이每此에서候風ᄒᆞ야七晝夜를經ᄒᆞ면中國에渡ᄒᆞᆫ다ᄒᆞ며高麗末에元將迭吉里가此嶋에來據ᄒᆞ야王命을抗拒ᄒᆞᆷ으로大將崔瑩이往討ᄒᆞ던故蹟이尙存ᄒᆞ고其東方에山城浦ᄂᆞᆫ漁船의碇泊이便ᄒᆞ며敎衣(一名衣浦)道朝天、禾北、咸德、魚登、金寧、別防串等浦口가有ᄒᆞ야牛嶋와相對ᄒᆞ고其西ᄂᆞᆫ涯月、歸德、貴日、高內、甕浦、排舲、板浦、釜浦等이有ᄒᆞ며其雄原斜鼠等嶋ᄂᆞᆫ楸子嶋附近에在ᄒᆞ며大小火脫島ᄂᆞᆫ石壁이削立ᄒᆞ고石峰이嵯峨ᄒᆞ야樹木이無ᄒᆞ고赤色이如火ᄒᆞᆷ

으로火脫이라名ᄒᆞ니其山에柔韌ᄒᆞᆫ草가生ᄒᆞ야器具를可作ᄒᆞ고大陸과通ᄒᆞᆫ船路ᄂᆞᆫ涯月浦로븟허此島와斜鼠島를經ᄒᆞ야楸子嶋에至ᄒᆞ니此嶋의間에二水가交流ᄒᆞ야波濤가洶湧ᄒᆞᆷ으로船舶往來가甚困難ᄒᆞ니라

牛嶋ᄂᆞᆫ本嶋東方에在ᄒᆞ니周가五十里오其西南에巨竇가有ᄒᆞ야小船을可容ᄒᆞ고稍進ᄒᆞᆫ則數三軍艦을可藏ᄒᆞᆷ만ᄒᆞ며水牛가常棲息ᄒᆞ고又其上에大石이如屋ᄒᆞ니日光이浮耀ᄒᆞ면星芒이燦然ᄒᆞ고氣甚寒凜ᄒᆞ야毛髮이竦然ᄒᆞᆫ故로俗言에神龍이藏ᄒᆞᆫ處라ᄒᆞᄂᆞ니七八月間에漁船이往ᄒᆞ면大風雷雨가必有ᄒᆞ다ᄒᆞ니라

其他五朔浦、西歸浦、虎嶋、知歸島、首山浦等은旌義郡에屬ᄒᆞ니或牧羊場馬場이有ᄒᆞ며西林浦、遮歸浦、猊來浦와摩羅、蓋波、貫島、竹島等은大靜郡에屬ᄒᆞ고又、飛揚島ᄂᆞᆫ竹箭이産ᄒᆞ며牧場이有ᄒᆞ니라

本島州南에廣壤堂은俗傳胡宗朝의壓氣ᄒᆞᆫ處이라ᄒᆞ고州東에高齡田은唐船이來敗處라田間에往往瑪瑙等寶物을掘得ᄒᆞ며今漢拏山岩石間에海水의嚙ᄒᆞᆫ痕이宛然ᄒᆞ며螺石이間有ᄒᆞ니古者에滄海가變ᄒᆞ야桑田됨을可知ᄒᆞᆯ지오州北山麓에毛興穴이有ᄒᆞ니諺에三乙那의湧出處라ᄒᆞ나荒誕ᄒᆞᆷ을難信ᄒᆞ도다

土産은柑橘柚와梔子、榧子와蠙珠、玳瑁、珊瑚와厚朴、杜冲、枳殼、八角香、石斛等藥材와麞鹿과魚物이多ᄒᆞ니라

高維ᄂᆞᆫ本島人이니高麗靖宗時에賓貢으로登第ᄒᆞ야官이右僕射에至ᄒᆞ고其子兆基ᄂᆞᆫ平章事에至ᄒᆞ니此ᄂᆞᆫ筮仕의始라今高氏夫人梁氏(本良氏)가皆三乙那의子孫이라ᄒᆞᄂᆞ니乙那ᄂᆞᆫ我國方言에嬰兒를謂ᄒᆞᆷ이라

旌義郡은我　太宗朝에始置ᄒᆞ시니瀛洲山月羅山城山等이有ᄒᆞ고城山은周가十餘里니海中에斗入ᄒᆞᆫ石壁이屛障과如히數千丈을側立ᄒᆞᆷ으로石磴을鑿ᄒᆞ야道를通ᄒᆞ고其西洪爐川邊에洪爐村이有ᄒᆞ

니라

大靜郡은亦 太宗朝에置ᄒᆞ시니遮歸岳、琴瑟岳과龜嶽、蠑山、孤根山等이列峙ᄒᆞ니라

高麗穆宗五年에耽羅의山이四孔을開ᄒᆞ고赤水가湧出ᄒᆞ다가五日에止ᄒᆞᆷ의其水가皆瓦石을成ᄒᆞ얏고又十年에耽羅海中에一山이湧出ᄒᆞ거늘大學博士田拱之를命ᄒᆞ야往視ᄒᆞᆫᄃᆡ耽羅人이言ᄒᆞ야曰山의湧出ᄒᆞᆯ時에雲霧가晦冥ᄒᆞ고地震이轟壯ᄒᆞ다가凡七晝夜만에始開霽ᄒᆞ더니有山이高ᄂᆞᆫ約百餘丈이오周圍ᄂᆞᆫ可四十餘里인ᄃᆡ草木도無ᄒᆞ고但烟氣가其上에羃ᄒᆞ야望之ᄒᆞ면石硫黃과如ᄒᆞ다ᄒᆞᄂᆞᆫ지라拱之가山下에躬至ᄒᆞ야其形을圖ᄒᆞ야以進ᄒᆞ니此ᄂᆞᆫ噴火의所成이로다

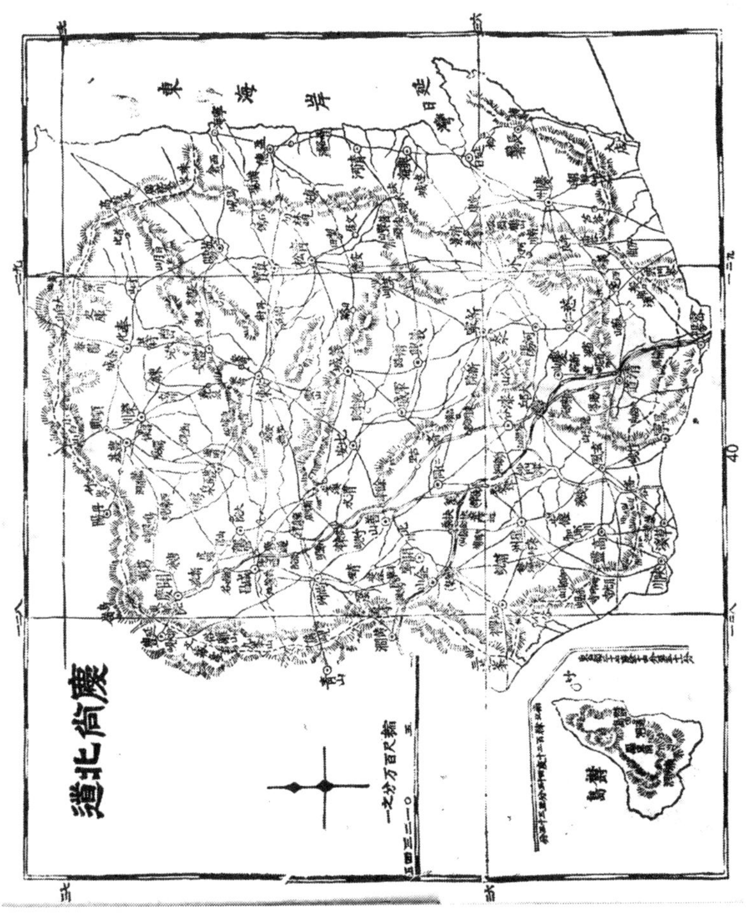
慶尙北道

第六章 慶尙北道

(位置境界)慶尙北道는我國의東南方에在ᄒᆞ니東北은江原道와接ᄒᆞ고北西는忠淸北道와界ᄒᆞ고西南은全羅道와隣ᄒᆞ고南은南道와連ᄒᆞ니東西는約三百五十里오南北은約四百五十里니北緯三十五度半으로三十七度에至ᄒᆞ고東經百二十八度로百二十九度半에至ᄒᆞ니라

(地勢)는西境과北部에는山岳이重疊ᄒᆞ고東南에는岡巒이處處에起伏ᄒᆞ며中央은大槪平坦ᄒᆞ야田野가豐沃ᄒᆞ고人烟이稠密ᄒᆞ며洛東江이中央을貫流ᄒᆞ니舟船의運이便利ᄒᆞ니라

(沿革)은古辰韓의地니新羅의國이되얏다가高麗太祖ㅣ統合後에東南道都部署使를置ᄒᆞ야慶州에設司ᄒᆞ얏고成宗十四年에尙州所管으로嶺南道를삼고慶州、金州所管으로嶺東道를삼앗다가睿宗元年에改ᄒᆞ야慶尙晋州道라稱ᄒᆞ고明宗元年에又分ᄒᆞ야慶尙道라稱ᄒᆞ

고神宗七年에又尙晋安東道라合稱ᄒᆞ얏다가尋에慶尙晋安道라改ᄒᆞ고高宗四十六年에平海盈德德原松生四縣을割ᄒᆞ야溟州道에隷ᄒᆞ얏더니後에德原盈德松生은本道로還屬ᄒᆞ고忠肅王元年에慶尙道라定ᄒᆞᆷ이本朝도因稱ᄒᆞ얏고今 上三十三年에南北道로分ᄒᆞ시니凡四十二郡이니라

(山嶺)은太白山이本道北方에聳峙ᄒᆞ야江原道와界를畫ᄒᆞ니太白의一支ᄂᆞᆫ西으로小白山(豐基)竹嶺(仝上)鵲城(醴泉)鷄立、主屹、曦陽(聞慶)靑華、俗離(尙州)秋風(黃澗)黃岳(金山)德裕(安義)長安、智異等山이되야西北으로大嶺의界를限ᄒᆞ고一支ᄂᆞᆫ東으로走ᄒᆞ야日月(英陽)淸凉(安東)周房(靑松)普賢(仝上)斷石(慶州)吐含(仝上)雲門(淸道)圓寂(梁山)金井(東萊)等山이되야東南海上에止ᄒᆞ니라

太白山은本道北方奉化郡北七十里에在ᄒᆞ니江原忠淸三道의交에盤礴ᄒᆞᆫ巨山이라其山이石少土多ᄒᆞ고峯嶺이皆秃立ᄒᆞ며山上에潢池가有ᄒᆞ니池水가潺潺起波ᄒᆞ며風光이秀麗ᄒᆞ고池邊에居民이村落을成ᄒᆞ야粟蔗로生活ᄒᆞ고嶺下에覺華寺와洪濟菴은往往히高僧이棲息ᄒᆞ며國朝史庫가有ᄒᆞ니라

小白山은順興郡西北에聳立ᄒᆞᆫ土山이니巖石이無ᄒᆞᆫ故로山은大ᄒᆞ나形勝이乏ᄒᆞ고遠望ᄒᆞ면峯巒이蓊鬱起伏ᄒᆞ야行雲流水가際天ᄒᆞᆫ듯ᄒᆞ고上峯은曰國望이오又慶元輪庵等峰과郁錦陽谷의洞이有ᄒᆞ니皆此山의靈境이니라

淸凉山은安東郡才山古縣에在ᄒᆞ니孤雲崔致遠이嘗此山에讀書ᄒᆞᆫ으로致遠峰과爛柯臺가著名ᄒᆞ고其傍石窟中에一老婆의像이有ᄒᆞ니此ᄂᆞᆫ孤雲의爨炊婢라ᄒᆞ고且松臺風穴의奇勝이有ᄒᆞ며國朝退溪李文純公滉의藏修ᄒᆞᆫ處라禮安江上에結峙ᄒᆞ야外觀에ᄂᆞᆫ但土山에古松이点綴ᄒᆞᆯ분이나及其洞府에入ᄒᆞ면四面石壁이環圍ᄒᆞ야奇巖絶壓가名狀키難ᄒᆞ고山水가明麗ᄒᆞ며形勝이淸秀ᄒᆞ야世人이武夷九曲에比ᄒᆞᆷ으로其名이國內에最著ᄒᆞ고又鶴駕、文殊、天登、白屛、文筆

遠志、蓬萊等諸山이四面에列峙ᄒᆞ니天登山의鳳亭寺와落水臺와琵琶山의三層石室과蓬萊山의絕壁深潭은皆景槩가奇絕ᄒᆞ니라

鳥嶺은本道西北境에在ᄒᆞ야巍然히雲表에出ᄒᆞ니險阻橫亘ᄒᆞ야南北을限截ᄒᆞ고其中一嶺이稍坦夷ᄒᆞ야坂路가逶迴홈이蜿蜒ᄒᆞᆫ長蛇와如ᄒᆞ고人馬를通行홈으로往時에京城을通ᄒᆞᆫ大路를作ᄒᆞ야車馬의來往이如織ᄒᆞ더니鐵路의敷設이秋風嶺으로直貫홈의行人의來往이稀少ᄒᆞ야店幕이蕭條ᄒᆞ고且此嶺은關阨의重地라山腹에三重의城砦를環築ᄒᆞ고三關門을設ᄒᆞ야鎭將을置ᄒᆞ고防守ᄒᆞ더니近日은廢止ᄒᆞ얏고森林이四五十里를蓊鬱ᄒᆞ야宮室舟車의材가多出ᄒᆞ나鎭守가無人홈의採伐을莫禁ᄒᆞ야稍稍童濯의歎이有ᄒᆞ니라其中御遊洞은高麗恭愍王의避難駐蹕處니宮室의遺址가尙存ᄒᆞ며龍湫는草岾上에在ᄒᆞ니巖石이矗立ᄒᆞ고飛瀑이成潭ᄒᆞᆫ데三石竇이含牙深黑ᄒᆞ야令人으로竦然氣慴ᄒᆞ고其南에串岬遷이有ᄒᆞ니緣厓鑿石ᄒᆞ야棧道를架設ᄒᆞ고縈紆屈曲이六七百步라諺傳ᄒᆞ기를高麗太祖가南征ᄒᆞ실ᄉᆡ此에至ᄒᆞ야道路를不得ᄒᆞ더니有兎가緣厓而走ᄒᆞ야途、開路ᄒᆞᆫ故로又名을兎遷이라ᄒᆞ고其下ᄂᆞᆫ犬灘이迴流ᄒᆞ며其西ᄂᆞᆫ曦陽、靑華、仙遊諸山이迸峙ᄒᆞ니라

太白山의一支가南延ᄒᆞ야劍磨日月諸山이되니劍磨ᄂᆞᆫ其峯이刀劍과如히尖銳ᄒᆞ야可攀키難ᄒᆞ고日月山은磅礴深峻ᄒᆞ야重岡疊嶂이綿亘起伏ᄒᆞ며東南으로周房普賢龍頭等山이되니周房의鶴巢巖과龍頭의蓴井水ᄂᆞᆫ靈異의境으로著名ᄒᆞ고鵄述嶺은慶州南三十里에在ᄒᆞ니新羅朴堤上의夫人이二女를携ᄒᆞ고痛哭自盡ᄒᆞᆫ處오鵄述의一支ᄂᆞᆫ東으로吐含、明活、狼山、含月等山이되야慶州海上에雄峻ᄒᆞ고又西로望海山(長鬐)과北으로雲梯山(延日)이되니雲梯山頂에在ᄒᆞᆫ大王巖은巖間에泉水가沸出ᄒᆞ고又萬丈巖이有ᄒᆞ며一支ᄂᆞᆫ東南으로東大黃梯等山이되야蔚山海에臨ᄒᆞ니라

普賢山(一名母子)은東으로大海를臨ᄒᆞ고北으로鳥嶺을望ᄒᆞ며法華洞에冷泉이流出ᄒᆞᄂᆞᆫᄃᆡ盛夏에도氷이不解ᄒᆞ고其南에舞鶴山이極峻ᄒᆞ고又其南에聳起ᄒᆞᆫ者ᄂᆞᆫ雪門山이니山勢高峻ᄒᆞ야數州에盤據ᄒᆞ고洞壑이深邃ᄒᆞ야奇巖澄淵이多ᄒᆞ며其中落花巖과妓淵은新羅王의游宴處니舞妓가落水ᄒᆞᆫ故로得名ᄒᆞᆷ이오其雲門寺ᄂᆞᆫ道內에有名ᄒᆞᆫ鉅刹이며其東에馬谷山과關門山이屹立ᄒᆞ고淸道西北의八助嶺은嶺路險峻ᄒᆞ야南方의要阨이니라

八公山은大邱北部에聳峙ᄒᆞ야新寧永川等七邑의交에透迤橫亘ᄒᆞᆫ鉅山이라其中에修道洞은百尺飛瀑이有ᄒᆞ며又仙舟巖拱仙臺의勝이奇絶ᄒᆞ고桐華寺와銀海寺가最著ᄒᆞ니桐華寺에弘眞의碑가有ᄒᆞ고名僧의古跡이多ᄒᆞ며此山은新羅時에父嶽이라稱ᄒᆞ고中祀에躋ᄒᆞ얏ᄂᆞ니라其西ᄂᆞᆫ架山(漆谷)이니 肅廟朝에山城을築ᄒᆞ야南土保障을作ᄒᆞ얏고又其北은流嶽山(仁同)天生山(仝上)이니金烏山(善山)이隔江相峙ᄒᆞᆫ지라金烏山은一名은南嵩이니山城이有ᄒᆞ야鎭堡를設ᄒᆞᆫ處라城內에九井七澤이有ᄒᆞ며其北에大穴窟이有ᄒᆞ니百丈飛瀑이垂下ᄒᆞ며高麗末에吉冶隱再가棄官歸隱ᄒᆞ던處라採薇亭、種竹田이至今尙在ᄒᆞ니라琵瑟山(玄風)은亦名苞山이니山勢峻極ᄒᆞ야大見天王의峰이有ᄒᆞ며新羅道僧觀機道成의同隱處니라

(河流)洛東江은其源이太白山潢池에서發ᄒᆞ야穿山南流ᄒᆞ야買吐川(奉化)이되고安東、禮安、眞寶、榮川、龍宮、聞慶、醴泉等諸郡의水를受ᄒᆞ야尙州東에至ᄒᆞ야洛東江이되야本道西部中央을貫ᄒᆞ야南道로流下ᄒᆞᄂᆞ니蓋全道內川溪의衆水를合受東流ᄒᆞ야七百餘里를汪洋浩渺ᄒᆞ야一條派로海口에入ᄒᆞᆷ으로俗稱ᄒᆞᄃᆡ嶺南人의性質이此水와如히勁直不撓ᄒᆞ다ᄒᆞᄂᆞ니라

洛江의以外ᄂᆞᆫ他大流가無ᄒᆞ고但支流에不過ᄒᆞ니琴湖江은源이靑松普賢山에서發ᄒᆞ야南流ᄒᆞ야永川、慈乙阿川이되고永川、新寧、河陽、

慶山諸郡의水를合ᄒᆞ야大邱北에至ᄒᆞ야泗水가되고又解顔川、八莒川을合ᄒᆞ야沙門津에서洛東江에注ᄒᆞ니淺灘이多ᄒᆞᆷ으로舟船의航運을不得ᄒᆞ고但灌漑의利가有ᄒᆞ니라

(海灣及島嶼)本道ᄂᆞᆫ東方一帶가東海를面ᄒᆞ얏스나海灣岬角의出入이不多ᄒᆞ고惟略干浦嶼가有ᄒᆞ더니近年에江原道鬱島를本道에移屬ᄒᆞ니라

鬱島ᄂᆞᆫ(北緯百三十度四十五分至三十五分 東經三十七度三十四分至三十一分)古鬱陵島니蔚珍東三百餘里에在ᄒᆞ야一名羽陵이오亦曰武陵이니三峯이岌業撑空(高四千尺)ᄒᆞᆫ데風日이淸朗ᄒᆞᆫ즉峰頭樹木과及沙渚山根이歷歷可見이오地方은約五百四方里니新羅智證王時에異斯夫가木獅子로誑服ᄒᆞᆫ國이라高麗以來로貢獻이不絶ᄒᆞ더니後에女眞의寇掠을屢被ᄒᆞ야其地를遂空ᄒᆞ얏고毅宗以來로置縣코져屢屢ᄒᆞ다가風濤의險으로乃停ᄒᆞ얏더니國朝 太宗朝에按撫使金麟雨를命ᄒᆞ야逃民을刷出ᄒᆞ시고

世宗二十年에萬戶南顥를遣ᄒᆞ샤逋民金丸等七十餘人을刷還ᄒᆞ시고其地를仍空ᄒᆞ얏더니光海七年에倭船二艘가來泊ᄒᆞᆷ으로朝廷이移書責送ᄒᆞ고肅宗十九年에馬島守平義信이漂民二口를押還ᄒᆞ고移文辭意가模糊ᄒᆞᆷ으로屢次往覆이頻繁ᄒᆞ다가安龍福의事件이生ᄒᆞ야畢竟歸定ᄒᆞ니其事實은別記ᄒᆞ려니와本嶋ᄂᆞᆫ柴胡、石楠、藁本等藥草가產ᄒᆞ며土地膏沃ᄒᆞ야竹大如杠ᄒᆞ고鼠大如猫ᄒᆞ고桃核가大如升ᄒᆞ면嘉支魚가產ᄒᆞ며槻木、檀木은最堅緻ᄒᆞ야船舶의良材오其他森林도亦富ᄒᆞ며大豆ᄂᆞᆫ年年產額이五六百石에達ᄒᆞ고秋季ᄂᆞᆫ山鷂이萃集ᄒᆞᆷ의嶋人이此를捕獵ᄒᆞ야肉과脂肪으로食品及燈油에供ᄒᆞ며又石花菜、山葡萄等이甚佳ᄒᆞ야輸出에至ᄒᆞ고嶋中에藥泉이有ᄒᆞ니酸味를帶ᄒᆞ야疾病에藥餌를代ᄒᆞ고于山島ᄂᆞᆫ其東南에在ᄒᆞ니라

丑山浦ᄂᆞᆫ寧海郡東에在ᄒᆞ니昔에水軍鎭을設置ᄒᆞ얏던處라其北은

平海郡과接界ᄒᆞ고其東은丑山島니其形이如牛ᄒᆞᆫ故로名이라觀魚臺가有ᄒᆞ야臨海據山ᄒᆞ니一望千里오白石汀、網谷浦、高浦、大津鯨汀等이北南에縹渺ᄒᆞ고其南은盈德島浦와淸河介浦와興海漆浦等이有ᄒᆞ니라

延日灣은延日郡東에突出ᄒᆞᆫ處니即冬乙背串이라灣內의廣이數里에亘ᄒᆞ고深이數十尺인故로商船砲艦이碇泊이便利ᄒᆞ나東北風은避ᄒᆞ기不便ᄒᆞ며其南岸은丘陵崗巒이高低起伏ᄒᆞ고西北岸은白沙碧礫이相連ᄒᆞ야風光이佳絶ᄒᆞ고其北은竹島와浦項이니浦項은注津의口오兄山江의下流라每冬에靑魚가必此에先產ᄒᆞᆷ으로進獻然後에諸邑이始捕ᄒᆞᄂᆞ니實로東海의一大浦口市場으로著名ᄒᆞ니라

〔都會勝地〕大丘(達句一名)ᄂᆞᆫ本道觀察道의首府라四圍에山岳이環繞ᄒᆞ고中央에大野가平曠ᄒᆞ며琴湖江이自東西流ᄒᆞ니沿流土地가膏沃ᄒᆞ야農作이豐饒ᄒᆞ고一道의中心에處ᄒᆞᆷ으로物貨가輻湊ᄒᆞ고商業이繁昌ᄒᆞ야市街가殷富ᄒᆞ며闤闠이櫛比ᄒᆞ니實로我國南方의最大都會라近日은又京釜鐵道가橫貫ᄒᆞ야一大停車地가됨으로外國人의家屋店肆가三面에羅列ᄒᆞ야商工業이日加發達ᄒᆞ며其東桐藪ᄂᆞᆫ卽高麗太祖가甄萱에게被圍ᄒᆞ야壯節公申崇謙의戰殉ᄒᆞᆫ處오其西箭灘은桐藪의戰에箭이水中에積ᄒᆞᆷ으로稱ᄒᆞᆷ이라ᄒᆞ고達城은城西의一巢阜니古徐氏의遺基라ᄒᆞ니라

慶州(鷄林東京)ᄂᆞᆫ新羅古都라西北은山岳이圍繞ᄒᆞ고東南은海를臨ᄒᆞ야田畝가縱橫ᄒᆞ고土地가豐沃ᄒᆞ며人烟이稠密ᄒᆞ고物貨가輻湊ᄒᆞ니實、嶺脊九郡中第一市街오其南山에ᄂᆞᆫ靑、白、紅、紫의玉石이産ᄒᆞ니全國에著名ᄒᆞ고金鰲山(六郡南里)西麓에鮑石亭의遺址가尙存ᄒᆞ며其東은書出池오月明巷은(金城南)處容의歌舞地오城西仙桃山에聖母祠의遺蹟과蘿井、始林、閼英井、의古址ᄂᆞᆫ至今村翁野老의傳說이詭誕ᄒᆞ나宮殿의遺址와瞻星臺、昌林寺의往蹟은但、零砌片石이殘霞落照에古痕

을空留ᄒᆞ야亡國餘恨을感慨無窮케ᄒᆞᆯ뿐이오新羅三寶에玉帶金像은下落을不知ᄒᆞ되一雙玉笛은不磨猶存ᄒᆞ야秋樹斜陽에感懷를不禁ᄒᆞ도다半月故城과辰韓六部에三姓의古跡이種種ᄒᆞ되今에枚述키不遑ᄒᆞ노라

尙州(沙梁又上洛陁阿又商山)ᄂᆞᆫ本沙伐國이니亦嶺南의一大都會라北은鳥嶺을控ᄒᆞ고東은洛江을帶ᄒᆞ야水陸의運輸가便利ᄒᆞᆷ으로百貨가委積ᄒᆞ고衆商이嚮集ᄒᆞ며城堞과市街가宏富ᄒᆞ고田野가衍沃ᄒᆞ야穀物이豐産ᄒᆞ며其沙伐古城은州東屛風山下에在ᄒᆞ고北境의恭檢池ᄂᆞᆫ高麗時에崔正份이舊址를因ᄒᆞ야修築ᄒᆞᆫ바니(長八百六十五尺周一萬六千六百四十七尺)灌漑의利가甚巨ᄒᆞ고州西九峰山의龍華寺面村은黃腸及宮室의材가多産ᄒᆞ니라

星州(京山又星山偣州又興安)ᄂᆞᆫ本碧珍伽倻國이니其東은洛江을臨ᄒᆞ고其西北에斐旨(有太子殿)修道伽倻等山이蟠礡ᄒᆞ며伊伽兩川이流下ᄒᆞ니田野의

膏沃ᄒᆞᆷ과灌漑의便利ᄒᆞᆷ이實로全道의第一이라花園古縣北의城山은世傳에羅王의賞花處니上國里世子旨等村이有ᄒᆞ고其禿用山城은森林이富饒ᄒᆞ니라

善山郡(嵩善善州)은洛東江西岸과甘川北에在ᄒᆞ니金烏山이其南에峙ᄒᆞ고飛鳳山이北에鎭ᄒᆞ야山川이淸秀明郞ᄒᆞᆫ故로諺에云ᄒᆞ기를韓國의人才ᄂᆞᆫ半이嶺南에在ᄒᆞ고嶺南의人才ᄂᆞᆫ半이善山에在ᄒᆞ다ᄒᆞ니라郡南甘川이每潦水漲溢ᄒᆞ면田土와民戶를漂沒ᄒᆞᆷ으로畢齋金文簡公宗直이楡栗을種植ᄒᆞ야水患을防ᄒᆞ니名을冬至藪라稱ᄒᆞ고郡東의太祖山은高麗太祖의駐蹕處오其南에拔甄浦ᄂᆞᆫ麗祖가甄萱을戰敗ᄒᆞᆫ處니古城趾가至今尙在ᄒᆞ고又冷山의桃李寺ᄂᆞᆫ新羅時에阿道和尙의卓錫ᄒᆞᆫ古刹이라佛法이此時(訥祗王時)에始有ᄒᆞ니俗傳에阿道가山下에到ᄒᆞᆷ의冬月에桃李가盛開ᄒᆞᆷ으로寺名을此로써稱ᄒᆞ고且其地名도桃開部曲이라稱ᄒᆞ며又金烏山北에道詵窟이有ᄒᆞ니千仞

巖壁上에巖穴이天成ᄒᆞ고窟內에古屋基址가有ᄒᆞ며其下ᄂᆞᆫ吉冶隱의古祠가有ᄒᆞ고其北鳳溪里ᄂᆞᆫ冶隱의故里오又藥哥女가在ᄒᆞ니麗末에村女藥哥가冶隱의忠節을慕ᄒᆞ야守節不改ᄒᆞᆷ으로至今에冶隱과忠烈을幷旌ᄒᆞ야煌煌綽楔에百世淸風八年孤燈의八字를大書ᄒᆞ얏고又義犬塚과義牛塚이有ᄒᆞ니昔、古者에犬과牛가能히主人을爲ᄒᆞ야患難을防衛ᄒᆞ고力盡自斃ᄒᆞᆫ故로特히塚을表ᄒᆞᆷ이오洛江畔에ᄂᆞᆫ鯉埋淵、鶴鵠石、犬灘、月汝亭、寶泉灘等의名蹟이種種ᄒᆞ니라

善山의西ᄂᆞᆫ開寧郡이니卽、古甘文國이라新羅助賁王이滅ᄒᆞ고靑州를置ᄒᆞ니北은甘文山을負ᄒᆞ고南은甘川을臨ᄒᆞ야土地가極히膏腴ᄒᆞ며郡北二十里에古、金孝王陵이有ᄒᆞ고郡西熊峴里에甘文王妃獐夫人陵이有ᄒᆞ며郡東柳山에古宮遺址가至今宛然ᄒᆞ니라

開寧의西ᄂᆞᆫ金山郡이니黃嶽山이最、高峻秀拔ᄒᆞ고直旨寺ᄂᆞᆫ景致가幽奇ᄒᆞ며其東甘川西岸에金泉市場은湖嶺의交에處ᄒᆞ야物貨가輻湊ᄒᆞ고市肆가繁昌ᄒᆞ니라

高靈郡(高陽 鑑川)은本大伽倻國이니始祖伊珍阿豉王이開國ᄒᆞ야道設智王時에新羅眞興王의滅ᄒᆞᆫ바되니凡十六世五百二十年이라郡南一里에古宮闕의遺址와石井이尙在ᄒᆞ며其西에錦林王陵이有ᄒᆞ고其北琴谷村은于勒이伽倻琴을肄ᄒᆞ던地라ᄒᆞ니라

安東郡(古陁又古昌 永嘉福州)은太白山、南花山東에在ᄒᆞᆫ都會라潢水가其東南을繞ᄒᆞ고其上에映湖樓가有ᄒᆞ니高麗恭愍王이南遷ᄒᆞᆯ時에此에駐蹕ᄒᆞ샤映湖樓三字를親書揭額ᄒᆞᆷ으로至今宸翰이輝赫ᄒᆞ고樓北에新羅古刹의遺迹이宛然ᄒᆞ며且、西岳寺歸來亭臨淸閣等의舊址가有ᄒᆞ야文人騷客이懷古의情을敘ᄒᆞᄂᆞᆫ地오其西鶴駕山頂에古城基址가有ᄒᆞ니數尺荒碑ᄂᆞᆫ文字가剝落ᄒᆞ고但、昌明二字를僅辨ᄒᆞ며其奈城春陽才山召川等은絕峽深谷에處ᄒᆞ나惟、土地不磽ᄒᆞ고魚鹽絲麻의利가有ᄒᆞ니라

安東의東은眞寶、青松、英陽等小郡이山僻에介在ᄒᆞ나青松의南川은奇巖疊石이形勝이絶佳ᄒᆞ고眞寶의神漢川은沿岸石壁이巉巖斗截ᄒᆞ며又、其東은盈德、寧海等郡이瀕海僻邑이나惟春初에大蟹를産ᄒᆞ니大가輪과箕와如ᄒᆞ야海族의珍品이되고寧海의丑山浦ᄂᆞᆫ海水가深濶ᄒᆞ야百噸의船舶을碇係ᄒᆞᆯ良口오且漁物이饒産ᄒᆞ며其松峴南은 世宗 成宗兩朝時에地燃ᄒᆞᆫ坑口가有ᄒᆞ니嘗烟焰이自生ᄒᆞ야木石이皆焚ᄒᆞ고雨水에도不滅ᄒᆞ니라西泣嶺은送別ᄒᆞ던處오含恨洞臙脂溪ᄂᆞᆫ官妓의舊居며且流沙亭觀魚臺貞信坊의古跡이多ᄒᆞ니라

安東北은禮安郡이니陶山、寒芝山과㶊巖、丹砂峽、濯纓潭、風月潭의名勝이有ᄒᆞ니皆、江上의佳景이라丹砂峽은石色이如丹ᄒᆞ고且土城萬仙臺가有ᄒᆞ니退溪李文純公의講道ᄒᆞ던故里라其遺躅이至今宛然ᄒᆞ야後世의景仰ᄒᆞᆷ이卽、嶠南의闕里라稱ᄒᆞᄂᆞ니라禮安의西ᄂᆞᆫ榮川이니新羅炤智王이捺巳郡女碧花와情好ᄒᆞ야屢屢微行ᄒᆞ던地가卽此라其西龜山이平地에獨出ᄒᆞᆫ削巖壁의斗起ᄒᆞᆷ이龜와如ᄒᆞᆫ故로東西龜臺의稱이有ᄒᆞ고浮石寺ᄂᆞᆫ奇異ᄒᆞᆫ浮石이有ᄒᆞᆷ으로名ᄒᆞᆷ이니新羅名釋義相의所棲이라至今簷下에無名古樹가有ᄒᆞ니傳言에義相이入定時에杖을植ᄒᆞᆫ바라ᄒᆞ고獅子山廢寺에白月禪師의碑ᄂᆞᆫ新羅金生의眞本이니今宇民樓下에在ᄒᆞ니라

義城郡은古召文國이니新羅의滅ᄒᆞᆫ바되니今其南召文里에古宮闕及御井의遺址가尙在ᄒᆞ며其東氷山은氷穴이有ᄒᆞ야夏氷冬消ᄒᆞ니其深을不測이오其南義興郡(有缶溪屬縣)에ᄂᆞᆫ華山의風穴이有ᄒᆞ니亦夏月에氷結ᄒᆞ며其下石壁上에麟角寺가巍然特立ᄒᆞ고義興의西ᄂᆞᆫ軍威郡이니金將軍庾信의古祠가有ᄒᆞ니라

聞慶郡은主屹山南에在ᄒᆞ니鳥嶺의交界라山川이險阻ᄒᆞ고田野가瘠沃ᄒᆞ야森林及穀物이豐産ᄒᆞᄂᆞ니其北鷄立嶺은羅麗時에疆界로

써百戰處오鳥嶺城은 肅廟三十四年에築ㅎ샷시니鳥嶺鳥東主屹
等三重關門을設ㅎ고軍餉倉庫를置ㅎ얏스며其東御留城은地形이
尤險阨ㅎ고姑夫姑母의兩城은兎遷西南에對峙ㅎ니兩峽이如束ㅎ
고大川이中盤ㅎ야實天險의地오其加恩古縣에甑萓城이有ㅎ니卽
甑萓의生處오郡南所屯山에潮泉이有二ㅎ니源이或土穴에出ㅎ며
或巖穴에發ㅎ는지라每日朝夕으로噴漲ㅎ야洞口에浸溢흠이潮汐
의候와如혼故로名흠이오其曦陽山의鳳巖寺(一名陽山寺)는崔孤雲의撰
혼바僧智證의碑와又高麗眞靜의碑도有ㅎ니皆千餘年古跡이니라
醴泉郡은龍門鵲城의險이有ㅎ며洛江의流를臨ㅎ고郡北에酒泉은
味가甘洌ㅎ니明將楊鎬가飮ㅎ고曰郡의得名흠이此井으로以흠이
라ㅎ니라
慶山郡은古押梁(一名押督)國이니今縣東押梁驛에古國의遺址가依然尙
在ㅎ며其南淸道郡은古伊西國이니其東吠城은石壁이東西로斗絶

혼處라高麗太祖가此에據혼山賊을掩擊大破ㅎ얏고其南鰲山에高
妙洞天이有ㅎ니其鳴으로써風雨를占혼다ㅎ고又其南楡川은紫川
과雲門川을合ㅎ야南流ㅎ니灌漑의利가甚大ㅎ고鯉魚鮎魚等이多
産ㅎ며今京釜鐵道停車場이有ㅎ야外國人의戶가櫛比ㅎ니라
永川郡은骨火國의古地라公山을負ㅎ고南九二川이迴流흠으로永
州라稱흠이오其明遠樓(一名朝陽閣)는川流를臨ㅎ고層壁에跨ㅎ야茫茫
혼平野를俯瞰ㅎ니風光이明媚ㅎ고景槩가淸秀ㅎ야自古로游人過
客의登覽徘徊혼地라鄭圃隱夢周(郡東有圃隱故里)의詩에風流太守二千石
邂逅故人三百盃의句가千古에膾炙흠으로東李岳安訥이到此ㅎ야
此詩를欲和ㅎ다가終日沈吟ㅎ되得치못ㅎ니라
仁同郡(壽同玉山)은洛江의東에在ㅎ야天生山을據ㅎ니天生山城은四面
石壁이削立爲城흠이卽天作인故로名흠이오新羅始祖王이始築혼
바라故로又名은赫居世城이라ㅎ느니 宣廟壬辰에紅衣將軍郭再

祏가此에據ᄒᆞ야日兵을大破ᄒᆞ고銃砲兵器를多取ᄒᆞ야城中에留置ᄒᆞ고其後에再祏가綮理使로써朝廷에啓聞ᄒᆞ야外城을加築ᄒᆞ니라郡西吳泰山에冶隱吉再의墓가有ᄒᆞ고其東에砥柱中流의四大字를書ᄒᆞᆫ碑(卽戎將廟字碑)가有ᄒᆞ며其下ᄂᆞᆫ卽香娘淵이니善山荊谷에居ᄒᆞᄂᆞᆫ一村女가其舅姑에不得ᄒᆞᆷ으로寃을抱ᄒᆞ고此에至ᄒᆞ야山有花曲을歌ᄒᆞ고仍碑下에自投ᄒᆞᆫ故로名을香娘淵이라ᄒᆞᆷ이라其西崇山下에仙鳳寺의廢刹은高麗義天國師의古碑가有ᄒᆞ야苔文이剝落ᄒᆞ고其南은若木古縣이오又其南은倭館이니洛江을臨ᄒᆞᆫ津渡라商船이湊集ᄒᆞ고魚鹽이委積ᄒᆞ더니近日은京釜鐵道停車場을設ᄒᆞ고日人의家屋이日滋月增ᄒᆞ니蓋水陸運輸의便이有ᄒᆞᆷ이니라

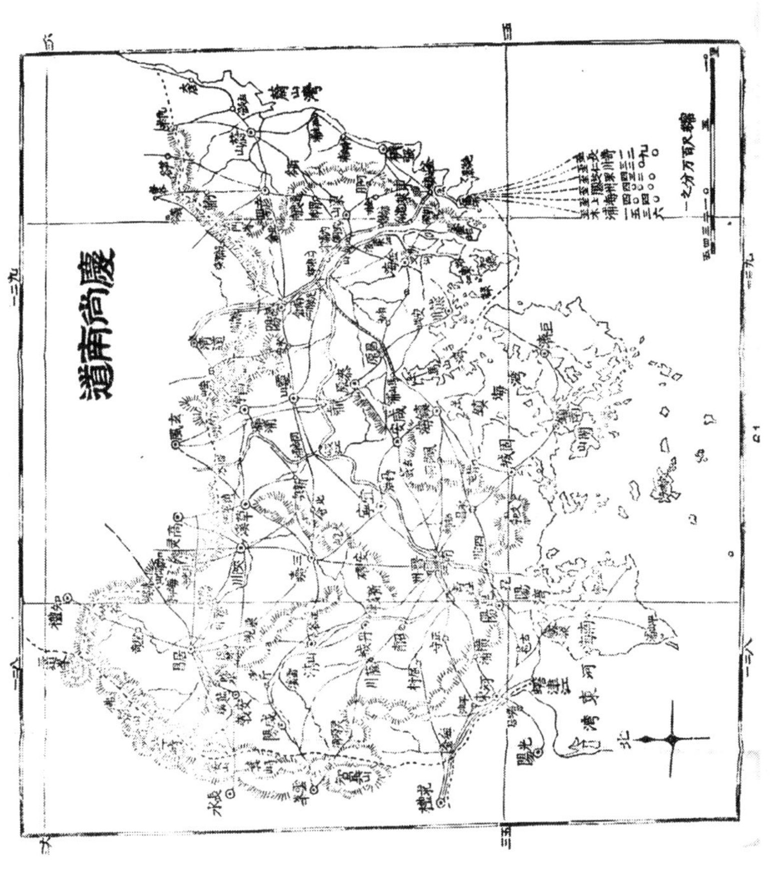
慶尙南道

第七章　慶尙南道

(位置境界)慶尙南道는我國東南端에在ᄒᆞ니北은慶尙北道를接ᄒᆞ고南東은大海를臨ᄒᆞ야日本對馬島와遙遙相對ᄒᆞ고西는重疊ᄒᆞᆫ山嶺을隔ᄒᆞ야全羅南北道와隣ᄒᆞ니東西는約三百餘里오南北은約二百餘里니北緯三十四度半으로三十六度에至ᄒᆞ고東經百二十七度半으로百二十九度半에至ᄒᆞ니라

(地勢)는東西가稍長ᄒᆞ고南北은狹ᄒᆞ며西北境上에山岳이重疊ᄒᆞ야險阨을據ᄒᆞ고南은無數群島가星羅碁布ᄒᆞ니라

(沿革)은古弁韓의地니後에五伽倻國이分據ᄒᆞ얏다가新羅의滅ᄒᆞᆫ바되고高麗가統合ᄒᆞᆷ이成宗十四年에金州所管으로嶺東道라ᄒᆞ고晋州所管으로山南道라稱ᄒᆞ더니明宗元年에晋陜州道라改稱ᄒᆞ고忠肅王元年에慶尙道라合稱ᄒᆞ니國朝ㅣ因之ᄒᆞ시고　中宗十四年에以地廣事繁으로左右道를分ᄒᆞ사洛江으로爲限ᄒᆞ얏다가翌年에罷ᄒᆞ

고　宣祖二十五年에又左右道를分ᄒᆞ얏다가明年에復合ᄒᆞ고二十八年에又分ᄒᆞ얏다가二十九年에復合ᄒᆞ야大邱에設營(初設於星州)ᄒᆞ고三十一年에安東에移營ᄒᆞ얏다가四年에大邱로復移ᄒᆞ고今　上三十二年에南北道를分ᄒᆞ시니凡三十一郡이니라

(山嶺)智異山은本道西境에盤礡ᄒᆞᆫ鉅山이라一名은頭流오亦曰方丈이니天王般若兩峰이東西에對峙ᄒᆞ니其上에雲氣가常有ᄒᆞ며氷雪이經夏不消ᄒᆞ고山中에竹木이繁盛ᄒᆞ며柹栗이多產ᄒᆞ고槐、杉、松、檜ᄂᆞᆫ自枯自生에靑白이相雜ᄒᆞ야畵圖와如ᄒᆞ며最上에ᄂᆞᆫ皆躑躅古松이年紀萬舊ᄒᆞ나一尺에不滿ᄒᆞ고山下에ᄂᆞᆫ雷雨가大作ᄒᆞ야도山上은或淸朗ᄒᆞ야点雲이無ᄒᆞ다ᄒᆞ며其南은大海를臨ᄒᆞ야島嶼와群峰이歷歷히眼底에羅列ᄒᆞ고其中에十二洞天이有ᄒᆞ니靑鶴、花開、德山、白雲、桃花、碧霄、雷隱等洞이最著名ᄒᆞ고雙溪寺ᄂᆞᆫ崔孤雲의讀書處라石門大字와古碑가尙存ᄒᆞ며斷俗寺에도崔公의石刻大字가煌煌ᄒᆞ

며寺中에新羅名釋의碑가甚多ᄒᆞ야往往苔蘚이剝蝕ᄒᆞ얏고委通亭淮伯의讀書時에手植古梅가尙傳ᄒᆞ며又、佛日菴은絕壁을鑿ᄒᆞ고一人이僅行ᄒᆞᄂᆞᆫ危庵이오其他千佛庵安養寺五臺寺가皆名勝의伽藍이며其山의土質이膏沃ᄒᆞ고洞府가深濶ᄒᆞ야禾黍를耕種ᄒᆞ면秋穫이甚富ᄒᆞᆷ으로居民의生業에도適宜ᄒᆞ고且、自古仙人羽客과隱士逸民이常捿息ᄒᆞ던地라所過에無非仙境이니千巖이競秀ᄒᆞ고萬壑이爭流ᄒᆞ며竹籬茅舍에桃花가掩映ᄒᆞ니殆別有天地오人間世界가아니라眞三神山의一이로다

伽倻山(一名牛頭又象王又雪山)은冶爐古縣北에在ᄒᆞ니西迤ᄒᆞ야月留峰이되고其南에紅流洞이有ᄒᆞ니洞口에武陵橋와書巖碁閣은皆崔孤雲의遺蹟이라今聾山亭上에孤雲의題詩石刻은墨痕이如新ᄒᆞ고橋를渡ᄒᆞ야五六里를行ᄒᆞ면海印寺에至ᄒᆞ니飛泉이盤石上에流下ᄒᆞᆷ이水聲이潺潺히人의心目을淸娛케ᄒᆞ며海印寺ᄂᆞᆫ新羅哀藏王의創建ᄒᆞᆫ바

라王이使를唐에遣ᄒᆞ야八萬大藏經을購來ᄒᆞ야木板에刻ᄒᆞ고漆을塗ᄒᆞ야寺中에藏ᄒᆞ니其閣이凡一百二十間이라至今板刻이如新ᄒᆞ고寺內에高僧順應利貞希郞의三像과孤雲의眞이有ᄒᆞ니世傳ᄒᆞ기를孤雲이冠屨를林間에遺ᄒᆞ고去向을不知ᄒᆞᆷ으로俗이尸解ᄒᆞ얏다稱ᄒᆞ나此ᄂᆞᆫ荒誕의說이오又大伽倻國王后正見天王의祠가本寺에在ᄒᆞ고淸冷月光(伽倻太子月光刱)蘇利內院等諸寺가有ᄒᆞ니景槩가皆絕勝ᄒᆞ고其南은美崇山이니라

白巖山花長山(咸陽)白雲山德裕山長安山黃石山(安義)은並智異北方에屹立ᄒᆞ니黃石山은 宣廟丁酉에趙宗道의戰殉處오閣巘山(宜寧)은亦雄峻ᄒᆞ니白雲明鏡의臺가有ᄒᆞ며黃梅紺岳(三嘉)諸山이環峙ᄒᆞ고伽倻西支ᄂᆞᆫ牛頭山(居昌)이되니라

臥龍山(泗川)彌勒山(固城)熊山(熊川) 武陵山(漆原) 金鰲山(昆陽)은皆智異의支脈이니南方沿海에起伏ᄒᆞ니라

餘航山은咸安鎭海界에聳峙ᄒᆞ니其絕頂에山石이如雷ᄒᆞ고巖壑間에靈籟를鬪ᄒᆞ며其上에雲氣가時出ᄒᆞ야其西北眉峰에集ᄒᆞᆫ즉必雨ᄒᆞᆷ으로祈雩壇이有ᄒᆞ고其東은匡廬伯夷兩山이淸秀ᄒᆞ며金海明月山은山頂에石穴이如門ᄒᆞ고其中에小淵이有ᄒᆞ니水深不測故로龍湫라ᄒᆞ며其下仇良村은舊時水站을設ᄒᆞᆫ處오神魚山龜旨峯이北東에在ᄒᆞ고東萊金井山은山頂에有石이高可三丈이오上에有井ᄒᆞ니圓이十餘尺이오水가大旱에不渴ᄒᆞ고古昔에金色魚가其中에游泳ᄒᆞᆷ으로寺를建ᄒᆞ고梵魚라名ᄒᆞᆷ이라洞壑이深邃ᄒᆞ고泉石이幽奇ᄒᆞ야遊人來客이日夜不絕ᄒᆞ면七点山은梁山南黃山江海滋에峙立ᄒᆞ니七峯이如点ᄒᆞᆷ으로名ᄒᆞᆷ이니仙人昂始의捿息ᄒᆞ던地라山海의風光이明媚ᄒᆞ고其北鷲捿山에通度寺ᄂᆞᆫ新羅名刹이라慈藏法師가天竺에入ᄒᆞ야釋迦의頭骨과舍利와佛齒와袈裟를得ᄒᆞ야此寺에藏ᄒᆞ얏더니 肅廟乙酉에僧聖能이重修ᄒᆞ고銀函錦袱로頭骨을貯ᄒᆞ얏

는ᄃᆡ其大가盆盎과如ᄒᆞ고錦은數千年을經ᄒᆞ야도不朽如新ᄒᆞ고小金盒에舍利를貯ᄒᆞ니光彩가奪目이라碑閣을改建ᄒᆞ고蔡學士彭胤이文을撰ᄒᆞ니라

靈鷲山은西僧指空이到此ᄒᆞ야曰此山이天竺의靈鷲와恰同ᄒᆞ다ᄒᆞ야仍名ᄒᆞ니其北太子山과並峙ᄒᆞ얏고昌寧의火王山은山勢高峻ᄒᆞ고中에九川三池가有ᄒᆞ니紅衣將軍郭再祐ㅣ此城에據ᄒᆞ야日兵의西上홈을遏ᄒᆞ고勝捷을屢獲ᄒᆞ니라

密陽東萬魚山은山中에巖石이皆鍾磬聲이有홈으로 世宗朝에採ᄒᆞ야磬을作ᄒᆞ시다가律에不中홈으로廢ᄒᆞ시니라其東載岳山은金剛菴이有ᄒᆞ니巖壑이奇勝ᄒᆞ고瀑布가左右에飛下홈으로游賞이沓至ᄒᆞ며褒忠寺ᄂᆞᆫ四溟大師松雲의忠을褒ᄒᆞ기爲ᄒᆞ야錫名홈이니라

(河流)洛東江은慶尙北道의諸郡을經ᄒᆞ야玄風、昌寧、草溪等郡을過ᄒᆞ고宜寧東에至ᄒᆞ야晋江과合流ᄒᆞ야東南으로靈山、密陽、昌原等郡을

經ᄒᆞ야金海에入ᄒᆞ니沿江津渡에商船漁船이來往如林ᄒᆞ고櫓聲舷歌가相和不絕ᄒᆞ니라

晋江은源이白巖智異等山에서發ᄒᆞ야藍溪가되고丹城에至ᄒᆞ야新安江이되고晋州城南에서南江(一名菁川江)이되고宜寧南에至ᄒᆞ야鼎巖津이되야洛江에入ᄒᆞ니水가淺灘이多홈으로舟楫의駛行이不便ᄒᆞ니라

黃芚江은德裕、紺岳等山에서發ᄒᆞ야渭川、南川이되고東流ᄒᆞ야草溪北에서洛東江에入ᄒᆞ니陜川의父子淵은新羅長城의役에有卒이久役而返ᄒᆞ야其父를淵上에서遇홈ᄋᆡ相持悲哭ᄒᆞ다가同時溺死홈으로名ᄒᆞ얏다ᄒᆞ며其下流ᄂᆞᆫ郇屯德灘이니라

(海灣及島嶼)釜山港은東萊南端에在ᄒᆞ니海水가灣內에深入ᄒᆞ고其兩岸에龍塘冬柏二島가對峙ᄒᆞ야港門을自成ᄒᆞ고其南에五六島가蒼波에突出ᄒᆞ니其第三峰에ᄂᆞᆫ明將萬世德의紀功碑가有ᄒᆞ고絕影

等古智等島가草梁項外에橫列ᄒᆞ니絕影의周圍ᄂᆞᆫ約八英里라自古로牧場이有ᄒᆞ야馬畜이甚繁ᄒᆞ니麗祖時에甄萱이絕影의名馬를獻ᄒᆞᆷ이卽此地에産ᄒᆞᆷ이니라

釜山은元來倭館을設ᄒᆞ고日本과互市ᄒᆞ던地라 肅宗四年에其船舶의碇繫가不便ᄒᆞ다ᄒᆞᆷ으로館을草梁에移ᄒᆞ니今日本의居留地라龍頭龍尾의兩岡이包圍ᄒᆞ고前面에絕影島가橫ᄒᆞ니市場이殷富ᄒᆞ고船舶이林簇ᄒᆞ야日人의戶가數三千에至ᄒᆞ고京釜鐵道停車場이直貫ᄒᆞ야水陸의運輸가便利ᄒᆞᆷ으로我國各港中最一位에占ᄒᆞᆫ地라其西方에多大浦、西平浦가有ᄒᆞ니皆、水軍鎭을設ᄒᆞ고軍艦을藏置ᄒᆞ얏더니今에廢止ᄒᆞ고又其西에沒雲臺ᄂᆞᆫ壬辰戰殉將士의遺跡이尙存ᄒᆞ며東方海雲浦의海雲臺ᄂᆞᆫ山이海中에斗入ᄒᆞ야冬柏杜冲等이四時靑葱ᄒᆞᆫ데崔孤雲의游賞處라ᄒᆞ니라

西生浦ᄂᆞᆫ蔚山南에在ᄒᆞ고甘浦ᄂᆞᆫ其北에在ᄒᆞ니釜山以北에第一良

港이라水淺ᄒᆞ야巨船의碇泊은不足ᄒᆞ나漁船鹽帆은朝夕不絕ᄒᆞ고其北은開雲浦와鹽浦니鹽浦ᄂᆞᆫ卽、古倭館의設ᄒᆞᆫ三浦의一이오灣北에長生浦、魴魚浦、柳浦、竹島、冬柏島等이皆一灣을成ᄒᆞ니卽蔚山灣이라稱ᄒᆞ니라

豆毛浦ᄂᆞᆫ古水軍鎭이在ᄒᆞᆫ處니灣口가南面屈曲ᄒᆞ야風浪을可避ᄒᆞ고居民은漁鹽으로生活ᄒᆞ니라

杻浦大渚浦ᄂᆞᆫ梁山海口에在ᄒᆞ며龜浦ᄂᆞᆫ洛江口左岸에在ᄒᆞ야市場이頗繁昌ᄒᆞ고鳴湖島ᄂᆞᆫ周가七十里니大風雨時에必鳴ᄒᆞ야其聲이雷鼓와如ᄒᆞᆫ故로名ᄒᆞᆷ이니居民이煑鹽으로生活ᄒᆞ야塩盆이最盛ᄒᆞ고又鷲島、德只島、竹島等이海中에散在ᄒᆞ니라

加德島ᄂᆞᆫ巨濟島東에浮在ᄒᆞ니周가七十里오大船이碇船ᄒᆞᆯ만ᄒᆞ며嶋의周圍에屬嶋가甚多ᄒᆞ니蜂岩、龍草、比珍、竹嶋、大小德島、閑山、川七、每每諸嶋가尤著ᄒᆞ고天城安骨諸浦가有ᄒᆞ며薺浦ᄂᆞᆫ故倭館의設ᄒᆞᆫ

地니巨濟東北岸과相對ᄒᆞ야一海峽을成ᄒᆞᆫ지라地勢가據山臨海ᄒᆞ야灣內碇泊이便利ᄒᆞ니라

欲知嶋ᄂᆞᆫ固城海中에在ᄒᆞ니其東岸에灣內가廣ᄒᆞ고丘陵이圍繞ᄒᆞ야風浪을可避ᄒᆞᆯ良港이라嶋內에六部落으로分ᄒᆞ야日本漁戶가成村ᄒᆞ니라

馬山浦ᄂᆞᆫ昌原南에在ᄒᆞᆫ良港이라灣內가深潤ᄒᆞ고風浪을避ᄒᆞ기最宜ᄒᆞᆫ故로各國軍艦의來往이頻繁ᄒᆞ며今에又京釜鐵道支線을敷設ᄒᆞ고三浪馬山間과釜山馬山間에交通이迅速ᄒᆞᆷ으로商業이日加繁昌ᄒᆞ니라灣內中央의月影臺ᄂᆞᆫ崔孤雲의游賞處니石刻이皆剝落ᄒᆞ고其西合浦ᄂᆞᆫ高麗金方慶이日本을征ᄒᆞᆯ時에戰船을造ᄒᆞ던處라兵馬營의古址가今廢ᄒᆞ얏고其西南은漆原龜山浦니亦僉使舊鎭이오麻田餘音諸浦와相接ᄒᆞ니라

鎭海灣은巨濟嶋北方에迴抱ᄒᆞᆫ良港이니海水가深潤ᄒᆞ야軍艦의碇

泊이全國의第一이라馬赤、時落、道萬等浦와大小凡矣嶋、酒嶋、燕尾嶋等이海面에橫障ᄒᆞ니近日에日本軍港地로租借ᄒᆞ얏고其西角은固城半嶋니壬辰에李忠武舜臣이此海面에서日本軍을屢破ᄒᆞᆫ處라其中閑山嶋ᄂᆞᆫ戰功이尤著ᄒᆞᆷ으로大捷碑가有ᄒᆞ고頭龍浦ᄂᆞᆫ水軍統制營을設ᄒᆞ고三道水軍을都督ᄒᆞ더니今廢ᄒᆞ고鎭南郡을設ᄒᆞ얏스며其三面에無數ᄒᆞᆫ嶋嶼가羅列ᄒᆞ니蛇梁、唐浦、加背梁、見乃梁、欲知島、連花島等이最著名ᄒᆞ니라

巨濟嶋ᄂᆞᆫ我國五大嶋의一이라南北이百餘里오東西가八十里니馬山浦南固城東南에橫ᄒᆞ야東北은加德嶋와相抱ᄒᆞ니馬山航路의海門이라周圍ᄂᆞᆫ屈曲이頗多ᄒᆞ며嶋中에鷄龍山加羅山이盤礡ᄒᆞ고其上에陟ᄒᆞ면對馬島를俯瞰ᄒᆞᄂᆞ니郡衙ᄂᆞᆫ其北麓에在ᄒᆞ야人烟이稠密ᄒᆞ고市街가殷富ᄒᆞ며其西岸竹林浦ᄂᆞᆫ第一良港이라蜂巖島가前에橫ᄒᆞ야一大湖水와如ᄒᆞ며水深礁少ᄒᆞ야十餘隻軍艦을可泊ᄒᆞᆯ만

ᄒᆞ고東南은玉浦、知世浦、助羅浦、長木浦、栗浦오西岸은永登浦니皆舊日水軍鎭管의在處니라

南海島ᄂᆞᆫ河東郡前面에橫ᄒᆞ니巨濟島와東西相望ᄒᆞ며西ᄂᆞᆫ突山島를控ᄒᆞ고南은大洋을臨ᄒᆞ니島中에鹿頭望雲等山이高低起伏ᄒᆞ며錦山은形勝이奇絶ᄒᆞ야山水의景致가有ᄒᆞ고其南은鳥嶋等의小嶼가相抱ᄒᆞ며其東은彌助項이오西南은平山浦、曲浦、尙州浦等이니皆古者防戍處오其北露梁은李忠武의大捷處오觀音浦ᄂᆞᆫ高麗鄭地가舟師로倭寇를殲ᄒᆞᆫ地오蛇梁赤梁二嶋ᄂᆞᆫ其東에在ᄒᆞ니風光이絶勝ᄒᆞ며興善嶋ᄂᆞᆫ周가九十里니舊牧塲의所在地니라

(都會勝地)晋州(居列 康州)ᄂᆞᆫ慶尙南道의首府라南江을臨ᄒᆞ야一山이突起ᄒᆞ고崇墉堅壘가盤據ᄒᆞ니周圍가凡十八里오江山形勝이雄壯ᄒᆞ야矗石樓ᄂᆞᆫ樓檻栫棟이十里鏡波를俯臨ᄒᆞ고曠野를控ᄒᆞ며遠山을對ᄒᆞ야嶺南第一大觀이되니樓上에文人騷客의題詠이甚多ᄒᆞ며管絃

歌皷가四時喧闐ᄒᆞᆫ지라人이平壤의樓臺에比ᄒᆞᄂᆞ니昔에壬辰亂에日本將帥가州妓論介와江上巖臺에서宴遊ᄒᆞᆯ셰妓가其醉를乘ᄒᆞ야敵將을抱持ᄒᆞ고江水에躍墜ᄒᆞ야共斃ᄒᆞᆷ으로其巖을義娘巖이라名ᄒᆞ고至今祭祠ᄒᆞ며癸巳陷城時에各道義兵將이此城에屯聚ᄒᆞ얏다가六萬餘人이同日戰沒ᄒᆞᆫ地라其時에城中三壯士가歌를作ᄒᆞ야曰矗石樓中三壯士ᄂᆞᆫ一盃笑指長江水라ᄒᆞ고仍戰沒ᄒᆞ얏ᄂᆞᆫ딕至今忠烈祠에忠魂毅魄이凛凛如存ᄒᆞ야行人過客의慷慨의感을不禁ᄒᆞ도다 英祖二十三年에其樓下江中에셔古印一枚를得ᄒᆞ니卽舊日慶尙右道兵使의印章이오背에萬曆十年造라刻ᄒᆞ얏스니盖癸巳城陷時에兵使崔慶會가抱印投江ᄒᆞᆫ者라英廟ㅣ聞之ᄒᆞ시고悲感ᄒᆞ샤序銘을親製ᄒᆞ시고印과幷히銅匣에貯ᄒᆞ야本營에藏ᄒᆞ니라

金海郡(金官)은古駕洛國이니後에新羅에降ᄒᆞᆷ의金官小京을置ᄒᆞ니라洛東江口에在ᄒᆞ야舟楫의利와魚塩의富가一大都會를成ᄒᆞ고且古

跡이甚多ᄒᆞ니首露王과許太后의陵寢이尙存ᄒᆞ고其主浦、綾峴、旗出邊은皆許后의初來ᄒᆞ던古跡이오今虎溪邊에婆娑石塔이有ᄒᆞ니凡五層이라色이赤斑ᄒᆞ고質이脆良ᄒᆞ야雕鏤가甚巧ᄒᆞ니世傳에許后來時에鎭舟ᄒᆞᆫ石이라ᄒᆞ고郡東招賢臺는居登王이七点山昌始仙人을歡迎ᄒᆞ던地니今蓮花石과石碁局이尙存ᄒᆞ고飜子樓涵虛亭은皆名勝의樓臺니自古題詠이膾炙ᄒᆞ며磊津과黃山江은洛水의下流라鷲梁에至ᄒᆞ야三派로分ᄒᆞᆫ故로三叉水라名ᄒᆞ고金丹串、鳴旨嶋都要渚等의浦嶼가有ᄒᆞ니라

東萊郡은古萊山國이니新羅時에取ᄒᆞ야居漆山郡을置ᄒᆞ니金井山東에在ᄒᆞ야平野를臨ᄒᆞ고城內外에市肆가櫛比ᄒᆞ며物貨가輻湊ᄒᆞ니亦一都會라城北五里에溫井이有ᄒᆞ니羅王의遊宴處라浴湯이甚熱ᄒᆞ야消化에宜ᄒᆞ며高麗樂府에鄭瓜亭이有ᄒᆞ니鄭叙가被譖放歸ᄒᆞ야築亭種瓜ᄒᆞ고撫琴作歌ᄒᆞ니詞極凄惋ᄒᆞᆷ으로樂府에流傳ᄒᆞ니라

蔚山郡은東萊東北에在ᄒᆞ니山을負ᄒᆞ고太和江을帶ᄒᆞ야城郭을設ᄒᆞ니形勝의地라舊日에兵馬營을置ᄒᆞ얏다가今廢ᄒᆞ고太和樓는江上에臨ᄒᆞ야景槩가絶勝ᄒᆞ고處容巖은開雲浦에在ᄒᆞ니新羅憲康王이遊宴時에呈舞ᄒᆞ던處容의巖이有ᄒᆞ니라

梁山郡良州은東萊西北에在ᄒᆞ니郡西黃山江은務安龍津과光陽蟾津과並히背流三大水라稱ᄒᆞᄂᆞ니其上에伽倻津祠가有ᄒᆞ니南瀆의一이오其西絶壁上에臨鏡臺는崔孤雲의遊賞處니라

密陽郡은南北道의交界라郡城이三面은丘陵이圍繞ᄒᆞ고南은平野를控ᄒᆞ며凝川을帶ᄒᆞ니實노形勝의地라城內에民戶가櫛比ᄒᆞ고市店이繁昌ᄒᆞ며嶺南樓는臨江臨壁上에在ᄒᆞ니結構의壯과風景의勝이南方에第一이라前郊에栗林이有ᄒᆞ야數里를亘ᄒᆞ고三郞津은有名ᄒᆞᆫ津口라凝川八江處에在ᄒᆞ야船舶鐵路의便이有ᄒᆞᆷ으로一道各

郡의貨物이此에集散ᄒᆞ야商買가輻湊ᄒᆞ니沿江市津의最殷富ᄒᆞᆫ地가되고其東에鵠院의險關이有ᄒᆞ며守山堤ᄂᆞᆫ金方慶이征東時에築此ᄒᆞ야屯田에灌ᄒᆞ던處라ᄒᆞ니라

咸安郡은古阿尸良國이오匠城郡은古伽倻國이라皆新羅의取ᄒᆞᆫ바되니往往溪山間에古跡이有ᄒᆞ니라

咸陽郡은智異山北에在ᄒᆞ니其西霜山은劒鋩이尖矗ᄒᆞ고其下에藏兵洞이有ᄒᆞ며八良峴은羅濟의百戰地라古壘가尙在ᄒᆞ며藍溪、雷溪의二水가東西에分流ᄒᆞ니其中에大小孤臺巖이幷峙ᄒᆞ얏고臨川은智異山北에出ᄒᆞ니其下龍流潭은巖石의累積平鋪ᄒᆞᆷ이磨礱ᄒᆞᆷ과如ᄒᆞ야千奇萬怪가形狀키難ᄒᆞ고袈裟魚가産ᄒᆞ며學士樓ᄂᆞᆫ崔孤雲의登賞處오月明塚은沙斤村女가戀情埋恨의地라ᄒᆞ니라咸陽安義居昌等郡은的山水의名鄕이라安義의愁送臺와居昌의落帽臺枕流亭은淸川白石에山水의景槪가絶勝ᄒᆞᆷ으로先賢의遺躅이多ᄒᆞ니라

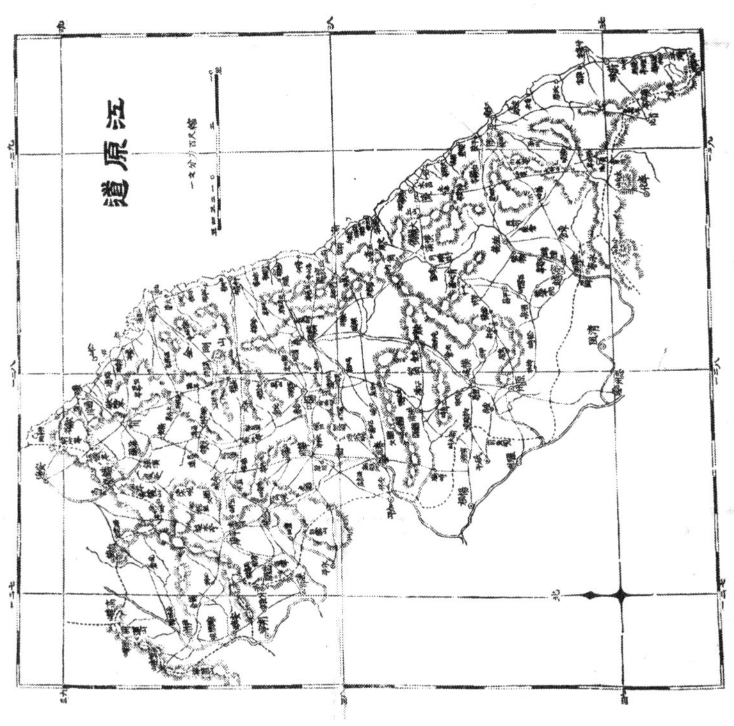
江原道

第八章 江原道

(位置境界)江原道는本國東方海岸을占ᄒᆞ니北은咸鏡南道를接ᄒᆞ고東西는黃海京畿兩道를隣ᄒᆞ고南은忠淸北道와慶尙北道를界ᄒᆞ고東은大海를濱ᄒᆞ니東西가二百里或三百里오南北이約五百里乃至七百里니北緯三十六度四十分으로四十度에至ᄒᆞ고東經百二十六度五十分으로二十九度二十分의至ᄒᆞ니라

(地勢)는南北이長ᄒᆞ고東西가狹ᄒᆞ야一個魚形과恰如ᄒᆞ고全境에山岳이重疊ᄒᆞ야平野가少ᄒᆞ며土地가磽确ᄒᆞᆷ으로民生이勤苦儉嗇ᄒᆞ니라

(沿革)은古濊貊의地니後에樂浪郡에屬ᄒᆞ얏다가新羅高句麗의併有ᄒᆞᆫ바되고高麗成宗十四年에和溟州等으로朔方道를置ᄒᆞ고明宗八年에沿海溟州道라改ᄒᆞ고其春州道는東州道라稱ᄒᆞ고元宗四年에江陵交州二道로改稱ᄒᆞ고忠肅王元年에交州道는淮陽道라改稱ᄒᆞ

고辛禑十四年에江陵道를始、朔方道와析ᄒᆞ야交州道에合ᄒᆞ고忠州所管平昌으로移隸ᄒᆞ얏더니我 太祖四年에江原道라改稱ᄒᆞ시고定宗元年에永春으로써忠州의寧越과相換ᄒᆞ시고 世宗朝에鐵原安峽으로本道에還屬ᄒᆞ얏고 孝宗朝에原襄道라改稱ᄒᆞ샷다가尋에復舊ᄒᆞ시니凡二十六郡이니라

山嶺金剛山은分水嶺의一支가七八百里를蜿蜒南馳ᄒᆞ다가淮陽郡東十一里百三에至ᄒᆞ야滄海에屹立ᄒᆞ니岩竅骨立ᄒᆞ야峰巒이皆石이오白色이嶙峨ᄒᆞ며石苔가茸茸히雲嵐에浸凝ᄒᆞ야雪色과如ᄒᆞᆷ으로皆骨이라名ᄒᆞ고楓岩이라亦稱ᄒᆞᄂᆞ니峰巒이凡一萬二千이라其中毘盧峯이最高ᄒᆞ니絶壁懸崖에鉄索을垂下ᄒᆞᆫ데攀索躋級ᄒᆞ야絶項에登ᄒᆞ면千峰萬巒이皆土塊石堆에不過ᄒᆞ고其東은大海粘天에極望無際ᄒᆞ며其他萬景臺、白雲臺、天日門과地藏頓道、望高穴望、日月出等諸峯이最著名ᄒᆞ고其萬瀑洞은毘盧以下로萬壑의水가飛流直下ᄒᆞ야宏壯ᄒᆞᆫ瀑布와泓澄ᄒᆞᆫ淵潭을成ᄒᆞ니或轟吼怒奔에雷霆이奮薄ᄒᆞ며或洒雪噴烟에珠玉이散飛ᄒᆞ니天下의奇觀이라其中에火龍潭碧霞潭이最奇絶ᄒᆞ니碧霞ᄂᆞᆫ奇麗ᄒᆞ고火龍은雄大ᄒᆞ며其他無數ᄒᆞᆫ淵潭이洞天에散在ᄒᆞ고洞口에巨石이盤陁ᄒᆞ야數百人을可坐ᄒᆞ니石面에楊蓬萊의所書蓬萊楓岳元化洞天의八大字를刻ᄒᆞ얏스니字畫이龍拏虎攫과如ᄒᆞ야嶽勢로더부러爭雄ᄒᆞ며其左ᄂᆞᆫ金剛臺와間通洞과香爐峯이有ᄒᆞ니香藤聚蔓이交綴蒙絡ᄒᆞ고奇岩詭石과嘉卉異植이溪谷에繞繚ᄒᆞ니라摩訶衍普德窟은萬瀑洞의左에在ᄒᆞ니石磴岩階가縈紆屈曲ᄒᆞᆫ데窟中에小菴을架ᄒᆞᆷ이懸壁과如ᄒᆞ야前楹은岩外에出ᄒᆞ니附着이無ᄒᆞᆷ으로數十尺銅柱로其下에承ᄒᆞ고更히兩鉄鎖로岩石에釘着連絡ᄒᆞ니其上에登ᄒᆞ면身이搖搖히半空에浮在ᄒᆞᆫ듯ᄒᆞ고其背ᄂᆞᆫ衆香城을負ᄒᆞ니其前에穴望、毘無竭諸峯이環列ᄒᆞ고庭除ᄂᆞᆫ杉檜가鬱然ᄒᆞᆫ中赤木이有ᄒᆞ며其東南은靈源洞十二峯이深

繞ᄒᆞ고摩訶衍으로봇허東으로鴈門岾榆岾에至ᄒᆞ면即、內外山의分界處라內山은石多土小ᄒᆞᆫ故로白而峭ᄒᆞ고外山은石小土多ᄒᆞᆫ故蒼而雄ᄒᆞ다ᄒᆞ니라

其寺刹은凡一百八이有ᄒᆞ니長安、表訓寺ᄂᆞᆫ新羅僧能仁의刱建ᄒᆞᆫ바니結搆가宏麗ᄒᆞ고金碧이燦爛ᄒᆞ며高麗以來로珍寶古物과諸名僧의碑가多ᄒᆞ며正陽寺ᄂᆞᆫ八角殿이有ᄒᆞ니四壁에皆、羅麗古代의名畵라丹靑은剝落ᄒᆞ나精氣ᄂᆞᆫ尙、勃勃如生ᄒᆞ며其中歇惺樓ᄂᆞᆫ景致가最佳ᄒᆞ야登臨ᄒᆞ면萬二千峯이一一히眼中에呈露ᄒᆞ야殊狀異姿를備述키不能ᄒᆞ며靈源菴은最、深僻ᄒᆞ야人迹이罕到ᄒᆞᄂᆞᆫ處오榆岾寺ᄂᆞᆫ外山의名藍이니佛殿의宏麗ᄒᆞᆷ이此山의第一이라殿內에五十三金佛은香木으로天然山을刻ᄒᆞ야安케ᄒᆞ고庭에十三層石塔이列ᄒᆞ니制度가精巧ᄒᆞ며山暎樓ᄂᆞᆫ風光이絕勝ᄒᆞ고其西北은九龍淵眞見性의靈境이有ᄒᆞ며其上은萬景臺오其外ᄂᆞᆫ即高城郡이니大抵茲山을

自內로觀ᄒᆞ면但其奇秀峭削ᄒᆞᆷ만見ᄒᆞ나外山에出ᄒᆞ면層巒疊嶂이環擁列峙ᄒᆞ야雄大ᄒᆞᆷ을始知라ᄒᆞ니라

其百川洞의內에一故城이深潭을下臨ᄒᆞ고石門이呀然ᄒᆞ니世傳ᄒᆞ기를新羅王子의避地處라ᄒᆞᄂᆞ니蓋新羅末에敬順王이高麗에歸降코져ᄒᆞᆫ듸太子某가諫ᄒᆞ야曰國의存亾은天命이自有ᄒᆞ거늘奈何一千年社稷으로一朝에輕以與人ᄒᆞ리잇고ᄒᆞᆫ듸王이不聽ᄒᆞᆷ으로痛哭永辭ᄒᆞ고皆骨山에入ᄒᆞ야倚岩爲屋ᄒᆞ고麻衣草食으로其身을以終이라ᄒᆞ니此其遺跡인가後人의感慨悲壯ᄒᆞᆷ을不禁ᄒᆞ도다

蓋金剛은天下의名山이라世가蓬萊라謂ᄒᆞ야智異山(即方丈)漢拏山(即瀛洲)으로幷히三神山이라稱ᄒᆞᄂᆞ니支那人이每、高麗國에願生ᄒᆞ야金剛山을一見코져ᄒᆞ니其名이支那에도著聞ᄒᆞ니라

斷髮嶺은天摩山에在ᄒᆞ니此에登ᄒᆞ야金剛山을見ᄒᆞ면即斷髮出世의想이生ᄒᆞᆷ으로名ᄒᆞᆷ이니라

五臺山(一名淸凉在江陵西百四十里)은滿月、麒麟、長嶺、象王、智爐等의五臺가列峙ᄒᆞ야高大深邃에人迹이絶遠ᄒᆞ고其西臺(長嶺)下에于筒泉이湧出ᄒᆞ니山中諸水와合流ᄒᆞ다가麒麟東壑에至ᄒᆞ야般若淵이되고東臺下에金剛淵은水石이雄麗ᄒᆞ야四面盤石에瀑布가飛下ᄒᆞ니卽漢水의源이오其上月精寺ᄂᆞᆫ結構가宏麗ᄒᆞ며上元庵은國朝史庫를置ᄒᆞ얏고五歲庵은雪岑和尙金時習(梅月堂)의托佛逃世ᄒᆞᆫ處라 世祖十二年에洞口에駐蹕ᄒᆞ샤設科取士(陳祉等十八人)ᄒᆞ시니라其東은九龍淵과天游洞이皆水石이奇絶ᄒᆞ며靑鶴山監雲峯이秀拔ᄒᆞ고其北은鼎足山이니五臺의支脉이蟠蜒ᄒᆞ야普賢、頭陀、葛夜、大關等의山嶺이되니라

大關嶺(江陵西四十里)은長白山以南으로東海濱에蟠據ᄒᆞᆫ諸山에此嶺이最雄大ᄒᆞ야山腹에凡九十九曲이繚迴ᄒᆞ니全道의東西를畫界ᄒᆞ야嶺東과嶺西를分ᄒᆞ야京城을通ᄒᆞᄂᆞᆫ大路오又五臺의西南에燕方山이峻險ᄒᆞ야春陽山、鉢山、正陽山等의嶺西諸山이되니라

雪岳山은襄陽麟蹄의境에盤據ᄒᆞ니雄峻高大ᄒᆞ야仲秋에下雪ᄒᆞ고盛夏에始消ᄒᆞᄂᆞᆫ故로名ᄒᆞᆷ이니羣峰이聳翠ᄒᆞ고白石이如雪ᄒᆞ야遠望ᄒᆞ면皚皚然雪山이嵯峨ᄒᆞᆫ지라此山이蜿蜒起伏ᄒᆞ야又五色嶺、五峰山、陽野山等이되니라

分水嶺(在平康西南)은白頭山脉이至此ᄒᆞ야東西二支에分ᄒᆞ니東南은江原道로走ᄒᆞ고西南은京畿、黃海等道로走ᄒᆞ야各道山嶺이됨으로名ᄒᆞᆷ이라最高大峻險ᄒᆞ야盤蜿磅礴ᄒᆞ니葛山、廣福、達摩、(並伊川)萬景、八峰藤葛洞(並安峽)等山이其西北에環峙ᄒᆞ고佛項、五申、將之(並金化)竹林、雪呑(並平康)白岳、曉星(並鐵原)等山이其東南에列峙ᄒᆞ니라

寒溪山(亦名雪岳)은麟蹄東五十里에聳峙ᄒᆞ야高大奇俊이嶺西에甲ᄒᆞᆫ지라其上에大勝瀑布가有ᄒᆞ니蒼壁이數千尺을磅礴ᄒᆞᆫ데瀑布가其顚을從ᄒᆞ야下墜ᄒᆞ니飛舞夭矯ᄒᆞᆷ이散絲와如ᄒᆞ며垂練과如ᄒᆞ다가日光이或照ᄒᆞ면忽彩虹色을幻ᄒᆞ며或山風이橫吹ᄒᆞᆫ則飄散霏微ᄒᆞᆷ이

烟霞와如ᄒᆞ고遠望ᄒᆞ면一條白虹이垂天ᄒᆞᆷ과如ᄒᆞ니眞天下絕觀이라其南에萬景臺가斗絕ᄒᆞ고寒溪寺ᄂᆞᆫ關東에著名ᄒᆞᆫ伽藍이니라

太白山三陟은北으로普賢頭陀諸山을連ᄒᆞ고東으로滄海에極ᄒᆞ야六七百里에盤據ᄒᆞ니其中蘆洞은我 穆祖皇考의墓가有ᄒᆞᆷ으로濬慶墓를封ᄒᆞ시니라其山에當歸、川芎、人蔘等藥材와蔓柏紫檀이多產ᄒᆞ니라

清平山一名慶雲은春川東에在ᄒᆞ니洞壑泉石의美ᄒᆞᆷ이嶺西第一이라龍潭의瀑布와影池의樹林이皆奇絕ᄒᆞ니高麗李資玄의息庵舊墟ᄂᆞᆫ仙洞最深處에在ᄒᆞ야石砌가猶存ᄒᆞ며石刻의四字가宛然ᄒᆞ고其傍에數楹少庵은叠石危搆에極히孤絕ᄒᆞ며清平寺에古赤木은卽懶翁의手植이니歲久朽敗ᄒᆞ고古跡이但餘ᄒᆞ며牛頭山은昭陽江上에盤峙ᄒᆞ고舍人岩山은衆石이列立ᄒᆞ니라

雉嶽山은原州東에聳峙ᄒᆞᆫ高山이라其上에毘盧峯이有ᄒᆞ고其南에

駐蹕臺가有ᄒᆞ니 太宗元年에前朝進士元天錫을耘谷에親訪ᄒᆞ신ᄃᆡ避不見ᄒᆞᆷ으로 上이是山에追至ᄒᆞ샤爨婢를招ᄒᆞ야賜與ᄒᆞ시고還ᄒᆞ시니後人이其巖을太宗臺라名ᄒᆞ고三字를刻ᄒᆞ니라

旌善朝陽山은巖石間에風穴이有ᄒᆞ니氷이經夏不消ᄒᆞ고又水穴은南江水가至此ᄒᆞ야池中에分入ᄒᆞ얏다가毛麻村에至ᄒᆞ야復出ᄒᆞ고其南은石穴이有ᄒᆞ니古者避兵ᄒᆞ던處라ᄒᆞ니라

楸池嶺通川은安邊鐵嶺을接ᄒᆞ야本道北端에聳立ᄒᆞ고此脈이南走ᄒᆞ야道內에盤廻蜿蜒ᄒᆞ야危峰亂峽이되고末暉嶺淮陽長安山이其南에簇立ᄒᆞ니라

昭陽江은源이金剛山에셔發ᄒᆞ야峽村山邑을繞ᄒᆞ야南西로流ᄒᆞ다가四明山楊口西麓에至ᄒᆞ야嶺東諸峽의溪水를合ᄒᆞ야稍大ᄒᆞ고春川에至ᄒᆞ야麟蹄等郡의諸水를摠會ᄒᆞ고江原京畿兩道를縈ᄒᆞ야新淵江이되야漢江에注ᄒᆞ며此江上流長安山南에長安寺가有ᄒᆞ니層塔

高陽이據山對水ᄒᆞ야風墳이玆住ᄒᆞᄂ니라

鎭陰江은五峯山에서發源ᄒᆞ니亂賊深谷의逐流가皆玆에住ᄒᆞ야忠淸北道로入ᄒᆞᄂ니라

五十川은太白山北麓에서發ᄒᆞᄂᆞᆫ一細流니三陟竹西樓下에至ᄒᆞ야深淵이되고東流ᄒᆞ야海에入ᄒᆞ니其源이凡四十七渡인故로總稱五十川이라ᄒᆞᄂ니라

(海灣及島嶼)本道東方에沿岸이甚長ᄒᆞ나海灣岬角의凹凸ᄒᆞᆷ이少ᄒᆞ고又一望開豁ᄒᆞ야港灣島嶼의蔽遮ᄒᆞᆷ이無ᄒᆞ니此를東北沙海라稱ᄒᆞᄂ니라

鈌谷의猫島는周가三百餘步오竇가有ᄒᆞ야南北을通ᄒᆞ니風濤가相盪ᄒᆞ며又卵島、羊島、僧島等七小島가有ᄒᆞ고其北은侍中臺니巡察使韓明澮가登此時에拜相의命이適至ᄒᆞᆫ故로名ᄒᆞᆷ이니八景의一이니라

通川東에鬪浦가有ᄒᆞ고杆城東에加津岬이突出ᄒᆞ며蔚珍北에龍湫岬이有ᄒᆞ니其海灣을總히竹邊串이라名ᄒᆞ고蔚珍浦는其東에在ᄒᆞᆫ埠頭니其南端에突出ᄒᆞᆫ者는비기신岬이라灣內가水深ᄒᆞ야繫舟ᄒᆞ기便ᄒᆞ고越松浦는其南에在ᄒᆞ니亦、舟楫의來往ᄒᆞᄂᆞᆫ地니라

長箭津은通川郡에屬ᄒᆞ니灣口가東面南坼ᄒᆞ고灣入이深ᄒᆞ며背는金剛山이屹立ᄒᆞ야其脉이南北西四三面에圍繞ᄒᆞᆫ故로三方의風을可避ᄒᆞᆯ良浦라今에捕鯨栽割基地로外國에租借ᄒᆞ얏ᄂᆞ니라

其外松島、沙島、無路島、猪島、竹島、草島、德山島等은皆渺小ᄒᆞᆫ沙礁에不過ᄒᆞ니라

(都會勝地)江陵郡은古濊國이니玄菟郡에屬ᄒᆞ얏다가後에新羅의有ᄒᆞᆫ바되야小京을置ᄒᆞ니라其地人烟이稠密ᄒᆞ고閭閻이櫛比ᄒᆞ며其東鏡浦는周가二十里오水深이肩에不過ᄒᆞ되明淨如鏡ᄒᆞ야四面이均一ᄒᆞ고西岸峯上에鏡浦臺가有ᄒᆞ니臺畔에族葉石臼가尙存ᄒᆞ며

橋外는竹島오島北은白沙오沙外는滄海萬里라日出을直望ᄒ며寒松亭은東海濱에在ᄒ니亭畔에茶泉石臼는皆四仙의遺跡이라今樂府에寒松亭曲이有ᄒ니라

襄陽郡(舊襄州)은雙成湖東에秘仙臺와祥雲亭이佳勝ᄒ고洛山寺는僧義相의所建이니其東에觀音窟이有ᄒ고其北杆城郡의清澗亭은清澗驛東에石峰이突起ᄒ야層層이如臺ᄒ고高가數十仞이오上에虬松이蟠屈ᄒ며其下에萬景湖는水清澈底ᄒ야景致가奇絕ᄒ고其南竹島의鳴沙는色白如雪ᄒ고人馬가行ᄒᆞᆫ즉聲이錚錚然金磬과如ᄒ며其上에茂松叢은茂松君尹子雲의游賞處오其南永郎湖는汀回渚曲에巖石이恠奇ᄒ니仙人永郎의游息處라又仙游潭과烈山湖의勝瓊이有ᄒ니烈山湖는諺傳에曰昔에大水가烈山의谷을包ᄒᆷ이舊縣이水底에沉在ᄒ얏슴으로天晴波靜ᄒ면墻屋이依然可見이라ᄒ니라

高城郡北의三日浦는周圍가約十餘里오其外는三十六峰이環ᄒ며中에小島가兀然ᄒᆫ데其上에四仙亭이有ᄒ니四仙은新羅時에永郎述郎、安郎南郎等四人이니嘗、關東의諸名勝을遍游ᄒ고此에至ᄒ야三日을忘返ᄒᆷ으로名ᄒᆷ이니亭南小石峯上에短碣이有ᄒ야剝落沒字ᄒ니世傳에彌勒의埋香碑라ᄒ고其西石厓에述郎徒南石行이란六字를丹書로刻ᄒ얏스니世傳에四仙의所書라ᄒ며環島는皆恠石이오其上에古松數株가皆瘦短ᄒ야風至ᄒ면君然히有聲ᄒ니亦奇景이니라

高城郡으로봇허通川에至ᄒᆷ이一百五十里니通稱外山이라浦口山과掛鍾岩의勝景이有ᄒ니高峯千丈이東海를枕ᄒ야峯頂에岩屋과岩柱가有ᄒ고路는皆、並海來往ᄒᆷ으로海濤가盪岸에崩騰蹙踏ᄒᆷ을万馬의奔馳와如ᄒ고路傍은泓澄ᄒᆫ陂湖가多ᄒ야鳧鷖鷗鷺의屬이浮沉弄波ᄒ니風景이清雅ᄒ며叢石亭은長樹이通川北十五里海中

에라八ᄒᆞ야穹然圓峙ᄒᆞ고大石柱四個가水中에離立ᄒᆞ니高가皆十餘丈이오每柱에數十個小石柱가束立ᄒᆞ니石이皆方直六面이라整比如櫛ᄒᆞ야繩尺刀鉅로造成홈과如ᄒᆞ니卽四仙峯이라亦四仙의遊處오環亭數里에起伏散布ᄒᆞᆫ者ㅣ皆石이오其東厓에亦短碣이有ᄒᆞ니字가剝落ᄒᆞ야堪讀치못ᄒᆞ고其東金幱山에金幱屈과瓮遷의勝이有ᄒᆞ니라

蔚珍郡의望洋亭은大海를東臨ᄒᆞ고其北에迎暉院과臨漪臺와鳥島棧이皆風光이明媚ᄒᆞ며十里鳴沙에海棠이爛發ᄒᆞ면錦繡圖畵과如ᄒᆞ니라

三陟郡은古悉直國이니新羅의取ᄒᆞᆫ바되니라竹西樓(其東古有竹藏寺故名)ᄂᆞᆫ五十川上에在ᄒᆞ니絕壁이千仞이오奇巖이叢列ᄒᆞᆫ데上에飛樓를架ᄒᆞ고下로淸潭를俯ᄒᆞ니洵山水의名區라以上所述ᄒᆞᆫ歙谷侍中臺와通川叢石樓와高城三日浦와杆城淸澗亭과襄陽洛山寺와江陵鏡浦臺와三陟竹西樓와蔚珍望洋亭은關東의八景이라ᄒᆞ고其外에도名勝이亦多ᄒᆞ니라

平海郡의越松亭은亦景槩가佳麗ᄒᆞᆫ處니蒼松萬株와百沙如雪ᄒᆞᆫ듸鍊屑軒이登眺에爽快ᄒᆞ니라

春川郡은江原道의首府라古濊貊의徒都處오四郡時에樂浪郡昭明縣治로南部都尉의國이라後에新羅의有ᄒᆞᆫ바되야牛首州를置ᄒᆞ니라淸平山南麓에在ᄒᆞ야昭陽江을臨ᄒᆞ니其傍에牛頭大村이有ᄒᆞ며山潤野平ᄒᆞ고二江이灌注홈으로土地가稍饒沃ᄒᆞ니라

原州郡은古平原小京이니雉岳山을據ᄒᆞ고蟾江을臨ᄒᆞ야山谷間에原野가稍開ᄒᆞᆫ地라其興法寺에ᄂᆞᆫ麗祖의親撰ᄒᆞᆫ碑文이至今尙存ᄒᆞ고覺林寺ᄂᆞᆫ我 太宗씌셔讀書ᄒᆞ신處오郡東에御書碑閣이有ᄒᆞ니仁烈王后韓氏誕生ᄒᆞ신舊基오酒泉石은酒泉縣道傍에在ᄒᆞ니石狀이半破의石槽와如ᄒᆞᆫ지라明儒陳繼儒가此로써海東神泉이라稱ᄒᆞ

니라

寧越郡은栗峙南에在ᄒᆞ니錦障江이其東에環流ᄒᆞ고亂山이四塞ᄒᆞᆫ地나但錦江亭이江岸에臨ᄒᆞ고其外에尙德村이有ᄒᆞ며子規樓ᄂᆞᆫ端廟遜位時에子規詞ᄅᆞᆯ親製ᄒᆞ시던地라今　莊陵을奉ᄒᆞ고死節諸臣을配享ᄒᆞ얏시며其於羅寺淵은　世宗朝에數十丈의龍蛻ᄅᆞᆯ發見ᄒᆞᆫ處니라

鐵原郡은弓裔의故國이라寶蓋山東에在ᄒᆞ니其楓川原은弓裔의故都라宮闕의遺址가依然ᄒᆞ고又、栽松坪、孤石亭等이有ᄒᆞ니라

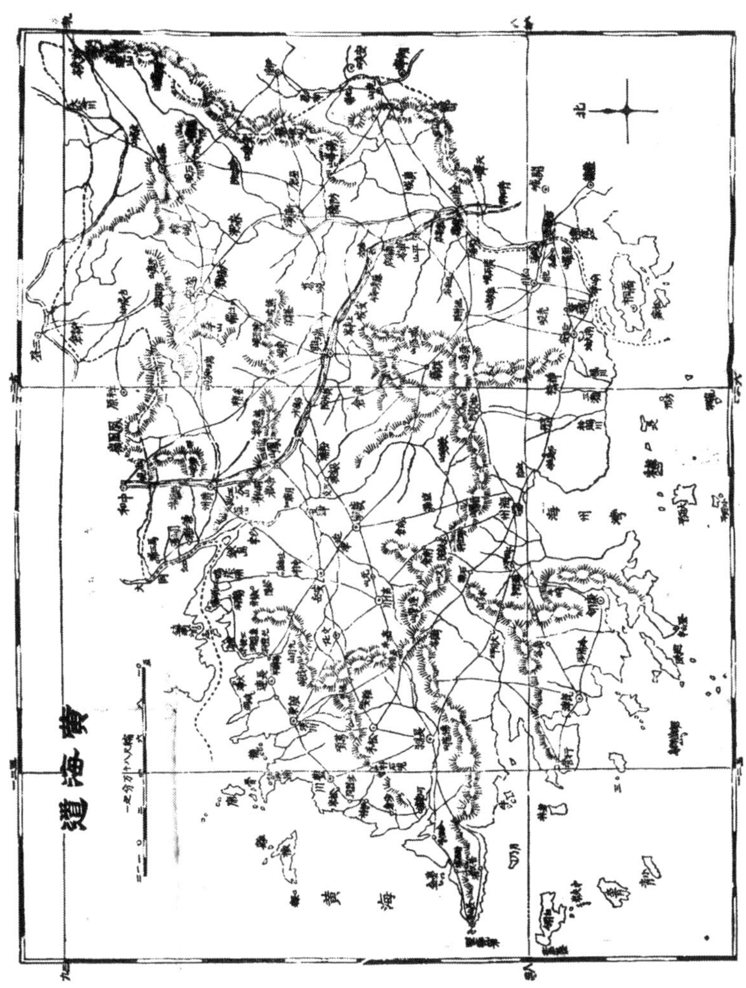
黃海道

第九章 黃海道

位置及境界 黃海道ᄂᆞᆫ東南은京畿道를接ᄒᆞ고東은江原道와隣ᄒᆞ고北은平安南道와連ᄒᆞ고西南兩面은黃海에臨ᄒᆞ니東西가約三百餘里오南北이約四百餘里라北緯三十七度十分으로三十九度零에至ᄒᆞ며東經百二十四度半으로百二十七度에至ᄒᆞ니라

地勢 ᄂᆞᆫ東西ᄂᆞᆫ長ᄒᆞ고南北은狹ᄒᆞ며其西半部ᄂᆞᆫ半島의形을成ᄒᆞ고東部ᄂᆞᆫ山岳이重疊ᄒᆞ며又其支脈이西延ᄒᆞ야本道中央에橫亘ᄒᆞ야西南方으로傾斜ᄒᆞᆫ故로川流가皆西南으로海에注ᄒᆞ고其間에平原沃野가多ᄒᆞ야厥土ᄂᆞᆫ黃壤이오五穀이豐産ᄒᆞ니라

沿革 本道ᄂᆞᆫ古朝鮮地니漢武帝時에樂浪郡에屬ᄒᆞ얏다가公孫康時에其南地ᄂᆞᆫ帶方郡에屬ᄒᆞ얏고後高句麗의地가되얏더니新羅의併ᄒᆞᆫ바되야景德王十六年에漢州都督府에隸ᄒᆞ고孝恭王時에弓裔가據有ᄒᆞ얏고高麗成宗十四年에關內道浿西道에分隸ᄒᆞ얏다가顯宗

이西海道라改ᄒᆞ고國朝　太祖四年에豐海道라稱ᄒᆞ고　太宗十三年에黃海道로改稱ᄒᆞ시니凡二十三郡이니라

(山嶺)高達山(山谷)은本道東北境에在ᄒᆞ니咸鏡南道鐵嶺의來脈이라其山이二支에分ᄒᆞ야一은東界로沿ᄒᆞ야兎山、聖居山等列岳이되고一은西延ᄒᆞ야彦眞山(遂安)이되며又西南으로二支에分ᄒᆞ야南走者ᄂᆞᆫ鵠峯山(兎山)이오西走者ᄂᆞᆫ霧山(山谷)淸凉、白雲(幷山谷)天子、茲嶺、阿達、(幷遂安)等諸山이되야本道北方에延亘ᄒᆞ고慈悲嶺(瑞興)巴嶺(黃州)이되니라

首陽山은海州府東에聳峙ᄒᆞ니山上에淸聖廟(揭百世淸風四字)가有ᄒᆞ며山下數十里에石潭川의九曲이有ᄒᆞ니卽栗谷李文成公珥가講學ᄒᆞ던處라今에其書院이尙在ᄒᆞ고又其東에北嵩山이有ᄒᆞ고山下에神光寺가有ᄒᆞ야壯嚴宏麗ᄒᆞᆷ이一國에冠ᄒᆞ니此ᄂᆞᆫ元順帝의願刹이라元의工匠이來建ᄒᆞᆫ바오其山脈이西南에奔ᄒᆞ야龍首山、牛耳山、桃林山(幷海州)이되고又北折ᄒᆞ야青陽山(松禾)이되며州東北에佛足、吹螺、池城等山이列峙ᄒᆞ니池城上에三百餘尺의瀑布가飛流ᄒᆞᄂᆞ니라

青陽山(一名錐山)은首陽山西北方에聳立ᄒᆞᆫ高嶺이라達磨、雲溪、龍門(幷松禾東)의諸山과連ᄒᆞ야南奔ᄒᆞᄂᆞᆫ者ᄂᆞᆫ佛陀山과長山串(長淵)에止ᄒᆞ니其間洞壑이逶迤深阻ᄒᆞ며又森林이茂盛ᄒᆞ야湖南邊山과湖西安眠과共히松田이라稱ᄒᆞ야宮殿舟船의材를此에取用ᄒᆞ니라

聖居山(一名九龍又一曰平那)은金川郡界에屹立ᄒᆞ니天磨(開城)聖居의間에朴淵瀑布ᄂᆞᆫ奇絕ᄒᆞᆫ勝景이라石壁이三四十丈을削斷ᄒᆞ야磅礴奇壯ᄒᆞᆫ데壁上下에潭水가從空飛墜ᄒᆞ니潭廣은約六七畝오窈然深黑ᄒᆞ야神龍이潛伏ᄒᆞᆫ듯ᄒᆞ며其中島岩은高麗文宗이鞭龍ᄒᆞᆫ處이라ᄒᆞᄂᆞᆫ荒誕ᄒᆞ야可信키難ᄒᆞ며朴淵은古者朴姓進士者가淵上에서吹笛ᄒᆞᆷ의龍女가感ᄒᆞ야夫婦를作ᄒᆞᆷ으로名ᄒᆞᆷ이라ᄒᆞ나亦、虛誕에說이오其下에姑母潭、龜潭、觀音窟의勝이有ᄒᆞ니儼、天下의壯觀이라ᄒᆞ니라其中에圓通、華藏等古寺가有ᄒᆞ니華藏寺ᄂᆞᆫ西僧指空의所瘞이라恭愍王影幀

과指空의塑像이有ᄒᆞ며又貝葉書旃檀香을藏ᄒᆞ니貝書ᄂᆞᆫ皆梵字오旃檀은一爇ᄒᆞ면四十里內가皆聞氣ᄒᆞ다ᄒᆞᄂᆞ니라

九月山(一名阿斯達又曰弓忽又甑山又闕山)은本道西北隅에聳立ᄒᆞᆫ雄鎭이라石峯이列峙撐空ᄒᆞ야高大峻極ᄒᆞ니卽檀君의移都ᄒᆞᆫ白岳이是라其中三聖祠(桓因桓雄檀君)가有ᄒᆞ고其東莊莊坪은卽唐藏京이니古宮闕의基址가尙存ᄒᆞ며其西殿栗境에ᄂᆞᆫ四王峯(有四王寺)高腰淵、金蘭窟等의勝境이有ᄒᆞ니百丈飛瀑이霆轟林谷ᄒᆞᄂᆞ니라

九月山의西南은博石山、極樂山(並長淵)이對峙ᄒᆞ며東은遙遙히岊嶺과相望ᄒᆞ니卽洞仙關이라西道를通ᄒᆞᄂᆞᆫ大路要阨이니褐坂이崎嶇逶迴ᄒᆞ고其豁間에含人關이有ᄒᆞ며其右에正方山城(鳳山西十三里)과慈悲嶺을連ᄒᆞ니我 世祖時에虎患으로써慈悲嶺(高麗時西大路)通을廢ᄒᆞ고洞仙關을始開ᄒᆞ시니라

綿岳山(一名滅惡山)、紺岳山、牧丹山(並平山)은慈悲東南에盤據ᄒᆞ야首龍、大屯

川(並金)諸山과連絡ᄒᆞ고綿岳의東에花川洞이有ᄒᆞ며西北으로勃隱、皷梨의嶺과大峴、高德(並瑞興)、乾止(鳳山)諸山을控ᄒᆞ고其南은雉岳、高頂(並白川)飛鳳(延安)諸山과環峙ᄒᆞ니라

(河川)月唐江은源이首陽山北沿鐵山에서發ᄒᆞ야諸溪流를集ᄒᆞ야棘城野를貫流ᄒᆞ야大同江에注ᄒᆞ고金川江은源이遂安彦眞山에서發ᄒᆞ야新溪縣을經ᄒᆞ고平山北에至ᄒᆞ야岐灘、箭灘이되고金川北에至ᄒᆞ야猪灘、馬灘、助邑浦를作ᄒᆞ고白川東南에서大橋浦、錢浦를經ᄒᆞ야海에注ᄒᆞ니其渡頭ᄂᆞᆫ卽碧瀾渡라高麗史에此水로써浿江이라亦名ᄒᆞ니라(水經云浿水出樂浪鏤方縣東南過臨浿縣東入海地志牛峯縣興義驛古名臨浿)

能成江은源이平安道陽德郡境에서發ᄒᆞ야谷山、遂安等郡을經ᄒᆞ야末訖、黑石、大橋諸灘이되야平壤大同江에注ᄒᆞ니라

(海灣及島嶼)本道ᄂᆞᆫ東南西三面이瀕海ᄒᆞᆫ故로海岸線의出入이多ᄒᆞ니白川金谷浦ᄂᆞᆫ金川助邑浦의下流라開城碧瀾渡와隔岸ᄒᆞ야船舶

의來往이便ᄒᆞᆷ으로兎山、新溪、平山、谷山、遂安等米穀을輸出ᄒᆞᄂᆞᆫ要津이라商業이甚繁ᄒᆞ고其西南에大橋、角山、金蓮、赤村、靑草等浦가有ᄒᆞ야延安、白川諸郡의商船이湊集ᄒᆞ고甑山、毛老、加耳、芳里等小嶋가前面에橫列ᄒᆞ니라

海州灣은康翎半嶋가黃海에斗入ᄒᆞ야本灣을成ᄒᆞ니東은皮串과龍媒梁島가有ᄒᆞ고南은延平群嶋가橫亘ᄒᆞ니舟船의碇泊이便ᄒᆞ고其南兄弟嶋ᄂᆞᆫ諺傳에伯夷叔齊의游息處라ᄒᆞ며登山串은康翎西南에突出ᄒᆞᆫ岬角이니白沙汀이有ᄒᆞ야麋鹿이多ᄒᆞᆷ으로古來畋獵의場이라其西北으로甕石、椰嶼、占銀等嶼를連ᄒᆞ야小靑嶋南ᄭᆞ지進至ᄒᆞ야橫截ᄒᆞᆷ이門闕과如ᄒᆞᆷ으로舟行이甚難ᄒᆞ고其東은舊時乫浦의鎭이오又仇東、沙斤、靑龍等浦와巡威等嶋가有ᄒᆞ니라

登山串西北은古、所江鎭이니　肅廟朝에水軍節度의行營을設ᄒᆞᆫ處라岬角이甕津郡西에橫ᄒᆞ야西京氏作等浦와接ᄒᆞ니氏作은南北船

舶의駐泊處라漁戶가富盛ᄒᆞ고氏作의北은黑頭浦(海州地別江口西)와數十里를距ᄒᆞ며南은磨蛤嶋오橋瓦沙串等浦와龍虎、魚化、麒麟諸嶋ᄂᆞᆫ並甕津南海에在ᄒᆞ니號를鉅齒鞏嶋라ᄒᆞ니라

長山串은長淵郡佛陀山의西支니石峰이嵯峨簇立ᄒᆞ야海中에斗入ᄒᆞ니其盡處를謂之長山串이라串末에二巖이數十丈을屹立ᄒᆞ야南北으로各顚ᄒᆞ고又石脈이水中으로從ᄒᆞ야連延ᄒᆞ다가百餘丈이屹立ᄒᆞᆫ者ᄂᆞᆫ曰醢瓮巖이니水勢가洄轉ᄒᆞ야舟行이極險ᄒᆞ고其南에吾叉浦와助泥浦ᄂᆞᆫ並水軍의舊鎭이오其西北白沙汀은卽、金沙鎭이니長이七八里오廣이三四里라滿汀이皆極細ᄒᆞᆫ白沙인ᄃᆡ金色을帶ᄒᆞ야日光이照映ᄒᆞ면閃爍ᄒᆞᆫ金色이眼花를眩纈ᄒᆞ며每、東西로隨風流轉ᄒᆞ야或奇峯도되고幽壑도되며沙中에海棠花가爛漫ᄒᆞ야錦繡를粧ᄒᆞ고又防風과大豆黃卷을産ᄒᆞ야藥料에供ᄒᆞ며其東에蓴池와北에月仙峯이有ᄒᆞ니支那商民이每年에潛來ᄒᆞ야漁採를犯ᄒᆞᆷ으로金

沙寺에僧軍을特置ᄒᆞ야써防戍ᄒᆞ더니今廢ᄒᆞ니라

西別江은今稱苔灘이라東은海州와西ᄂᆞᆫ大串梁을連ᄒᆞ니古來田稅의漕倉이有ᄒᆞ고阿耶浦鎭은其西에在ᄒᆞ며白翎島ᄂᆞᆫ其南方에在ᄒᆞᆫ舊鎭이오又大小青島와夢金陸沙等諸島가有ᄒᆞ니元文宗이順帝를大青島에竄ᄒᆞᆷ의順帝가築室自居ᄒᆞ면서金佛一像을奉ᄒᆞ야每日歸國ᄒᆞᆷ을祈ᄒᆞ다가及歸에工匠을遣ᄒᆞ야神光寺를刱ᄒᆞ니라

長山西北은豐川의許沙浦니舊水軍鎭(中宗十八年移設)이라岬角이西海에突出ᄒᆞ야松浦、碧達浦와接ᄒᆞ고其南에椒嶋鎭이橫ᄒᆞ니卽、古代唐船의碇泊處오碧達浦ᄂᆞᆫ高麗李芳實이紅巾賊艘를勦擊ᄒᆞ던處오其北에貰林串、琵琶串、席嶋、青梁嶋、熊嶋等이有ᄒᆞ나碇泊은不便ᄒᆞ고廣巖梁(殷栗)은亦、萬戶舊鎭이오其北大津關(長連)은卽、絶瀼海(安岳)의下流니 中宗十八年에設ᄒᆞ야外國商船의潛通을禁ᄒᆞ고其外에ᄂᆞᆫ法浦와簑島椵嶋、赤嶋、猪嶋가羅列ᄒᆞ며其西北에黃州急水門은平安南道龍岡郡

과隔ᄒᆞ니大同江과絶瀼海와相會處라海峽이極隘ᄒᆞ고水勢가悍急ᄒᆞ야舟行이甚難ᄒᆞᆷ으로瞿塘의險에比ᄒᆞ니라

絶瀼海ᄂᆞᆫ今、濟梁이니廣이三十里라鳳山、安岳의間에在ᄒᆞ야北流ᄒᆞ야大同江과合ᄒᆞ야三和郡南大津西海에注ᄒᆞ니栗津과延津의浦가有ᄒᆞ며鐵嶋ᄂᆞᆫ絶瀼의隘口니西路의要衝이되ᄂᆞ니라

(都會勝地)海州(孤竹)ᄂᆞᆫ黃海道의首府라京城을距ᄒᆞᆫ三百餘里에在ᄒᆞ니北은首陽山을負ᄒᆞ고南은海州灣에臨ᄒᆞ야舟車의便과商業의繁이一大都會를作ᄒᆞ고且山水가佳麗ᄒᆞ야風光이明媚ᄒᆞ며 宣廟二十六年에義州에서回鑾ᄒᆞ실ᄉᆡ本州에駐蹕ᄒᆞ샤芙蓉堂에常御ᄒᆞ심으로 正祖씌서御筆로堂額을書揭ᄒᆞ시고紀蹟碑를竪ᄒᆞ시며又 仁祖씌ᄋᆞᆸ서其時州民禹命長家에서誕生ᄒᆞ심으로其舊基에立碑紀績ᄒᆞ시고 世宗時에本州에서秬黍를産ᄒᆞᆷ으로雅樂을正ᄒᆞ시니라

延安郡(故塩塩州)은海州東百餘里에在ᄒᆞ니禮成江西岸에一小都會라

宣廟壬辰에李月川廷馣이此城에據ᄒᆞ야日兵을大鏖ᄒᆞᆷ으로海西一
路에兵禍를免被ᄒᆞ니라其、南大池ᄂᆞᆫ古、臥龍池니周가數十里오池中
에荷花가盛開ᄒᆞ야景致가佳絕ᄒᆞ고鯽魚를多產ᄒᆞ며每冬月에池氷
이坼裂ᄒᆞ야或縱或橫ᄒᆞ면州人이謂之龍耕이라ᄒᆞ야水旱을卜ᄒᆞᆫ다
ᄒᆞᆷ으로　太宗朝로븟허春秋에致祭ᄒᆞᄂᆞ니自古灌漑의利가甚鉅ᄒᆞ
니라

長淵郡(長潭)은南邑、苔灘諸浦가有ᄒᆞ야船舶의碇繫에便ᄒᆞᆷ의貨物의出
入이頻繁ᄒᆞ고海蔘이饒產ᄒᆞᆷ으로自古支那의登萊漁民이每年多數
渡來ᄒᆞ야漁採에從事ᄒᆞ며高麗穆宗時에本郡水田三結地가忽陷ᄒᆞ
야不測ᄒᆞᆫ深潭을作ᄒᆞ니沿海에往往此等地陷이有ᄒᆞ니라

白川郡(雉岳 銀川)은禮成江西岸에在ᄒᆞ야京畿道後西浦와相對ᄒᆞ니船舶
이湊集ᄒᆞ야米穀及其他貨物의貿易市場이되며且、延安、白川兩郡에
產ᄒᆞᄂᆞᆫ粳米ᄂᆞᆫ白玉과如ᄒᆞ고最、柔滑粘潤ᄒᆞᆷ으로御供에進上ᄒᆞᄂᆞ니

리其北兎山은高麗仁宗時에地火가自燃ᄒᆞ야草木과沙石이皆、赤灰
를成ᄒᆞ고地底에二尺을深入ᄒᆞ니其下ᄂᆞᆫ土色이濕黑ᄒᆞᆫ데周가凡四
五千尺이오六七朔에始熄ᄒᆞ니盖噴火의類라ᄒᆞ니라

黃州ᄂᆞᆫ東은山을負ᄒᆞ고西南은錦溪가廻流ᄒᆞ며大野를平眺ᄒᆞ니西
路의一大都會라慈悲嶺山脈이東으로븟허數十里를走ᄒᆞ다가正方
山에至ᄒᆞ야屹然히雲表에聳峙ᄒᆞ니堅固ᄒᆞᆷ이鐵壁과如ᄒᆞᆫ지라古來
로兵馬營을設ᄒᆞ야城濠의險阨ᄒᆞᆷ이實、西路의樞要라商業도亦、繁昌
ᄒᆞ며錦溪의下流ᄂᆞᆫ鐵和江이니航運이亦、便利ᄒᆞ야舟船이往來如織
ᄒᆞ며其、棘城野ᄂᆞᆫ百里大坪이라土味가膏沃ᄒᆞ고農作이豐產ᄒᆞ니麗
末에紅巾賊과百戰ᄒᆞ던大戰場이라天陰雨濕ᄒᆞ면鬼物이煩寃ᄒᆞ야
癘疫이薰染ᄒᆞᆷ으로　文宗朝에棘城祭壇을設ᄒᆞ시고親製文以祭ᄒᆞ
시니라

平山、瑞興、鳳山等三郡은皆、京義線의沿路라牧丹、葱秀의山과白鼠、雪

磨의峰과劍水、洞仙等驛이皆、著名ᄒᆞᆫ地니라

載寧郡(息城安陵)은西ᄂᆞᆫ江을臨ᄒᆞ고東南北은棘城의野를控ᄒᆞ니黃鳳、安信의中心이라土地膏沃ᄒᆞ고灌漑便利ᄒᆞ야米穀의産이豐ᄒᆞ며且、載寧江(即三岐江)은水深ᄒᆞ야四五百石의船舶이自由通航ᄒᆞᆷ으로運輸上에極히便利ᄒᆞ며其近에鉛船鑛、鐵鑛이亦、富産ᄒᆞ니라

新溪郡(俠溪草州)은故、高句麗水谷城(後改俠溪今合於此)이是라箕達山下에北蘇宮古址가有ᄒᆞ니辛禑時에左蘇白岳과右蘇白馬山과本地北蘇로三蘇宮이라稱ᄒᆞ고其九峰山鶴巢峰에ᄂᆞᆫ白鶴이其頂에常巢ᄒᆞᆷ으로名ᄒᆞᆷ이니懸鍾臺와看月岩의勝이有ᄒᆞ니라

金川郡(江陰牛峰)은江陰、牛峯二郡을 孝宗朝에始、合倂ᄒᆞ샤本郡을置ᄒᆞ시니金神洞悟道嶺이有ᄒᆞ며其、衆美亭은高麗毅宗의游宴ᄒᆞ던處라鳧鴈蘆葦가何處에消沉ᄒᆞ고但、水田이茫漠ᄒᆞ며興義驛은即、古臨湨縣이니姜邯贊이契丹을大破ᄒᆞ고此驛에凱還ᄒᆞ얏ᄂᆞ니라

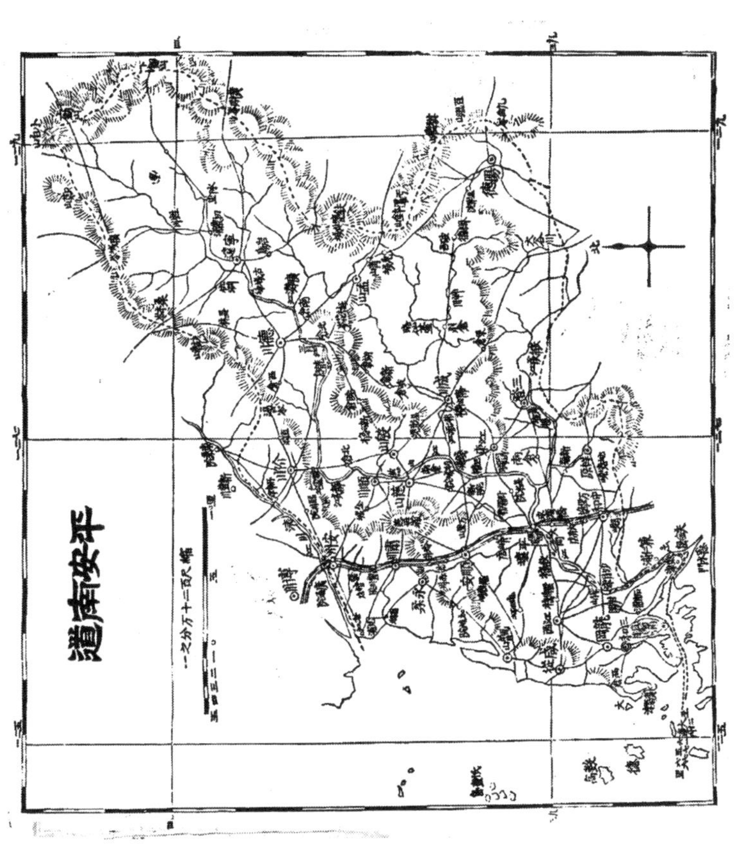
平安南道

第十章　平安南道

(位置境界)平安南道ᄂᆞᆫ本國西北部에位ᄒᆞ니東은咸鏡南道를鄰ᄒᆞ며南은黃海道를連ᄒᆞ고北은平安北道를接ᄒᆞ고西南은黃海에臨ᄒᆞ니東西가約三百餘里或四百里오南北이約三百里니北緯三十九度로四十度半에至ᄒᆞ고東經百二十四度로百二十七度에至ᄒᆞ니라

(地勢)本道ᄂᆞᆫ東北兩部에山嶺이重疊ᄒᆞ고南部ᄂᆞᆫ田圃가稍開ᄒᆞ야山海의利가富ᄒᆞ나氣候가寒冷ᄒᆞ야霜雪이早降ᄒᆞ며冬時ᄂᆞᆫ河海가結氷ᄒᆞ야舟楫을不通ᄒᆞ고人馬가氷雪上에往來ᄒᆞᄂᆞ니라

(沿革)本道ᄂᆞᆫ古朝鮮의地니衛氏亡後에樂浪郡이되얏다가其後高句麗의有ᄒᆞᆫ바되고新羅末에弓裔가叛據ᄒᆞ야浿西十三鎭을置ᄒᆞ며景明王時에高麗에歸ᄒᆞ야成宗十四年에浿西道를置ᄒᆞ얏더니靖宗二年에北界라稱ᄒᆞ고肅宗七年에西北面이라改ᄒᆞ며元宗十年에蒙古에沒入ᄒᆞ야東寧府를置ᄒᆞ고慈悲嶺으로爲界ᄒᆞ얏다가忠烈王四年

에 始復ᄒᆞ고 本朝 太宗十三年에 平安道라 改稱ᄒᆞ시고 今 上三十二年에 南北道를 分ᄒᆞ시니 凡二十三郡이니라

(山嶺)狼林山(江界北二百七十里)은 東北境上에 跨ᄒᆞ야 屹立ᄒᆞ니 高가 四千八百英尺이라 其脈이 東北으로 分ᄒᆞ야 咸鏡南北道 太白山(咸興洪原) 小白山(咸鏡) 白頭山(茂山甲山) 等 高嶺과 連ᄒᆞ고 又 西北으로 走ᄒᆞ야 平安北道의 桑林山 狗峴(江界) 狄踰嶺(熙川) 等이 되니 狗峴은 熙川과 江界의 通路니라

劍山嶺(寧遠)은 本道 東北境에 聳立ᄒᆞᆫ 高山이라 咸興 黃草嶺과 對峙ᄒᆞ야 山勢가 峻屹絕險ᄒᆞ니 其麓에 寧遠郡이 有ᄒᆞ야 鐵瓮城이라 稱ᄒᆞ고 其脈이 延亘南奔ᄒᆞ야 廣城、馬踰嶺、擬天(德嶺) 諸山이 되고 又 西南으로 蜿蜒起伏ᄒᆞ야 諸列岳이 되니 皆 險峻巍嶪ᄒᆞ니라

頭燕山(孟山)은 劍山嶺의 南에 列峙ᄒᆞᆫ 高峯이니 特히 危峻ᄒᆞ고 其西麓에 巨巖怪石이 嶄然屹立ᄒᆞᆷ의 其形이 宏壯ᄒᆞ고 一條飛泉이 巖腹에 激ᄒᆞ야 龍이 烟霧를 噴ᄒᆞ는 듯 頗奇爽ᄒᆞ니라

朴達山(孟山) 姑城山(陽德) 劍鶴山(成川) 盤龍山(祥原) 靈鷲山(中和)은 皆 本道 東南에 屏列ᄒᆞ고 劍鶴山脈이 西赴ᄒᆞ야 大朴(江東) 九龍(三登) 等 峯巒이 되니 大朴山에는 檀君墓(在縣西周四百十尺)가 有ᄒᆞ며 九龍山麓에는 古樹德이라 ᄒᆞ는 土城古址가 有ᄒᆞ고 又 其傍에 溫泉이 有ᄒᆞ니라

白雲山(价川) 慈母山(慈山) 兄弟山(平壤) 大城山(仝上) 等 諸峯이 連縣起伏ᄒᆞ야 本道 西北境에 縈繞ᄒᆞ고 慈母山 東에는 高麗 崔春命이 蒙兵을 大破ᄒᆞ던 處이니라

紇骨山은 成川 西北에 峙立ᄒᆞ야 十二峯이 有ᄒᆞᆷ으로 亦名 巫山이오 紇骨山 古城에 宮闕基址가 有ᄒᆞ니 或云 松讓故都라 ᄒᆞ니라 榆山은 三十里 石壁이 周圍ᄒᆞᆫ 中에 赤壤이 平衍ᄒᆞ고 巨川이 橫流ᄒᆞ며 天作城이 有ᄒᆞ니라

龍岡 烏石山은 險固無比ᄒᆞᆷ으로 石城을 築ᄒᆞ얏는ᄃᆡ 或曰 古安市城이라 ᄒᆞ나 此는 未究ᄒᆞᆷ이니라

(河川)大同江은亦曰浿江이니源이有二ᄒᆞ야一은寧遠劍山에서發ᄒᆞ야重疊ᄒᆞᆫ峰巒을繞ᄒᆞ고淵谷의諸流를集ᄒᆞ야水勢가漸大ᄒᆞ야殷山慈山等郡으로沿流ᄒᆞ고江東郡北에至ᄒᆞ야又陽德孟山二郡의水를合ᄒᆞ야其南境에서西折ᄒᆞ야平壤浮碧樓를經ᄒᆞ야黃海에注ᄒᆞ니入海口가深潤ᄒᆞ야大艦巨船의往來及碇繫가便ᄒᆞ고其西岸의眞林串은一國의要衝이되니라

能成江은陽德郡諸山中에서發ᄒᆞ야本道南境을貫流ᄒᆞ고平壤東에至ᄒᆞ야大同江과合流ᄒᆞ야黃海에入ᄒᆞ니江口가頗深ᄒᆞ고且大小群島가羅列ᄒᆞ야艦船의碇泊이便ᄒᆞ고江中에桃津浦와鐵嶋等이有ᄒᆞ니라

清川江은又名薩水니源이江界郡甲峴에서發ᄒᆞ야北道諸山溪谷의水를合ᄒᆞ야西南으로流ᄒᆞ다가東江이되고熙川寧邊等郡을過ᄒᆞ야安州北을貫流ᄒᆞ야海에注ᄒᆞ니此江은高句麗大將乙支文德이隋楊廣의軍三十餘萬을大破殲盡ᄒᆞ던處라古來歷史에光輝를發現ᄒᆞ얏ᄂᆞ니라

(海灣及島嶼)本道ᄂᆞᆫ西南隅가突出ᄒᆞ야西北으로平安北道를控ᄒᆞ야一大海灣을成ᄒᆞ니灣內에潮汐이衝激ᄒᆞ고且暗礁等이有ᄒᆞ야大艦은碇泊키難ᄒᆞ고惟大同江北岸에廣梁鎭은關西海岸의要衝이오又清川江口南岸에老江鎭이有ᄒᆞ니라

鎭南浦ᄂᆞᆫ平壤을距ᄒᆞᆫ百餘里大同江口碇岸에在ᄒᆞ니南은黃海道와隔ᄒᆞ고灣內가深廣ᄒᆞ야二千噸內外의巨船을碇泊ᄒᆞ기足ᄒᆞ며各國居留地ᄂᆞᆫ邱陵間에挾居ᄒᆞ니開港初에ᄂᆞᆫ寂寥ᄒᆞᆫ一漁邑이더니今에嶄然ᄒᆞᆫ市街를成ᄒᆞ니라

兼二浦ᄂᆞᆫ近年에新開ᄒᆞᆫ浦口라大同江을沿ᄒᆞ야平壤鎭南浦中間에處ᄒᆞ니港內에水尋이深ᄒᆞ야四千噸內外의船舶이自由出入ᄒᆞᆷ을得ᄒᆞ고其附近에農產物이豐富ᄒᆞ야將來貿易이極히繁昌ᄒᆞᆯ것도다

島嶼ᄂᆞᆫ虎嶋、松島、德嶋、吹螺島、助壓嶋等諸小嶋가有ᄒᆞ나皆、住民이無ᄒᆞ고惟海上風景을助ᄒᆞᆷ而已니라

(都會勝地)平壤은三姓의故都오觀察道의首府라高麗로븟허西京을삼고原廟와行宮을置ᄒᆞ얏더니兵火를屢經ᄒᆞ야廢興이無常ᄒᆞ고國朝ᄂᆞᆫ高麗長樂宮舊基에永崇殿을建ᄒᆞ고 太祖御眞을奉ᄒᆞ얏더니今에豐慶宮을建ᄒᆞ고 大皇帝陛下御眞을奉ᄒᆞ샷시며崇仁殿은箕子를奉ᄒᆞ고崇靈殿은檀君과東明王을奉ᄒᆞ야春秋로香幣를降ᄒᆞ시고武烈祠ᄂᆞᆫ明石星李如松을祀ᄒᆞ니壬辰의功을報ᄒᆞᆷ이니라

平壤은關西의大都會라江海의衝要오西北의孔路니水陸運輸의便이有ᄒᆞᆷ으로百貨가輻湊ᄒᆞ고商業이發達ᄒᆞ야市廛이繁昌ᄒᆞ고民戶가殷富ᄒᆞ며又其江山이佳麗ᄒᆞ고物色이繁華ᄒᆞ야畵舫簫鼓와名亭絲竹이四時嬉遊에歌舞佚宕ᄒᆞ니紫陌春風과綠窓朱戶에佳人才子의風流賞詠이從古擅名ᄒᆞ도다府城은牧丹峰을據ᄒᆞ야大同江을臨ᄒᆞ니山河가明媚ᄒᆞ고城濠가雄壯ᄒᆞ며大同、朱雀、普通、含毬、正陽、七星等門을設ᄒᆞ고諸官衙ᄂᆞᆫ其內에鋪置ᄒᆞ며其南에練光亭은石壁에巍臨ᄒᆞ니一帶長江은綠波가演漾ᄒᆞ고十里長林은碧樹가參差ᄒᆞ며其外ᄂᆞᆫ曠漠ᄒᆞᆫ大野와明秀ᄒᆞᆫ羣峰이錦繡를鋪張ᄒᆞᆫ듯風光의絕勝ᄒᆞᆷ이天下에無雙이라明使朱之蕃이第一江山이라大額을特揭ᄒᆞ얏고高麗金黃元이臨江痛哭ᄒᆞᆫ處라其北에淸流壁이環峙ᄒᆞ고壁盡處ᄂᆞᆫ浮碧樓와永明寺가有ᄒᆞ며錦繡山頂은乙密臺니古仙人의游賞處오永明寺內에句麗王의九梯宮과通漢橋、白雲橋와麒麟窟、朝天石等의古跡이尙存ᄒᆞ며城北兎山에ᄂᆞᆫ箕子陵이在ᄒᆞ니古松老杉이繁茂鬱蒼ᄒᆞ고高麗의大花宮龍堰宮은府北에依俙ᄒᆞ며高句麗의東黃城(一名絅城)(故國原王自丸都移都)은府東木覔山上에在ᄒᆞ고箕子의古城(一名外城)은府西蒼光山을據ᄒᆞ고唐浦를臨ᄒᆞ니村閭가撲地ᄒᆞ며溝塍이橫縱ᄒᆞ야井田의經界가數千年을宛然ᄒᆞ더니至今에蕩然掃地ᄒᆞ얏도다

綾羅島ᄂᆞᆫ大同江中에在ᄒᆞ니白銀灘、馬灘、燕浦、德岩、酒岩의奇勝이亦有ᄒᆞ며其南南浦ᄂᆞᆫ行人의送別地라其外ᄂᆞᆫ永濟橋와栽松院이有ᄒᆞ고其上에詠歸亭이津渡에巋然ᄒᆞ며其西嬋娟洞은終古妓女의埋紅科오城內大同館은府妓桂花月이金應瑞를邀ᄒᆞ야倭將을斬ᄒᆞ던處라世가晋州의論介에比ᄒᆞᄂᆞ니라

其龍德部梯淵은十尺古梯가水底에沉ᄒᆞ얏고高麗時에地鏡이屢見ᄒᆞ야水와如히有影홈으로明月里라稱ᄒᆞ고正陽門外句麗故宮墟에ᄂᆞᆫ　宣廟時에古鏡을掘得ᄒᆞ니二十字圓文隸書를刻ᄒᆞ얏ᄂᆞᆫ지라往往地中에서此等古代의器物等을掘取ᄒᆞ며瓦磁의片도拾得ᄒᆞᄂᆞ니라

成川郡多勿은平壤東에在ᄒᆞᆫ一都會라巫山十二峯을擁ᄒᆞ고沸流江을臨ᄒᆞ니江岸에降仙樓ᄂᆞᆫ光海主爲世子가廟社를奉ᄒᆞ고此에駐ᄒᆞ얏슴으로即位後에此樓를大修ᄒᆞ야三百餘間에至ᄒᆞ니結構의宏壯홈이

全國의第一이오山光水色이風景도絕佳ᄒᆞ며其外ᄂᆞᆫ茫茫ᄒᆞᆫ大野를控ᄒᆞ고其西ᄂᆞᆫ紇骨山城이崔嵬ᄒᆞ며藥水山에ᄂᆞᆫ溫泉이有ᄒᆞ니라

安州息城寧州ᄂᆞᆫ平壤北百餘里되ᄂᆞᆫ淸川江南岸에在ᄒᆞᆫ一都會라北城上에百祥樓가巍巍ᄒᆞ니長堤靑草와列岫碧嵐이眼界에森羅ᄒᆞ야氣象이萬千이오其下紅蓼碧波에飛禽이游泳ᄒᆞ니卽、江山의美景이요江中에七佛島가有ᄒᆞ야浮圖를建ᄒᆞ니諺傳에七佛이隋兵을誘引ᄒᆞᆫ功이有ᄒᆞ다ᄒᆞ니라

中和郡唐岳은平壤南界라生陽驛、萬里橋ᄂᆞᆫ皆、賓客迎送의地오龍山上에東明王墓가有ᄒᆞ니諺傳에白玉鞭을葬ᄒᆞ얏다ᄒᆞ며眞珠墓라稱ᄒᆞ니라

平壤以西에江西、咸從、龍岡、甑山、三和等五郡이니其中三和ᄂᆞᆫ大同江下流에位ᄒᆞ야新寧江口에廣梁의灣이有ᄒᆞ고其北에甑岳、慈正等山이列峙ᄒᆞ니甑南港口가是라商業이極히興盛ᄒᆞ고市場이繁昌ᄒᆞ니

라

平壤以東은祥原、三登、江東、殷山、陽德、孟山等郡이니皆、山僻斗邑이라三登은能成江을臨ᄒᆞ야黃鶴樓、碧雲臺의勝이有ᄒᆞ고江東은西江岸進士峰下에契丹의遺種金山等의戰敗ᄒᆞᆫ古城이尙存ᄒᆞ며江中에龍橋ᄂᆞᆫ七十餘步의架石이如虹ᄒᆞ야景致가奇異ᄒᆞ며孟山의東에ᄂᆞᆫ鐵瓮城이有ᄒᆞ니라

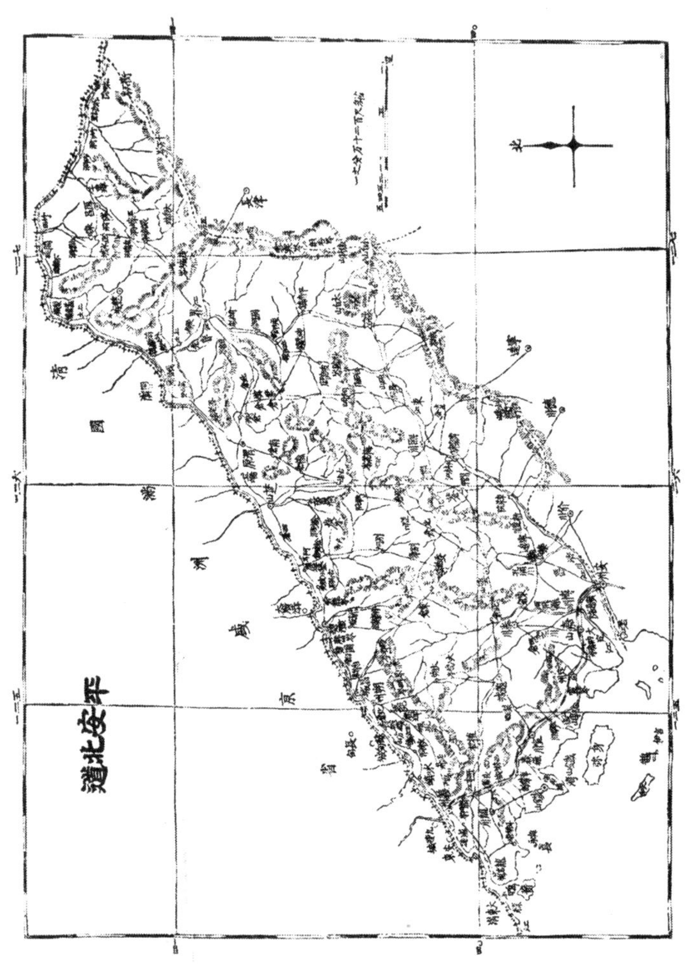
平安北道
清國

第十一章 平安北道

(位置境界)平安北道ᄂᆞᆫ西北은淸國의滿洲盛京省과吉林省을遙接ᄒᆞ고東은咸鏡南道를隣ᄒᆞ고南은大海와及平安南道를臨ᄒᆞ니東西ᄂᆞᆫ約三百餘里오南北은約七八百里니北緯三十九度半으로四十二度에至ᄒᆞ고東經百二十四度十分으로百二十八度에至ᄒᆞ니라

(地勢)ᄂᆞᆫ山岳과港灣이多ᄒᆞ고平野가少ᄒᆞ며惟鴨綠江沿岸南海濱近地에田畓이稍有ᄒᆞ고氣候ᄂᆞᆫ全國中寒部에屬ᄒᆞ야海上數百里間은冬期에氷澌가流出ᄒᆞ야舟楫의不通홈이三個月에及ᄒᆞᄂᆞ니라

(沿革)은古朝鮮의地니後에高句麗에有ᄒᆞᆫ바되얏다가句麗亡後에渤海大氏의鴨綠府에屬ᄒᆞ얏고其後에女眞이入據ᄒᆞ야高麗西蕃이라稱ᄒᆞ더니我 太祖ㅣ東寧府를擊破ᄒᆞ시고土地를開拓ᄒᆞ샤閭延、茂昌、虞芮、慈城等四郡을置ᄒᆞ시고 太宗朝에江界、理山、碧潼、渭原等沿江諸郡을置ᄒᆞ샷고 世宗十五年에崔潤德을遣ᄒᆞ샤忽剌溫을討伐

ᄒᆞ시고十九年에李蕆을遣ᄒᆞ샤婆猪江兀剌城을討平ᄒᆞ샤疆土를定ᄒᆞ샷더니 世祖元年에四郡을廢ᄒᆞ시고其後에厚昌慈城兩郡을復設ᄒᆞ니凡二十一郡이니라

(山嶺)妙香山(寧邊)은世傳에檀君의所降處니香檀이多生故로名ᄒᆞᆷ이라山勢가高大ᄒᆞ야四百餘里를蟠據ᄒᆞ며古記에云山中에三百六十菴이有ᄒᆞ다ᄒᆞ나今에三大刹이最巨ᄒᆞ니普賢,圓明,靈雲等이著名ᄒᆞ고其中의獅子庵(有上中下)은景槩가奇絶ᄒᆞ고泉石이靈爽ᄒᆞ며檀君窟은高가二三丈이오潤이數十人을能容ᄒᆞ니穹然히屋宇와如ᄒᆞ며冷泉이有ᄒᆞ야最甘洌ᄒᆞ고又,登天窟과梅窟은盛夏에도氷澌가未解ᄒᆞ며靈神庵은占地ᄒᆞᆷ이高豁ᄒᆞ야登眺ᄒᆞ면極目千里에江河峯巒이緜橫箭東ᄒᆞ야胷衿이爽豁ᄒᆞ고其最高者ᄂᆞᆫ香爐峯이니三臺가有ᄒᆞ야岩蕣巍峨ᄒᆞᆷ으로能히上臺에陟ᄒᆞ면乾端坤倪가軒豁呈露ᄒᆞ야諸山이皆培塿에不過ᄒᆞ고霄漢을可摩ᄒᆞᆯ듯ᄒᆞ야飄飄乎遺世의想이有ᄒᆞ며且,

西山大師休靜의卓錫處라其山이外ᄂᆞᆫ皆土山이오樹頭도土成ᄒᆞ나峰腰以下ᄂᆞᆫ皆,奇巖秀石이오內ᄂᆞᆫ平地가多ᄒᆞ며大川이潤布ᄒᆞ야洞府의重疊ᄒᆞᆷ이城郭村落과如ᄒᆞ니라

白山(熙川)은山腰로山頂ᄭᆞ지皆白石이嵯峨ᄒᆞ고雲臺山,白碧山,東林山(竝雲山北)狄踰嶺(熙川)三角山,香積山(竝泰川)은皆妙香西北에列峙ᄒᆞᆫ高山이오雪寒嶺(一名罕辟)牛頭嶺,慈山嶺,五萬嶺,梨坡嶺,貂皮嶺,嘉嶺은竝江界迤北의險阨이오又黃靑洞山이極峻ᄒᆞ니大抵妙香以外ᄂᆞᆫ其山嶺이皆高大險峻ᄒᆞᆯ뿐이오絶勝ᄒᆞᆫ名山은無ᄒᆞ니라

江界以南으로大飛乃山,奉天臺山(渭原)照鵂山,達覺山(碧潼)崇積山大物伊山(楚山)曹東山,栢坡嶺(竝上仝)豆音嶺,和等乃(竝渭原)山三峰山,延坪山,靑山,堂阿山(昌城)界畔山,天磨山,靑龍山,八嶺山,五峯山,黑山(竝朔州)等은皆沿江諸郡의巨山峻嶺이라蜿蜒起伏ᄒᆞ고逶迤綿亘ᄒᆞ야西北의保障을作ᄒᆞ고義州ᄂᆞᆫ兩國의界卡이라松山,白馬山馬頭山이皆高峻호ᄃᆡ惟白

馬山城은我　太祖께서威化回軍時駐蹕ᄒᆞ신故로至今太祖峯이라
名ᄒᆞ고其西牛馬城은高麗姜邯贊의所築이니　仁祖朝에林忠愍慶
業이淸을防ᄒᆞ기爲ᄒᆞ야白馬城을築ᄒᆞ야軍須를儲藏ᄒᆞ고森林을植
養ᄒᆞ얏더니今에城砦ᄂᆞᆫ廢止ᄒᆞ나惟、蓊鬱ᄒᆞᆫ森林이繁茂ᄒᆞ니라
龍骨山(龍川)雲暗山(鐵山)劒山(宣川)凌漢山(郭山)棘城嶺(龜城)等의沿路要害處에ᄂᆞᆫ
皆城砦를築ᄒᆞ얏ᄂᆞ니라

(河流)鴨綠江(又馬訾水)은源이白頭山에셔出ᄒᆞ야本道西北境과及淸國奉
天、吉林兩省間을沿流ᄒᆞ다가虛川、長津諸水를合ᄒᆞ고西南流ᄒᆞ야慈
城、禿魯、佟家諸江의水를會ᄒᆞ야水勢가益大且急이라激浪奔波가翻
銀簸雪ᄒᆞᄂᆞᆫ듯義州西에至ᄒᆞ야分爲三江ᄒᆞ얏다가黔同島에至ᄒᆞ야
ᄂᆞᆫ復合ᄒᆞ고又二派로分ᄒᆞ야海에注ᄒᆞ니凡千餘里를奔流ᄒᆞ니라

博川江(一曰大寧江 又曰大定江)은源이昌城浮雲山에셔發ᄒᆞ야泰川을過ᄒᆞ고安
州老江을合ᄒᆞ야嘉山郡東에셔海에注ᄒᆞ니라

古津江은源이天摩山(義州)에셔發ᄒᆞ야西으로大蝦山、松山間을貫流ᄒᆞ
고龍川郡西에至ᄒᆞ야海에入ᄒᆞ니其西岸에威遠城、麟山堡等勝地가
有ᄒᆞ고又其他鐵馬川(宣川)孟川(鐵山)等諸小流가皆、注海ᄒᆞᄂᆞ니라

禿魯江은源이狄踰嶺에셔發ᄒᆞ야西北으로江界西를過ᄒᆞ야鴨綠江
에注ᄒᆞ며其南에在ᄒᆞᆫ渭水(渭原)와其北에在ᄒᆞᆫ三川江도皆西流ᄒᆞ야鴨
綠에注ᄒᆞ니라

慈城江은源이河山嶺에셔發ᄒᆞ야西流ᄒᆞ야鴨綠江에入ᄒᆞ고其他中
江川(楚山)厚州江(厚昌)等도亦、鴨江에流入ᄒᆞᄂᆞ니라

(海灣及嶋嶼)龍巖浦ᄂᆞᆫ鴨綠江口에在ᄒᆞ니港의中央에龍巖山이有ᄒᆞᆷ
으로名ᄒᆞᆷ이라向岸의大東溝와烟波縹渺의間에斜對ᄒᆞ야滿潮時ᄂᆞᆫ
高가十七尺乃至二十尺이됨으로其時ᄂᆞᆫ一千噸以上의船舶을能容
ᄒᆞᄂᆞ니平安道의良港은甑南浦와及本港而已故로港口를開ᄒᆞᆷ이라
其下에耳湖浦梨花浦等이亦、良好ᄒᆞᆫ津口오其西海中에古彌串僉使

鎭이有ᄒᆞ고又其傍에梁良串、薪嶋、蓼嶋、馬嶋、牛嶋、月老嶋、信知島、運餉浦(義州)等이列在ᄒᆞ니라

宣沙浦ᄂᆞᆫ五峰山(鐵山)南麓一帶에面海ᄒᆞᆫ處오其東은掘江浦(宣川)加石浦(全上)오又其東에薪串(宣川)防築浦(郭山)亐里串浮落浦(並全上)都致串(定州)鎭海串仍朴串(全上)等이有ᄒᆞ니라

嶋嶼의大ᄒᆞᆫ者ᄂᆞᆫ身彌島니宣川郡南에橫ᄒᆞ야周가一百八十里오其西北은椵島(鐵山)니 仁祖時에明總兵毛文龍이此島에開府ᄒᆞ야碧潼을攻陷ᄒᆞ고財産을劫掠ᄒᆞ다가袁崇煥에게被誅ᄒᆞ고陳繼盛이代領ᄒᆞ얏더니麾下劉興治에게被殺ᄒᆞᆷ으로朝廷이李曙鄭忠信을遣ᄒᆞ야討平ᄒᆞ던處라至今城壘가猶存ᄒᆞ니라

太和島、炭島、鵲島、言伊島、低童島、加次里島、葦島等은其中稍大ᄒᆞᆫ者오其他ᄂᆞᆫ小島片嶼에不過ᄒᆞ니라

鴨綠江口에黔同島、蘭子島、於赤島、勝乂島、麻嶋等이有ᄒᆞ고其西威化嶋ᄂᆞᆫ土地沃饒ᄒᆞ야民이耕墾ᄒᆞᆯ만ᄒᆞ니라辛禑ㅣ遼陽을謀攻ᄒᆞᆯ새我 太祖ㅣ左右軍을將ᄒᆞ시고鴨江을渡ᄒᆞ사此嶋에屯ᄒᆞ샷다가擧義回軍ᄒᆞ시니時에霖潦가數日이되水가不漲ᄒᆞ더니旋師ᄒᆞ심의纔渡岸에大水驟至ᄒᆞ야全嶋가墊沒ᄒᆞ니라

(都會勝地)義州(龍灣保州)ᄂᆞᆫ鴨綠江口의一大都會라遼燕을通ᄒᆞᆫ大路니城郭이峻截ᄒᆞ고市街가縱橫ᄒᆞ며自古로柵門을設ᄒᆞ고兩國이通商貿易ᄒᆞ던地라貨物이輻湊ᄒᆞ고民戶가殷富ᄒᆞ며官廨公館도皆宏搆傑築ᄒᆞ야壯麗無比ᄒᆞ니其南門은海東第一關이오其內義順館은支那의使節을迎送處라結搆가宏壯ᄒᆞ고統軍亭은鴨江을臨ᄒᆞ니江山形勝이眺望에爽快ᄒᆞ며其南에古靜州、麟州의廢縣이在ᄒᆞ니古長城의起首處오麟州東은白馬山城이峻盤ᄒᆞ며江外ᄂᆞᆫ淸國九連城이三十里에距ᄒᆞ고府南男山은 宣祖ㅣ駐蹕ᄒᆞ실時에州民(每捕魚進供者)에게特賜ᄒᆞ샷ᄂᆞ니라

江界郡은禿魯江上流群山間에在ᄒᆞᆫ一大都會라山岳이周圍ᄒᆞ야險絕峻高ᄒᆞ며其南雪寒嶺은古來咸北을通ᄒᆞᄂᆞᆫ大路라我 太祖께셔東寧府를征ᄒᆞ실時에도黃草嶺(咸興)으로븟허此嶺을踰ᄒᆞ시니라狄踰嶺은熙川을通ᄒᆞᆫ險路니亦西北의雄關이오其北은慈城厚昌兩郡이니卽古四郡의地라廢棄以後로三四百年을荒山窮林에人跡이罕到ᄒᆞᆷ으로但樹木이叅天ᄒᆞ고人蔘이長根이더니兩郡을復設ᄒᆞᆫ後로ᄂᆞᆫ稍稍開拓에着手ᄒᆞᄂᆞ猶森林鑛山의富源이無盡藏인故로近來韓日兩國人의開採가日繁ᄒᆞ니라

滿浦鎭은郡西(一百三十里)鴨綠江岸에在ᄒᆞ니江外ᄂᆞᆫ卽清國盛京省懷仁縣洞溝地方이라近日에高句麗廣開土王의碑를陵谷中에서發見ᄒᆞ얏ᄂᆞᆫᄃᆡ其文이或刓缺은不無ᄒᆞ나大槩句麗陵墓의紀蹟이라盖其地ᄂᆞᆫ本高句麗丸都城이오又其西北은卽卒本故都인故로句麗의遺跡이尙多ᄒᆞ며今에我國人民이往往渡江居住ᄒᆞ야耕墾ᄒᆞᄂᆞᆫ者ㅣ數萬

에至ᄒᆞ니是를西壓島라謂ᄒᆞᄂᆞ니其地ᄂᆞᆫ土壤이肥美ᄒᆞ야五穀이豐茂ᄒᆞ고山河가險固ᄒᆞ야森林이富饒ᄒᆞ니句麗의地形을可見ᄒᆞᆯ시니라

渭原郡은江界西에在ᄒᆞ니明國李如松의祖先地라如松의祖ᄂᆞᆫ本郡人으로서嘗殺人ᄒᆞ고逃亡ᄒᆞ야廣寧에入ᄒᆞ야成樑을生ᄒᆞ니成樑은卽如松의父니라

楚山郡(理山)은渭原南에在ᄒᆞ니其西山羊會ᄂᆞᆫ土地膏饒ᄒᆞ고其南은童巾江이오其西北江外ᄂᆞᆫ婆猪江(一名佟家江又鹽難水)이니二江의交에兀刺山城이有ᄒᆞ야大野中에四面이壁立ᄒᆞ니卽高句麗尉那巖城이니國內城이是라句麗의古跡이往往發見ᄒᆞᄂᆞ니라

寧邊郡(迎州撫州)은平安北道의首府라其西藥山은險阻ᄒᆞᆷ이鐵瓮과如ᄒᆞ다ᄒᆞ고且層巒疊嶂이四面에互回ᄒᆞ며花遷江(卽清川)이東南에流下ᄒᆞ고且義朔江界諸州의中心이라兵馬를集會ᄒᆞᆯ處이되며其西雲山郡

의九峯山에故、北燕主馮弘의塚이有ᄒᆞ고泰川郡의籠吾里山城은古女將莫德의所築인故로城石에女將莫德字를刻ᄒᆞ니라

定州郡은健川西에在ᄒᆞ니城堞이堅潤ᄒᆞ고市井이殷繁ᄒᆞ며 宣廟駐蹕ᄒᆞ신地라記蹟碑가有ᄒᆞ고 純祖壬申의難에賊洪景來이此城에屯據ᄒᆞ야官軍을拒抗ᄒᆞ다가四朔만에平定되니其時에忠臣義士가死節殉難ᄒᆞᆫ者一非多ᄒᆞᆫ지라韓浩運白慶翰林之換許沆諸賢或金大宅梁同等을皆紀念碑에刻ᄒᆞ고每、破城ᄒᆞᆫ日로써設祭侑酹ᄒᆞ야忠魂을慰ᄒᆞ니라

嘉山郡은曉星嶺東에在ᄒᆞ니壬申西賊의亂에郡守鄭蓍의父子兄弟가同時殉節ᄒᆞᆫ處이라至今表節祠에祀ᄒᆞᄂᆞ니라

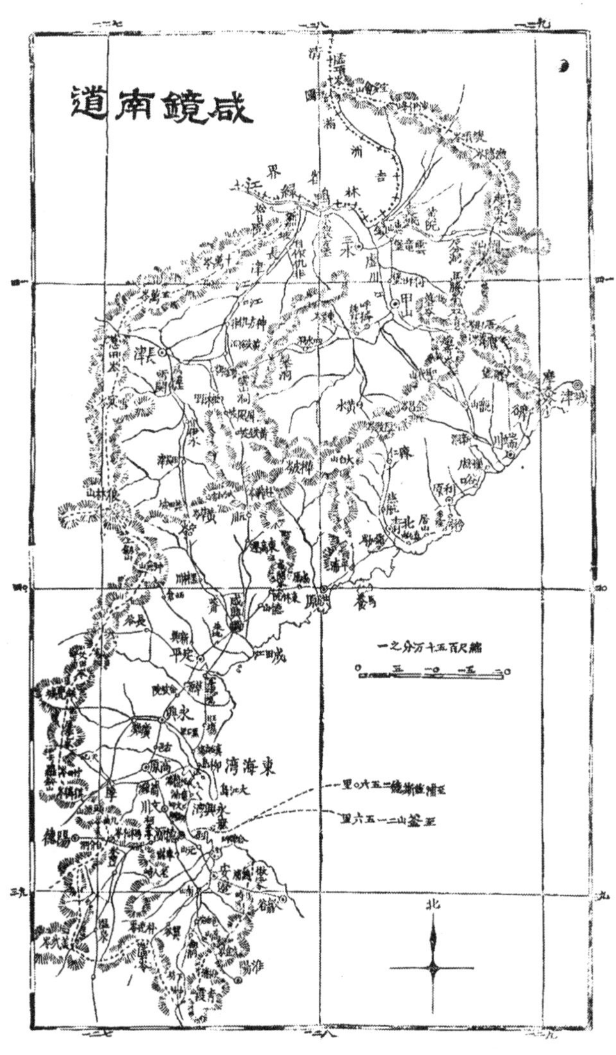
咸鏡南道
縮尺百五十万分之一
東海灣
北

第十二章 咸鏡南道

(位置境界)咸鏡南道는我國東北方에位ᄒᆞ니南은江原道를接ᄒᆞ며西는平安南北道를連ᄒᆞ고北은淸國吉林省과咸鏡北道로界ᄒᆞ고東은大海를臨ᄒᆞ니東西는或數百餘里或七八十里오南北은約一千里니北緯三十八度四分으로四十一度半에至ᄒᆞ고東經百二十六度五十五分으로百二十九度에至ᄒᆞ니라

(地勢)는北東으로봇허斜下ᄒᆞ야西南에延ᄒᆞ고咸興地境에至ᄒᆞ야漸漸灣曲ᄒᆞ고又東南으로向ᄒᆞ야數百里를延長ᄒᆞ니幅員이漸狹ᄒᆞ고西北及西南境은山岳이重疊ᄒᆞ며峰巒이起伏ᄒᆞ야平地가少ᄒᆞ나沿海地에는平坦ᄒᆞ고川流는多ᄒᆞ나皆細流에不過ᄒᆞ며地味는沃饒치못ᄒᆞ나田野가稍闊潤ᄒᆞ야米穀菜蔬를産ᄒᆞ며魚塩의利가有ᄒᆞ고諸山中에鑛脈이多ᄒᆞ며氣候는寒暑가太甚ᄒᆞ야春冬間에는人馬가雪上에往來ᄒᆞ고夏炎은金을爍ᄒᆞᄂᆞ니라

(沿革)本道ᄂᆞᆫ古朝鮮屬國東沃沮의地라朝鮮이亡홈의漢主劉徹이玄菟郡을置ᄒᆞ얏다가後에境土廣遠으로써郡을遼東에徙ᄒᆞ고沃沮의酋長이占據ᄒᆞ얏더니尋에高句麗의有ᄒᆞᆫ바되고句麗亡後에新羅의版圖에歸ᄒᆞ얏다가高麗가統合홈의成宗十四年에朔方道에隷ᄒᆞ고靖宗二年에東界라稱ᄒᆞ며文宗九年에東北面이라改ᄒᆞ얏더니時에女眞이侵軼홈으로睿宗二年에元帥尹瓘吳延寵을命ᄒᆞ야女眞을逐出ᄒᆞ고九城을置ᄒᆞ얏다가後에又女眞蒙古의迭相侵軼홈을被ᄒᆞ야明宗八年에更히沿海溟州道라稱ᄒᆞ고元宗四年에江陵道에隷ᄒᆞ얏더니恭愍王五年에柳仁雨를遣ᄒᆞ야八州를復ᄒᆞ고疆域을始定ᄒᆞ야東北面이라稱ᄒᆞ다가朔方道라改稱ᄒᆞ더니我 太祖高皇帝씌셔土地를開拓ᄒᆞ시고豆滿江에至ᄒᆞ샤孔鏡吉端青洪咸七州를置ᄒᆞ샷더니 太宗十三年에永吉道라稱ᄒᆞ시고尋에又咸吉道로改ᄒᆞ샷다가成宗元年에永安道라改ᄒᆞ시고 中宗四年에咸鏡道라改稱ᄒᆞ시고

今 上三十二年에南北道를分ᄒᆞ시니凡十四郡이니라

(山嶺)長白山茂山 一支가鏡城으로봇허西南으로走ᄒᆞ야黃土嶺端川 趙哥嶺仝上 厚致嶺北青 香嶺 聖代山並仝上 金昌嶺端川 太白山北青 連德山仝上 大小白亦山咸興 赴戰嶺等의高嶺雄岳이되야諸山을連亘ᄒᆞ고地勢를橫斷ᄒᆞ니其中赴戰嶺은古來로著名ᄒᆞᆫ戰場이라山頂에遺跡이存ᄒᆞ니라

太白山은咸興北東洪原兩界에雄峙ᄒᆞᆫ高山이니西ᄂᆞᆫ樺皮赴戰諸嶺을連ᄒᆞ고其支脈이二分ᄒᆞ야南西에奔ᄒᆞᆫ者ᄂᆞᆫ何難嶺北青 咸關嶺洪原 이되고西南에走ᄒᆞᆫ者ᄂᆞᆫ千佛山과黃草嶺이되며又東南으로天宜山咸興 光城嶺永興 鼻白山定平 等이되야海에瀕ᄒᆞ고鼻白西에道成山이有ᄒᆞ니라

黃草嶺은咸興北百餘里에盤礴ᄒᆞᆫ峻嶺이라其下草防院에新羅眞興王의巡狩定界碑가有ᄒᆞ니其文이剝落ᄒᆞ야可讀者가僅二百七十八字碑凡十二行行三十五字合文爲四百二十字 에不過ᄒᆞ니라

朕紹太祖之基纂承王統競身自懼又曰四方托境廣獲民土隣國響
信利使交通又曰歲次戊子秋八月巡狩管境訪采民心
五峰山橫川嶺太博山(竝永興)等은皆本道南境에列峙ᄒᆞ야甚險峻ᄒᆞ고太博山前에鐵倪城은四圍險厓가城郭을天成ᄒᆞ고其南에國泰山이橫亘ᄒᆞ니亦險阻의地오其東北部ᄂᆞᆫ萬山이重疊ᄒᆞᆫ磎谷間에金坑이有ᄒᆞ니凡十六坑이라處處에散在ᄒᆞ야金을產出ᄒᆞ며其最著ᄒᆞᆫ者ᄂᆞᆫ陵洞、杻洞、新洞、金坡院이著名ᄒᆞ니라
老人峙(安邊)ᄂᆞᆫ本道南端에在ᄒᆞᆫ峻嶺이니平安南道陽德郡을通ᄒᆞᆫ路라其西一溪曲을隔ᄒᆞ야巨巖이嶄然峭立ᄒᆞᆫ者ᄂᆞᆫ龍折巖이오其西ᄂᆞᆫ羣山이重疊間에花開一峯이巍然挺出ᄒᆞ고又其西에九曲嶺이有ᄒᆞ니行路가險危ᄒᆞ야行人이魚貫ᄀᆞᆺ치攀登ᄒᆞ며其東北麓에突屹ᄒᆞᆫ巖壁이有ᄒᆞ야肅陣巖이라名ᄒᆞ니全体가皆石이오頭流山(文川)釋王山鐵嶺等의山嶽이起伏綿亘ᄒᆞ야南境을繚繞ᄒᆞ니皆險阨ᄒᆞ야一條行路가

僅히羊腸ᄀᆞᆺ치委曲ᄒᆞ며其中鐵嶺이最高ᄒᆞ야鐵關이라稱ᄒᆞᄂᆞ니라
雪峰山(一名劍峯)은安邊郡西에在ᄒᆞ야三石峯이屹立ᄒᆞ고九十九谷이盤迴ᄒᆞ니皆削壁撥峯에洞壑이深邃ᄒᆞ고滿山松檪이鬱蒼婀娜ᄒᆞ며懸巖絕厓에數條飛泉이烟霧를噴吐ᄒᆞ고山腹에釋王寺가有ᄒᆞ니 太祖ᄭᅴ셔創建ᄒᆞ신바라伽藍이壯麗ᄒᆞ고數十層閣이翬飛ᄒᆞ며又蘆洞、朴達、分水等諸嶺이西南에列峙ᄒᆞ야江原道를通ᄒᆞ니分水嶺은京畿黃海江原諸山의主幹이되니라
白頭山一脈이西北方으로蜿蜒南來ᄒᆞ야惠山嶺이되고又南西로赴ᄒᆞ야天鳳山、長平山、分土嶺(三水)白山嶺重山嶺銀山洞等이되니라
(河流)乭𡉏川은二源이有ᄒᆞ니一은白雲山에셔發ᄒᆞ고一은黃草嶺에셔發ᄒᆞ야東流ᄒᆞ다가相合ᄒᆞ야咸興南을經ᄒᆞ야海에入ᄒᆞ고又龍興江은亦名瑤樂池니 太宗朝에河崙이奉使ᄒᆞ고至此ᄒᆞ야都巡問使姜淮伯으로더부러置酒中流ᄒᆞ야曰此江이發祥에舊池로써尙、無名

ᄒᆞᆷ이可欠이라ᄒᆞ고乃龍興으로名ᄒᆞ니라其他南大川(利原)白砂江(端川)等은皆西北境山谷에서發ᄒᆞ야東流ᄒᆞ야海에入ᄒᆞ니라

長津江(三水)은赴戰嶺에서發源ᄒᆞ야白赤山邊으로븟터來ᄒᆞᆫ清潭江(長津)을合ᄒᆞ야鴨綠江에入ᄒᆞ니라

虛川江(甲山)은樺皮嶺과厚致嶺北邊山谷間에서發源ᄒᆞ야諸峯壑의溪流를集ᄒᆞ고甲山西를過ᄒᆞ야北流ᄒᆞ야白頭山에서發ᄒᆞᆫ衆水와合ᄒᆞ야鴨綠江上流가되니라

(海灣及嶋嶼)元山港은我國三大港(仁川釜山)의一이라東은葛麻半嶋의岬角과北은大江半嶋의岬角과相對ᄒᆞ야海水를包擁ᄒᆞᆷ이是를永興灣이라謂ᄒᆞᄂᆞ니會沙嶋麗嶋薪嶋茅島等의諸嶋가灣口를掩ᄒᆞ고西南은長德山과其他邱陵이環繞障蔽ᄒᆞ며灣內의廣이約六十海哩오水尋이深ᄒᆞ야船舶의出入에適ᄒᆞ니元山津은其南奧의埠頭라一水를隔ᄒᆞ야東北松田港과相對ᄒᆞ니此地ᄂᆞᆫ元來漕倉의所在地오北路의

要津이라市場이殷富ᄒᆞ고物貨가湊集ᄒᆞ더니開港以後ᄂᆞᆫ尤一層繁昌ᄒᆞᆫ狀況을呈ᄒᆞ니라松田灣은永興灣內北奧에在ᄒᆞ니灣內가廣ᄒᆞ고水尋이深ᄒᆞ야大艦巨舶을能碇泊ᄒᆞ며風浪을避ᄒᆞᆷ에宜ᄒᆞ고其北西奧에二水가注海ᄒᆞ니其流域에砂金을產ᄒᆞ고又灣內에牡蠣가饒產ᄒᆞ니라

花嶋松嶋ᄂᆞᆫ咸興南東에在ᄒᆞ니風光이清佳ᄒᆞ고蓴竹을產ᄒᆞ며其東의西湖津은水深ᄒᆞ야滊船의繫泊이便ᄒᆞ며其西의退潮浦ᄂᆞᆫ灣口가東北에向ᄒᆞ고灣內가深濶ᄒᆞ야巨艦이能泊ᄒᆞ며灣口ᄂᆞᆫ二小島가有ᄒᆞ야風浪을障避ᄒᆞ며其北東으로約六七十里에陸臺岬과馬養島가相抱ᄒᆞ야一港灣을造ᄒᆞ니卽新浦라每歲에明太漁業이甚盛ᄒᆞ고洪原馬養島(一名馬耳郞)ᄂᆞᆫ新浦(卽長津浦)前面에橫ᄒᆞ야西南으로븟허東北의延ᄒᆞ니長이約十里오島의西北面은屈曲이多ᄒᆞ야數個良港을作ᄒᆞ니往時俄國의捕鯨裁解場이其東端에在ᄒᆞ얏ᄂᆞ니라

新浦의北百許里三峯灣內에遮湖가有ᄒᆞ니灣口에一小島가橫ᄒᆞ야樹木이繁茂ᄒᆞ고灣入은約十里니小船은繫泊ᄒᆞᆯ만ᄒᆞ며上下二湖가南北에分ᄒᆞ야五六百漁戶가居住ᄒᆞ니라

島曷巖卵島(端川)加次嶋椒皮嶋(利原)穿串嶋(洪原)松嶋(北青)等은皆小嶋니人家는無ᄒᆞ니라

(都會勝地)咸興郡은 聖祖豐沛의舊基오觀察道의首府라城串山陽乫罕川上에在ᄒᆞ니市街가繁盛ᄒᆞ고人家가稠密ᄒᆞ며乫罕川에長橋를架ᄒᆞ니卽萬歲橋(凡七十間徐張忠貞安世爲府尹時創建)오其入海口는都連浦니高麗時古長城이此에尾接ᄒᆞ야女眞과境界를畫ᄒᆞᆫ處오郡城南門에樂民樓를巍搆ᄒᆞ니其江山風景이平壤練光亭과伯仲이되야全히一邑의勝槩를摠攬ᄒᆞ며眠下에原野가茫邈ᄒᆞ고大海를遙接ᄒᆞ야其秀嫩明麗ᄒᆞᆷ은平壤에不及ᄒᆞ나風光의絕勝ᄒᆞᆷ은一道에冠ᄒᆞ고其東歸州洞과其南雲田社에我 太祖의舊邸가有ᄒᆞ니 太祖ㅣ北巡時에臨御

ᄒᆞ시던本宮이오後庭의潛邸時手植松과擊毬亭이有ᄒᆞ고讀書堂(在歸州洞)은雪峰山下에在ᄒᆞ니淵邊磐石上에石碑(肅廟四十二年重建堂宇正祖丁巳竪碑銘)를竪ᄒᆞ얏고郡北盤龍山에馳馬臺가有ᄒᆞ니亦立碑紀蹟ᄒᆞ야스며其咸關嶺과德山洞에는 太祖ㅣ納哈出을大破ᄒᆞ시던地오兎兒祠(郡北九十里)는倭寇를殲滅ᄒᆞ시던地라山谷洞府間에 太祖의遺蹟이往往尙存ᄒᆞ야田翁野老의指點傳說ᄒᆞ는바ㅣ니라

永興郡(長嶺和州)은國泰山東海岸에在ᄒᆞ야龍興江南岸을據ᄒᆞ니亦一都會라市街가櫛比ᄒᆞ고人烟이稠密ᄒᆞ며其東南黑石里는卽 桓祖의舊邸(今爲濬源殿)라 太祖誕生ᄒᆞ신基址가在是ᄒᆞᆷ으로 英祖ㅣ立碑紀蹟ᄒᆞ시니라

德源郡(泉井宜州)은亦興王舊地라其南湧珠里에 穆祖ㅣ自三陟으로徙居ᄒᆞ시고後에 翼祖ㅣ又赤島로븟허此에還ᄒᆞ샤赤田社라改名ᄒᆞ시니라其北長林山은滿山松栮가鬱蒼ᄒᆞ고其支脈이東奔ᄒᆞ야市街

南北을擁ᄒ니官衙ᄂ其麓에設ᄒ얏고其北東高山에萬景臺가危峻ᄒ며其南留王峰은 太祖의駐蹕處오其龍津古縣에ᄂ江瑶柱를産ᄒ고其東元山港은我國三大港의一이니라

安邊郡(朔庭 登州)은德源南鶴城山西에在ᄒ一都會라其南에鐵嶺이雄峙ᄒ니一支가海上에東走ᄒ야層層展開ᄒᆷ이屛障을張ᄒ듯ᄒ畵圖와如ᄒ고左右로海門에迴環ᄒᆷ이拱袖의狀과恰如ᄒ고其內ᄂ鶴浦니周가三十餘里오湖水가空明淸澈ᄒ며四面에皆白沙가平鋪ᄒ고沙中은海棠이爛開ᄒ야燦然히雲錦을披ᄒ듯ᄒ며每微風이乍吹ᄒ면細沙가飛散ᄒ야或堆或峯에變化無常ᄒ니世人이此를西海金沙에比ᄒ고又支那의杭州西湖에比ᄒ니信國內第一勝景이라其海中十餘里에又國嶋의勝이有ᄒ니後ᄂ石峯이撑起ᄒ야四圍가皆石이오內ᄂ沙土가傳ᄒ며竹箭을産ᄒ고其下ᄂ龍湫가深黑ᄒ니此浦ᄂ本歙谷에屬ᄒ얏다가中間에安邊에割屬ᄒᆷ으로二郡民이屢屢히政府에爭訟ᄒ더니今에又歙谷에屬ᄒ니라其上에元帥臺와 太祖斷鞍橋가有ᄒ며其瑞谷南에鞍岾이有ᄒ니라

洪原郡(洪獻)은麗末에始置ᄒ니大門車踰의險을據ᄒ고大海를臨ᄒ며其北韃靼洞은我 太祖ㅣ元丞相納哈出을大破ᄒ시던處라自此로威名이天下에震耀ᄒ샷ᄂ니라

端川郡(福州 端州)은磨天嶺(伊板嶺)西에在ᄒ니其地에四色玉石과鉛、鐵、金、銀等鑛山이有ᄒ며西南은利原이니 世宗朝ㅣ옵서始置ᄒ샤浩浩亭의勝槩가有ᄒ니라

文川郡(文州 妹城)은天佛山이聳峙ᄒ고其南道昌寺에ᄂ大樹가有ᄒ니高麗末에枯死ᄒ얏다가我開國初에更히條達敷榮ᄒᆷ으로人이開國의瑞라謂ᄒ니라

定平郡(宜威 定州)은永興北에在ᄒ니其南에古豫州、長州、元興鎭等의遺址가有ᄒ며柱川(金伊江)이東注ᄒ니라

第十三章　咸鏡北道

(位置境界)咸鏡北道ᄂᆞᆫ我國東北端에位ᄒᆞ니東南은海를臨ᄒᆞ고西ᄂᆞᆫ咸鏡南道와淸國吉林省을接ᄒᆞ고北東은豆滿江을隔ᄒᆞ야淸國吉林省과俄領烏蘇里와界ᄒᆞ니東西ᄂᆞᆫ或四五百里或百餘里오南北은約九百里니北緯四十度半으로四十三度에至ᄒᆞ며東經百二十八度로百三十度四十分에至ᄒᆞ니라

(地勢)ᄂᆞᆫ北東으로븟허斜延ᄒᆞ야西南에至ᄒᆞ야ᄂᆞᆫ幅圓이廣大ᄒᆞ니全道에山岳이重疊起伏ᄒᆞ야平地가少ᄒᆞ고惟海濱에平坦ᄒᆞᆫ地가稍有ᄒᆞ니라

(沿革)本道ᄂᆞᆫ古朝鮮北沃沮의地니後에高句麗의有ᄒᆞᆫ바되얏다가句麗亡後에渤海의領土가되얏고高麗時에女眞의據處ᄒᆞᆫ바되야東藩이라稱ᄒᆞ더니我　太祖七年에疆土를恢拓ᄒᆞ샤國祖王跡의肇基ᄒᆞᆷ으로써石城을築ᄒᆞ고慶源郡(本匡州又孔州)을置ᄒᆞ샷더니　太宗九年에蘇

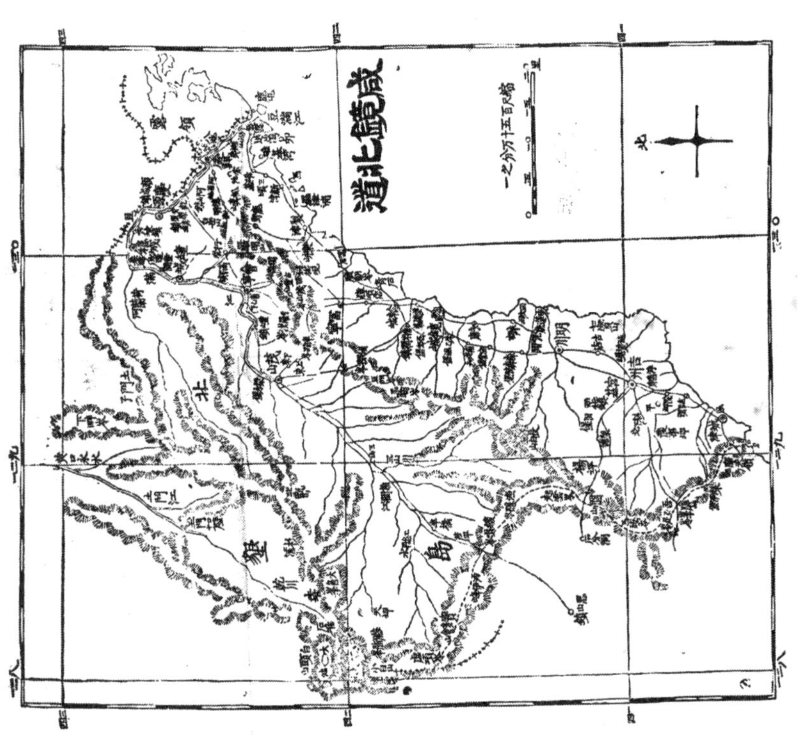
咸鏡北道

多老古營으로移治ᄒᆞ시고十年에女眞이入寇ᄒᆞ야郭承祐等이敗績ᄒᆞᆷ으로 德安兩陵을遷ᄒᆞ야咸州에奉ᄒᆞ고民戶를徙ᄒᆞ야鏡城에並ᄒᆞ고其地를虛ᄒᆞ샷다가十七年에更히慶源郡을富居站에復設ᄒᆞ고鏡城豆籠伊峴遮峴의地를割屬ᄒᆞ고設柵屯守ᄒᆞ더니 世宗朝에兀良哈이駸駸히孔州幹木河等處에侵入ᄒᆞᆷ으로十六年에金宗瑞로써咸吉道都節制使를ᄉᆞᆷ아孔慶古地를復ᄒᆞ시寧北鎭은伯顏愁所에移ᄒᆞ고慶源郡은會叱家에置ᄒᆞ야六鎭을開拓ᄒᆞ시고 世祖十三年에李施愛를平定ᄒᆞ시ᄆᆡ咸吉道를分ᄒᆞ야南北道를삼으시고尋에又永安道라改稱ᄒᆞ얏더니 肅廟十年에茂山郡을增置ᄒᆞ야六鎭에列ᄒᆞ시고富寧으로內防을삼으시니凡十一郡이니라

(山嶺)白頭山(一曰不咸又蓋馬)은茂山郡西三百餘里에在ᄒᆞ니韓清兩國境上에聳立ᄒᆞᆫ第一高山이라高가約百里오橫亘이千里니其山頂은四時에白雪을戴ᄒᆞ고其巓에深潭이有ᄒᆞ야周圍가約二三十里오四壁의

削立흠이丹埴으로塗흠과如ᄒᆞ고其北은數尺이坼ᄒᆞ야水가溢出ᄒᆞ니卽黑龍江源이라東岸에黃色石獅子가立ᄒᆞ얏ᄂᆞᆫ듸尾鬣이欲動ᄒᆞ며其下三四里에大峽이中坼ᄒᆞ고兩派의水泉이分流ᄒᆞ니卽分水嶺이라穆克登의定界碑가其上에在ᄒᆞ며其東流者ᄂᆞᆫ土門江源이오西流者ᄂᆞᆫ鴨綠江源이라韓淸兩國의交界를此水로分ᄒᆞᆫ바오其山腰에ᄂᆞᆫ森林이蓊鬱ᄒᆞ고斷厓가壁立ᄒᆞ야千態萬狀의風景이絶塵ᄒᆞ니玆山이實로我國諸山의祖宗이되니라

白頭東支ᄂᆞᆫ臙脂峰、大角峰、甘土峯、虛項嶺小白山、寶多會山、沙伊峯、緩項漁隱起雲嶺等이되야茂山西境에聳峙ᄒᆞ고圓山岬에至ᄒᆞ며圓山의一支ᄂᆞᆫ東北으로長白山(鏡城)이되야馬蹄、巨門等嶺에至ᄒᆞ고又秀羅漢嶺은會寧西界에盤據ᄒᆞ야東南으로茂山、加應、嚴明、崇德、塔香諸山嶺이되니漁雲洪安等洞과萬景天柱(在盌通山)等의寺刹이有ᄒᆞ며白岳、松眞諸山은慶興西南에聳立ᄒᆞ야六鎭沿江의山脈이蜿蜒起伏ᄒᆞ니라

長白山은鏡城吉州西北界에數百里를盤據ᄒᆞ야山勢極峻흠으로初秋에下雪ᄒᆞ야盛夏에始消ᄒᆞ니山石이皆白色인故로長白이라名흠이오其西南은甑山、馬騰、掛山等嶺이環峙ᄒᆞ고東南으로ᄂᆞᆫ石耳、長鼓、祖白、諸王、雲住、中峯、白鹿等山이列秀ᄒᆞ야海에止ᄒᆞ니雲住의龍藏寺와中峯의新寂寺ᄂᆞᆫ風景이奇絶ᄒᆞ고中峯東에長者澤이瀰泓ᄒᆞ야海水와相通ᄒᆞ니八景臺와蓮塘의勝이有ᄒᆞ며又其南에武溪澤은明淵山西에在ᄒᆞ니라

小白山은鍾城東南에雄峙ᄒᆞ니春秋에積雪이皚皚ᄒᆞ며其東北은羅端、馬乳、慶關(並慶源)甑山(穩城)等山이되고東南은鬼門關(明川)과永平、七寶乫个、五峯諸山이되야海上에蔓亘ᄒᆞ니七寶山은石勢가巉側ᄒᆞ고雕鏤가奇巧ᄒᆞ야鬼剜神刻과如ᄒᆞ고千佛萬獅의峯은芙蓉이初開ᄒᆞᆫ듯ᄒᆞ며開心金藏의名刹이有ᄒᆞ니山迴水轉ᄒᆞ야景槪가絶勝ᄒᆞ며又金剛窟三浮屠ᄂᆞᆫ最著名ᄒᆞᆫ바오其山中에火田을開墾ᄒᆞ면蘿蔔이自生ᄒᆞ

다ᄒᆞ며又其東北白鹿山에雙溪寺와江陵山의龍岩寺ᄂᆞᆫ皆大海에臨
ᄒᆞ야風光이有名ᄒᆞ니라
吉州西北에綿亘ᄒᆞᆫ諸嶺은日吾乙足、沙鉢、鷹峯、葛坡、板幕等嶺이오又
其西에天水、趙哥等嶺과開花聖代兩山이列峙ᄒᆞ며其南에白院山과
雪峰山이有ᄒᆞ니復興寺가亦、著名ᄒᆞ니라
磨天嶺은吉州西南에橫ᄒᆞ야端川과接ᄒᆞ니古名은伊板嶺이라昔人
이一犢을賣ᄒᆞ얏더니其母牛가尋犢踰嶺ᄒᆞᆷ의因以通路ᄒᆞᆷ으로名ᄒᆞᆷ
이니女眞人이牛를稱ᄒᆞ야曰伊板이라ᄒᆞᄂᆞ니라
(河川)豆滿江은源이白頭山南天坪(甲山長山嶺)에發ᄒᆞ야東流ᄒᆞ야魚潤江
이되고寶多會川城川甫乙下川幹木河紅湍等諸水를合ᄒᆞ야折而北
流ᄒᆞ다가潼關鎭을經ᄒᆞ야歷江灘이되고又兀口江荷蘭河等이間島
로부허來會ᄒᆞ고又折而南流ᄒᆞ야安原堡(慶源)에至ᄒᆞ야琿春江이來會
ᄒᆞ고龍堂古城을經ᄒᆞ야八池水가來會ᄒᆞ니江身이益濶ᄒᆞ고水勢가

極浩라慶興郡東赤池를經ᄒᆞ야愁濱江이되고又東流ᄒᆞ야造山灣鹿
屯島에至ᄒᆞ야海에入ᄒᆞ니全長이九百餘里라百噸內外의滊船이能
히溯航ᄒᆞᆯ만ᄒᆞ나湍流ㅣ急激ᄒᆞ고且江口ᄂᆞᆫ流沙가堆積ᄒᆞ며冬期ᄂᆞᆫ
氷結ᄒᆞ야舟揖의通行이不便ᄒᆞ니라
(海灣及嶋嶼)城津港은元山北七百餘里에在ᄒᆞ니六鎭의咽喉라臨溟
灣의西奧에位ᄒᆞ야港灣이淺ᄒᆞᆷ으로東北風에ᄂᆞᆫ波浪을避키難ᄒᆞ고
其西南은有名ᄒᆞᆫ摩天嶺의險阨이峙ᄒᆞ며其南에多信浦와穿嶋(有石虹門如)
等이有ᄒᆞ니라
羅津灣은北關의第一良港이라港口가西南에面ᄒᆞ고前에馬嶋가浮
在ᄒᆞ니灣內에水深ᄒᆞ야艦船의碇泊이宜ᄒᆞᆷ으로各國軍艦이常、往來
ᄒᆞᄂᆞ니라
雄基灣은豆滿江口의南造山灣內西奧에在ᄒᆞ니水가深濶ᄒᆞ야大艦
의碇泊이宜ᄒᆞ고又造山灣의右翼이海中에突出ᄒᆞᆫ岬角은即、西水羅

니東北은豆滿江口를隔ᄒᆞ야烏蘇里와直接ᄒᆞ고西南은馬嶋를望ᄒᆞ니此는韓俄兩國의最衝要ᄒᆞᆫ地点이라古時에水軍鎭堡를設ᄒᆞ얏던處니船舶이輻湊ᄒᆞ고物貨가委積ᄒᆞ나但冬時는氷結ᄒᆞ야舟楫이不通ᄒᆞ며鹿屯嶋는其東에在ᄒᆞ고赤島、卵嶋、椒嶋、大小草牧等嶋는並其南面에羅列ᄒᆞ야或巖角이怒濤를掀激ᄒᆞ며或林木이鬱蒼ᄒᆞ야眺望은頗佳ᄒᆞ니라

(都會勝地)鏡城은咸鏡北道의首府라祖白山을據ᄒᆞ고東海岸을枕ᄒᆞ니北關의第一都會라民戶가殷富ᄒᆞ고市津이繁昌ᄒᆞ며海岸에元帥臺와學士臺는景致가絶勝ᄒᆞ며 宣廟壬辰에郡人李鵬壽等이鄭文孚와義兵을倡ᄒᆞ야日軍을大破ᄒᆞ고諸郡을恢復ᄒᆞ얏ᄂᆞ니라

吉州(海洋雄城)는亦一都會니高麗尹瓘이女眞을驅逐ᄒᆞ고九城을設ᄒᆞᆫ處오 世祖丁亥에賊李施愛가此城에叛據ᄒᆞᆷ으로許琮、魚有沼等을命ᄒᆞ샤蔓嶺에서討平ᄒᆞ얏고其北將軍坡는南將軍怡가躍馬超過ᄒᆞᆫ으로名ᄒᆞᆷ이니라

慶興府는古孔州니南四十里에在ᄒᆞᆫ赤嶋는 翼祖舊基니 翼祖ㅣ斡東에居ᄒᆞ시다가諸酋의謀害를被ᄒᆞ샤此嶋에徙居ᄒᆞ시니其陶穴이至今尙存ᄒᆞᆷ으로 正祖丁未에紀蹟碑를竪ᄒᆞ신지라嶋의四面에岩石이皆赤故로名ᄒᆞᆷ이오又赤池는咸林德南에在ᄒᆞ니 翼祖ㅣ射龍ᄒᆞ시던處라龍血이池水를盡赤케ᄒᆞᆷ으로赤池라名ᄒᆞᆷ이니其上에射龍臺가有ᄒᆞ며又德陵의舊基니始에 穆祖의二陵을豆滿江東時錢坪에奉ᄒᆞ얏다가 太祖ᄭᅴ서亦池中回峰上에遷奉ᄒᆞ샷더니 太宗庚寅에野人의亂을因ᄒᆞ야咸興으로遷奉ᄒᆞ시니蓋此地는國朝王業肇基의地라郊岐豐沛에比ᄒᆞᄂᆞ니府東豆滿江의東에大野가無際ᄒᆞ고奇峯이峭拔ᄒᆞᆫ데其中八池가有ᄒᆞ니第三池金塘村은 穆祖의舊基라是를斡東이라稱ᄒᆞᄂᆞ니라

慶源郡은慶興北에在ᄒᆞ니亦孔国二州의地라其東後春江岸은大野

가曠漢ᄒᆞ니即後春部落의遺址오其北東에巨陽古城의石柱가尙在
ᄒᆞ니라
鍾城郡愁州은穩城西南에在ᄒᆞ니其北潼關鎭에童巾城이有ᄒᆞ고城下
에大池가漣漪ᄒᆞ니皆鍊石으로築鋪ᄒᆞ얏ᄂᆞᆫᄃᆡ古童巾의刻字가依俙
ᄒᆞ고其南은行營이니嶺溪의勝이有ᄒᆞ니라
會寧郡은古幹木河니上下門嶺의險을據ᄒᆞ고豆滿江을沿ᄒᆞ야古長
城이有ᄒᆞ니府西禿山烟臺로爲始ᄒᆞ야慶源訓戎鎭에至ᄒᆞ니長이一
萬二千尺이오高가十五尺이며高嶺鎭豐山堡가有ᄒᆞ고先春嶺은豆
滿江北七百里에在ᄒᆞ니嶺上에古碑가有ᄒᆞ야刻曰高麗之境이라ᄒᆞ
고碑의四面의文字가有ᄒᆞ더니何人이皆剝去ᄒᆞᆫ지라或曰此ᄂᆞᆫ尹瓘
의立碑處라ᄒᆞ고且郡北雲頭峰上에大塚이有ᄒᆞ니土人이皇帝陵이
라謂ᄒᆞᆷ으로淸使穆克登이至此ᄒᆞ야開掘ᄒᆞ다가短碣을得ᄒᆞ니宋帝
之墓四字가有ᄒᆞᆷ으로遂、封築을大加ᄒᆞ고去ᄒᆞ니金人의五國城이即

此地인줄始知ᄒᆞᆫ지라至今耕者가往往其傍에서崇寧錢을得ᄒᆞᄂᆞ니
라
北墾島一曰間島ᄂᆞᆫ白頭山東에在ᄒᆞ니南은六鎭과豆滿江을接ᄒᆞ고北은
土門江을限ᄒᆞ야淸國吉林省敦化等縣으로界를分ᄒᆞ고東北은俄領
烏蘇里浦鹽斯德等地로界ᄒᆞ니西北은山岳이重疊ᄒᆞ고東南은河流
를沿ᄒᆞ야土地가膏沃ᄒᆞ며農作이豐饒ᄒᆞ야寶天產의奧區오亦航運
의便이有ᄒᆞᆷ으로民物이繁殖ᄒᆞᆫ지라島內에海蘭分界兩江이合流ᄒᆞ
다가美錢堡北에至ᄒᆞ야豆滿江에注ᄒᆞ니其中光霽谷、地陁所、瑞甸坪、
靑山坪、華龍谷、排采溝、夾心子、土門子等이最著ᄒᆞ고面積은約五六百
方里니地方이比六鎭에較大ᄒᆞ다ᄒᆞ니라
肅宗三十八年에伴接使朴權을遣ᄒᆞ야淸國烏喇摠管穆克登으로會
ᄒᆞ야譯官金應瀗等으로白頭山의同上ᄒᆞ야分水嶺上에立碑定界ᄒᆞ
니其文에曰

大淸烏喇摠管穆克登奉旨査邊至此審視西爲鴨綠東爲土門故於分水嶺上勒石爲記康熙五十一年五月十五日筆帖式蘇爾昌通官二哥朝鮮軍官李義復趙台相差使官許樑朴道常通官金應瀗金慶門 (碑高二尺廣一尺正面九行)

今上十九年에淸吉林將軍이行文ᄒᆞ되土門江以北以西에佔墾의朝鮮貧民을刷還ᄒᆞ라ᄒᆞ고明年四月에又敎化縣官이我邊界에告示ᄒᆞ야我民을刷還케ᄒᆞᆷ으로勘界案이始起ᄒᆞ야兩國이屢次交涉ᄒᆞ야至今ᄭᆞ지妥決치못ᄒᆞ니盖淸人은以爲ᄒᆞ되土門이即圖們이니豆滿의轉音인즉東爲土門은即豆滿江을指ᄒᆞᆷ이라ᄒᆞ고我國은以爲碑文에旣東爲土門이라明言ᄒᆞ얏ᄂᆞᆫ되土門과豆滿의兩水가確有ᄒᆞ니混稱ᄒᆞ기不可ᄒᆞᆯᄲᅮᆫ더러且江源을溯觀ᄒᆞᆫ즉土門江은分水嶺에서發ᄒᆞᆫ故로石堆의表識이分明ᄒᆞ고豆滿江은長山嶺雪嶺等에서發ᄒᆞᆫ즉與分水嶺으로無涉이라ᄒᆞ야互相히携貳未定ᄒᆞᄂᆞᆫ者니라

盖墾島ᄂᆞᆫ屢百年曠土라我國은地廣人稀ᄒᆞᆷ으로從前耕墾의地도荒廢ᄒᆞᆷ이多ᄒᆞ거던況新土의開拓이리오關北은尤土地가曠遠ᄒᆞ야雖定界以後라도開墾을素昧ᄒᆞ다가及飢荒을屢遭ᄒᆞᆷ의流離負戴ᄒᆞ고渡江起墾ᄒᆞᄂᆞᆫ者ㅣ有ᄒᆞ야稍稍村落을成ᄒᆞ니于今四五十年에不過ᄒᆞᆫ지라淸人이因此로其佔의力을藉ᄒᆞ고科歛徵督ᄒᆞᆷ이迨無人理ᄒᆞ니可勝慨哉아故로此地志의末에其槪를略述ᄒᆞ노라

大韓新地志卷之二終

大韓新地志附錄

第一章 各郡沿革及距里方面結戶境界表

京畿道 凡一府三十七郡〇面積五千一百方里

本朝	百濟	句麗	新羅	高麗	距里 距京	坊面	結	戶	境界 東西	境界 南北
京都 漢城府	北漢城 國都	南平壤 南京	新州 北漢州 漢陽郡	楊州 南京 漢陽府	東西十里	富原				
仁川 府尹港	彌鄒忽	買召忽	邵城	仁州 慶源	七〇	二	一八六三、一七〇		安山 濟物	海岸 富平
水原 觀察道		買忽 水城	水城	水州 水原	九〇	四一	六六八八、一〇一二	一〇九六六	龍仁 南陽	平澤 果川
楊州		買省 昌化	來蘇	見州	六〇	三三	二七八六、四、七	八三三三	抱川 楊陽	加平 積城
廣州	漢山	漢山	漢州	廣州	四〇	一七	三六〇四、〇〇四	九六三	楊根 果川	利川 楊州
開城		扶蘇岬	松嶽	開城 開州 開京	一六〇	一三	三七三八、一七、五	八〇〇〇	長湍 碧瀾	豐德 白川
江華		穴口 甲比古次	海口	江華	一三〇	一七	三九三八、三三、六	七〇〇〇	甲串 寅火	海岸 昇天
驪州		骨乃斤	黃驍	黃驪 黃利 驪興 永義	一九〇	一六	一八一六、四六、七	四三三三	忠州 利川	陰竹 砥平

長湍	長淺城 (耶耶 夜牙)	長湍	湍州	二二〇	二〇	二八一〇、一五、三	五〇〇〇	朔寧 豐德 坡州 金川
通津	平淮押 (北司城)	分津	通津	一〇〇	三	二三六五、三八、一	二〇〇〇	金浦 江華 富平 豐德
坡州	述爾忽 (首泥忽)	峰城	瑞原	八〇	三	一五〇六、二一、七	三三三	楊州 交河 高陽 長湍
利川	南川 (南買)	黃武 (南川州)	利川 (永昌 南川郡)	二三〇	一五	一〇四五、四六、八	二六六六	呂州 陽智 陰竹 廣州
富平	主夫吐	長堤	樹州 (安南 桂陽 吉州 富平)	五〇	一六	一七七三、八〇、八	二〇〇〇	始興 海岸 安山 金浦
南陽	唐城	唐恩	唐城 (益州 江寧 南陽)	二一〇	二〇	四二四〇二、九、九	二六六六	水原 花梁 雙阜 安山
豐德	貞州		貞州 (昇天 海豐)	一七〇	八	一七九二、五三、三	二六六六	長湍 開城 通津 開城
抱川	馬忽 (命旨)	堅城	抱州	一〇〇	三	八四三、七五、八	一〇〇〇	加平 楊州 楊州 永平
竹山	皆次山	介山	竹州	一七〇	一五	一八四四、七二、五	二〇〇〇	陰竹 安城 鎭川 陽智
楊根	陽根 (恒陽)	濱楊	楊根 (永化 益和)	二二〇	一〇	九八〇、六六、四	一三三一	砥平 廣州 呂州 加平
安山	獐項口 (斯也忽次)	獐口	安山	六〇	九	一〇三八、一六、七	一三三三	果川 仁川 南陽 仁川
朔寧	所邑豆	朔邑	朔寧	二二〇	一七	一四七六、五一、三	一八二三	漣川 兎山 長湍 安峽
安城	奈兮忽	白城	安城	一七〇	二四	二二一七、八四、〇	三三三三	竹山 陽城 稷山 陽智

高陽	達乙省	高烽	高烽	四〇	九	一二四三、六五、四	一三三三	楊州 交河 陽川 坡州
金浦	黔浦	金浦	金浦	六〇	八	一二五〇、三三、一	一六六六	陽川 大海 富平 通津
永平	梁骨	洞陰	洞陰 (永興)	一三〇	七	六〇六、七〇、〇	八二一	抱川 漣川 抱川 鐵原
麻田	麻田淺 (泥沙波忽)	臨湍	麻田	一四〇	八	五七五、八一、八	五三三	漣川 長湍 積城 朔寧
交河	泉井口 (屈火)	交河	交河	七〇	八	一一九八、三二、六	一五〇〇	坡州 豐德 高陽 長湍
加平	斤平	嘉平	嘉平	一四〇	六	四〇一、二五、二	一〇〇〇	春川 抱川 楊根 永平
龍仁	駒城 (滅烏)	巨黍	龍駒	八〇	一六	二四二八、四五、五	二六六六	陽智 水原 陽城 廣州
陰竹	奴音竹	陰竹	陰竹	一八〇	七	一三六六、七八、六	一〇〇〇	呂州 竹山 忠州 利川
振威	釜山 (金山)	振威	振威	一三〇	一五	一五四四、三九、一	二四九一	陽城 水原 稷山 龍仁
陽川	齊次巴衣	孔巖	孔巖 (陽川)	三〇	五	六三二、一六、九	六六六	楊花 始興 始興 金浦
始興	仍伐奴	穀壤	衿州	三〇	六	八九二、一九、九	一〇〇〇	果川 富平 安山 陽川
砥平	砥峴	砥平	砥平	一六〇	八	八八七、七八、三	一六六六	原州 楊根 呂州 洪川
積城	七重 (難隱別)	重城	積城	一二〇	四	六七一、九四、六	八三三	麻田 長湍 楊州 長湍

本朝		高句麗	新羅	高麗	道里	面坊	結	戶	境界
果川		栗木 冬斯盻	栗津	果州	三〇	七	一八六八、五九、一	一〇〇〇	廣州 始興 水原 鷺梁
漣川		功木達 熊閃山	功成	漳州 漣川	一五〇	六	二六六、四二	六六六	永平 麻田 楊州 朔寧
陽城		沙伏忽	赤城	陽城	一六〇	五	一五九、二三、八	二〇〇〇	安城 振威 稷山 龍仁
喬桐		高木根 戴雲島	喬桐	喬桐	二五〇	四	二四八、〇五、五	一一九	西火 海岸 海岸 白川
陽智 置定	宗朝割水州陽良鄉始 縣太宗割加竹州四鄉				一五〇	一〇	七〇、〇九、一	一〇〇〇	利川 龍仁 竹山 廣州

忠清南道 凡三十七郡 ○ 南北道 面積合計六千方里

本朝	馬韓	百濟	新羅	高麗	道里	面坊	結	戶	境界
公州 公山	熊川	熊川 國都	熊州	公州	三〇〇	三三	九四二〇、一七、六	九四九一	懷德 大興 珍山 天安
洪州			洪州	洪州 運州	三〇〇	三〇	七四三三、〇一、八	九五三七	大興 結城 保寧 德山
韓山		馬山	馬山	韓山 韓州	四五〇	九	三〇一八、〇四、九	三五五九	林川 舒川 臨陂 鴻山
舒川		舌林	西林	西林 西州	四五〇	二	三四四五、八四、三	三六〇七	韓山 庇仁 沃溝 鴻山
沔川		槥郡	槥城	槥城 沔川	三五〇	三	二七三三、〇四、二	二〇九五	洪州 唐津 德山
瑞山		基郡	富城	富城 瑞山 瑞寧 瑞州	四〇〇	一六	四〇九四、二〇、七	二七〇四	海美 泰安 海

本朝	馬韓	百濟	新羅	高麗	道里	面坊	結	戶	境界
德山		馬尸	伊山	伊山	三一〇	二	二七七三、八六、三	四六九	禮山 海美 洪州 沔川
林川		加林	嘉林	嘉林 林州	三九〇	二〇	二八九四、一八、三	二〇三一	石城 鴻山 咸悅 扶餘
鴻山		大山	翰山	鴻山	四一〇	九	二六六五、〇一、八	一八七	扶餘 藍浦 韓山 洪州
恩津		德近	德殷	德恩	三八〇	一五	三二七七、五四、八	三三〇	連山 石城 礪山 魯城
泰安 尊城		省大號	蘇泰	蘇泰	四三〇	一三	二二四四、五〇、七	二五六八	瑞山 所斤 瑞山 瑞山
溫陽		湯井	湯井	溫水	二〇〇	九	一七二六、五二、五	二五五九	稷山 水原 牙山 水原
大興		任存城	任城	大興	三二〇	八	一九七七、六九、六	一九八三	公州 洪州 青陽 禮山
平澤		河入	、	平澤	一六〇	六	六六六、一〇、〇	八五〇	稷山 水原 牙山 水原
定山		悅已	悅城	定山	三四〇	八	一三三一、五九、七	三一〇	公州 青陽 扶餘 公州
青陽		古良夫	青正	青陽	三六〇	九	一六〇七、四四、九	一七六八	定山 洪州 扶餘 大興
懷德		雨述	比豐	懷德	三三〇	一三	一六七三、四五、〇	三一一	沃川 公州 珍山 文義
鎭岑		眞峴	鎭嶺	鎭岑	三六〇	五	八三一、四一、五	一五四三	公州 連山 珍山 高州
連山		黃等也	黃山	連山	三七〇	二	二四一七、三三、四	四五一	鎭岑 魯城 公山 公州

本朝	句麗	新羅	高麗	道里	面坊	結	戶	境界
魯城	熱也山	尼山	尼山	三五〇	一二	一九六三、五〇、七	二二五八	連山 石城 公州
扶餘	所夫里	扶餘	扶餘	三七〇	一〇	二一六三、四九、五	二〇九三	公州 青陽 林川 定山
石城	珍惡山	石山	石城	三七〇	九	一四〇五、八二、四	一三三三	魯城 林川 恩津 扶餘
庇仁	比衆	庇仁	庇仁	四四〇	六	一三九六、三三、〇	二〇三七	鴻山 海岸 舒川 藍浦
藍浦	寺浦	藍浦	藍浦	四四〇	九	二一八二、三一、八	三二一八	鴻山 海岸 庇仁 保寧
結城	結已	潔城	結城	三三〇	一〇	二一二三、六〇、四	二七八三	洪州 海岸 洪州 洪州
保寧	新村 沙村	新邑	保寧	三六〇	七	二〇三五、〇六、七	二六一五	青陽 海岸 藍浦 結城
海美			貞海	三三〇	九	一八五〇、〇八、七	一九三三	德山 瑞山 洪州 唐津
唐津	伐首只 夫只	唐津	唐津	三三〇	八	一五八七、〇八、五	二〇九五	沔川 孟串 海美 海岸
新昌	屈直	祈梁	新昌	三一〇	七	一二四九、六六、〇	一三六三	溫陽 沔川 禮山 牙山
禮山	烏山	孤山	禮山	二九〇	一〇	二〇八一、八八、三	二三四四	溫陽 德山 大興 新昌
全義	仇知	金池	全義	二五〇	七	八五四、二六、五	一三六七	清州 天安 燕岐 木川
燕岐	豆仍只	燕岐	燕岐	三〇〇	七	一五八一、七三、八	二〇〇一	清州 公州 公州 全義

本朝	句麗	新羅	高麗	道里	面坊	結	戶	境界
牙山	牙述	陰峰	牙州	三〇	二二	二五二四、九八、七	二六八八	天安 沔川 新昌 平澤
天安		天安	天安 寧山	三〇	一五	三三八二、七〇、七	二八六三	木川 溫陽 公州 稷山
木川	大木岳	大麓	木州	三三〇	九	一六六〇、四三、八	三四一三	清州 天安 全義 稷山
鰲川				三四〇	四	七六九、〇九、三		
稷山	蛇山縣 句麗	蛇山	稷山	一九〇	九	一七四八、三四、四	一九四九	鎭川 平澤 天安 安城

忠清北道 凡十八郡

本朝	句麗	新羅	高麗	道里	面坊	結	戶	境界
忠州	國原城 末乙臨長	中原京	忠州	二八〇	三五	二一八八一、六七、一	一六六三	清風 陰城 槐山 堤川
堤川	奈吐 大堤	奈堤	堤州	三三〇	八	八九六、四二、二	三一六七	寧越 忠州 清風 原州
清風	沙熱伊	清風	清風	三九〇	八	一三六七、〇三、六	二〇七七	丹陽 忠州 聞慶 堤川
丹陽	赤山 赤城	赤山	丹山	三六〇	八	一三三〇、四五、三	一七七七	豐基 清風 醴泉 堤川
永春		士春	永春	四〇〇	六	五三四、二五、六	一九八八	豐基 堤川 丹陽 寧越
槐山	仍斤內	槐壤	槐州	二九〇	一三	一四九三、六八、四	二六〇九	延豐 陰城 清安 忠州

本朝	百濟	新羅	高麗	道里	坊面	結	戶	東西	南北
全州	完山 比斯伐 比自	全州	全州 完山 安南	五〇〇	二三	一五〇六七、三六、三	一二三六六	鎭安 臨陂	任實 益山
錦山	進乃 進仍乙	進禮	進禮 錦州	四八〇	三三	三三〇七、一六六、五	四三二四	珍山 沃川	龍潭 珍山
茂朱	赤川	丹川	朱溪	四八〇	一五	二三三八、二二、九	三九六〇	知禮 錦山	居昌 沃川
龍潭	勿居	清渠	清渠 龍潭	五四〇	九	一三八〇、九八、六	二〇八五	錦山 高山	長水 錦山
長水	雨坪	高澤	長水	六五〇	一二	三三〇六、四六、七	二九一三	安義 鎭安	南原 龍潭
鎭安	難珍阿 月良	鎭安	鎭安	五八〇	一四	二七三三、〇一、九	四一五〇	長水 全州	任實 龍潭
高山	高山 難等良	高山	高山	四七〇	八	二三三三、二五、〇	二六一五	龍潭 礪山	全州 連山
益山	金馬渚	金馬	金馬	四五〇	一六	三四六四、二五、三	二七二三	礪山 咸悅	全州 礪山
龍安	·	本咸悅地 道乃山銀所	龍安	四三〇	五	一三三三、五三、〇	八一七	礪山 咸悅	益山 林川
咸悅	甘勿阿	咸悅	咸悅	四四〇	一一	二七九一、八四、九	一六五五	益山 韓山	臨陂 龍安
礪山	只良肖	礪良	礪良	四三〇	九	三四五九、〇九、四	二〇三〇	高山 益山	全州 恩津
臨陂	屎山 所斬 島文	臨陂	臨陂	四九〇	一三	四七八三、五七、〇	四三四四	全州 沃溝	萬頃 咸悅

本朝	百濟	新羅	高麗	道里	坊面	結	戶	東西	南北
延豐	上芼		長延	二四〇	五	六三五、四六、六	一一八〇	聞慶 槐山	聞慶 忠州
陰城	仍忽	陰城	陰城	二四〇	二	一〇一七、二九、七	一七三七	忠州 鎭川	槐山 忠州
鎭川	今勿奴 萬弩	黑壤	鎭州 義寧	二三〇	一五	三三五五、二八、一	一六五四	忠州 稷山	清州 竹山
清州	上黨 壤臂	西原京	清州	三〇〇	二七	一〇七一九、五九、四	二九九三	清安 全義	文義 鎭川
清安			青塘 清淵	二九〇	六	一五三二、〇三、六	二四六三	清州 清州	清州 槐山
文義	一牟山	燕山	燕山	三三〇	七	一五〇二、二八、三	二〇六八	懷仁 燕岐	懷德 清州
報恩		三年	保齡	三六〇	一三	三二七二、五三、二	四〇一三	尙州 懷仁	沃川 清州
永同		永同 吉同	永同	四六〇	一〇	一五三六、九六、〇	三三二四	黃澗 沃川	沃川 青山
黃澗		黃澗 召羅	黃澗	四八〇	六	一一五二、三六、〇	一六〇五	金山 永同	永同 尙州
沃川		管城 古尸	管城	三九〇	九	三一九〇、五〇、八	二六一三	報恩 懷德	永同 懷仁
青山		耆山	青山	四三〇	五	八四九、八七、〇	一三〇三	尙州 沃川	永同 報恩
懷仁 馬韓	未谷 · 百濟	昧谷	懷仁	三四〇	六	五〇五、四三、〇	一六〇七	報恩 文義	清州 清州

全羅北道 凡一府二十七郡 南北道面積合計九千三百六十方里

本朝	百濟	新羅	高麗	道里	面坊	結	戶	東西	南北
沃溝	馬西良	沃溝	沃溝	五三〇	八	一九九四、九五、七	一三一七	臨陂 舒川	臨陂 海岸
金堤	碧骨	金堤	金堤	五三〇	一七	六七八三、七三、一	四八五三	金溝 扶安	泰仁 扶安
萬頃	豆乃山	萬頃	萬頃	五一〇	一〇	一七九〇、七五、一	二三六八	金堤 海岸	金堤 全州
泰仁	大尸山	大山 一作泰	泰山	五六〇	一七	六〇六三、八一、一	四六八六	任實 金堤	淳昌 金溝
金溝	仇只山 只一作智	金溝	金溝	五三〇	一〇	三八二七、九〇、八	二八七	全州 金堤	泰仁 全州
任實	任實	任實	任實	五三〇	一四	三三八六、一〇、九	三三九八	南原 淳昌	南原 全州
扶安	皆火	扶寧 一作戒發	扶寧	五七〇	一七	四七八四、二〇、九	四一〇二	金堤 海岸	古阜 萬頃
井邑	井村	井邑	井邑	五九〇	一七	二〇八九、二一、六	一五四二	淳昌 古阜	長城 古阜
古阜	古沙夫里	古阜	古阜 瀛洲 安南	六〇〇	一七	六一九七、六一、七	三三五七	泰仁 海岸	興德 扶安
茂長	上老	長沙	長沙	六七〇	一七	五五九〇、六四、三	三三四七	高敞 海岸	靈光 高敞
高敞	毛良夫里	高敞	高敞	六四〇	八	一六九七、〇四、五	一三八九	長城 茂長	茂長 興德
興德	上漆	尙質	尙質	六三〇	九	二五一一、四五、三	一四五七	古阜 高敞	高敞 扶安
淳昌	道實	淳化 淳一作淳	淳昌	六三〇	一七	四六〇一、一五、五	三八七九	南原 潭陽	玉果 任實

本朝	百濟	新羅	高麗	道里	面坊	結	戶	東西	南北
南原	古龍 帶方	南原 小京	南原 帶方	六三〇	四八	一〇八三五、一六、一	九八六六	雲峯 淳昌	順天 任實
珍山	辰韓地	珍同 一作洞	珍同	四五〇	七	九九九、一〇、九	一三八一	沃川 全州	錦山 公州
雲峯	辰韓地	母山 阿英城 雲峰	雲峯	六八〇	七	一六二四、四三、一	二〇〇〇	咸陽 南原	南原 南原

全羅南道 凡一府三十一郡

本朝	百濟	新羅	高麗	道里	面坊	結	戶	東西	南北
光州	武珍州 奴只	武州	海陽	七三〇	四四	九五八七、九三、〇	六三二八	昌平 羅州	和順 長城
綾州	爾陵夫里	陵城	陵城	七五〇	一四	三五五、三三、三	六六〇三	寶城 南平	長興 和順
南平	未冬夫里	玄雄	南平	七五〇	二三	一四一三、四二、一	三八八〇	綾州 羅州	羅州 光州
羅州	發羅 通義	錦山	羅州	七四〇	二七	一五九三四、一六、五	八五五五	南平 務安	靈岩 咸平
靈岩	月奈	靈岩	靈岩	八三〇	一八	八五一〇、〇二、五	三五六四	羅州 海岸	康津 羅州
務安	勿奈兮	務安	務安	七九〇	二〇	五三二七、四四、一	三六六七	羅州 海岸	海岸 咸平
咸平	屈乃	咸豐	咸豐	七七〇	一六	六四九〇、九四、七	四三二一	羅州 海岸	務安 靈光
潭陽	秋子兮	秋成	潭陽	六七〇	一六	四七三〇、七四、七	三五六〇	淳昌 昌平	昌平 長城

本朝		新羅	高麗	道里	坊面	結	戶	東西	南北
昌平	屈支	祈陽	昌平	七〇〇	九	三六八、九五、三	一七六四	玉果 光州	同福 潭陽
長城	古尸伊	岬城	長城	六七〇	一六	四九五八、四〇、六	五一五五	潭陽 高敞	光州 井邑
靈光	武尸伊	武靈	靈光	七〇二	二六	八八六八、八一、一	七三〇五	長城 海岸	咸平 茂長
同福	豆夫只	同福	同福	七三〇	七	一八九五、八〇、〇	一七三六	順天 昌平	和順 玉果
和順	仍利阿	汝湄	和順	七六〇	三	一四五四、六九、七	二四四四	同福 南平	綾州 光州
寶城	伏忽	寶城	寶城	八五〇	一四	五五七七、五三、八	五〇三一	樂安 長興	興陽 綾州
樂安	分嵯	分嶺	樂安	七九〇	七	三八四五、〇八、八	一九七五	順天 寶城	興陽 順天
順天	欿平	昇平	順天	七九〇	一四	六八七一、三五、七	八三三七	光陽 樂安	海岸 光陽
麗水	猿村	海邑	麗水	八七〇	四	三〇五五、三七、四	二五六七	南海 興陽	海 順天
谷城	欲乃	谷城	谷城	六七〇	八	三三九五、三九、七	一五四二	南原 玉果	順天 南原
玉果	菓支	玉果	玉果	七〇〇	六	一六九二、六四、六	一九一七	南原 潭陽	同福 淳昌
求禮	仇次知	求禮	求禮	七六〇	三五	一六四六、四七、六	二〇〇〇	晉州 南原	順天 南原
光陽	馬老	晞陽	光陽	八三〇	二三	一五八一、四三、三	一八一五	晉州 順天	海岸 順天

慶尙北道 凡四十一郡○南北道面積一萬二千六百方里

本朝		新羅	高麗	道里	坊面	結	戶	東西	南北
康津	冬音	耽津	耽津	八八〇	一八	六三五二、〇九、三	五四五三	長興 海南	海岸 靈岩
長興	烏次	烏兒	長興	八九〇	三〇	七〇三三、四〇、七	四〇三〇	寶城 康津	海岸 羅州
興陽			高興	八九〇	二五	五一一九、六一、〇	四五六六	蛇渡 寶城	鉢浦 樂安
海南	塞琴	浸溟	海南	九〇〇	二五	六四七三、五〇、〇	四〇七八	康津 珍島	海岸 靈岩
珍島	因珍島	珍島	珍島	一〇一〇	一二	三六二九、九七、三	三〇六一	海南 海岸	金甲 海岸
智島	道武	陽武	道康	八四〇	一二	三五五一、〇四、三	二八七四	務安 海	海 海
莞島	古西伊	固安	升山	九九〇	二二	一四〇四、九〇、四	二五三五	海 海	海 海南
突山	突山	廬山	突山	八七〇	八	九二八、六六、四	二三三〇	海 海	海岸 麗水
濟州	耽羅	耽羅	耽羅	一四二五	五		七八四五	旌義 大靜	海岸 海岸
大靜				一五一五	三		二五九二	旌義 濟州	海岸 濟州
旌義				一五〇五	四		四二一六	濟州 大靜	海岸 濟州

大邱	大丘	本達句火縣	大丘		六七〇〇	八、〇 七六九〇、	九九九	慶山 星州	淸道 義興
聞慶	冠山	本冠文縣 高思葛伊城	聞慶		三八〇	一九 九六、四 二三四〇、	三三五	尙州 延豐	咸昌 延豐
咸昌	古寧	古寧伽倻國 後爲古冬攬郡	咸昌		四四〇	六 〇六、〇 一九二八	三〇五八	尙州 尙州	尙州 聞慶
醴泉	醴泉	本水酒縣	基陽	甫州	四八〇	七 七〇、五 三六六、	六二〇	安東 龍宮	龍宮 丹陽
龍宮	竺山	園山	龍宮	龍州	四四〇	〇 七五、八 一五八〇、	四九九	醴泉 尙州	醴泉 尙州
豐基	基木鎭		基州		四〇〇	〇七 一五〇〇、	一六〇二	榮川 丹陽	醴泉 永春
比安	比屋	本阿火屋縣	比屋		五四〇	八 五、六 一六六五、	三七九二	義城 善山	軍威 醴泉
軍威	軍威	本奴同覓縣	軍威		五七〇	八 〇、四 一九九八、	三六八八	義城 善山	義興 比安
義城	聞韶	古召文國	義城		五九〇	八 八、五 一五六〇、	七五八一	靑松 軍威	義興 安東
義興			義興		六〇〇	四、六 一二七七、	一八九五	永川 軍威	大邱 義城
新寧	新寧	本花山縣	新寧		六四〇	八 六〇 二二〇四、	二四九〇	永川 義興	永川 義興
興海	義昌	本退火郡	興海		八〇〇	二 〇九、六 一九九〇、	一五六八	延日 慶州	慶州 淸河
永川	臨皐	本切也火郡	永川		六八〇	三 五六、四 五六〇五、	五六三三	慶州 河陽	慈仁 新寧

慈仁	慈仁	本奴斯火縣	慈仁		七〇〇	九 九〇、四 二〇一九	一三二二	永川 慶山	淸道 河陽
河陽			河陽	河州	六〇〇	七 九、四 一二八四、	一三六二	永川 慶山	慶山 永川
慶山	獐山	古押梁國	章山	慶山	七〇〇	五 八〇、五 一二〇〇、	二〇〇二	慶州 大邱	淸道 河陽
慶州	徐耶伐	國都	慶州	東京 鷄林	七六〇	一 六五、六 二一四〇、	一四五六	蔚山 淸道	彦陽 延日
淸道	烏嶽	本烏也山縣 烏刀山城	淸道		七四〇	九 四〇、四 四一七五、	六〇〇二	彦陽 玄風	密陽 大丘
仁同	壽同	本斯同火縣	仁同		五九〇	九 八、四 一四四〇、	二四八	星州 開寧	善山 星州
漆谷	八里	本八居里縣 仁里	八莒	漆谷	六〇〇	二 〇、四 一九四〇、	一九九〇	大邱 仁同	軍威 大邱
善山	崇善	本一善郡	一善	善州	五五〇	八 六八、三 四九八七、	六五四八	軍威 開寧	仁同 尙州
開寧	開寧	古甘文國 靑州	開寧		五五〇	九 〇四、八 一三三二、	三三七	仁同 金山	星州 善山
金山	金山		金山		五六〇	三 四、六 一九五七、	四六九八	開寧 黃澗	知禮 尙州
知禮	知禮	本知品川縣	知禮		六二〇	一〇 二七、四 一八四二、	二四五六	星州 茂朱	居昌 金山
尙州	尙州	古沙伐國 上州 上洛	尙州		六八〇	三 九、一 二二四五、	一五六七九	比安 報恩	善山 咸昌
星州	新安	本本彼縣 碧珍郡	京山	廣平 興安 岱州 星州	六〇〇	九 五、四 一七五四、	八〇四四	大邱 知禮	高靈 開寧

本朝	句麗	新羅	高麗	道里	面坊	結	戶	東西	南北
安東		古昌 古昌寧國 古陁野郡	安東 永嘉 福州 吉州	五四〇	三〇	二一、三五 一八、七一〇、	七五一六	眞寶 醴泉	義城 榮川
高靈		高靈 古大伽倻國	高靈	六九〇	五	四、七 一四一、	二四九	玄風 陝川	草溪 星州
玄風		玄驍 本推良火縣	玄豐	七三〇	五	七、八 二三五七、	一九二〇	密陽 高靈	昌寧 大邱
長鬐		鬐立 本只沓縣	長鬐	八二〇	六	八六、八 一〇三八、	九四六	海岸 延日	慶州 延日
延日		臨汀 本斤烏支縣 烏良友	延日	七七〇	八	七七、五 一三四六、	一九七八	海岸 慶州	慶州 興德
以下諸邑並朝鮮濊貊之地									
順興	及伐山	岌山	興州 興州 寧州	四六〇	一〇	六九、九 一六九二、	一七〇	安東 豐基	榮川 寧越
榮川	奈已	奈靈	順安 榮州 剛州	四六〇	一三	八六、二 一七五五、	一六六六	安東 豐基	安東 豐基
奉化	古斯馬 一作捺	玉馬	奉化	五一〇	四	八六、六 八六七、	八一八	安東 安東	禮安 三陟
禮安	買谷	善谷	禮安	五三〇	七	四、四 七四九、	一一九二	寧海 榮川	安東 奉化
英陽			英陽 古隱 益陽 本縣	六四〇	九	九四、四 八四七、	一一七五	寧海 禮安	眞寶 蔚珍
眞寶		眞寶 本巴火 漆	甫城 載岩 城	六三〇	六	五五、四 八〇一、	一〇三二	盈德 安東	青松 寧海
寧海	于尸	有鄰	禮州 德原 寧海	七五〇	六	七五、九 一二三四、	二〇三九	海岸 眞寶	盈德 平海
盈德	也尸忽	野城	盈德	六九〇	六	七〇、一 一四三〇、	二〇四七	海岸 青松	清河 眞寶
青松	青巳	積善	青鳧 雲鳧 鳳伊	六三〇	九	六八、三 一四四一、	二二二七	盈德 安東	永川 眞寶
清河	阿兮	海阿	清阿	八二〇	七	三五、二 九七六、	一三五七	海岸 慶州	興海 盈德

慶尚南道 凡二府三十郡

本朝	新羅	高麗	道里	面坊	結	戶	東西	南北
晉州	康州 本居烈州 菁州	晉州	八五〇	五〇	五〇、八 一三三九一、	三六四四	咸安 丹城	泗川 三嘉
宜寧	宜寧 本獐含縣	宜寧	七八〇	一六	〇九、四 三六三三、	七七五	三嘉 咸安	晉州 草溪
草溪	八谿 本草八兮縣	草谿	七一〇	一一	九九、四 二三五六、	二〇八二	昌寧 陝川	宜寧 高靈
陝川	江陽 本大良州郡	陝州	七三〇	二〇	四〇、一 二七二五、	三六八	草溪 居昌	三嘉 高靈
三嘉	嘉壽 本加主火縣	嘉壽	七七〇	二〇	〇八、九 二三五六、	三〇八七	宜寧 山淸	晉州 陝川
居昌	居昌 本居烈郡 居陁	居昌	七一〇	一三	七九、六 三五六三、	四七三	陝川 安義	三嘉 知禮
安義	利安 本馬利縣	利安	七五〇	一六	七七、〇 二〇〇二、	三七二二	居昌 長水	咸陽 居昌
咸陽	天嶺 本速含縣 含城	含陽	七一〇	一七	〇〇、六 三〇〇九、	五三九九	安義 雲峰	山淸 安義

本朝	穢貊 句麗 新羅	高麗	道里	面坊	結	戶	東 西	南 北
昌寧	火王 本比自火郡 比斯伐	昌寧	七五〇	一六	一九五五一、四八、四	三〇四四	密陽 草溪	靈山 玄風
靈山	尙藥 本西火縣	靈山	七七八	八	二三四〇、〇八、八	二五三七	密陽 昌寧	漆原 密陽
山清	山陰 本知品川縣	山陰	八四〇	一三	一六九九、四四、三	二六六六	丹城 咸陽	丹城 居昌
丹城	闕城 本闕支縣	江城	八八〇	八	一九五五、一一、〇	一八四九	晉州 晉州	晉州 山清
河東	河東 本韓多沙郡	河東	八二〇	一九	二三三一、四一、二	二四四四	昆陽 光陽	昆陽 晉州
昆陽		昆明	八四〇	一〇	一四九七、五〇、四	一三八八	泗川 河東	海南 晉州
固城	固城 古小伽倻國	固城 固州	九〇〇	二五	三〇〇四、七三、一	一三八一	巨濟 晉州	海岸 鎭海
鎭南 本固城統制營地				一六	一三三〇、九八、四	二四九八		
泗川	泗水 本史勿縣	泗州	八八〇	一〇	一八六一、[illegible]	二四四七	固城 晉州	晉州 晉州
咸安	咸安 古阿尸良國 阿那伽倻	咸安 咸州	八〇〇	二二	二五〇〇、一七、八	四四〇七	昌原 晉州	鎭海 宜寧
鎭海		鎭海	八四〇	四	八五五、七四、五	九四	漆原 晉州	固城 咸安
漆原	漆隄 本漆吐縣	漆原 原一作圓	七七〇	四	一三八六、九六、四	二〇七〇	昌原 咸安	昌原 靈山
昌原	義安・本屈自郡	義安 義昌	八〇〇	八	四七一七、六四、七	四一九九	金海 咸安	熊川 漆原

本朝	穢貊 句麗 新羅	高麗	道里	面坊	結	戶	東 西	南 北
金海	金海小京 金官郡	金州 臨海 金海 金寧	八八〇	二二	六一三〇、九六、六	六九三二	梁山 昌原	熊川 密陽
熊川	熊神 本熊只縣	熊神	八六〇	八	一三九五、一四、九	一三〇七	金海 昌原	海岸 金海
巨濟	巨濟 本裳郡海島	巨濟	一〇〇〇	一〇	二三八四、〇七、六	一〇一九	海岸 固城	海岸 海岸
南海	南海 轉也山郡	南海	九三〇	九	一七八六、〇七、二	二四〇〇	梁山 昌原	熊川 密陽
密陽	密城 本推火郡	密城 密州	八二〇	二二	[illegible]、四五、一	六七六七	梁山 靈山	金海 清道
蔚山	河曲 本屈阿火縣	蔚州 興麗 恭化	八五〇	一六	五一五八、九五、八	三三五七	海岸 彥陽	機張 慶州
彥陽	巘陽 本居知火縣	巘陽 彥陽	八一〇	六	一六〇九、四二、六	一三三四	蔚山 密陽	梁山 慶州
梁山	良州 本歃良州	梁州	九〇〇	九	一五六六、二〇、八	一七二四	機張 密陽	東萊 彥陽
機張	機張 本甲火良谷縣	機張	九五〇	八	一八二五、七三、二	一四三六	海岸 梁山	東萊 蔚山
東萊	東萊 本居柒山郡 古萇山國	東萊	九四〇	一四	二六七三、五五、九	三三九〇	機張 梁山	海岸 梁山
鬱島 本江陵郡東海島				九				

江原道 凡二十六郡〇 面積九千方里

春川				朔州	牛首州 烏近乃	春州	安陽	二〇五	一八	一二四八、〇三、〇	五七六〇	楊口 加平 / 洪川 華川
洪川		伐力川		綠驍		洪川		三三〇	九	一四〇五、七四、二	三一八三	麟蹄 砥平 / 橫城 春川
原州		平原	北原	北原小京		原州	一新 靖原 益興 成安	二四〇	一六	一二四九二、三一、五	七一七	平昌 砥平 / 忠州 橫城
橫城		橫川	於斯買	潢川		橫川		三三〇	九	一四八四、七七、〇	三六八三	江陵 原州 / 原州 洪川
楊口		楊口	要隱忽次	楊麓		楊溝		三七〇	九	一五九九、七七、七	三五五六	麟蹄 華川 / 春川 淮陽
華川		狌川	也尸買	狼川		狼川		三三〇	六	一二四八、三〇、三	二四六五	楊口 金化 / 春川 金城
麟蹄		猪足	烏斯回	狶蹄		麟蹄		三六〇	七	一二〇三、五五、一	三二五七	襄陽 楊口 / 洪川 杆城
平昌		郁烏	作于一郁	白烏		平昌		三八〇	七	一二七三、八、四	一五一九	旌善 原州 / 寧越 江陵
寧越		奈生		奈城		寧越		四一〇	一〇	一五九三、五五、二	二六六八	永春 堤川 / 永春 平昌
旌善		仍買	置一作買	旌善		旌善		四四〇	一三	一二一六、九三、〇	一八二五	三陟 平昌 / 平昌 江陵
三陟		悉直	右悉直國	三陟		三陟	陟州	六五〇	一三	一〇〇七、三五、七	四一〇四	海岸 奉化 / 蔚珍 江陵
江陵	國都	河西良	何瑟羅	溟州	小京	溟州	東京 江陵	五六〇	一五	一八八〇、六五、一	五七五三	海岸 平昌 / 三陟 襄陽
襄陽		翼峴	伊文	翼嶺		翼嶺	德寧 襄州	五四〇	一三	一九八一、八七、七	三四六九	海岸 麟蹄 / 江陵 杆城

杆城		迭城	加羅忽	守城		杆城		五五〇	一〇	八〇三、一六五、五	二五五八	海岸 麟蹄 / 襄陽 高城
高城		達忽		高城	達忽州	高城		五一〇	七	一五六八、一四一、三	一八六一	海岸 淮陽 / 杆城 通川
通川		休壤	金惱	金壤		金壤	通州	四四〇	七	一五四〇、九六、七	一九六〇	海岸 淮陽 / 高城 歙谷
歙谷		習比谷	一作習比呑	習谿		歙谷		四七〇	六	一三九、八九、八	一六三二	海岸 安邊 / 通川 安邊
蔚珍		于珍也	古号伊郡	蔚津		蔚津		八〇一	七	一七七、一七、三	三一一	海岸 安東 / 平海 三陟
平海		斤乙於				平海		八〇〇	八	一九五六、九〇、四	三三七三	海岸 英陽 / 寧海 蔚珍
淮陽		各連城	加兮牙	連城		交州	伊勿城 淮陽 淮陽	三八〇	九	三一〇、一六、二	三七〇三	通川 平康 / 楊口 安邊
金城		丹城	也次忽	益城		金城	道寧	二七〇	八	二六四、一〇、七	三三七五	麟蹄 華川 / 春川 淮陽
金化		夫如		富平		金化		三三〇	七	三三七、四〇、七	二四三二	金城 鉄原 / 華川 平康
平康		斧壤	於斯內	廣平		平康		二四〇	八	一五七二、七三、六	二九三一	金化 伊川 / 鉄原 安邊
鉄原		鐵原	毛乙冬非	鐵城		東州		一八〇	八	八八九、三九、六	三九二〇	金化 朔寧 / 永平 平康
伊川		伊珍買		伊川		伊川		二八〇	二	六九八、七七、〇	三三三〇	平康 新溪 / 安峽 安邊
安峽		阿珍押	窮嶽	安峽		安峽		二四〇	三	二一四、七四、一	一二六一	平康 兎山 / 朔寧 伊川

黃海道 凡二十三郡 ○ 面積七千三百方里

本朝	句麗	新羅	高麗	道里	面坊	結	戶	東西	南北
海州	內米忽 池城 長池	瀑池	海州 右神策軍 安西	三八〇	三一	八八四七、四二、一	三六六八	平山 甕津	康翎 信川
黃州	冬忽 于冬於忽	取城	黃州 天德軍 岡寧	四九〇	一八	六九二九、七七、四	七二〇〇	瑞興 海岸	鳳山 中和
新溪			新恩 覃州	三五〇	一三	二〇八八、三九、〇	二一五三	谷山 瑞興	平山 遂安
谷山	十谷城 德頓忽 谷城 吉谷	鎭瑞	谷州	四五〇	一三	二六八八、三五、七	二八六八	安邊 遂安	新溪 成川
平山	大谷 多知忽	永豐	平州	二七一	一九	七二〇七、九六、三	四九三三	新溪 海州	海岸 新溪
瑞興	五谷 弓火 于次呑忽	五關	洞州 瑞興	三九五	一六	四六九三、二六、八	三五二四	新溪 鳳山	平山 遂安
遂安	獐塞 江西	獐塞	遂安 遂州	四三〇	一四	三六一七、七八、四	三三九八	谷山 瑞興	新溪 祥原
金川	屈押 江西	江陰	江陰	三三〇	一五	二七四〇、九五、六	一四八〇	開城 白川	開城 信川
兎山	烏斯含達 蛤達 月城	兎山	兎山	二四〇	九	一〇五四、一八、四	一三四六	朔寧 新溪	朔寧 安峽
載寧	息城 漢城 漢忽 乃忽	重盤	安州 載寧	四五〇	一三	四四五二、四〇、七	五五〇七	平山 信川	海州 鳳山
延安	冬音忽 豉塩城	海皐	鹽州 永膺 復州 溫州 延安	二六〇	一四	六一四七、七九、五	五七八九	白川 平山	海岸 平山

本朝	句麗	新羅	高麗	道里	面坊	結	戶	東西	南北
白川	刀臘 雉岳城	雊澤	白州 忠翊 復興	三〇〇	一八	三九二一、〇一、八	三〇九九	開城 延安	海岸 平山
鳳山	鵂嵒 鵂鶹城 租波衣	棲嵒	鳳州 鳳陽	四[illegible]	[illegible]	五六八八、四四、三	三六五三	平山 海岸	載寧 黃州
長連			長命	五五〇	五	一一四七、四八、〇	一三〇〇	安岳 殷栗	文化 海岸
安岳		楊岳	安岳	五〇〇	一八	八二三二、四四、一	五五八八	海岸 文化	信川 長連
殷栗		栗口 栗川	殷栗	五六〇	七	一二七六、三三、八	一八五〇	文化 豐川	松禾 長連
文化		闕口	儒州 文化	五〇〇	九	三九〇六、八八、五	三八二三	安岳 松禾	信川 長連
信川		升山	信州	四六〇	一五	四六九六、六七、九	四〇六六	載寧 松禾	海州 安岳
松禾		麻耕伊	青松	五三〇	一四	三四四八、五五、七	三三〇四	信川 豐川	長連 殷栗
甕津		瓮遷	甕津	五三〇	八	一三〇二、四八、九	三四六七	海州 海岸	海岸 海州
長淵		長淵 長潭	長淵	五五〇	一六	三五九一、六二、四	六六八〇	海州 海岸	海岸 豐川
康翎		付珍伊	永康	四六〇	六	二九九一、六八、七	二四六六	海岸 海州	海州 海岸
豐川		仇乙峴 屈遷	豐州	五四〇	九	一六三二、一七、五	二四三三	殷栗 海岸	長連 海岸

平安南道 凡二府二十一郡○南北道面積 合計一萬二千五百四十方里

本朝	朝鮮	句麗	高麗	道里	面坊	結	戶	東西	南北
平壤	王儉城 國都	平壤城 國都	平壤府 西京	五六〇	一九	一三一〇七、〇九、七	一五六五六	祥原 江西	中和 順安
江東			江東	六二〇	八	二六九一、一〇、七	二七一三	成川 平壤	三登 成川
三登			三登	六四〇	四	九四〇、二一、四	八〇〇	成川 平壤	遂安 成川
江西			江西	六四〇	一五	三三九四、二八、三	四〇七八	平壤 咸從	龍岡 甑山
甑山 本江西甑山鄕				六六〇	九	九〇七、五四、二	一三〇三	永柔 海岸	咸從 平壤
順安			順和	六四〇	一一	一五九三、七一、四	二〇九一	平壤 平壤	平壤 肅川
三和			三和	六二八	一四	二四〇〇、四五、八	五四三	龍岡 海岸	虎島 龍岡
安州		息城	安北 彭原 寧州 安州 新羅重盤郡	七五〇	一三	四七五一、四三、七	七〇七	价川 老江	肅川 博川
成川		本松讓故都	剛德鎭 成川	七二四	三六	三〇八八、六五、五	四八六八	谷山 殷山	三登 陽德
肅川		平原	通德鎭 肅州	六九〇	一七	二四〇八、一五、六	一三五七	慈山 安州	順安 海岸
慈山		文城	太安 慈州	六四五	二〇	一七三三、六九、三	二〇六五	殷山 肅川	平壤 順川

本朝	朝鮮	句麗	高麗	道里	面坊	結	戶	東西	南北
龍岡		黃龍城	龍岡	六四〇	一四	四八九五、一六、五	八一〇五	江西 海岸	三和 咸從
咸從			咸從 牙善城	六八〇	一三	二二〇六、五七、五	二〇五一	江西 海岸	龍岡 甑山
永柔 永寧縣			永清 定水	六四〇	一五	二五四〇、八一、八	三一八〇	順安 平壤	順安 肅川
順川			順州 靜戎郡	七五〇	一一	二四八三、五九、〇	三三八九	殷山 价山	慈山 价川
殷山			殷州 興德 同昌	六九〇	一四	一五三三、一八、九	二五六九	順川 順川	成川 价川
陽德			陽岩鎭	九〇〇	一〇	一七一八、六四、一	二四〇六	高原 成川	谷山 孟山
孟山			孟州 鐵甕縣	七五〇	一三	八二八、八〇、五	一三八七	永興 順川	陽德 寧遠
价川			安水鎭 連州 翼州 朝陽 价州	七八〇	八	一三一五、二一、九	四九五一	德川 寧邊	慈山 寧邊
德川			德州 遼原 長德鎭	八四〇	一三	一五一五、一三、〇	二五五七	寧遠 价川	孟山 寧邊
寧遠			寧遠鎭	八〇〇	四	六六七、二七、九	二五一六	定平 德川	孟山 熙川

本朝	句麗	新羅	高麗	道里	面坊	結	戶	東西	南北
祥原	息達	土山	土山 祥原	六二〇	八	二五七四、六九、七	二七三六	遂安 平壤	黃州 三登
中和	加火押	唐嶽	中和	五一〇	一五	五一八七、二五、一	五一五〇	祥原 江西	黃州 平壤

平安北道 凡一府二十郡

本朝	句麗	高麗	道里	面坊	結	戶	東西	南北
寧邊		渭州 雲南 撫州	七九〇	一五	二七三五、六九、二	七三四	价川 泰川	安州 熙川
博川		博州 博陵 德昌	八〇〇	五	一〇〇三、八四、九	二四七九	寧邊 嘉山	安州 寧邊
泰川		泰州 光化 連朔 寧朔	八二五	八	一三三五、九二、三	二三五七	寧邊 龜城	嘉山 雲山
嘉山		嘉州 信都 撫寧	七八〇	六	九四四、七八、三	二五三〇	博川 定州	博川 泰川
龜城		龜州 萬年 定州 定遠	八八〇	一三	一三九九、一七、六	五九五八	泰川 義州	定州 朔州
定州		隨州	八四〇	三〇	二八三五、〇〇、五	六三九三	嘉山 郭山	海岸 龜城
宣川		宣州 安化 通州	九一〇	一〇	二三九五、〇七、九	五一四六	郭山 鉄山	海岸 龜城
郭山		郭州 長利 定襄	八七〇	二〇	一三七三、九一、一	二八〇八	定州 宣川	海岸 龜城
龍川		龍州 安興 龍灣	九九〇	一七	二〇三七、一〇、八	五三〇三	義州 海岸	鉄山 義州
鐵山		鐵州 長寧 銅山	九六〇	八	一八六九、八一、五	五四八六	宣川 龍川	海岸 義州
義州		義州 和義 咸新	一〇八〇	二七	六二三〇、二三〇、三	九五五九	朔州 鴨江	龍川 鴨江
朔州		朔州 寧塞	一〇三〇	一三	一〇四九、〇六、七	三七六四	昌城 義州	龜城 昌城
昌城		昌州 長靜	一〇八〇	九	二六九一、一一、五	三一〇一	雲山 鴨江	朔州 碧潼
碧潼		陰潼	一〇九〇	一三	一三三五、〇四、八	三三〇一	楚山 昌城	昌城 楚山
楚山 理州			一一七〇	一〇	三六一三、七〇、六	三九三三	渭原 碧潼	渭原 鴨江
渭原 本楚山府都乙漢堡			一三一五	一五	二三三四、二八、四	二五二九	江界 楚山	楚山 江界
江界		江界	一三〇〇	一〇	五三二八、一五、七	七六七三	慈城 渭原	熙川 鴨江
慈城 本閭延府之慈作里			一三〇〇	一〇	一三九三、八三、四	一六〇〇	厚昌 江界	江界 厚昌
厚昌 本閭延府之上無路堡厚州堡			一四九〇	七	六七七、一四、四	八四〇四	三水 慈城	江界 鴨江
熙川		清塞鎭 渭州 熙州	九二〇	八	一二六五、〇九、八	四四三〇	江界 楚山	寧邊 江界
雲山		威化鎭 古遠化鎭 雲中 雲州	八三〇	七	九二六、九四、二	二三六五	寧邊 泰川	寧邊 楚山

鏡咸南道 凡一府十三郡

南北道面積 合計一万八千六百方里

本朝	句麗	高麗	道里	面坊	結	戶	東西	南北
咸興		咸州	八三〇	四八	九九三二、九四、〇	九八七六	洪原 寧邊	定平 長津

本朝	句麗	新羅	高麗	道里	面坊	結	戶	東西	南北
文川			文州 洙城	五九〇	六	一七三、六四、二	一五一三	德源 陽德	德源 高原
定平			定州 巴只 宜威	七六〇	一五	三九五六、三〇、八	二四〇四	海岸 寧遠	永興 咸興
端川			福州 端州	一二六五	八	五五八九、六七、〇	四四二七	吉州 北靑	利原 甲山
北靑			北靑州	一〇一〇	二五	八四三五、一〇、六	七五四五	利原 洪原	洪原 甲山
利原	利城			一一一五	二二	一九七四、三〇、七	二二五三	端川 北靑	北靑 端川
洪原			洪獻	九二〇	一四	二四一九、八九、九	三八四一	北靑 咸興	海岸 咸興
長津	本咸興淺厚仇非社			一二六〇	二一	九三一、四八、〇	三一一三	三水 江界	咸興 三水
三水	本甲山府三水堡			一三八〇	一七	一九六八、六三、〇	一七〇	甲山 厚昌	甲山 鴨江
甲山			甲州	一三〇〇	一八	三八七、四七、八	二〇〇〇	端川 三水	端川 文江
安邊	比列忽 淺城郡	朔庭	登州 安邊	五二〇	二五	五三九八、四七、五	五二一六	歙谷 陽德	伊川 德源
德源	泉井 於乙買	井泉	宜州 湧州	五六六	五	一八三三、一五、七	二〇七四	海岸 安邊	安邊 鴨川
高原			高州 德寧鎭 洪原	六五〇	六	二七七七、〇九、九	一七六〇	永興 陽德	文川 永興

本朝	句麗	新羅	高麗	道里	面坊	結	戶	東西	南北
永興	長嶺鎭 唐文 博平		和州 安邊 和寧	六九〇	二三	八一八七、九四、一	九〇〇八	海岸 孟山	高原 定平

咸鏡北道 凡二府九郡

本朝	句麗	新羅	高麗	道里	面坊	結	戶	東西	南北
鏡城				一五九〇	六	七九八三、二三、九	六六四六	海岸 明川	明川 富寧
吉州			吉州	一三九五	六	五〇八五、一六、一	四五九八	明川 端川	海岸 明川
城津			英州	一三〇五	九	四六九〇、一六、九	二六一六	吉州 端川	海岸 吉州
明川	本吉州地			一四七〇	七	七九八三、三三、九	二四六二	鏡城 吉州	海岸 鏡城
富寧	本鏡城石幕城富居縣地			一六九〇	一一	二四〇一、五五、八	一六〇七	海岸 茂山	鏡城 會寧
茂山				一九六〇	一七	三一九三、三五、〇	三九七	富寧 甲山	吉城 豆滿
會寧				一九九〇	一五	四〇一九、七四、九	二九九一	海岸 豆滿	富寧 鍾城
鍾城				二〇四〇	三三	三八二九、五〇、四	四〇一二	穩城 豆滿	會寧 穩城
穩城				二一一〇	一三	二一六二、七五、七	一四六六	慶源 鏡城	海岸 豆滿
慶源	古孔州楸城公嶮鎭			二三〇〇	一四	二一四三、二〇、七	二五八五	慶興 穩城	海岸 豆滿
慶興				二三〇〇	八	一九八五、一三、二	一三五一	造山 慶源	海岸 豆滿

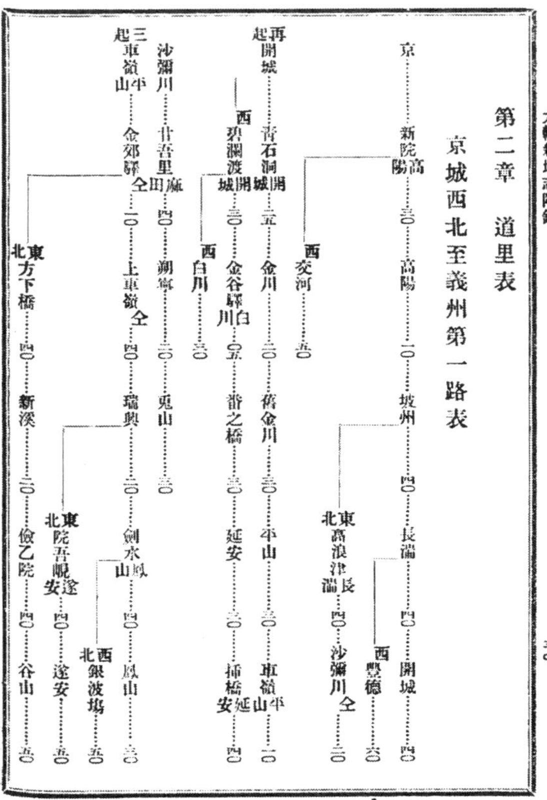

第二章 道里表

京城西北至義州第一路表

京……新院高陽……三〇……高陽……一〇……坡州……四〇……長湍……四〇……開城……四〇
西 豐德……六〇
東北 高浪津長湍……四〇……沙彌川仝……三〇
西 交河……五〇

再起 開城……青石洞開城……三五……金川……三〇……舊金川……三〇……平山……三〇……車嶺平山……一〇
西 碧瀾渡開城……三〇……金谷驛白川……四五……晉之橋……三〇……延安……三〇……揷橋延安……四〇
西 白川……三〇

沙彌川……廿吾里麻田……四〇……朔寧……三〇……兎山……三〇

三起 車嶺平山……金郊驛仝……一〇……上車嶺仝……四〇……瑞興……三〇……劒水鳳山……四〇……鳳山……三〇
西北 銀波塲……五〇
東北 院吾峴遂安……四〇……遂安……五〇
東北 方下橋……四〇……新溪……三〇……儉乙院……四〇……谷山……五〇

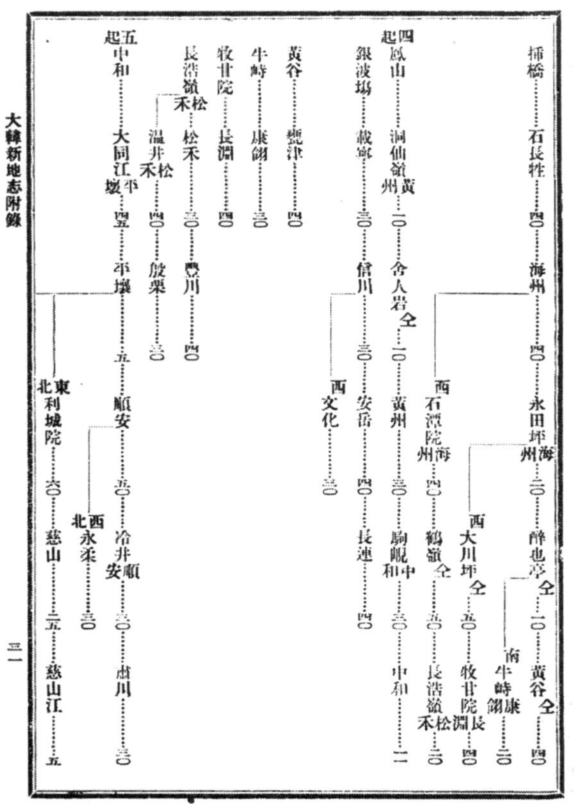

揷橋……石長牲……四〇……海州……四〇……永田坪海州……三〇……醉也亭仝……一〇……黃谷仝……四〇
南 牛峙康翎……三〇
西 大川坪仝……五〇……牧甘院長淵……四〇
西 石潭院海州……四〇……鶴嶺仝……五〇……長浩嶺禾松……一〇

四起 鳳山……洞仙嶺黃州……一〇……舍人岩仝……一〇……黃州……三〇……駒峴中和……三〇……中和……二
銀波塲……載寧……三〇……信川……三〇……安岳……四〇……長連……四〇
西 文化……三〇

黃谷……甕津……四〇
牛峙……康翎……三〇
牧甘院……長淵……四〇
長浩嶺禾松……松禾……三〇……豐川……四〇
温井禾松……四〇……殷栗……三〇

五起 中和……大同江平壤……四五……平壤……五……順安……五〇……冷井順安……三〇……肅川……三〇
西北 永柔……三〇
東北 利城院……六〇……慈山……三五……慈山江……五

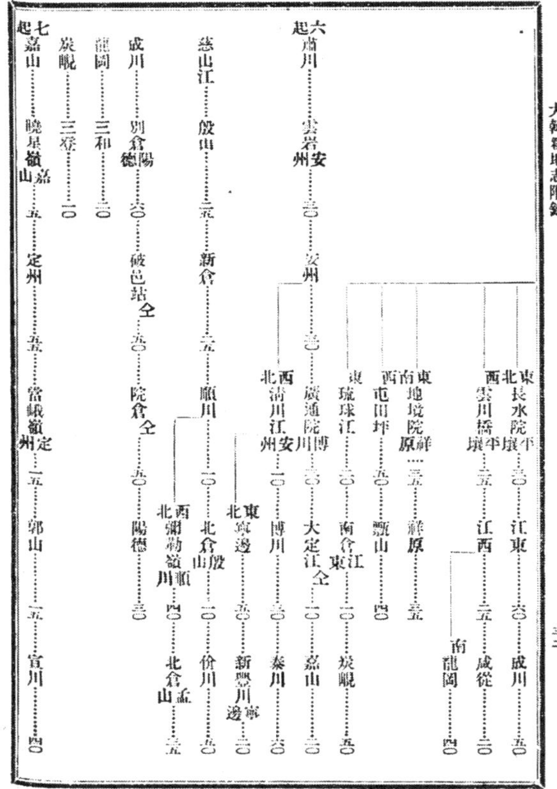

起六 肅川……雲岩安州……三〇……安州……三〇……廣通院博川……三〇……大定江仝……一〇……嘉山……三〇
東北 長水院平壤……三〇……江東……六〇……成川……五〇
西 雲川橋平壤……三五……江西……二五……咸從……二〇
南 龍岡……四〇
東南 地境院祥原……三五……祥原……三五
西 屯田坪……五〇……甑山……四〇
東 琉球江……三〇……南倉江東……一〇……炭峴……五〇
西北 清川江安州……一〇……博川……三〇……泰川……六〇
東北 寧邊……五〇……新豐川邊寧……三〇
慈山江……殷山……三五……新倉……二五……順川……一〇……北倉殷山……一〇……价川……五〇
西北 獨勒嶺順川……四〇……北倉孟山……三五
成川……別倉陽德……六〇……破邑站仝……五〇……院倉仝……五〇……陽德……三〇
龍岡……三和……二〇
炭峴……三登……一〇
起七 嘉山……曉星嶺嘉山……五……定州……三五……當峨嶺定州……一五……郭山……一五……宣川……四〇

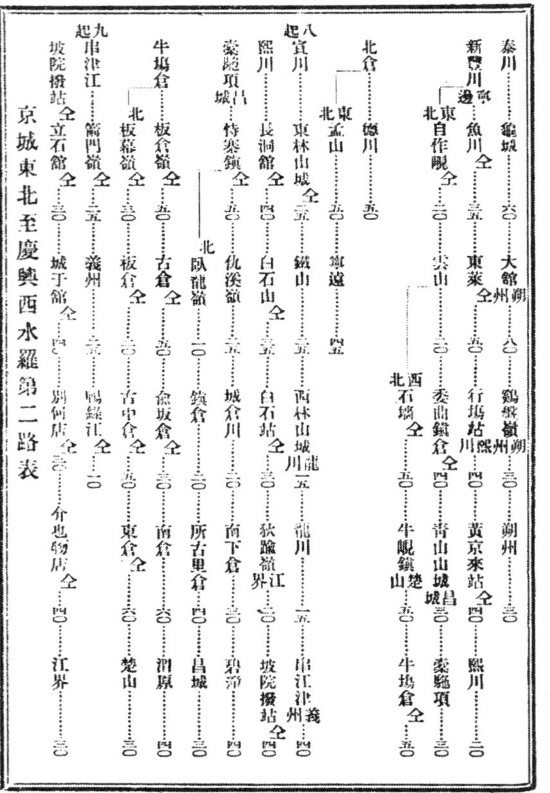

泰川……龜城……六〇……大館朔州……八〇……鷄盤嶺朔州……三〇……朔州……三〇
新豐川邊寧……魚川仝……三五……東萊仝……五〇……行壜站熙川……四〇……黃京來站仝……四〇……熙川……二〇
東北 自作峴仝……二〇……雲山……二〇……委曲鎭倉仝……四〇……青山山城昌城……三〇……委馳項……三〇
西北 石墻仝……五〇……牛峴鎭楚山……五〇……牛塢倉仝……五〇
北倉……德川……五〇
東北 孟山……五〇……寧遠……四五
起八 宣川……東林山城仝……三五……鐵山……三五……西林山城龍川……一五……龍川……一五……串江津義州……四〇
熙川……長洞館仝……四〇……白石山仝……三五……白石站仝……三〇……狄踰嶺江界……三〇……坡院撥站仝……四〇
委馳項昌城……恃棗鎭仝……五〇……仇溪嶺……三五……城倉川……三〇……南下倉……三〇……碧潼……四〇
北 臥龍嶺……一〇……鎭倉……三〇……所古里倉……四〇……昌城……三〇
牛塢倉……板倉嶺仝……五〇……古倉仝……五〇……徐坂倉仝……三〇……南倉……六〇……渭原……四〇
北 板幕嶺仝……三〇……板倉仝……三〇……古中倉仝……五〇……東倉仝……六〇……楚山……三〇
起九 串津江……簡門嶺仝……三五……義州……三五……鴨綠江仝……一〇
坡院撥站仝……立石館仝……三〇……城子館仝……四〇……別何店仝……三〇……介也物店仝……四〇……江界……三〇

京城東北至慶興西水羅第二路表

二路 始起 京……樓院 楊州……三〇……撻撥幕 抱川……六〇……萬歲橋 永平……三〇……梁文驛 仝……一〇……豐田驛 鐵原……四〇

東北 碑立街 仝……三〇……柯亭 仝……四〇……漢大灘 仝……三〇……漣川……三〇

東北 抱川……一〇

東北 楊州……一〇……光逢院……四〇……積城……三〇

再起 豐田驛……金化……五〇……金城……五〇……昌道驛 仝……三〇……新安驛 淮陽……五〇……淮陽……三〇

東北 楸池嶺 仝……五〇

漣川……龍潭 鐵原……三〇……鐵原……一〇……月乃井店……三〇……平康……三〇

升良站……四〇……安峽……四〇……鍮橋峴 仝……三〇……伊川……四〇

三起 淮陽……鐵嶺 安邊……四〇……高山驛 仝……一五……龍池院 仝……二〇……南山驛 仝……三〇……安邊……二〇

楸池嶺……通川……四〇……欽谷……三〇

北 東倉……六〇……高城……五〇

四起 安邊……元山倉 德源……三五……德源……一五……文川……三五……高原……五〇……永興……四〇

五起 永興……金波院 仝……三〇……草院驛 定平 仝……一五……高城峴 仝……一〇……定平……三〇……逢臺驛……五

六起 逢臺驛……咸興……四五……德山驛 仝……三〇……林東驛 仝……三五……咸關嶺 仝……一〇……咸原驛 洪原 仝……一〇

七起 咸原驛……洪原……二五……平浦 仝……四五……新加嶺 北青……二五……北青……二〇……眞毛老 仝……三〇

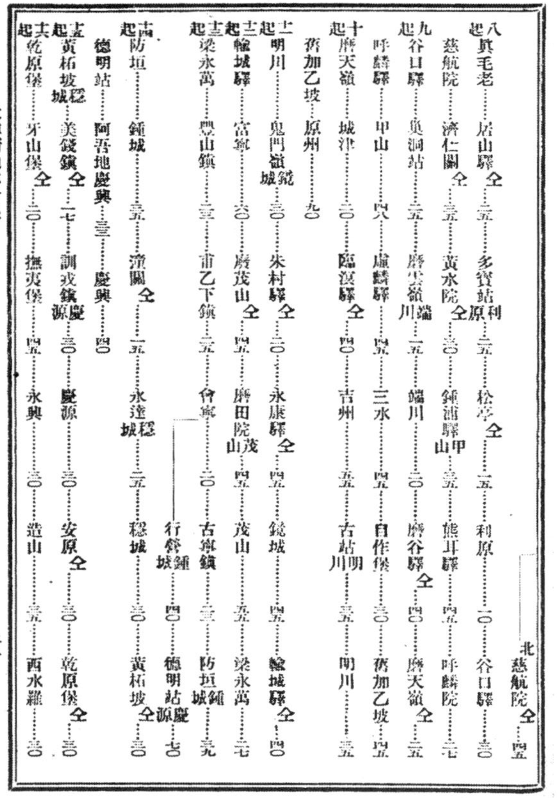

八起 眞毛老……居山驛 仝……二五……多寶站 利原 仝……二五……松亭 仝……一五……利原……一〇……谷口驛……三〇

北 慈航院 仝……四五

慈航院……濟仁關 仝……三五……黃水院 仝……三〇……鍾浦驛 甲山……三五……熊耳驛……四五……呼麟院……二七

九起 谷口驛……貞洞站……二五……磨雲嶺 端川……一五……端川……二〇……磨谷驛 仝……四〇……磨天嶺 仝……二五

呼麟驛……甲山……四八……虛麟驛……四五……三水……四五……自作堡……三〇……舊加乙坡……四五

十起 磨天嶺……城津……二〇……臨溟驛 仝……四〇……吉州……五五……古站 明川……三五……明川……三五

舊加乙坡……原州……九〇

十一起 明川……鬼門嶺 鏡城……三〇……朱村驛 仝……二〇……永康驛 仝……四五……鏡城……四五……輸城驛 仝……四〇

十二起 輸城驛……富寧……六〇……廢茂山 仝……四五……磨田院 茂山……四五……茂山……五五……梁永萬……二七

十三起 梁永萬……豐山鎭……三三……甫乙下鎭……二五……會寧……二〇……古寧鎭……三三……防垣 鍾城……三九

行營 鍾城……四〇……德明站 慶源……一七

十四起 防垣……鍾城……三五……潼關 仝……一五……永達 穩城……二五……穩城……三〇……黃柘坡 仝……三〇

德明站……阿吾地 慶興……三三……慶興……四〇

十五起 黃柘坡 穩城……美錢鎭 仝……一七……訓戎鎭 慶源……三〇……慶源……三〇……安原 仝……三〇……乾原堡 仝……三〇

十六起 乾原堡……牙山堡 仝……二〇……撫夷堡……四五……永興……三〇……造山……三五……西水羅……三〇

京城東抵平海第三路表

三路始起 京……忘憂里 楊州……二五……王山灘 仝……二五……平邱驛 仝……七……奉安驛 仝……二五……高浪驛 廣州……七
屈尖……四〇……淸平川……二〇
再起 高浪驛……月溪 楊根……三〇……楊根……三〇……砥平……三〇……前良峴 仝……三〇……安昌驛 原州……四〇
東北 廣灘 仝……一〇……新大峙 洪川……三〇
東 於路峴 橫城 仝……三〇
淸平川 加平……加平……四〇……安保驛 春川……二〇……德道院 仝……二〇……春川……二〇……昭陽江 仝……五
東北 獐峴 春川……二〇……儉岾 仝……三〇……原川驛 華川……三〇……華川……一〇
三起 安昌驛……原州……三〇……梧院站 橫城……三〇……安興驛 仝……三〇……雲橋倉 江陵……三〇……方林驛 仝……三〇
東 神林驛 仝……四〇……酒泉 仝……四〇……龍亭院 寧越……四〇……寧越……五
東北 巨瑟岬 平昌……三〇……平昌……三〇
新大峙……洪川……四〇……長松峴 仝……三〇……甘泉 仝……三〇……馬奴站 麟蹄……五……麟蹄……三〇
於路峴……橫城……四〇
昭陽江……加洛洞 仝……四〇……楊口……二五
四起 方林驛……淸心亭 仝……六〇……珍寶驛 仝……一〇……洪溪 仝……四〇……大關驛 仝……一〇……邱山嶺 仝……二〇

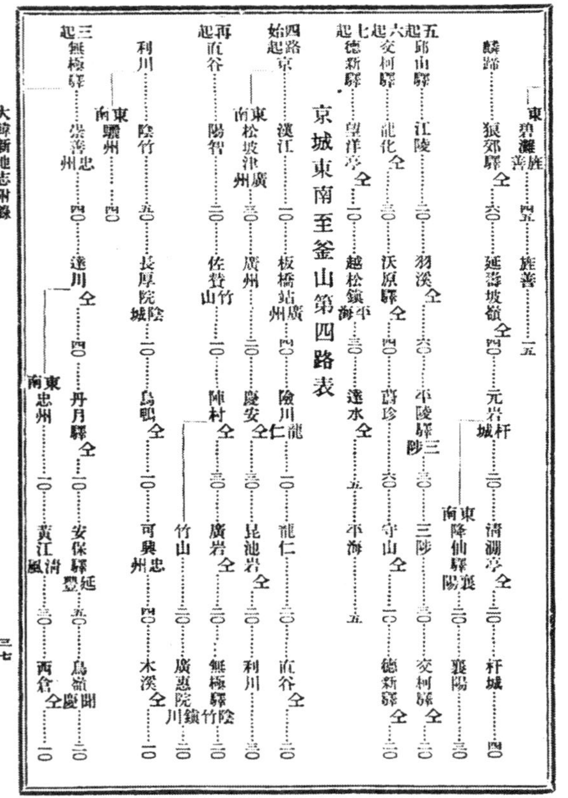

東 碧灘 旌善……四五……旌善……一五
麟蹄……狼郊驛 仝……六〇……延壽坡嶺 仝……四〇……元岩 杆城……二〇……淸澗亭 仝……二〇……杆城……四〇
東南 降仙驛 襄陽……三〇……襄陽……三〇
五起 邱山驛……江陵……三〇……羽溪 仝……六〇……平陵驛 三陟……三〇……三陟……三〇……交柯驛 仝……三〇
六起 交柯驛……龍化 仝……三〇……沃原驛 仝……四〇……蔚珍……六〇……守山 仝……一〇……德新驛 仝……三〇
七起 德新驛……望洋亭 仝……一〇……越松鎭 平海……三〇……達水 仝……五……平海……五

京城東南至釜山第四路表

四路始起 京……漢江……一〇……板橋站 廣州……四〇……險川 龍仁……一〇……龍仁……一〇……直谷 仝……一〇
東南 松坡津 廣州……三〇……廣州……一〇……慶安 仝……三〇……昆池岩 仝……三〇……利川……三〇
再起 直谷……陽智……三〇……佐贊 竹山……一〇……陣村 仝……三〇……廣岩 仝……三〇……無極驛 陰竹……三〇
竹山……三〇……廣惠院 鎭川……三〇
利川……陰竹……五〇……長厚院 陰城……一〇……鳥嶺 仝……一〇……可興 忠州……四〇……木溪 仝……一〇
東南 驪州……四〇
三起 無極驛……崇善 忠州……四〇……達川 仝……四〇……丹月驛 仝……一〇……安保驛 延豊……三〇……鳥嶺 聞慶……三〇
東南 忠州……一〇……黃江 淸風……三〇……西倉 仝……一〇

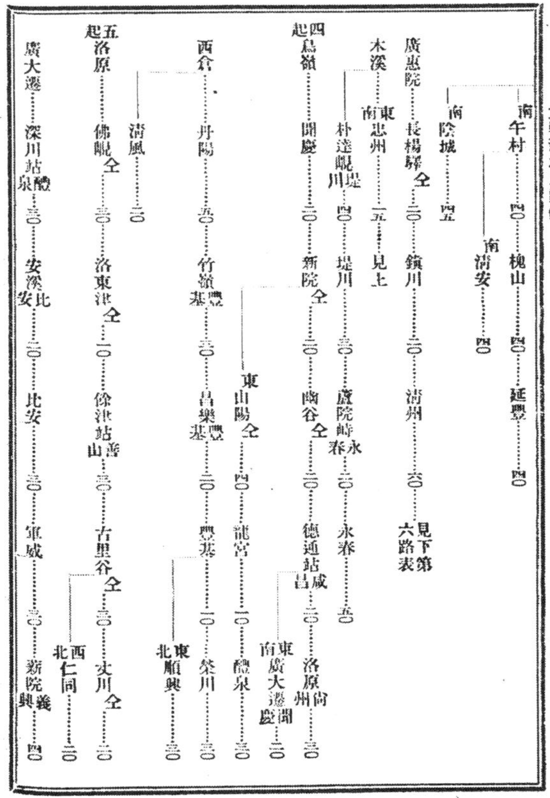

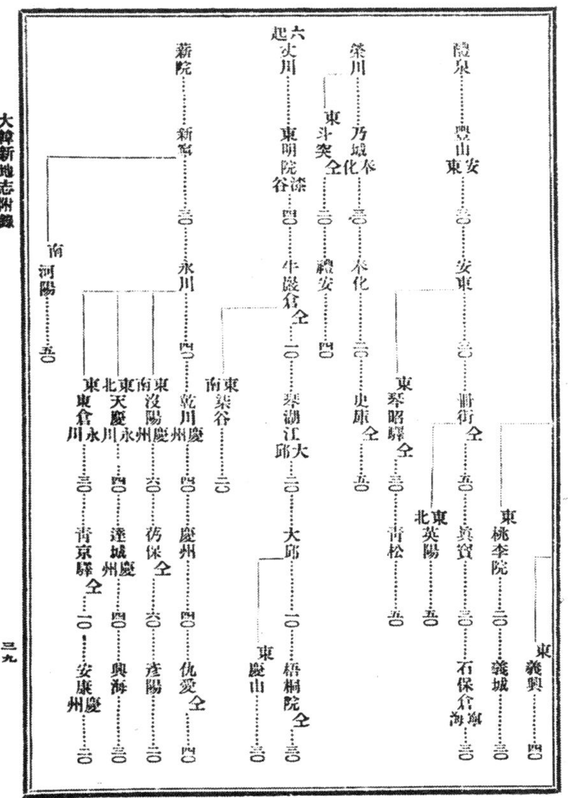

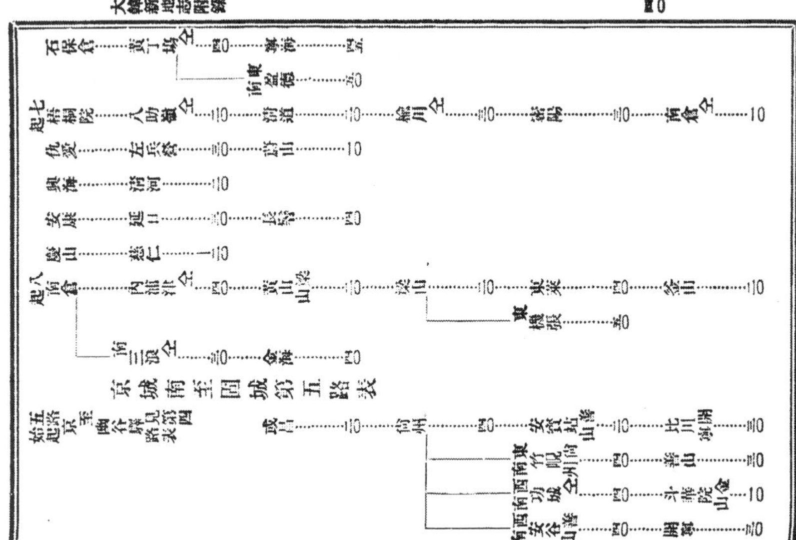

石保倉……黃丁坊仝……四〇……寧海……四五
東南 盈德……五〇

起七 梧桐院……八助嶺仝……三〇……淸道……三〇……慶州仝……三〇……密陽……三〇……南倉仝……一〇

仇浚……左兵營……三〇……蔚山……一〇

與海……淸河……三〇

安康……延日……三〇……長鬐……四〇

慶山……慈仁……一三〇

起八 南倉……內浦津仝……四〇……黃山山浚……三〇……梁山……一〇……東萊……四〇……釜山……一〇
東 機張……五〇

西 三浪仝……五〇……金海……四〇

京城南至固城第五路表

始五起路京至 南倉見第四路表

咸昌……三〇……尙州……四〇……安栽赴山浚……三〇……比川滄陽……三〇
東南 竹峴全州南……四〇……善山……三〇
西南 功城……四〇……斗將院山金……一〇
西南 安谷山浚……四〇……開寧……三〇

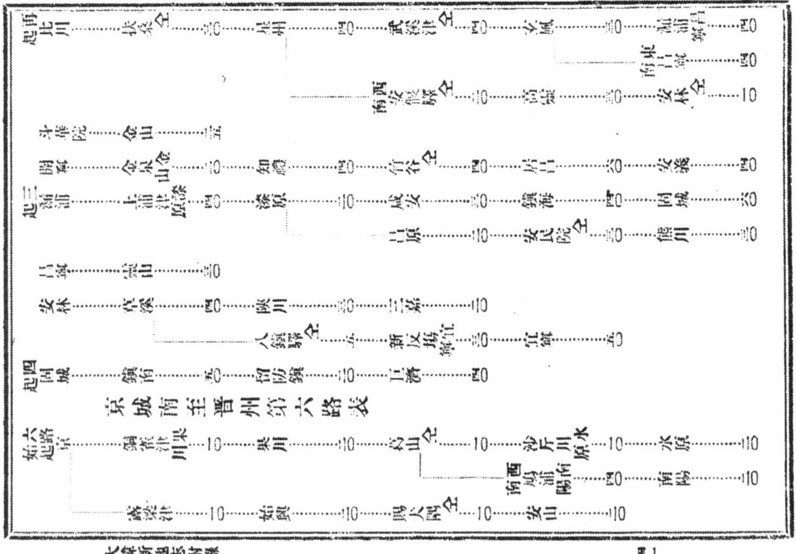

起再 比川……扶桑仝……五〇……星州……四〇……武溪津仝……四〇……玄風……三〇……漆原……四〇
東南 昌寧……四〇
西南 安陰驛仝……三〇……高靈……三〇……安林仝……一〇

斗將院……金山……三五

開寧……金泉山金……三〇……知禮……四〇……竹谷仝……四〇……居昌……六〇……安義……四〇

起三 滄浦……上浦津原浚……四〇……漆原……三〇……咸安……三〇……鎭海……四〇……固城……六〇
山原……三〇……安民院仝……三〇……熊川……三〇

昌寧……靈山……三〇

安林……宜寧……四〇……陜川……三〇……三嘉……三〇
八鎭驛仝……八〇……新反坊……三〇……宜寧……五〇

起四 固城……鎭南……五〇……留防鎭……三〇……巨濟……四〇

京城南至晉州第六路表

始六起路京……銅雀津川果……一〇……果川……三〇……葛山仝……一〇……沙斤川原水……一〇……水原……三〇
西南 烏山陽南……四〇……南陽……三〇
漢江津……一〇……始興……三〇……四大門仝……一〇……安山……三〇

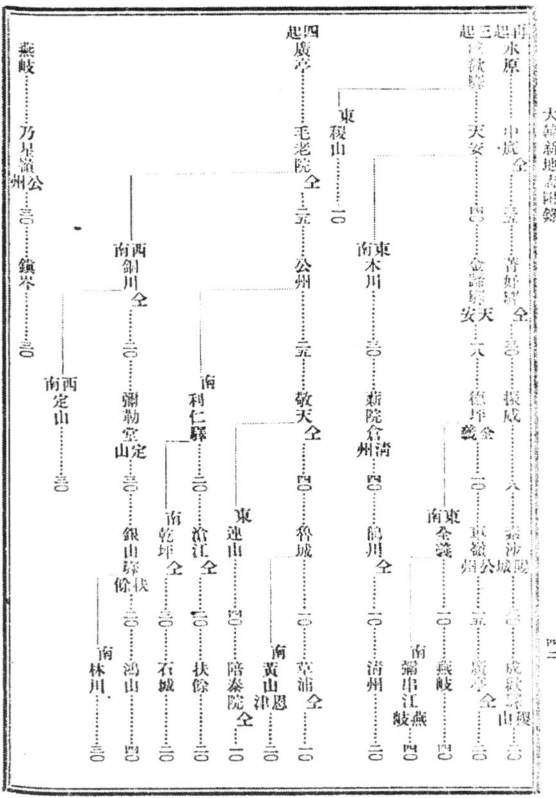

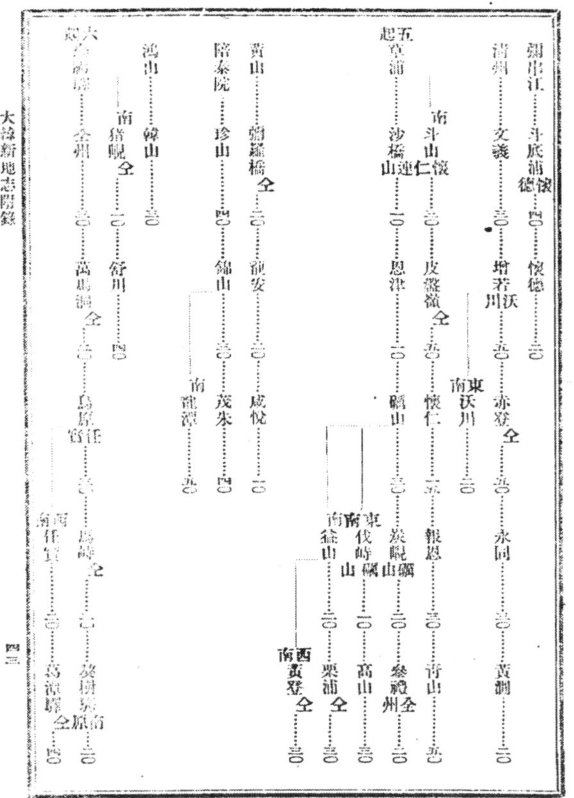

東 熊峙 安鎭仝……四〇……鎭安……四〇……栗峙仝……四〇……長水……二五
南 擅岩仝……四〇……雲南 任實……三〇……葛潭驛……三〇……淳昌……五〇
西 金堤……六〇……東津……三〇……扶安……二〇
栗浦……萬頃……三〇
臨陂……沃溝……三〇
七起 參樹驛……栗峴仝……三〇……南原……一〇……女院峙 雲峰……三〇……雲峰……三〇……八良峙仝……三〇
南 重鎭院仝……三〇……谷城……一〇……鴨綠院仝……四〇
西南 石谷院仝……四〇
淳昌……潭陽……四〇……昌平……三〇
南 玉果……三〇……龍岡 同福……三〇……同福……四〇
八起 八良峙……咸陽……四〇……沙斤驛仝……三〇……正谷 山淸……三〇……梁川 丹城……三〇……晉州……三〇
東 山淸……四〇……丹城……四〇
鴨綠院……潺水驛 求禮……三〇……松院峙 順天……三〇……順天……三〇……星省院仝……四〇……左水營……四〇
東 求禮……三〇……花開站 河東……四〇……河東……三〇……稅島院仝……三〇……露梁津 昆陽……四〇
南 谷北 順天……三〇……松院峙仝……一五……光陽……四五

石谷院……洛水 順天……三〇……銅店 樂安……四〇……代橋仝……四〇……炭浦峴仝……三〇……興陽……四〇
南 樂安……四〇
九起 晉州……泗川……三〇……固城……五〇
西南 昆陽……五〇
露梁津……南海……四〇

京城南至濟州第七路表

七路始起 京至參禮驛見第六路表……金溝……五〇……泰仁……四〇……井邑……三〇……川院站仝……三〇
西 興德……四〇
西南 高敞……五〇
西南 古阜……四〇
再起 川院站……靑岩驛 長城……四〇……長城……一〇……北倉 羅州……四〇……羅州……四〇……夫小院仝……三〇
南東 倉 光州……四〇……光州……三〇……和順……三〇
西南 南平……二〇
興德……茂長……四〇……靈光……四〇……加里驛 咸平……四〇……咸平……三〇……務安……三〇
三起 夫小院……靈岩……四〇……月南站仝……三〇……海南……五〇……舘頭梁仝……四〇……濟州 水路九百七十里

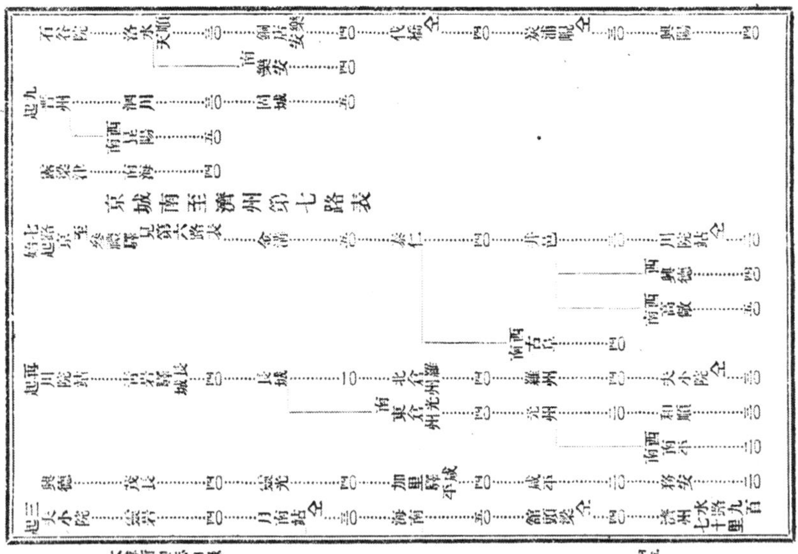

和順……綾州……二〇……利衙場仝……三〇……鹿峙長興……二九……寶林寺仝……一五……長興……四〇
南 康津……三〇……兵營仝……三〇
西南 南利驛仝……四〇……右水營仝……三〇
南 寶城……四五

濟州……東 旌義……一三〇
西 大靜……一四〇

右水營……碧波亭珍島……三〇
珍島……六〇

京城西南至洪州第八表路

八路始起 京至素沙 見第六路表……平澤……二〇……溫川仝……二〇……要路院牙山……二〇……結牙山……一〇
西南 牙山……四〇

再起 新昌……曲橋川牙山……二〇……新昌……一五……禮院禮山……二〇……岸院洪州……二〇……洪州……二〇
南 廣川仝……四〇
東南 山……一〇
西 宜川禮山……三〇……德山……三〇
西南 大興……三〇……青陽……四〇
北 沔川……四〇

洪州……結城……三〇

廣川……水營保寧仝……四〇……保寧……二〇……藍浦……三〇……庇仁……三〇

德山……大興仝……一五……海美……一五……瑞山……三〇……泰安……三〇

沔川……唐津……一〇

京城西至江華第九路表

九路始起 京……楊花渡……一〇……陽川……二〇……金浦……三〇……通津……四〇……甲串津……二〇
西 富平……四〇
西南 仁川……七〇

再起 甲串津……江華……一〇
西北 喬桐……水路五〇

大韓新地志附錄終

光武十一年六月一日印刷
仝　年六月十五日發行
隆熙二年十二月十日再版印刷
仝　十二月十五日再版發行

大韓新地志一卷二冊

定價金壹圓

不許翻刻

著作者　張志淵
發行者　南章熙
印刷所　北部觀峴　徽文館
發賣所　中部布屛下　廣學書舖
中部龍洞橋越邊　中央書館
中部寺洞三十統二戶　漢陽書館

문답 대한신지지

(問答 大韓新地志)

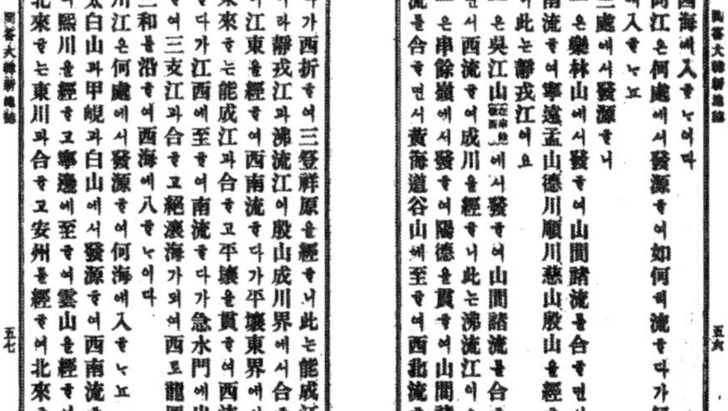

西海에入ᄒᆞᄂᆞ이다

問 大同江은何處에서發源ᄒᆞ여如何히流ᄒᆞ다가何海에入ᄒᆞᄂᆞ뇨

答 三處에서發源ᄒᆞ니

一은樂林山에서發ᄒᆞ여山間諸流를合ᄒᆞ면서南流ᄒᆞ여寧遠孟山德川順川慈山殷山을經ᄒᆞ니此는靜戎江이요

一은吳江山에서發ᄒᆞ여山間諸流를合ᄒᆞ면서西流ᄒᆞ여成川을經ᄒᆞ니此는沸流江이요

一은串餘嶺에서發ᄒᆞ여陽德을貫ᄒᆞ여山間諸流를合ᄒᆞ면서黃海道谷山에至ᄒᆞ여西北流ᄒᆞ

다가西折ᄒᆞ여三登祥原을經ᄒᆞ니此는能成江이라靜戎江과沸流江이殷山成川界에서合ᄒᆞ여江東을經ᄒᆞ여西南流ᄒᆞ다가平壤東界에서東來ᄒᆞ는能成江과合ᄒᆞ고平壤을貫ᄒᆞ여西流ᄒᆞ다가江西에至ᄒᆞ여南流ᄒᆞ다가急水門에出ᄒᆞ여三支江과合ᄒᆞ고絕瀛海가되여西로龍岡三和를沿ᄒᆞ여西海에入ᄒᆞᄂᆞ이다

問 淸川江은何處에서發源ᄒᆞ여何海에入ᄒᆞᄂᆞ뇨

答 太白山과甲峴과白山에서發源ᄒᆞ여西南流ᄒᆞ여熙川을經ᄒᆞ고寧邊에至ᄒᆞ여雲山을經ᄒᆞ여北來ᄒᆞ는東川과合ᄒᆞ고安州를經ᄒᆞ여北來ᄒᆞ

問答大韓新地誌 全

序

地志之不講久矣迺自學士大夫以至閭巷紳庶皆不留心於斯其或雜見於書者不便於肄習兼之行世者不多購之亦難况舉一國童子教科之用耶嗟乎無書之弊令人聾瞽錮塞牛馬而衿裾至於今日而極矣試問天下萬國有不讀地志者乎地志不知農工兵商等各般人生事業從何起手我國之有今日固宜也玆者李君秦國氏有感於此編成地志問荅一部其爲書也簡而明詳而備非秖令讀者開卷瞭然

又便於記憶童年一習可以到老不忘然則開
牖後生能此書若者凡幾李君之功可謂大矣
玆喜爲之書
隆熙二年十二月　日　白堂玄　采

問答

問答大韓新地誌

第一章　總論

我國의位置는何處에在ᄒᆞ뇨
　亞細亞洲의東部에在ᄒᆞ니이다
境域은如何히劃ᄒᆞ엿ᄂᆞ뇨
　東은滄海요
　西는黃海요
　南은朝鮮海요
　北은淸國의吉林盛京兩省과陸이連ᄒᆞ엿는ᄃᆡ
　鴨綠江과白頭山과豆滿江으로境界가되고
　東南은朝鮮海峽을隔ᄒᆞ야日本對馬島와相望

ᄒᆞ고

東北은豆滿江下流를隔ᄒᆞ여俄羅斯領地烏蘇里와陸이連ᄒᆞ니이다

問 我國이地球上何方에在ᄒᆞᆷ으로氣候가如何ᄒᆞ뇨

答 地球上北溫帶에在ᄒᆞᆫ故로春秋分에ᄂᆞᆫ溫煖ᄒᆞ고冬夏至에ᄂᆞᆫ寒暑가稍强ᄒᆞ니이다

問 全國의面積과長廣이各幾里뇨

答 面積은八萬二千方哩요長은三千六百餘里며廣은到處에不齊ᄒᆞ여或千餘里或六七百里니이다

問 經度와緯度가各幾度에셔起ᄒᆞ여幾度에止ᄒᆞ엿ᄂᆞ뇨

答 經度ᄂᆞᆫ東經一百二十四度三十分에起ᄒᆞ여一百三十度三十五分에止ᄒᆞ고

緯度ᄂᆞᆫ北緯三十三度十五分에起ᄒᆞ여四十二度二十五分에止ᄒᆞ니이다

問 經度라緯度라ᄒᆞᆷ은各何處로標準을定ᄒᆞ여言ᄒᆞᆷ이며東經이라北緯라ᄒᆞᆷ은各何方을指ᄒᆞ여言ᄒᆞᆷ이뇨

答 經度ᄂᆞᆫ英國그린위치天文臺를標準ᄒᆞ여言ᄒᆞᆷ이요緯度ᄂᆞᆫ赤道를標準ᄒᆞ여言ᄒᆞᆷ이니東經이라ᄒᆞᆷ은此天文臺以東을指ᄒᆞᆷ이요北緯라ᄒᆞᆷ은

問

赤道以北을指홈이니이다

問 全國의山勢가如何ᄒᆞ요

答 咸鏡北道西北境上에白頭山이在ᄒᆞ여其脈으로全國諸山이되니其北脈은清國吉林省에蟠延ᄒᆞ고其西脈은清國盛京省에連亘ᄒᆞ고其南脈은千餘里를南走ᄒᆞᆯ새咸興府黃草嶺(一名草々嶺又名黃鐵嶺)과德源府馬息嶺(又名串餘嶺)과安邊府鐵嶺(又名伏天嶺)에至ᄒᆞ여咸鏡道가되고

淮陽郡金剛山江陵郡五臺山에至ᄒᆞ여江原道가되고

奉化郡太白山順興郡小白山聞慶郡鳥嶺에至

ᄒᆞ여忠清全羅慶尙三南道가되고

又海南郡으로從ᄒᆞ여南海中諸羣島를經ᄒᆞ여漢拏山에至ᄒᆞ여濟州島가되엿스며

黃草嶺으로從ᄒᆞ여一脈이西走ᄒᆞ여平安道가되고

串餘嶺으로從ᄒᆞ여一脈이西南走ᄒᆞ여黃海道가되고

鐵嶺으로從ᄒᆞ여一脈이南走ᄒᆞ여京城이되니

全國에山岳이富ᄒᆞ고原野는少ᄒᆞ니이다

問 全國의河流가如何ᄒᆞ뇨

答 豆滿江(咸鏡北道)은源을白頭山大池東에서發ᄒᆞ여

東北으로流ᄒ다가穩城郡에至ᄒ여東南으로折ᄒ여慶興郡에서海에入ᄒ고

鴨綠江(平安北道)은源을白頭山大池西에서發ᄒ여西로流ᄒ다가慈城郡에至ᄒ여西南으로流ᄒ여義州郡에서海에入ᄒ고

淸川江(平安北道)은源을熙川雲山等郡에서發ᄒ여西南으로流ᄒ다가老江鎭(平安南道安州郡)에至ᄒ여海에入ᄒ고

大同江(平安南道)은源을寧遠孟山陽德等郡에서發ᄒ여西南으로平壤府를貫ᄒ여三和府鎭南浦를經ᄒ여海에入ᄒ고

臨津江(京畿道)은源을德源金化等郡에서發ᄒ여兩枝로流ᄒ다가積城郡에서合ᄒ여西南流ᄒ다가交河郡에서漢江과合ᄒ고

漢江(京畿道)은三源이有ᄒ니一은五臺山(江原道江陵郡)에서發ᄒ고一은金剛山萬瀑洞(江原道淮陽郡)에서發ᄒ고一은俗離山(忠淸北道報恩郡)에서發ᄒ는ᄃᆡ五臺山에서發ᄒᆫ源이西南流ᄒ다가忠州에至ᄒ여俗離山에서發ᄒ여北流ᄒ는獚川江과合ᄒᆫ南江이西北流ᄒ다가楊根郡두물머리에至ᄒ여또金剛山에서發ᄒ여南流ᄒ는十年江(又名北江亦名春江)과合ᄒ여漢城木覓山南麓을回流ᄒ다가交河郡에至

ᄒᆞ여또臨津江과合ᄒᆞ여西流ᄒᆞ다가江華島에
至ᄒᆞ여海에入ᄒᆞ고
錦江(忠淸南道)은源을松潭(全羅北道鎭安郡)에서發ᄒᆞ여諸小
流를合ᄒᆞ면서北流ᄒᆞ다가文義에서西流ᄒᆞ여
東北으로來ᄒᆞ는鎭江(忠淸北道淸川郡)과合ᄒᆞ고扶餘에
至ᄒᆞ여南折ᄒᆞ고恩津에至ᄒᆞ여다시西折ᄒᆞ고
沃溝府群山港을經ᄒᆞ여海에入ᄒᆞ고
洛東江(慶尙南北道)은源을太白山潢池(慶尙北道奉化郡)에서發
ᄒᆞ여諸小流를合ᄒᆞ면서西流ᄒᆞ다가尙州에至
ᄒᆞ여南折ᄒᆞ여大邱에至ᄒᆞ여東來ᄒᆞ는琴湖江
과合ᄒᆞ고靈山에至ᄒᆞ여南來ᄒᆞ는南江과合ᄒᆞ

여東南流ᄒᆞ다가熊川郡에至ᄒᆞ여海에入ᄒᆞ고
蟾津江(全羅南道)은源을本道同福郡과全羅北道鎭
安任實等郡에兩枝로發ᄒᆞ여求禮郡에서合ᄒᆞ
여河東郡을經ᄒᆞ여海에入ᄒᆞᄂᆞ니다

問 人口는幾何며其性質은大槪如何오

答 人口는二千萬이오
其性質은大槪剛毅勤儉ᄒᆞ며溫直寬柔ᄒᆞ니이
다

問 我國의風俗으로世界에第一되는것이何뇨

答 我國은本來禮節을崇尙ᄒᆞ여忠과孝로本을삼
는故로倫理가世界에第一되ᄂᆞ이다

問 宗教는何道를信奉ᄒᆞ며此外에何教도信奉ᄒᆞᄂᆞ뇨

答 宗教는儒道요 此外에信奉ᄒᆞ는教는佛教와基督教니이다

問 何處는寒煖이適宜ᄒᆞ여草木이일즉發榮ᄒᆞᄂᆞ뇨

答 忠淸全羅慶尙三道는寒煖이適宜ᄒᆞ여草木이일즉發榮ᄒᆞᄂᆞ이다

問 何處는寒氣가峭厲ᄒᆞ여河流가몬져結氷ᄒᆞᄂᆞ뇨

答 京畿以北의諸道는寒氣가峭厲ᄒᆞ여河流가몬져結氷ᄒᆞᄂᆞ이다

問 產物에最主要ᄒᆞᆫ者가何뇨

答 天產物中礦物에는白金、黃金、砂金、銀、鉛、錫、玉、硫黃、木晶、琥珀、錦貝、食鹽、雲母、長石、石英等이오 動物에는牛、馬、虎、豹、熊、鹿、狐、兎、獐、羊、犬、猫等의走獸와鷄、鵝、鷹、鸛、鴈、鶴、雀、鵲、烏、鳶等의飛禽과魴、鯖、鱸、鱉、龜、鯉、蝦、蛤、蟹、螺等의魚類요 植物에는梨、梅、桃、柿、棗、栗、林檎、栢子、石榴、覆盆子、葡萄、銀杏、橘、榧子等의果物과米、麥、黍、菽、粟、葛、麻、人蔘、綿花、烟草、胡麻等의農產物이오 製造物에는苧布、麻布、木綿、絹、紬、紙、陶器、砂器、鍮器、簾、席、漆等이니이다

問 何時에國號를朝鮮이라稱ᄒᆞ엿ᄂᆞ뇨

答 距今五百十七年前壬申我 太祖高皇帝登極ᄒᆞ시던時에國號를朝鮮이라ᄒᆞ고
全國을八道에分ᄒᆞ엿ᄂᆞ이다

問 何時에國號를改ᄒᆞ여大韓이라ᄒᆞ고年號를改ᄒᆞ여光武라ᄒᆞ고八道를改ᄒᆞ여十三道에分ᄒᆞ엿ᄂᆞ뇨

答 太皇帝계셔即位ᄒᆞ신後三十三年丙申八月에八道를十三道로改ᄒᆞ고三十四年丁酉九月에國號를改ᄒᆞ여大韓이라ᄒᆞ고年號를改ᄒᆞ여光武라ᄒᆞ니이다

問 十三道의名稱이何뇨

答 京畿道、忠清北道、忠清南道、全羅北道、全羅南道、慶尙北道、慶尙南道、黃海道、平安南道、平安北道、江原道、咸鏡南道、咸鏡北道니이다

第二章 各道의位置와境域

問 京畿道位置는何處에在ᄒᆞ며境域은如何히劃ᄒᆞ엿ᄂᆞ뇨

答 位置는全國中央에在ᄒᆞ고
境域은東北은江原道요西는黃海道요南은忠清南北道요西方一面은京城灣으로黃海道를遙臨ᄒᆞ니이다

問 忠清南北道位置는何處에在ᄒᆞ며境域은如何히

劃ᄒᆞ엿ᄂᆞ뇨

答 位置ᄂᆞᆫ京畿道東南間에在ᄒᆞ고
境域은東은慶尙北道요西ᄂᆞᆫ忠淸南道요南은全羅北道요東北은江原道요西北은京畿道니이다

問 忠淸南道位置ᄂᆞᆫ何處에在ᄒᆞ며境域은如何히劃ᄒᆞ엿ᄂᆞ뇨

答 位置ᄂᆞᆫ京畿道南方에在ᄒᆞ고
境域은東은忠淸北道요西ᄂᆞᆫ西海ᄅᆞᆯ臨ᄒᆞ고南은全羅北道요北은京畿道니이다

問 全羅北道位置ᄂᆞᆫ何處에在ᄒᆞ며境域은如何히劃ᄒᆞ엿ᄂᆞ뇨

答 位置ᄂᆞᆫ全羅道東北部에在ᄒᆞ고
境域은東은慶尙南道요西方一隅ᄂᆞᆫ大海ᄅᆞᆯ臨ᄒᆞ며南은全羅南道요北은忠淸南道요北東은忠淸北道니이다

問 全羅南道位置ᄂᆞᆫ何處에在ᄒᆞ며境域은如何히劃ᄒᆞ엿ᄂᆞ뇨

答 位置ᄂᆞᆫ我國最南端에在ᄒᆞ고
境域은東은慶尙南道河東郡과接ᄒᆞ고西南은大海ᄅᆞᆯ臨ᄒᆞ고北은全羅北道니이다

問 慶尙北道位置ᄂᆞᆫ何處에在ᄒᆞ며境域은如何히劃

ᄒᆞ엿ᄂᆞ뇨

答 位置ᄂᆞᆫ慶尙道北部에在ᄒᆞ고
境域은東은東海요南은慶尙南道요東北은江原道요西北은忠淸北道니이다

問 慶尙南道位置ᄂᆞᆫ何處에在ᄒᆞ며境域은如何히劃ᄒᆞ엿ᄂᆞ뇨

答 位置ᄂᆞᆫ慶尙道南部에在ᄒᆞ고
境域은西ᄂᆞᆫ重疊ᄒᆞᆫ山脉을隔ᄒᆞ여全羅南北道와隣ᄒᆞ고東南은朝鮮海를臨ᄒᆞ여日本對馬島와相望ᄒᆞ며北은慶尙北道니이다

問 黃海道位置ᄂᆞᆫ何處에在ᄒᆞ며境域은如何히劃ᄒᆞ

엿ᄂᆞ뇨

答 位置ᄂᆞᆫ京畿江原兩道西北方에在ᄒᆞ고
境域은東은京畿江原兩道요西南은西海를臨ᄒᆞ고北은平安南道니이다

問 平安南道位置ᄂᆞᆫ何處에在ᄒᆞ며境域은如何히劃ᄒᆞ엿ᄂᆞ뇨

答 位置ᄂᆞᆫ平安道南部에在ᄒᆞ고
境域은東은咸鏡南道요西ᄂᆞᆫ西朝鮮灣(卽西海)를臨ᄒᆞ고南은黃海道요北은平安北道니이다

問 平安北道位置ᄂᆞᆫ何處에在ᄒᆞ며境域은如何히劃ᄒᆞ엿ᄂᆞ뇨

答 位置는平安道北部에在ᄒᆞ고
境域은東은咸鏡南道요南은平安南道와西朝鮮灣이요西北은淸國의盛京吉林兩省과接ᄒᆞ니이다

問 江原道位置는何處에在ᄒᆞ며境域은如何히劃ᄒᆞ엿ᄂᆞ뇨

答 位置는京畿道東에在ᄒᆞ고
境域은東은茫漠ᄒᆞᆫ大海(東海卽滄海)를臨ᄒᆞ고西는京畿道요南은忠淸北道와慶尙北道요北은咸鏡南道와東朝鮮灣이오西北一隅는黃海道니이다

問 咸鏡南道位置는何處에在ᄒᆞ며境域은如何히劃ᄒᆞ엿ᄂᆞ뇨

答 位置는平安道東方에在ᄒᆞ고
境域은東은東朝鮮灣(東海卽滄海)을臨ᄒᆞ고東北은咸鏡北道요西는平安南北道요南은江原道요北은淸國의吉林省과接ᄒᆞ니이다

問 咸鏡北道位置는何處에在ᄒᆞ며境域은如何히劃ᄒᆞ엿ᄂᆞ뇨

答 位置는我國最北端에在ᄒᆞ고
境域은東南은東海(卽滄海)요西는咸鏡南道요東北은豆滿江을隔ᄒᆞ여淸國의吉林琿春과露國

의보시엣도로等地를接ᄒᆞ니이다

第三章 地勢

問 京畿道의地勢ᄂᆞᆫ如何ᄒᆞ뇨

答 山岳과岡巒이重疊ᄒᆞ여平坦ᄒᆞᆫ地가少ᄒᆞ나川流가多ᄒᆞᆷ으로田野가闊ᄒᆞ여穀物의産出이富ᄒᆞ니이다

問 忠淸北道의地勢ᄂᆞᆫ如何ᄒᆞ뇨

答 京畿道와如히峯巒은重疊起伏ᄒᆞ나高山峻嶺은少ᄒᆞ니이다

問 忠淸南道의地勢ᄂᆞᆫ如何ᄒᆞ뇨

答 本道西方에山岳이多ᄒᆞ여一道의半部를占據ᄒᆞ고其外에ᄂᆞᆫ平原廣野가多ᄒᆞ여土地가肥沃ᄒᆞᆷ으로田穀의産出이富ᄒᆞ니이다

問 全羅北道의地勢ᄂᆞᆫ如何ᄒᆞ뇨

答 智異山餘脈이蟠延起伏ᄒᆞ여層疊ᄒᆞᆫ山岳이道內에綿亘ᄒᆞ고氣候ᄂᆞᆫ溫和ᄒᆞ여穀類의發榮이常早ᄒᆞ니이다

問 全羅南道의地勢ᄂᆞᆫ如何ᄒᆞ뇨

答 全羅北道에比ᄒᆞ면山脈이稍少ᄒᆞ며氣候ᄂᆞᆫ溫煖ᄒᆞ고田野가良沃ᄒᆞᆷ으로凶歉을不知ᄒᆞᄂᆞ이다

問 慶尙北道의地勢ᄂᆞᆫ如何ᄒᆞ뇨

答 本道의西方은山岳이重疊ᄒᆞ고東南方은岡巒이處處에起伏ᄒᆞ며中央은平坦ᄒᆞ며田野가闊ᄒᆞ니이다

問 慶尙南道의地勢는如何ᄒᆞ뇨

答 本道西北境上에山岳이蟠延起伏ᄒᆞ고秀拔掩映ᄒᆞ여上으로雲外에出ᄒᆞ고下에는洞壑이多ᄒᆞ니이다

問 黃海道의地勢는如何ᄒᆞ뇨

答 東西는長ᄒᆞ고南北은狹ᄒᆞ며東部는山脉이重疊ᄒᆞ고其支脉이西로走ᄒᆞ여本道中央에橫亘ᄒᆞ고西海岸을圍ᄒᆞ여다시北方에至ᄒᆞ나西南方은傾斜ᄒᆞᆫ故로道內의川流가西南方으로向流ᄒᆞ며又平原廣野가多ᄒᆞ야田圃가開ᄒᆞ고地味가膏腴ᄒᆞ여五穀에適宜ᄒᆞᆷ으로穀類의產出이富ᄒᆞ니이다

問 平安南道의地勢는如何ᄒᆞ뇨

答 本道東北兩部는山脉이圍繞ᄒᆞ고南部는田圃가稍開ᄒᆞ여山海의利가富ᄒᆞ며氣候는寒ᄒᆞ여冬時에는河流와內海가氷結ᄒᆞ여舟艦의通行이不便ᄒᆞ니이다

問 平安北道의地勢는如何ᄒᆞ뇨

答 山岳이多ᄒᆞ고平野는少ᄒᆞ며오즉海濱近地에

田畓이頗有ᄒᆞ며氣候는最寒ᄒᆞ여冬時에는河流가結氷ᄒᆞ여舟楫이往來치못ᄒᆞᄂᆞ이다

問 江原道의地勢는如何ᄒᆞ뇨

答 南北은長ᄒᆞ고東西는挾ᄒᆞ며山巒이重疊ᄒᆞ여甚히磽确ᄒᆞᆷ으로居民이勤苦로生活ᄒᆞᄂᆞ이다

問 咸鏡南道의地勢는如何ᄒᆞ뇨

答 山岳이疊々ᄒᆞ여平地가少ᄒᆞ고沿海地만坦夷ᄒᆞ여田圃가稍開ᄒᆞ나地味가不沃ᄒᆞ고氣候는寒暑가甚ᄒᆞ니이다

問 咸鏡北道의地勢는如何ᄒᆞ뇨

答 北東에서西南으로傾斜ᄒᆞ니山岳이重疊ᄒᆞ여坦平ᄒᆞᆫ地가無ᄒᆞ며沿海地만坦夷ᄒᆞ고氣候는寒暑가甚ᄒᆞ니이다

問 南方은水蔿ᄒᆞ고西方은地低ᄒᆞ며年年히水灾의患이不絶ᄒᆞ는地가何處뇨

答 忠淸北道淸州郡이니이다

問 禾黍의種子를一播ᄒᆞ면秋獲이甚多ᄒᆞ여豐凶을不知ᄒᆞ며柹栗은自熟自落ᄒᆞ는地가何處뇨

答 全羅北道雲峰郡智異山이니이다

問 地味가膏腴ᄒᆞ고水田이多ᄒᆞ야粳稻가一望無際ᄒᆞᆫ地가何處뇨

答 黃海道黃州郡棘城大野니이다

第四章 沿革

問 京畿道ᄂᆞᆫ古時何國의地뇨

答 馬韓의地러니百濟가비로소開國ᄒᆞ고其後에臨津以北을高句麗에게被奪ᄒᆞ엿다가新羅가統一ᄒᆞ고弓裔가侵掠ᄒᆞ엿다가高麗에게歸ᄒᆞ엿ᄂᆞ이다

問 何時代에京畿道의何處를劃ᄒᆞ여羅麗境域을定ᄒᆞ엿ᄂᆞ뇨

答 新羅眞興王時에三角山의德水川을劃ᄒᆞ여羅麗界를定ᄒᆞ엿ᄂᆞ이다

問 京畿道를高麗睿宗이何道라稱ᄒᆞ엿스며京畿道라稱ᄒᆞ거ᄂᆞᆫ何時代뇨

答 高麗睿宗이楊廣道라稱ᄒᆞ고本朝 太宗時에京畿道라稱ᄒᆞ니이다

問 忠淸南北道ᄂᆞᆫ古時何國의地뇨

答 新羅와百濟가分據ᄒᆞ엿고其後에甄萱과弓裔가分據ᄒᆞ엿다가高麗의게屬ᄒᆞ니이다

問 忠淸南北道를高麗成宗이何道라稱ᄒᆞ엿스며忠淸道라稱ᄒᆞ기ᄂᆞᆫ何時뇨

答 高麗成宗이中原河南二道에分稱ᄒᆞ엿다가恭愍王時에忠淸道라稱ᄒᆞ니이다

問 全羅南北道ᄂᆞᆫ舊時何國의地뇨

答 馬韓의地러니百濟에게滅ᄒᆞᆫ바가되고其後에新羅에게屬ᄒᆞ엿다가高麗에게入ᄒᆞ니이다

問 全羅南北道를何時에全武二州都督府를置ᄒᆞ엿고高麗成宗이何道라ᄒᆞ엿스며何時에全羅道라稱ᄒᆞ엿ᄂᆞ뇨

答 新羅景德王時에全州武州二都督府를置ᄒᆞ엿고高麗成宗이江南海陽二道로分稱ᄒᆞ엿다가顯宗이全羅道라稱ᄒᆞ니이다

問 慶尙南北道ᄂᆞᆫ昔時何國의地뇨

答 辰韓卞韓의地러니新羅가國을始建ᄒᆞ고其後에甄萱이叛據ᄒᆞ엿다가高麗에屬ᄒᆞ니이다

問 慶尙道에尙良康三州都督府를何王이置ᄒᆞ엿고高麗成宗이何道로分稱ᄒᆞ엿다가何時에慶尙晋州二道로定ᄒᆞ고晋安道라稱ᄒᆞ기ᄂᆞᆫ何時뇨

答 新羅景德王이尙良康三州都督府를置ᄒᆞ엿고高麗成宗이嶺南嶺東山南三道로分稱ᄒᆞ고睿宗이慶尙晋州二道를定ᄒᆞ엿스며神宗時에晋安道라稱ᄒᆞ니이다

問 黃海道ᄂᆞᆫ舊時何國의地뇨

答 馬韓의地러니新羅에屬ᄒᆞ고其後弓裔가據ᄒᆞ엿다가高麗에歸ᄒᆞ고元宗時에洞仙嶺以北이蒙古에게奪ᄒᆞ엿다가忠烈王時에恢復ᄒᆞ니이

다

問 黃海道를漢州都督府에屬ᄒᆞᆫ時ᄂᆞᆫ何時며高麗成宗은何道에隷ᄒᆞ엿고黃海道라稱ᄒᆞ기ᄂᆞᆫ何時뇨

答 新羅景德王이漢州都督府에屬ᄒᆞ고高麗成宗이關內道에隷ᄒᆞ엿스며本朝 太祖時에黃海道라稱ᄒᆞ니이다

問 平安南北道ᄂᆞᆫ舊時何國의地뇨

答 古朝鮮地러니漢武帝時에樂浪郡이되고其後高句麗에屬ᄒᆞ엿다가渤海國南地가되고新羅孝恭王時에弓裔가奪據ᄒᆞ엿다가景昌王時에高麗에歸ᄒᆞ고元宗時에蒙古가侵奪ᄒᆞ엿더니

忠烈王時에恢復ᄒᆞ니이다

問 平安道를高麗肅宗이何面이라稱ᄒᆞ엿스며平安道라稱ᄒᆞ기ᄂᆞᆫ何時뇨

答 高麗肅宗이西北面이라稱ᄒᆞ고本朝 太祖時에平安道라稱ᄒᆞ니이라

問 江原道ᄂᆞᆫ古昔何國의地뇨

答 濊貊의地러니樂浪百濟가分據ᄒᆞ엿다가新羅가漸漸開拓ᄒᆞ고孝恭王時에弓裔에게奪ᄒᆞ엿다가高麗에게歸ᄒᆞ니이라

問 江原道에溟朔二州都督府를何時에置ᄒᆞ엿스며高麗成宗이何道라稱고何時에交州江陵道라稱

ᄒᆞ엿ᄂᆞ뇨

答 新麗景德王時에溟州朔州二都督府를置ᄒᆞ엿고高麗成宗이朔方道라稱ᄒᆞ고辛禑時에交州江陵道라稱ᄒᆞ니이라

問 咸鏡南北道는舊時何國의地뇨

答 古沃沮의地러니漢武帝時에玄菟郡이되고其後高句麗에게屬ᄒᆞ엿다가高麗에入ᄒᆞ니이다

問 咸鏡道를高麗恭愍王時에何道라稱ᄒᆞ엿고何時에咸鏡道라稱ᄒᆞ엿ᄂᆞ뇨

答 高麗恭愍王時에江陵朔方道라稱ᄒᆞ고本朝中宗時에咸鏡道라稱ᄒᆞ니이다

問 檀君과箕子의舊都가今何地뇨

答 平安南道平壤府니이다

問 新羅百濟高句麗의國初古都가各各今何地뇨

答 新羅는今慶尙北道慶州郡이오百濟는今忠淸南道稷山郡이오高句麗는今平安南道成川郡이니이다

問 百濟高句麗의末年舊都는各各今何地뇨

答 百濟는忠淸南道扶餘郡이오高句麗는平壤府木覔山에都ᄒᆞ엿슬時에亡ᄒᆞ니이다

問 後百濟甄萱과泰封弓裔의都가各各今何處뇨

答 甄萱은今全羅北道全州府에都ᄒᆞ엿고弓裔는

令江原道鐵原郡에都ᄒ얏ᄂ이다

問 慶尙北道星州郡과全羅南道濟州島ᄂ古時何國의地오

答 星州郡은古伽倻國의地오濟州島ᄂ耽羅國의地니이다

問 昔時駕洛國王金首露의建都ᄒ엿던處가今何地오

答 慶尙南道金海郡이니이다

問 平安南道成川郡은古時何國의地오

答 古松讓國의地니이다

問 濊貊의舊地가今何地오

答 濊國의舊地ᄂ今江陵郡이오貊國의舊地ᄂ今春川郡이니이다

問 百濟始祖溫祚王이稷山에都ᄒ엿다가更히再都ᄒ處가今何地오

答 京畿道廣州府南漢山城이니이다

第五章 山勢

問 全國에名山이何오

答 京城三角山冠岳山咸鏡北道白頭山江原道五臺山金剛山忠淸北道俗離山忠淸南道鷄龍山慶尙北道太白山小白山鳥嶺全羅北道德裕山全羅南道智異山濟州島漢拏山黃海道首陽山

九月山平安北道妙香山等이니이다

問 全國諸山의祖山이何處에在ᄒᆞᆫ何山이며其高가幾里뇨

答 咸鏡北道에雄峙ᄒᆞᆫ白頭山이니其高는二百里니이다

問 三朶芙蓉과如ᄒᆞᆫ山이何處에在ᄒᆞᆫ何山이며其高가幾尺이뇨

答 漢城北方에在ᄒᆞᆫ三角山이니其高는二千六百三十四尺이니이다

問 白岳山이何處에在ᄒᆞᆫᄃᆡ其形은如何ᄒᆞ며其高는幾尺이뇨

答 漢城北方에在ᄒᆞᆫᄃᆡ其形은未開ᄒᆞᆫ牧丹과如ᄒᆞ고其高는一千二百九十六尺이니이다

問 其形이仰笠과如ᄒᆞ고皇城을保障ᄒᆞ는重地가何山이며其位置는何處에在ᄒᆞ뇨

答 南漢山이니京畿道廣州郡에在ᄒᆞ니이다

問 檀君이設壇祭天ᄒᆞ든處가今何地며其壇의名이何뇨

答 江華島摩尼山에在ᄒᆞ니其名은塹星壇이니이다

問 三郎城은何地에在ᄒᆞ며三郎이라ᄒᆞᆷ은何意뇨

答 江華島傳燈山에在ᄒᆞ며三郎이라ᄒᆞᆷ은三子의

意니檀君이王子三人을遣ᄒᆞ야此城을築ᄒᆞᆫ故로名ᄒᆞ얏ᄂᆞ이다

問 高麗侍中崔瑩의廟가何地에在ᄒᆞ뇨

答 豊德積山에在ᄒᆞ니이다

問 國人이賊山이라稱ᄒᆞ는山이何處에在ᄒᆞᆫ何山이며賊山이라홈은何由뇨

答 京畿道竹山郡朝避山이니俗稱山形이反背ᄒᆞᆫ故로賊山이라ᄒᆞ며古來로逆罪處刑者首級을此處에棄ᄒᆞ니이다

問 昔時에道僧無學이火山이라稱ᄒᆞᆫ山이何處에在ᄒᆞᆫ何山이며其形이如何ᄒᆞ뇨

答 果川郡에在ᄒᆞᆫ冠岳山이니峯頭에黑石이有ᄒᆞ야冠盖와恰似ᄒᆞ니이다

問 鷄龍山은何山의盡脉으로何處에雄峙ᄒᆞ엿ᄂᆞ뇨

答 全羅北道鎭安郡馬耳山의盡脉으로忠淸南道公州郡南方에雄峙ᄒᆞ엿ᄂᆞ이다

問 何山이羊腸과如ᄒᆞ뇨

答 公州北境에在ᄒᆞᆫ車嶺과咸鏡南道安邊郡에在ᄒᆞᆫ陽城山의形勢가羊腸과恰似ᄒᆞ니이다

問 烏栖山은何郡에在ᄒᆞ며其勢가如何ᄒᆞ뇨

答 忠淸南道洪州郡南境에在ᄒᆞ니峯巒이嵯峨竦峭ᄒᆞ야雲表에聳出ᄒᆞ니이다

問 雲梯山은何處에在ᄒᆞ며其勢如何오

答 全羅北道高山郡에在ᄒᆞ니其勢가崔嵬縹紗ᄒᆞ여峯巒의翠色이雲間天外에隱隱峨峨히西方을延綿ᄒᆞ다가萬頃江口에至ᄒᆞ여益山郡龍華山과礪山郡彩雲山이되엿ᄂᆞ이다

問 馬耳山은何山에서發脉ᄒᆞ엿스며其勢가如何오

答 德裕山에서發脉ᄒᆞ여東方에聳立ᄒᆞᆫ高嶺이니其勢는峯頭에雙石이兀然히雲霄에秀拔ᄒᆞ여形狀이恰然히馬耳와如ᄒᆞ니이다

問 全羅南道에何嶺이最高ᄒᆞ며其脉이如何ᄒᆞ오

答 長城郡蘆嶺이니其脉이東南으로走ᄒᆞ여潭陽

玉果[illegible]郡을經ᄒᆞ고巫北亘ᄒᆞ여淳昌郡內藏山福興山回文山等이되며西北에蟠延ᄒᆞ여長城郡金鰲山興德郡逍遙山扶安郡邊山等이되니峰巒이疊疊ᄒᆞ니이다

問 漢拏山은其勢가如何ᄒᆞ며其位置는何處에在ᄒᆞ오

答 其勢는山頂의巍峨ᄒᆞᆷ이碧雲을摩ᄒᆞᆫ듯ᄒᆞ고遙遙히大陸의千峯萬岳을雄視ᄒᆞ여重疊ᄒᆞᆫ山岳이全島에連纏ᄒᆞ고其位寘는全羅南道에屬ᄒᆞᆫ濟州島中央에在ᄒᆞ니이다

問 東萊府와聞慶郡鳥嶺茂朱郡德裕山報恩郡俗離

山雲峯郡智異山等은何山의支脈이뇨

答 東萊府는慶尙北道奉化郡太白山의左脈이오鳥嶺俗離德裕智異等山은太白山의右脈이니이다

問 世上에서何處를石火星이라ᄒᆞ며其勢가如何ᄒᆞ뇨

答 俗離山의支脈이慶尙忠淸兩道에蔓延ᄒᆞ여無數ᄒᆞᆫ山岳과嶺峴이되니其勢가高大ᄒᆞ고峯頭가尖銳ᄒᆞ여遙望ᄒᆞ면炬火를列ᄒᆞᆫ듯ᄒᆞ니이다

問 谷山郡高達山은何山의來脈이뇨

答 中餘嶺의來脈이니이다

問 高達山의支脈이如何ᄒᆞ뇨

答 其脈이二支에分ᄒᆞ니一支는本道東界로直히南走ᄒᆞ여兎山天摩山聖居山松岳이되고一支는遂安彦眞山이되여二支로分ᄒᆞ니一支는西走ᄒᆞ다가黃州에至ᄒᆞ여岊嶺이되고一支는南走ᄒᆞ다가또二支로分ᄒᆞ니一支는西走ᄒᆞ여瑞興慈悲嶺과鳳山洞仙嶺이되고一支는西南走ᄒᆞ여平山郡綿岳山과海州府首陽山이되고北折ᄒᆞ여松禾郡靑陽山이되고東走ᄒᆞ여文化郡九月山이되여遙遙히洞仙嶺岊嶺兩山과相峙ᄒᆞ니이다

問 寧遠郡狼林山은其脉이如何히亘ᄒᆞ엿ᄂᆞ뇨

答 其脉이三에分ᄒᆞ니一支는北走ᄒᆞ여江界郡雪寒嶺牛項嶺慈山嶺五萬嶺과長津郡十萬嶺과厚州郡冲天嶺과三水郡者之嶺이되고一支는南走ᄒᆞ여北延ᄒᆞᆫ脉과共히咸鏡平安兩道全境이되고又一支는逶迤西走ᄒᆞ여熙川郡狄踰嶺을經ᄒᆞ여脉絡이七百里를亘ᄒᆞ다가宣川郡의左峴이되여海에至ᄒᆞ여止ᄒᆞ니이다

問 西로鴨綠江을枕ᄒᆞ여恰然히箕의形狀과如ᄒᆞᆫ地가何處뇨

答 平安北道義州郡이니이다

問 金剛山은何處에在ᄒᆞ며其峯이幾何뇨

答 江原道淮陽郡에在ᄒᆞ니俗稱一萬二千峯이라ᄒᆞᄂᆞ이다

問 金剛山의最上峰은其峰이何뇨

答 毗盧峰이니이다

問 白頭山의勢가如何ᄒᆞ뇨

答 山頂에는四時를不分ᄒᆞ고白雪을常戴ᄒᆞ며斷崖가峭立ᄒᆞ여千態萬狀의風趣가絕塵ᄒᆞ고我國諸山이此山으로分脉ᄒᆞ여成ᄒᆞ니이다

第六章 河流

問 全國에大川이何뇨

答 京畿道漢江臨津江과咸鏡北道豆滿江과平安北道鴨綠江淸川江과平安南道大同江과忠淸南道錦江과慶尙道洛東江과全羅南道蟾津江榮山江과黃海道碧瀾江(一名禮成江 又名平江)等이니이다

問 漢江은源을何處에서發ᄒᆞ여如何히流ᄒᆞ다가何處에서海에入ᄒᆞᄂᆞ뇨

答 三源이有ᄒᆞ니

一은江陵五臺山金剛淵에서發ᄒᆞ여諸流를合ᄒᆞ면서西南流ᄒᆞ여旌善寧越丹陽堤川淸風等郡을經過ᄒᆞ니此는淸風江(一名錦江)이요

一은報恩俗離山龍游洞에서發ᄒᆞ여槐山을經ᄒᆞ여忠州郡으로來ᄒᆞ니此는㺚川江이라忠州에서淸風江과合ᄒᆞ여西北流ᄒᆞ니此南江이요

一은淮陽金剛山萬瀑洞에서發ᄒᆞ여淮陽을回ᄒᆞ여諸流를合ᄒᆞ면서華川郡을經ᄒᆞ여牟津江이되여春川으로流ᄒᆞ다가獜蹄郡에서發源ᄒᆞ여春川으로來ᄒᆞ는昭陽江과合ᄒᆞ여西流ᄒᆞ니此는十年江(一名北江 又名春江)이라

南江과十年江이楊根두물머리에서合ᄒᆞ여大江을成ᄒᆞ고漢城木覓山南麓을圍繞ᄒᆞ여西北流ᄒᆞ다가交河郡에서臨津江과合ᄒᆞ여西流ᄒᆞ다가江華島에至ᄒᆞ여西海에入ᄒᆞᄂᆞ이다

問 臨津江은何處에서發源ᄒᆞ여如何히流ᄒᆞ다가漢江과合ᄒᆞ엿ᄂᆞ뇨

答 其源이二가有ᄒᆞ니一은咸鏡南道德源郡馬息嶺에서發ᄒᆞ고一은金化郡에서發ᄒᆞ여積城郡에서合ᄒᆞ여南流西折ᄒᆞ다가交河郡에서漢江과合ᄒᆞ니이다

問 錦江은源을何處에서發ᄒᆞᄂᆞ뇨

答 報恩俗離山과茂朱德裕山에서發ᄒᆞᄂᆞ니다

問 錦江이如何히流ᄒᆞ다가何江을成ᄒᆞ엿스며何處로流ᄒᆞ다가江鏡浦에至ᄒᆞ여何江이되엿ᄂᆞ뇨

答 俗離山에서發ᄒᆞᆫ것은西로流ᄒᆞ고德裕山에서

發ᄒᆞᆫ것은西北으로流ᄒᆞ여扶餘郡에서白馬江을成ᄒᆞ고又南折ᄒᆞ여恩津江鏡浦에至ᄒᆞ여海에入ᄒᆞᄂᆞ이다

問 大甕을地中에埋置ᄒᆞ여江水를汲貯ᄒᆞ엿다가數日을經ᄒᆞ면其味가淸爽ᄒᆞᆷ으로藥水라ᄒᆞᆷ이何地뇨

答 恩津郡江鏡浦니이다

問 素沙河ᄂᆞᆫ何處에서發源ᄒᆞ여北流ᄒᆞ여新昌郡을經ᄒᆞ고西轉ᄒᆞ여牙山郡靈仁山邊에서水가匯滂ᄒᆞ여何川과相合ᄒᆞ여何湖가되엿ᄂᆞ뇨

答 公州郡維鳩山에서發源ᄒᆞ여北流ᄒᆞ여新昌郡

을經ᄒᆞ고西轉ᄒᆞ여牙山郡靈仁山邊에서水가
匯滂ᄒᆞ여曲橋川과相合ᄒᆞ여太湖(牙山灣)가되니
이다

問 萬頃江은何山에서發源ᄒᆞ여如何히流ᄒᆞ다가何
海에入ᄒᆞᄂᆞ뇨

答 德裕山西脉으로된全州郡雲梯、威鳳、淸凉等諸
山에서發源ᄒᆞ여全州郡北邊을經ᄒᆞ여益山、咸
悅、臨陂等諸郡을貫ᄒᆞ여西海에入ᄒᆞᄂᆞ이다

問 金堤江은何處에서發ᄒᆞ여何處로入ᄒᆞᄂᆞ뇨

答 井邑、泰仁等郡에서發ᄒᆞ여萬頃江南에서海에
入ᄒᆞᄂᆞ이다

問 羅州榮山江은源을何處에서發ᄒᆞ여何處로流ᄒᆞ
다가海에入ᄒᆞᄂᆞ뇨

答 其源이二가有ᄒᆞ니一은長城蘆嶺에서發ᄒᆞ고
一은潭陽秋月山에서發ᄒᆞ여羅州郡南에서合
流ᄒᆞ여西南으로海에入ᄒᆞᄂᆞ이다

問 光陽蟾津江은源을何處에서發ᄒᆞ여何處를由ᄒᆞ
여海에入ᄒᆞᄂᆞ뇨

答 其源이二가有ᄒᆞ니一은鎭安馬耳山에서發ᄒᆞ
여南流ᄒᆞ고一은全羅南道寶城郡에서發ᄒᆞ여
北流ᄒᆞ다가谷城郡에서合ᄒᆞ여河東郡을由ᄒᆞ
여海에入ᄒᆞᄂᆞ이다

問 介老割遷은何處에在ᄒᆞ고其源은何處에셔發ᄒᆞ며何處로入ᄒᆞᄂᆞ뇨

答 濟州島旌義郡에在ᄒᆞ니其源은漢拏山에셔發ᄒᆞ며南流ᄒᆞ며南海에入ᄒᆞᄂᆞ이다

問 嶺南에第一長江은何며其長은幾里뇨

答 洛東江이니其長은七百餘里니이다

問 洛東江은何處에셔發源ᄒᆞ며如何히流ᄒᆞ며何海에入ᄒᆞᄂᆞ뇨

答 太白山潢池에셔發源ᄒᆞ며南流ᄒᆞ다가安東에至ᄒᆞ며東南으로來ᄒᆞᄂᆞᆫ數流를合ᄒᆞ고西流ᄒᆞ며榮川과聞慶으로來ᄒᆞᄂᆞᆫ諸流를合ᄒᆞ며南流ᄒᆞ면셔大邱에셔東來ᄒᆞᄂᆞᆫ琴湖江을合ᄒᆞ고草溪에셔西來ᄒᆞᄂᆞᆫ黃芚江을合ᄒᆞ고靈山에셔西南來ᄒᆞᄂᆞᆫ南江을合ᄒᆞ고東南流ᄒᆞ다가梁山에셔一派가되며다셔南流ᄒᆞ면셔金海熊川을沿ᄒᆞ며南海에入ᄒᆞᄂᆞ이다

問 琴湖江은何處에셔發源ᄒᆞ며如何히流ᄒᆞ다가何江에合ᄒᆞᄂᆞ뇨

答 其源이永川郡普賢山에셔發ᄒᆞ며永川을過ᄒᆞ고河陽에至ᄒᆞ며西流ᄒᆞ면셔慶山大邱를經ᄒᆞ며洛東江에入ᄒᆞᄂᆞ이다

問 南江은何處에셔發源ᄒᆞ며如何히流ᄒᆞ다가何江

에合ᄒᆞᄂᆞ뇨

荅 德裕山과智異山에서發ᄒᆞ여東南流ᄒᆞ면서山清丹城을經ᄒᆞ여晉州을回ᄒᆞ여東北流ᄒᆞ면서宜寧을貫ᄒᆞ여洛東江에合ᄒᆞᄂᆞ니이다

問 禮安江은何處에서發源ᄒᆞ여何處로流ᄒᆞᄂᆞ뇨

答 太白山潢池에서發源ᄒᆞ여禮安을貫ᄒᆞ여南流ᄒᆞ다가安東에至ᄒᆞ여諸流를合ᄒᆞ여西流ᄒᆞ다가洛東江에合ᄒᆞᄂᆞ니이다

問 碧瀾江(又名猪灘、禮成江、浿江、平江、淸石江、俗名살江)은何處에서發ᄒᆞ여如何히流ᄒᆞᄂᆞ뇨

答 遂安彥眞山에서發ᄒᆞ여黑石灘이되고諸小流를合ᄒᆞ면서黃海道東偏中央으로直히南流ᄒᆞ여新溪를經ᄒᆞ고平山에至ᄒᆞ여猪灘이되고金川에至ᄒᆞ여助邑浦가되고白川에至ᄒᆞ여碧瀾渡가되고南으로漢江下流와合ᄒᆞ고延安喬桐을沿ᄒᆞ여延平海에入ᄒᆞᄂᆞ니이다

問 三支江은何處에서發ᄒᆞ여如何히流ᄒᆞᄂᆞ뇨

答 海州助化洞에서發ᄒᆞ여北流ᄒᆞ여載寧을過ᄒᆞ면서立石灘蛤灘이되고瑞興鳳山으로來ᄒᆞᄂᆞᆫ大川과合ᄒᆞ여岐灘이되고또其下에至ᄒᆞ여栗串津이되고絕瀼海로入ᄒᆞ여大同江下流와合ᄒᆞ고西流ᄒᆞ면서安岳長連殷栗豐川을沿ᄒᆞ여

西海에入ᄒᆞᄂᆞ이다

問 大同江은何處에서發源ᄒᆞ여如何히流ᄒᆞ다가何海에入ᄒᆞᄂᆞ뇨

答 三處에서發源ᄒᆞ니

一은樂林山에서發ᄒᆞ여山間諸流를合ᄒᆞ면서南流ᄒᆞ여寧遠孟山德川順川慈山殷山을經ᄒᆞ니此ᄂᆞᆫ靜戎江이요

一은吳江山(在串餘嶺西)에서發ᄒᆞ여山間諸流를合ᄒᆞ면서西流ᄒᆞ여成川을經ᄒᆞ니此ᄂᆞᆫ沸流江이요

一은串餘嶺에서發ᄒᆞ여陽德을貫ᄒᆞ여山間諸流를合ᄒᆞ면서黃海道谷山에至ᄒᆞ여西北流ᄒᆞ

다가西折ᄒᆞ여三登祥原을經ᄒᆞ니此ᄂᆞᆫ能成江이라靜戎江과沸流江이殷山成川界에서合ᄒᆞ여江東을經ᄒᆞ여西南流ᄒᆞ다가平壤東界에서東來ᄒᆞᄂᆞᆫ能成江과合ᄒᆞ고平壤을貫ᄒᆞ여西流ᄒᆞ다가江西에至ᄒᆞ여南流ᄒᆞ다가急水門에出ᄒᆞ여三支江과合ᄒᆞ고絕瀼海가되여西로龍岡三和를沿ᄒᆞ여西海에入ᄒᆞᄂᆞ이다

問 淸川江은何處에서發源ᄒᆞ여何海에入ᄒᆞᄂᆞ뇨

答 太白山과甲峴과白山에서發源ᄒᆞ여西南流ᄒᆞ여熙川을經ᄒᆞ고寧邊에至ᄒᆞ여雲山을經ᄒᆞ여北來ᄒᆞᄂᆞᆫ東川과合ᄒᆞ고安州를經ᄒᆞ여北來ᄒᆞ

는大寧江과合ᄒᆞ여西海에入ᄒᆞᄂᆞ이다

問 大寧江은何處에서發源ᄒᆞ여如何히流ᄒᆞ다가何海에入ᄒᆞᄂᆞ뇨

答 義州郡天摩山에서發源ᄒᆞ여東流ᄒᆞ면서諸流를合ᄒᆞ고南流ᄒᆞ면서泰川에至ᄒᆞ며龜城江과合ᄒᆞ고博川嘉山을經ᄒᆞ여東來ᄒᆞ는淸川江과會ᄒᆞ여西海에入ᄒᆞᄂᆞ이다

問 豆滿江은何山에서發ᄒᆞ여如何히流ᄒᆞ다가何海에注入ᄒᆞ엿ᄂᆞ뇨

答 白頭山東에서發源ᄒᆞ여諸流를合ᄒᆞ면서逶迤ᄒᆞ여東北으로流ᄒᆞ다가穩城에至ᄒᆞ여分東江

을合ᄒᆞ고穩城을回ᄒᆞ여東南流ᄒᆞ면서慶源에서東北으로來ᄒᆞ는琿春江을合ᄒᆞ고西로來ᄒᆞ는吾弄川과合ᄒᆞ면서慶興에至ᄒᆞ여北으로來ᄒᆞ는八池水를合ᄒᆞ고鹿島에至ᄒᆞ여東海에入ᄒᆞᄂᆞ이다

第七章　島嶼와海灣

問 開港이何處뇨

答 濟物浦〔京畿道仁川府〕釜山港〔慶尙南道東萊府〕元山港〔咸鏡南道德源府〕木浦〔全羅南道務安府〕群山浦〔全羅北道沃溝府〕馬山浦〔慶尙南道昌原府〕鎭南浦〔平安南道三和府〕城津港〔咸鏡北道吉州府〕龍巖浦〔平安北道龍川府〕等이니이다

問 開市場이何處뇨

答 平壤市（平安南道平壤府）慶興市（咸鏡北道慶興府）義州市（平安北道義州郡）等이니이다

問 全國에最大島가何오

答 濟州、巨濟、南海、珍島、江華、喬桐、安民、鬱陵諸島니이다

問 全國中에島嶼가最多ᄒᆞᆫ處가何道오

答 全羅南道니이다

問 全羅南道의屬ᄒᆞᆫ島嶼가幾何며周圍百里以上되ᄂᆞᆫ者ᄂᆞᆫ幾何며其名은何오

答 全羅南道의屬ᄒᆞᆫ島嶼가三百餘요百里以上되ᄂᆞᆫ島ᄂᆞᆫ十二니金鰲島（三百里）愁太島（三百里）鷹島（一百五十里）

大彌只嶋（一百五十里）雲入伊島（一百五十里）白日島（一百五十里）突山島（一百三十五里）際叅島（一百五里）古今嶋（一百五里）折爾嶋（一百里）小彌只嶋（一百里）阿壓嶋（一百里）니이다

問 灣內가深濶ᄒᆞ여大艦巨舶은往來ᄒᆞ나適宜ᄒᆞᆫ定泊池가無ᄒᆞᆷ으로商船稅舶만出入ᄒᆞᄂᆞᆫ곳이何處오

答 忠淸南道牙山郡牙山灣이니이다

問 牙山灣은前後二灣에分ᄒᆞ니其名이何오

答 前灣은古溫浦요後灣은貢稅湖니이다

問 淺水灣이何處에在ᄒᆞ며淺水라ᄒᆞᆷ은何意오

答 忠淸南道泰安、瑞山、結城等郡地에在ᄒᆞ니此ᄂᆞᆫ

海底에暗礁와淺沙가多ᄒᆞ여水深이淺ᄒᆞ여舟船의便이乏홈으로淺水灣이라云홈이니이다

問 江華島의幅圓이幾里뇨

答 東西ᄂᆞᆫ五十里요南北은百餘里니이다

問 喬桐島의幅圓이幾里뇨

答 長은三十里요廣은十里니이다

問 停舟키易ᄒᆞ나潮水가不滿ᄒᆞ면駛行키難홈이何浦뇨

答 豐德郡昇天浦니이다

問 靈興島ᄂᆞᆫ何人이何由로避ᄒᆞ여居ᄒᆞ던處뇨

答 高麗宗室翼靈君琦가麗朝의將亡홈을知ᄒᆞ고

姓名을變ᄒᆞ여家族을率ᄒᆞ고浮海ᄒᆞ여此嶋에逃隱ᄒᆞ엿ᄂᆞ이다

問 南海의第一要衝이라ᄒᆞᄂᆞᆫ處가何嶋뇨

答 木浦西北方을向ᄒᆞ여斗出ᄒᆞᆫ半嶋卽海南半嶋니이다

問 西人이何處를華盛頓灣이라稱ᄒᆞ며彼人이我國地名을如此히稱홈이如何ᄒᆞ뇨

答 木浦南方에在ᄒᆞᆫ珍嶋와於蘭浦의間에闖入ᄒᆞᆫ珍島灣이니如何히彼國의言語로稱홈이不可ᄒᆞ니이다

問 嶋形이五叉에分ᄒᆞ여梅花가舖地와如홈이何嶋

뇨

答 興陽半嶋니이다

問 鷄卵의形과如ᄒᆞᆫ이何嶋뇨

答 濟州嶋니이다

問 鶴島와如ᄒᆞᆫ이何嶋뇨

答 釜山港西南方에在ᄒᆞᆫ巨濟嶋니이다

問 海水가珍嶋에至ᄒᆞ여ᄂᆞᆫ波濤가甚急ᄒᆞᆷ은何故뇨

答 海南郡三枝院으로由ᄒᆞ여石脉이水中으로三十里를橫亘ᄒᆞᆷ으로海水가此處에至ᄒᆞ여日夜東走ᄒᆞᆷ으로波濤가甚急ᄒᆞ니이다

問 何嶋를雙子嶋라稱ᄒᆞᄂᆞ뇨

答 木浦西方과珍島北方에羅列ᄒᆞᆫ群島를總稱ᄒᆞ여雙子島라稱ᄒᆞᄂᆞ이다

問 四季에晴雨를不計ᄒᆞ고恒常航海ᄒᆞ기便宜ᄒᆞᆫ處가何島뇨

答 興陽半島南方에在ᄒᆞᆫ巨文島ᄒᆞ니이다

問 巨文灣島의水深이幾尺이뇨

答 八十尺乃至一百二十尺이니이다

問 椒子島가何處에在ᄒᆞ며何由로候風島라改稱ᄒᆞ엿ᄂᆞ뇨

答 濟州島北方海中에在ᄒᆞ니高麗元宗時에金方慶이蒙古將忻都로더블어三別抄叛民을滅코

져ᄒᆞ여此嶋에至ᄒᆞ니風濤가洶湧ᄒᆞ여進退키不能ᄒᆞ니方慶이仰天太息曰社稷의安危가此一擧에在ᄒᆞ다ᄒᆞ니須臾에風浪이止ᄒᆞ거ᄂᆞᆯ드듸여進攻ᄒᆞ여大破ᄒᆞ니耽羅(今濟州島)人이其功을思ᄒᆞ여候風嶋라改稱ᄒᆞᄂᆞ이다

問 商船砲艦의碇繫ᄂᆞᆫ便利ᄒᆞ나東北風을避키不便ᄒᆞᆫ이何處며其灣內에廣과深이幾尺이뇨

答 延日郡延日灣의北端이海中에突出ᄒᆞᆫ冬乙背串이니其內의廣은數里요深은數十里니이다

問 釜山港이何島로港門을成ᄒᆞ엿스며門의濶이幾里뇨

答 龍塘冬栢二島로港門을成ᄒᆞ니其濶이다十里니이다

問 五六嶋ᄂᆞᆫ何處에在ᄒᆞ며五六의名은何意뇨

答 釜山港近傍에在ᄒᆞ니五六의名은釜山港에入ᄒᆞᆯ時ᄂᆞᆫ五로見ᄒᆞ고出港ᄒᆞᆯ時ᄂᆞᆫ六으로見ᄒᆞᆷ으로五六嶋라名ᄒᆞᄂᆞ이다

第八章 產物

問 全國內에鐵礦이最多히產出ᄒᆞᆷ이何處뇨

答 忠清北道清州郡上黨山이니이다

問 全國內에銀礦이最多히產出ᄒᆞᆷ이何處뇨

答 忠清南道藍浦郡娥眉山과全羅南道羅州郡珍

山과咸鏡南道安邊郡花開山과三水郡銀山洞이니이다

問 十六金坑이何處에在ᄒᆞ며其名稱을列擧ᄒᆞ라

答 咸鏡南道에在ᄒᆞ니其名은金坡院、陵洞、枉洞、新洞、老巖洞、廣城洞、飛力洞、趙在洞、德沮洞、石金坑、寶幕洞、西安峯、琴春洞、開松洞、香峯、蓮洞이니이다

問 咸鏡南道十六金坑中에最大ᄒᆞᆫ者ᄂᆞᆫ何坑이뇨

答 陵洞新洞金坡院枉洞이니이다

問 人蔘이多産ᄒᆞᆷ으로蔘邑이라ᄒᆞᆷ이何處뇨

答 平安北道江界郡이니이다

問 我國에溫泉이最多히湧出ᄒᆞᆷ이何處뇨

答 忠淸南道木川郡鷲巖山과天安溫陽兩郡境上에在ᄒᆞᆫ燕巖山과平安南道三登郡九龍山이니이다

問 高麗以來로何處에서宮殿과舟楫의材木을最多히取用ᄒᆞ엿ᄂᆞ뇨

答 全羅北道扶安郡邊山과黃海道長淵郡長山串이니이다

問 金銀銅銕炭等礦이全國中에何道가最多ᄒᆞ뇨

答 咸鏡全道에最多ᄒᆞ니이다

問 土地가肥沃ᄒᆞ여穀類와菓菜等이多産ᄒᆞᄂᆞᆫ處가

何道뇨

答 忠淸、全羅、慶尙、黃海四道니이다

第九章 古時戰爭地

問 高麗毅宗이鄭仲夫의亂을經ᄒᆞᆫ處가今何地뇨

答 今京畿道開城郡東北方에在ᄒᆞᆫ山臺巖이니이다

問 高麗僧金允侯가元將撒礼을射殺ᄒᆞ던處가今何地뇨

答 今京畿道龍仁郡處仁城이니이다

問 高句麗大將乙支文德이隋軍을大破ᄒᆞ던處가今何地뇨

答 今平安南道安州郡淸川江이니이다

問 高麗忠臣崔春命이蒙古兵을大破ᄒᆞ던處가今何地뇨

答 平安南道慈山郡이니이다

問 壬辰亂에都元帥申砬이가鳥嶺의險阻를捨ᄒᆞ고何處에退守ᄒᆞ다가殉節ᄒᆞ엿ᄂᆞ뇨

答 忠淸北道忠州府獺川江上에在ᄒᆞᆫ彈琴臺니이다

問 壬辰亂에明將楊鎬가日兵을大破ᄒᆞ던處가今何地뇨

答 忠淸南道稷山郡素沙坪이니이다

問 我太祖게서李豆蘭으로더불어日本將阿只拔都를大破ᄒᆞ던處가今何地뇨

答 全羅北道雲峯郡引月驛이니이다

問 壬辰亂에趙重峯憲이七百義士를率ᄒᆞ고日兵을伐ᄒᆞ다가殉節ᄒᆞᆫ處가今何地뇨

答 全羅北道錦山郡城外니이다

問 李忠武公舜臣이日本水軍을何處에서大破ᄒᆞ엿ᄂᆞ뇨

答 閑山嶋니이다

問 高麗高宗時에契丹이何處에入寇ᄒᆞᆷ으로兵馬使盧元純吳應夫金就礪等이契丹兵을討伐ᄒᆞ여大破ᄒᆞ던處가今何地뇨

答 安州銕山宣川等郡이니이다

問 麗末에元의迭吉里가三千騎를率ᄒᆞ고何嶋에往ᄒᆞ여王命을抗拒ᄒᆞᆷ으로崔瑩으로往討케ᄒᆞ던處가今何地뇨

答 椒子島近傍明月浦니이다

第十章 名勝地

問 三南大路의咽喉地가何處뇨

答 京畿道水原府니이다

問 平安黃海兩道의咽喉地가何處뇨

答 京畿道開城郡이니이다

問 京城으로清國北京에通行ᄒᆞ는街路가何地요
答 平安北道義州郡이니이다
問 朴淵瀑布가何處에在ᄒᆞ며其景致가如何ᄒᆞ요
答 京畿道開城郡北方天摩聖居兩山間大興洞에
在ᄒᆞ니萬丈白練을空中에懸ᄒᆞᆫ듯이其水가落
ᄒᆞ며千尺의潭水를成ᄒᆞ며夏日에는木蓮花가
盛開ᄒᆞ고秋節에는楓葉이水底에倒映ᄒᆞ니곳
別有天地요非人間의地니이다
問 仁祖朝께서九寺를建ᄒᆞ시고僧兵을置ᄒᆞ사國家
의緩急을備케ᄒᆞ시던處가何地요
答 京畿道廣州郡南漢山이니이다

問 高麗忠臣鄭圃隱夢周가何處에서趙英珪에게被
害ᄒᆞ엿ᄂᆞ요
答 開城郡善竹橋니이다
問 高麗太祖의祖父寶育의居ᄒᆞ던處가今何地요
答 開城郡北東五冠山下靈通洞이니이다
問 太祖高皇帝의微時古宅이何處에在ᄒᆞ요
答 咸興府에在ᄒᆞ니이다
問 梅月堂金時習이削髮ᄒᆞ고僧이되여隱居ᄒᆞ든處
가何地요
答 江陵郡五臺山中五歲庵이니이다
問 一夫當關에萬夫莫開ᄒᆞ는要害가何地요

答 京畿道靑石關이니이다

問 新羅何王時에伽倻國樂士何人이何處에서彈琴ᄒᆞ엿나뇨

答 新羅眞興王時에伽倻國樂士于勒이忠州府㺚川江上彈琴臺에서彈琴ᄒᆞ엿나이다

問 三巖이潭心에觸立ᄒᆞ고岩穴이門과如ᄒᆞ여一神仙洞天을成ᄒᆞᆷ이何處뇨

答 忠淸北道丹陽郡島潭이니이다

問 高麗直臣禹易東倬의居ᄒᆞ든處가何地뇨

答 島潭이니이다

問 新羅眞興王時에萬弩郡太守金舒玄의妻萬明이

有娠ᄒᆞᆫ지二十朔만에庾信을生ᄒᆞᆫ處가何地뇨

答 忠淸北道鎭川郡吉祥山(一名胎靈)이니이다

問 國初에建都코져ᄒᆞ던處가何地뇨

答 忠淸南道公州郡鷄龍山南洞이니이다

問 釣龍臺와自溫臺가何處에在ᄒᆞ며其臺가何國의遺蹟이뇨

答 忠淸南道扶餘郡에在ᄒᆞ니百濟國의遺跡이니이다

問 釣龍臺와自溫臺의名稱이何로由ᄒᆞ여起ᄒᆞ엿나뇨

答 釣龍臺라ᄒᆞᆷ은新羅와唐의聯合兵이百濟를伐

코져ᄒᆞ여白馬江을渡ᄒᆞᆯ際에風雨가大作ᄒᆞ여
可히渡ᄒᆞ기不能ᄒᆞ거ᄂᆞᆯ唐將蘇定方이白馬로
餌을作ᄒᆞ여一龍을得ᄒᆞ니비로소風雨가開霽
ᄒᆞᆷ으로龍을釣ᄒᆞ엿다ᄒᆞ여釣龍臺라名ᄒᆞ고自
溫臺라ᄒᆞᆷ은白馬江上에一巖石이有ᄒᆞ되百濟
王이此巖에遊ᄒᆞ면自溫ᄒᆞ다ᄒᆞᆷ으로自溫臺라
名ᄒᆞ나이다

問 百濟의宮女가自國의亡ᄒᆞᆷ을見ᄒᆞ고憤ᄒᆞ여何巖
에登ᄒᆞ여江에墜ᄒᆞ여死ᄒᆞ엿ᄂᆞ뇨

答 扶餘郡落花巖에서百濟의宮女가江에墜ᄒᆞ여
死ᄒᆞ니이다

問 百濟의任存城은今何處뇨

答 忠淸南道洪州郡東南大興洞에在ᄒᆞ니이다

問 耽羅國世子가新羅에入朝ᄒᆞᆯ時에碇泊ᄒᆞᆫ處가今
何地뇨

答 全羅南道康津郡耽津이니이다

問 戰畧上에最히要害된이何處에在ᄒᆞᆫ何島뇨

答 全羅南道興陽半島南方海中에在ᄒᆞᆫ巨文島니
이다

問 三南中第一水石이라ᄒᆞᆷ이何處뇨

答 慶尙北道聞慶郡外仙遊洞과葩貫洞이니이다

問 崔孤雲致遠의圍棋ᄒᆞ던地가何處뇨

答 慶尙北道安東郡淸凉山中爛柯臺니이다

問 高麗恭愍王이南遷ᄒᆞᆯ時에宴遊ᄒᆞ던處가何處에在ᄒᆞᆫ何樓뇨

答 安東郡南岸에在ᄒᆞᆫ暎湖樓니이다

問 崔孤雲이孤雲二大字를石上에刻ᄒᆞ고履를遺ᄒᆞ고去處를不知ᄒᆞᆫ다ᄂᆞᆫ處가何地뇨

答 慶尙南道陜川郡伽倻山에盤石이數里를亘ᄒᆞᆫ處이니이다

問 古時에日本과互市ᄒᆞ던場이今何處뇨

答 慶尙南道昌原郡東南薺浦니이다

問 宣廟朝게서統制營을設ᄒᆞ시고三道水軍을統轄ᄒᆞ시던處가今何地뇨

答 慶尙南道固城郡南端이니이다

問 壬辰亂에晋州邑妓가日本將帥로더블어遊宴ᄒᆞ다가그醉ᄒᆞᆷ을乘ᄒᆞ여其將을負ᄒᆞ고江에墜ᄒᆞ여死ᄒᆞᆫ地가何處며其妓의名과其岩의名은何며其巖石上에何祠를建ᄒᆞ엿ᄂᆞ뇨

答 江에墜ᄒᆞ여死ᄒᆞᆫ處ᄂᆞᆫ慶尙南道晋州郡矗石樓요其妓의名은論介요其岩의名은義娘岩이요其岩石上에義妓祠를建ᄒᆞ니이다

問 表忠祠ᄂᆞᆫ何處에在ᄒᆞ며此祠ᄂᆞᆫ何人을思ᄒᆞᆷ이뇨

答 義妓祠傍에在ᄒᆞ니此ᄂᆞᆫ大師靈圭와西山大師

休靜과四溟堂惟政을思ᄒᆞᆷ이니이다

問 忠烈祠ᄂᆞᆫ何處에在ᄒᆞ며此祠ᄂᆞᆫ何人을思慕ᄒᆞᆷ이뇨

答 平安南道安州郡에在ᄒᆞ니高句麗國相乙支文德을思慕ᄒᆞᆷ이니이다

問 淸聖廟ᄂᆞᆫ何處에在ᄒᆞᆫᄃᆡ此廟ᄂᆞᆫ何人을思慕ᄒᆞᆷ이며其廟에如何ᄒᆞᆫ懸板을揭ᄒᆞ엿ᄂᆞ뇨

答 黃海道海州府首陽山에在ᄒᆞ니此ᄂᆞᆫ伯夷叔齊ᄅᆞᆯ思慕ᄒᆞᆷ이요其廟에百世淸風四字의懸板을揭ᄒᆞ엿ᄂᆞ이다

問 淸德祠가何處에在ᄒᆞ며此祠ᄂᆞᆫ何人을爲ᄒᆞ여建ᄒᆞ엿ᄂᆞ뇨

答 首陽山에在ᄒᆞ니昔에 太祖長子芳雨가逃去ᄒᆞ여此山에居ᄒᆞᆫ故로芳雨ᄅᆞᆯ思ᄒᆞ여淸德祠ᄅᆞᆯ建ᄒᆞ니이다

問 昔時에栗谷先生李珥가築臺講學ᄒᆞ던處가何地뇨

答 首陽山北方數十里에在ᄒᆞᆫ石潭이니이다

問 紇骨山十二峯의山光水色이極히秀麗ᄒᆞᆷ이何處뇨

答 成川郡降仙樓니이다

問 天造地設ᄒᆞᆫ金屛鐵壁이라稱ᄒᆞᆷ이何處뇨

答 平安南道寧遠郡狼林山의西幹이七百餘里를亘ᄒᆞ여된宣川左峴을天造地設ᄒᆞᆫ金屏鐵壁이라稱ᄒᆞᄂᆞ이다

問 朝鮮始祖檀君이何處에서生ᄒᆞ여ᄂᆞ뇨

答 平安北道寧邊妙香山이니이다

問 嶺東八景이라ᄒᆞᄂᆞᆫ各名稱이何며各何處에在ᄒᆞ뇨

答 通川郡叢石亭、高城郡三日浦、杆城郡淸澗亭、襄陽郡洛山寺、江陵郡鏡浦臺、三陟郡竹西樓、蔚珍郡望洋亭、平海郡越松亭이니이다

問 萬歲橋가何處에在ᄒᆞ고其長은幾里며間數가幾

何뇨

答 咸鏡南道咸興府에在ᄒᆞ니其長은五里요一百四十間이니이다

問 風光景色이平壤練光亭과如ᄒᆞᆷ이何處에在ᄒᆞᆫ何樓뇨

答 咸興南部에在ᄒᆞᆫ樂民樓니이다

問 世宗朝계셔何人으로더블어東北千里의地를開ᄒᆞ여豆滿江에至ᄒᆞ고六鎭을設ᄒᆞ엿스며六鎭은何郡에設ᄒᆞ엿ᄂᆞ뇨

答 金宗瑞로더블어開拓ᄒᆞ시고六鎭은茂山、會寧、鏡城、穩城、慶源、慶興六郡에置ᄒᆞ니이다

問 萬丈瀑布가水烟에濛濛ᄒᆞ여咫尺을不辨ᄒᆞ며人
의心神을淸爽케ᄒᆞᆷ이何處뇨

答 江原道獜蹄郡寒溪山이니이다

問 定界碑가何處에在ᄒᆞ뇨

答 咸鏡北道白頭山上에在ᄒᆞ니이다

問 定界碑를何時代에何人이立ᄒᆞ엿ᄂᆞ뇨

答 肅廟朝時에咸鏡監司朴權이淸國康熙帝의使者
穆克登으로더브러定界碑를立ᄒᆞ엿ᄂᆞ니다

問 新羅眞興王의巡狩碑가何處에在ᄒᆞ뇨

答 咸鏡南道咸興郡黃草嶺에在ᄒᆞ니이다

第十一章 寺刹

問 傳燈寺ᄂᆞᆫ何處에在ᄒᆞ며何王時에僧印奇가何國
에往ᄒᆞ여佛經을印來ᄒᆞ엿ᄂᆞ뇨

答 忠淸北道鎭川郡吉祥山에在ᄒᆞ니高麗忠烈王
時에僧印奇가宋에往ᄒᆞ여大藏經을印來ᄒᆞ니
이다

問 西域名僧指空의住錫ᄒᆞ던處가何地뇨

答 京畿道長湍郡에在ᄒᆞᆫ華藏寺니이다

問 元丞相脫脫不花가工匠을募來ᄒᆞ여建築ᄒᆞᆫ塔이
何處에在ᄒᆞ며其高가幾層이뇨

答 一은京城寺洞圓覺寺(今寺洞公園)에建ᄒᆞ고又一은豐
德郡扶蘇山下敬天寺에建ᄒᆞ니其高가各十三

層이니이다

問 豊德塔이今何處에在ᄒᆞ뇨

答 日本東京帝國博物館에在ᄒᆞ니이다

問 新羅僧義信이白騾로佛經을馱來ᄒᆞ고何處에何寺를建設ᄒᆞ엿ᄂᆞ뇨

答 忠淸北道報恩郡俗離山에法住寺를建ᄒᆞ엿ᄂᆞ니이다

問 世祖게셔俗離山에 駕幸ᄒᆞ시다가 駐蹕ᄒᆞ신寺가何處에在ᄒᆞᆫ何寺뇨

答 法住寺東方에在ᄒᆞᆫ福泉寺니이다

問 新羅時에名僧과異人이棲息ᄒᆞ던寺가何處에在

ᄒᆞᆫ何寺뇨

答 忠淸南道藍浦郡聖住山中에在ᄒᆞᆫ白雲寺니이다

問 不思議方丈이라ᄒᆞᄂᆞᆫ僧舍가何處에在ᄒᆞᆫᄃᆡ何僧의居ᄒᆞ던處며其構造ᄂᆞᆫ如何ᄒᆞ뇨

答 全羅北道扶安郡邊山에在ᄒᆞ니新羅道僧眞表의居ᄒᆞ던處요其構造ᄂᆞᆫ鐵索으로其屋을引ᄒᆞ여岩石間一大釘에着ᄒᆞ니이다

問 全羅南道順天郡曹溪山下松廣寺ᄂᆞᆫ何僧의住錫ᄒᆞ던處뇨

答 高麗道僧冲歲의住錫ᄒᆞ던處니이다

問 松廣寺에서道僧何人이無學에게何를傳ᄒᆞ엿ᄂᆞ
뇨

答 道僧懶翁이無學에게衣鉢을傳ᄒᆞ니이다

問 浮石寺ᄂᆞᆫ何處에在ᄒᆞ며浮石이라ᄒᆞᆷ은何意뇨

答 慶尙北道榮川郡鳳凰山下에在ᄒᆞ니浮石이라
ᄒᆞᆷ은其寺後에巨岩兩座가層立ᄒᆞ며暫見ᄒᆞ면
上下가相疊ᄒᆞᆷ과如ᄒᆞᄂᆞ細察ᄒᆞ며繩으로其隙
을試ᄒᆞ면出入無碍ᄒᆞᆷ으로兩石이相浮ᄒᆞ엿다
ᄒᆞ며因ᄒᆞ며寺를名ᄒᆞ니이다

問 海印寺ᄂᆞᆫ何王이何處에建立ᄒᆞ엿ᄂᆞ뇨

答 新羅哀莊王이陜川郡에建立ᄒᆞ니이다

問 慶尙南道에第一大伽藍이何寺뇨

答 東萊府梵魚寺와梁山郡通度寺니이다

問 元順帝의願刹이何處에在ᄒᆞᆫ何寺뇨

答 海州府首陽山下에在ᄒᆞᆫ神光寺니이다

問 釋王寺ᄂᆞᆫ何處에在ᄒᆞᆫ디高閣은幾座인고

答 咸鏡南道安邊郡劒峯山에在ᄒᆞ니高閣은二十
餘座니이다

問 長安表訓兩寺ᄂᆞᆫ何處에在ᄒᆞ며其內에何物을藏
ᄒᆞ엿ᄂᆞ뇨

答 金剛山에在ᄒᆞ니高麗以來로珍寶를藏ᄒᆞᆫ處니
이다

問答 大韓新地志 終

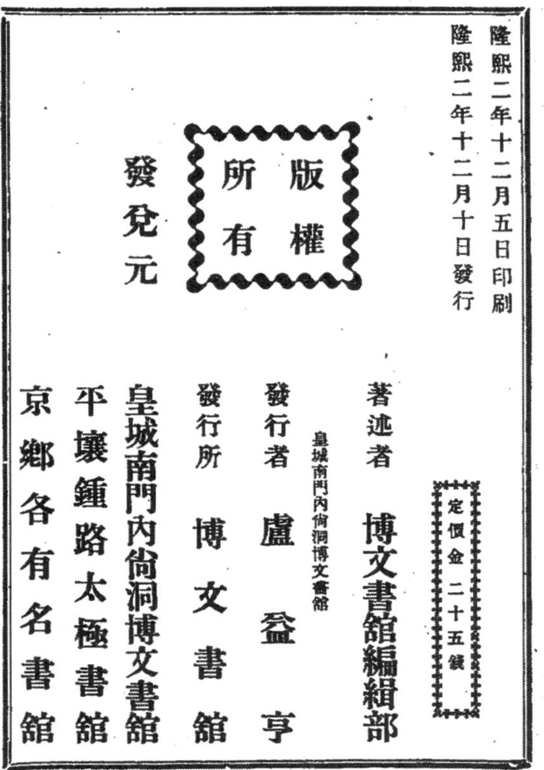

隆熙二年十二月五日印刷
隆熙二年十二月十日發行

定價金 二十五錢

著述者 博文書舘編輯部

皇城南門內尙洞博文書舘
發行者 盧益亨

發行所 博文書舘

發兌元
皇城南門內尙洞博文書舘
平壤鍾路太極書舘
京鄕各有名書舘

●最近新刊圖書發售廣告

物理學初步	一冊	五十錢
初等小學算術書	三冊一秩	六十錢
國語文典音學	一冊	三十錢
漢字初習	一冊	十五錢
法皇拿巴崙傳	一冊	三十五錢
仝國文	一冊	十錢
初等國文教科書	一冊	十五錢
松籟琴 國文	一冊	二十五錢
라란부인젼	一冊	十錢
瑞士建國誌 國文	一冊	十二錢
越南亡國史 國文	一冊	二十錢
伊太利三傑傳 國文	一冊	廿五錢
噶蘇士傳	一冊	十五錢
日語獨學	一冊	廿五錢
韓日會話	一冊	廿五錢
日語獨習	一冊	四十錢
初等問荅大韓新地誌	一冊	二十五錢

發行兼發兌元博文書館

여재촬요

(與載撮要)

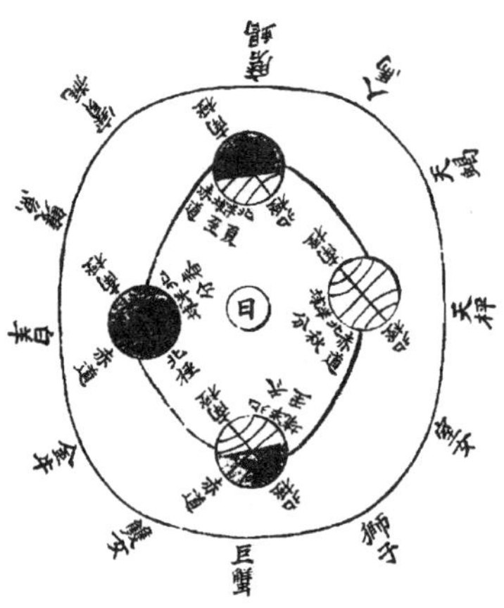

輿載撮要序

方輿之學祖於禹貢而昉於周禮職方氏文僅數十策耳窮宙不刊後世圖經記述動溢巾箱而類多荒詭不可讀豈特文章有古今殊也其治亂之故可知已　大明一統志東國輿地勝覽二書最稱綜博盖嘗翁百家之聰明蒐屢世之文獻而成者廣大悉備蔑有加矣而經畫之分合名物之㠯革遐邇之詳畧代各異聞莫克會通只憑足目則隘陋而無所攷悉收口耳則浩穰而不勝記矧今宇內一變八埏會同圖經所未見文軌所未通一葦朝夕磨肩而交蹠昔之口耳今焉足目鄒衍之說魏源之誌其將駕軼乎夏書周禮矣固城知府呉君宖默犖犖有四方志治數郡𢑱異蹟

簿書之暇裒採見聞輯成一書自赤縣神州以至瀛環地球所載靡不包羅圖以辨其區域記以晰其源委於我東八省尤致詳焉表州縣道里而經緯之疏山川關阨而綱條之人物之産祠院樓觀之興廢田賦軍實多寡贏絀之數瞭然若燭照筭計書不過十篇而一統志輿地勝覽海國圖誌合爲一部約而賅博而不繁天下之大萬國之衆可運於掌豈特行篋之要覽而已哉將謀繡梓以廣其傳馳書問序於余余墨守井觀六十年老且病遠遊之志倦矣固無能爲役嘉吳君之志之不衰而勤勵於猷爲也書此以應之

崇禎紀元后五癸巳仲春下澣大提學眉山退士韓章錫序

一

輿載撮要序

禮不云乎男子生桑弧蓬矢以射天地四方先儒又有言宇內事皆吾分內旨哉斯言蓋人生天地間旣爲男子則四方宇內皆吾事也目不覽萬卷書足不踏萬里程區區株守方隅老死於牖下則此一井蛙也甕鷄也不可悲矣乎是以太史公早歲南遊浮沅湘探禹穴歸而著金匱石室之書穉子由遊中國山見崇華水見黃河以盡天下壯觀余嘗心竊慕之然顧生於海左爲區域所局未能恣意游覽曾因吏事西至鴨綠北渡玄菟東南過湖嶠又因王程乘槎八日本然皆職有所守心有所繫又未能窮搜幽討至今思之黯黯如夢中境向所謂蓬桑夙志未免孤負吁亦可慨也

二

輿載撮要序

有國之文獻有三曰典章也史策也圖籍也我 國家祖述堯舜法度燦然三代之制無以尚焉金閨奎章翰揚摛藻閣臺石室之藏燦若丹青圖經可攷則輿地勝覽一書而槪有未備且寖久而補輯闕如識者慨焉吳君宏默嘗留神于此寰宇洲郡棊布星羅惟以書囊自隨簿牒之暇嫈紬續次博搜旁羅手自抄集閱數歲而是書成盖本諸勝覽而撮其要又衍以廣之致其詳焉坐玩尊俎之間而環東三千里山川程途戶口風土纖細不具瞭如指掌及夫九有以外萬國星列古所云存而勿論者今汽輪駛海電線通譯使客賈人交相踵午於天下猶若接壤之偪側然其俗習之

輿載撮要序 三

令鐵城守吳君宏默盖奇男子也其志龍驤有氣槩又通鍊治務所至氷蘗著甚公而有暇則輒手卷矻矻內之輿地勝覽外之海國圖志大而山川人物小而道里委巷靡不爬羅剔抉裒成十冊名之曰輿載撮要凡四方宇內芸芸職職者一寓目而盡得之所謂才大如海心細如髮者非耶如君可謂盡吾分內事也遂要余置一辭于其端余雖不文竊以曾所慨然者奉浼如右而余亦老矣謹當藏之巾衍以爲卧遊之資云爾

上之卽祚三十年癸巳三月上澣按使李鑛永書

異强弱之勢有不可以察亦皆蒐而萃之並爲十卷一展卷而悅乎若星槎斯邁目而耳之此其意豈適爲拓其見聞侈其巾箱而已哉洵可以有裨於時措吳君其有志乎懷抱利器韞蓄于中者汪汪無涯涘牛刀割鷄不足以畧試其材今老而精識尙旺其將有爲乎時矣予拭目而俟之

歲閼逢敦牂仲夏上澣資憲大夫議政府左叅賛兼知 經筵義禁府春秋館事弘文館提學同知成均館事 世子右副賓客海平尹容善撰

輿載撮要序

輿載撮要成客有過余者閱而曰是書也綱條凡例實倣輿地勝覽而詳畧增刪之不同其意可得聞歟余慨然曰有是乎夫東國之有勝覽卽職方經野之遺意而昭代版籍之大全其尊且嚴如此何敢妄有筆削自取僭竊之罪哉余雅癖搜勝頗費意匠顧方羊磨螘無以遍歷嘗擬古人方輿書攟摭成一号以自隨如山海風土等書非不博且古矣而乃遠在方域之外雜出街巷之俚要非切實於見聞惟勝覽所載以地則父母國也以俗則鄒魯鄉也苟賦遂初舍是書何以哉而其卷秩浩穰有非挈要隨身之資與其悅而未繹甯且鈔而從簡爰取全書袪其繁冗採其精要輯爲

此編視舊爲十之七八其他如道里官簿三故戶口稼廩凡係有
邑之不可闕者與夫郡縣之昔廢而今復者題咏之見佚而或存
者旁搜普括以補闕漏幸更七朏月改十弦而功告訖蓋此書之
於勝覽撮之跡云則可刪云則不可取之沿云則可增云則不可
撮要自爲一書而勝覽顧自如也惟其院祠一條余果有義起而
立名者嗚呼我東書院之設昉於中葉而方勝覽之撰次也院姑
未廣故未及別立一目耳不然則寓賢孝烈一善可稱者亦皆採
錄豈以道德勳業 朝家所崇報者而闕焉耶我今其壞垣廢址
鞠爲茂草遺風餘烈寢焉泯滅余由是之慨謹取俎豆錄中所載
諸賢以實之而只錄宣額又不疊載亦據底一義也至若圖曰與
地球圖新聞創見雖若可駭然要亦輿地上物事則不容不並其
各國政表說別爲一卷以其方外而畧之也世間甚事其有行不
由路者耶故首揭程道表以爲開卷第一義也客起而謝曰得矣
因書此以自叙
時在癸巳清明古自知府吳宖默書

輿載撮要卷之一

卷之第一

目錄

葡萄牙　伊太利
希臘　蒙底尼
塞爾維　羅馬尼
伯布里　土耳古
附屬地

亞非利加洲七國

亞非利加洲圖　埃及
三給波爾　南亞非利加共和國
荷蘭殊自由邦　公額
利比里亞　摩洛哥

附屬地

北亞米利加洲九國

北亞米利加洲圖　海地
三土民各　美利堅
墨士哥　閑都拉斯
瓜他馬拉　三薩尾多
尼加拉加　古修都理加
附屬地

南亞米利加洲十國

南亞米利加洲圖　古倫比

輿載撮要目錄 終

輿載撮要卷之一

凡例 五洲輿圖及各國典式

一是書係輿圖書而首載天文圖并附解說者特以表明地之運動晝夜之分四時之變等也

一是書原照英國輿圖繪譯所有經緯仍照原圖以格林威治為中線近日航海諸人俱以英國為通用

一滄海桑田時有變更古今山川常有易主書內各圖疆界係照現時各國自轄土地而分與前不同即如補耳加里阿及賽維阿等前俱附庸於土耳其為土國之省八其版圖自數年前土俄爭戰後遂為自主之邦又如波士納前亦歸土國現歸澳士

輿載撮要 凡例 一

地利阿故疆界亦異
一每圖旁有比例尺尺旁有英國里數誌之以便閱者知一寸作里幾何以尺一度卽知各國幅圓廣狹
一圖中以方黑點爲國都或島中首城圓黑點爲平常城邑商埠粗黑畫爲成連之山曲線爲河以便醒目
一印度及北阿美利駕等圖旁有比例圖乃以英國相較大小幾倍俾閱者一望而知
一原書地名更繁其小邑與僻地今均不譯以免字密難閱
一是書雖由英書而譯惟其中地名有與英人呌法不同者乃該本國音也如英人呌法京爲巴黎士法人呌巴黎英人呌澳士

輿載撮要 凡例 二

地利阿國都爲維恩納澳人呌温英人呌意大利花城爲傳羅連士意人呌斐連薩等之類
一中國地大人衆各省口音不同惟官音可以四處通行故圖中地名均以官音譯之
一此書中國向所未有今旣告成不識西字與夫未學地理者均不難深知普天下萬國大勢耳
一中國及朝鮮則據兩國典獻而日本以下各國皆用西歷一千八百八十六年英國所刊政治年鑑爲主槪自該書鈔譯
一年號日月中國與朝鮮用太陰歷餘外各國皆用陽歷
一總論明載各國國名暨其屬地以便考閱

一政治畧記槪論歐洲各國之政教以晰其俗尚

一通貨以日本貿易銀爲準如重量之倶羅瓮即英國金銀之重當我一厘七二四九七二如里程之稱英里即英國程塗之長當我三千二百八十四尺以其平方爲方英里如地籍之亞壽畝即英國田圃之廣當我方四萬三千五百六十尺如船積之稱噸即英國貨物之重當我二千七百零四兩七戔六里

一東國京都以下八道程途表地圖各邑官員鎭管於朔郡名面倉戶軍結需風俗形勝邑城山川土產陵寢宮室關防樓亭驛院橋梁佛宇古跡神祠院祠人物題詠等幷載以便考覽

經線緯線之圖

一村一庄若人問在何處可以雖某地幾里答之若以地球之大周圍八萬七千一百九十二里直徑二萬七千六百九十二里人問某城在何處非另設法記之不能故地理之士將球分爲三百六十度自南至北之度名爲經線自

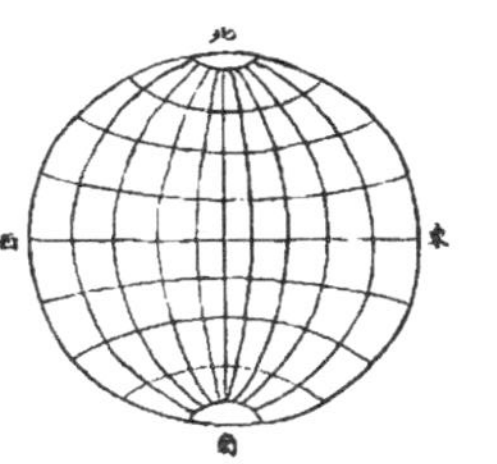

東至西之度名爲緯線赤道之南爲南緯線赤道之北爲北緯線經線各國畫法不同各國皆以本國之大天文臺處或京城起算在起算經線之東爲東經線在其算之西則爲西經線

地理之士既将地球分為三百六十度又将每度分為六十分每分分為六十抄從赤道至南二十三度半畫一圈名畫短圈從赤道至北二十三度半又畫一圈名畫長圈而

地球五帶之圖

圈中之地為熱帶畫長圈畫短圈以南以北之各四十三度内其地為温帶温帶以南以北二十三度半為寒帶熱帶中又有一圈斜交與畫長畫短兩圈相切名為黃道

地圜日月圜地圖

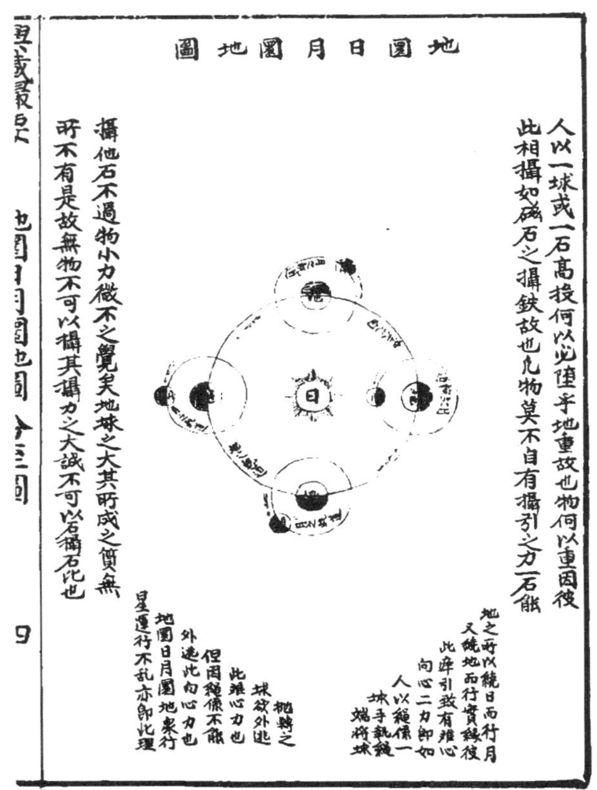

人以一球或一石高投何以必墮乎地重故也物何以重因彼此相攝如磁石之攝鉄故也凡物莫不自有攝引之力一石能攝他石不過物小力微不之覺矣地球之大其所成之質無所不有是故無物不可以攝其攝力之大誠不可以石攝石比也

地之所以繞日而行月又繞地而行實緣彼此産引致有離心向心二力即如人以繩係一球手執繩端将球拋轉之球欲外逃此離心力也但因繩係不能外逃此向心力也地圜日月圜地衆行星運行不亂亦即此理

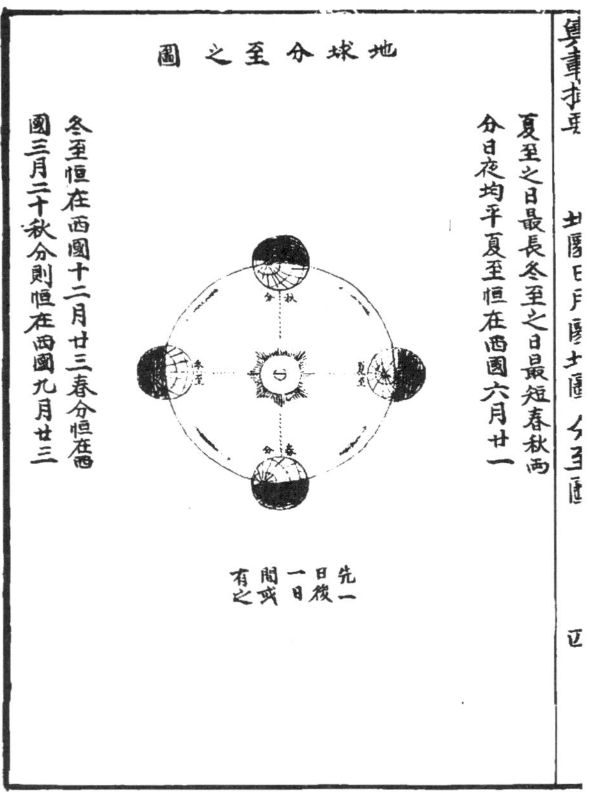
地球分至之圖
夏至之日最長冬至之日最短春秋兩分日夜均平夏至恒在西國六月廿一
冬至恒在西國十二月廿三春分恒在西國三月二十秋分則恒在西國九月廿三
先一日後一日間或有之

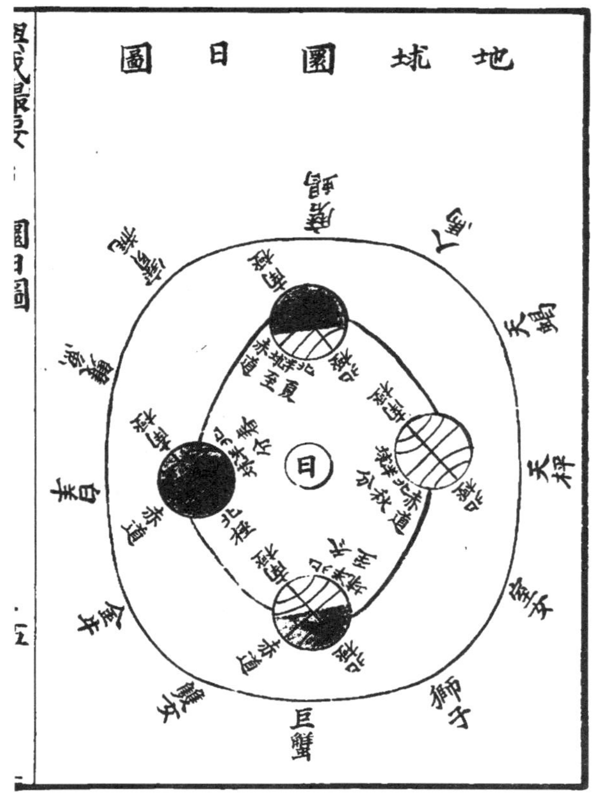
地球圜日圖
日
白羊
金牛
巨蟹
獅子
天秤
天蠍
磨羯

地球圜日圖觧

地球體圓故能圜日圜日故有晝夜且有體欹而不竪有如斜倚之橙圜日軌道與赤道交角者為二十三度半也是以日光或直射北緯線二十三度半而回或直射南緯線二十三度半而回以致軌道與赤道相接則日光必直射赤道以中帶南北各二十三度半為限其在北者謂之北黃道限在南者謂之南黃道限於是晝夜所以分也今特繪成地球圜日圖式附之於左請觀者擬於在白羊宮而窺之也夫地球每二十四小時自轉一周由西而旋東半面向日則有光而為晝半面背日則無光而為夜然如地球在日與白羊宮之間則日光乃直射赤道以南北両極為界而両

半面與之相反故是時地球萬國均得晝夜之平而其候在北為春分在南為秋分如地球在日與磨蝎宮之間則日光乃直射北黃道限以中帶南北二十三度半為界而両半面之明暗自有相殊故是時北半球各國晝長夜短而南半球則與之相反故其候在北則為夏至在南則為冬至且如地球在日與天枰宮之間則日光復直射赤道故是時地球萬國亦得晝夜之平而南半球則春分而北半球則秋分也如地球在日與巨蟹宮之間則日光乃直射南黃道限以中帶南北各二十三度半為界而両半面之明暗亦有相殊故是時北半球各國晝短夜長而南半球則與之相反故其候在北則為冬至在南則為夏至於是南北両半球之氣

候當相反而為春夏秋冬故自春分至夏至則唯晝漸長自夏至至秋分則唯晝漸短而其分得晝夜之均自秋分至冬至則唯夜漸長自冬至至春分則唯夜漸短而其分復得晝夜之均且南北兩極及兩極距二十三度半之内則春秋兩分前後每一十二辰迭為晝夜之交至冬夏兩至之前後或有晝而無夜或有夜而無晝是所以北極距二十三度半為北黒道限及南極距二十三度半為南黒道限之故也然使地球不圓則不能圜日此地球不能圜日則地球萬國必有晝則無夜有夜則無晝將使世間物類終不免偏陽偏陰之所制而乾坤亦幾乎息矣宜乎讀者之深思而有得焉

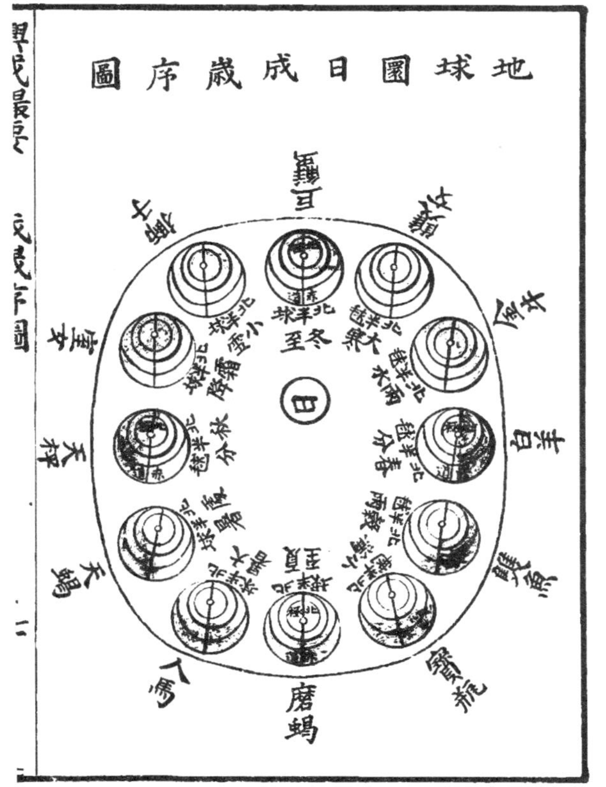

地球圖日成歲序圖說

中國通書所論四餘七政謂日輪躔地以地球中帶爲赤道冬至則日影躔南二十三度半而回謂之黃道限夏至日影躔北二十三度半而回亦謂之黃道限躔道往來在天則分三百六十五度有奇在地則以中帶上下四十七度爲限分爲二十四節每一月以天上月圓爲準月圓之數每年有多則以三年積閏爲月夏至日近則熱冬至日遠則冷春分則日夜均長以爲準據然七政通書頒行雖久但推測中國一隅之數實未識全地球萬國之理也

蓋地球圜日非正對也其體常欹而不竪有如斜倚之橙南北二極各離企線偏側二十三度半故日光所照必有遠近直斜之分南北寒暑之候亦隨之相反今有日光直射於赤道則南北兩半球皆斜受日光而天下萬國同其寒暑是爲春秋兩分也有日光直射於北黃道限則南半球斜受日光而北半球直受日光故北半球之夏至即南半球之冬至又有日光直射於南黃道限則北半球斜受日光而南半球直受日光故南半球之夏至即爲北半球之冬至無疑矣以此推之二十四節冷暖溫和之候皆不難推而得之或問於余曰地球之圜日也其距日之或遠或近果有何証余曰是難言然今將千里鏡以窺天體則日月星辰皆莫逃於吾眼以幾何學推之以三角法測之以代理術算之所謂或遠或近者皆可默會於吾心何時地球距日之遠近而已哉又問曰隨

太陽之遠近而寒暑相反若乃天地之常理亦古今不易之定數近閱前報所載地球圖則有以近於日者爲冬至遠於日者爲夏至然則近熱遠寒之理獨不行於其間乎余曰其云冬至亦云夏至者以北半球言之則乃北半球之冬夏兩至南半球亦然不以圜中太陽之遠近分冬夏兩至是乃地理學家歷年實測之明証也若云近熱遠寒之理獨行於其間則地球近於日而南北皆爲夏至遠於日而南北皆爲冬至豈有南北寒暑之相反乎況如地球之五帶所謂熱帶寒帶或常熱或常寒者亦有得其中和是豈近熱遠寒之所使而然哉所以南北兩極之距赤道比於地球之距日不啻萬億分一也盖熱氣之射物體也與溫度相異者有二

一曰遠近二曰直斜如遠近之理與溫道相異者誠世人之所共知所謂近熱遠寒之理是也至如物體之或直受熱氣或斜受熱氣者則亦與溫道大有不同若斜至於九十度則更無溫道之可計所謂直熱斜寒之理是也今將北半球冬至之距日就夏至之距日而計之則遠近之差不過三十分一然至如北半球冬至之斜受日光與夏至之直受日光則相去之差必過四十五度故近熱遠寒之理不能行於其間而乃直熱斜寒之理獨行於不悖所以日光直射則爲夏至斜射則爲冬至且直射赤道則天下同其寒暑而爲春秋兩分盖日光直射南半球則必至南黃道限而回直射北半球則必至北黃道限而回故間得氣候常熱者是爲熱

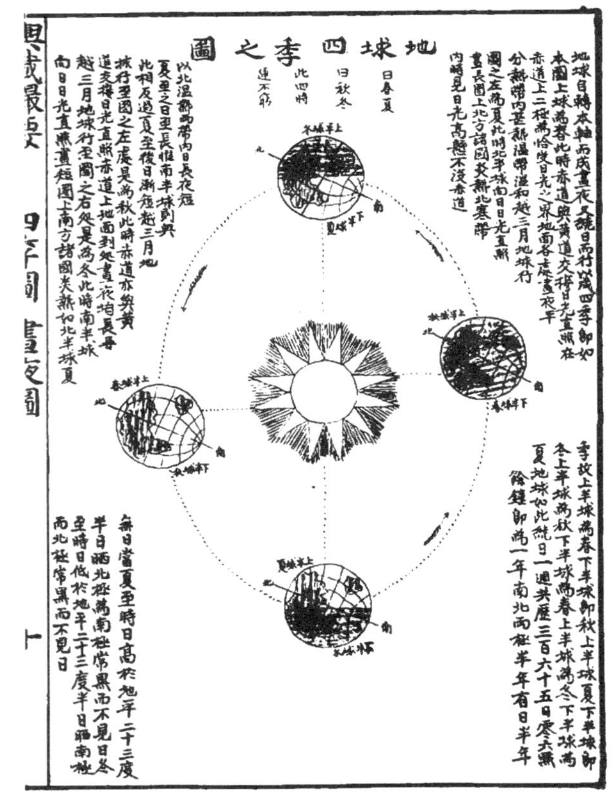

帶也又南北兩寒帶則雖常受日光而體當偏斜故常寒而不熱至其寒熱兩帶之間則日光之所射適得其中故不熱不寒而爲溫帶於是乎致中和天地位焉萬物育焉又問曰然則近熱遠寒之理更不可論乎余曰若使南北兩半球之地同其山川形勢及緯度之線則南地之夏至必熱於北地之夏至南地之冬至亦必寒於北地之冬至是由直熱遠寒之勢所致所謂近熱遠寒之理獨行而不悖不必全歸之於直熱斜寒而討之然合而觀之一而二二而一宜乎默而識之神而明之不必喋於口而昧於心可也客默然而退不復有言於是誌而爲記以告同志幸讀者按圖推測想於心則必有不待問而自可領會也哉

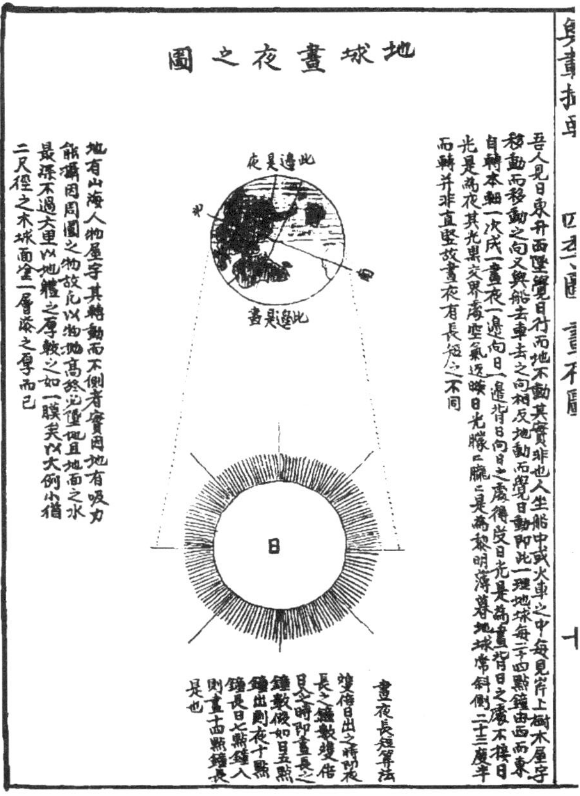

地球晝夜之圖

吾人見日東升西墜覺日行而地不動其實非也人坐船中或火車之中每見岸上樹木屋宇移動而移動之向又與船去車去之向相反地動而覺日動即此一理地球每二十四點鐘由西而東自轉本軸一次成一晝夜一邊向日一邊背日向日之處得受日光是爲晝背日之處不接日光是爲夜其光界交界處空氣返映日光朦朦朧朧是爲黎明薄暮地球常斜側二十三度半而轉并非直竪故晝夜有長短之不同

地有山海人物屋宇其轉動而不側者實因地有吸力能攝周圍之物故凡以物抛高終必墮地且地面之水最深不過六里以地體之厚較之如一膜矣以大例小猶二尺徑之木球面塗一層漆之厚而已

晝夜長短算法

雙倍日出之時即夜長之鐘數雙倍日入之時即晝長之鐘數假如日五點鐘出則夜十點鐘長日七點鐘入則晝十四點鐘長是也

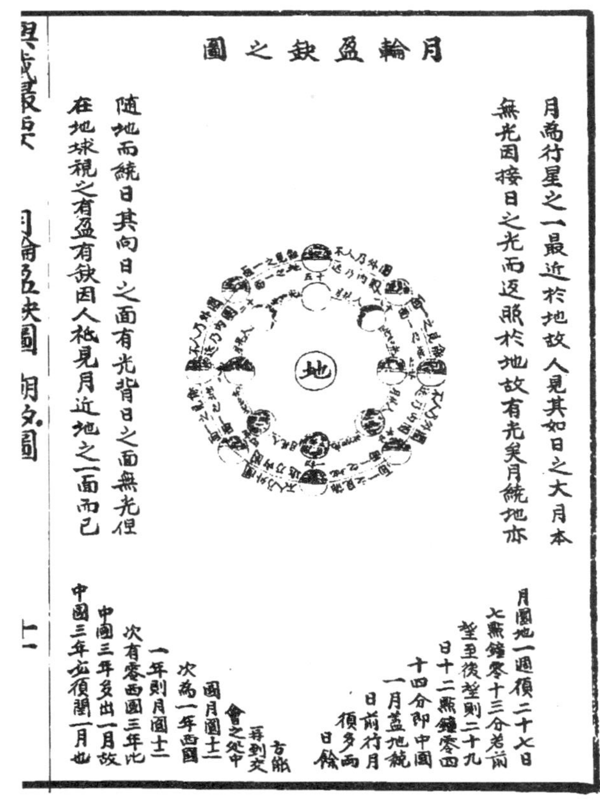

月輪盈缺之圖

月爲行星之一最近於地故人見其如日之大月本無光因接日之光而返照於地故有光矣月繞地亦隨地而繞日其向日之面有光背日之面無光但在地球視之有盈有缺因人祇見月近地之一面而已

月圍地一週須二十七日七點鐘零十三分若前望至後望則二十九日十二點鐘零四十四分即中國一月蓋地繞日前行月須多兩日餘方能再到交會之處中國月圍十二次爲一年西國一年則月圍十二次有零西國三年比中國三年多出一月故中國三年必須閏一月也

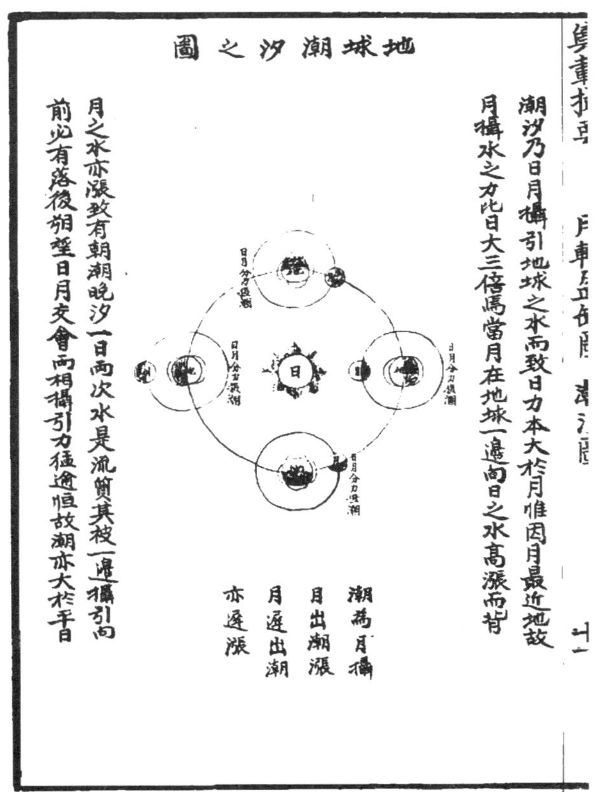
地球潮汐之圖
潮汐乃日月攝引地球之水而致日力本大於月惟因月最近地故
月攝水之力比日大三倍焉當月在地球一邊向日之水高漲而背
月之水亦漲致有朝潮晩汐一日兩次水是流貿其彼一邊攝引向
前必有落後朔望日月交會而相攝引力猛逾恒故潮亦大於平日
潮爲月攝
日出潮漲
月遲出潮
亦遲漲
日

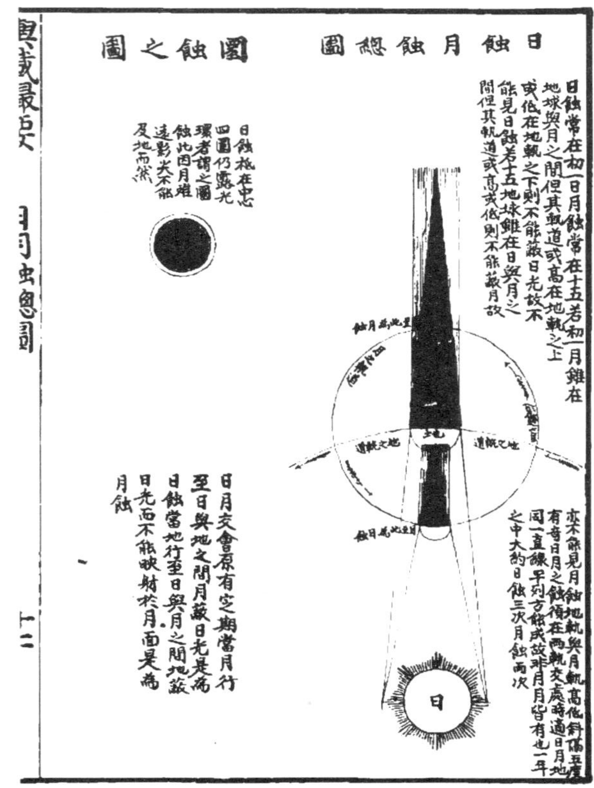
日蝕月蝕總圖
日蝕常在初一日月蝕常在十五若初一月雖在
地球與月之間但其軌道或高在地軌之上
或低在地軌之下則不能蔽日光故不
能見日蝕若十五地球雖在日與月之
間但其軌道或高或低則不能蔽月故
亦不常見月蝕地軌與月軌高低斜隔五度
有奇日月之蝕須在兩軌交處時適日月地
同一直線平列方能成故非月月皆有也一年
之中大約日蝕三次月蝕兩次
日
環蝕之圖
日蝕核在中心
四圍仍露光
環者謂之環
蝕此因月離
遠影尖不能
及地而然
日月交會原有定期當月行
至日與地之間月蔽日光是爲
日蝕當地行至日與月之間地蔽
日光而不能映射於月面是爲
月蝕

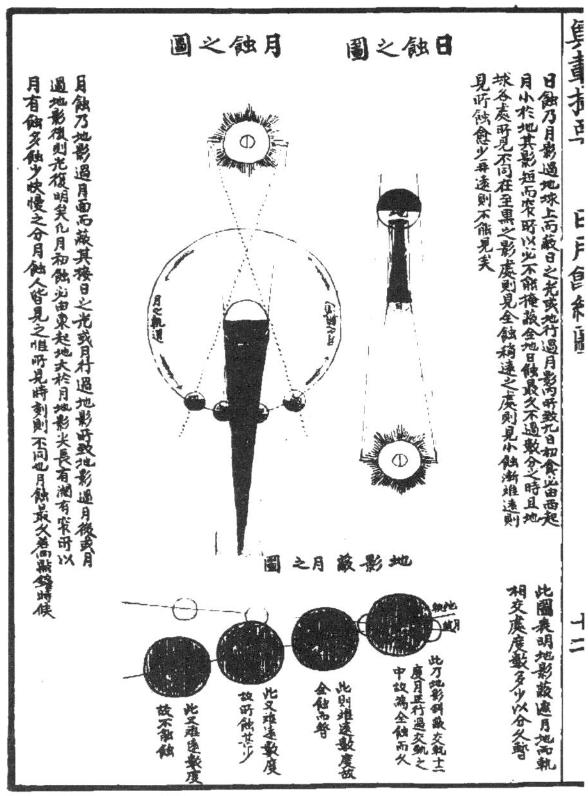
日蝕之圖　月蝕之圖

日蝕乃月影過地球上而蔽日之光或地行過月影內所致凡日初食必由西起月小於地其影短而尖所以光不能掩蔽全地日蝕最久不過數分之時且地球各處所見不同在至黑之影處則見全蝕稍遠之處則見小蝕漸離遠則見所蝕愈少再遠則不能見矣

月蝕乃地影過月面而蔽其接日之光或月行過地影所致地影過月幾或月過地影復則光復明矣凡月初蝕必由東起地大於月地影尖長有潤有窄所以月有蝕多蝕少快慢之分月蝕人皆見之惟所見時刻則不同也月蝕最久者兩點鐘時候

地影蔽月之圖

此圖表明地影蔽遮月之地而軌相交處度數多少以分久暫

此乃地影與月交軌十二度月正行過交軌之中故為全蝕而久

此則離遠數度故全蝕而暫

此又離遠數度故所蝕甚少

此又離遠數度故不能蝕

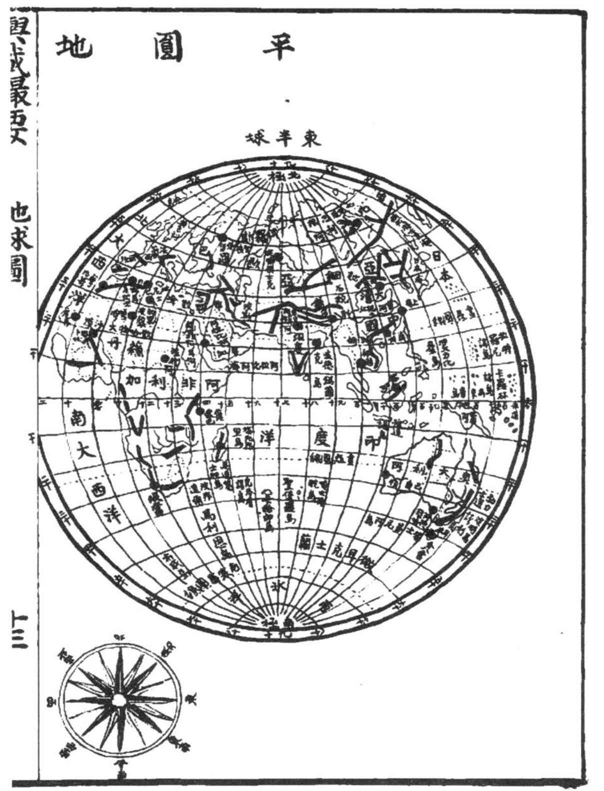

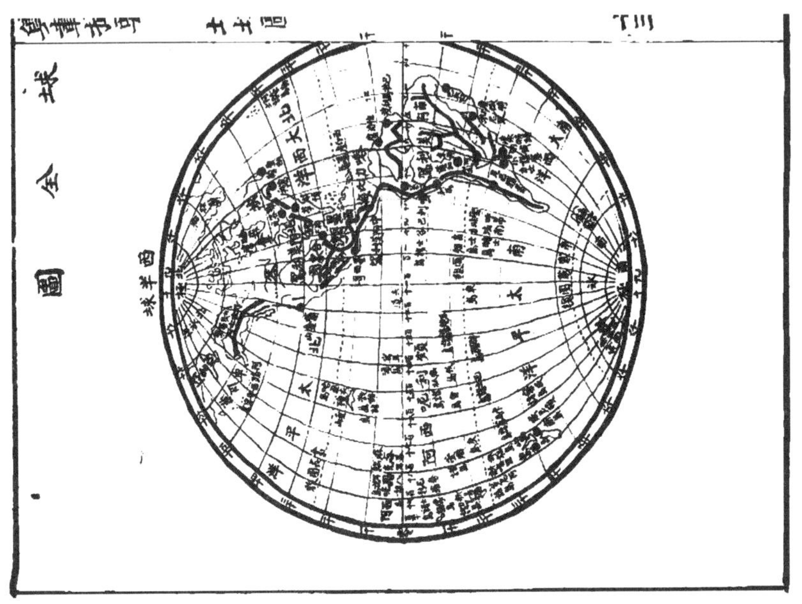

南黑道限南至二十度半乃南極也又南北兩黃道限之間名熱
帶又稱中帶自南黃道限至南黑道限之間名南溫帶自北黃道
限至北黑道限之間名北溫帶自南黑道限至南極之間名南寒
帶自北黑道限至北極之間名北寒帶是所謂地球五帶欲筭經
緯則自南至北之線為經自東至西之線為緯故如緯道在赤道
之北曰北緯線在赤道之南曰南緯線又與赤道平行故名平行
線所以緯度濶狹之均同也如經綫相合赤道輻輳兩極者名子
午線故兩經線之間近赤道之處尤濶近兩極之處漸狹欲悉其
經緯之相度則緯度必由赤道而起數故地在赤道北四十五里
卽稱為北緯線四十五度地在赤道南二十度卽稱為南緯線二

十度蓋緯度自赤道至南北各得九十度故也如經線則經度之
周圍均得三百六十度不可以赤道為據又無以指為初度者故
地學者皆於本國中設立一地卽以其地之經線定為初度東西
由此而分遠近自此而別如英國於附近京都之綠林地方設觀
象臺以臺前之經線為初度現地在其東二十五度則謂之東經
線二十五度地在其西九十度則謂之西經線九十度而東西經
線各至一百八十度而止如是則經緯各有主線雖全地亦無不
可確指其所在卽如一地在北緯線五十度在東經線三十度倫
其度數統於二線交會處必無差謬今我國京都之地為北緯線
三十七度三十九分為英國綠林東經線一百二十七度者南距

赤道為三十七度三十九分西距綠林為一百二十七度故也然所謂地球之自轉而成一晝夜及圜日而成歲序之說今不煩縷姑俟下篇續登

地球論

世云天圓而地方此特言天地之道非謂天地之形然在昔東土先儒咸未闡及至中葉西人利氏始證地圓之說舉世皆驚為創論且學士大夫狃於中外之見猶時起而非之但理之所在只可明辨不必以中外歧之盖人居大地之上欲明大地之全體則地之面積甚大人之目力有窮若將目力所及貿以為言咫尺之區數里之外皆非我能事遑論其他然人之目力有窮人之知覺

無限苟學業深邃精神一到雖金石之堅可透鬼神之幽可燭丈夫能事畢矣英人包爾騰曰昔者西國有地學高明之士殫精竭慮學践實地故已將地所為地詳加核礶著為成書以資後學證援其言曰地乃圓而非平渾如球式并列有多証茲先錄其五願有志此學者深思而得之其一如人立於海岸高處以千里鏡窺看遠船來船必先見桅杆次見帆蓬後見船身去船必先不見船身次不見帆蓬後不見桅杆使地平而非圓則見亦同見不見亦同不見今來船先見其高次見其低去船先不見其低次不見其高何疑於地面之圓而非平乎其二自西自東直行而前無須回轉仍可至圓處如從上海發船東至日本又東過太平洋至美國

西海口三佛蘭喜四柯自彼登岸乘輪車東至義國東海口牛要
爾客自彼登船經大西洋十日可至英國海口力非爾布魯自彼
發舟南至地中海東至紅海又東南至印度洋又東過印度國又
東北至於上海矣假令地面平而非圓則至英國後必折回而西
始歸故處今則直東而仍至上海豈非圓之一證乎其三日光照
地東西自有遲速之別如中華在東英邦在西中京於卯正即見
日英京必於中京未正見日可知地之從東至西漸成低下也籍
曰平而非圓則中英見日必於同時無復有前後之別矣其四如
人自北而南見一星照在當頭若直南而行則見此星轉在身後
渾如落下又有他星照在當頭矣即如北斗自北極線觀之則正

如轉下又南至於赤道即望如地平及越赤道而南行則不見此
並非天轉實因地自北而南圓而不平耳其五證之於月食月食
乃地球行至日月之中而日光射地影入月無論全食半食其影
俱有圓式可謂地之平而非圓乎顧或者曰地面之上高則有崇
山峻嶺低則有深淵大海焉得成其為圓乎曰地之厚二萬七千
里有奇地上最高之山距海面不過十五里以十五里之高置於
二萬七千里之厚之上其不足為高也明矣譬如製一木球厚有
十六寸復將一寸厚之紙分為百張取其一張貼於十六寸厚之
木球之上亦何害於球之圓乎山之於地亦然至於海之最深者
亦不過十五里不妨其圓矣此言始出於西人其理實而非虛不

可以西人而別之也其曰謂地爲平者人皆但知本國而不曉他邦徒見一隅而不明全勢故襲陋承譏者良以此也今將地球上所有海陸山川之面積方里及各國幅員之廣狹人口之多小種類之區別兵額之多寡政令之得失文學之盛衰風俗之美惡又國勢之強弱時勢之治亂商務之奇贏工業之巧拙語焉而必詳擇焉而必精惟願東洲諸君子無庸互相是非惟期實事求是經緯之說洲洋之論富強之策利用之方日事憤啓若將不及者此固人情之不得不然亦事理之不可容已者也

論洲洋

嘗思海陸山川卽地球之表面也其表面面積約二十六億七千

九百四十三萬一千四百方里又分海陸爲二部則陸地面積約七億四十六萬三千七百方里洋海面積約十九億七千八百九十六萬七千八百方里然則陸地占地球表面四分之一洋海占四分之三南北二極未經人知不得其詳然亦可懸揣而知雖有土想必無多也盖土則載水水則繞土雖云支派之相連不能無水陸之相分至言乎海則有五大洋一曰太平洋亦名大東洋在亞細亞與大利亞二洲之東亞美利駕洲之西南北長四萬里東西寬三萬里洋之面積共有四億五千萬方里此一洋實與全土並大二曰西大洋西國謂之阿得蘭低洋在歐羅巴亞非利加二洲之西亞美利加洲之東南北長三萬里東西寬一萬三千餘里

洋之面積共有二億二千五百萬方里三曰印度洋在亞細亞洲
之南亞非利加洲之東奧大利亞洲之西南北長二萬里東西寬
亦二萬里洲之面積共有一億八千萬方里四曰南氷洋在南極
五曰北氷洋在北極然此二者俱非自成洋海南氷洋實通太平
印度二洋北氷洋實通大西洋此則水之大畧也其餘川澤江河
通行洲島間者玆不先具論以言乎陸則共分二大塊而有五六
洲其二大塊則一居東一居西居東者有三大洲曰亞細亞洲曰
亞弗利加洲曰歐羅巴洲居西者只有一洲曰亞米利加洲也亞
細亞東南尚有一島因其甚大亦列為一洲曰阿世阿尼亞洲也
若夫亞細亞在東半球之東北部即五洲中最大者也東西寬二

萬四千三百餘里南北長一萬九千八百餘里面積二億三千八
百零二萬一千九百三十方里北至北氷洋東至太平洋南至印
度洋西連歐羅巴以烏拉山裏海黑海馬類毋剌海為界西南以
紅海斜伸於亞弗利加洲而東北隔白令海峽與亞米利加洲相
對也此洲之內中國為最大日本比利西亞等國亦為獨立之國
其他滿洲伊犂蒙古等皆受中國統轄朝鮮及暹羅安南緬甸西
藏等國皆通其朝貢洲之北部有西比利亞國為俄羅斯屬邦洲
之南部有印度國而佛蘭西葡萄牙各領一部其餘盡歸英國之
管轄中國之西有土耳其斯坦印度之西有安路直坦及亞加業
坦此三國則邦內分裂故數多部落各有酋長而統轄之三國之

西有比利西亞國而其西隣之地曰亞細亞土耳其分為四部即小亞細亞叙利亞亞爾美尼亞米所波大迷亞是也此地皆屬土耳其又亞拉比亞在於亞細亞土耳其之南北邦之內有土耳其及英國屬地其外士民互成部落各有酋長而治之也東印度諸島一名巫來由諸島北島之中以緬門荅臘婆羅爪哇西利伯呂宋等為最大其他許多島嶼皆屬和蘭但呂宋屬西班牙而其中又有葡萄國之屬地及士民之自守孤立者也今中國海面羣島之中香洪屬英獨擅東洋之繁華故英國會築設鎮臺多置軍艦於近海以護之澳門屬葡萄牙其他羣島皆歸中國之統轄又中國屬邦之中緬甸一部為英國之所轄南安一部亦為佛國之所據

是乃亞細洲內今區劃之概畧也查洲內表面之各地方高低不齊故分為三部其一曰中部崇山峻嶺蔓連東西而中有比馬拉亞山高約三萬尺世界中最高最大之山高於海面亦三萬尺云其一曰北部自南北漸進漸低因成曠漠之大野又進而近北氷洋則氣候頗寒其三曰南部地形突出印度洋北接高山南臨大洋氣候熱甚又亞拉比耳西亞之地連亘中國之北境而地多沙漠人逐水草遊牧為業云至言河流則河之大者甚多如中國楊子江西比利亞禮呢塞長約五千里裏海為世界中最大之湖而水亦甚醎甚他有亞拉湖亦一大湖也至言乎人種則有三曰黃色曰白色曰棕色人然其世界中人類之貌色骨格隨處不同故

分爲五種列之於左其一蒙古種一名黃色人種其二曰高加索種一名白色人種其三以曰阿伯亞種一名黑色人種其四巫來由種一名棕色人種其五亞米利加種一名銅色人種是也如亞細亞洲內中國日本朝鮮西比利亞等人皆屬黃色人印度亞拉比亞等人屬白色人東印度諸島人屬棕色人是因族類之旣分以致形色之不同然要皆飮食之有殊氣候之有別且繫時會之有變婚媾之相通漸成人種之駁雜是以今各國人數難辨何者爲何色人種者甚多也至言其教法則印度以西比耳斯亞土耳其斯坦亞拉比亞亞細亞土耳其專奉回回教謂之回部之國印度以東多恭釋教而儒教亦得盛行也

萬國輿圖

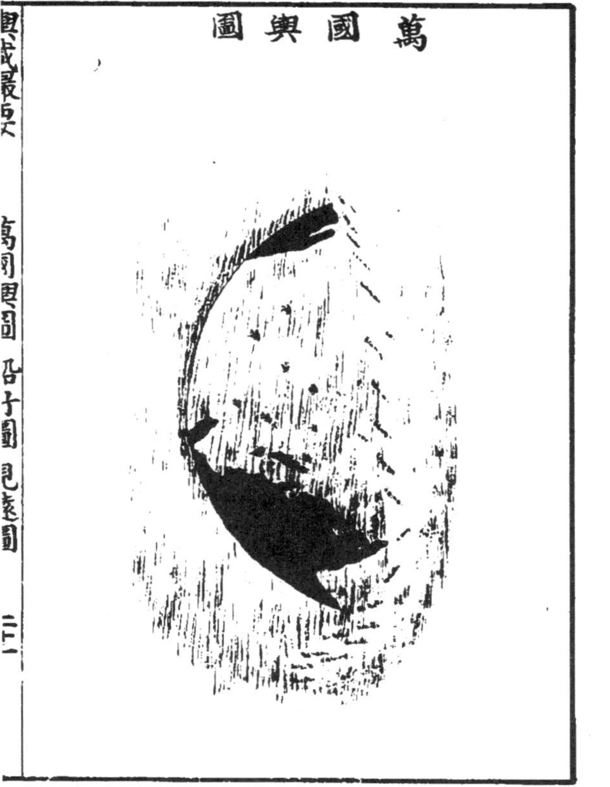

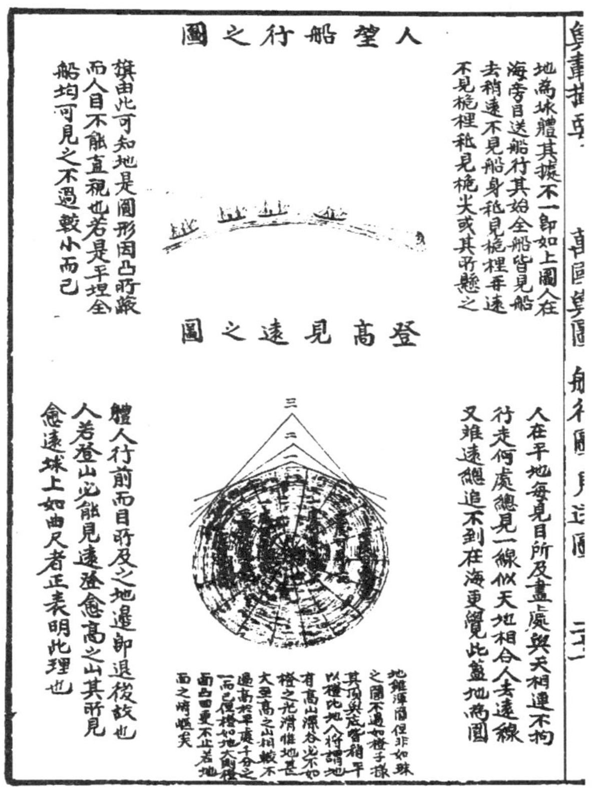

地爲球體其據不一即如上圖人在海旁目送船行其始全船皆見船去稍遠不見船身祗見桅桿再遠不見桅桿祗見桅尖或其所懸之旗由此可知地是圓形因凸所蔽而人目不能直視也若是平坦全船均可見之不過較小而已

人望船行之圖

登高見遠之圖

人在平地每見目所及盡處與天相連不拘行走何處總見一線似天地相合人去遠線又雖遠總追不到在海更覺此蓋地爲圓體人行前而目所及之地還即退後故也人若登山必能見遠登愈高之山其所見愈遠球上如曲尺者正表明此理也

地雖渾圓但非如毬之圓不過如橙子樣其兩頭處皆稍平以橙比地人將謂地有高山深谷必不如橙之光滑惟地甚大至高之山相較不過高於平處千分之一而已從橙如地大則橙面凸凹更不止若地面之崎嶇矣

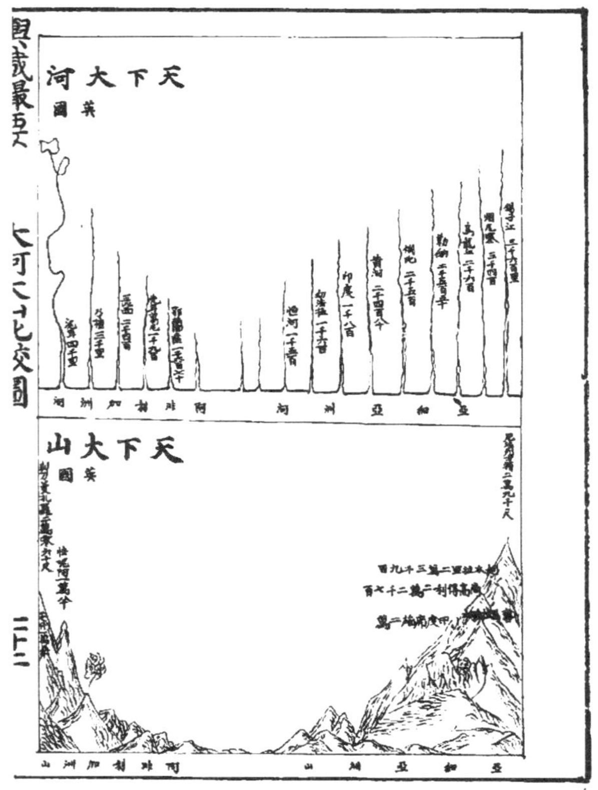

天下大河圖 英

天下大山圖 英

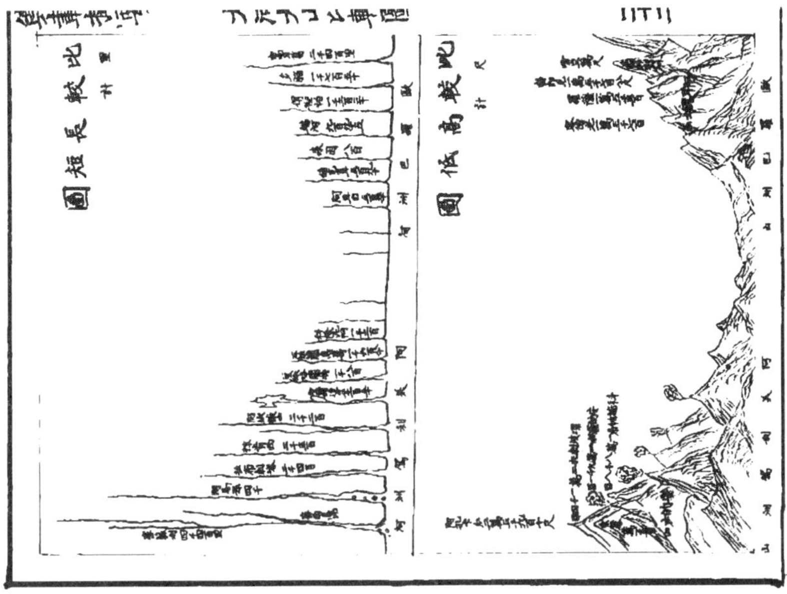

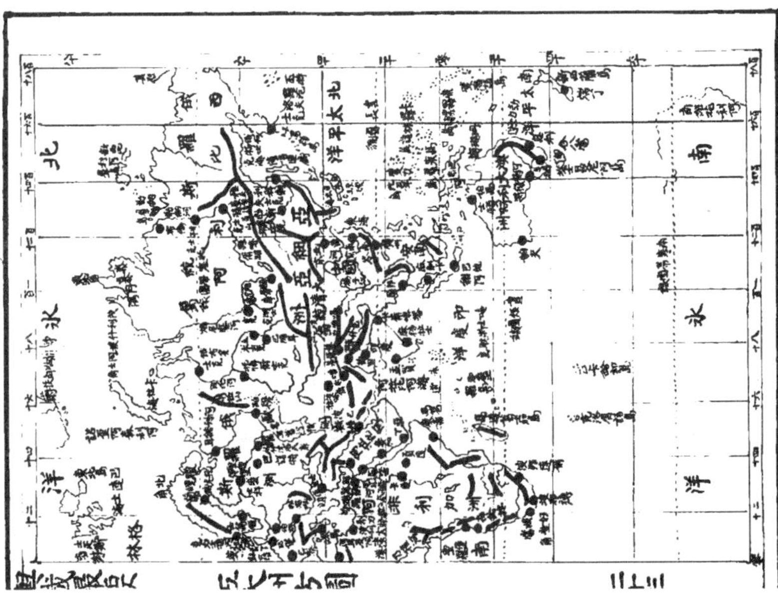

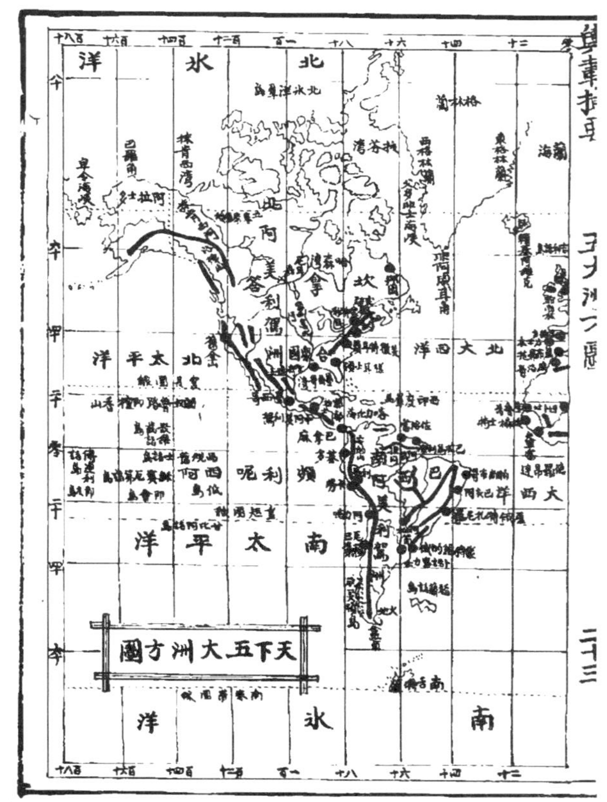

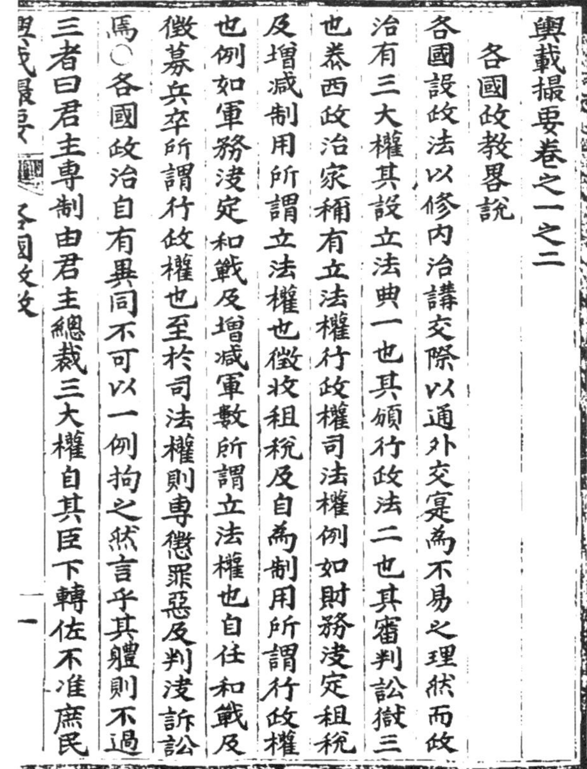

輿載撮要卷之一之二

各國政教畧說

各國設政法以修內治講交際以通外交寔爲不易之理然而政治有三大權其設立法典一也其頒行政法二也其審判訟獄三也泰西政治家稱有立法權行政權司法權例如財務決定租稅及增減制用所謂立法權也徵收租稅及自爲制用所謂行政權也例如軍務決定和戰及增減軍數所謂立法權也自任和戰及徵募兵卒所謂行政權也至於司法權則專懲罪惡及判決訴訟焉○各國政治自有異同不可以一例拘之然言乎其體則不過三者曰君主專制由君主總裁三大權自其臣下轉佐不准庶民

叅議其政一也曰君民同治君主與庶民共議政治分掌三大權
二也曰共和政治別無君主庶民推其一人為大統領限年更迭
與庶民共議政治三也○君民共和各國皆有憲法一定則不可
變雖君主統領不能違越而憲法或自人民酌定或自君主裁定
或君民共由議定此其所以異也○君主專制與君民同治皆有
君主世襲其位雖有絶倫之力超世之智不可覬覦故或有闕失
不可擬議然君主各異其號或稱帝如中國日本巴西俄國及土
國是也或稱王各國多用此號而英國國王兼為印度皇帝墺國
皇帝兼為匈牙利國王又德逸則國內有二十五邦槪立君主以
王侯公稱號就中普魯士國王兼德逸皇帝是故泰西政治家視

十一

帝王為同等國交際禮遇不異焉○此外君主而有稱大侯與侯
及大公與公者如德逸列邦君主是也又荷蘭國王兼列基仙堡
侯如蒙底尼及伯布里君主俱稱公○君主專制與君民同治以
其君主尊號各異其稱即如專制帝治專制王治又如立憲帝治
立憲王治也○國家既有君主必有士民之別其等級有截隆殺
多歧與日本則有華族士族平民而華族更為公侯伯子男五等
英國亦同而英國特有一生貴族不世襲其號獨限其生為貴族
子孫復為平民也至於共和政治則國民皆為齊等不有上下貴
賤之別○專制政治自君主黜陟大小官紳故為士者獨任官紳
而民不得預然治國之要以得人才為主人才在朝廷則國富兵

十二

輿載撮要 各國政考 一二

強人才在草澤則君主雖有堯舜之資輔弼無其人何以圖治安民哉所以專制政治猶有不拘門地以登用人才者至於君民同治則毫無拘門地之例惟使貴族選任元老議員而已○君民同治與共和政治皆有國會卽使庶民與聞政治國會或稱民會或稱議院而議院分爲上下兩院各有議員數百人每歲赴期赴會以議立法○國會下院無論君民共和自庶民公選每數萬人擧一人爲議員庶民得操選擧之柄者名云選擧人齡過成年者獨操是柄如義國則不問何項人皆有此權如英國則納租若干者能操此權此其所異而別定被選人亦如選擧人自選擧人投票以指擧如被選人有當任議員者而選擧人所指或有異同故被選人之多得投票者自政府命爲議員○被選人或有肯赴議員者或有不肯爲議員者故被選人中有欲爲議員者首告其由於政府選擧局名曰候補政府頒示候補姓名於選擧人故選擧人獨就其中指擧其所信者焉○所謂投票者選擧記載某人當爲議員於一紙以投八政府選擧局是也其票紙或署選擧人名者稱云記名投票或不顯其名者稱云匿名投票各國自有異同○選擧人投票被選人推爲議員名曰單選法或選擧人投票代選人使此人更選議員名云複選法如義國統領以複選法選任○議員有年限年限旣滿則更爲選擧各國議員槪無捧廩惟開會時量給寓宿諸費而已○國會上院如君民同治則皇族貴族學

輿載撮要 各國政考 一三

者僧侶多任其議員概為終身又如共和政治則永管官務者深
通學理者及自庶民選學者專為其議員限年交迭如下院議員
也各國上院議員概無俸廩○君民共和各國凡係政務勿問大
小必作原案所謂原案者或撰自君主統領或撰自國會以收議
於兩院聽其准否或有兩院不准則廢而不行又或兩院准可則
請君主統領之裁允而後著為憲法施行○如財務則各國使行
政官豫筭一年間出入總額名云豫筭原案使兩院議其可否兩
院若未為可則雖君主統領不可課稅制用又一年後精筭其出
入總額使兩院檢查之苟有不正則督責行政官或貶其官○兩
院各有議長及副議長或自議員推任或自君主統領勅差如英

國上院議長兼任司法大臣美國上院議長兼任副統領皆總理
院務而議長有鼓則副議長補之○上下兩院各有會期自議長
將原案普示議員自撰原案者言明其理由後議員各言是非以
表贊成其原案與否如此辨論議長使贊成者與駁論者各為投
票視其多少立決可否○上下兩院値有國家大事則自君主統
領召集不時會議名曰臨時會所議與君主統領不合則令解散
新選議員又尚不合則雖君主統領亦由從其意所以深重輿情
○行政官分為二曰政務官曰事務官也事務官專掌文簿庶務
政務官監督事務官以輔佐君主統領故君民共和各國令事務
官永保其職至於政務官則時有更迭○君民共和各國必有政

黨其目有二曰保守曰改進如法國則其黨不一皆以政論相符
爲援推一人爲黨首各黨軋轢不已皆欲專握政權故黨員或爲
演說或刊新報使士民強入其黨又專期黨員多入議員原其政
黨滋弊不鉅然比之世結朋黨自相屠戮及貪民結援脅陷奸盜
者不啻天淵○各黨議員會集兩院而其員衆者薦其黨首於君
主統領署爲行政大臣所謂內閣總理大臣是也其黨已失人望
則議員必少故以他黨代任內閣總理大臣則前任大臣自歸辭
免○內閣總理大臣更薦數人於君主統領以分掌行政事務所
謂外務內務軍務司法大藏文部遞信等諸大臣是也此是內閣
制度各國頗有異同○內閣總理大臣及各務大臣皆任其責苟

有過誤則自下院彈劾其罪於上院查辦閱實而或黜之君主有
過亦罰大臣以黜之○內閣實爲君主之元輔故凡百政令皆自
內閣撰出作爲原案以君主命收議兩院兩院爲可而後自內閣
施行如此而分其立法行政諸權故互相箝制而無擅作威福者
如日本如俄國爲專制政治猶分三大權以其擔任也○司法權
則專制政治概使地方官掌之不置裁辦處故懲罪斷訟多有不
公不平之舉且不准被告自訴冤抑故被告若無親援則往往有
無辜而至死者○懲罪斷訟必有法律載記明文使官民皆知所
據者名曰明文律別無載記惟准擬慣習以判決者名曰不文律
恭西各國及日本皆用明文律至如暹羅波斯則猶用不文律○

國家若用明文律則犯罪者雖有其證係律之不問者置之於無
罪初無證左且不自首則無罪之之例至於用不文律則官吏往
往有輕重罪案之弊○君民共和各國區分全國爲數十各置大
小裁判處使裁判官專爲懲罪斷訟不使地方官干涉被告不其
服判決則控訴高等裁判處終請君主統領而覆審故無冤獄士
民若爲訴訟則勿論原被皆准傭狀師以爲代人名曰代言人專
護其原被俾免老幼婦女徒陷誣罔之弊又有罪科者爲裁判官
所問准其被告自傭狀師以代爲己辨論名曰辨護人專擔保護
罪人使無冤枉○君主共和各國聽斷罪科有陪審官者裁判官
拘囚罪人審判其罪科使罪人隣里士民十二人同叅法庭審判

已終則裁判官使該十二人供其罪之有無所謂陪審官是也陪
審官指爲有罪則據律擬罪俾無冤枉○裁判官拘囚罪人而除
非元惡大憝准罪人納贖於裁判官以歸家名曰保釋金罪人自
新則其金復與罪人○各國皆有廵查期弭治敎若有爲奸者則
拘致於裁判處又廵查已知其人爲奸而不現者則先請裁判處
准允而後拘捕而無栲問可責之例其斷罪亦不過於絞梳以定
役課逮坐不及於親戚是所以大異於專制政治也○各國宗教
多有不同東洋各國專尙儒敎亦有信奉佛敎者泰西各國有耶
穌敎數及亞米利加各國而別有回回敎亞細亞西部及亞弗利
加各地亦多信奉此外尙有宗敎其門不一云○耶穌敎分爲三

曰天主教或稱耶穌舊教曰耶穌新教曰希臘教是也泰西各國槪以其一爲國教使官民專奉其餘各教亦不呵禁其言曰宗教者人之所以本心信奉者而自上禁絶則是使人人喪其本心焉○全國分爲州又分爲坊更分爲里者各國皆同惟異其名而已又君民共和各國則州坊里皆有民會以議其地方内之立法如地方官則或自中央政府派送自地方人民選推各國不一其例○至於收稅則各州坊里特置收稅官自中央政府監督不准地方官專管亦杜贓防汙之一法○中央政府之官吏與地方官各有捧給不以内外有差雖一毫不敢取於民以圖自肥惟專制各國如暹羅波斯則間有此弊○租稅分爲二曰直稅如地稅家稅

頭稅及營業稅所得稅是也曰間稅如酒稅烟稅鹽稅及海關稅消費稅是也泰西各國内修政教外務交涉故每歲所費不些是以租稅亦重云特如酒稅烟稅證印稅海關稅各國特爲歲入之額尤係用心焉○租稅納於中央政府者名曰國稅納于地方政府者名曰地方稅各國槪豫筭一歲費款而後課租稅故租稅增損歲有不同○各國兵制分爲三種軍人世襲其職者例如俄國高褔夾人民是也又募集軍人之自願者例如我國親軍兵士是也此兩種多行於專制政治然比於徵兵法則其便否大有懸隔何者其法使全國男子皆習兵技也○所謂徵兵法者全國男子不論何項人等自一十七歲至四十五歲籍爲國民軍自二十歲

以上數年間爲常備軍屯駐營內日事演操過後爲後備操備兩軍各數年雖歸家服業而歲數聚鍊海軍兵士亦以此法徵募者多○全國男子齡至二十歲則選拔身體强壯者其數過多則抽籤以定服役者餘則准歸家名曰補充隊遇缺以補此其兵制大畧○各國區分全國名云軍區各置鎭台常備軍屯營台內又常備軍分爲步騎砲等兵而別有工兵專事築城架橋架路數電等工又有輜重兵專事運輸○各國別置憲兵者指銃帶釼與兵士不異而專備警報日事巡邏逮捕匪徒與巡查無別亦鎭撫內滋之一方也○學制有兩様一曰普通敎育使全國男女齡自七歲至一十三歲者必就小學或有不就學兒童則罰其父兄以强之

名曰强迫之制如獨逸學制是也一曰自由敎育聽准人民所喜自政府不强就小學是也各國皆行普通敎育云○各國區分全國爲學區每區置大學校更分爲數區每區置中學校至於坊里則各有小學校皆自文部大臣監督之別置養成敎育者名曰師範學校○學校費用皆自政府辦給者名曰官立專自一人私辦者名曰私立至如官民共辦則名曰公立焉○通貨有稱本位者專用銀者名曰銀本位專用金者名曰金本位倂用金銀者名曰複本位蓋本位通貨則不論租稅賣買雖鉅額而准用初無擇貳之弊別有補助貨獨用零餘授受與銀貨銅貨是也○各國政府自人民借財名曰內債自外國借財名曰外債倂稱曰國債每歲

償還利子限年償還本錢如尋常貸借焉○各國有紙幣與金銀通貨并用無碍者其紙幣分為二一曰兌換紙幣政府由人民所請交換金銀通貨者也一曰不換紙幣政府不准為交換故不換紙幣時有下落之虞也各國政府或設銀行使之專掌紙幣者○泰西各國周遊五洲佔據各地以入版圖所謂屬地也屬地分為數種曰屬國別有君主以治之聽命本國者是也曰保護國亦別有君主以治之然一切政治皆自本國干涉以保護之者安南之於法國是也曰屬地又稱殖民地全屬本國別無君主者也曰佔據云者其地當本國之樞要故佔據之以備要害曰巴拉太之於英國是也雖各有名稱而總謂為屬地○各國通商互派使臣而

使臣專管兩國和議者名曰公使駐紮都城又專管商務者名曰領事駐紮各港故公使則一國不過一人領事則一國槩為數人○各國商民往住外國必遵其國法律自外國政府斷罪聽訟實為萬國公例惟泰西商民之來住東洋者不遵東洋法律皆准本國聽訟斷罪實屬異例名曰治外法權○歷書分為太陽太陰兩歷中國與我國用太陰歷其餘各國多用太陽歷俄國別有一歷亦太陽歷而後於他陽歷一十三日而為歲朝焉○回教各國例如土耳古如波斯別有曆書名曰回教歷與太陰太陽兩歷不準焉○東洋各國皆用君主即位為元年筭計年代別定年號如中國光緒與日本明治是也至於泰西各國則以耶穌教主基督生

年爲元年其前稱西歷前幾年其後稱西歷幾年至於回教各國則以回回教主麥何義多生年爲元年云○地球六洲有國凡五十一而强弱大小各不同至於政教則互有長短巧拙焉

總論

地球分爲六洲一曰亞細亞土地一千七百五十萬方英里二曰歐羅巴土地三百七十萬方英里三曰亞非利加土地一千二百萬方英里四曰北亞米利加土地八百六十萬方英里五曰南亞米利加土地七百萬方英里六曰大洋洲土地三百萬方英里而以亞細亞爲最大焉開錄六洲現在國名及政治與屬地於左

輿載撮要卷之一之二終

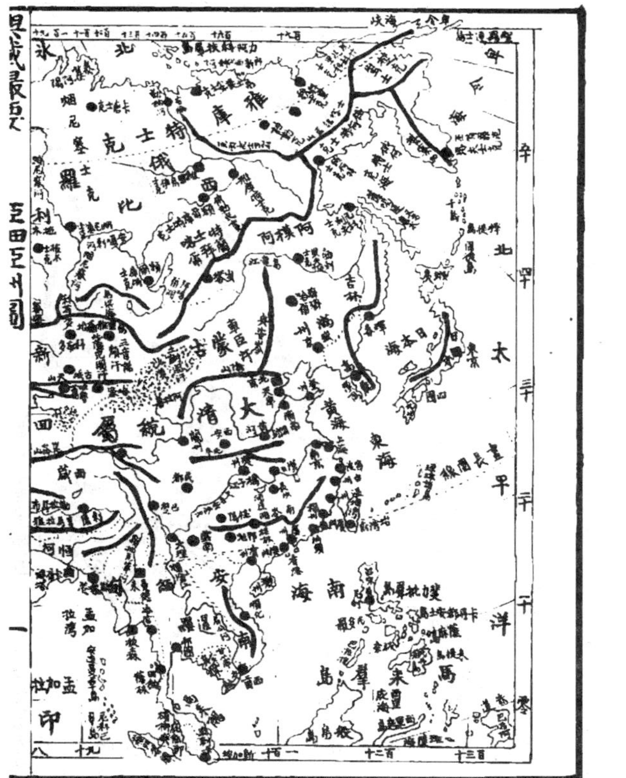

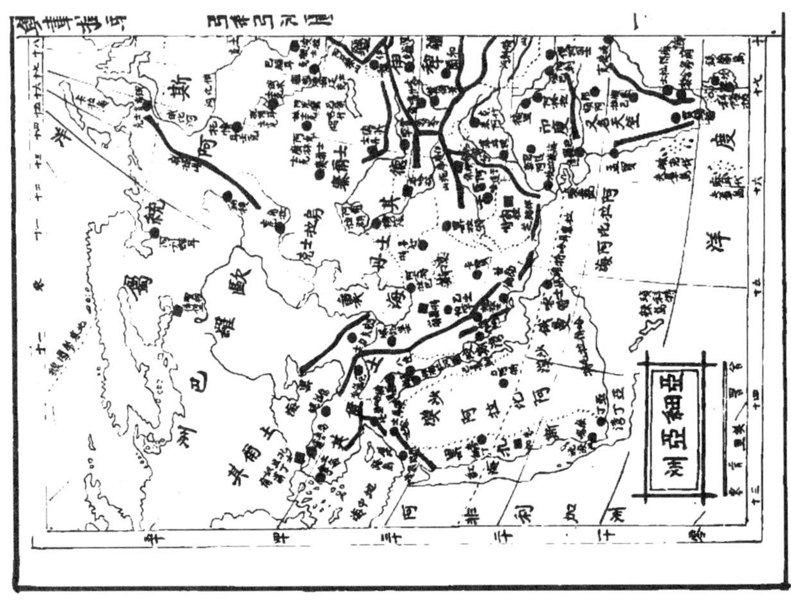
亞細亞洲

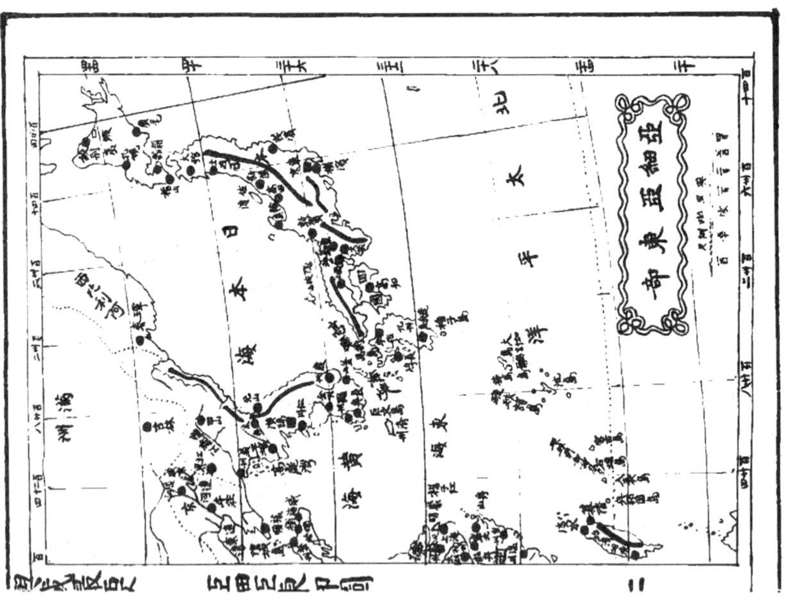
亞細亞東部

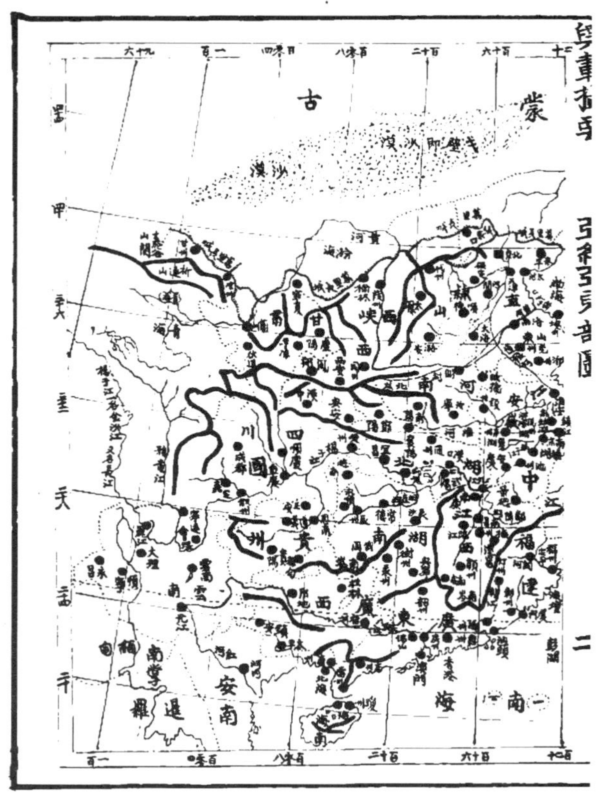

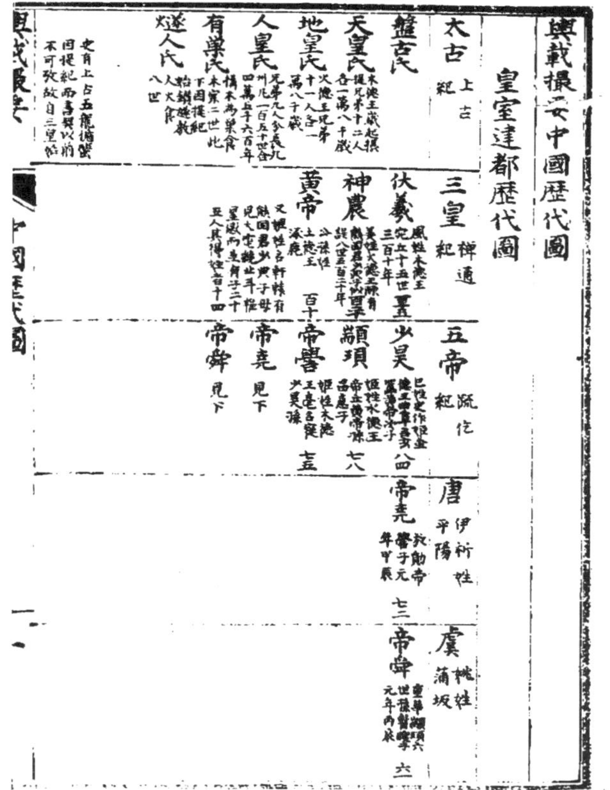

輿載撮要 中國歷代圖

皇室建都歷代圖

太古 上古 紀

盤古氏

天皇氏 木德王歲起攝提兄弟十二人各一萬八千歲

地皇氏 火德王兄弟十一人各一萬八千歲

人皇氏 兄弟九人分長九州凡一百五十世合四萬五千六百年

有巢氏 構木爲巢食木實二世此下因提紀

燧人氏 始鑽燧教人火食八世

史有上古五龍攝提因提紀而事與以前不可攷故自三皇始

三皇 紀 禪通

伏羲 風姓木德王究五十五世三百十年 [illegible]

神農 姜姓火德王都曲阜 [illegible] 五百二十年

黃帝 公孫姓土德王涿鹿 百十

五帝 紀 疏仡

少昊 [illegible] 八四

顓頊 姬姓水德王帝嚳子 七八

帝嚳 姬姓木德王亳 少昊孫 [illegible]

帝堯 見下

帝舜 見下

唐 伊祈姓 平陽

帝堯 放勛帝嚳子元年甲辰 七二

虞 姚姓 蒲坂

帝舜 重華顓頊六世孫瞽瞍子元年丙辰 六二

中國歷代圖

夏 姒姓 安邑		
大禹	文命 顓頊孫 鯀子 元年丁巳	二七
王啓		九
太康		二九
仲康	太康弟	十三
王相		二八
后羿 寒浞	姓未聞 善射 太康之衰 僭位八年 史作韓浞 殺羿自立 僭位四十年	
少康	王相子	二二
王杼		十七
王槐		二六
王芒		十八
王泄		十六
王不降		五九
王扃	不降弟	二一
王廑		二一
王孔甲	不降子	三一
王皐		十一
王發		十九
王桀	癸 發子 放于南巢	五二
十七王四百五十八年		

商 子姓 亳		
成湯	履 契後 主癸子 元年乙未	十三
外丙	湯次子	二
仲壬	外丙弟	四
太甲	太宗 湯孫 太丁子	三三
沃丁		二九
太庚	沃丁弟	二五
小甲		十七
雍己	小甲弟	十二
太戊	中宗 雍己弟	七五
仲丁		十三
外壬		十五
河亶甲	外壬弟	九
祖乙		十九
祖辛		十六
沃甲	祖辛弟	二五
祖丁	祖辛子	三二
南庚	沃甲子	二五
陽甲	祖丁子	七
盤庚	陽甲弟	二八
小辛	盤庚弟	二一
小乙	小辛弟	二八
武丁	高宗	五九
祖庚		七
祖甲	祖庚弟	三三
廩辛		六
庚丁		二一
武乙		四
太丁		三
帝乙		三七
帝辛	受 號紂	三二
三十王六百四十四年		

一一

周 姬姓 鎬		
武王	發 后稷之後 文王子 元年己卯	七
成王	誦	三七
康王	釗	二六
昭王	瑕	五一
穆王	滿	五五
共王	繄扈	十二
懿王	囏	二五
孝王	辟方 共王弟	十五
夷王	燮 懿王子	十六
厲王	胡	三七
宣王	靜	四六
幽王	宮涅	十六
十二王三百五十二年		

十二諸侯	
魯	[illegible]
晉	[illegible]
衛	[illegible]
吳	[illegible]
曹	[illegible]
鄭	[illegible]
燕	[illegible]
齊	[illegible]
宋	[illegible]
陳	[illegible]
楚	[illegible]
秦	[illegible]

東周 洛陽		
平王	宜臼	五一
桓王	林 平王孫	二三
莊王	佗	十五
釐王	胡齊	五
惠王	閬	二五
襄王	鄭	三三
頃王	壬臣	六
匡王	班	六
定王	瑜 匡王弟	二一
簡王	夷	十四
靈王	泄心	二七
景王	貴	二五
悼王	子猛	一
敬王	匄 悼王弟	四四
元王	仁	六
貞定王	介	二八
哀王	去疾	三月
思王	叔 哀王弟	五月
考王	嵬 思王弟	十五
威烈王	午	二四
安王	驕	二六
烈王	喜	七
顯王	扁 烈王弟	四八
慎靚王	定	六
赧王	延	五九
東周君		七
二十六王五百二十二年		

七僭國	
燕	見上 四十四世 九百二年
魏	畢萬之後 [illegible] 一百七十九年
趙	[illegible] 十一世 一百八十二年
韓	[illegible] 一百七十四年
齊	田和篡立 七世 一百六十六年
楚	見上 四十一世 八百九十三年
秦	見上 三十六世 六百七十年

一二

中國歷代圖

秦 呂氏 咸陽
始皇 [illegible] 十二
二世 胡亥 始皇少子 三
子嬰 始皇孫 扶蘇子 降漢 [illegible]
三世十六年

楚
義帝 心 懷王孫 二年

西楚
項籍 下相人 五年

漢 劉氏 長安
高帝 邦 [illegible] 十二
惠帝 盈 七
呂后 稚 高帝后 稱制八年
文帝 恒 高帝子 二十三
景帝 啓 十六
武帝 徹 五十四
昭帝 弗陵 十三
宣帝 詢 武帝曾孫 二十五
元帝 奭 十六
成帝 驁 二十六
哀帝 欣 [illegible] 六
平帝 衎 中山王子 五
孺子 [illegible] 三
十二世二百十年
新 王莽 十五年
更始 劉玄 三年

東漢 洛陽
光武 秀 [illegible] 三十三
明帝 莊 十八
章帝 炟 十三
和帝 肇 十七
殤帝 隆 一
安帝 祜 [illegible] 十九
順帝 保 十九
沖帝 炳 一
質帝 纘 [illegible] 一
桓帝 志 [illegible] 二十一
靈帝 宏 [illegible] 二十二
獻帝 協 [illegible] 三十一
十二世一百九十六年

後漢 成都
昭烈 備 [illegible] 三
後帝 禪 [illegible] 四十一
二世四十三年

魏 曹氏 鄴
文帝 丕 [illegible] 七年
明帝 叡 十三年
主芳 十五年
主髦 七年
元帝 奐 六年
五世四十六年

吳 孫氏 建業
大帝 權 二十四年
主亮 七年
景帝 休 七年
主皓 十七年 降晉
四世五十二年

晉 司馬氏 洛陽
武帝 炎 二十六
惠帝 衷 十七
懷帝 熾 五
愍帝 業 四
四世五十二年

東晉 建康
元帝 睿 六
明帝 紹 三
成帝 衍 十七
康帝 岳 二
穆帝 聃 十七
哀帝 丕 四
廢帝 奕 六
簡文帝 昱 二
孝武帝 曜 二十四
安帝 德宗 二十二
恭帝 德文 二
十一世一百四年

十六僭國
漢 劉淵 冒頓後 三世二十五年
趙 石勒 其先匈奴別部羯人 五世三十四年
前涼 張寔 漢趙王耳十八世孫 八世六十年
後涼 呂光 氐人 三世十八年
南涼 禿髮烏孤 鮮卑別種 三世十八年
北涼 段業 沮渠蒙遜弑立 并三世四十三年
西涼 李暠 漢將廣十六世孫 三世二十二年
夏 赫連勃勃 匈奴去卑後 三世二十五年
成 李雄 其先廩君 五世四十四年
前燕 慕容皝 鮮卑人 三世三十四年
後燕 慕容垂 皝五子 四世二十四年
南燕 慕容德 垂弟 二世十三年
北燕 慕容沖 皝子 二世十年
前秦 苻健 世爲西戎酋長 六世四十四年
後秦 姚萇 赤亭羌 三世三十四年
西秦 乞伏國仁 鮮卑人 四世四十七年

南朝 四國 建康

宋 劉氏
- 武帝 裕 楚元王交之後 三
- 營陽王 義符 二
- 文帝 義隆 武帝三子 三十
- 孝武帝 駿 十一
- 廢帝 子業 一
- 明帝 彧 文帝十一子 八
- 蒼梧王 昱 五
- 順帝 準 休範子 爲齊所弒 三

八世六十年

齊 蕭氏
- 高帝 道成 四
- 武帝 賾 十一
- 鬱林王 昭業 一
- 海陵王 昭文 昭業弟 [illegible]
- 明帝 鸞 五
- 東昏侯 寶卷 二
- 和帝 寶融 明帝八子 爲梁所弒 二

七世二十四年

梁 蕭氏
- 武帝 衍 四十八
- 簡文帝 綱 二
- 元帝 繹 武帝七子 三
- 敬帝 方智 爲陳所弒 三

四世五十七年

陳 陳氏
- 武帝 霸先 三
- 文帝 蒨 武帝兄子 七
- 臨海王 伯宗 二
- 宣帝 頊 文帝弟 十四
- 後主 叔寶 爲隋所滅 七

五世三十三年

後梁 蕭氏 江陵
- 宣帝 詧 武帝孫 八
- 明帝 巋 二十四
- 後主 琮 降隋 二

三世三十三年

北朝

魏 拓跋氏 元氏 洛陽
- 道武帝 珪 十二
- 明元帝 嗣 十五
- 太武帝 燾 廿九
- 文成帝 濬 十四
- 獻文帝 弘 六
- 孝文帝 宏 廿九
- 宣武帝 恪 十六
- 孝明帝 詡 十三
- 孝莊帝 子攸 三
- 東海王 曄 二
- 節閔帝 恭 二
- 安定帝 朗 二
- 孝武帝 脩 三

東魏 洛陽
- 孝靜帝 善見 爲齊高洋所弒 十七

西魏 長安
- 文帝 寶炬 十七
- 廢帝 欽 三
- 恭帝 廓 四

三魏十七主一百七十二年

齊 高氏 鄴
- 文宣帝 洋 十
- 廢帝 殷 一
- 孝昭帝 演 一
- 武成帝 湛 五
- 後主 緯 十二
- 幼主 恒 一月

六世二十八年

周 宇文氏 長安
- 愍帝 覺 一
- 明帝 毓 四
- 武帝 邕 十八
- 宣帝 贇 二
- 靜帝 闡 爲隋所弒 三

五世二十五年

隋 楊氏 長安

文帝 堅 漢太尉震十四世孫隋公忠之子元年己丑 二十四
煬帝 廣 十三
恭帝 侑 煬帝孫元德太子昭子 二
恭帝 侗 煬帝孫元德太子昭子爲王世充簒弒 二
四世三十九年

僭國

楚 朱粲 五月
夏 竇建德 五年
魏 李密 二年
定楊 劉武周 四年
梁 梁師道 十二年
秦 薛擧 二年
梁 蕭銑 四年
涼 李軌 六月
楚 林士弘 七年
鄭 王世充 三年
吳 沈法興 二年
吳 李子通 三年
燕 高開道 三年

唐 李氏 長安

高祖 淵 [illegible] 九
太宗 世民 高祖次子 二十三
高宗 治 三十四
中宗 顯 七
周 武氏 曌 僭位二十二年
睿宗 旦 中宗弟 三
玄宗 隆基 四十五
肅宗 亨 七
代宗 豫 十七
德宗 适 二十六
順宗 誦 一
憲宗 純 十五
穆宗 恒 四
敬宗 湛 二
文宗 涵 穆宗次子 十四
武宗 瀍 穆宗五子 六
宣宗 忱 憲宗十三子 十三
懿宗 漼 十四
僖宗 儇 十五
昭宗 曄 懿宗七子 十六
昭宣帝 柷 爲朱全忠弒 三
二十世二百九十年

五代

後梁 朱氏 洛陽

太祖 溫改晃 弒子 六
末帝 友貞 爲唐所滅 十一
二世十七年

後唐 李氏 洛陽

莊宗 存勗 西突厥別種克用子 四
明宗 嗣源 克用養子本姓未改 八
愍帝 從厚 一
潞王 從珂本姓王明宗養子爲晉滅 三
四世十四年

後晉 石氏 汴

高祖 敬瑭 沙陀人臬捩鷄子 七
出帝 重貴 高祖兄子爲契丹所滅 四
二世十一年

後漢 劉氏 汴

高祖 知遠 漢光武后琠子 二
隱帝 承祐 爲郭威滅 二
二世四年

後周 郭氏 汴

太祖 威 [illegible]簡子 四
世宗 柴榮 太祖養子 六
恭帝 宗訓 半年
三世九年

十國

國	王	世年
蜀	王建	二世十九年
吳	楊渥	二世十九年
閩	王延鈞	四世十三年
楚	馬殷	五世二十五年
吳越	錢鏐	四世七十二年
南漢	劉龑	四世五十五年
南平	高季昌	五世五十一年
後蜀	孟知祥	二世三十二年
南唐	李昪	三世三十九年
北漢	劉崇	三世二十九年

宋 趙 汴

帝	注	年
太祖	匡胤 涿郡人弘殷子 元年庚申	十七
太宗	炅 初名匡義 太祖弟	二十二
真宗	恒	二十五
仁宗	禎	四十一
英宗	曙 太宗曾孫濮王允讓子	四
神宗	頊	十八
哲宗	煦	十五
徽宗	佶 神宗十一子	二十五
欽宗	桓 被執於金	二

九世一百六十八年

遼 耶律氏 臨潢

太祖	億 遼其先契丹 僭位十一年
太宗	德光 太祖之二子 十二年
世宗	阮 東丹王倍子 五年
穆宗	璟 太宗長子 十九年
景宗	賢 世宗次子 十四年
聖宗	隆緒 復國號契丹 四十九年
興宗	宗眞 十五年
道宗	洪基 四十七年
天祚帝	延禧 道宗孫 爲金所執 二十五年

九世二百五年

北遼 耶律淳 興宗孫 三世三年

西遼 耶律大石 太祖八世孫 五世八十一年

夏 李元昊 都夏 十世一百九十年

南宋 臨安

帝	注	年
高宗	構 徽宗九子 丁未元年	三十六
孝宗	眘 太祖七世孫 秀王子偁子	二十七
光宗	惇	五
寧宗	擴	三十
理宗	昀 太祖十世孫	四十
度宗	禥 理宗姪	十
恭帝	㬎 度宗次子	二
端宗	昰 度宗長子	三
帝昺	度宗三子	二

九世一百五十三年

金 完顏氏 會寧

太祖	阿骨打 女眞 僭位九年
太宗	吳乞買 太祖弟 十三年
熙宗	合剌 太祖長孫 十五年
主亮	太祖孫 十三年
世宗	烏祿 太祖孫 二十九年
章宗	璟 世宗孫 十九年
衛紹王	永濟 世宗子 五年
宣宗	珣 顯宗長子 十一年
哀帝	守緒 十一年

九世一百二十年

蒙古 奇渥溫氏 斡難河

太祖	鐵木眞 也速該子 二十二年
太宗	窩闊台 十三年
定宗	貴由 三年
憲宗	蒙哥 太祖孫 至元 九年

四世七十六年

元 見蒙古 燕

元		
世祖	忽必烈 [illegible] 十六年己卯	十六
成宗	鐵木耳 太祖孫	十三
武宗	海山 成宗姪	四
仁宗	愛育黎拔力八達 武宗弟	九
英宗	碩德八剌	三
泰定	也孫帖木兒 世祖曾孫	五
明宗	和世㻋 武宗長子	八月
文宗	圖帖睦爾 明宗弟	五
寧宗	懿璘質班 明宗次子	一月
順帝	妥懽帖睦爾 明宗長子	三十六
昭宗	愛猷識理達臘 [illegible]	十一

十一世八十九年

明 朱氏 金陵 移燕

明		
太祖	諱元璋 [illegible] 洪武	三十一
惠宗	諱允炆 太祖孫 建文	四
成祖	諱棣 太祖四子 永樂	二十二
仁宗	諱高熾 洪熙	一
宣宗	諱瞻基 宣德	十
英宗	諱祁鎭 正統十四年	
代宗	諱祁鈺 宣宗次子 景泰	七
英宗	復位 天順	[illegible]
憲宗	諱見深 成化	二十三
孝宗	諱祐樘 弘治	十八
武宗	諱厚照 正德	十六
世宗	諱厚熜 [illegible] 嘉靖	四十五
穆宗	諱載垕 隆慶	六
神宗	諱翊鈞 萬曆	四十八
光宗	諱常洛 泰昌	一月
熹宗	諱由校 天啓	七
毅宗	諱由檢 光宗五子 崇禎	十七
弘光帝	諱由崧 神宗孫	一
隆武帝	諱聿鍵 太祖十世孫	二
永曆帝	諱由榔 神宗孫 爲淸所害	十七

十九世二百九十五年

後金 愛新覺羅氏 瀋陽

後金		
太祖	奴兒哈赤 [illegible] 天命十一年	
太宗	弘他時 天聰 崇德十八年	

二世二十九年至淸統合

淸 見後金 燕

淸		
世祖	太宗子 元年甲申	順治十八
聖祖		康熙六十一
世宗		雍正十三
高宗		乾隆六十
仁宗		嘉慶二十五
宣宗		道光三十
成宗		咸豐十一
穆宗		同治十三
皇帝		光緖

自唐堯甲辰至同治甲子四千二百二十一年

輿載撮要卷之一之三

亞細亞洲凡五國

中國 在亞細亞之中央故曰中國東連太平洋西距蒙古西藏南至南海交趾北接滿州蒙古地利不一氣候各異大約北寒南暑東溫和西燥熱人種皆屬黃色文字用蒼皇所制亦有蒙文書語槩用漢語而隨方稍別

皇室 世祖章皇帝愛新覺羅氏 八十三年甲申卽位改元順治在位十八年

聖祖仁皇帝壬寅卽位改元康熙在位六十一年

世宗憲皇帝癸卯卽位改元雍正在位十三年

高宗純皇帝丙辰卽位改元乾隆在位六十年

仁宗睿皇帝丙辰卽位改元嘉慶在位二十五年

宣宗成皇帝辛巳卽位改元道光在位三十年

文宗顯皇帝辛亥卽位改元咸豐在位十一年

穆宗毅皇帝壬戌卽位改元同治在位十三年

今皇帝乙亥卽位改元光緖

歷代 中國卽亞細亞之一大國也上古之世聖人首出伏羲神農黃帝是爲三皇伏羲氏造書契神農氏始敎耕黃帝氏制曆

筭在位百年少昊金天氏八十年顓頊高陽氏七十八年帝嚳高辛氏七十年帝摯八年帝堯陶唐氏七十二年帝舜有虞氏六十七年夏后氏娰姓都安邑傳至十七世歷年四百五十八年商子姓初都亳至盤庚遷于殷改國號曰殷二十八世六百四十四年周姬姓武王都鎬平王東遷于洛凡三十八世共八百七十三年秦昭王五十三年東周亡齊楚燕趙韓魏及秦七國互相侵伐各自並立三十三年至秦始皇兼并天下二世而亡歷年十五年漢劉氏高祖都長安光武都洛陽昭烈都成都二十六世四百六十九年蜀漢之亡吳魏并立二年魏先亡晋司馬氏武帝都洛陽元帝都建康凡十五世共一百五十四年宋齊梁陳皆都建康宋凡八世共五十九年齊凡七世共二十三年梁凡四世共五十六年陳凡五世共三十二年自晋之南渡五胡亂華劉宋以後元魏高齊宇文周割據中原俱稱北朝隋楊氏混一區宇文帝都長安煬帝都洛陽三傳而亡共三十八年唐李氏都長安凡十三世共二百九十年後梁後唐後晋後漢後周是為五季總計歷年五十五年宋趙氏太祖都汴京高宗都臨安凡十八世共三百二十年元奇渥溫氏都燕京凡九世共八十九年明朱氏太祖都南京成祖都燕京凡二十世共二百八十三年皇清世祖章皇帝姓愛新覺羅氏代明而立國號大清都燕京

政治

為專制帝治凡軍國機鍵無不斷自宸謨而其贊襄籌議上有內閣置滿漢

大學士各二人均由特簡參理機務表率百僚下有六部兩院如六部卽吏部戶部禮部兵部刑部工部均置滿漢尙書各一人侍郞各二人爲六堂官分掌庶務曰吏部掌中外文職銓敘勳階陟之政釐飭官常以贊邦治曰戶部掌天下土田戶口財穀之政平準出納以均邦賦曰禮部掌吉嘉軍賓凶之秩序學校科擧之法以贊邦禮曰兵部掌中外武職銓選簡覈軍實以贊邦政曰刑部掌折獄審刑簡覈法律受天下奏讞成閱實而上其辭以肅邦憲曰工部掌天下工虞器用辨物庀材以飭邦事曰理藩院置尙書一人以滿州蒙古補授掌內外藩蒙古回部及諸藩部封授朝覲貢獻黜陟徵發之政令控馭撫綏以固邦翰曰都察院置左右都御史各一人副各一人掌總理臺政釐飭紀綱全國分爲十八省置總督巡撫承宣布政使司布政使提刑按察使司按察使等官專司一省事宜總督則直隸四川各一人如江南江西福建浙江湖北湖南陝西甘肅廣東廣西雲南貴州江蘇安徽均以一人兼管兩省山東山西河南均只置巡撫一人掌綜治軍民統轄文武考覈官吏修飭封疆巡撫則直隸甘肅總督兼餘各省均派一人掌宣布德音撫安齊民修明政刑興革利弊承宣布政使司布政使則各省各一人掌一省之政司錢穀之出納提刑按察使司按察使則各省亦各一人掌全省刑名按劾之事兼理驛傳又分十八省爲府與直隸州及州縣府有知府同知通判知府掌

一府之政統轄屬縣宣理風化平其賦役聽其獄訟以教養百姓同知掌督糧捕盜海防江防清軍理事撫苗水利諸務通判掌糧運督捕水利理事諸務州有直隸州知州州同州判直隸州知州掌直隸州一州之政令其規制與知府同惟無倚郭縣其所治州事卽自行之州同如同知州判如通判又有知州在直隸州知州之次掌一州之政治其佐州同州判分掌糧馬巡捕之事縣有知縣掌一縣之政令其佐縣丞主簿分掌糧馬征稅戶籍巡捕之事如外三省則均置將軍一人盛京將軍掌鎭留都安輯旗民董率文武副都統三人各守分地以贊其治吉林將軍掌鎭守吉林烏喇等處地方鎭固鎭戍綏和軍民秩祀山川輯寧邊境副都統五人各守分地以贊其治黑龍江將軍掌鎭守黑龍江等處地方均齊政刑修學武備綏徠部旗控制東陲副都統三人各守分地以贊其治至新疆則伊犁亦置將軍一人統掌新疆之軍政衆贊大臣一人領隊大臣五人按烏嚕木齊都統一人副都統一人掌烏嚕木齊之軍政滿洲綠旗官兵皆屬焉塔爾巴哈臺參贊大臣一人領隊大臣二人和駐雅爾後移今治按蒙古北部喀爾喀三汗同時納貢厥後朔漠蕩平與漢南諸部相等承平以來懷柔益遠北踰瀚海西統羌荒西藏青海諸地并入版圖諸部君長稽首偕來畫疆置吏有如內地於是統之以皇臣監之以分司內外相維大小咸秩

宗教

教有三門曰儒曰仙曰佛宗儒教者最多仙佛次之近有信奉耶蘇新舊教者云

學校

中國學校自三代盛時其法頗備歷代沿革雖互有不同而其規一也逮 皇淸定鼎校規大備而學有宗學旗學鄕學之別按宗學昔無其名自唐宋以來以教宗人此爲古帝王立教自親而始之意也國初始置宗學宗人府等衙門設每旗各設宗學每學用學行兼優滿漢官各一人爲之師凡未封宗室之子十歲以上者俱入宗學又令宗室子弟各就本府讀書又覺羅每各旗立一衙門選老成行端者一二人分爲設十學除情願在家學習者外皆令入官學或淸或漢聽其志願分別教授如旗學則立八旗官學分爲四處各立官學一所用伴讀十人勤加教習每十日赴國子監考課一次春秋演射五日一次又酌取京省生員教習八旗子弟月給米二斛以資贍復定盛京旗下子弟肄業之例設盛京官學於左右翼每翼四十名教讀滿書漢書并習馬步箭其教讀學舍由盛京工部發給至漢學取生員教習其廩糈照京師八旗教習之例給倉米十二石由盛京戶部支給至太學則設文廟講堂廳廨萃八旗子弟與直省貢監生肄業其中以祭酒司業董其成助教學正督其課又欽派大臣兼管成均之法又滿洲官員子弟有願讀淸書或漢書及漢官子弟有願讀淸漢書者俱送入國子監仍設滿洲司業一員助教二員並設蒙古助教八員至直省鄕黨之學則直省各學支給廩餼在京者戶部支給在外者州縣官支給于各省

置提督學政又有各府廳等儒學教授及各廳縣儒學教諭各府廳州縣儒學訓導皆掌訓迪之事近自通商以來京都設同文館天津設武備學堂水師學堂中外書院上海設廣方言館廈門設博文書院且建輪船機器諸廠於各港均延西士繙譯西書發明西學揀選學徒捐廩贍養令習輪船槍砲製造機器測量航海格致算法電報鑛務行陣演兵諸法以資實用之一端

財政

歲入款地丁銀多居各省藩庫起運銀存留銀鹽課及蘆課銀雜項銀海關及抄關銀雜稅及當雜稅銀額徵解銀攤餉銀譯脚銀屯餉銀鹽脚銀總計八千五百一十九萬五千六百四十七兩各省徵漕米四百二十三萬四千二百九十五石六斗七升每歲錢糧量入為出無驟增驟減之例也國債約為三千四百十五萬五千零八十五圓以一年百分八為利子亦以稅關為典押前後債記現已過清未清者為八百餘萬

貨幣

幣有二品依古九府圜法以製之輪廓外周前面作字號起一為國書滿文一漢字書以年號通寶其滿文一品錢質較大至計錢之數自漢以來曰貫亦曰緡前明或以錠計每五千文為一錠今錢千文為串猶貫緡之意復定錢制每文重一錢二分凡七分準銀一分官以此徵收民以此輸納為按銀之輕重古以銖與絫黍計今以錢與分釐計近自通商以來中國銀一兩當洋銀一圓二十九錢六分且準美國銀錢

軍制

皇清兵制出于特創而無所因襲所謂八旗是也國初先編四旗用飭戎行厥後歸附既衆增為八旗然猶統滿州蒙古漢軍之衆而合于一也迨其後戶口日繁又編蒙古八旗繼編漢軍八旗合為二十四旗屯田守宅辨方正位凡內而親軍護軍驍騎步軍及外而各省駐防之兵悉統之以八旗教養生成蓋以旗統人即以旗統兵其隸于旗者皆可以為兵非如前代有僉冊召募之煩故居則環衛駐防出則折衝禦侮亦一良制也按八旗之制以初設四旗為正黃正白正紅正藍增設四旗為鑲黃鑲白鑲紅鑲藍黃白藍均鑲以紅紅鑲以白合為八旗每旗三百人置一長領之稱為牛祿額真五牛祿額真置甲喇額真一人五甲喇置固山額真一人每固山置左右梅勒額真二人後以鑲黃正黃正白為親軍上三旗隸領侍衛內大臣下五旗隸宗室王公故至其督兵各官則內而設領侍衛府置三旗領侍衛內大臣六人掌統領侍衛親軍內大臣六人及散秩大臣等俱掌先後寢御左右扈衛蓋國初以八旗將士平安海內鑲黃正黃正白三旗皆天子自將爰掄其子弟命曰侍衛用備隨侍宿直而宗室之秀外藩之侍子亦得預選統以勳戚大臣以重環衛之職如八旗則都統副都統各一人合掌滿洲蒙古漢軍二十四旗之政以宣布牧養整詰戎兵釐治田土稽核戶口如前鋒統領王公大臣兼領掌本翼四旗前鋒之政如護軍營統統王公大臣兼任掌圓明園翼衛之政如嚮導總統先期率官詰車駕經行之地周覽山川

通橋梁夷險遞計程保鑾前導如步軍統領掌京城內外門禁鎖鑰統率八旗五營將備以徼巡如火器營掌教演火器之政如健銳營公侯大臣兼任掌督率所屬以時訓鍊蓋該營卒習雲梯爲步射馬槍馳馬舞刀之技又於昆明湖教水戰駕船取風咸精其藝如虎鎗營公侯領侍衛內大臣簡任掌以虎鎗扈從凡遇車駕蒐狩總統等偵探虎豹出入備伏弩箭使之格殪復設綵旗以辨漢兵總督巡撫提督總兵以下副將衆將遊擊都司守備千揔把揔各負而總督則節制巡撫標以下及各省各鎭各協各營各衛外藩各部事務臨理旗務凡直省形勝要地分遣八旗兵駐守至于內地則皆度地居民設爲郡縣實爲設險之守也至於蒙古各部暨回部之久經內附者設札薩克以理旗務又悉置都統以下等官一如八旗之制又按陸軍自二百年前以來除禁衛兵外嘗備兵亦有二十四軍團分成三部係漢軍八團滿兵八團轄兵八團而三部各有將官指揮該兵其將官皆出於部中必受文武總督之命又有青旗與德國務備兵相類如禁衛兵分爲十大隊各有九百人皆在北京內外而中有四隊特俄製火鎗習以洋式又有俄製大砲二十四門及鋉製回轉砲預備者甚多合計常備兵爲七十萬人而係漢兵者三十萬人又青旗兵隨各省州縣而募集編成一十八軍團此等兵雖非勁旅而近聘德人訓鍊得宜故其武裝步伐皆有進步也又查光緖九年各兵額陸軍一百一十九萬一千七百七十八名八旗兵綠旗兵勇兵內外蒙古兵并計軍艦瀛船帆船二百零五隻砲三百七十尊又有瀛船八隻砲九十尊海軍八千六百九十七名北洋南洋福建廣東等處并計兵餉歲支二千五六百萬銀

面積

全國分爲十八省曰直隷曰山東曰山西曰陝西曰甘肅曰江蘇曰安徽曰浙江曰江西曰福建曰河南曰湖北曰湖南曰四川曰廣東曰廣西曰雲南曰貴州土地合計一百二十九萬七千九百九十九方英里屬地一曰盛京土地三十六萬二千三百一十方英里二曰蒙古土地一百二十八萬八千方英里三曰西藏土地六十五萬一千五百方英里四曰伊犁土地一十四萬七千九百五十方英里五曰東土耳其斯坦土地四十三萬一千八百方英里合計四百一十七萬九千五百五十九方英里

人口

四億一千一百三十四萬七千七百零一人又有屬地人口四億三千二百五十二萬七千七百零一人據光緖十年海關旿報外國人來住各地者英吉利二千七百零四人美國六百二十一人德逸五百五十四人此外各國人數不甚多而概住於上海

通商

光緖十年甲申各港進口貨殖合計七千二百七十六萬零七百六十兩輸出貨殖合計六千七百一十四萬七千六百八十兩但一兩則當洋銀一圓二十九錢六分矣且各港進口貨以阿片帛布毛布織鉛鍋等及石炭兢中阿片右多價値三千萬兩全國士民耽溺毒草失此大額可

概也已出口貨以蠶絲砂糖爲主開港凡有二十二處而其最先開市者以廣東港爲始實在咸豊九年己未十月其二十二港如左 牛庄滿州 天津直隷省 芝罘山東省 宜昌 漢口湖北省 九江江西省 蕪湖安徽省 南京 鎭江 上海江蘇省 寧波 溫州浙江省 福州 淡水 雞龍 台灣 打狗 廈門福建省 汕頭廣東 瓊州 北海廣東省 稅關事務則雇外國人爲司長現充英人其外屬僚多有外國英國特置一司以爲理事處甲申一年各港出入船舶合計二萬三千七百五十五隻全國多産石炭其性質及多寡不同直隷北部炭鑛爲地球之最而近則外國人監督坑夫以開採如開平炭鑛每一日平均産額爲六百頓云又有銅鑛而尚未開採（）國內道路多至二萬條皆自國家修理此外支路不遑記載而如運溝如江河多有舟楫之利故內地通商亦日盛一日云

工業

全國人民以農爲業牧畜次之織造紬緞諸般製作爲天下之最也光緖二年丙子始設鐵道以通火輪車漸加數築現自上海至孟城長爲四十英里電線則甲申十月電路長爲三千零八十九英里銅線計有五千四百八十二英里年年增設乙酉八月新開電路於北京朝鮮之間通於天津上海等處以連合海外各國矣

曆書

用太陰曆月有大小大月三十日小月二十九日歲率三百五十四日三年一置閏五年再閏以准太陽周天度數

朝鮮

在亞洲之東西接中國渤海北連滿洲東界日本海南爲海峽人種屬黃色文字用漢文兼用國文言語自成一家

王室

太祖大王李氏 籍全州大明洪武二十五年壬申七月十七日卽位戊寅禪位于 定宗在位七年

定宗大王戊寅卽位庚辰禪位于 太宗在位二年

太宗大王庚辰卽位戊戌禪位于 世宗在位十八年

世宗大王戊戌卽位在位三十二年

文宗大王庚午卽位在位二年

端宗大王壬申卽位乙亥禪位于 世祖在位三年

世祖大王乙亥卽位在位十三年

德宗大王 成宗乙亥追崇

睿宗大王戊子卽位在位一年

成宗大王己丑卽位在位二十五年

燕山君甲寅卽位丙寅放于喬桐在位十一年

中宗大王丙寅卽位在位三十八年

仁宗大王甲辰卽位在位一年

明宗大王乙巳卽位在位二十二年

宣祖大王丁卯卽位在位四十一年

光海君戊申卽位癸亥放于江華在位十四年

元宗大王 仁祖癸酉追崇

仁祖大王癸亥卽位在位二十七年
孝宗大王己丑卽位在位十年

顯宗大王己亥卽位在位十五年
肅宗大王甲寅卽位在位四十六年

景宗大王庚子卽位在位四年
英祖大王甲辰卽位在位五十三年

眞宗大王正宗丙申追崇
正宗大王丙申卽位在位二十四年

純祖大王庚申卽位在位三十四年
翼宗大王憲宗甲午追崇

憲宗大王甲午卽位在位十五年
哲宗大王己酉卽位在位十四年

大君主癸亥卽位
世子宮乙亥建儲

歷代

遼古之世初無君長距今前四千二百一十九年戊辰有神人降于太白山檀木下國人立以爲君國號朝鮮是爲檀君至周武王初殷太師箕子東渡因封爲君襄號朝鮮設八條敎民禮義距今前二千六十年丁未燕人衛滿避亂東來誘逐箕準據王儉城至其孫右渠漢武帝遣楊僕滅之以其地置四郡時箕準與其徒浮海而南居金馬郡是爲馬韓與辰韓弁韓並稱三韓辰弁則始祖年代不可考距今前一千九百三十四年甲子朴赫居世都辰韓地國號新羅高朱蒙避亂至卒本因都焉是爲高句麗扶餘溫祚以百家濟江都河南慰禮城是爲百濟三國各保一隅唐高宗遣蘇定方滅百濟李世勣滅高句麗置都督府於其地歷年則百濟六百七十八年高句麗七百五年新羅自立國五世之後朴昔金三姓相傳爲王至敬順王而亡三姓五十六世歷年共九百九十二年先是新羅憲安王子弓裔叛據北京國號泰封弓裔之末泰封諸將推王建爲王國號高麗統合三韓移都松嶽至恭讓王而亡傳至二十九世歷年共四百七十五年自檀君戊辰至高麗恭讓王壬申合三千七百二十五年 太祖大王姓李氏定鼎漢陽國號朝鮮

政治

君主專治立法行政司法三權皆出自君主焉行政責成上有總司曰議政府置領議政左右議政各一員總百官經邦國下有六曹均置判書一員各掌其職曰吏曹掌文選考課之政曰戶曹掌戶口貢賦糧貨之政曰禮曹掌禮樂祭祀學校科擧之政曰兵曹掌武選軍務郵驛之政曰刑曹掌法律詞訟徒隷之政曰工曹掌山澤工匠營繕陶冶之政近有增設二署曰內務府置總理大臣察軍國事務曰外務衙門置督辦一員掌交涉通商事務其地方政治則京都五部置漢城府判尹一員掌京都口帳市廛家舍田土四山道路橋梁溝渠逋欠負債鬪毆盜竊檢屍車輛故失牛馬烙契等事全國分爲八道四都道

有監司掌道內節度兵馬黜陟守令承宣風化飭理封疆都有留守掌治舊都又分八道爲州府郡縣置牧使府使府尹郡守縣令縣監專管地方政治

宗教

擧國專崇儒教間有閭巷窮民無依者入山薙髮雖奉佛教而不與人齒焉

學校

國之有學校舊矣羅麗之際無得以詳述至 本朝其法漸備都城建成均館一所名太學以文官掌儒學教誨之任選生進一百人分處東西齋講明人倫培養國脉

四學校

置四學校於四部各有教授一員自公卿大夫之子若孫以至凡民俊秀子弟莫不入於此而受業其學費特設養賢庫計月饒廩至子午卯酉大比之年試取明經製述優等者以爲進身之階又有天文學地理學命課學法律學醫學算數學協律學圖畫學寫字學譯學皆置教授現今增習英國語

鄕校

各省州縣各設一學名鄕校以明經行修務式一鄕者爲校長選民間聰敏子弟使之入學按月考講以示獎勵亦捐公廩而養之是爲官立也其餘坊曲家塾任民捐貨隨處皆設是爲私立也

財政

國之歲入田租爲最丁口稅次之雜稅又其次也田租米三十二萬三千四百二十七石八斗丁口稅米一十萬二千二百六石二斗雜稅米三萬一千八百十八石六斗合計四十五萬七千四百五十二石一斗田租稅錢七十十六萬一千六百八十三兩二分丁口稅錢五十五萬三千八百二十二兩七戔五分雜稅錢一百零四萬二千五百五十三兩八錢八分合計二百三十五萬八千零五十九兩六錢五分田租御布二十萬零零二十二疋丁口稅綿布十四萬七千二百二十八疋雜稅綿布六萬一千零七十二疋合計四十萬八千三百二十二疋開國四百九十四年乙酉一年三港口海關稅銀十四萬三千零四十九圓司譯院蔘稅銀六萬兩端川貢銀五百兩歲出則一歲御供及百官月廩常備各軍歲餉皆以此支數每出入相均不曾加减惟外道官俸吏料兵餉不在此數

貨幣

通用之錢鑄銅鉛爲幣而有大小二等俱名常平通寶大錢一文當小錢五文之用大錢三百五十文可易洋銀一圓

軍制

國初始置義興三軍府總制八道軍事尋改爲五衛都總府後增置訓鍊都監御營廳總戎廳禁衛營現罷四營更設親軍五營均置營使一人是爲都城常備親軍外道設置監營統制營兵營水營防禦營各置使一人統轄各道水陸諸軍畿置留後四營拱衛神京近設総制營置使一人総管畿沿海防事務按徵兵之制不問良賤年滿十五歲充軍額至六十一歲免陸軍則騎兵六萬七千一百六十八名案付步兵六十七萬一千二百八十六名東伍兵二十一萬九千八百二十二名守堞兵一萬三千一百三十一名諸色兵十一萬九千一百九十九名標下兵九百四十三名新設常備兵九千零五十七名共一百一十萬零六百零六名海軍一萬九千八百七十名畿沿海防新設常備海軍一千一百十八名戰

船一百三十一隻防船七十六隻兵船一百六十一隻合計軍艦三百六十八隻漁船四隻

面積 全國區爲八道曰京畿曰忠淸曰全羅曰慶尙曰江原曰黃海曰平安曰咸鏡統計面積爲八萬二千方英里

人口 二千八百零萬七千四百零一名男一千五百零萬四千二百九十二名女一千三百零萬三千一百零九名京都人口十九萬六千零七十八名男九萬六千三百九十二名女九萬六千六百八十六名

通商 仁川元山釜山三港口日本貿易最多中國次之英德美又其次開國四百九十四年乙酉一年進口貨值統計一百七十九萬二千一百九十三圓六角一分金銀及銅錢價十六萬二千七百四十五圓六角出口貨值統計五十二萬四千三百四十一圓三角三分金銀及銅錢價五十八萬五千六百四十七圓七角二分按進口貨物惟洋布最夥計値爲九十二萬七千三百四十七圓九角三分其次袈裟布計値十二萬六千五百三十一圓又其次銅錫鉛鐵計值七萬二千九百五十九圓九角三分出口貨黃金居多計值爲十七萬三千一百二圓二角二分其次牛皮計值二十八萬四千六百十五圓九角又其次米豆計值十萬零九百八十萬圓

工業 全國人民以農爲本製造綿布紬羅麻枲磁器竹簫等物鑛產私採不爲准許電線則起自京城南至仁川西達義州東至東萊合計長二千二百八十三里

曆書 用太陰曆與中國同

日本

在亞細亞之東其大島有四一爲中州二爲九州三爲四國四爲北海道亦稱蝦夷別有小島曰對馬壹岐千島佐島淡路隱岐人種皆屬黃色文字從中國言語別成一家日語是也

皇室 **今天皇諱睦仁** 一千八百五十二年生於舊都西京地卽孝明天皇之長子六十七年孝明天皇殂八嗣其位娶華族藤原忠香之女諱美子爲皇后有一子名明宮年今四歲現都東京所謂新都皇家大統例以嫡男爲太子或無嫡男則立嫡女爲女皇然女皇在位則必自四親王攝政所謂四親王者皆屬皇家近親系出銀潢且互相婚媾世爲婚戚也其皇室費額每年有政府擬定以納之凡二百二十二萬一千六百五十圓

歷代 皇室以神武天皇爲祖自定都以來歷世凡一百三十三歷年凡二千五百四十六而神武卽位實在於西歷前六百六十年其閒皇統連綿然中葉以降皇室失權徒擁虛器者一千二百年將軍專擅內外政治迨今天皇卽祚討滅將軍德川慶喜始復皇室之權八百七十一年廢封建爲郡縣政治一擬歐洲各國云

政治 爲專制立法行政司法三權自天皇總轄焉國中特設議政兩署一曰內閣總理全國政令其爲大臣者凡十人擇一人爲內閣總理大臣總理大臣與餘九人令各兼長一省所謂省者專掌行政事宜而其省有十曰宮內外務內務大藏陸軍海

軍司法文部農商務及遞信是也凡係政治皆自內閣具奏原案於天皇得其允可定爲法律頒諸各省使之施行二曰元老院自天皇勅命練達治體者任其議官若內閣具奏政治原案於天皇則天皇更以此案下元老院使議其可否適得其可著爲法律全國分爲三府四十四縣府縣各有知事皆由政府揀派任以地方政務又分府縣爲郡及區更分郡區爲町及村各置其長郡曰郡長區曰區長町村稱戶長又有府縣議會議地方政務雖知事未得議員之共准則不能施爲政務査議員選擧無論其府縣生長該地方男子二十五歲且每年納租五圓者得爲選擧人又每年納租十圓者二十五歲且現寓其地方三年然後乃可被選擧一千八百九十年將設民會變專制帝治爲立憲帝治云亦一大變革

宗教教育

全國人民緊奉佛教故僧侶甚多凡七萬五千人又有神教及耶穌教者所謂神教者以皇室祖先爲天神而祭祀者也教育則全國各町村皆有小學校無論貴賤男女齡自六歲至十四歲皆令就學名強迫教育之制

財政

全國財用每年精筭前一年歲出入名云精筭表豫筭後一年歲出入名云豫筭表皆頒示內外士民令記八十五年一歲間出入豫筭表如下政府稅項一曰海關稅二曰地租三曰鑛山稅四曰北海道物產稅五曰酒稅六曰烟草稅七曰證印稅八曰郵便稅九曰會社稅十曰雜稅合計稅項約七千零二十六萬零七百七十六圓又政府剩利一曰鐵道利款二曰電線利款三曰遞幣利款四曰鑛山利款五曰工事利款合計剩利約一百五十八萬一千二百九十六圓又政府所入一曰人民下貸資本償還二曰雜款又有不時所入者核計合爲七千五百九十八萬二千九百六十九圓國債有內債及外債別發紙幣合計三億二千四百七十零萬九千零一十三圓蓋該國自通商以來廢封建爲郡縣興學政振工業統計費額不啻萬億故募集內外國債塡補欠項而內亂數起者亦其一因也

貨幣

金貨爲本位有二十圓一十圓五圓二圓一圓五種以銀貨爲補助有一圓五十戔二十戔十戔五戔五種別有補助銅貨亦二戔一戔五厘一厘四種至八十年全國有金銀銅貨約九千七百五十萬圓又有紙幣素爲不換紙幣政府不准銀貨交換本年以來改爲兌換紙幣政府許以交換銀貨故紙幣與銀貨無甚差別又有一圓銀貨名云貿易銀値准美銀一弗所謂圓者准之而以英貨金一磅折筭五圓蓋各國通貨常有低昂然以此爲准

軍制

古者封建之時諸侯割據方面專尚詐力胥動干戈從事武功稱大名小名而人民亦分爲武士及平民如武士則帶劒騎馬獨事戰鬪迨德川末葉大小名凡三百餘爲武士戶主者約四十萬人今天皇更革舊制剏徵兵之法令全國男子皆服兵役惟戶主及羸弱癃廢者獨免其役自十七歲至四十歲不拘貴賤擧充國民軍若敵兵犯境則一召即至共事

防禦今查陸軍九萬五千二十八名海軍四千零七十三名輪艦二十一隻帆船五隻鐵甲船四隻新造大艦九隻

面積 全國分爲四大部曰本地曰四國曰九州曰北海道面積約一十四萬八千四百五十六方英里

人口 三千七百零一萬七千三百零二人現今全國都府人口過三萬者凡二十六處其中東京人口九十零萬二千八百三十七人大坂人口三十五萬三千九百七十人西京人口二十五萬五千四百零三人現今一歲間死亡者之遜於生產者凡二十五萬四千三百七十三人可見人口一年增而該一年間貧民仰給者一萬一千人自陷刑辟者一十萬人云

通商 神戶長崎橫濱新瀉及箱館五港爲海外互市之地進貨以皁布及沙糖爲最出貨以蠶絲茶米石炭爲最

工業 以農爲本全國土地分爲五種一曰田二曰畑三曰宅地四曰山林五曰不耕地民皆力作故田畑甚多原濕均闢而豐產則木綿米麥豆等爲尤多牧畜漁業日以盛旺全國有馬一百一十六萬頭漁戶男女約一百六十萬人鑛山亦日有起色分爲官私兩鑛納稅政府現今查田地約六百四十四萬七千七百五十四亞尋婁畑地約四百五十九萬八千七百九十八亞尋婁宅地約八十六萬二千四百三十六亞尋婁電線設於三港者俱通海外諸國且全國之內隨處皆設郵便局凡五千三百一十六處而郵便電信皆自遞信省監督鐵道亦年增一年

暹羅

北接中國東爲法屬西爲英屬南濱海與東印度諸島對峙人種多黃色亦有雜色言語自成一家

王室 今王的羅倫古倫箒一 一千八百六十八年即位王位雖云世襲然實不行父傳子授之法故國王常自擇後嗣或令遠親代襲

政治 國王與內閣俱行國政一陸軍二海軍三外務四司法五政務六內務七財務是也元老院獻可替否議員自王簡任特簡王族全國四十州別有屬領各世襲公爵俱受命政府

宗教教育 佛教爲最盛近自通商以來公卿大夫聰俊年少子弟遊學於英德法等國者不少

財政 歲入四百六十五萬圜除海關稅外每年無增減出入亦得相均

貨幣 芝加羅以一芝加羅爲銀五十二戔一厘

軍制 國內常備軍數雖甚少別有民兵所謂民兵令全國人民皆隸軍籍多貯軍器及大砲至兵卒鍊習近歐人教之軍艦十六隻騏驍英人指教故海軍制度一依英國法

面積 土地不得知其詳然面積二十五萬方英里

人口 六百萬人內各種區別如左暹羅人二百萬人中國人一百萬人老撾人二百萬人巫來由人一百萬人

通商工業 各處地主皆役使人民以供公事不令人民自由殖貨故土地之未得墾荒爲二十分之十九奴婢法未得盡廢是以商務專任外國商賈且近時中國人不供公事故各項利款大勝於土人電線郵便普通全國

波斯

南濱海東俾路芝斯坦及亞富汗尼斯坦北西城回部及裏海與俄羅斯西為土耳古人種屬黃色言語自成一家

王室　今王拿撒哱丁一千八百四十八年即位現有五男長曰蕪撒哈哱丁波斯王族甚多公子公主等凡有數千今據政府報國王近親有三兄弟三姊妹三伯叔也國王獨宰全國稱諸王之王總裁萬機生殺予奪縱心所欲人不敢少沮且民臣之財產皆歸王有全國歲入租賦皆由自擅故今王財財甚富其珍寶等價為三千萬圜凡一十五年間國人嫡亂相爭王位終使安葛馮汗末德即位始精亂是為今王始祖以來歷世凡三王皆以嫡男襲位然王若欲變之則自擇王族一人以嗣其位焉

政治　槩與土耳古相類以可蘭為大典雖國王獨裁法律而不能與可蘭相反云所謂可蘭者回回教祖摩何美德所定所謂經文而其教祖徒弟及子孫所定亦使國王必為履行焉蓋國王亦自稱教祖子孫而人民服役國王者獨稱為神裔也國王置大臣十人以為輔弼令各長一省以便施政此實傚行泰西政治焉分全國為十一道各有知事自中央政府專掌道內政務又分為二十七州各有牧守自知事甄拔自政府命之又分為數百郡至於都市置市尹更分為坊焉司法則自地方各官及僧侶掌之而地方各官擅不文律以斷之僧侶據神典以判之

宗教　信奉回回教最多又奉亞俑來尼亞教加爾底安教猶太教惟回回教僧侶最有勢力頗有頑固之習此輩得受月俸及養老之資於政府者甚多且能讀可蘭者皆為僧侶至登其高等官則自僧侶選擇雖政府不能干預

教育　學校設中小學校延師於家塾以教子弟以宗教及波斯亞拉皮亞等文為主別有學術學校係歐人所設既經三十年之久故泰西學術亦有聞進之漸今亞細亞洲除中國外該國文學獨得其盛

財政　每歲出入未有政府所報不可得聞其詳然平均歲入九百三十七萬五千圜內係王室所供者為一百三十二萬五千圜如歲入之超於歲出者亦歸王室歲供云概以米麥布等收之而該國未有借債於外國可謂財務稍裕

貨幣　名曰美斯基兒重七十一俱例仁以銀製之

軍制　十萬五千五百名近聞國王擬翻徵兵之例將廢招募遊民以為兵卒之舊法然未至實施也操演則延西人為教長

面積　土地約為六十二萬八千方英里

人口　七百六十五萬三千六百人

通商　該國以底惠蘭府為王都人口二十萬人其通商最盛該都及多手利都及利斯亞漢兩府至互市港埔為稅官者貪饕無比故海關稅額歸稅官之偷漏者凡為一百分之二十云全國電信局凡八十二處郵便使墺地利人襄辦施行每七日與泰西各國往復兩度與印度往覆一度以致事務稍盛國內道路能車馬者長為九十四英里皆以兩輪車運送旅人及行李矣近擬將設鐵道焉

屬地此外別有土地自成部落或爲歐洲各國屬地部落則一曰俾路芝斯坦人口二百萬人二曰亞富汗尼斯坦人口五百萬人三曰西域回部人口四百萬人四曰亞利比亞人口一千二百萬人此四者俗尙蠻夷佃獵游牧爲業居無家屋人無倫禮有力者爲酋長互相鬪爭未有統一皆接壤英亞兩國疆場日縮又屬地則星羅棊布爲俄土法英葡西荷蘭七國所轄并

俄國屬地西比利亞

土耳古屬地土屬亞細亞

法國屬地法屬印度交趾支那

安南東圻同保護地安南東浦塞

英國屬地緬甸印度亞丁香港新嘉坡錫蘭島西孚

拉士利篾拉波安基林諸島北波羅犀荷秘克列亞無利亞

同保護地印度內地諸邦

葡萄牙屬地葡屬印度澳門印度諸島多滿及列底柳諸島

西班牙屬地呂宋諸島蘓祿諸島加羅拉仁諸島馬里安諸島

荷蘭屬地爪哇及麻蘓拉東岸孟克聯蘓麻多拉西岸拉無奔波聯孟同

亞熱東各地柳林加西禮悉斯巴安加墨邦道非里顚莫呂家諸島波羅英荷西岸智莫爾及三同南婆里及倫撲新幾內亞巴克

亞細亞洲專制帝治二國專制王治三國部落四處屬地四十六處稱保護地四處

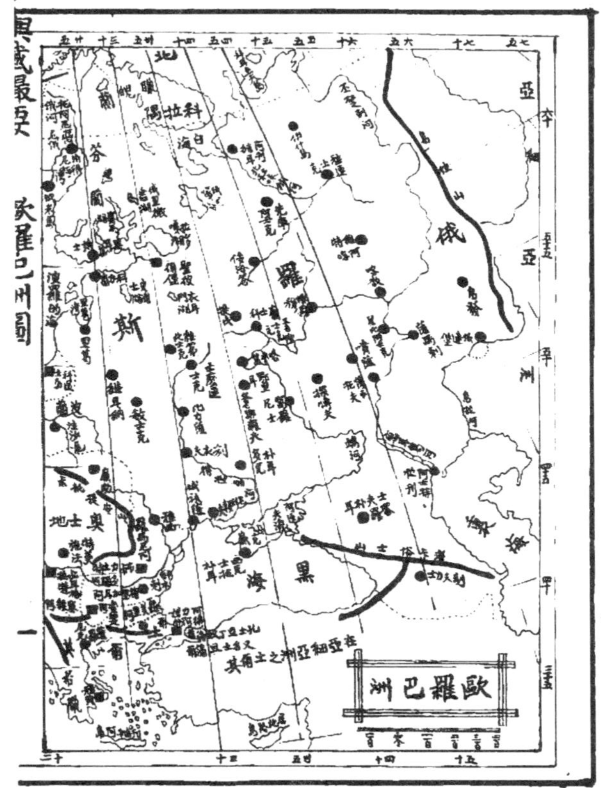

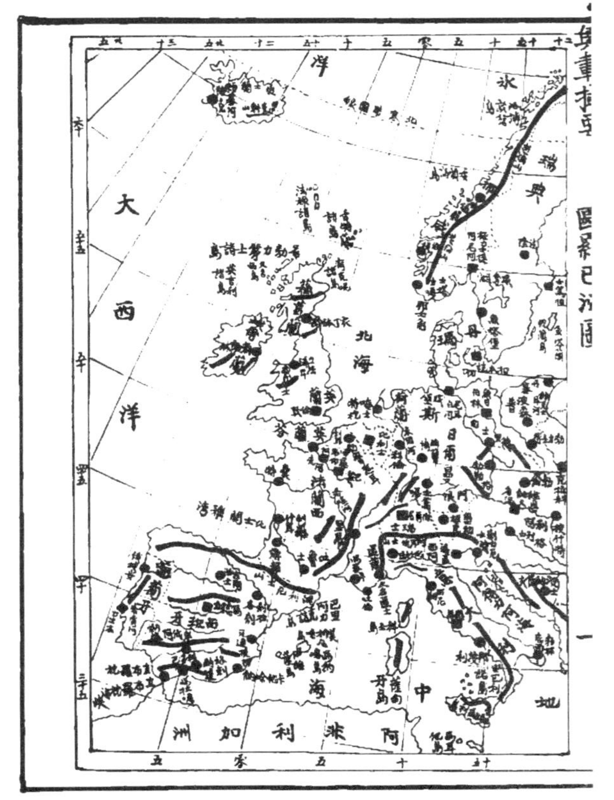

歐羅巴洲凡十九國

俄羅斯 附圖橫跨歐亞兩洲佔據地球全土七分一寔天下一大國在歐洲則西連墺德及瑞典之間僅濱波羅得海北至北氷洋南接土國在亞洲則南連回部與中國及朝鮮北至北氷洋東濱太平洋與日本相近分全土爲兩部一稱歐部俄國又稱俄國本部一稱亞部俄國又稱西比利亞人種則歐部槩係白色亞部屬黃色言語自成一家所謂俄語是也

皇室 今帝亞歷山得芬三卽先帝亞歷山得芬二之嫡男一千八百八十一年登祚先是娶丁抹王基里斯底安芬九之女後立爲皇后現有三男長曰尼古拉斯追帝卽位立爲太子寄給爾落馬腦爲國人所推治卽王位是爲今帝之始祖也皇室特有田圃山林以其租稅爲內需之資又金銀諸鑛之在西比利亞者屬皇室故皇室一歲入款約一千二百二十五萬圓內以二百二十五萬圓供於學校救窮等費餘則盡歸皇室費項與政府無涉

政治 君主專制未定憲法凡政令律例皆由帝自主令官民恪守莫敢異議全國政務令四部分掌一曰議政院現有議長一人及議員六十五人皆由帝自簡其外行政大臣亦皆備員二曰司法院分爲九局以高等官員任之其長者精通律例且各局爲刑名之總匯凡審判訴訟斷定罪案規諫皇室

皆其職三曰宗教院以高等僧侶任之總理全國教會事務凡教中之事請帝制可定爲法律名勅定宗教令四曰行政院專掌行政事務現置大臣分掌各務一宮內二海軍三陸軍四外務五內務六教育七財務八司法九御有田園事務十工作及鐵道事務十一總轄局務又輔弼大臣與各務大臣共議行政又皇室置兩局以備顧問救貧學務別有納諫局令一國官民皆納章奏使無上下扞格之端○彼得芬一移都於似的彼得堡府名新都地方政治皆有異同特如芬蘭及波蘭舊爲獨立政治梢任自主全國各州均置總督其州守由帝簡派歐部俄國特使人民自治其邑事務分全邑爲各小部皆自其地人民議選一人名稱尊者又共推數人爲議會尊者議會各務

宗教

以希臘教爲教自中央寺院監督教會事務而帝爲其長令僧侶佐之希臘教舊與耶蘇舊教實爲同一宗教今分爲各派也

教育

置文部大臣一人總理教育諸務全國爲十三學區每區置學務官一人大學校女子高等學校中學校農工各鑛等學校女子中學校芬蘭中學校合二萬八千五百八十二處自皇室及政府頒給教育費項約爲二千五百萬圜近頻刻意學政

財政

歲入直稅及間稅統計三億五千七百八十六萬六千二百十五圓每年豫筭翌年歲出摠額以定歲入摠額若歲出夥多則重課租賦增募國債以克其額故無財用窘急之端亦無政務廢弛之憂更將每年精筭及撥筭摠額頒示國中咸使知得故租賦雖重民無愁怨亦一良制然內而咸與土木外而頻事征鬪故內外國債甚多

貨幣

通貨名盧薄爾雖以銀製之而國用驟增恒虞不敷也昔女帝加他鄰第二數用兵於外國費款日加乃造紙幣以克欠項錢幣則以銀一盧薄爾爲本位通貨其重以一千分九百六十人爲純銀凡有一十七貝羅燕九分九釐六毛一絲餘則混銅以一盧薄爾當銀錢七十九錢二釐七毛五絲爲現今紙幣以一盧薄爾當銀錢五十錢如盧薄爾則一百分以爲哥非斯以銅造之當銀錢七釐又芬蘭別有錢幣亦以銀製之名馬克當銀錢二十錢

軍制

新定軍制以創年年徵兵之法男子齡滿二十歲則除羸弱癈疾外盡編兵伍不准出資代傭限六年服役常備日事鍊操後九年隷於豫備籍告暇替休若有告警則與常備軍共事干戈雖無告警必每年會合一次鍊操惟高夾克民不在此例又亞部俄國之野蠻未化者不令克兵高夾克俗尚強悍人皆果敢頗多暴虎馮河之風今令俄國爭雄於天下者皆此兵也查高夾克地方盡屬該地人民所有均保占墾之權而其制產之法許地均分令各耕耘以供衣食如牧場及獵地漁池亦歸人民共有皆不納租而別有服役之義務以報國家自四十八歲以後更不在服役之例或值戰務則武具及軍馬悉令自備若出征境外則自政府特發帑藏以養其妻子又每年自政府頒給若干財額於高夾克地方特牧

養戰艦之妻子也○海軍分爲兩部一爲波羅得海艦隊二爲黑海艦隊更分五隊據政府所報波羅得海艦隊所屬軍艦二百二十五隻內係鐵甲二十七隻水雷九十五隻黑海艦隊所屬軍艦七十四隻內係鐵甲十一隻水雷十一隻別有士官一千五百六十九人專掌工作器械測量等務現今陸軍一百九十一萬七千九百零四人海軍二萬四千九百九十八人皆以年年徵兵之制募集且沿海境有砲台皆自海陸軍屯守

面積人口 全土佔據地球陸地七分一旁有歐亞兩大洲果古今莫大之一國曰歐部俄國曰波蘭曰芬蘭曰亞部俄國全國人口統計一億零二百九十七萬零八百三十一人面積八百六十四萬四千一百方英里國內都府頗多如舊都人口七十五萬二千四百六十九人新都人口九十二萬九千一百人此外人口過二萬者歐部有八十八府亞部有二十二府

通商 各港進口貨以茶及製造品與器械等出口貨以穀物及麻及亞麻與家畜等與士墺德陸地貿易盛行

工業 以農爲業田園山林牧場烟草最多全國金銀白金鉛銅鐵石炭油精食鹽多産歐部又製造綿布毛布砂糖機械等屬商務士民多結商會必自政府補護故全國商務日有起色凡亞部雖多曠荒之地歐部則原隰均得懇荒也全國鐵道屬商會者或屬政府則在於芬蘭及中央亞細亞者屬於陸軍大臣之所管轄郵便局電線統計利數甚富

一二

墺地利

北隣德俄西隣伊及瑞西東接土國南則獨濱安特里亞得灣而希伊兩國相擁地中海水自成灣形也人種則屬白色言語則墺地利多用日耳曼語匈牙利多用馬克野亞語也該國爲歐洲舊邦文物早開其君臣之義上下之分自多截嚴如製造通商雖稍遜於英法諸國然亦歐洲之一大強國也

皇室 **今帝佛朗斯葛錫孚第一** 前王非爾智難多第五養以爲嗣至一千八百三十年即墺帝位兼王匈牙利國娶巴威里王女爲皇后生一男曰羅德爾福立爲太子今兼將軍自古統轄日耳曼全土而帝之查日耳曼全土則現今德逸及該邦也五百六十三年兼有匈牙利實爲歐洲最大之國也迨一千八百六十六年與日耳曼一邦普魯士王戰而不克遂讓帝位於該王獨保本邦稱墺帝而兼匈王爲皇室歲貢銀四百六十五萬圓令墺匈兩部政府均納其半二百八十二年始祖羅德爾福第一起自哈弗斯堡侯帝臨日耳曼全土以來歷二十六世歷年共六百零五年定都於墺部維也納府故全國政府亦在於此匈部唯有推官而已

政治 墺匈兩部俱有政治各行其部政治墺部全部立法會議分爲上下兩院上院盡係貴紳用投票公擧以充議員以六年爲限又兩院與政府其議不相協治則由帝命解散然每會兩院之期不得過六朔且每歲開會雖

一三

使議法律而其所取捨皆係帝之親裁焉而部立法之權則帝與立法議會掌之所謂立法議會分爲兩院上院當其職者僧侶貴族及元勳是也下院議員部內人民二十歲直稅若干以上者皆爲公舉人以舉議員帝之發號施令墺部稱皇帝而部稱國王以別其地位

宗教 墺部以耶穌舊教爲國教然不禁他教而部別無國教然槃宗舊教墺而兩部俱行普通教育之制故令部內男女自六歲至一十四歲皆就小學校不准子弟偷惰間斷其小學校費項概自其地人民醵集墺部小學校以日耳曼語教授生徒尤多其外有各國語學蓋此國土地廣袤方言各異故也

財政 歲八二億四千四百一十六萬圜國民多用紙幣以賣買至銀貨則惟供外國貿易而已此國財政有三曰同盟財政曰墺部財政曰匈部財政同盟財政專係中央政府岀八通貨以銀爲本所謂佛朗林現用價以一十二佛朗林爲英金一磅一佛朗林之官定價值當洋銀五十錢同盟國債一十三萬九千九百九十五萬八千五百七十五圜其利子年年自兩部分擔墺部國債一億七千九百萬圜匈部國債六千三百五十七萬九千圜

軍制 陸軍一百四十萬六千一百八十二人馬二十三萬一千八百二十四匹軍船六十四隻海軍二萬三千五百十七名全國徵兵之制墺匈兩部皆同男子除羸弱及學士僧侶外不論何項人等二十歲皆隸軍籍日事操鍊限以三年爲常備限過後有七年退休是爲豫備再當地方軍二年如是十二年後免籍各自其部軍務大臣監督至其徵調皆惟帝命是聽海軍自軍務大臣總理特置海軍局以掌之國內皆有鎭台駐兵士以屯守邊境置砲墩至若海岸自海軍守之軍艦鐵甲十一隻輪製者五十二隻

面積 墺部者一十一萬五千九百零三方英里匈部者一十二萬五千零三十九方英里

人口 兩部合許三千七百七十八萬六千三百四十六人國內都府人口過於二萬人者凡二十七府皇都維也納府人口一百一十零萬三千八百五十七人

通商 與德貿易最多羅馬尼次之以穀物布帛家畜材木石炭砂糖沙冕等

工業 土地屬於耕地牧場山林耕牧日盛荒蕪盡闢米穀布帛產出有裕鹽鐵石炭銀鉛黃金等居多鐵道屬於政府郵便電線置局商船汽船一百三十八隻也

日耳曼 稱德逸東接俄國南連墺及瑞西西有法北及荷南爲海濱中間董接丁國其東即波羅得海其西北海寔歐洲中央人種屬白色言語自成一家所謂日耳曼語除英法兩語外該語最行于天下而其富強亦除英俄等國外無共可比

皇室 德國日帝兼普王維惠廉第一 一千八百六十一年即位實爲普王弗列提力維惠廉第三之次子爲保曇拉尼亞州長官更爲普軍大將與巴丁叛徒戰勘靖其後復爲來因諸州之軍務長官五十八年王之兄殂逝即

位至翌年自率各邦大軍攻法得勝同年各邦推爲盟主因即日帝位娶列邦薩克威寄大侯女爲皇后生一男一女男稱弗列提力維惠廉立爲太子○現今列邦推普魯士爲盟主稱皇帝今直其名之所由來在昔法帝沙立曼兼轄此國及帝之子孫也國內五諸侯各自立國特舉一人以爲盟主稱皇帝無世襲之例自佛朗哥斯侯剛拉德第一始即位以來諸侯迭爲盟主以成國體馬哈布斯堡侯羅德爾稱第一爲盟主是墺帝之祖自是墺帝兼摂盟主迨一千八百零六年終失盟主之權於是日耳曼分裂爲兩部一爲北日耳曼即德國一爲南日耳曼即墺地利其後普魯士王糾合列邦與法戰勝終爲盟主世襲其位歷代國勢漸盛版圖倍擴終至今王兼轄德國全土皇室歲供今爲七十五萬圜別有採地山林及田圜之屬亦不少侯宮內諸費

現今列邦

二十五國同盟爲一國別有二州其列邦中稱王國四稱大侯國六稱侯國五稱公國七稱自由都府三○普魯士盟主皇帝 巴威里亞王婁士維克第二歲供二十一萬三千六百二十三圜法帝拿破倫封惹錫斧爲王寔今王祖先 毛敦堡王加婁婁第一歲供七萬九千一百一十五圜亦自法帝封爲王國 薩索尼王亞爾機爾土第一歲供七十三萬五千圜該邦係統最久昔時數兼日帝其年代不可攷 巴丁大侯弗列提力第一歲供四十四萬七千五百圜 梅咯稜堡斯垂大侯弗列提力佛朗斯 黑西大侯婁土維克第四歲供三十一萬一千圜 痾敎堡大侯彼得第一 薩克威寄大侯加婁婁亞歷山得 梅咯稜堡斯德勤大侯弗列提力維惠廉第一弗倫瑞侯亞爾機爾土 薩克梅㩳認侯惹爾日第二 安哈多侯弗列提力 薩克哥堡侯佛朗斯多第二 薩克亞爾敎堡侯佛朗斯多 機爾德公惹爾日維克多利里卑公機爾德麻亞 瓜斯堡爾德斯達公惹爾日斯瓜斯堡孫德沙森公加婁婁第二 留士給拉公邊理智第十四 素紋堡里卑公亞德爾福 留士咯勤斯公邊理智第二十二 自由都府旱堡律壯克 弗來梅 二州 一千八百七十一年與法開衅得之爲屬地 亞婁沙土 露婁列印

政治

新定憲法以列邦爲求遠同盟冀圖內修外禦至於軍務交涉兩權皆自普王摠裁其憲法第十一條自外交言之則帝寀爲全國君主故各邦議和立約與敵待外國使臣黜陟本國使臣及遣有外寇犯境頒告開戰諸務均由帝主之而若出師之舉先自本國開端者則必與列邦會協議酌允然後施行立法權歸列邦會及國民會掌之每年自各邦調換派遣議員二州則特舉四人國民會議員由各邦人民移標公舉分列邦爲三百九十七區每區公舉一人以三年爲任限兩會議員俱自帝每歲一次召聚皇都伯林府會議立法帝國宰相統括行政大臣以行國內政務然各大臣自任其責凡屬立法定論旣自兩會爲可則具奏於帝由帝允

準然後遵辦○列邦政治皆置上下議院令掌立法自君主統裁除外交軍政外概任自主帝不干涉又各邦分州郡政務亦任自主自由都府各有上下兩院不置君主使上院爲掌行政二州則由帝派遣太守治之

宗教

耶穌新教爲最

教育

盡行普通且強迫之制凡幼童幼女悉令就學不遵者罰其父兄其小學校費項則使地方人民協議捐助故生徒日增可見德逸教育冠於歐洲各國

財政

帝國財政與列邦不同凡帝國經費惟以關稅消費稅電信稅郵便稅充之不數則計列邦人口攤補度支各數自本年四月一日至翌年三月三十一日爲一歲須得核定精美豫算兩表今查八十五年一歲間歲出爲二千四百四十七萬七千二百二十七圜歲入約爲一千八百七十一萬六千七百九十九圜故入不償出乃自列邦募集以補其不足列邦各有國債皆至一二億幾千萬圜帝國亦爲一億一千五百萬圜每年償還利于列邦財務各有出入每年製精豫算兩表與帝國政府不興

貨幣

德國通貨舊由各邦互鑄造之故各邦皆不同列邦會始定全國一定之制以金爲本位以銀爲其代用金貨則有三種一爲卒克拉穩與銀貨五馬克同其價二爲一克拉穩與銀貨一十馬克同其價三爲三克拉穩與銀貨二十馬克同其價焉銀貨一馬克官定價爲銀二十五錢分爲一百名云一顯尼葬以銅製之又以三馬克稱云一達伊羅亦爲銀貨焉查金貨每一十馬克重三具羅蕪九分四釐純金爲其一十分九餘則混同現用價爲二十四錢八釐與官定價稍下

軍制

七十一年使列邦君主皆獻兵柄於皇帝以普魯士兵制爲日耳曼兵制全國男子無論貴賤齡近二十歲皆服兵役不准出資代傭案爲歐洲中徵兵法之最得完美者也皆充常備日事操鍊三年爲限更隸豫備每年定時會操以四年爲限限滿歸鄉有室尚充地方軍五年以終其役全國陸軍合計五百六十七萬人軍馬八萬一千七百七十三匹大砲一千三百七十四尊全國分九區每區置營使常備軍恒駐各區砲臺合計四十三處也海軍軍艦九十六隻大砲五百五十四尊輪船八十四隻鐵甲三十五隻水雷船一百八十五隻帝國新製軍艦費項約爲五千五百萬圜且濱海之地多築海軍砲臺別有保艇處而其中三處最爲歐洲要害之區

面積人口

全國面積二十一萬二千零二十八方英里人口四千五百二十三萬四千零六十一人外國人現住者二十七萬五千八百五十六人列國王四國合計土地一十八萬零八百一十方英里人口三千七百五十零萬七千八百一十六人大侯六國合計土地一萬八千三百八十六方英里人口三百八十三萬零九百七十三人侯五國合計土地四千六百五十三方英里人口一十三萬八千七百八十六人公七國合計土地二千二百二十六方英里人口五十一萬五千六百五十七人自由都府三處合

許土地三百七十三方英里人口六十七萬四千一百七十三人二州合計土地五千五百八十方英里人口一百五十六萬六千六百七十人○此國始於亞非利加洲西岸得屬地的保及波底太兩處南北長二十四方英里又得一島名瀨比亞更得其傍近海屹馬林婆一地焉又本洲南西屹更得那馬加蘭土及駄馬拉兩處查那馬加蘭土與㝎朴殖民地相棲為貿易要地又痾瞞珠河邊有安具拉秘與伊那長一百五十方英里現稱路提理瑞蘭土以為貿易之地○與英國相議以新畿內亞一部為屬地土地七萬方英里人口一十一萬人名維恵廉島以現皇帝名命之也比斯馬克諸島一名新䅣太利皆屬本國土地一萬八千一百五十六方英里人口一十八萬八千人以現宰名命之也

通商

列邦除旱堡弗來梅兩邦外自帝國政府監督惟旱堡弗來梅別行自主商務不與列邦同也進貨馬厼小麥諸麥珈琲豆類綿花毛類毛布絹布等屬出貨砂糖顏料石炭史華綿布綿細白木等類

工業

土地分為耕地牧場山林及荒地而荒地不過土地一百分之六也耕牧為主開鑛石炭鉄盬最多鐵道二萬三千二百零九英里全為政府句管終有商會所設亦屬政府電線一十八萬英里郵便局一萬五千四百二十八處也

丁抹

南界德逸三面濱海西為北海東為波羅得海北境及東牟與瑞典邦威對峙海嶂而大小數島皆屬焉都城哥邊哈根府亦在於島內民皆係白色人種昔有北海之航權稱為富強今雖寖衰尚有強國之風言語則別成一家丁抹語是也

王室 今王基理斯底安芬九 父斯克列斯威克保甬斯丁侯維恵廉母黑西葛西爾女侯路易一千八百五十二年歐洲列國會議英京倫敦府以先王弗列提力芬七老而無嗣立今王為太子此國舊稱日耳曼列邦今與丁抹合并求定子孫世襲王祖八嗣其統現有三男古者國內貴族選推一人為國王四百四十八年尾敦堡伯基理斯底安芬一始膺其選寔為今王始祖子孫相嗣世應其選然未創傳世之例迨六百六十年更革舊制使尾敦堡統為王族子孫相嗣永定為君主不准女子繼統先生弗列提力芬七無嫡男德逸列邦將欲并呑故歐洲各國皆畏其疆場日增國勢驟強慮有鄰邦之坐受其困會辦英京以立今王自始祖基理斯底安芬一以至今王歷世十七歷年共四百三十九年國王歲供二十七萬七千七百七十五圓太子歲供三萬三千三百三十三圓每年自政府進供

政治

大成憲法國王專主行政權使行政大臣輔佐偶有過誤則大臣自任其責議員公擧上院八年為期下院三年為期男三十歲現為戶主皆可被選上下兩院每歲十月第一月曜日會同始開議四五朔以為終其間俸給自政府支給議一歲所行政令法律凡係財務之原案自政府先付下院議定後収議於上院該國屬地氷

洲自國王准許其自治州內政務故有州會亦有政府唯軍政外交商務自國王統轄

宗教

以路熱蘭教為國教所謂耶穌新教是也然其他諸教俱不嚴禁而僧侶亳無干預政權視與平民不異而猶太教最多

教育

全國男女自女歲至十四歲皆令入小學校自政府助補學費焉

財政

最近五年間政府八款平均歲并計海關稅酒烟稅土稅鐵道利款約二千八百八十二萬二千零一十五圓歲出海陸軍費國債利子償還亦不少先是六十八年政府財畜三千一百五十八萬五千圓以備不虞每年利息之八政府者不少亦潤歲八一款然迫近年財畜大減只有二千二百萬圓全國官民財産摠計銀五億零五百萬圓派分人口每人二百五十圓別有土地價銀五千五百萬圓家屋一千八百萬圓

貨幣

并行金銅銀而為一本值名云古羅尼以一古羅尼為一百宐以三古羅尼六十宐與銀錢一圓折筭通用

軍制

陸軍以徵名法招募全國男子二十歲強壯者入營為常備八年其操鍊分八營前後為兩期前期則六月操鍊步兵五月騎砲兵九月半騎兵四月砲兵後期則兵卒專操鍊一技分為步騎砲工四兵其步兵九月騎兵十一月步兵及工兵各一年其後歸鄉歲一會合操鍊四十五日以及三十歲更為後備軍全國為東西兩區東區有兩鎮台西區有三鎮台每一鎮台必置二大隊全國兵摠四萬九千二百九十三人海軍一千二百八十一人輸製軍艦四十四隻內鐵甲八隻水雷十隻國內砲台皆不堅牢惟王都砲台獨擅形勝

面積人口

八十年土地合計一萬四千一百二十四方英里人口一百九十八萬零二百五十人派分人口於土地每一方英里為一百四十一人國內都府人口之過一萬以上者五處王都哥邉哈根府人口二十七萬三千三百二十三人現今一年移住美國者為八千三百七十五人年年移住美國者亦准此數此國屬地合計八萬六千六百一十四方英里人口十一萬五千九百八十八人各地中以西印度諸島為寂要砂糖珈琲甚多稍有利於本國云

通商

德英兩國互市進貨綿花毛布絹布皮革茶珈琲砂糖烟草鐵鋼諸鑛材木石炭等物出貨僅有漁産等牛乳牛酪鷄卵家畜等

工業

全國土地屬有産甚多田園所産亦多牧畜牛馬羊為該國利源之最豕鷄次之鐵道屬於政府九百四十八英里屬於商社二百零一英里電線六千五百三十二英里郵便局三千二百處

瑞典那威

舊為兩邦今則兼并為一稱瑞典那威或稱瑞典一方與俄連壤三方皆為濱海故地勢有如半島而中央一山橫亘全地南為瑞典北為那威人種染屬白色言語則兩邦各有國語也

王室

今王痾斯可爾第二 一千八百七十二年即位先王加婁婁第十五之第先王殂而無嗣八承其統

以那亞索佚女為王后現生四男長額斯達福査王室五百二十一年額斯達福芬一為國人推戴始即王位自是子孫相繼法帝拿破侖使大將機爾那鐸多來纘瑞典瑞典王養以為子其後該王適至英國國無定主國人推機爾那鐸多以為攝政是時那威亦歸本國同盟合為一國其長子曰登王位即加婁婁芬十四也王位世襲嫡先於衆子男先於諸女若無子女以芬代之或王統中絕則瑞那議會各推一人為王兩國所舉若為兩人則兩國各派代議士俱會議定王嗣

政治

國王必信奉耶穌新教即位之時必誓求守國典國中臣民視國王為神聖截嚴不犯故雖肆虐毒痛而不敢議處又開戰講和締約同盟定讞赦囚登庸官職等俱由王自斷立法權由國王及議會掌之凡屬法律皆自議會議定而國王允准然後頒行惟財務則專由議會主辦而自政府施行焉司法權亦自國王總裁凡聽訟斷讞皆與政府無涉而另置高等法院二處自國王勅令自兩院議薦令統轄瑞那威政治該國法憲以立法權歸議會主之凡議呈法律呈請國王准允後頒行若不允再議更請猶不允作為廢棄惟國王總督海陸軍務揀文武官員然那威人外不任許官居職且議會分為兩院每年二月始議以兩朔為期若過期先請國王准允行政權自國王主持自內閣代理以基理斯底亞尼亞府為都城而政府亦在於此處

宗教

兩邦俱奉耶穌新教亦奉他教瑞典則僧侶寺院亦皆以其所有田園自奉無仰給政府之例那威則不信新教者不得為高官

教育

瑞典大學校中學校外又有陸軍航海及農工商等學校小學校則男女兒童必就學若有不就則使其父兄告由政府若無故則罰之故學校大盛那威全國男女自七歲定為學齡必就學不准在家偷惰教育之進步兩邦相頡頏云

財政

瑞典豫筭表歲入額二千二百八十七萬六千二百五十圓即係官田租賦及鐵道利款地稅海關稅郵便稅酒稅國立銀行利款等而國債六千三百八十四萬六千零五十圓每年償還本錢期得其數漸減然現將國債派分於全國人民則每人為一十三圓七十五錢其利子每歲每人為五十錢也那威海關酒稅郵便電線鐵道利款一千二百二十四萬四千七百七十圓而海陸軍費國債利子最多也丁抹及兩邦三國締盟而採用同一錢幣馬

軍制

瑞典陸軍分為四種曰禁衛軍終身服役專護王宮曰常備軍其兵卒自地主捐養平時故鄉各治家業每年會合一處以操鍊唯步兵二十日騎兵二十六日也曰徵集軍全國男子自二十至三十五歲皆隸兵籍每年精選強壯者為禁衛常備兩軍餘則俱充徵集也合計一十一萬六千九百零九人曰毛斯蘭土軍即一島也此島民屬於兵籍專守該島其數七千四百八十四人此外亦有義兵者一十四萬人至戰時則獨服兵役云海軍艦六十六隻鐵甲一十四隻帆製一十三隻也那威陸軍

要產鐵第一銀銅亞鉛亦不少鐵道政府及商社專管電線一萬三千零四十四英里郵便局一千七百三十一處那威鑛山徵海爲最農耕次之鐵道電線郵便俱設焉該國派遣公使必稱瑞典與那威使臣故自外駐紮公使亦以兼駐兩國爲名也

英吉利 爲北海之島嶼而大島有二一稱大貌列顛分爲英倫與威爾斯及蘇格蘭三部一稱愛爾蘭別有小嶼數十合爲一國名大貌列顛及愛爾蘭合衆王國其屬地則棊布於六洲者尚多宗爲天下最強之國也人種屬白色而言語自成一家稱英語今地球各國皆習此語以資通商往來之便焉

王室現今女王維克多利 卽前王維廉第四之侄一千八百三十七年前王殂入承其統翌年舉戴冕禮因上號稱大貌列顛及愛爾蘭合衆國女王兼大印度女帝以王族亞爾機多立爲國婿現生三男四女長男名亞爾機多厄多厄多立爲太子現稱威爾斯侯查女王之先肇自古代迨六百零三年惹述斯第一統合全國始卽王位是後歷年二百八十四至二世查爾斯第一大失民望終爲國人所弑於是國人相議自行共和之政不立君主至先王第一子始復王統歷世凡十三世王位相續男女不准他姓代之且國王必奉耶蘇新教卽位時汎誓國民以盡忠國家然國王有過失則總理大臣代任其責無譴責國

王之例女王即位則立一人爲國壻不准國壻參與政治而其子孫尚得嗣王位馬御供迨八十三年二百三十三萬圓別有王私産租息亦故御馬太子歲供亦五十萬圓也

政治

立法行政司法三權皆自國王總裁而立法權令國會掌之行政權令行政大臣掌之司法權令上院掌之國會以每年二月中旬開議至八月中旬而止或有議欵繁多則自女王延限以盡其議期會之令與停會及散院之權皆出自女王是知女王宗爲國會之首也國會分上下兩院上院又稱貴族院其議員五百四十人王族英倫貴族蘇格蘭貴族愛爾蘭貴族高等僧侶有望者用投票選舉下院又名民選院其議員六百五十二人分全國爲市及州各市各州皆有選擧定數此外大學校及戶主者及有土地價五十圓以上者皆得選男二十一歲者投選凡係法律自行政大臣及上下兩院擬定原案令兩院各議可否若一院爲否則終敗棄若可則請女王准允施行行政大臣十三人皆係內閣以一人爲內閣總理大臣以行政大臣分掌行政事務該國有自由保守兩黨國會議員多係兩黨故視黨院之多寡而政權隨之若自由黨稍多則其黨首必爲總理大臣若保守黨稍多則亦然故每年致多調換愛爾蘭一部與三部風俗宗教及産業俱不同三部以工業以農且愛之田一圓多故三部貴族所有厚收重斂大害民心故愛有欲獨立別成一國者名云自治黨粗有內亂數年于此近年倍

十一

甚將不知其所底止云

宗教

耶蘇新教中厄捭斯古發派爲國教然他教亦無軒輊之分雖信他教並准就官備員以女王爲國教之主凡屬僧侶皆自女王勅命英倫及威爾斯奉信國教蘇格蘭亦奉該教三部人民奉耶蘇舊教愛爾蘭奉舊教者過太半全國救貧區一萬四千九百二十六処道內貧民自區內人民募集地稅及家稅以賑助與政府無涉是則多自各教寺院管理故救貧區概屬於宗教區

教育

生徒大學校女子專門學校有格致法律政治宗教醫術等科教之而最高等學校概係官立皆自教育大臣監理各鄉村均置學務局自五歲至十三歲若不入學責其父兄

財政

財務按計政府出入兩項以製兩表一名豫筭表豫筭財賦經用總數令國會聽決當否一名精筭表精筭租賦經用總額令國會檢查錯否歲出之多於歲入凡五百二十四萬八千八百六十五圓入欵則海關證印消費所得諸稅常多而地稅家稅次之出欵則國債利子尤多軍費次之又查一千八百八十六年歲入四億六千三百二十萬圓也國債計合三十七億零一百六十五萬三千二百七十圓可謂巨欵然試將此欵派分於全國人口則每人不過一百零二圓其利子則每年每一人凡爲四圓也

貨幣

通貨以金爲本位而銀銅兩貨爲補助金貨有三種一爲一索比引二爲半索比引三爲二索比引每一索比引重量七具羅燕九分八釐八毛以其一十二分一十一

十二

爲純金餘則混純銅馬銀貨有四種一爲一志𡢃引克二爲六尼尼三爲四尼尼四爲三尼尼銅貨亦有四種方今漢譯以素比引略爲磅以志𡢃引克畧爲志以尼尼畧爲尼云貨制以一十二尼爲一志以二十志爲一磅則與銀五圓畧相均焉且有紙幣皆自倫敦銀行發兌之而若有紙幣者欲換金貨則銀行即諾之故紙幣與金貨毫不異以其輕便紙幣甚行亦良制也

軍制 全國陸軍兵額及兵餉先由兩院逐年分定不准平時恣養大兵而政府亦不能任自召募兵額二十五萬七千四百八十九人軍馬一萬三千四百五十二匹大砲二百九十二尊又印度戍兵六萬一千五百九十七人又埃及戍兵一萬五千二百六十九人也此外各地戍兵三萬餘人此皆不在本國陸軍之例半以徵兵法募之半以投效者充之焉凡係内乱概以巡查䟦靖其精過於兵士焉全國分爲十三軍區每區均設兩部各部均置常備軍另有部長監理各區則中央政府總理國内各地俱有兵學校養成士官焉海軍自海軍局掌之蓋該國屬地散在六洲且以通商立國特重航海故獨擅海軍之精也兵員合計五萬八千人政府每年核定不聽兩院允准也軍艦二百四十四隻内鉄甲者一百七十一隻別製水雷艇六十三隻其費合計三百萬圓也該國製造船舶獨得其盛而私立造船処亦云其多海外各國軍艦多成於英人之手海軍學校亦有十數処云

面積人口 每十年必統計見其加减今査八十一年全國土地合計一十二萬零八百三十二方英里人口三千五百二十四萬一千四百八十二人英倫及威爾斯及蘇格蘭及愛爾蘭及諸島總數也○全國土地各處人民所有則有一亞𦻐𡢃以上者三十二萬一千三百八十六人有一亞𦻐𡢃以下者八十五萬二千四百零八人○英倫爲四十州威爾斯爲一十二州民戶四百八十三萬一千五百一十九以工者最多以農者次之蘇格蘭爲三十三州民戶七十三萬九千零零五以工者多以商者次愛爾蘭爲三十二州民戶九十一萬四千一百零八以農者多以商者次○英國屬地居地球之七分一人民居天下兆庶之六分一云査各洲屬地及人口大約如左歐羅洲土地一百二十方英里人口一十七萬零一百六十四人亞細亞洲土地一百零九萬五千三百一十方英里人口二億零四百零零萬二千二百四十九人亞非利加洲土地四十七萬四千七百四十方英里人口二百五十八萬九千八百六十九人亞米利加洲土地三百六十四萬六千六百五十六方英里人口五百九十九萬五千四百零七人大洋洲土地三百二十六萬七千七百五十方英里人口三百六十九萬七千零七十九人此國屬地散在五洲各地而苟係要害者皆拠險設備如日巴拉太摩爾太亞丁新嘉坡及香港是也又產物最多足以富國裕民者如印度如加拿多及澳朴殖民地是也屬地政治皆自英國政府派太守

一人以掌之馬

通商 進貨穀物綿花獸毛砂糖材木家畜茶出貨綿布鉄鋼毛布機器石炭絹布人民自執貿易故其利有益無損自美法印度外六洲各地亦皆通貨稱爲商業之宗人民私商各港所在瀛船四千八百八十八隻帆船一萬三千八百七十六隻可見其通商盛大又有新製瀛船五百七十隻帆船四百三十一隻

工業 耕牧農漁山林無荒蕪開鑛石炭鉄鋼鉛錫盈燐木綿毛布機械等物鉄道郵便電線設馬而無空曠足爲地球苐一又別架設馬車道於郡內各市

荷蘭 東爲法南爲比西北濱海所謂北海是也此國夙開航海之業屬地散在東西印度諸島人種爲白色言語亦用自國語稱云蘭語

王室 **今王維廉苐三** 一千八百四十九年先王殂卽入嗣大統宗爲先王苐二嫡男荷蘭與比利時舊爲一國總稱紐世爾蘭特國內各州聯合久不立君主西歷一千一百年間有日耳曼貴族瓦爾拉者稱荷聯珠家來住此國寔爲王室鼻祖世爲太守血嫡相傳其後數被班法所侵至維廉苐五之時歐洲各國會議將紐世爾蘭特變共和爲王政維廉苐二之時御供甚多至今王大減僅爲二十五萬圓又別納銀六萬二千五百圓以充王族費項然王室多財產其額頗巨云現今移都於安燕斯

十二

提特府

政治 國內立法全權盡在國會分爲上下兩院擧議各有法律提供原按之權政府大臣各掌行政事務而皆任其責大臣年俸各五千圓內閣會議或自國王爲其長議員十四人專擔輔弼

宗教 憲法定例素無人民信教之禁故王族及國民多奉耶穌教新教及猶太教

教育 全國頗切講求至於各鄉坊曲則雖成年男女專事農務今於教育刻意振興教化日就自政府捐資充其費或緣於家累者設夜教之

財政 歲八以消費稅爲宗而酒稅尤多一年間八款計爲九千八百六十八萬八千六百圓至於屬地財務別設該地政府以掌之國債利子爲一千四百五十七萬八千八百七十五圓攤派全國人口則平均額每人三圓二十五錢國民負擔不亦重哉

貨幣 專以銀製名云奇兒丁又稱佛朗林與墺國銀貨同其價値又分一奇兒丁爲一百仙的以銅製之

軍制 近來稍倣日耳曼制半擬徵兵制募之半擬傭役制集之以自行投效者常爲旨要年滿二十歲者編八常備五年爲限皆准放休每年一度會合操鍊更有地方軍專事備禦更有十九歲至五十歲者稱國民軍合計六萬五千零十八名東西印度屬地常備兵三萬一千八百二十七人本國常備兵素無派遣屬地之例軍艦鉄甲一十九隻軍艦一百四十六隻政府海陸軍及砲台軍艦等費欵多至一百二十五萬餘圓

面積人口 全國一十一州合計土地一萬二千六百

十三

四十八方英里人口四百二十七萬八千二百七十二人全國都府人口過二萬五千者凡一十五處而王都安蕪斯提特府現有三十六萬六千六百六十人列基仙堡舊爲日耳曼列邦與荷蘭不接壤故別爲一侯國各國立約爲局外之地無論何國不得用兵侵佔壃界有不如約者天下共伐之故不設兵備也該地面積九百九十八方英里人口二十零萬五百七十人荷王兼爲侯別設政府置一院有國會荷國自古擴鈑圖於海外冣爲歐洲第一近時多失之而東西印度諸島槪屬地焉土地計合四百零三方英里人口四萬三千四百四十四人又南亞米利加有斯里男土地凡四千六百零六十方英里人口五萬五千三十三人西印諸島及斯里男挽近有買賣奴婢之風荷蘭政府命廢之以財購之以令自由云亦可謂仁政

通商 昔時盛大無出其右中葉以降爲英國所抑大致衰廢近時通商重要物貨則鋼鉄織布穀粉石炭米穀纊油珈琲牛酪等物甚盛

工業 耕地牧場花園山林漁獵造瀛豐備鉄道郵便電信設焉而鐵道係官立私立郵傳使小民有餘資者貯畜以付利子且保護之

比利時 北接英海三方爲荷德及法人種言語皆與荷國不異

王室 今王列荷福爾土第二 先王之長子一千八百六十五年襲位娶墺國皇族女爲王后該國舊曰隷荷蘭迨三十年八月佛塞爾州叛與各州相合別設政府推比利底安侯列荷福爾土爲王是爲先王列荷福爾土第一常與荷蘭王不睦歐洲各國皆認爲獨立會盟於英京終與荷蘭講欵焉御供每歲納自政府計銀六千五萬圜

政治 國王世襲其位以代議爲主國王或有錯誤大臣任其責國王爲政不能自擅裁斷且國王以十八歲爲成年嗣子已爲成年迎立國政皆由王稱制未至成年而迎立則自民會議擧攝一人國中庶務暫由權攝主之立法之權專在國王與民會上下議院其議員由人民公擧者故其所議事槪許衆人叅聽衆人皷譟詰責其會內規則皆自民會議定如原案則或承國王意旨或任民會選呈惟不准人人獨裁原案必由議員接事登荅各陳所見俟意見相符以取公斷分左右相視其准多而定之若可否叅半則遂寢其議大抵議員三分二以上署諾然後乃可施焉行政則內閣叅議協賛廟謨其員由國王臨時塡差以財務大臣兼爲其長焉別有大臣七人分掌各務至於司法則與法國畧同

宗教 此國無信教之禁民皆任便而耶穌舊教㝡多

教育 大學校三処專教法理文醫四科別有大學校專教僧侶又有專門學校如機關技術製造開鑛音樂莫不備焉普通教育則特設中小學校使兒童必就小學校

財政 歲入六六千三百九十七萬二千二百三十五圜國債三億五千六百一十二萬五千五百二十九圜別有年年一定

額頒給通貨與法國條下叅考

軍制

男子十九歲皆籍常備惟納財免役馬旣隸常備期以八年常駐屯營日事操鍊五六年聽其歸鄉從便休養云軍合一十零萬三千八百六十人軍馬一萬三千八百匹大砲二百四十尊用兵全國男子除羸病癈弱外一皆籍為常備軍惟准納財免役此外有加底西比奇及然駄墨理兩軍俱屬地方軍制而軍機局在於安都維爾朴府者為最大

面積

一萬一千三百七十三方英里

人口

五百七十八萬四千九百五十人國內都府人口過二萬者為一十七處其中佛塞爾府為四十零萬三千三百八十九人焉宗地球中人烟稠密之最也言語以法蘭西荷蘭兩語為最盛又有德逸語法語德語者甚多

通商

輸出布帛機械石炭等輸入穀物鑛類家畜等海貿與英陸貿與荷蘭法蘭西日耳曼

工業

國內石炭鑛有二百六十六處大開官私鐵業用心鼓鑄熟鐵鋼鐵利款甚多鐵道電線郵便自政府管轄焉

瑞西

西至法北接德東連墺南薄伊而人種屬白色言語則專用日耳曼語而法蘭西語亦得盛行

現任大統領亞德爾福猶體爾

一千八百八十六年就職行政官七人中以一人為大統領又以一人為副統領而兩統領自一月一日至十二月三十一日為限使行政官逐年替任

政治

在昔瑞西各州自主政務互成獨立之勢至四十八年各州會議新定憲法同盟為共和一邦自七十四年以來施憲法以立法行政兩權并委州會國會兩院國內人口每二萬人例擧議員一人總稱兩院共為同盟會議凡係政令皆自該會議定又自該會保薦行政官七人以三年為限專委行政權故行政大權亦在於兩院司法權使同盟法院掌之不准同盟會議干涉該法院官員由該會議保薦六年為限首都伯溫府在伯溫州政府及同盟會議與法院皆在於此各州均得自主州內政治至裁辦讞案亦任其自主求除國內死罪毋論公私大罪皆以禁錮懲役為重刑惟有二州尚處人死罪瑞西四隣皆為強國在昔數為其所佔拠近時始得獨立歐洲各國視為局外之地查若有一強國并有此地未免他國坐受其弊或致失均勢之衡權故各國互約若有一強國先開畔於此地則視為天下之共敵相率問其罪云是以無養兵之制且特不設海軍

宗教

不定國教并准人民所欲然國內概奉耶穌新教及耶穌舊教與猶太教

教育

各州男女兒童悉就小學校不准托辞得免學校則分為大中小三等讀書習字習地理歷史天文格致生理博物美術幾何及外國言語工作技藝音樂節奏毋論男女自十二歲至十五歲皆就中學生徒凡四十八萬五千九百二十七人

財政

關稅郵稅在昔甚鉅現今獨置關於國界自政府專掌兩稅內若干分一分與各州供地方費項若國有大事各州均出以濟

一時之急國債合爲六百五十九萬六千四百圓然官貸及公產甚多以此加減亦有餘貲

貨幣 通貨與法國條下叅考

軍制 可堪兵役者共事防禦自政府掌之若外寇侵境則皆荷槍臨陣惟各州自主其州內防禦之軍餘則合爲一軍共事本國防禦至於兵技操鍊則小學校生徒自八歲必每年定期鍊操中學校生徒亦以餘暇操鍊故國內男子無人不習武藝兵丁凡二類一爲國軍一爲地方軍惟至戰時服役一十零萬五千七百五十三名

面積 二十二州土地合計一萬五千八百九十二方英里

人口 二百八十四萬六千一百零二人都府人口過二萬五千人者五処惟巴塞爾府尤盛人口六萬八千三百二十人伯溫府人口四萬四千零八十七人

通商 四隅皆屬陸而無海口僅與德法墺伊四國貿易又經四國而輸出海外者多往美英兩國進貨穀物及未製品尤多出貨布帛時辰表草帽及製造品尤多耕牧山林家畜又有牛乳乾酪等無非尤物

工業 耕農製造器械大備布帛時表亦盛而時表之精巧天下無比一年間大小時表價爲一千六百萬圓巴塞爾府製綵尤得其盛鐵道郵便大備利款尤多電線最得其盛故各國皆推爲不及焉查全國報價毋論遠近皆同一其價今各國皆倣行之

法蘭西 爲本洲之一強國北接北海南接地中海西爲西班牙東爲比利時德逸瑞西及伊太利人種屬白色言語有

法語風俗之華靡製造之緻寄獨擅名於天下焉

現任大統領佛朗古伊斯猶列斯且列俾 一千八百七十九年就職七年任滿特請仍職歲供一十八萬圓

政治 法國歐洲之舊邦也七百九十九年皇帝斯立曼兼統法蘭日耳曼伊太利定都於法京巴里府其後國統中絶諸邦分裂至十四年歐洲各國并攻法國廢拿破倫苐一以路易苐十八爲王未幾拿破倫復立其後更變國體爲民主七十一年國民會議以定制憲法焉以立法權專任於民選元老兩院以行政權聽裁於大統領民選院議員全國人民皆得投票公擧不限智識財產年及二十一歲俱以本國人不准外人與選盖每七萬人選一人以四年爲期兩院每年以一月苐二火曜日會合議辨爲定不得挪期又大統領有延期兩院前期一朔召集議員收議法令延期歲不過兩次皆由大統領稟裁財務一案必自民選院確定雖大統領不可不允惟大統領以七年爲期限滿則兩院會議投票選擧有望之人而前任者若得人望則亦得再任又總轄軍事攻戰防守任自主辦如登用文武官吏皆自行政大臣贊成憑印不准專斷聽訟斷獄以羅馬法律爲最良然羅馬滅後亦無其要者追法帝拿破倫苐一即位始復法律增損修正頒得完全方今歐洲各國皆倣行焉分全國爲數十裁判區每

區有上等裁判處州郡縣有治安裁判處定死刑流刑懲役禁錮罰鍰等罪又行政大臣各掌一事卽一內閣長兼外務二內務三司法四財務五農務六教育及美術及宗教七商工務八陸軍九海軍及屬地十郵便及電信十一建築是也歐洲各國皆有所謂政黨分爲王權黨及共和黨而王權黨欲回復君主政治或希拿破侖苗裔復帝位或欲路易苗裔回王位互相不一致又共和黨欲維持現今政治者或專主漸進或特冀急進不一致黨名終致十數之多軋轢不絶輒有內亂所以致體數變

一十六

宗教

信奉耶穌舊教者最多耶穌新教及猶太教次之從教聽民自由初無限禁惟奉教民過於一萬則歲自政府發給資助計摠九百二十五萬四千百九十三圓

教育

大中小學校皆自政府干涉行其教化文學理學法學醫學讀書寫字嚴教育之制學費自政府逐年補助自男女六歲至十二歲皆就學於是人民之智識日進

財政

每歲豫筭後年出入各豫表由民選元老兩院檢查正否然後給付財務大臣頒行有照例常行款額外款特設續添及緊要猝辦款等條全國烟草爲政府專賣不准人民私賣且貿易爲保護稅法其制重課關稅於進口貨使外國輸來品致價貴難購求以抑止之是也法國古無砂糖常仰其給於外國政府重課關稅於砂糖以來國內砂糖製造甚盛近時歐洲各國多用法國砂糖其利不少自近年內亂相踵政變不一國債頗多歐洲中爲第一至於州縣各有財務以供地方行政亦各有借款合計諸債近八十億萬圓人民歲課殆難不勝其力然有教化大行運輸尤便政府或借財於會社以保護之或開製造航海以爲人民之軌範外耀武威與外國通商不怠故人民耐其重荷而猶有餘裕

貨幣

歐洲銀貨以法國爲首此希里瑞西羅馬尼等國互爲結約同一貨制雖異其名其質皆同貨名本值銀貨名一法朗克漢譯者畧爲一法重量五具羅蕪而銀爲十分九銅爲十分一與銀二十錢同價分爲一百叄智蕪漢譯者畧爲一叄銅貨○比利時瑞西國貨名與法國不異伊太利則稱一里拉者希臘則稱一多羅智麻又羅馬尼則稱一里伊至於其價皆同

軍制

全國男子二十歲至四十歲皆隸兵不准出資免籍又全家賴一人資生者除之高等學校生徒教師及學士與技術家現得博士之位者除之宗教僧侶亦然教師一年服常備役爲豫備不准婚娶前後五年則聽其故鄕編爲地方軍月一聚操數年復爲地方軍豫備總額五十二萬三千八百三十三人軍馬一十三萬一千三百八十五匹若國家有告警則此數增爲二百五十萬人云軍艦三百八十九隻鐵甲船四十六隻宗爲歐洲第一而海軍大臣方且新造鐵甲船亦不少海軍五萬六千九百四十七人海軍步兵一萬八千八百七十人砲兵四千六百六十一人分海軍爲一十一處各使副艦隊長摠轄焉

面積人口

八十七州更分

一十七

三萬六千零九十七縣人口增加比於歐洲各國較少核計土地約二十零萬九千五百八十方英里人口約三千八百零六萬七千零六十四人都府人口過五萬者二十九處屬地保護地之在亞細亞洲卽安南東蒲寨在亞非利加洲卽突尼斯馬達加斯加又屬地在北亞米利加洲在南亞米利加洲在大洋洲者合計土地一百六十二萬四千七百零四方英里人口二千八百九十萬四千七百三十二人

通商

分爲純數及普通出口貨約六億四千六百五十萬圓凡酒類製造器械陶器緞布毛布自鳴鍾時辰表穀物砂糖葡萄菜牧畜馬牛羊豕石炭漁物鑛物材木等

工業

耕地牧場織造各鑛而惟石炭鑛僅足國用產鐵不敷用鋼鐵食鹽亦不僉全國商船合計一萬五千三百五十一隻鐵道郵便電信俱設焉夫歐洲各國皆莫不便運輸而如法國特然故道路必修治別爲大道中道及小道所謂大道國中自都府港浦互相通者以國費修治故有國道之稱所謂中道州縣中自部落互相通者以州縣費修治之故有州道及縣道之稱所謂小道部落中及田園間互相通者以郡村費修治故有郊道之稱低者塡之高者鑿之或架橋梁或架隧道平坦如砥以便人馬車輪之行走大中小各道必置監督官日事修治兼令掃除如橋梁隧道則通過者或有課錢以補其費如家屋門前若有不淸潔時罰其家屋主人以懲之如都府內大道分爲五條中間爲車路其兩傍爲

又寺院及僧侶自政府捐養自古國教所屬土地及財產甚多近年政府盡數充公以償國債百分三皆給寺院以補其費焉別有專門學校音樂學校箕術學校亦皆補助

財政

歲八爲直稅間稅證印稅都買利稅消費品橋梁等稅一億七千三百九十四萬六千三百六十圓國債二十五億六千圓宗爲巨款每年不能償出使欲免兵役者納保身錢以償之猶多逋負

貨幣

西國通貨其低價者名云一參智蕪斯以一百爲一里伊婁又以四爲一倬西多又以二半爲一厄斯久土二厄斯久土則與銀一圓同

軍制

徵兵之制準擬法國稍加損益惟納貧三百圓准免役諸島十四區均置大將掌務常住十萬零七千零四十五名軍艦一百三十一隻大砲四百九十尊海軍二萬三千名海岸多置砲台以海軍守之惟陸地以陸軍守之今該國雖劣於各國至於海軍則除英法德俄外該國爲最

面積人口

全國四十九州土地一十九萬七千七百六十方英里人口一千六百九十五萬八千一百七十八人國內都府人口五萬以上者一十四處屬地之如亞米利加洲亞細亞洲亞非利加洲合計土地一十六萬三千八百七十六方英里人口七百九十九萬二千八百九十四人右屬地中在於亞米利加洲者古巴島物產最多在於亞細亞洲者以呂宋島爲要俱有利於本國

通商

進貨魚類材木鐵物綿花小麥石炭砂糖烟草出貨酒類鑛物果宗家畜與法陸地

通商嚴威英美德比等國交易

工業

國內土地有產者一千分七百九十七不毛者一千分二百零四然耕地不過一千分三百四十而民業麥類馬鈴薯葡萄橙子橄欖油騾馬羊鉛銅酒類燒酎瀛製二百八十二隻鐵道電信郵便設焉

葡萄牙

在於歐洲極西東北兩方連壤西班牙西南兩方濱海大西洋昔時數與西班牙合同其人種言語亦類者多

王室今王路易苐一

母女王麻里亞苐二父撒遜哥堡侯匪地難多而王凡北德採苐五先襲王位六千八百六十一年王殂今王繼王統現有二子長云加羅斯立爲太子政府每歲獻供王室有定額一年御供二百零五萬圓王后御供三十三萬一千五百圓此外王族御供合計六十三萬四千四百四十圓查此國亦舊邦也法國王統有顯理者所封此地稱不爾良侯一千零九十五年自立稱國王宗今王之所由出也追一千六百四十年國人推約幹苐四爲王叛西班牙獨立也

政治

此國憲法以王位世襲王所生男女皆得繼之然男女以男爲先長幼以長爲先專以子襲父焉至於政權則分爲四曰立法曰行政曰司法曰中和是也所謂中和權國王自握之立法權自國會掌之行政司法兩權自政府掌之國會分爲上下院上院議貢自貴族僧侶學士自國王命爲一生議貢者及學校擧選者自地方各州學選者并會都城里斯本府此爲上院又有下院以投票者四年

為期政府自國王總裁大臣七人輔弼各掌行政司法事務又國王別有參事院若值政治有擬議則招集以詢其所見該院議員一十二人皆自國王命之又現任大臣及曾為大臣者竝為其議員一生保其任

宗教 並准人民隨意奉信各教然以耶穌舊教為國教也

教育 自教育議會掌之學校使父兄必入子弟於此然方今猶多不能學之兒童又有棄兒院一處孤兒無依者收養專教商業現有九百人

財政 歲入地稅海關稅烟稅酒稅鹽稅為首合計三千四百八十六萬四千九百九十圓國債過於二億零數尚用不數

貨幣 銀貨名美爾里斯以一美爾里斯為一百里爾以九十爾里與銀一圓抵美

軍制 以半徵兵之制募之半以自願兵士克之十三萬三千八百六十三人軍艦二十七隻大砲一百零九尊海軍三萬三千四百七十一人

面積 **人口** 六州土地三萬六千五百一十方英里人口四百一十六萬零三百一十五人都府人口過二萬人者僅為二處里斯本府人口二十四萬六千三百四十三人外國來往者甚少黑色人有三千人昔時奴婢之殘存者也本國屬地散在亞細亞洲亞非利加洲土地七千零萬五千二百五十八方英里人口三百三十萬三千六百八十九人

通商工業 通商近年大進進貨鑛物穀食毛髮綿花蠶絲為首出貨酒類最多人民所有輪船二十四隻國內土地故荒蕪者居於一百分四十九其餘為田

園牧場山林葡萄園甚多製造葡萄酒國內所產穀物不足養人民然盛植馬鈴薯以充於食用鐵道電線郵便俱備焉

伊太利

在歐洲之南突出於地中海形成半島北接法墺及瑞西人種則屬白色言語則用伊語近年國勢漸盛與英法墺德俄俱稱歐洲六強之一也

王室 **今王** **安璣爾土茀一** 即先王嫡男也一千八百七十八年登祚現有一男國王御供每歲三百零七萬圓查熱那亞舊為一邦今與伊合為一國在昔該國數為墺法德等國所竝後更隸於希臘至一百四十四年國內同盟始設國會又至八百五十九年美多利痾厄麻㘿厄爾茀二代之出征郗國所向無敵亦有士民爭先以迹又至六十一年各地人民相會始建全國議會推王為伊國君主頒示於內外六十六年倫巴爾底之屬法王者故王有當時法國兵士來護法王所領迨七十年撤故本國於是併法王所領全土皆故一統

政治 自撤丁尼王亞爾機爾土始馬四十八年亞爾璣爾土始會撤丁尼人民以創議院之制其行政權悉由國王自由另置行政大臣任之立法權故國王與議員并掌分議院為上下兩院專定法律至六十年數此制定為全國憲法始設議院現今上院議員無定數王族成年男子及勅任終身議員是也但官吏僧尼等並無枝選之例

上下兩院共無俸給惟旅行時各処舟車并不要費此其特例也行政大臣爲內閣其一人總理大臣兼掌內務更有大臣八人與諸大臣俱御其任

宗教

伊國宗爲耶穌肇教之地也在昔亞細亞西部有猶太國所謂耶穌基督者生於此地說天人惟一之教其高弟彼得者來遊伊國結舍宣教而歐洲之有耶穌自此始焉後世以彼得爲羅馬法王之始祖而其徒相繼者凡九十四世也歐洲各國僧侶相議推一人爲法王此爲第九十五世斯達哈邦第二也當時法王權力無比所有土地多養兵馬令各國帝王祗足指以爲禮自是以來耶穌教分爲希臘教及新教惟法王獨掌舊教其後權衰力微而所有土地終爲伊國所竝獨保宗教之權然推一人爲法王之例今尚不絕現今法王列穩第十三以一千八百七十八年卽位自始祖至今法王共二百六十三世亦不禁他教

財政

歲入二億八千六百九十一萬二千一百十七圜地方政府歲入一億二千九百五十三萬圜專供地方政府之諸費項又地方政府借款一億六千五百二十八萬圜

貨幣

伊國通貨名云一里拉與法國通貨不異

軍制

全國男子皆服役軍務至二十一歲皆隸常備之籍常備豫備均事操練十二年後更充莫非爾兵四年至三十九免役而與德國兵制不異軍凡十萬海軍則一萬三千三百四十人而軍艦一百二十五隻別有帆船若干而鉄甲者二十四隻皆堅固無比特如伊太利艦一與列般多艦獨擅世界未曾有之大船伊太利艦積載大砲四尊列般多艦十一尊其噸數各一萬五千噸也伊國境域均置砲台以守之毋論海陸皆設備嚴警特如都城羅馬府周圍繞以高壘砲台又各処要害多擅絶險

面積人口

全國六十九州土地一十一萬四千四百一十方英里人口二千九百三十六萬一千零三十二人國內都府人口過二萬以上者六十六処都城羅馬府人口二十七萬三千二百六十八人又美蘭兩府亦頻繁盛邦不兒府計合七十五萬八千六百八十五人叁麻里邦亦一舊邦也自古獨立以共和爲體面積三十二方英里人口八千人邦內政治今尚自主然與邦國同盟或遇外寇則共事防禦如軍務交涉兩件事宜惟自伊王獨總理之伊國占拠西紅海岸之一地以爲貿易之処査該地在亞非利加東岸與亞丁相對名亞撒部土地二百四十三方英里人口一千一百九十三人伊國兵占拠該処傍近抹索亞地

通商工業

進貨石炭珈琲綿花魚類穀物皮革馬匹蚕絲砂糖材木毛布器械出貨牛匹鷄卵果實麻絲與英海路通商尤盛與法德墺陸路通商次之農業土地統計田園林牧凡爲一千八百六十九餘則俱屬不毛故比諸歐洲各國未得甚盛惟葡萄橄欖胡桃現多培養一年價值六億四千萬圜且牧畜甚盛牛羊山羊爲最開鑛鋼鐵尤多銅鉛亞鉛琉磺亦多鉄道電線郵便設焉而政府及商會勾管焉

希臘 南接土國三方皆濱地中海爲歐洲舊邦自中世以來隸土國版圖近年獨立別爲一國人種屬白言語自有國語

王室 **今王惹爾日芬一** 始名維惠廉一千八百六十三年國人知其賢相議迎立其後基理斯底安芬九自爲後見所謂後見即總察國政以補國王之所不及者也現有四男二女長男云孔士但丁現任斯巴爾他侯立爲世子國王御供作爲定數凡二十六萬零七百九十圜政府備納查希臘之先求屬土國其後二十一年希人相謀叛土起兵與土轉戰凡九載終至三十年英法俄三國會於英京倫敦府共立保約許爲與國頒示獨立於天下今王爲王室之祖也擬憲法所定國王以十八歲爲成年當即位之初先集大臣貴紳誓固守憲法勉遵輿情即位二朔召集立法議院以告即位之由凡王殂未有繼嗣則自內閣議定新嗣凡嗣王統者必從希臘教乃得受傳

政治 惟置立法議員使掌法權全國分爲二百四十五區每區人民相議擧數人爲侯補而其區人民三分一以上不准則不能爲侯補自人民投票公擧每年開院議事以九月十三日爲期行政權自國王掌之置七大臣輔佐各任其責

宗教 希臘教不禁他教男女自五歲至十二歲稱學齡悉就學

財政 歲入六千零一十三萬六千零三十圜該國獨立以來國用多端出入輒不相償以致內外國債年增凡爲一億四千圜自官立銀行發售不換紙幣凡

至二千一百圜亦屬政府借款

貨幣 八十二年始與法比伊等國同盟新定錢幣以銀貨爲本位名多羅智麻與法國法貨同以五多羅智麻爲一圜

軍制 男子二十一歲皆隸軍籍一年屬步兵二年比守各地十五年屬豫備額計十二萬八千七百六十一人軍馬三千匹大砲七十尊軍艦七十三隻鐵甲一隻水雷四十八隻帆船四隻又同年政府新募國債內以八百萬圜新造鐵甲四隻海軍三千四百四十名

面積 土地二萬五千一百一十一方英里

人口 一百九十七萬九千四百五十三人都府人口過一萬者七處以都城雅典府爲最大人口八萬四千九百零三人

通商工業 進貨穀物布帛出貨農產油鉛酒等全與英貿易土法俄伊次之殖產以農耕爲主製造未得甚盛又有鐵鋼未至開採惟鉛及亞鉛甚盛鐵道挽近漸盛道路未暢故通商專事航海近有辦本五百圜疏鑿古里仁斯地狹長四英里爲運溝此溝若成則通商將及內地云電線亦設

蒙底尼 舊屬土國西濱地中海東北二方接墺地利南爲土耳古人種多白色言語自有方語宗一小邦也

公室 **今公尼古拉斯芬一** 一千八百六十年即位稱爲公爵以國小民少也現有二男歲供二萬五千圜政府備納又俄國每年二萬四千圜爲幣料納之蓋俄國前年與法英開釁時今公特盡忠蓋使俄國孚感也又墺國每年一萬五

千圓納之稱脩道費所以保護也該國舊隸土國版圖至六百九十七年高僧被多魯美壽寧古魯斯與俄國結爲同盟而政治宗教俱係俄國保護自称僧君兼握政宗兩權與土國分理宗爲今公之奠祖自是以來歷世凡有五而土國亦准其自主以至今公馬

政治 政法稱爲立憲君治然其實特爲今公專制查行政權屬今公立法權屬國會會議斷案不與今公相合則今公任意擅定現分全國爲八十郡又別分爲五軍區

宗教 希臘教爲主

教育 凡爲童幼者悉令就學自俄國政府辦其費

財政 歲入三十萬圓出入未有製表國債自墺借者五十萬圓使墺都賣食塩爲質曆書貨幣與俄國同

軍制 此國未設常備軍令全國人民能堪兵役者並稱爲民兵共二萬一千八百五十人

面積 三千五百五十方英里

人口 二十五萬人都城塞智尋尼府人口二千人

通商工業 車馬盛行農耕牧畜爲首此外殖産更無可舉者電線備焉

塞爾維

舊屬土國西接墺國東連羅馬尼伯布里南爲土國人種白黃色錯居言語與土國不異

王室 今王美伊蘭帯一與土國締盟稱公爵世襲一千八百六十八年即位自進尊號稱王有一子名亞歷山得立世子七十八年歐洲各國使臣會議德京伯林府認准塞爾維爲獨立國今王廣布此由於內外

政治 國王主辨行政

一二十二

權而大臣輔佐分管事務以任其責立法權國王叅聽國會領行別有叅事院議員自國王勅差終身居任恒留都城輔佐君主監理國會并掌查閱法律國會議員以三年爲期其內四分一國王敕命國有大事則會議籌辦由勅命差任現居國會議員者不准選任

宗教 希臘教爲宗不禁他教

財政 歲入一千六百六十七萬三千圓出入款一年較計過剩不少歲加然內乱頻與國債亦多年年利銀二百三十七萬六千七百圓有人頭稅男自二十一至六十歲歲納身租及財産稅從戶職業分爲數等納政府

貨幣 錢幣以金貨爲本位并用銀貨銅貨其行用價值比較金貨一美伊蘭四圓同一特那亞二十錢銀貨一巴巴一十錢銅貨五叁智蕪一錢

軍制 全國男子皆籍爲軍國王自爲陸軍摠帥計兵二十二萬八千人大砲三百五十尊

面積 土地一萬八千八百方英里

人口 一百九十零萬二千四百一十九人都城比耳廣拉他府人口三萬五千四百七十一人

通商工業 出貨家畜等物進貨塩砂糖木綿機械等類爲冣與英德土國貿易者冣多又鉄道電線郵便設焉

羅馬尼

北隣多惱河以界俄國南爲伯布里西爲塞爾維墺地利東濱黑海人種言語與塞爾維不異

王室 今王加羅婁帯一一千八百六十六年爲羅馬尼人民所推爲侯十五年自稱國王即哈危素連侯加

一二十三

婁婁之次子無嗣故國人議立歐洲各國會辨認定其獨立六十一年土耳古有尾羅智亞及穆底比亞兩州合為一國自主內外政務歲供二十三萬七千圓 **政治** 新定憲法自元老民選兩院掌立法權凡屬施措必自兩院議辨然國王有肯否之權國王主辦行政而有大臣九人輔佐就中一人為內閣總理大臣其餘八人分掌行政事務各任其責 **宗教** 希臘耶蘇并行回回教亦行教育為普通強迫之制文化尚屬草昧 **財政** 歲入二千五百七十七萬三千八百八十五圓國債一億三千六百七十六萬九千五百二十圓 **貨幣** 新定貨制以法國銀貨為本位更名云一里伊五里伊同銀貨一圓 **軍制** 常備一萬八千五百三十二名軍馬二千九百四十五匹大砲二百六十四尊地方軍十萬人鐵甲一隻軍艦十四隻政府醵銀三百萬圓築砲台

面積 土地四萬八千三百零七方英里 **人口** 五百三十七萬六十人都府人口過二萬人者為一十一處都城猊差例斯土府人口二十二萬一千八百零五人 **通商工業** 穀物油菜葡萄最多專業農耕家畜牛羊鐵道電線郵便俱備

伯布里

東黑海北羅馬尼西塞爾維南土國黃色人種稱土耳古族言語自成一家名云伯布里語土耳古語亦并行

公室今公亞歷山得第一 父黑西公亞歷山得俄國皇室近親初為德國陸軍士官更為俄國陸軍士官一千八百七十九年伯布里民會迪立為公始親政務國公歲供十二萬圓宮室修繕亦自支辦公居在於都城素比亞府此國舊隸土國然國君自主內外政治自歐洲各國不准土國干涉國君稱公猶機爾德及里甲各國而交際與帝王稍異馬公必駐本國不準出境若出境則別置攝政使權掌政令 **政治** 歐洲各國會議德京伯林府認以獨立其締約條規雖自土帝屬廉然政治以耶穌教旨為主軍務亦任其自主選養民兵伯布里公自國民選任定為世襲若值統絕亦自國民公舉然不准推歐洲強國君王之親戚以為公立法權自國會掌之行政權自國公掌之大臣七人輔佐均總內閣自任行政之責 **宗教** 壇域切屬凸牙利近又獨立故宗教言語均不齊一然宗教則希臘教最盛回回教次之 **財政** 歲入六百九十七萬九千九百八十圓 **軍伍** 八萬四千九百四十名海軍二百十一名軍艦汽船十一隻 **面積人口** 十四州土地二萬四千三百六十九方英里人口一百九十五萬六千四百七十四人都城素比亞府人口二萬零五百零一人東羅馬即土國一州土地一百三千五百方英里人口八十一萬五千九百四十六人自土耳古派官督撫民多奉希臘教不喜回回教故數有內乱土國雖以回回教為國教該地則特准奉耶穌教以其教徒為太守以安民心其後蒭民熇乱謀逐太守推伯布公為君主與土耳古絕嗣後伯布里公與土

帝講和土帝以伯布里公無爲太守歐洲各國亦皆聽准太守以五年爲期期盡則將臨時措處然則此地故伯布里之所有也

通商工業 以穀物爲出口首指毛史乳酪家畜材木亦多進口以布帛鋼鉄石炭爲最鉄道郵便電信俱備

土耳古 舊爲大國連亘歐亞兩洲在歐洲則稱歐羅巴土耳古南濱地中海僅連希臘西濱地中海北接亞羅斯及墺地利之間有羅馬尼塞爾維蒙志尼及伯布里今皆叛土獨立也在亞洲則稱亞細亞土耳古南距亞刺比亞東連波斯北控黑海人種則歐洲多屬白色亞部多屬黃色言語自成一家也今風氣未開文物未盛尚不及古寔爲歐洲最劣之一國也

皇室 今帝蘓爾且亞猶爾何美多募二 一千八百四十二年代以皇兄蕪拉德以立皇位必以皇男子繼之系統中無論嫡庶爲年長者必先登極而後及長子二百九十九年土國始相阿多曼卽位於小亞細亞之地稱蘓爾且盖皇帝之義也當時歐洲有東西羅馬及希臘亞洲有蒙古皆極強大然土國內而嚴警盛備外而搆戰隣邦第八世蘓爾且麻何美多第二終滅東羅馬移都於孔士坦丁堡府令歐亞各國莫不攝服此是土國最強之時也挽近國勢猝至衰頹頻遭俄墺諸國之所蚕食而國內雄鎭之謀叛獨立者亦甚多今亞非利加南岸除的里波里外皆爲獨立土國尚多畜積御之例故歐洲各國皆

賤而不蓝

政治 歐洲中以君主專制爲政體者惟俄國與鼓國也然言其政教隆替則不及俄國政治一遵可蘭麻何美多所定典例也其君相自定法律輒多抑下便上之弊馬行政立法兩權皆自蘓爾且總攬令兩院分任宰相院主教院掌內外務主教院專辦宗教兼掩神典訟獄等事分全國爲州更爲郡爲邑而其州守自帝勅命其郡邑守皆聽令於州守爲人民毋論貴賤皆可銓差高官且雖他教人既奉回回教者則皆得登庸

宗教 回回教者爲主或奉耶蘓教者則禁抑太甚僧侶則自主教院監督又以可蘭爲典要故僧侶之兼掌司法甚多

教育 可蘭中有以教化人民爲要之誦故自古多設學校多建書籍館然其教育以古文道德爲主兼教歷史地理不甚博洽亦難普通

財政 歲八六千八百四十三通圜且內外債欵俱不少

貨幣 通貨則官定金貨里拉爲本位墨日提查一里拉凡爲銀四圜五十錢分爲一百稗亞斯土爾別有銅貨稗亞斯土爾其價稍降以一百零五稗亞斯土此國貨制大乱有銅貨有紙幣亦有銀貨皆降其價如紙幣無人民喜受之者故外國銀貨盛行而政府現禁其進口亦寄爲輸八者不少

軍制 令全國回回教者年十八歲皆籍常備惟納二百五十圜及回別無養其父母者則免之餘悉聚一處抽籤得四萬人以編行伍然不奉回回教者不得爲兵卒惟十八歲則每年納稅一圜五十錢以代服役之義務全國分爲七

鎭台區各區駐屯常備軍以三年爲限更爲豫備軍許合五十六萬五千一百二十二名鐵甲十五隻各種軍艦數十隻海軍三萬零九百二十二名多備英人以克之

面積人口 歐部土國十零萬零九百二十方英里人口六百九十二萬四千五百四十人亞部土國七十二萬九千三百八十方英里人口一千六百一十七萬三千四百一十三人都府孔士坦丁堡人口一百二十萬人土國土地分爲四等一曰皇傾即國內全土皆屬皇室收其租賦盡充國帑二曰教田舊以其租奉供宗教教育中世以降亦不遵舊制多故官吏私貸三曰封地專供軍費武弁世襲終成封建之勢四曰民田是爲人民私有每年納租於政府以充公貸而其田無多不足計筭歐洲之伯布里亞非利加洲之埃及并稱土國屬邦宗則有名而已惟亞非利加洲之的里波里獨奉正朔以從土國計其土地凡三十九萬八千八百七十三方英里人口一百零一萬人

通商工業 與英法墺俄埃貿易出貨綿花阿丘果品穀物蠶絲史革材木爲最進口貨家畜珈琲金屬砂糖毛布木綿毛多烟草毛亘土産鐵道電線郵便俱備

屬地 此外別有屬地 **英國屬地** 日巴拉太希里古蘭島馬爾太島 **丁抹屬地** 氷洲島 **荷蘭屬地** 列基仙堡

歐羅巴洲 專制帝治二國立憲帝治二國立憲王治十三國共和政治二國屬地五處

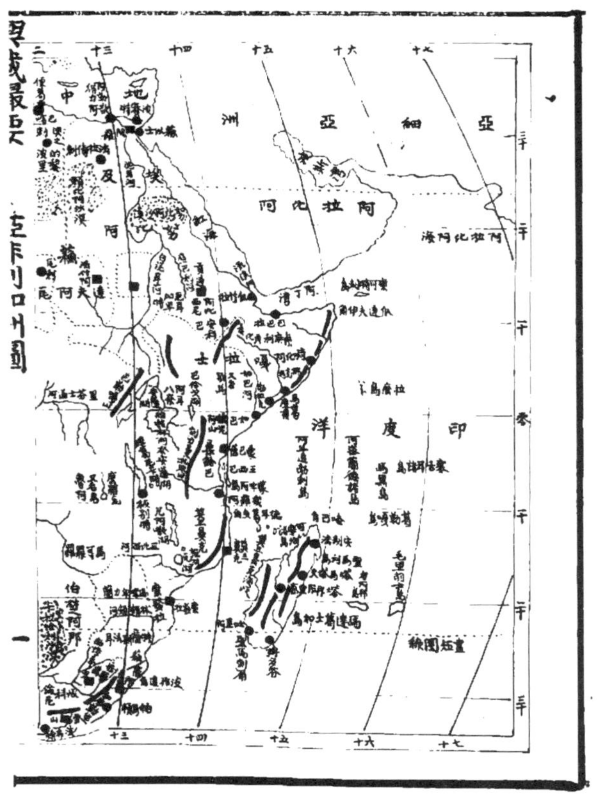

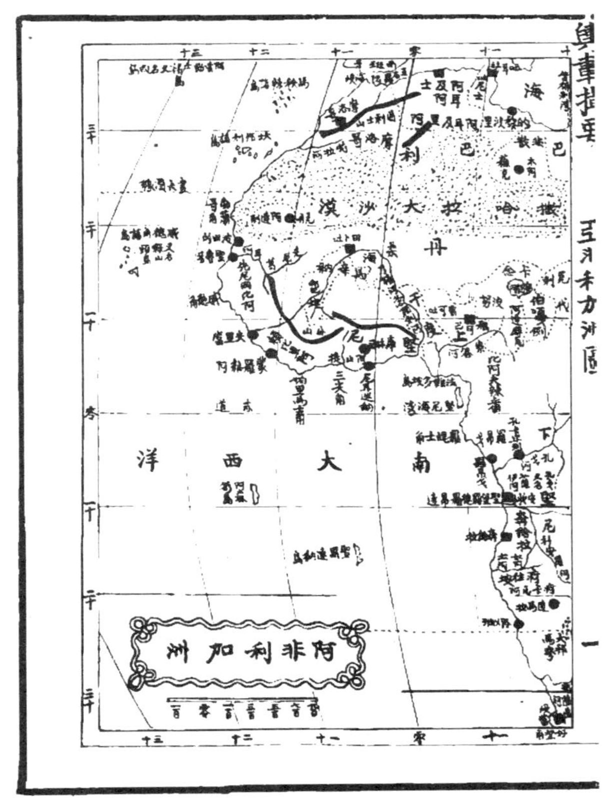

亞非利加洲凡七國

埃及 為本洲第一之大國西接的里波里及大沙漠南為尼比亞亦屬此國版圖東濱西紅海北濱地中海實東西往來之要區近時國內人心乖離不和外為英法土之所覬覦國勢岌岌乎甚危云

王室 **今王麻何美多亘畢克** 是即先王伊斯墨甫第一之嫡男一千八百七十九年受禪現有二男二女先王雖退讓不廢每年御供二十萬圓今王御供五十萬圓王族供銀八十七萬五千圓自政府備納○埃及實屬天下之舊邦然治亂相繼國無甯日降至近世佈折而隸於土國版圖以麻何美多亞里為埃及太守令專管地方數年叛據其地自稱副王獨裁政治不聽土國處置再募部兵攻土國西里亞據為已有勢頗猖獗土國之力不可防禦於是歐洲各國助土攻亞里反其侵地更以埃及歸土國封藩復准亞里主該國實不受土國羈縻故各國視為獨立降至六十六年先王伊斯墨甫第一革副王之號自為國王令子孫世襲亦不從土國王族長者相嗣之制

政治 自國王總裁行政宰輔俱係本國耆紳今則英國稍有干涉先是七十九年國王請於英法兩國均派監察官各二人於本國使之監察各務以致權柄太重兵民不服釀成內亂歐洲各國官商

輿載撮要 一 亞非利加洲埃及

多枝殘殺翌年兩國罷監察不復置議惟英國獨涉內政使法國不復干預宰輔現有五人各掌行政事務而外務及司法大臣兼內閣長官表率宰輔八十四年國王新定憲法擬栁國會議院及州邑會議惟參事議院獨得實施餘俱有其名而無其事也議參事議院者自人民公擧議員自國王勅任凡屬治政皆自此院獻可替否然其多般籌劃以備政府之博採而已分全土爲八府十四州府置尹州置守其地方諸務均歸自行故尹與守之威權甚盛

財政

該國借款甚巨皆得之歐洲各國而不能償還故各國多涉財務不准國王及政府自行處置各國會議查閱歲入分爲兩項一則專充借款利子一則專充政府經費合計四千二百零五萬八千一百一十圓每年以此爲定若兩項歲入有踰於前定之數則令償還借款本錢而不准兩項互爲流用歲入一萬七千九百五十二萬零九百二十五圓國債爲五億二千萬圓歐洲各國共議臨時措辦之方然議終不協至翌年英德墺法伊俄土七國會盟保護國債

貨幣

有金銀兩樣大小不一名云磅與英國貨名同故常稱埃及磅以別查一磅與銀五圓一十二戔六至均分一磅爲一百非亞斯土爾分一非亞斯土爾爲四十巴拉斯然金銀貨幣未多鑄造故英法貨幣并行

軍制

八十二年新設憲兵及巡查凡八十人如憲兵則設於各府各州惟巡查獨設於王都海羅府及關市亞歷山得港也國王盡廢舊兵新聘英將禹德爲大將令編制兵伍募兵敎練分國兵爲兩部在下埃及部戍者二千七百人在疆域把守者四千七百人自八十二年以來英國稱勘靖內亂派兵於該國尙不撤回英兵現數爲八千人

面積人口

本部分爲上下埃及合計面積三十九萬四千二百四十方英里各項人口合計爲六百八十零萬六千三百八十一人而此國以尼比亞及蘇丹及太兒哈及古爾土哈安及赤道地方爲外部皆屬荒漠居民遊牧不蒙敎化而叛服無常今將其土地與人口核算外部如左土地合計六十三萬二千零四十方英里人口合計四百一十九萬三千六百一十九人國內都府人口過一萬以上者一十一處海羅府人口三十六萬八千一百人亞歷山得港人口二十零萬八千七百人

通商工業

近得稍盛進貨布帛石炭衣服酒類材木烟草出貨綿花綿實豆麥類砂糖爲盛人民以農業爲本製造牧畜盛行織道電線郵便亦設○蘇士素以一線地峽爲地中海與紅海之分界者也六十九年歐人特建蘇士運溝會社募集資本八千一百五十二萬六千零五十圓疏濬該峽令地中海與紅海相通以便船行自開通以來每年往來船舶皆納稅於該會社者甚不少也今查最近二年間船舶往來之數與納稅總額合計則八十三年船舶三千三百零七隻稅額一千三百二十二萬七千五百三十圓八十四年船舶三千二百八十四隻稅額一千二百八十八萬零四百一

十五圓今將納稅每年派分資本以給與債主凡為資本之一百分五而餘則以其餘一百分一十五納埃及政府以其一百分一十付與創立資本以其一百分二付與會社幹務諸員以其一百分七十付資本總額以其一百分二付與理事焉

三給波甫

屬於本洲東海之一島其對岸大地亦歸其有名云尾甫撒克自北緯三度至南緯一十度四十二分焉

君主 以黑色人種立國成都風氣未開文化未闢酋長自立為君主然其建國年代酋長名號並不可攷酋長歲供每歲銀一百一十萬圓

政治 君主專制 **宗教** 回回教為主或有信奉耶穌教 **財政** 關稅內地貨捐為最地租頗不偷歲入一百二十二萬五千圓

貨幣 國無金銀道貨照用印度璃卑銀錢一璃卑當用洋銀四十七戈

軍制 一千二百名民兵則土人自帶銃劍以事戰鬪其慘忍酷惡無所不屆云

面積人口 疆土遼遠有六百二十方英里人口一十五萬人皆係黑色人種以三給波甫府為會城人口九萬人歐洲各國民人入籍者往往成羣成聚

通商 進貨布帛五穀出貨象牙寶石護膜商貨自英進者居多德美法及印度次之船舶歲約一百十一隻內英船四十六隻海港三口外來商民多聚營產商務稍進

南亞非利加共和國

南為痾聯珠自由邦三方皆接土人部落人種屬黑色言語以英蘭兩語全國相通

現任大統領克拉加亞 一千八百八十四年就職以五年為期自全國人民公擧其下有副統領一人大臣一人輔佐

政治 又稱都蘭斯波甫五十二年英國始准其獨立新定憲法以共和為政體政權專歸白色人管轄別自國會擧二人監督行政權國會者惟置一院議員四十四人皆自人民投票公擧專掌立法以四年為期每二年調換其半英國欲廢為屬地土民與英戰結和約外交一事專仰英國保護而實為獨立一國也

宗教 以荷蘭所改耶穌教為國教 **教育** 都鄙概設小學校專教荷英兩國文學政府助費

財政 歲入一百二十二萬五千圓國債數百萬圓全國土地官有者價值計為二百萬圓

貨幣 照用英制與英朴植民地不異

軍制 國無常備軍惟有若干輕砲軍而一朝告警則全國男子皆為兵卒

面積 一十一萬四千三百六十方英里 **人口** 白色五萬人黑色七十萬人

通商工業 出貨毛皮家畜穀物象牙金銀諸鑛最多全國最宜農業耕地有五萬亞葬婁有諸鑛甚富然開採未廣鐵道電線及商船亦將漸次就緒云

痾聯珠自由邦

西南東為皮朴殖民地北接都蘭斯波甫人種則黑白相混言語則英蘭相半焉

現任大統領顯孚蘭的 一千八百八十三年為人民公擧而就職以五年為期

政治 舊為英國殖民

地頒布獨立新定憲法以共和為政體設國會掌立法權置一院議員五十五人由人民選衆以四年為期每二年迭更其半爲歲一會議確定國事每員日給十圓大統領掌行政之權自內閣輔佐置大臣一人都尹一人監吏三人監吏以三年為期每歲秩更一人皆由國會薦任國例用荷蘭律有高等裁判處置判事三人 **宗教** 以荷蘭所改耶蘇教為主 **教育** 高等學校一處專教荷英兩國文學別有小學校普通全國自政府補助歲約一百萬圓 **財政** 歲入一百十四萬四百零五圓出款歲約一百十四萬九千三百五十圓國債凡一百萬圓而政府別有土地家屋又設官立銀行其資本計銀三百五十萬圓 **貨幣** 與岌朴殖民地同用英制 **軍制** 國無常備軍惟有砲兵若干全國男子齡自十八歲至六十歲皆隸兵籍獨係白色人種者凡有一萬三千九百四十一人 **面積** 七萬方英里分為一十六州 **人口** 白色六萬一千零二十三人黑色七萬二千四百九十六人以波羅仁洪提伊仁府為會城現有人口二千五百六十七人 **通商工業** 商貨與岌朴殖民地及邦達爾通共出入故進出貨值未可綜計土地概屬高爆恒虞旱魃不適農耕然現有墾闢一十一萬五千亞彝婁牧畜稍盛馬一十三萬一千五百九十四頭牛羊亦為此數土產寶石金鋼石及炭鑛頗多且電路長八百四十三英里

公額 本洲西岸之地有大河名公額河隣近總稱公額地方英法葡等分佔割據而公額河业猶有一地自北緯四度至南緯六度自英京東經二十四度至同三十度人種為黑色而白色亦不少近年比利時王保護此地定為萬國局外地

王室 **列疴福爾土第二** 一千八百八十五年歐洲各國會議於德京伯林府共立 **政治** 萬國條約以該國視為各國局外之地准其自由貿易自今二十年來局外各國猶有存廢之權若不能成國家則各國相議廢之以比利時王列疴福爾土第二現為國王君臨兩國然此國與此國無所相涉現今以比利時人撒仙為太守其下多有歐洲各國人補佐之全國分為四部各置長官治之至於中央政府則置之於比京佛塞爾府國王及宰相三人長之一曰外務兼司法二曰財務三曰內務 **財政** 歲費三十五萬圓歲入將自列疴福爾土王定其徵收之法而新募國債二千萬圓 **軍伍** 常備二千名 **面積** 土地一百零五萬六千二百方英里 **人口** 二千七百萬人 **通商** 此國始立國未籌通商工業等項故姑省之

利比里亞 在於上幾內亞地方西濱大西洋人種屬黑色言語亦有白國語

現任大統領名約翰遜 一千八百八十四年就職二十二年始得開闢四十七年八月立為民主國國例照

美國立大統領正副二人以二年為期置議會分上下兩院上院議員八人四年為期下院議員十二人二年為期國政大統領與上下議院諮商而行遇有立約等務由上院主辦膺任大統領者年過三十五歲且有一年所得六百圓以上者當之宰相五人輔佐曰國務曰財務曰內務曰單務曰遞信該國舊自美國保護認以獨立實為黑奴自行共和之嚆矢也然智識未開信義未行名雖共和實則擅制

財政 政府每歲出入兩款自政府豫算頒示中外以該國通用紙幣算之該紙幣一圓准用美國銀錢一圓而時有卸賤之弊歲入一十萬圓借英國債銀錢五十萬圓不能報償現今元利積至九十二萬圓而終難辦償勢將舉全國土地財產以歸英有云

貨幣 國內銀錢概行英制而政府會計則皆爲國銀錢若本國通貨紙幣而已

面積 一萬四千三百方英里

人口 一百零六萬八千人云皆係亞非利加土人戶則漸盈旁拓其地以蒙羅比亞府為會城人口三千人

通商 **工業** 道商則無貨單不可綜計而此國及西備數小部落并稱西亞非利加地方英商不復逐一分晰統計其額英貨進口歲約五百六十萬圓自該地出口至英貨值六百八十萬圓此國現有商船三十隻云專務農焉

摩洛哥 此國在於本洲西北角與西班牙相對為日巴拉大海狹西接大西洋東接亞爾及南為大沙漠

王室 **今王** **蕪禮活散** 為先王索底麻何美德之嫡男一千八百七十三年即位國人尊國王為回回教教王實係教祖麻何美德之族自其徑即此國王位以來歷代凡三十五以至今王馬王位世襲為例而國王自擇王族一人為嗣或未定儲而祖則使王族之長者入繼王統與土耳古不異

政治 國王擅制政治而法律宗教皆不能限其君權故生殺予奪皆出其意如土國波斯奉信回回教者以可蘭為國典故雖國君不能稍違其旨惟該國王實為教王故恣更可蘭以逞私情下有大臣六人各掌行政事務

宗教 信奉回回教

財政 歲入二百五十八萬圓

貨幣 錢幣則本國別有名美加妻者然專以法西兩國錢幣通行焉

軍制 都府以摩洛哥及非蘇兩府為王城而所居恒以步兵一萬人陪立護衛以英人一員管理又有騎兵四百人砲兵若干由法人三員管理別有豫備騎兵二千人此外國內各處亦有自願騎兵八千人自願步兵一千人云國王每年必自非蘇府一度行幸於摩洛哥府而此時各州州守皆備儀衛以表勤王意惟國有告警則臨時即募赴援之兵其數四萬人焉

面積人口 土地及人口俱不可得知其詳惟據歐人所推云土地合計二十一萬九千方英里人口五百萬人概屬土人白色人種僅有一千五百人

通商 **工業** 外國通商尚未盛出口貨三百八十四萬二千一百六十五圓進口貨四

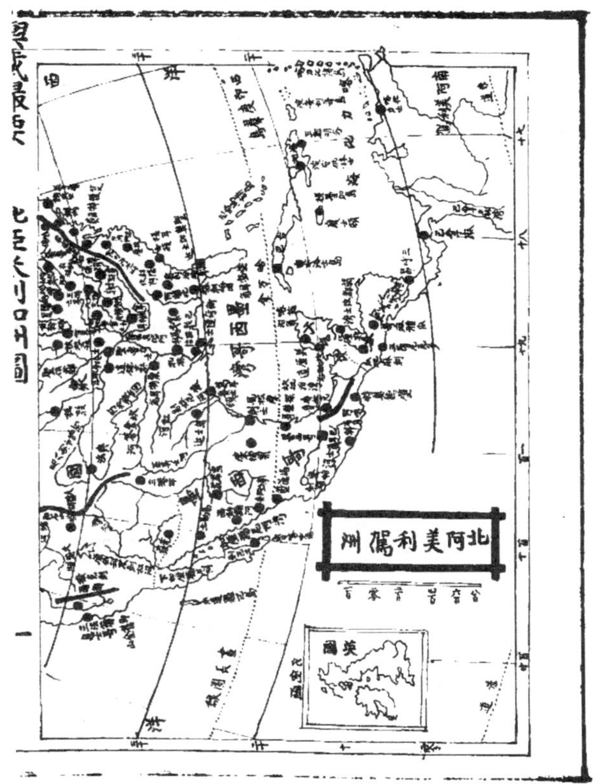

百二十七萬六千四百二十五國國民制產以農爲本而商船電線鐵道俱未至開設

屬地 此外本洲土地概屬歐洲各國惟內地有數多部落蠻風夷俗未脫渾沌云試查其部落一曰撒哈羅沙漠人口三百七十萬人二曰中央蘇丹回部人口三千八百八十萬人三曰西部蘇丹人口八千九百一十萬人其餘部落不遑枚擧至於屬地則係德法英葡西土六國所轄

德國屬地 的保 及汲 底太 瀕比亞 馬 林婆 駄馬拉 邦馬加蘭土

秘 安具拉 具伊邦

法國屬地 塞內岡比一部 亞爾及全土 金濱一部 禮俞尼穩 公額地方 仙的麻里

露西非 疴法克 同保護地 寞尼斯 達加斯加 馬

英國屬地 亞森 亞修 森 麻爾芝 仙的帶禮

之邦 西伊剌禮 亞邦爾蘭土 穩 同 岌朴殖民地 比亞邦達爾 巴斯土蘭土 金濱 剌古斯 非 葡萄牙

屬地 岌朴紫婁土島 島 亞都太 塞內岡比亞 安古拉諸島 公額地方 仙的麻斯 西班牙屬地

希留 諸島 都諸島 男 古里斯古 安邦 諸島 奔 土耳其屬地 的里 波里 亞非利加洲 專制 王治

二國酋長政治及立憲王治各一國共和政治三國部落未詳其數屬地三十七處其內補保護地二處

北亞米利加洲凡九國

海地爲西印度之一小島人種多黑色言語行法語

現任大統領思魯崇一千八百八十四年就職概自兩院公擧以四年爲期歲供二萬四千圓

政治此國舊隸法蘭西迨六十七年新定國憲以共和爲政體立法權自上下院掌之上院議員以六年爲期每二年調換其三分二下院議員以三年爲期皆自人民公擧歲一會議定法律會集議員自政府支俸大統領專掌行政權又分行政官爲四局各有所掌

財政國無財政合計之制故未詳其實額概算歲入平均額約二千二百五十萬圓近因內亂踵興經用頻絀連造紙幣以充其額國債甚多約爲二百三十八萬九千九百七十圓政府不能償還利子而歲償利息勢將難支政府新設銀行募集股分約四百萬圓以濟時急

貨幣通貨則名云銀貨一俾亞修土爾與銀一圓同其價

軍伍新定常備軍額六千八百二十八人內步兵居多

面積土地一萬零二百四十方英里

人口未有調查之制然約計五十七萬二千人就中一十分九爲黑色人種餘歐人遺種都府曰保爾土歐孚林斯府人口三千五百人言語用法語

通商出貨珈琲顏料綿花爲最

三土民各 此國與海地本爲一島俱在於西印度海中實一小國也人民專屬黑色與雜色而白色者亦不少國權專歸白色而言語亦以西班牙語爲最

現任大統領 痾斯伊基爾 自人民公擧以二年爲期一千八百八十五年就職

政治 此國曾屬西班牙該國人民來住者最多六十五年自立爲國以共和爲政體置一會議院議員十八人皆自各州人民公擧二人任之以二年爲限分爲五邦各自主其內政全國立法自議院掌之行政自大統領掌之下有宰相五人分掌事務別有屬部四區合計九州

財政 歲入一百五十萬圓內外債俱多實難支保內債三百八十九萬九千三百圓外債三百五十七萬一千五百圓

貨幣 本國通貨假用西班牙通貨以充之

面積 此國與海地俱爲一島總稱海地島其東部屬此國土地一萬八千零四十五方英里

人口 東部屬者四十萬人首部三土民各府人口一萬五千人

通商工業 通商未得其盛出口貨二百五十九萬六千五百零三圓然國內殖產漸盛現今甘蔗之培養砂糖之製造日有起色每年砂糖出口凡爲一萬七千噸云現有英人結社將事製造砂糖其資本凡爲五千萬圓國內道路未修頻難運輸該國政府銳意敷鐵已得竣功者凡爲二十英里

美利堅 即北亞米利加洲最大之一邦也東自大西洋西至太平洋西南接墨士哥南連加拿馬北爲英吉利未墾地別有一地名亞臘斯加在本洲最北與亞細亞洲相近人種概屬白色言語與英語不異焉

現任大統領 克例貌蘭土 即紐耳西州人少年學習法律一千八百八十二年選爲紐育州太守庶民推仰爲首凡大統領年俸五萬圓副統領一萬圓

政治 該國舊屬英國至七百七十四年一十三州人民會合費拉特爾飛亞府相議奏請英王輕減稅戢武班師英王不允益肆暴屬七十五年美國人民推蕙爾日華盛頓爲大將起兵抗英凡經八歲互有勝敗追八十一年在美之英兵悉降於蕙爾日華盛頓此時法國聲援美國與英國開畔轉戰東西印度各地而西班牙亦與法國聯合於是英國上下深用爲悔八十三年英美兩國各派使臣於法京巴里府同結盟誓永准美國爲獨立是時美國不過一十三州其後土地漸拓人口漸增今有三十八州一十一郡自獨立後由各州均擧議員會同安拿波里府議定憲法其後續增新例各州人民共推蕙爾日華盛頓爲大統領在職八年約翰亞當蘇斯代任遷都于古倫比亞地方以蕙爾日華盛頓之名稱華盛頓府即該國之都城也今大統領共二十二人歷年凡一百年據憲法所定分政權三曰立法行政司法均置其官掌之行政權由

大統領掌之大統領及副統領皆以四年為限自國人公舉其公舉之法由各州人民先舉代舉人而其數視該州派遣之元老其民選兩院議員之數以為律且視大統領缺補中人望尤多者定大統領次為副統領若大統領任未滿而缺則副統領代之副統領缺則元老院臨時議長代之該國有庶民共和兩黨必加盟其一故每大統領替代也先由兩黨預定候補之尤多人望者以告做府專欲自其黨進為大統領凡大統領總理海陸各軍又兩院議上條陳可以批駁若兩院三分二以上為可即定為法律副統領則無任元老院議長而若代為大統領則由元老院自舉臨時議長以充其任行政大臣皆大統領所簡派而由元老院核准然後授職令擔大統領補弼之責立法權自元老民選兩院掌之元老議員自各州州會均舉校選以六年為限該議員不啻議定法律如大統領用人及行政大臣或有違例做錯則並自該院審問裁判民選院議員以二年為任限國內男子年過三十一歲者皆可操選舉之柄然各州如有異同或使納租者獨得選舉而鋼色人中不納租者不得叅選凡政令法律由大統領擬作原案兩院議員年俸各五千圓民選議長八千圓別給旅費令每年一會或有緊要可臨時開會各州憲法自農商校稅道路以至裁許決獄皆聽由州會酌辦而其任行政則太守掌之立法則自民會掌之在昔各州皆有奴婢至六十五年盡廢奴婢亦准同行民權是雖有

貧富智愚之差自初生民本無上下貴賤之別故均得選舉議員及登庸官弁

宗教

憲法自由奉教故歐洲所奉各教皆得行於此國且猶太教多妻教各有寺院僧侶蓋全國人民分屬各教也

教育

行普通之制而自政府銳意於此凡百方便熱講並行催令幼童男女悉就小學然全國人民之不識字者甚多此由每年自外國來住者與古來曾有奴婢之類而致之也全國學政皆自政府掌之至小學則各州皆為設立概從同一之制其學費各州俱有學田以充其款全國小學校費款一億零一千三百四十零萬二千六百三十圓也學校附屬財產抽利不少

財政

每年歲入各項亦多歲出海陸軍費國債利子為最而養老之資亦不少所謂養老資者文武官員之既經退老及寡婦孤子則皆自政府每年頒給若干終身遂生者也今查豫算表入款三億四千八百五十一萬九千八百六十九圓即海關稅國內諸稅官地賣價銀行稅造幣利款罰鍰及記錄諸稅太平洋鐵道八金及官地所入及官有賣價古倫比亞地方所入及雜稅等條同年出款三億二千三百九十一萬一千三百九十四圓即立法費行政費司法費外交費陸軍費海軍費土民事務費養老金及工事費郵便費雜款費豫備等費即右項八款數出而有餘者概共償還國債然現今國債尚多國庫所儲金銀若減此數則每年無利子者不少又太平洋鐵道會社債券亦多其利子若些少則特自政

府損貨至本錢一百分六此爲政府保護商會之一例也各州政府別有歲出八其州債則一十二億五千萬圜試將國債攤派人口則每名凡爲二十五圜每年利子近於一圜也八三億四千八百五十一萬九千八百六十九圜歲

貨幣

此國通貨以銀爲本位名一德甬拉甬漢譯單稱一元又名一弗現用價殖以英金一磅爲四德甬拉甬八十六仙多餘所謂仙多即德甬拉甬一百分之名也漢譯單稱一仙然官定價值則以五德甬拉甬爲一磅而此者中所謂圜者亦同此錢幣焉

軍制

陸軍增減兵餉總歸上下院主持而自大統領調度各軍至於兵數則常備常定數三萬而各州皆有民兵男子十八歲至四十五歲盡隸兵役計數一千二百十四萬九千五百八十五人分全國爲八軍區均置常備軍更合爲三大軍區各置將帥以便調發海軍近有裒頓之勢軍艦近爲八十七隻而可堪實用者不及三十一隻於是政府刱意於海軍將新造軍艦若干而其造船局現有一十處海軍計數一萬零六百三十九人

面積人口

一千八百八十年面積凡爲三百零九萬五千二百四十五方英里人口八千八百八十九萬四千八百六十人中國人一十零萬五千六百十三人銅色人三十三萬九千零九十八人銅色人是稱印度人種總計各地部落六十六部飄有暴動之憂難以法律制之故每年自政府費財不少國內都府人口過五萬以上者三十四處計華盛頓府人口一十零萬九千一百九十九人又人口之多於該府者一十三處內紐育府通商尤盛費拉特甬費亞府人口一百六十一萬六千三百十四人今查土地人口無多尚未得開拓者悉歸官有自兩院及政府管理分爲兩種每亞葺婁皆一圜二十五戈此一等官有地則皆由人民准價買之猶有准人民之私有土地之法則無論土著與外國人民現任其地以事耕作年過十五者定爲地主惟令納其記錄只有地稅而已其二則若植樹於山五年培養則亦准其私有寔由山林尚未繁茂故新頒此制也一千八百八十年未得開拓之土地爲八億一萬九千八百亞葺婁此制之後漸至起墾且歐洲人來住者一萬八千五百九十二人

通商

工業

進貨砂糖毛及毛布化學製品珈琲鐵鋼品出貨綿花小麥小麥粉牛肉鷄卵牛酪及食品別有金銀出八兩款假量一年進口三千七百四十二萬六千二百六十二圜出口四千三百二十四萬二千三百二十三圜各項物貨殖一年所出七億二千六百六十八萬二千九百四十六圜與各國通商則英國最盛德法次之英屬加拿地及比利時俄羅斯荷蘭等國亦其次一年各港口船六萬零六百零九隻人民商船不可勝數記得産出金銀甚多工業所産農産鑛物牧畜製造材木漁業等物無非豐備不可勝載每年生財通計不下一百億萬圜實爲天下之無比巨款也鐵道郵便電信會社勾檢者多電話機近年大行

墨士哥 南接中央亞米利加諸邦北爲美國西濱太平洋東濱西印度海人種爲白色及銅色言語爲西班牙語也

現任大統領葡里非里府德斯 一千八百八十四年就職四年爲期期前有缺則元老院以長代攝之該議長元老院議員自推一人任之每朔調換

政治 五十七年新定憲法以共和爲政體八十二年稍變其制國內各州皆自主內政而聯合爲一國自其政府總理外交軍務通商法律等大政現有二十七州及一郡一邑中央政府有立法行法則元老民選兩院掌之民選院自全國成丁男子公擧以二年爲期年過二十五歲得膺是選元老院每州各選二人得膺是任現住選擧州內年過三十歲任期與民選議員同兩院議員年奉各三千圓行政權則大統領掌之大統領自代擧人公擧代擧人自各地人民選擧所謂複選法是也下有宰相六人分掌行政事務各聽其指使

宗教 以耶穌舊教爲主省而新教及各教聽其人民所奉教務政府無涉

教育 男女幼童皆就學費款由國帑補給

財政 歲入三千七百六十二萬圓蓋由近歲廣築鐵道盛起土木入不補出恒見欠缺財務稍困國債過一億三千萬圓

貨幣 廣鑄銀錢適行地球各地東洋諸國亦可照用此外金銅兩錢概多鑄行鑄造錢幣銀貨與美國同其貨名與價値而東洋各國稱云墨洋者皆此國銀貨也

軍伍 二十萬九千九百八十六人軍艦五隻

面積 七十四萬三千九百四十八方英里

人口 一千零四十六萬零七百零三人其內白色人一百分二十白銅兩色混合者一百分三十餘屬銅色人都城墨士哥府人口三十萬人自中央政府隸治餘外都府人口過二萬者一十四處

通商工業 美法英三國來會尤多金銀豊足一年產出銀價三十萬圓毛絲珈琲皮革材木次之工業鑛山最富金銅亦多國內造幣局凡十一處製銀錢以輸海外農耕山林牧畜最次進步織造處鐵道電線郵便俱設

閔都拉斯 在中央亞米利加東濱大西洋與古修都理加三薩瓦多尼加拉加等國連壤國有兩部一爲獨立此國是也一爲英所拈據所謂英屬閔都拉斯是也人種銅色人最多亦有歐人遺種而多出於西班牙歐人衆有政權故言語亦以西班牙語爲主銅色人雖多概爲其所奴使云

現任大統領劉路易巴虞蘭 一千八百八十三年就職以四年爲期自民會公擧然兵士專擅迭爲廢立自推其所喜爲統令大統領亦其所推任云

政治 一千八百三十八年立國得預中央亞米利加會盟翌年更渝初盟新定憲法以共和爲政體立法權自民會掌之民會議員三十七人行政權大統領掌之有宰相六人各任其行政事務

教育 全國

大中小學校五百八十處生徒二萬零五百十八人 財政 歲入一百三十一萬一千五百八十三圓年年出入畧相平均國債補充勢不償還嗣後雖欲借款無肯允者 貨幣 通貨准用美國銀貨 軍伍 三萬一千五百人 面積 四萬六千四百方英里全國一十三州又分六十郡又分二百一十二村 人口 四十五萬八千人都府達倶西尼妻巴府人口一萬二千人 通商工業 與英交易土產家畜史革謨膜布帛砂器等國內產有金銀未廣開採馬郵便電線鐵道亦漸次就緒

瓜他馬拉 在於中央亞米利加之北面與墨士哥連壤東爲閒都拉斯南爲三薩瓦多西濱太平洋人種則三分二爲白色三分一爲銅色言語則用西班牙語也

現任大統領巴理露修 一千八百八十五年就職期以六年 政治 三十九年肇刱立國得與中央亞米利加同盟新定憲法以共和爲政體自國會掌立法權國會惟有一院議員以六年爲限自大統領掌行政權宰相六人分掌行政事務 教育 大中小及夜學校合八百九十四處有官私立之別生徒四萬人每年學費三十二萬九千四百三十九圓 財政 歲入八百三十一萬八千九百四十七圓國債數過八款其利銀凡八十萬圓 貨幣 通貨爲銀一俾斯達爾與銀一圓同

其價 軍制 陸軍歲餉由國帑需養常備軍三萬五千一百八十名 面積人口 二十三郡土地四萬六千八百方英里人口一百二十二萬四千六百零二人內三分二爲白色人餘則爲銅色人首都叁智亞古府人口五萬九千人 通商工業 出貨以珈琲爲最土產砂糖果蓏穀物爲首其收穫合計珈琲四百九十五萬四千圓砂糖一百零五萬八千圓牧畜馬一十零萬七千一百八十七頭牛四十四萬一千三百零七頭鐵道九十九英里電路二千八百英里郵便局一百四十四處

三薩瓦多 在於中英亞米利加西濱太平洋北瓜他馬拉南尼加拉加東接閒都拉斯人種言語與閒都拉斯同馬

現任大統領佛朗西斯古 一千八百八十五年就職自人民公舉以四年爲期 政治 此國舊與尼加拉加瓜他馬拉及閒都拉斯同盟爲一國迨五十三年各爲獨立以共和爲政體置政府於三薩瓦多府憲法所定以立法權委任上下兩院議員皆自人民投票公舉其任限上院三年下院一年行政權委任大統領下有四局分掌行政事務一爲內務局二爲外務局三爲戰務及財務局四爲工部局是也 財政 歲入四百零六萬一千三百二十圓入數以海關消費兩稅爲最出款軍備教育兩費最多一年間軍需費額五十五萬二千六百圓教育費額一十三萬八千三百圓國債五百三十二萬七千二百圓也

貨幣 錢幣通用銀錢名一弗以一百仙爲一弗與美製同別有一種銀貨名俾索以八列爾爲一俾索與銀一圓相比而價稍昂

軍伍 常備兵有一千二百人別有民兵二萬五千人

面積 全國分爲一十四州土地七千二百二十五方英里

人口 九十三萬五千六百七十六名都府三薩尼多府人口一萬三千二百七十四人此國地震年年不絶近見都府屢更頹破云

通商工業 與英國貿易居多美法次之鐵道現有三十八萬英里電信現有一千二百五十九里郵便亦設

尼加拉加 在於中央亞米利加西太平洋北三薩尼多南古修都理加東接閔都拉斯人種言語與閔都拉斯相似

現任大統領劉亞當加婁底那修 一千八百八十三年就職自人民公擧四年爲期

政治 五十八年新定憲法以共和爲政體立法權自上下院掌之議員自人民公擧上院議員一十八人下院議員一十一人皆以六年爲期行政權自大統領掌之下有宰相四人各掌外務財務教育及軍務焉

教育 小學校一百七十八處生徒八千三百三十人

財政 歲入一百八十三萬五千五百三十三圓而國債八十四萬二千九百三十一圓

貨幣 通貨與閔都拉斯同其制

軍伍 常備軍與巡查及民兵合計一萬零三百三人

面積 四萬九千五百方英里

人口 二十七萬五千八百一十五人

都城麻那加府人口一萬二千人

通商工業 金銀爲最牧畜稍盛有牛四十萬頭鐵道電線郵便亦備

古修都理加 在於中央亞米利加之極南南接巴拿馬地峽東爲西印度海西爲太平洋北接閔都拉斯與尼加拉加人種言語與閔都拉斯不異也

現任大統領伯爾那婁土索道 一千八百八十五年就職自人民公擧四年爲期

政治 此國與閔都拉斯及瓜他馬拉三薩尼多三國會同立盟稱爲中亞米利加聯邦內治外交皆由聯邦政府主掌迨三十九年各邦構議求除同盟皆以共和爲政體初定憲法使上下院掌立法權上院議員每州各選二員期以四年下院議員每一萬人選一人期以二年選政則營業稍裕者可操兩院選擧之柄其行政權則由大統領主持下有大臣五人輔佐焉

教育 國內學校公立三百四十一處私立五百八十四處生徒一萬三千九百二十人

財政 政府財務一歲經算表歲入二百九十三萬六千七百五十六圓而出款亦准此數入款則海關稅七十萬圓酒稅七十七萬六千圓出款則陸軍兵餉七十四萬二千零九十一圓國債利息五十一萬九千圓國內借款現有二千九百四十六萬圓外國借款亦一千五百九十六萬圓故利息歲增以致歲出之鉅款

貨幣 通貨爲銀名一俾索斯與銀一圓同其價 **軍伍** 陸軍常備及民兵合計四千人 **面積** 二萬三千二百萬方英里

人口 一十八萬七千八百九十人三分一爲銅色實係土種餘悉歐人子孫自西班牙入籍者居多以加羅多廣府爲會城

通商工業 出貨珈琲居多土民等率皆耕農專業珈琲牧畜亦盛全國牛現有二十零萬六千頭鐵道現成者九十六英里亞拉瑞厄拉與里紫兩港之間將次架設一百一十四英里然資本未數現方中廢電路長四百五十英里電報局一十六處

屬地 此外歐洲各國屬地則在於本洲大陸者係丁英兩國所轄 **丁抹屬地** 綠地 **英國屬地** 英屬閱都拉斯加拿多

歐洲各國 屬地之在於西印度及傍近海中者係丁法英荷西五國所轄 **丁抹屬地** 仙的克羅伊克斯 仙的 都守麻斯 仙的約翰 **法國屬地** 加達羅獰孚 麻爾 之阿奇 仙的非兒 **英國屬地** 巴波 麻 秘囊無多斯 新着島 蛇買伊加 里伊倭 亞土 胡囊克蘭土 都里利多土 守仁土倭亞土 久亞古獰 亞爾婆 仙的麻爾 陳 保邦伊爾 仙的禮修多芝 事巴 **西班牙屬地** 古巴 保婁土里古

北亞米利加洲 共和政治九國屬地二十一處

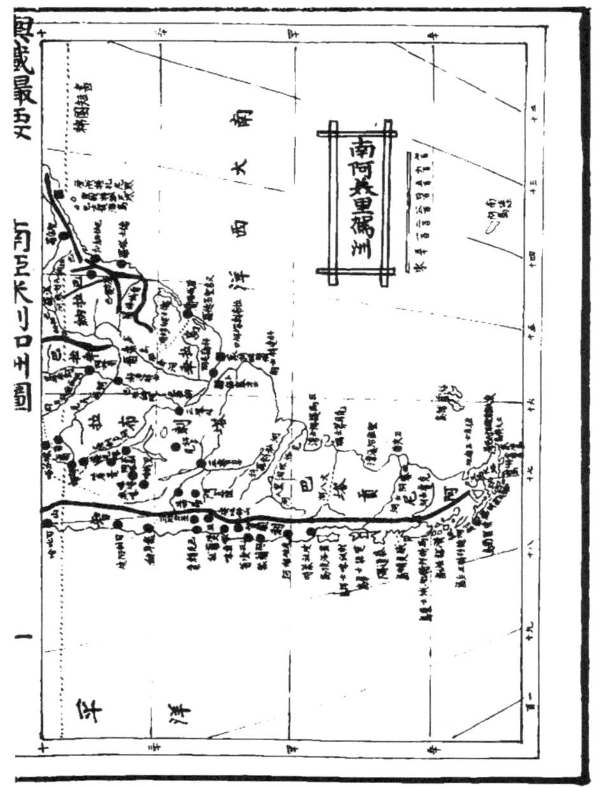

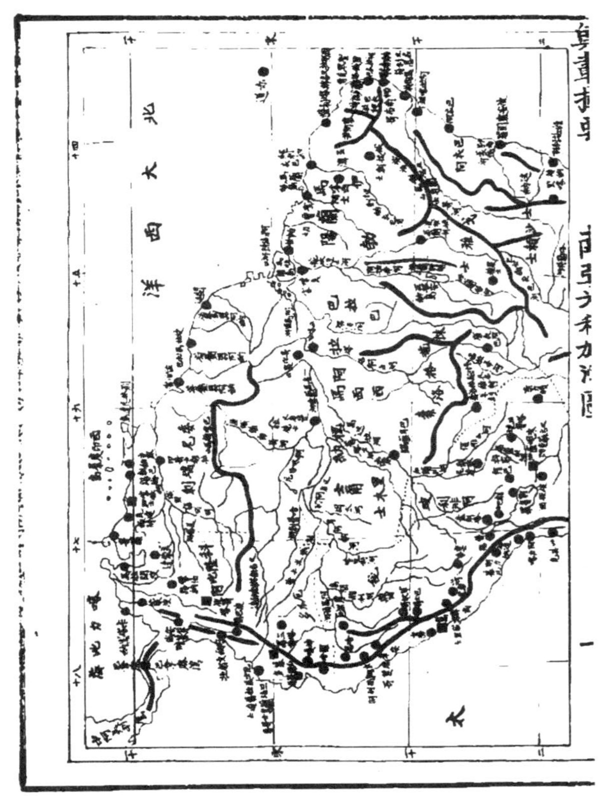

南亞米利加洲凡十國

古倫比 爲本洲最北東接委内瑞拉及巴西南隣厄瓜多西爲太平洋北爲西印度海西北一角與北亞米利加連亘所謂巴拿馬地峽是也人種多屬白色言語多用西班牙語

現任大統領名拉惠爾紐尼瑞 一千八百八十四年就職自人民公擧以二年爲限

政治 九州聯合爲一國其政體一擬美國名新虞拉那他合衆國每州皆自主其内政惟軍務外交通商則自中央政府掌之中央政府以行政權委大統領以立法權任國會有兩院議員必自地方民會擧其下宰相七人各任行政都府普古佗府政府亦在此

財政 歲八六百三十三萬九千二百零五圓八款常不及歲出追近倍甚國債亦年多一年内債一千五百萬圓外債一千一百三十九萬五千圓令自政府利子不能償還者屢矣債主相議大減其利子然若財政更張則該國將爲財產限所謂財產限者所借款甚多而財用有甚困勢不可盡償故凡國財額盡與債主也

貨幣 通貨爲銀一俾索與銀一圓同其價一十分云一例角也

軍制 國會議定軍數以常備軍爲三千名若有告警大統領新募兵增額

面積人口 土地中央合當赤道以南十七

萬四千零十六方英里赤道以北三十三萬零七百五十七方英里人口四百萬人白色人種尤多黑色銅色兩人種二十二萬人普古他府人口二十萬人

通商工業 珈琲金銀烟草皮革鐵道郵信電線並得稍盛今聯邦九州中以巴拿馬爲家要而通商尤盛也查該地在於南北亞米利加兩洲間地狹若開鑿運河則自太平洋可通大西洋許其運河長凡爲四十八英里現事開鑿也將至一千八百八十八年則可通船舶云今聞該運河費項凡爲一億二千五百萬圓可以得竣功也

委內瑞拉 西接古倫比東接奇亞那南接巴西北濱西印度海亦本洲之一大國也

現任大統領慈姑回克禮斯福 一千八百八十五年就職內閣議員推一人爲議長議長實任大統領以二年爲限

政治 此國以西蒙玻非巴爲本地舊屬西班牙其後漸與傍近各州合倶獨立以共和爲治國憲專倣美國故本地及各州之立法行政司法三權皆自州內擅行財務別籌支數焉蓋各州政治視美國各州尤形自主遇有外寇倂力禦之現有本地一州八郡二中央政府由大統領摠理發政其下有行政大臣六人聯合兩閣十六人爲議員任限二年皆自元老民選兩院公舉兩院摠理立法歲一會合議定政法元老院議員自各州公選三人民選院議員全國人民公舉不論何項人皆有選舉之柄每三萬五千人擧一人兩院倶以四年爲期政黨分爲兩派一稱地方分權黨專由各州擅行治政不准中央政府干涉一云中央集權黨專由中央政府總理全國大小政務以張勢權兩派積不能平互相軋轢四十七年兩派鬨鬩互有輸贏內亂相踵國隨而弊矣

宗教 概奉耶穌舊教餘教均聽人民恣奉然不准無緣設寺堂行禱祀

財政 歲入七百二十四萬六千八百八十圓中央政府八款以其十分六供政府諸費以其一十分四供國債利子與土木諸費云國債二千萬圓其利子爲本錢一百分三才經二年增爲一百分四以此新募國債償還內外舊借兩款現無所遺

貨幣 銀貨名云玻里巴一玻里巴准用銀錢二十五戔

軍伍 二萬五千四百五十名此外民兵三十五萬名內亂頻作民兵死亡減爲六萬人

面積 八州二郡六十三萬二千六百九十五方英里

人口 二百一十二萬一千九百八十八人首都加拉加斯府人口五萬五千六百三十八人

通商工業 農業大進諸鑛甚富金鑛大開珈琲砂糖穀物牧畜牛馬羊各港商船滊輪居多鐵電郵亦設

巴西 東濱大西洋北接奇亞那與委內瑞拉西連古倫比與厄瓜多及秘魯南薄玻里非與玻拉乖與亞然丁及烏拉乖舊屬葡萄牙今爲獨立設君民同治疆域最廣人物最繁洲內各國無與比倫者人種言語槩同葡國焉

皇室今帝湯役得祿第二 卽光帝湯役得祿第一嫡男至一千八百三十一年受禪巴西自葡國開拓移民隷其版圖七年葡國王族遁入此國設都城於里的日內路府以自主政治始定君主之制遂抵本國登葡王位是爲約幹第六二十二年國人會議推其長子爲帝曰民亂讓於其子卽今帝惟帝無嫡男則嫡女嗣統故今帝嫡女依薩伯立爲皇儲

政治 憲法分政有四日立法行政司法中和立法權則元老民選掌之議員由民公擧元老年俸四千五百圓得膺是任者歲得八百圓而後准爲使補每州人公擧三人中一人由帝勅任爲終身議員民選議員亦以年俸各三千圓四年爲期得膺是選者歲得四百圓以上而亦由民公擧兩院每年五月三日會集都城確定凡百政令有大事動關一國盛衰則兩院咸集公決元老院審判大逆謀叛且兼有召集兩院之權然此權實由帝掌之行政權亦由帝掌之內閣大臣輔佐中和司法兩權皆由帝掌之又有參事院議員由帝勅任終身任之內閣大臣常諫諍輔弼太子成年則兼任議員各州置守令自中央政府派命州有民會守令與民會議

宗教 耶穌舊教爲宗其僧侶及寺塔由國帑給費不禁他教准民人恣奉惟特禁設塔以祭之

教育 大中小學校醫學法律宗教等諸教大進生徒三十二萬一千四百四十九人

財政 歲入六千二百四十六萬九千零一十四圓較其出款每歲不

二

敷且國債爲七億零四百九十九萬七千一百二十二圓迨不支過焉

貨幣 本位通貨名一美爾里伊斯以金銀鑄造之分爲一千例斯今以二美爾里伊斯值同洋銀一圓然現今紙幣多行不能見金銀兩貨云

軍制 成丁男子六年屬常備三年屬豫備以隷陸軍惟准備代及納費六百圓者免役軍額三萬八千八百八十八人軍艦六十四隻大砲一百四十九尊水兵五千七百八十八人國內造船廠五處

面積 三百二十一萬九千方英里

人口 九百九十三萬零四百七十八人此國尚買奴之制而白黑銅與他色混同都府人口過二萬者八處都城里的日內路府三十五萬人蓋買賣人類以爲奴婢使役農工猶家畜者實非天理之正人倫之常故歐米各國近皆廢之而惟巴西一國未能革舊蓋地廣人少故募人耕墾猶有奴婢之制歐洲各國深非其法是以巴西政府亦將盡除此習又國內慈善人各捐貲以助若干金贖奴婢於主人使爲自主之民

通商工業 出以珈琲進以布帛與英美互市鐵道四千一百四十三英里現爲開工及將架設者可有一千六百英里電郵亦設

玻拉乖 北爲巴西及玻里非三方接亞然丁人種屬白色主持其政權實本洲之一小邦也

現任大統領加巴屢列露 一千八百八十二年就職自人民公擧以四年爲期年俸九千五百圓

政

三

治 此國舊爲西班牙所轄一十一年始脫其覊絆自成一邦特置理事二人委任政治一十五年有特多紀佛蘭西亞者掌握政權專制威福儼若君主不准人民恣議政治四十年身死國內大亂無股從政府者四十二年會議以其任二人並爲理事未幾推一人爲大統領以共和爲政體六十二年劉婁俾斯繼爲大統領與亞然丁巴西及烏拉乖三國交兵終爲其所襲身死於鋒鏑國人會議新定邦憲與三國請和立法權自西院掌之議員年俸各五百圜自大統領主辦其行政權副統領亦自人民公舉年俸四千八百圜宰相五人分任行政事務年俸各三千圜 **宗教** 耶蘇舊教爲國教教育亦使人民必就學 **財政** 歲八一百五十一萬二千九百七十九圜外債亦多 **貨幣** 通貨爲銀名一俾索與銀一圜同其價爲 **軍制** 此國曾與巴西亞然丁烏拉乖開衅時陸軍六萬人近來兵籍盡廢現存常備者不過六百七人 **面積** 二十三郡土地九萬一千九百七十方英里 **人口** 一百三十三萬七千四百三十九人與隣國開衅其數大減爲二十九萬三千八百四十四人全國原籍土種六萬人首都亞修音西旬府人口一萬六千人 **通商工業** 隣邦皆從陸路交易如英美白巴西諸載出貨以玻拉乖茶爲首此茶原名云尼婁巴麻達實爲一樹以其葉乾枯成粉賣買美商歲歲不少烟草農穀居多牧畜亦蕃郵便鐵道電線並漸就緖

烏拉乖

東南俱濱大西洋西連亞然丁北接巴西人種舊屬銅色近自歐洲人民移住以來銅色漸減而白色漸增言語多用西班牙語

現任大統領 **麻基西茂山土斯** 一千八百八十二年就職任限四年

政治 該國舊屬西班牙後爲巴西一州至二十五年領示獨立於中外二十八年始違其意三十年新定憲法以共和爲政體立法權自民選元老兩院掌之每年二月會同都城以兩院准可者定爲法律元老議員二人民選議員五人常駐都城名委員監察行政之做錯查民選議員以三年爲任限男子旣成年能讀書者每三千人中例擧一人元老議員每州例擧一人六年爲任限每二年迭更三分一行政權自大統領掌握之下有內閣置五員協贊機務 **宗教** 耶蘇舊教不禁他教 **財政** 歲八一千一百六十二萬六千二百一十圜而國債合計爲六千零六十七萬二千零九十三圜 **貨幣** 通貨以銀爲本位名一俾索與美國銀錢同一俾索分爲一百仙底邦斯 **軍伍** 二萬六千六百九十四人 **面積** 七萬三千五百三十八方英里 **人口** 四十三萬八十二百四十五人都城蒙底美特旬府人口一十零萬四千四百七十二人 **通商工業** 牧畜穀類最多鐵道電線郵便俱備

亞然丁合衆國 又稱拉冨拉太聯合一十四州爲一國名合衆國在於本洲之極南東濱大西洋西至智利北
連玻里非玻拉乖巴西及烏拉乖人種槩屬銅色然而政權歸白色言語自成一家所謂亞然丁語也

現任大統領特耶理斯禮露嘉 一千八百八十年就職任限六年年俸二萬圓

政治 此國聯合各州爲一共和國新定憲法以行政權委大統領令各州代選人會同都城投票公擧而各州代選人亦自各州人民公擧其數與元老民選兩院議員總數相等有副統領一人亦自人民公擧六年爲限年俸一萬圓其大統領自爲軍務總帥登庸文武官員兼掌宗教及行政之責焉惟大統領副統領必奉耶穌舊教下有宰輔五人年俸各九千圓卽內外務財務軍務及司法也立法權委任元老民選兩院其元老議員自各州公擧二人九年爲限民選議員每人口二萬人公擧一人二年爲限九係政令每年五月會同議辦其議員年俸各三千五百圓

宗教 該國雖以耶穌舊教爲大宗亦並准人民所欲

教育 農業及鑛業學大行其他諸學俱進

財政 歲入三千零零五萬零一百九十五圓國債一億二千零九十萬圓

貨幣 銀貨俾素爲本位一俾素與銀錢一圓同其價値也自八十五年以來紙幣發行而銀貨不行故紙幣漸減其價以一俾素紙幣通行八十戔

軍伍 四十零萬四千人軍艦三十九隻大砲一千五尊海軍一千五百名

面積人口 土地五十一萬五千七百方英里人口二百八十三萬人分十四州別有屬地合六十一萬方英里人口十二萬人此不過山間荒蕪之一區都府柳伊邦斯愛爾斯府人口三十萬人

通商工業 進貨食品及酒類出貨家畜及農產爲最與英法兩國貿易該國土地廣漠最適於農惟憂人力不敷每年來住者甚多以致人口漸衆而農產隨之漸增鐵道三千零五十英里而現事建築者一千英里電線郵便亦就緒

智利 在於南亞米利加長連西岵西濱太平洋東接亞然丁北至玻里非南則遠及於該洲南端人種屬銅色而白色人種亦復不少故國之政柄在於白色人

大統領 人民以複選法公擧就職以六年爲限年俸一萬八千圓

政治 該國舊屬西班牙一千八百一十年國人相議自成獨立與西班牙戰至一十八年終遂其志新定憲法以共和爲政體國會分爲兩院元老議員以六年爲限民選每二萬口擧一人以三年爲限且兩院議員俱係人民公擧立法權亦在於國會下有內閣大臣各掌行政之務行政權在於大統領都府撒智亞古府有大法院專掌全國司法事務至各州均置控訴裁判處又置始審裁判處

宗教 耶穌舊教爲宗亦任人民自由奉敎

教育 漸有開進之態生徒七萬八千三百七十四人然國人太平未能讀且書云 **財政** 歲入四千四百二十四萬八千九百六十五圓國債利子居多 **貨幣** 銀貨一俾索與銀一圓同值一百分云一仙陀普斯 **軍制** 近來與秘魯及玻里非開衅以致兵額多增一十零萬四千人軍艦二十六隻鐵甲三隻海軍一千五百八十九人 **面積** 二十州及三郡內一郡名亞那都哈加斯邦者近與玻里非戰以得之據爲已有合許土地二十八萬一千一百七十三方英里 **人口** 二百四十零萬五千零四十一人都府人口過二萬者二處而首都撒知亞古府人口二十萬人 **通商工業** 進貨飲食布帛諸品出貨農產諸品金銀鑛物南亞米利加洲之架設鐵道自該國爲始內屬政府餘屬於商會郵便電線內屬政府餘則屬於商會

玻里非 西爲秘魯智利東北爲巴西南爲亞然丁玻拉乖本洲中西面不接海洋者惟此國及玻拉乖而已人種爲白銅兩色言語槩用西班牙語焉

現任大統領虞例古里疴波知古 一千八百八十四年就職任限四年先是憲法雖限大統領任期實則未攝其政且兵卒亦有政權自推其將爲大統領不准人民公擧近時始革此弊都府斯克爾焉 **政治** 舊屬西班牙二

十年始獨立新定憲法以共和爲治焉大統領掌行政權上下兩院俱掌立法權兩院議員皆由人民公擧也自大統領更擧副統領總理行政事務有宰相四人卽內務軍務財務司法 **教育** 大小學校稍進 **財政** 政府始有豫筭之制八款二百九十六萬五千七百九十圓每八不償出者國債尤多故也又智利開衅時强課人民以醵集者居多 **貨幣** 通貨爲銀一俾索與銀一圓同 **軍伍** 常備二千四百二十一人 **面積人口** 分爲九州土地八十四萬二千七百二十九方英里其後搆衅於智利盡割太平洋濱海與之講和許割地爲二萬九千方英里人口一百九十五萬七千三百五十二人內割地之人口二萬二千二百五十四人該國人口甚疎每一方英里僅爲二三人也人種則銅色外白色人種皆耶蘇舊敎舊都拉波修府及新都斯克爾府人口合許三萬八千人 **通商工業** 英國來者三分之一疆域雖廣漠而人烟頗不密又無道路之相通於東西者故農鑛俱不得其宜近時道路鐵道電線亦僅就緖焉該國多産印度樹脂雖日事斧斤而尙多餘株此國之一富源也

秘魯 西濱太平洋南界智利東接玻里非與巴西北連厄瓜多人種銅色多白色次然政權歸白色言語西班牙語爲主

現任大統領美克例爾伊虞例西亞斯 一千八百八十三年就職自人民選任之任限四年

先是此國與智利開戰被陷其都城同年始議和約復建政府於都城選今大統領現任

政治

舊屬西班牙南亞米利加洲多有西班牙屬地而此國最爲樞要二十一年始要獨立布告內外然西班牙獨不允准由是兩國搆戰三年西班牙始允自主五十六年改定憲法以共和爲政體國憲專照美制國內二十州各自主其州內政治全國政務及外交軍務等事獨自中央政府總轄立法權元老民選兩院掌之元老議員自各州公擧二人民選議員每二萬人擧一人每歲會議都城里麻府確定法令其行政權則大統領掌之副統領輔佐亦以四年任限自人民選之下有宰相五人分掌行政事務而自大統領黜陟之

宗教

耶蘇舊教餘外各教並皆嚴禁

財政

歲入以諸島鳥糞爲主盖此國諸島有小島群集其糞堆積如山自政府販賣以爲肥料貿政府所入之巨款也此外有海關稅亦不小而此國未納稅則故土地家屋並無租稅歲入每見欠缺然內與土水又通鐵道於安特斯山上有鐵甲軍艦故每歲入不償出國債亦多歲入六千六百六十零萬一千六百六十圓則較出欠缺政府歲入近無綜計未可詳悉然外與隣國開戰財用漸困云計內外債三億萬圓紙幣七千萬圓此等國債皆典以諸島鳥糞恒虞不敷政府若不別謀財政之民華則財源悉歸外國之官民也

軍制

陸軍合計十二萬三千二百人海軍精銳甲於南亞米利加智利近畜銳漸形頹頽軍艦鐵甲四隻汽帆兩艘亦多然與智利開戰鐵甲一隻觸破於暗礁一隻爲智利所奪現今海軍無足觀

面積人口

智利侵領達拉巴加一州故其土地人口大減昔日而全國土地合計四十八萬三千八百四十七方英里人口二百六十五萬七千八百六十三人內屬銅色白色各色人種爲與智利講和後智利政府更占領托邦一地其減亦不小也都城里麻府人口一十零萬四千八百八十人

通商工業

與英國貿易互市港口凡有七處鳥糞及尼多兒盟俱歸國幣每歲輸出歐洲各國甚不少然自智利占劇達拉巴加一州鳥糞及尼多兒盬多爲該政府之所利今與該國開戰前後比較則減三分一鳥糞之一年所販賣英國者七百三十四萬七千零二十五圓殖産農耕牧畜爲主砂糖銀鑛亦多鐵道電路亦漸次就緒

厄瓜多

西濱太平洋北古倫比東巴西南秘魯民多銅色人種自歐人移住政教兩權歸其管轄言語亦行西班牙

現任大統領西班爾可麻那露一千八百八十四年就職自人民選任代選人四年任限

政治

此國舊與古倫比各州俱屬西班牙後同謀自主盟爲一邦三十年古倫比有內亂此國絡與古倫比絶別成一邦新定憲法以共和爲政體今查憲法以行政權委任大統領以立法權委任上下兩院議員自人民選任上院議員各州二人四年爲期而每二年

調擭其半下院議員每三萬人選一人二年爲限而齡及成年且信奉耶穌舊教而楷寫能讀則可擧其選柄兩院每年六月十日會議都城奇士府查副統領亦自人民選仕以四年爲期有宰相四人輔佐行政司法

宗教 耶穌舊教不准人民奉信他教

財政 歲入三百六十二萬四千九百九十圓國債外借九百一十二萬圓內借九百二十五萬圓其利息不能償還利銀積至一百六十八萬二千二百圓內債利銀亦至三十七萬五千圓

貨幣 新定錢幣一條例以銀貨斯久角爲本位一斯久角値銀一圜然通用貨幣多用隣國及法英美等國之錢幣

軍伍 常備軍一千六百零

面積 全國分爲十五州土地合計二十四萬八千三百七十方英里太平洋中有加拉巴古斯群島土地合計二千九百五十方英里地多荒廢未定歸隸自此國管轄

人口 九十四萬六千零三十三人銅色人種居住山間者不可綜計銅色十分六白色十分一都城奇士府人口二萬三千人或云八萬人

通商工業 以古古亞爲最古古亞則恭西多用與珈琲及茶不同護膜及植物次之鐵道電路亦備

屬地 此外歐洲各國屬地則係法英荷三國所轄

法國屬地 法屬奇亞那

英國屬地 英屬奇亞那

荷蘭屬地 荷屬斯里曼

南亞米利加洲 立憲帝治一國共和政治三國屬地三處

大洋洲凡一國

布哇

太平洋中群島也大洋洲中雖有島嶼數萬億其獨立者惟該國而已土地狹隘人口僅小守其本國以安一邦也

皇室 今帝加羅加華募一 加墨哈墨哈募一之後裔而係布哇人種以同族加非荷拉尼立爲皇后三土維智羣島以布哇爲最大別有大島七處或稱檀香島在昔其酋長加墨哈墨哈募一統合群島自爲皇帝募二繼立旅寓英國而狙募三繼立爲英法美三國所認許其獨立尋自歐洲各國皆認許獨立時一千八百五十二年新定憲法以立憲帝治爲政體其後加墨哈募四及募五相繼即位募五殂而無嗣國人推妻那雅羅募一爲帝七十四年殂國人更推今帝爲君

政治 法立權由元老民選兩院主持而元老院議員自帝勅任又民選院議員自人民公選現有二十八人以二年爲任限而任選擧之責者勿論貴賤或土地價值凡有一百五十圓以上及或有每年歲入至六十圓以上者若能識者讀書則皆任之以公擧令議擧一世名流而兩院每年一次合會議定法律至於行政則由帝自掌下有內閣以內務外務財務軍務四大臣此外亦有參事院至各島皆必置守牧

宗教 人民信教皆得自由而土人多奉耶穌教

財政 豫算表計歲入三百零九萬二千零八十五圓費款

追多量入而不能計出者遠矣歲出以內務爲多現有國債爲八十九萬八千八百圜 **貨幣** 各國錢幣皆准通用然美以國金貨爲本位以其銀貨爲補助而紙幣尚未行 **軍伍** 常備六千人別有義兵若干人 **面積** 郡島土地六千六百七十七方里 **人口** 七萬四千四百零八人土人與白色相混者有之與棕色人相類都府保邦婁婁府人口二萬零四百八十七人中國美英法德及日本移來人三萬零一百七十六人 **通商工業** 此國山岳重疊間多火山然天氣平適土地肥沃富於砂糖米穀珈琲蜂蜜毛皮骨灰等類致富饒鐵道電線郵便亦得盛行而傳話機特盛如都府則各家相連以爲其用

屬地 此洲皆島嶼散在太平洋中不知幾千百概屬歐洲各國自餘或有土民自成部落者其蠻風夷俗盖與禽獸不遠屬各國者係德英法三國所轄 **德國屬地** 新幾內亞一部此斯馬克諸島 **英國屬地** 比芝會 都麻新 南維爾斯 新西蘭 姑因蘭土 南澳太利 達斯馬尼 維多利 澳太利 新幾內亞一部 **法國屬地** 新加 烈土尼亞 馬甬基 沙斯 大非致 都 孚伊 太莫豆

大洋洲 立憲帝治一國部落未詳其數屬地一十七處

輿載撮要卷之一之三 終

근대 한국학 교과서 총서 8 | 지리과 |

초판인쇄 2022년 04월 11일
초판발행 2022년 04월 25일

편 자 성신여대 인문융합연구소
발 행 인 윤석현
발 행 처 제이앤씨
책임편집 최인노
등록번호 제7-220호

우편주소 서울시 도봉구 우이천로 353 성주빌딩
대표전화 02) 992 / 3253
전 송 02) 991 / 1285
전자우편 jncbook@hanmail.net

ISBN 979-11-5917-209-0 94370
979-11-5917-201-4 (Set)

정가 48,000원